MAX-PLANCK-INSTITUT
FÜR AUSLÄNDISCHES ÖFFENTLICHES RECHT
UND VÖLKERRECHT

Beiträge zum ausländischen öffentlichen Recht und Völkerrecht

Begründet von Viktor Bruns

Herausgegeben von
Armin von Bogdandy · Anne Peters

Band 260

Mohamed Assakkali

Europäische Union und Internationaler Währungsfonds

The European Union and the International Monetary Fund
(English Summary)

Springer

ISSN 0172-4770 ISSN 2197-7135 (electronic)
Beiträge zum ausländischen öffentlichen Recht und Völkerrecht

ISBN 978-3-662-54362-7 ISBN 978-3-662-54363-4 (eBook)
DOI 10.1007/978-3-662-54363-4

Die Deutsche Nationalbibliothek verzeichnet diese Publikation in der Deutschen Nationalbibliografie; detaillierte bibliografische Daten sind im Internet über http://dnb.d-nb.de abrufbar.

Springer

Gedruckt auf säurefreiem und chlorfrei gebleichtem Papier

Springer ist Teil von Springer Nature
Die eingetragene Gesellschaft ist Springer-Verlag GmbH Deutschland
Die Anschrift der Gesellschaft ist: Heidelberger Platz 3, 14197 Berlin, Germany

Für meine Mutter,
in Erinnerung an meinen Vater

Vorwort

Die vorliegende Monographie ist die überarbeitete Fassung meiner Dissertation, die Ende April 2015 fertiggestellt und im Wintersemester 2015/2016 vom Fachbereich Rechtswissenschaft der Goethe-Universität Frankfurt am Main angenommen wurde. Mit der Überarbeitung wurden die Änderungen des IWF-Übereinkommens einbezogen, die sich aus dem Inkrafttreten der siebten Satzungsänderung ergeben haben. Entstanden ist die Arbeit während meiner Tätigkeit als wissenschaftliche Hilfskraft am Lehrstuhl für Öffentliches Recht, Europarecht und Völkerrecht der Goethe-Universität Frankfurt am Main sowie am hiesigen Wilhelm Merton Zentrum für Europäische Integration und Internationale Wirtschaftsordnung.

Für ihre Unterstützung und Inspiration bin ich zahlreichen Menschen zu Dank verpflichtet. An erster Stelle Erwähnung finden muss der Betreuer der Arbeit, Herr Professor Dr. *Stefan Kadelbach*, LL.M., der bereits früh das Interesse und die Begeisterung für das Völker- und Europarecht in mir geweckt und mir an seinem Lehrstuhl ein hervorragendes wissenschaftliches Umfeld geboten hat. Er hat mir nicht nur die notwendigen Freiräume für mein Promotionsvorhaben gewährt, sondern mich stets in jeglicher Hinsicht vorbehaltlos und uneingeschränkt unterstützt und gefördert. Hierfür danke ich ihm aufrichtig und herzlich. Zu Dank verpflichtet bin ich darüber hinaus Herrn Professor Dr. Dr. *Rainer Hofmann* nicht nur für die Übernahme und zügige Erstellung des Zweitgutachtens, sondern auch für sein Interesse an meiner Tätigkeit und an meinem Werdegang.

Den Direktoren des Max-Planck-Instituts für ausländisches öffentliches Recht und Völkerrecht, Herrn Professor Dr. *Armin von Bogdandy* und Frau Professorin Dr. *Anne Peters*, LL.M., gilt mein Dank für die Aufnahme der Arbeit in die Schriftenreihe des Instituts.

Besonders wichtig für mich und meine Arbeit war auch die stets gute Zusammenarbeit und offene Diskussion mit den Kolleginnen und Kollegen am Institut für Öffentliches Recht, allen voran *Christina Henrich*, Dr. *Jakob Kadelbach*, PD Dr. *Thomas Kleinlein*, *Greg Lourie*, Dr. *Lisa Müller*, *Nesrin Suleiman* und Dr. *Nikolaos Tsolakidis*. Besonderer Dank gilt *David Roth-Isigkeit*, der einen Teil des Manuskripts Korrektur gelesen und mir viele hilfreiche Anregungen gegeben hat. Für eifrige

Hilfe beim Korrekturlesen der Druckfahnen bin ich schließlich meinem guten Freund *Ahmed El-Hannouti* zu großem Dank verpflichtet.

Herzlich bedanken möchte ich mich zudem bei der Studienstiftung des deutschen Volkes für die finanzielle und ideelle Förderung während des Studiums und der Promotion sowie bei meiner Vertrauensdozentin, Frau Professor *Nicola Fuchs-Schündeln*, Ph.D., für den Zuspruch während dieser Zeit.

Nicht in Worte fassen lässt sich meine Dankbarkeit gegenüber meiner Frau *Bouchra Darbyou-Assakkali.* Sie hat mich von der ersten Idee, eine Doktorarbeit in Angriff zu nehmen, bis zur Durchsicht des Manuskripts begleitet, mich stets angespornt und aufgebaut, wenn es nötig war. Schließlich gilt mein unendlicher Dank meiner Mutter, *Aicha Assakkali*, geb. *El-Kadaoui*, sowie meinen Brüdern, *Abdelmalik*, *Abdelaziz* und *Rachid Assakkali*, ohne deren fortwährende Unterstützung und liebevolle Fürsorge ich nie so weit gekommen wäre. Meiner Mutter und meinem viel zu früh verstorbenen Vater, *El-Hassan Assakkali*, der mich stets unterstützt hat und mir immer ein großes Vorbild bleiben wird, ist diese Arbeit gewidmet.

Frankfurt am Main Mohamed Assakkali

Inhaltsverzeichnis

Abkürzungsverzeichnis

ABl.	Amtsblatt
AEUV	Vertrag über die Arbeitsweise der Europäischen Union
AFDI	Annuaire français du droit international
AJIL	American Journal of International Law
Am. Soc'y Int'l L. Proc.	Proceedings of the American Society of International Law
AöR	Archiv des öffentlichen Rechts
APuZ	Aus Politik und Zeitgeschichte
AVR	Archiv des Völkerrechts
BDGVR	Berichte der Deutschen Gesellschaft für Völkerrecht
BGBl.	Bundesgesetzblatt
BGH	Bundesgerichtshof
BVerfG	Bundesverfassungsgericht
BYBIL	British Year Book of International Law
CDE	Cahiers de Droit Européen
Chinese JIL	Chinese Journal of International Law
CMLRev.	Common Market Law Review
Colum. J. Transnat'l. L.	Columbia Journal of Transnational Law
Conn. L. Rev.	Connecticut Law Review
DÖV	Die Öffentliche Verwaltung
Dok.	Dokument
EA	Europa-Archiv
EFAR	European Foreign Affairs Review
EIoP	European Integration Online Papers
EJIL	European Journal of International Law
ELJ	European Law Journal
ELR	European Law Review

EMRK	Europäische Menschenrechtskonvention
EPIL	Encyclopedia of Public International Law
EuGH	Gerichtshof der Europäischen Union
EuGRZ	Europäische Grundrechte Zeitschrift
EUP	European Union Politics
EuR	Europarecht
EWS	Europäisches Wirtschafts- und Steuerrecht
EYIEL	European Yearbook of International Economic Law
F&D	Finance & Development
F&E	Finanzierung & Entwicklung
Fordham Int'l L. J.	Fordham International Law Journal
FS	Festschrift
GA	Generalanwalt
GATT	General Agreement on Tariffs and Trade
GYIL	German Yearbook of International Law
ICJ Rep.	International Court of Justice: Reports of Judgments, Advisory Opinions and Orders
ICLQ	International and Comparative Law Quarterly
ICSID	International Centre for Settlement of Investment Disputes
IGH	Internationaler Gerichtshof
IJIL	Indian Journal of International Law
ILC	International Law Commission
ILO	International Labour Organization
ILSA J. Int'l & Comp. L.	ILSA Journal of International & Comparative Law
Int'l L.	The International Lawyer
IP	Internationale Politik
IYIL	The Italian Yearbook of International Law
JCMS	Journal of Common Market Studies
JDI	Journal du Droit International
JIEL	Journal of International Economic Law

J Int'l Banking Reg.	Journal of International Banking Regulation
JWT	Journal of World Trade
JZ	Juristenzeitung
Kan. J. L. & Pub. Pol'y	Kansas Journal of Law & Public Policy
KJ	Kritische Justiz
Law & Pol'y Int'l Bus.	Law & Policy in International Business
MPEPIL	Max Planck Encyclopedia of Public International Law
NILR	Netherlands International Law Review
NJW	Neue Juristische Wochenschrift
NYIL	Netherlands Yearbook of International Law
RdC	Recueil des Cours. Académie de Droit International. Collected Courses of the Hague Academy of International Law
Res.	Resolution
Rev Int Organ	Review of International Organizations
RGDIP	Revue Générale de Droit International Public
RTDE	Revue Trimestrielle de Droit Européen
SRÜ	Seerechtsübereinkommen
Stan L. Rev.	Stanford Law Review
StIGH	Ständiger Internationaler Gerichtshof
Sw. L. J.	Southwestern Law Journal
SZIER	Schweizerische Zeitschrift für internationales und europäisches Recht
Transnat'l L. & Contemp. Probs.	Transnational Law & Contemporary Problems
Va. J. Int'l L.	The Virginia Journal of International law
Vand. J. Transnat'l L.	Vanderbilt Journal of Transnational Law
VVDStRL	Veröffentlichungen der Vereinigung Deutscher Staatsrechtslehrer
WP	Working Paper
WTO	World Trade Organization/ Welthandelsorganisation

WVK	Wiener Übereinkommen über das Recht der Verträge
YEL	Yearbook of European Law
ZaöRV	Zeitschrift für ausländisches öffentliches Recht und Völkerrecht
ZfgK	Zeitschrift für das gesamte Kreditwesen
ZfP	Zeitschrift für Politik
ZHR	Zeitschrift für das gesamte Handels- und Wirtschaftsrecht

Erster Teil: Einleitung

A. Zur Bedeutung des IWF im gegenwärtigen internationalen Finanz- und Währungssystem und zur grundsätzlichen Problematik regionaler Währungszusammenschlüsse für den IWF

"*The IMF is back*"[1] – mit diesen Worten, die einer Kampfansage an diejenigen gleichkamen, die den Internationalen Währungsfonds (*International Monetary Fund*, IMF)[2] bereits in die Bedeutungslosigkeit[3] abgleiten sahen und daher teilweise sogar seine Auflösung forderten,[4] machte der frühere Geschäftsführende Direktor des IWF *Dominique Strauss-Kahn* Ende April 2009 nach dem G20-Treffen in London auf das Wiedererstarken des IWF aufmerksam. Tatsächlich ist der IWF seit Ausbruch der globalen Banken- und nachfolgenden Finanz- und Wirtschaftskrise seit 2007 so aktiv wie lange nicht mehr, wenn man seine Aktivitäten daran misst, über welches Finanzierungspotential er mittlerweile verfügt und in welchem Umfang er Finanzhilfen an seine Mitglieder, darunter erstmals auch eine Reihe von Mitgliedstaaten der Eurozone, zugesagt und vergeben hat. Damit einher ging allerdings auch ein größerer Refinanzierungsbedarf, der zunächst u.a. durch die von der G20 auf ihrem Treffen in London beschlossene Anhebung der Finanz-

---

1 Zitiert nach *A. Walker*, The International Monetary Fund returns, BBC News v. 24.4.2009, abrufbar unter http://news.bbc.co.uk/2/hi/business/8015979.stm (letzter Zugriff: 7.3.2016).

2 Im Folgenden: IWF oder Fonds.

3 Vgl. z.B. *D. Heribert*, Der IWF auf dem Weg in die Bedeutungslosigkeit?, APuZ 7/2008, 9 ff.

4 So u.a. *G. Schultz/W. Simon/W. Wriston*, Who Needs the IMF?, Wall Street Journal, February 3, 1998.

M. Assakkali, *Europäische Union und Internationaler Währungsfonds,* Beiträge zum ausländischen öffentlichen Recht und Völkerrecht, DOI 10.1007/978-3-662-54363-4_1

mittel auf 750 Mrd. US-Dollar gedeckt[5] und in der Folge durch weitere bilaterale Kreditlinien einiger Mitgliedstaaten aufgebessert wurde[6].[7]

Obgleich der IWF damit in die Aufmerksamkeit der Öffentlichkeit zurückgekehrt ist und sowohl von der Wissenschaft als auch in der Praxis wieder als die zentrale Organisation auf dem Gebiet der internationalen Währungs- und Finanzbeziehungen wahrgenommen wird,[8] besteht weitgehender Konsens darüber, dass er reformiert werden muss, weil seine Strukturen und Verfahren nicht mehr den weltpolitischen Realitäten entsprechen.[9] Allerdings ist die Reformagenda, wie sie in den Vorarbeiten für entsprechende Beschlüsse verschiedener Expertengruppen zum Ausdruck kommt,[10] ebenso lang wie komplex. So hat allein der im

---

[5] *G-20*, Declaration on Delivering Resources through the International Financial Institutions, London Summit, 2 April 2009.

[6] Vgl. *IMF*, IMF Managing Director Christine Lagarde Welcomes Additional Pledges to Increase IMF Resources, Bringing Total Commitments to US $ 456 Billion, Press Release No. 12/231, June 19, 2012. Eine entsprechende Übereinkunft wurde vorher auf dem G20-Treffen in Los Cabos erzielt (vgl. G20 Leaders Declaration, June 18-19, 2012, Ziff. 32).

[7] Zudem ist es mit der Fertigstellung der Vierzehnten Allgemeinen Quotenüberprüfung nach dem Inkrafttreten der siebten Satzungsreform im Januar 2016 zu einer (erstmaligen) Verdoppelung der Quoten von 329 Mrd. US-Dollar auf 659 Mrd. US-Dollar gekommen. Vgl. *IMF*, Factsheet: IMF Quotas, abrufbar unter http://www.imf.org/external/np/exr/facts/pdf/quotas.pdf (letzter Zugriff: 7.3.2016).

[8] Vgl. etwa *D. Heribert*, Die Renaissance des Internationalen Währungsfonds, Vereinte Nationen 3/2010, 99 ff.; *A. Meltzer*, The IMF returns, Rev Int Organ 6 (2011), 443 ff.; *J. Joyce*, The IMF and Global Financial Crises. Phoenix Rising?, 2013.

[9] Dazu bereits *E. Truman* (Hrsg.), Reforming the IMF for the 21st Century, 2006.

[10] Vgl. insoweit *IEO*, Governance of the IMF. An Evaluation, 2008; Committee on IMF Governance Reform, Final Report (*Manuel*-Report), 2009, http://www.imf.org/external/np/omd/2009/govref/032409.pdf (letzter Zugriff: 7.3.2016); ferner *G-20 Working Group 3*, Reform of the IMF, Final Report, 2009; *United Nations*, Report of the Commission of Experts of the President of the United Nations General Assembly on Reforms of the International Monetary and Financial System, Sep. 21, 2009, S. 87 ff.; *Group of Thirty*, Reform of the International Monetary Fund, October 2009; *D. Lombardi*, Report of the Civil Society (Fourth Pillar) Consultations with the International Monetary Fund on Reform of IMF Governance, 2010; *M. Camdessus/A. Lamfalussy/*

März 2009 unter der Leitung des damaligen südafrikanischen Finanzministers *Trever Manuel* erstellte *Manuel*-Report ein Paket von acht *governance reform measures* vorgeschlagen, von denen nur einige in die 2010 zur Stärkung der Legitimität und Effektivität des IWF beschlossene und am 26. Januar 2016 inkraftgetretene Quoten- und Governance-Reform einfließen konnten.[11] Kritisiert wird darin insbesondere, dass das Exekutivdirektorium, das zentrale operative Organ des IWF, in dem die Stimmrechte der Mitglieder im Wesentlichen zum Ausdruck kommen, trotz der umgesetzten Quotenreform von 2008, welche immerhin zu einer relativen Quotenerhöhung zugunsten dynamischer Entwicklungs- und Schwellenländer führte, nicht mehr die wirtschaftspolitische Machtkonstellation des 21. Jahrhunderts widerspiegelt und zudem durch die sukzessive Erhöhung der Sitze von ursprünglich 12 auf heute 24 Direktoren auch zu groß ist, um effizient arbeiten zu können.

Zur Lösung dieses Legitimations- und Effektivitätsproblems des IWF wird als zentraler Reformansatz weitgehend einhellig eine Konsolidierung der europäischen Vertretung im Exekutivdirektorium vorgeschlagen.[12] Bei einem Anteil am weltweiten BIP zu Marktpreisen von ca. 31 Prozent und am Offenheitsgrad von 43 Prozent[13] halten die EU-Mitgliedstaaten zwar ihrer Wirtschaftskraft entsprechende 30, 35 Prozent der Gesamtquote im IWF.[14] Dennoch gelten sie im Exekutivdirek-

---

T. Padoa-Schioppa, Reform of the International Monetary System: A Cooperative Approach for the Twenty first Century, 2011.

[11] Vgl. Gouverneursrats-Resolution Nr. 66-2 v. 15.12.2010, abgedr. in: *IMF*, Selected Decisions and Selected Documents of the IMF, 37th Issue 2013, S. 11; *IMF*, IMF Managing Director Christine Lagarde Welcomes U.S. Congressional Approval of the 2010 Quota and Governance Reforms, Press Release No. 15/573, December 18, 2015. Zu den Vorarbeiten hierauf s. den Überblick bei *IMF*, IMF Quota and Governance Reform – Elements of an Agreement, SM/10/293, Revision 1, November 9, 2010.

[12] Siehe dazu Teil 5.C.I.

[13] Gemäß der im April 2008 vereinbarten neuen Quotenformel nimmt das Bruttoinlandsprodukt (BIP) eines Mitglieds mit 50 Prozent das größte Gewicht bei der Berechnung der jeweiligen Quote ein, gefolgt von der Offenheit eines Staates mit einem Gewicht von 30 Prozent. Ferner werden die Variabilität der Leistungsbilanzeinnahmen und des Netto-Kapitalverkehrs mit einem Gewicht von 15 Prozent sowie die Höhe der Währungsreserven mit 5 Prozent berücksichtigt. Zur Quotenformel im Einzelnen siehe unten Teil 3.A.III.2.

[14] Siehe hierzu den Überblick bei *IMF*, Quota and Voting Shares Before and After Implementation of Reforms Agreed in 2008 and 2010, http://www.imf.org/external/np/sec/pr/2011/pdfs/quota_tbl.pdf (letzter Zugriff: 7.3.2016).

torium – sowohl was die Zahl der Sitze als auch was die Stimmrechte anbelangt – als überrepräsentiert. Mit einer Konsolidierung der europäischen Vertretung soll – ohne die Organisationsstruktur des IWF aufzublähen und so dessen Effektivität zu verringern – Raum geschaffen werden, um aufstrebenden Schwellenländern den Zugang zu mehr Posten und damit mehr Teilhabe an Entscheidungsprozessen im IWF zu verschaffen. Besonders einige asiatische Staaten, deren Wachstumsprozess und Handel im Vergleich zu vielen Industrieländern auch durch die Finanz- und Wirtschaftskrise 2008 nicht wesentlich beeinträchtigt wurden, konnten durch ihre gesteigerte Wirtschafts- und Exportleistung im Laufe der letzten Jahre ihre Wirtschaftskraft erhöhen. Zusätzlich hat das stark kritisierte Verhalten des IWF in der Asienkrise 1997/98 der Motivation Vorschub geleistet, durch Anhäufung von Währungsreserven und den Ausbau der regionalen Zusammenarbeit im asiatisch-pazifischen Raum die Unabhängigkeit vom IWF zu steigern.[15] Die Ratifizierung der ASEAN Charter 2008 sowie die laufenden Verhandlungen über eine Aufwertung der Transpazifischen Partnerschaft bekräftigen diese Entwicklung.[16] Aus Sicht des IWF besonders bedeutsam stellt sich die Gründung des ASEAN+3 Macroeconomic Research Office (AMRO) Anfang Mai 2011 dar. Sie zielt auf die Vertiefung der finanzpolitischen Zusammenarbeit zwischen den zehn ASEAN-Mitgliedstaaten und China, Japan und Südkorea.

Währungs- und finanzpolitische Kooperationen auf regionaler Ebene finden sich aber nicht nur in Europa und Asien, sondern mittlerweile in nahezu allen Teilen der Welt.[17] Folgerichtig stellt daher *C. Randall Henning* fest: "*Given its momentum, regionalism probably poses the most important long-term challenge to the IMF and its role in the inter-*

---

[15] Ähnlich stellt sich nach dem Zusammenbruch der argentinischen Wirtschaft 2002 auch die Situation in Lateinamerika dar. Vgl. *B. Eichengreen*, A Blueprint for IMF Reform, International Finance 10 (2007), 153 ff.

[16] Vgl. insoweit *L. Chun Hung*, ASEAN Charter: Deeper Regional Integration under International Law, Chinese JIL 9 (2010), 821 ff.; *S. Bersick*, ASEAN, EAS, APEC – regionale Zusammenarbeit im asiatisch-pazifischen Raum, in: Braml/Mair/Sandschneider (Hrsg.), Außenpolitik in der Wirtschafts- und Finanzkrise, 2012, 292 ff.; *S. Inama/E. Sim*, The Foundation of the ASEAN Economic Community. An Institutional and Legal Profile, 2015; *J.-C. Piris/W. Woon*, Towards a Rules-Based Community: An ASEAN Legal Service, 2015.

[17] Hierzu der Überblick bei *H. Flassbeck/L. Mühlich*, Gehört der regionalen Währungskooperation die Zukunft?, Vereinte Nationen 3/2010, 110 (111).

national monetary and financial system".[18] Als ein auf fortschreitende Integration angelegter zwischenstaatlicher Verband *sui generis* unterscheidet sich die EU durch das hohe Maß der ihr zustehenden Entscheidungsgewalt allerdings wesentlich von anderen regionalen Kooperationsformen.[19] Die aus dem Übergang in die Endstufe der Wirtschafts- und Währungsunion (WWU) am 1. Januar 1999 folgenden Rückwirkungen auf die Mitgliedschaft ihrer Mitgliedstaaten im IWF stellen daher noch einmal eine besondere Herausforderung für den IWF und seine Rolle im internationalen Währungs- und Finanzsystem dar. Derzeit sind alle Mitgliedstaaten der EU in ihrer Eigenschaft als Staaten im IWF vertreten. Dies trägt anerkanntermaßen dem Umstand nicht hinreichend Rechnung, dass 19 der 28 EU-Mitgliedstaaten ihre monetären Kompetenzen auf die Union übertragen haben. Versuche, die Repräsentanz der EU im IWF durch einen politischen *modus vivendi* zufriedenstellend auszugestalten, sind bisher gescheitert. Zwar enthält der Vertrag von Lissabon in Art. 138 AEUV und Art. 219 Abs. 3 AEUV zwei Bestimmungen, die die Außenvertretung der Eurozone zum Gegenstand haben, doch bildet sich dieser Anspruch im IWF bisher nur unzureichend ab.

Das Ziel der Arbeit ist es daher, verschiedene Modelle einer engeren Einbindung der EU im IWF zu durchdenken und aufzuzeigen, ob und inwieweit sich einzelne Vorschläge und Ansätze vor dem Hintergrund des geltenden Völkervertragsrechts und der Interessenlage der IWF-Mitgliedstaaten umsetzen lassen. Dabei wird sich zeigen, dass aus einer längerfristigen Perspektive an einem formellen Beitritt der EU zum IWF kein Weg vorbeiführt. Dieser ist umso dringlicher, als sich durch den Vertrag von Lissabon einige neue Akzente ergeben haben. Zudem hat die europäische Staatsschuldenkrise deutlich gemacht, dass es zwar bereits Kooperationsformen zwischen der EU bzw. einzelnen ihrer Organe und dem IWF gibt, wenn es darum geht, einzelne EU-Staaten mit stark defizitärer Haushaltslage mit Krediten zu versorgen, jedoch haben

---

[18] *C. R. Henning*, Coordinating Regional and Multilateral Financial Institutions, Peterson Institute for International Economics, Working Paper Series WP 11-9, March 2011, S. 2, http://www.iie.com/publications/wp/wp11-9.pdf (letzter Zugriff: 7.3.2016). Siehe auch *A. Viterbo*, Monetary Regionalism: A Challenge to the IMF, IYIL 26 (2006), 139 ff.; *C. R. Henning*, Regional Arrangements and the International Monetary Fund, in: Truman (Hrsg.), Reforming the IMF for the 21st Century, 2006, 171 ff.

[19] Hierzu z.B. *J.-U. Wunderlich*, The EU an Actor Sui Generis?, JCMS 50 (2012), 653 ff.

diese nicht immer zu effektiven Problemlösungen geführt und auch an der nur beschränkten Rolle der EU im institutionellen Gefüge des IWF nichts geändert.

B. Methode und Gang der Untersuchung

I. Methodische Vorgehensweise

Bei den internationalen Währungs- und Finanzbeziehungen handelt es sich um einen besonderen Sachbereich für den Juristen. Er ist zum einen besonders politisch aufgeladen und zum anderen dem Juristen immer noch weitgehend unbekannt. Letzteres liegt womöglich auch daran, dass er in Teilen weniger verrechtlicht ist als andere Bereiche.[20] Vor diesem Hintergrund erfordern die vorstehenden Ausführungen zur Zielsetzung der Arbeit und ihres Erkenntnisinteresses einen methodischen Ansatz, der über eine rein normative Betrachtung hinausgeht, also insbesondere auch sozialwissenschaftliche Erkenntnisse über den Sachbereich und Regelungsgegenstand der internationalen Währungs- und Finanzbeziehungen im Allgemeinen und der EU-Außenbeziehungen zum IWF im Besonderen einbezieht.[21] So zeigt die historische Entwicklung der EU-Zusammenarbeit mit dem IWF, dass diese sich auf beiden Seiten zu einem nicht unerheblichen Teil zunächst im politischen Raum entwickelt und erst später im Wege einer „nachholenden Kodifi-

---

[20] Vgl. insoweit bereits *T. Ehrlich/ G. M. Meier*, Preface, in: Atwood/ Barton/Clark, Legal Problems of International Monetary Law, Stan L. Rev. 20 (1967/1968), 870 (879).

[21] Zur Notwendigkeit einer „soziologisch-politischen Völkerrechtsbetrachtung" bereits *B. Simma*, Völkerrechtswissenschaft und Lehre von den internationalen Beziehungen: Erste Überlegungen zur Interdependenz zweier Disziplinen, ÖZöR 23 (1972), 293 ff.; *O. Kimminich*, Völkerrecht und internationale Beziehungen, AVR 16 (1974), 129 ff.; vgl. ferner die Beiträge in *T. Biersteker/ P. Spiro/C. Sriram/V. Raffo* (Hrsg.), International Law and International Relations, 2007; *B. Cali* (Hrsg.), International Law for International Relations, 2010; *D. Armstrong/T. Farrell/H. Lambert* (Hrsg.), International Law and International Relations, 2. Aufl. 2012; *J. Dunoff/M Pollack* (Hrsg.), Interdisciplinary Perspectives on International Law and International Relations, 2013.

zierung“[22] Aufnahme in das Recht der jeweiligen Organisation gefunden hat.

Trotz dieses untrennbaren Zusammenhangs, vor allem zwischen Recht und Politik, beansprucht die vorliegende Untersuchung keine echte Interdisziplinarität. Vielmehr orientiert sich sowohl ihr Erkenntnisinteresse als auch die Struktur der Darstellung primär am geltenden Recht. Dabei werden einige Schwächen der bestehenden rechtlichen Regelungen zutage treten, aber auch der Befund, dass die entsprechenden satzungsrechtlichen Bestimmungen durchaus geeignet sind, die sich aus der fortschreitenden europäischen Integration ergebenden Rückwirkungen auf den Status der Union und ihrer Mitgliedstaaten im IWF auf eine angemessene Art und Weise zu lösen, soweit dies dem Recht alleine möglich ist.

II. Gang der Untersuchung

Die Arbeit gliedert sich, von Einleitung (Erster Teil) und Schlussbetrachtung (Sechster Teil) abgesehen, in vier Hauptteile: Während der erste Teil einer Einführung in die Problemstellung und Methodik dient, wird im zweiten Teil die historische Genese der Kooperation der früheren E(W)G mit dem IWF skizziert und anschließend bewertet. Der dritte Teil der Arbeit behandelt sodann die Grundlagen der Rechtsordnung des IWF. Er gliedert sich in zwei Abschnitte: Im ersten Abschnitt werden nach einem kurzen Überblick über die rechtlichen Grundlagen und das Mandat des IWF dessen Besonderheiten vorgestellt (A.). Eingehende Behandlung finden in diesem Zusammenhang die Anpassungsmechanismen des IWF. Gegenstand des zweiten Abschnitts über den IWF als unabhängige internationale Organisation (B.) sind die Besonderheiten der Regelung und Praxis der Beteiligung im IWF und der Aufbau seiner in den *Articles of Agreement* vorgesehenen Organstruktur sowie des Entscheidungsprozesses und der Arbeitsweise in den einzelnen Gremien. Im vierten Teil über die unionsrechtlichen Rahmenbedingungen für eine EU-Beteiligung im IWF wird zunächst in allgemeiner Form ein Überblick über die für die EU-Außenpolitik relevanten Bestimmungen gegeben (A.-B.), bevor in einem nächsten Schritt der Kompetenzumfang der Union im Bereich des IWF-Rechts und die uni-

---

[22] *S. Kadelbach*, Einleitung: Die Außenpolitik im europäischen Mehrebenensystem und ihre rechtliche Basis, in: ders. (Hrsg.), Die Außenbeziehungen der Europäischen Union, 2006, 9 (14).

onsrechtlichen Grundlagen für eine Beteiligung im IWF (C.) geklärt und die sich hieraus ergebenden Konsequenzen umrissen (D.) werden. Der fünfte Teil über den Status der EU im IWF wendet sich schließlich der Frage nach dem (möglichen) institutionellen Status der Union im IWF und seinen Folgen für das UN-System und die internationalen Finanz- und Entwicklungshilfebeziehungen zu. Hierzu soll zunächst die gegenwärtige Ausgestaltung der Kooperation zwischen der EU und dem IWF nachvollzogen und bewertet werden (A.-B.), um sodann verschiedene Modelle einer Beteiligung der Union im IWF auf ihre Realisierbarkeit vor dem Hintergrund des geltenden Völkervertragsrechts und der Interessenlage der IWF-Mitglieder zu diskutieren (C.). Die Arbeit schließt in ihrem sechsten Teil mit einer Schlussbetrachtung.

Zweiter Teil: Aspekte der historischen Genese der internationalen monetären Kooperation

Die Beschäftigung mit den wechselseitigen Rechtsbeziehungen zwischen der EU und dem IWF ist nicht möglich ohne die Kenntnis der Grundzüge ihrer historischen Entwicklung. Dies gilt zum einen im Hinblick auf das allgemeine Verständnis der Besonderheiten dieser beiden internationalen Organisationen. Zum anderen wird die Behandlung der derzeit geltenden Rechtslage zeigen, dass die historische Entwicklung heute noch von unmittelbarer Bedeutung für die Feststellung des geltenden Rechts ist.

Da die Geschichte des IWF und der EU als Wirtschafts- und Währungsunion mehrfach von kompetenter Seite beschrieben worden ist,[23] erübrigt sich hier allerdings eine ausführliche Darstellung. In diesem Teil der Arbeit sollen nur diejenigen rechtsgeschichtlichen Aspekte der Entstehung und Frühgeschichte des IWF und der europäischen Währungsintegration aufgezeigt werden, die für das Verständnis der nachfolgenden Schritte von besonderer Bedeutung sind. Zäsuren der historischen Entwicklung werden dabei in den Jahren 1945, 1971 und 1992 gesehen. Diese Daten sind hier deshalb gewählt worden, weil bestimmte Entwicklungen in diesen Jahren nachweislich ihren Beginn bzw. ihr Ende gefunden haben.

---

[23] Vgl. in Bezug auf den IWF vor allem die Schilderungen der fondseigenen Historiker *J. K. Horsefield*, The International Monetary Fund 1945-1965, Bd. I: Chronicle, 1969; *M. G. de Vries*, The International Monetary Fund 1966-1971, Bd. I: Narrative, 1976; *dies.*, The International Monetary Fund 1972-1978, Bd. I.: Narrative and Analysis, 1985; *dies.*, The International Monetary Fund 1972-1978, Bd. II.: Narrative and Analysis, 1985; *J. M. Boughton*, Silent Revolution. The International Monetary Fund 1979-1989, 2001; *ders.*, Tearing Down Walls. The International Monetary Fund 1990-1999, 2012. Zur WWU vgl. statt vieler nur *H. J. Hahn*, Der Vertrag von Maastricht als völkerrechtliche Übereinkunft und Verfassung, 1992; *A. Szász*, The Road to European Monetary Union, 1999; *M. Selmayr*, Das Recht der Wirtschafts- und Währungsunion, 2002.

M. Assakkali, *Europäische Union und Internationaler Währungsfonds*, Beiträge zum ausländischen öffentlichen Recht und Völkerrecht, DOI 10.1007/978-3-662-54363-4_2

A. Zur Rechtslage vor 1945: Vom Goldstandard zum Bretton Woods-System

Die historische Entwicklung der internationalen währungspolitischen Kooperation lässt sich bis in die Zwischenkriegsjahre des 20. Jahrhunderts zurückverfolgen.[24] Sie ist insofern das Ergebnis einer vergleichsweise langen Entwicklung. Bis dahin beruhte die Zusammenarbeit in Währungsfragen zunächst hauptsächlich auf dem internationalen Goldstandard. Dieser war bis zu seinem Zusammenbruch mit Beginn des Ersten Weltkriegs 1914 lange Zeit der Garant für stabile Wechselkurse und ein liberales Außenhandelsregime.[25] Dabei beruhte er nicht auf einer völkervertraglichen Grundlage, sondern auf der übereinstimmenden nationalen Gesetzgebung der teilnehmenden Staaten und der Zusammenarbeit ihrer Währungsbehörden.[26] Nach seinem Zusammenbruch wurde der Goldstandard nach mehreren Anläufen zu seiner Wiederherstellung auf der internationalen Wirtschaftskonferenz in Genua 1922 durch den Golddevisenstandard ersetzt.[27] Auch diesem Währungsmechanismus kam – ungeachtet der im Übrigen bestehenden Unterschiede

---

[24] Vgl. *H. W. Singer*, An Historical Perspective, in: Haq/Jolly/Streeten/Haq (Hrsg.), The UN and the Bretton Woods Institutions. New Challenges for the Twenty-First Century, 1995, 17 (17); *H. Ungerer*, A Concise History of European Monetary Integration. From EPU to EMU, 1997, S. 7 ff.; *B. Eichengreen*, Vom Goldstandard zum Euro: Die Geschichte des internationalen Währungssystems, 1999, S. 69 ff.; *C. Herrmann*, Währungshoheit, Währungsverfassung und subjektive Rechte, 2010, S. 245.

[25] Hierzu eingehend *M. D. Bordo/A. J. Schwartz* (Hrsg.), A Retrospective on the Classical Gold Standard, 1821-1931, 1984. Vgl. ferner den Überblick bei *K. W. Dam*, The Rules of the Game. Reform and Evolution in the International Monetary System, 1982, S. 14 ff., 38 ff.

[26] Auf internationaler Ebene fand der internationale Goldstandard seine Grundlage mithin allein in ungeschriebenen und unverbindlichen „Spielregeln" (*rules of the game*). Hierzu umfassend *K. W. Dam*, The Rules of the Game. Reform and Evolution in the International Monetary System, 1982, S. 25 ff.; ferner *M. R. Shuster*, The Public International Law of Money, 1973, S. 15; *A. F. Lowenfeld*, International Economic Law, 2. Aufl. 2008, S. 598.

[27] Vgl. *U. Andersen*, Das internationale Währungssystem zwischen nationaler Souveränität und supranationaler Integration, 1977, S. 23 f.; *B. Eichengreen*, Vom Goldstandard zum Euro: Die Geschichte des internationalen Währungssystems, 1999, S. 92 ff.

zum klassischen Goldstandard –[28] auf völkerrechtlicher Ebene mangels Rechtsverbindlichkeit kein Vertragscharakter zu. Seine Beachtung erfolgte ausschließlich freiwillig.[29] Dementsprechend groß war die Gefahr eines jederzeitigen Zusammenbruchs der internationalen Währungskooperation. Mit der Aufhebung der freien Konvertibilität in Gold zunächst des englischen Pfundes, später dann auch der meisten anderen Währungen, einschließlich des US-Dollar, brach 1933 dann auch der Golddevisenstandard und mit ihm infolge konkurrierender Abwertungen, Devisen- und Importbeschränkungen und einer Vielzahl bilateraler Handelsvereinbarungen der internationale Handel zusammen.[30]

Mit diesen negativen Erfahrungen in Erinnerung kamen noch während des zweiten Weltkriegs vom 1. bis zum 22. Juli 1944 auf Initiative der USA und Großbritanniens Vertreter aus 45 Staaten in Bretton Woods, einem kleinen Ort im US-Bundesstaat New Hampshire, zur „Internationalen Währungs- und Finanzkonferenz der Vereinten und Assoziierten Nationen" zusammen, um eine neue monetäre Ordnung zu schaffen mit dem Ziel, vor allem die staatliche Devisen- und Wechselkurspolitik einer weltweiten, einheitlichen Regelung und Kontrolle zu unterstellen[31].[32] Das dort auf der Grundlage des *"Joint Statement by Experts on the Establishment of an International Monetary Fund"*[33] ausgearbei-

---

[28] Zu den Unterschieden aus ökonomischer Perspektive etwa *H.-J. Jarchow/P. Rühmann*, Monetäre Außenwirtschaft II: Internationale Währungspolitik, 5. Aufl. 2002, S. 56 ff.

[29] *U. Andersen*, Das internationale Währungssystem zwischen nationaler Souveränität und supranationaler Integration, 1977, S. 24.

[30] Hierzu ausführlich *B. Eichengreen*, Vom Goldstandard zum Euro: Die Geschichte des internationalen Währungssystems, 1999, S. 113 ff. Vgl. auch den Überblick bei *A. F. Lowenfeld*, The International Monetary System, 2. Aufl. 1984, S. 13-14.

[31] Siehe hierzu im Einzelnen *J. K. Horsefield*, The International Monetary Fund 1945-1965, Bd. I: Chronicle, 1969, S. 89 ff.

[32] Dieses Anliegen wurde auch bereits einige Jahre vorher vom amerikanischen Präsidenten *Franklin D. Roosevelt* und britischen Premierminister *Winston S. Churchill* in der Atlantik Charta vom 14.8.1941 zum Ausdruck gebracht. In ihrem Punkt 5 wurde u.a. die Absicht festgehalten, *"to bring about the fullest collaboration between all nations in the economic field"*. Hierzu z.B. *M. Bennouna*, Atlantic Charter (1941), in: Wolfrum (Hrsg.), MPEPIL (Stand: Nov. 2007).

[33] Abgedruckt bei *J. K. Horsefield* (Hrsg.), The International Monetary Fund 1945-1965, Bd. III: Documents, 1969, S. 128-135. Siehe hierzu auch die

tete Übereinkommen über den Internationalen Währungsfonds (*Articles of Agreement of the International Monetary Fund*)[34] war wie auch das Übereinkommen über die Internationale Bank für Wiederaufbau und Entwicklung[35] (*Articles of Agreement of the International Bank for Reconstruction and Development*)[36] das Ergebnis sorgfältiger Vorarbeiten des amerikanischen und britischen Verhandlungsführers, des sog. *White*[37]- und *Keynes*[38]-Plans.[39] Trotz gewisser Unterschiede,[40], die sich in erster Linie aus den unterschiedlichen wirtschaftlichen Ausgangspositionen der USA und Großbritanniens zum Ende des zweiten Weltkriegs erklären und im Wesentlichen darin bestanden, dass *Harry*

Analyse bei *E. V. Morgan*, The Joint Statement by Experts on the Establishment of an international Monetary Fund, Economica 11 (1944), 112 ff.; *J. K. Horsefield*, The International Monetary Fund 1945-1965, Bd. I: Chronicle, 1969, S. 54 ff.

34 Im Folgenden: *Articles of Agreement* oder IWFÜ v. 27.12.1945 (2 UNTS 39, 134; 606 UNTS 295; 726 UNTS 266; BGBl. 1952 II, 638, i.d.F. BGBl. 1978 II, 13; zuletzt geändert durch die am 28.4. und 5.5.2008 genehmigten Änderungen, BGBl. 2009 II, 207, 209, in Kraft am 18.2. bzw. 3.3.2011, BGBl. 2011 II, 1143, BGBl. 2011 II, 1361; die siebte Änderung v. 15.12.2010, BGBl. 2012 II, 523, ist am 26.1.2016 in Kraft getreten.

35 Im Folgenden: Weltbank.

36 Im Folgenden: IBRDÜ v. 27.12.1945 (2 UNTS 39, 134; 606 UNTS 295; BGBl. 1952 II, 664; BGBl. 1965 II, 1089; BGBl. 1966 II, 97; zuletzt geändert am 26.3.2012, BGBl. 2013 II, 1039).

37 Abgedruckt bei *J. K. Horsefield* (Hrsg.), The International Monetary Fund 1945-1965, Bd. III: Documents, 1969, S. 37-96.

38 Abgedruckt bei *J. K. Horsefield* (Hrsg.), The International Monetary Fund 1945-1965, Bd. III: Documents, 1969, S. 3-36. Weitere Konferenzunterlagen sind abgedruckt in: Proceedings and Documents of United Nations Monetary and Financial Conference, Bretton Woods, New Hampshire, July 1-22, 1944, Bd. I/ II, 1948.

39 Darauf weist auch *R. W. Edwards*, International Monetary Collaboration, 1985, S. 4 ff. eindringlich hin. Vgl. hierzu auch die ausführliche Untersuchung bei *A. Van Dormael*, Bretton Woods. Birth of a Monetary System, 1978, S. 5 ff.; *G. J. Ikenberry*, A world economy restored: expert consensus and the Anglo-American postwar settlement, International Organization 46 (1992), 289 (296 ff.).

40 Hierzu anschaulich *B. Steil*, The Battle of Bretton Woods. John Maynard Keynes, Harry Dexter White, and the Making of a New World Order, 2013; *M. Itoh*, Pre-history of the IMF: Debates in the UK and Anglo-American Negotiation, in: Yago/Asai/Itoh (Hrsg.), History of the IMF, 2015, 3 (6 ff.).

D. White anders als *John M. Keynes* die zu schaffende internationale Institution ausschließlich durch Mitgliedsbeiträge finanzieren wollte und eine feste Obergrenze für die Inanspruchnahme von Krediten vorsah, verband beide Pläne die Einsicht, das künftige internationale Währungssystem so zu gestalten, dass Beschränkungen des internationalen Zahlungsverkehrs beseitigt und die freie Konvertibilität von Währungen verbunden mit festen Wechselkursen erreicht werden.[41] Dazu waren ausreichend Finanzmittel zur Überbrückung temporärer Zahlungsbilanzdefizite und zur Sicherung der nötigen Liquidität für die Ausdehnung des Welthandels und den Wiederaufbau der vom Krieg zerstörten Staaten erforderlich. Die zur Bewältigung dieser Aufgaben aus der Konferenz hervorgegangenen sog. *Bretton Woods*-Institutionen, der IWF und die Weltbank,[42] stellten letztlich zwar einen Kompromiss zwischen den beiden Plänen dar, trugen jedoch in stärkerem Maße den Vorstellungen des White-Plans und damit der US-amerikanischen Regierung Rechnung.[43]

B. Zur Entwicklung des monetären Völkerrechts zwischen 1945 und 1971

I. Rechtsstruktur und Praxis des Bretton Woods-Systems

Die durch die *Articles of Agreement* repräsentierte Weltwährungsordnung der Nachkriegszeit, sog. Bretton Woods- oder Paritäten-System, kennzeichnete damit als Reaktion auf die wettbewerbsbedingten Abwertungswettläufe der 1930er Jahre ein System fester, aber anpassungsfähiger Wechselkurse, bei dem alle Mitglieder sich dazu verpflichteten,

---

[41] Vgl. *K. W. Dam*, The Rules of the Game. Reform and Evolution in the International Monetary System, 1982, S. 72 ff.; *R. M. Lastra*, The International Monetary Fund in Historical Perspective, JIEL 2000, 507 (509 ff.).

[42] Die vier Jahre später 1948 auf der Konferenz in Havanna unterzeichnete *Havanna Charter* als Satzung der Internationalen Handelsorganisation (*International Trade Organization* [ITO]) hätte die dritte Säule der Reform der internationalen Wirtschaftsordnung auf multilateraler Grundlage bilden sollen. Sie scheiterte letztlich jedoch am Widerstand des amerikanischen Kongresses.

[43] Einzelheiten bei *J. M. Boughton*, Why White, Not Keynes? Inventing the Postwar International Monetary System, IMF Working Paper 02/52, abrufbar unter http://www.imf.org/external/pubs/ft/wp/2002/wp0252.pdf (zuletzt besucht am 2.9.2013).

eine Parität ihrer Währung gegenüber dem Reservemedium Gold oder dem US-Dollar festzulegen.[44] Diese Wahlmöglichkeit war nur gegeben, weil die USA, die zu diesem Zeitpunkt über den größten Goldvorrat verfügten, versprachen, US-Dollar jederzeit und unbegrenzt gegen Gold zu der Parität von einem US-$ pro 0,888671 Gramm bzw. 35 US-Dollar pro Unze Feingold einzutauschen.[45] Auf diese Weise waren alle Währungen direkt oder indirekt über den US-Dollar an das Gold gebunden und so fest miteinander verknüpft. Abweichungen von der Parität erlaubte der IWF nur innerhalb einer Bandbreite von maximal +/- einem Prozent. Bei Kursschwankungen außerhalb der Bandbreite waren die nationalen Währungsbehörden der jeweils betroffenen Mitgliedstaaten zur Intervention auf dem Devisenmarkt verpflichtet. Einseitige Änderungen der Parität sahen die *Articles of Agreement* allerdings nicht vor und waren daher verboten. Nur im Falle einer „grundlegenden Störung" (*"fundamental disequilibrium"*) des Zahlungsbilanzgleichgewichts ließ Art. IV Abschn. 5 IWFÜ a.F. nach Konsultation mit dem IWF bzw. im Falle einer Anpassung über zehn Prozent nach vorheriger Genehmigung des IWF eine Paritätsänderung zu. Neben dieser Änderung im Einzelfall kam unter bestimmten, in Art. IV Abschn. 7 IWFÜ a.F. näher bezeichneten Voraussetzungen auch eine „einheitliche Änderung" der Paritäten in ihrer Gesamtheit in Betracht.[46]

Das Bretton Woods-System führte mit dem Gold-Dollar-Standard somit im Wesentlichen den bereits in den Zwischenkriegsjahren praktizierten Gold-Devisen-Standard fort. Neu war insofern nur, dass er mit den *Articles of Agreement* auf eine multilaterale völkervertragliche und damit verbindliche Grundlage gestellt wurde.[47] Dies ist allerdings inso-

---

[44] Vgl. Art. IV Abschn. 1 i.V.m. Art. XX Abschn. 4 IWFÜ a.F. (1944). Hierzu auch der Überblick bei *J. Gold*, The Legal Structure of the Par Value System, Law & Pol'y Int'l. Bus. 5 (1973), 155 ff.; *ders.*, Legal Models for the International Regulation of Exchange Rates, Mich. L. Rev. 82 (1983-84), 1533 (1534 ff.).

[45] Siehe hierzu ausführlich *F. Zehetner*, Die Suspendierung der Goldkonvertibilität des Dollars, 1973, S. 8 ff.

[46] Zum Ganzen auch *J. Gold*, The Duty to Collaborate with the IMF and the Development of Monetary Law, in: Holland/Schwarzenberger (Hrsg.), Law, Justice and Equity. Essays in Tribute to G. W. Keeton, 1967, 137 ff.

[47] Darauf weist auch *A. F. Lowenfeld*, International Economic Law, 2. Aufl. 2008, S. 598 zu Recht hin, wenn er festhält: "It would not be accurate to say that before 1945 there was no international monetary system. [...]. It would be

fern beachtlich, als damit zum ersten Mal in der Völkerrechtsgeschichte[48] eines der bis dahin behütetsten staatlichen Souveränitätsrechte, die Festlegung und Änderung des Wechselkurses,[49] einer weitgehenden Beschränkung unterstellt wurde.[50] Zu Recht ist daher diese Entscheidung der Bretton Woods-Teilnehmer zur Einschränkung ihrer Währungshoheit im Interesse einer funktionierenden Weltwirtschaft von *Kenneth W. Dam* als "*the key international monetary policy decision of the century*"[51] bezeichnet worden.[52]

In den ersten 25 Jahren seines Bestehens hat der IWF trotz verschiedener Auf- und Abwertungen einzelner Währungen[53] eine vergleichsweise erfolgreiche Tätigkeit ausgeübt. Neben seinem Beitrag zur Liberalisierung des Handels-, Zahlungs- und Kapitalverkehrs und zur Expansi-

---

accurate, however, to say that prior to the close of World War II no international legal regime governed the conduct of states with respect to monetary affairs".

48 Zur bereits Anfang 1930 gegründeten Bank für Internationalen Zahlungsausgleich (BIZ) und damit aktuell ältesten internationalen Finanzinstitution siehe *M. Jacob*, Bank for International Settlements (BIS), in: Wolfrum (Hrsg.), MPEPIL (Stand: Mai 2011). Der BIZ drohte allerdings nur 24 Jahre später auf der Konferenz von Bretton Woods die Liquidation. Dort war erwogen worden, die BIZ abzuschaffen und ihre Aufgaben auf den IWF zu übertragen.

49 So hat bereits 1929 der StIGH in einem *obiter dictum* festgestellt, "*it is indeed a generally accepted principle of public international law that a State is entitled to regulate its own currency*", PCIJ, Case Concerning the Payment of Various Serbian Loans Issued in France, Entscheidung vom 12. Juli 1929, Series A, Nos. 20/ 1, S.44. Siehe hierzu auch m.w.Nw. *C. Herrmann*, Währungshoheit, Währungsverfassung und subjektive Rechte, 2010, S. 97 ff.

50 So ausdrücklich *J. Gold*, Keynes on Legal Problems of International Organization, Conn. L. Rev. 14 (1981-82), 1 (1); siehe auch *ders.*, Public International Law in the International Monetary System, Southwestern Law Journal 38 (1984-85), 799 (805).

51 *K. W. Dam*, The Rules of the Game. Reform and Evolution in the International Monetary System, 1982, S. 71.

52 Ähnlich auch bereits *M. R. Shuster*, The Public International Law of Money, 1973, S. 111, dem zufolge "the Fund Agreement [...] represents the most comprehensive introduction of the rule of law into what had formerly been a closely guarded area of State sovereignty".

53 Hierzu der Überblick bei *J. Gold*, Unauthorized Changes of Par Value and Fluctuating Exchange Rates in the Bretton Woods System, AJIL 65 (1971), 113 (123-124). Siehe auch *M. G. de Vries*, The Par Value System: An Overview, in: de Vries/Horsefield (Hrsg.), The International Monetary Fund 1945-1965, Bd. II: Analysis, 1969, 39 ff; *dies.*, Fluctuating Exchange Rates, in: ebd., 152 ff.

on des Welthandels gehört es zu seinen wichtigsten Errungenschaften, dass er in seiner Funktion als Forum für Konsultationen und Zusammenarbeit für ein gewisses Vertrauensverhältnis zwischen sich und seinen Mitgliedern und zwischen den Mitgliedern untereinander gesorgt und so ein Klima positiver Zusammenarbeit geschaffen hat.[54] Diese Tatsache hat in besonderem Maße auch das Verständnis der Mitglieder für die Notwendigkeit des Abbaus von Devisenkontrollen und des Übergangs zur Konvertibilität ihrer Währungen als Grundvoraussetzung für eine stetige Ausdehnung des Welthandels gefördert. In institutioneller Hinsicht war dieser Erfolg dadurch begünstigt worden, dass die tägliche Organisationsarbeit, anders als etwa in den Vereinten Nationen, nicht durch Widerstände der Sowjetunion gelähmt werden konnte, da die damaligen kommunistischen Staaten – mit Ausnahme Jugoslawiens, Vietnams und den 1950 und 1954 vorübergehend ausgeschiedenen Staaten Polen und Tschechoslowakei sowie Kuba, das seit seinem Austritt 1964 der Organisation bis heute ferngeblieben ist – dem IWF nicht angehörten.[55]

II. Gründung der Europäischen Wirtschaftsgemeinschaft (EWG) und ihre Bretton Woods-Abhängigkeit in der Startphase

In diese Zeit fällt auch die Gründung der EWG durch die sog. Römischen Verträge vom 25. März 1957.[56] Nach dem Scheitern der Europäischen Verteidigungsgemeinschaft (EVG) wurde die EWG im Anschluss an die durch den Pariser Vertrag vom 18. April 1951 errichteten Europäischen Gemeinschaft für Kohle und Stahl (EGKS) mit dem Ziel gegründet, vor allem die wirtschaftliche Integration ihrer Mitgliedstaaten

---

[54] Vgl. *R. W. Edwards*, International Monetary Law: The Next Twenty-Five Years, Vand. J. Transnat'l L. 25 (1992-93), 209 (211); *T. Bayoumi*, Die wirtschaftliche Entwicklung seit dem Weltkrieg, F&E 1995, 48 (48). Eine ausführliche Darstellung und Bewertung der Tätigkeit des IWF in den Anfangsjahren findet sich bei *E. M. Bernstein*, The Evolution of the International Monetary Fund, in: Acheson/Chant/Prachowny (Hrsg.), Bretton Woods Revisited, 1972, 51 ff.

[55] Hierzu *J. Kranz*, Les pays socialistes, le Fonds monétaire international et la banque mondiale, AVR 23 (1985), 270 ff.

[56] BGBl. 1957 II, 766, berichtigt durch BGBl. 1957 II, 1678. In Kraft getreten am 1.1.1958, BGBl. 1958 II, 1.

voranzutreiben.[57] Entsprechend hieß es bereits in der Zielbestimmung des Art. 2 EWGV:

> *„Aufgabe der Gemeinschaft ist es, durch die Errichtung eines Gemeinsamen Marktes und die schrittweise Annäherung der Wirtschaftspolitik der Mitgliedstaaten eine harmonische Entwicklung des Wirtschaftslebens innerhalb der Gemeinschaft, eine beständige und ausgewogene Wirtschaftsausweitung, eine größere Stabilität, eine beschleunigte Hebung der Lebenshaltung und engere Beziehungen zwischen den Staaten zu fördern, die in dieser Gemeinschaft zusammengeschlossen sind.“*

Trotz ihrer Bedeutung für das Funktionieren des Gemeinsamen Marktes war die Währungspolitik im EWGV jedoch nur „rudimentär“[58] geregelt.[59] Ihr war nicht einmal ein eigener Abschnitt gewidmet. Entsprechende Regelungen fanden sich ausschließlich im Rahmen der Wirtschaftspolitik im dritten Teil des Vertrages.[60] Die dort der EWG eingeräumten monetären Befugnisse reichten über eine Koordinierung der nationalen Währungspolitiken ihrer Mitgliedstaaten nicht hinaus.[61]

---

[57] Vgl. hierzu statt vieler den Überblick bei *H. P. Ipsen*, Europäisches Gemeinschaftsrecht, 1972, S.144-145; *G. Nicolaysen*, Europarecht II. das Wirtschaftsrecht im Binnenmarkt, 1996, S. 23-24.

[58] *H. J. Hahn/ U. Häde*, Währungsrecht, 2. Aufl. 2010, § 13, Rn. 5.

[59] Siehe *J. Siebelt*, Auf dem Wege zur Europäischen Währungsunion, in: Siedentopf (Hrsg.), Europäische Integration und nationalstaatliche Verwaltung, 1991, 43 (48 ff.); *M. Selmayr*, Das Recht der Wirtschafts- und Währungsunion, 2002, S. 123. Dies ist umso erstaunlicher, als sich Forderungen nach einer europäischen Integration im Währungsbereich bereits in einzelnen Dokumenten der frühen Nachkriegszeit finden. So heißt es etwa in Ziff. 13 des 18-Punkte-Programms der Europäischen Union vom Februar 1947: „Die „Europäische Union“ treibt eine einheitliche Währungspolitik und führt eine einheitliche Währung ein“. Abgedruckt in *J. Schwarz*, Der Aufbau Europas. Pläne und Dokumente 1945-1980, 1980, 53 (54). Vgl. auch Art. 18 des Vorentwurfs der "*Union Européenne des Fédéralistes*" (UEF) für eine europäische Verfassung v. 11.11.1948. Abgedruckt, in: *ebd.*, 73 (78).

[60] Bestimmungen zur Währungspolitik waren vor allem in den Art. 3 lit. g), 6 und 103 ff. EWGV zu finden.

[61] Hierzu im Einzelnen *H. Geiger*, Das Währungsrecht im Binnenmarkt der Europäischen Union, 1996, S. 10 ff. Vgl. auch den Überblick bei *T. Oppermann*, Währungsunion und EWG-Vertragsrevision, EuR 1971, 130 (132); *M. Zuleeg*, Die Währungspolitik im Lichte der Rechtsprechung des Europäischen Gerichtshofs, EuR 1975, 196 (196 f.).

Hinsichtlich der Wechselkurspolitik beschränkte sich der EWGV in Art. 107 Abs. 1 auf die Feststellung, dass „jeder Mitgliedstaat [...] seine Politik auf dem Gebiet der Wechselkurse als eine Angelegenheit von gemeinsamem Interesse" zu behandeln hat.[62]

Diese Zurückhaltung des EWGV erklärt sich zum einen damit, dass die Vertragsstaaten nicht bereit waren, der EWG die für eine gemeinsame Währungspolitik erforderlichen weitergehenden Befugnisse einzuräumen und damit erneut auf wesentliche monetäre Souveränitätsrechte zu verzichten.[63] Vielmehr glaubte man, dass die bereits bestehenden Regeln des internationalen Währungssystems, insbesondere das auf der Grundlage der *Articles of Agreement* bestehende System fester, aber anpassungsfähiger Wechselkurse mit dem US-Dollar als Leitwährung, ausreichen, um das Ziel eines Gemeinsamen Marktes zu verwirklichen.[64] Insofern verhinderten neben dem Souveränitätsvorbehalt der Mitgliedstaaten auch und vor allem die zunächst stabilen Rahmenbedingungen des Bretton Woods-Systems, an dem sich alle sechs Gründungsmitglieder der EWG mitgliedschaftlich beteiligten, eine monetäre Ergänzung des europäischen Integrationsprogramms. Aufgrund der jährlichen Festsetzung der Agrarpreise in einheitlichen Rechnungseinheiten, für deren Umrechnung in eine Mitgliedswährung die beim IWF angemeldete Parität in Gold oder US-Dollar zugrunde gelegt wurde,[65]

---

[62] Hierzu *R. Smits*, in: v. d. Groeben/Thiesing/Ehlermann, Komm. zum EWGV, Bd. 2, 4. Aufl. 1991, Art. 107.

[63] Vgl. *H. J. Hahn*, Der Vertrag von Maastricht als völkerrechtliche Übereinkunft und Verfassung, 1992, S. 12-13; *C. Herrmann*, Währungshoheit, Währungsverfassung und subjektive Rechte, 2010, S. 199.

[64] *R. Myrus*, From Bretton Woods to Brussels: A Legal Analysis of the Exchange-Rate Arrangements of the International Monetary Fund and the European Community, Fordham Law Review 62 (1994), 2095 (2108). Siehe auch *C. Tomuschat*, Die Aufwertung der Deutschen Mark, 1970, S. 17, der in diesem Zusammenhang davon spricht, dass „die allgemeine internationale Währungsordnung, deren Merkmale rechtlich fixierte Paritäten mit starren Kursspannen sind, [...] eine Voraussetzung des EWG-Vertrages" darstellt.

[65] Vgl. Verordnung Nr. 129 des Rats über den Wert der Rechnungseinheit und die im Rahmen der Gemeinsamen Agrarpolitik anzuwendenden Umrechnungskurse v. 23.10.1962 (ABl. 106 v. 30.10.1962, 2553/ 62) und die hierzu ergangene Verordnung Nr. 653/68 des Rats vom 30.5.1968 über die Bedingungen für die Änderung des Wertes der Rechnungseinheit für die Gemeinsame Agrarpolitik (ABl. L 123/ 4 v. 31.5.1968). Beide abgedruckt in: *R. Hellmann/B. Molitor*, Textsammlung zur Wirtschafts- und Währungsunion der Europäischen Gemeinschaft, 1973, S. 165 ff.

stellte zudem auf innergemeinschaftlicher Ebene mit der Gemeinsamen Agrarpolitik paradoxerweise ein Integrationsfortschritt ein weiteres Hindernis beim Aufbau der monetären Integration dar.[66]

Die Effektivität und Stabilität der Rechtsordnung der EWG hing somit in den ersten Jahren ihres Bestehens nicht unwesentlich davon ab, inwieweit sich eine generelle Befolgung der Regeln des IWF durchsetzen ließ. *Dominique Carreau* stellte insoweit zutreffend fest, « *sur le plan monétaire, la CEE semblait une institution pour temps heureux* ».[67] Andere Autoren, wie etwa *Martin Selmayr*, folgern hieraus sogar eine „*"Bretton-Woods-Abhängigkeit" der Gemeinschaft in ihren Gründerjahren*".[68] Dieses Vertrauen auf die Verlässlichkeit des Bretton Woods-Systems bedeutete aber zumindest in der Anfangsphase des IWF, in der das Paritätensystem noch weitgehend problem- und konfliktlos funktionierte, kein Hindernis für den wirtschaftlichen Fortschritt innerhalb der EWG. Vielmehr gelang es ihren Mitgliedstaaten bereits in der Zeit zwischen 1958 und 1961, die vollständige Konvertibilität ihrer Währungen im Sinne des Art. VIII IWFÜ untereinander und gegenüber dem US-Dollar herbeizuführen und – bis auf Frankreich – erstmals wieder Zahlungsbilanzüberschüsse zu verzeichnen.[69] Dieser wirtschaftliche Erfolg machte sich in der Folge dann auch in der internen Machtstruktur des IWF bemerkbar. So durfte Deutschland aufgrund seines wirtschaftlichen Aufschwungs und dem damit verbundenen Aufstieg zu einem der fünf quotenstärksten Mitglieder erstmals 1960 anstelle Chinas einen eigenen Exekutivdirektor ernennen, womit die „Europäer" bereits zu diesem Zeitpunkt mit drei „ständigen" Mitgliedern im Exe-

---

[66] Vgl. *H. R. Meyer/K. Stadtmüller*, Flexible Wechselkurse in der Währungsrechtsordnung, ZHR 136 (1972), 31 (44-45); ferner *M. Selmayr*, Das Recht der Wirtschafts- und Währungsunion, 2002, S. 129.

[67] *D. Carreau*, La Communauté économique européenne face aux problèmes monétaires, RTDE 7 (1971), 586 (592). Ähnlich auch *M. Seidel*, Das Europäische Währungssystem, EuR 14 (1979), 13 (19): „Für die Haltung des Vertragsgebers war die Auffassung motivierend, daß die damalige Währungsordnung mit dem US-Dollar als Leitwährung von Dauer sei".

[68] *M. Selmayr*, Das Recht der Wirtschafts- und Währungsunion, 2002, S. 128.

[69] Vgl. *J. van Ypersele/J.-C. Koeune*, Das Europäische Währungssystem. Geschichte, Funktionsweise und Aussichten, 1985, S. 35. Siehe auch *R. Myrus*, From Bretton Woods to Brussels: A Legal Analysis of the Exchange-Rate Arrangements of the International Monetary Fund and the European Community, Fordham Law Review 62 (1994), 2095 (2108).

kutivdirektorium vertreten waren.[70] Hinzu kam, dass ihnen aufgrund eines *gentlemen's agreement* mit den USA ein Vorschlagsrecht für den Geschäftsführenden Direktor zugestanden wurde, das bis heute dazu dient, um ausschließlich westeuropäische Staatsbürger zu nominieren.[71] Insgesamt gesehen lässt sich daher bereits zu diesem Zeitpunkt von einer führenden Rolle der europäischen Staaten im IWF – freilich neben den USA – sprechen.

In wirtschaftlicher Hinsicht änderte sich die Situation allerdings schlagartig, als die USA aufgrund ihres hohen Zahlungsbilanzdefizits, das sich unter anderem aus der Finanzierung des Vietnamkriegs und verschiedener konjunkturunterstützender Programme ergab, zunehmend nicht mehr in der Lage waren, weiterhin ihre Rolle als Garant der internationalen monetären Stabilität zu erfüllen.[72] Statt der anfänglich befürchteten „Dollar-Lücke",[73] die 1968 noch zur Errichtung des Systems der Sonderziehungsrechte als der ersten „künstlich" geschaffenen Reserveeinheit in der Geschichte des Währungsvölkerrechts durch die erste Änderung der *Articles of Agreement* führte,[74] setzte ab Ende der sechziger Jahre ein Überangebot an Dollarreserven ein. Schon nach kurzer Zeit wuchsen die Dollarbestände der ausländischen Zentralbanken über die amerikanischen Goldbestände hinaus und gefährdeten so die selbstbegründete Umtauschverpflichtung der USA.[75] Parallel hierzu setzte in Europa ein Aufwertungsdruck auf die Deutsche Mark und ein Abwertungsdruck auf den Französischen Franc ein, dem beide – allerdings ohne vorherige Koordinierung auf europäischer Ebene – Ende 1969

---

[70] *J. Gold*, Legal and Institutional Aspects of the International Monetary System, Bd. II, 1984, S. 387.

[71] Ausführlich hierzu unter Teil 3.B.II.3.

[72] Siehe auch *F. Aschinger*, Die Zukunft des Dollars und der EWG-Währungen, Außenwirtschaft 27 (1972), 376 (379 ff.).

[73] *Deutsche Bundesbank*, Weltweite Organisationen und Gremien im Bereich von Währung und Wirtschaft, 2013, S. 24.

[74] Näher hierzu *J. Gold*, Legal Technique in the Creation of a New International Reserve Asset: Special Drawing Rights and the Amendment of the Articles of Agreement of the International Monetary Fund, Case W. Res. J. Int'l. L. 1 (1968-69), 105 ff.; *J. J. Polak*, Some Reflections on the Nature of Special Drawing Rights, 1971. Aus jüngerer Zeit vgl. die umfassende Untersuchung bei *C. Wilkie*, Special Drawing Rights (SDRs): The First International Money, 2012.

[75] Dazu eingehend *B. Eichengreen*, Vom Goldstandard zum Euro: Die Geschichte des internationalen Währungssystems, 1999, S. 174-180.

nachgeben mussten.[76] Diese beiden Paritätsänderungen sowie die immer bedrohlicher werdenden Entwicklungen auf der internationalen Ebene ließen innerhalb der EWG das doppelte Problem der Anfälligkeit der innergemeinschaftlichen Wechselkursrelationen gegenüber einem Druck von außen und des Fehlens einer gemeinsamen europäischen Währungspolitik in der Folge immer deutlicher werden.[77]

Die Kommission wies daher in ihrem sog. *Barre*-Memorandum vom Februar 1969,[78] das im Vergleich zu einem früheren Aktionsprogramm von 1962[79] in wesentlich *„schärfere[r] Sprache"*[80] formuliert war, auf den entsprechenden Reformbedarf in Richtung einer engeren Währungskooperation innerhalb der EWG hin. Auf wirtschaftspolitischem Gebiet wurde zudem eine Harmonisierung der nationalstaatlichen Einzelmaßnahmen angemahnt.[81] Daran anknüpfend beauftragte der Rat am 6. März 1970 eine Expertengruppe unter der Leitung des damaligen luxemburgischen Ministerpräsidenten und Finanzminister *Pierre Werner* mit der Erstellung eines Berichts, den sog. *Werner*-Plan,[82] über eine schrittweise Verwirklichung einer Wirtschafts- und Währungsunion.

---

[76] Bereits vorher kam es nach langjähriger Krise des englischen Pfundes auch zu dessen Abwertung am 18.11.1967. Dazu im Einzelnen *W. Hallstein*, Die Europäische Gemeinschaft, 1973, S. 142 ff. Zur Aufwertung der Deutschen Mark ausführlich und m.w.Nw. *C. Tomuschat*, Die Aufwertung der Deutschen Mark, 1970.

[77] Vgl. *J. van Ypersele/ J.-C. Koeune*, Das Europäische Währungssystem. Geschichte, Funktionsweise und Aussichten, 1985, S. 38-39; *H. J. Hahn*, Der Vertrag von Maastricht als völkerrechtliche Übereinkunft und Verfassung, 1992, S. 15- 16.

[78] Memorandum der Kommission der Europäischen Gemeinschaften an den Rat v. 12.2.1969 über die Koordinierung der Wirtschaftspolitik und die Zusammenarbeit in Währungsfragen innerhalb der Gemeinschaft (Dok. Kom. (69) 150, 18), abgedruckt in: EA 1969, D 163 ff.

[79] Dabei handelt es sich um das Memorandum der Kommission vom 24.10.1962 über das Aktionsprogramm der Gemeinschaft für die zweite Stufe, abgedruckt in: EA 1963, D 63.

[80] *W. Hallstein*, Die Europäische Gemeinschaft, 1973, S. 142.

[81] Vgl. *R. Barre*, Die währungspolitische Zusammenarbeit innerhalb der Europäischen Wirtschaftsgemeinschaft, EA 1969, 563 ff. Siehe auch den Überblick bei *R. Hellmann/B. Molitor*, Textsammlung zur Wirtschafts- und Währungsunion der Europäischen Gemeinschaft, 1973, S. 20-21.

[82] Abgedruckt in: *H. Krägenau/W. Wetter*, Europäische Wirtschafts- und Währungsunion. Vom Werner-Plan zum Vertrag von Maastricht, 1993, S. 98 ff.

Auf dessen Grundlage verabschiedeten schließlich der Rat und die Vertreter der Regierungen der Mitgliedstaaten am 22. März 1971 eine Grundsatzentscheidung *„über die stufenweise Verwirklichung der Wirtschafts- und Währungsunion in der Gemeinschaft“*.[83] Das Ziel war es, die Währungsunion bis spätestens Ende 1980 in drei Stufen zu errichten.[84] Die Entscheidung stellte im Ergebnis einen Kompromiss dar zu der während dieser Zeit heftig geführten Diskussion, ob die gemeinsame Währungspolitik der „Motor“ oder die „Krönung“ des Integrationsprozesses sein soll.[85] Während die „Ökonomisten“, darunter vor allem die damaligen Überschussländer Deutschland und die Niederlande, eine gemeinsame Währungsunion als „Krönung“ der integrationspolitischen Entwicklung ansahen und dementsprechend als unerlässliche Vorbedingung ein hohes Maß an wirtschaftlicher Konvergenz verlangten, vertraten die „Monetaristen“, zu denen neben Belgien und Frankreich auch Luxemburg zählte, die Auffassung, dass rasche Fortschritte im Währungsbereich die Mitgliedstaaten in der Folge auch zu einer besseren Koordinierung ihrer Wirtschaftspolitik zwingen würden.

Aus historischer Sicht stellen der Werner-Plan und die ihn umsetzende Ratsentscheidung jedoch nicht mehr als den ersten grundlegenden Versuch zur monetären Kooperation innerhalb der Gemeinschaft dar. Während die EWG bei ihrer Gründung noch besonders günstige Rahmenbedingungen vorfand, hätte der Stufenplan zur Verwirklichung der Wirtschafts- und Währungsunion nämlich zu keinem ungünstigeren Zeitpunkt verabschiedet werden können als zu Beginn der siebziger Jahre.

---

83 Entschließung des Rats und der Vertreter der Regierungen der Mitgliedstaaten v. 22.3.1971 über die stufenweise Verwirklichung der Wirtschafts- und Währungsunion in der Gemeinschaft (ABl. C 28/ 1 v. 27.3.1971). Abgedruckt in: *H. Krägenau/W. Wetter*, Europäische Wirtschafts- und Währungsunion. Vom Werner-Plan zum Vertrag von Maastricht, 1993, S. 106 ff.

84 Ausführlich zu dieser Entwicklung *H. Geiger*, Das Währungsrecht im Binnenmarkt der Europäischen Union, S. 19 ff.; *H. Kortz*, Die Entscheidung über den Übergang in die Endstufe der Wirtschafts- und Währungsunion, 1996, S. 25 ff. Vgl. auch den knappen, aber prägnanten Überblick bei *J.-C. Trichet*, L'Union Monétaire en Europe: De Bretton Woods à Nos Jours, Revue d'Économie Financière 2007, 57 (61).

85 Vgl. zu dieser Diskussion statt vieler den Überblick bei *W. Cezanne*, Monetäre Integration in der Europäischen Gemeinschaft, in: Scharrer/Wessels (Hrsg.), Das Europäische Währungssystem, 1983, 1 (16-17).

C. Zu Weiterentwicklungen des Währungsvölkerrechts zwischen 1971 und 1992

I. Metamorphose des Bretton Woods-Währungssystems und ihre Rückwirkungen auf die monetären Integrationsbestrebungen innerhalb der EWG

Die nachfolgenden zwei Jahre nach der Entschließung des Ministerrats vom 22. März 1971 stellten bekanntlich den Höhepunkt derjenigen Entwicklung dar, die in den vergangenen Jahren zu den schärfsten Angriffen auf den IWF seit seiner Gründung geführt hatte. Die während dieser Zeit weiter anhaltende „Kapitalflucht" aus den USA und das hierdurch verstärkte Defizit der amerikanischen Zahlungsbilanz führten am 15. August 1971 als Reaktion hierauf zur Suspendierung der Goldeinlösungsverpflichtung für Dollarverbindlichkeiten der USA durch Präsident *Nixon*.[86] Dieser Verstoß gegen grundlegende Regelungen der *Articles of Agreement* (Art. IV Abschn. 4 lit. b), VIII Abschn. 3 IWFÜ a.F.)[87] wirkte sich in der Folgezeit auf die Funktionsfähigkeit des internationalen Währungssystems deshalb so gravierend aus, weil es in Fragen der Konvertibilität und der Wechselkurse gänzlich auf der Selbstverpflichtung der USA zur Aufrechterhaltung der Goldkonvertibilität des US-Dollar basierte.[88] Damit war aber nicht nur dem Bretton

---

[86] Hierzu *F. Zehetner*, Die Suspendierung der Goldkonvertibilität des Dollars, 1973; *R. Solomon*, The International Monetary System 1945-1976. An Insider's View, 1977, S. 176 ff., 185 ff.

[87] Vgl. *J. H. Jackson*, The New Economy Policy and United States International Obligations, AJIL 66 (1972), 110 (115); *L. Focsaneanu*, Le droit international monétaire à la recherche d'un « système », Journal du droit international 100 (1973), 644 (665-667); *E. U. Petersmann*, Völkerrechtliche Fragen der Weltwährungsreform, ZaöRV 34 (1974), 452 (465). Zur „verhaltenen" Reaktion des IWF hierauf wie auch auf die vorherigen Satzungsverstöße infolge floatender Wechselkurse siehe *A. Kafka*, The International Monetary System in Transition – Part I, Va. J. Int'l L. 13 (1972-73), 135 (145). Vgl. auch *E. U. Petersmann*, Zum Rechtswandel des IMF-Paritätensystems, WiR 2/1974, 119 (151): „Für die IMF-Praxis gegenüber Wechselkursschwankungen ist […] seit jeher eine flexible Haltung und Nichtanwendung der satzungsrechtlich zulässigen Sanktionen kennzeichnend".

[88] Vgl. hierzu auch die Feststellung des *IMF*, Annual Report 1972, S. 1-2: "The action by the United States on the external front removed one of the foundation stones of the international monetary system as it had operated since World War II under the Bretton Woods Agreement".

Woods-System,[89] sondern auch dem anvisierten Stufenplan zur Errichtung der europäischen Wirtschafts- und Währungsunion die „Grundlage“[90] entzogen.[91] Insbesondere der vom Ausschuss der Zentralbankpräsidenten der Mitgliedstaaten der EWG auf Veranlassung der Wernergruppe getroffene Entschluss, ab Mitte Juni 1971 durch koordinierte Interventionen auf dem Devisenmarkt die Bandbreiten zwischen den Gemeinschaftswährungen von ursprünglich +/- 1, 5 Prozent auf +/- 1, 2 Prozent bei gleichzeitiger Beibehaltung der Schwankungsbreiten der Mitgliedswährungen von +/- 0,75 Prozent gegenüber dem Dollar einzuengen,[92] ließ sich infolge der verstärkt einsetzenden Instabilität des internationalen Währungssystems nicht mehr ausführen.[93] Stattdessen flammte die Uneinigkeit der EWG-Mitgliedstaaten in Bezug auf die Währungspolitik bereits nur vier Tage nach der Verkündung der amerikanischen *New Economic Policy* durch Präsident *Nixon* in sichtbarer Weise wieder auf. Während die Benelux-Länder im Rat eine Aufrechterhaltung der früheren Schwankungsbreiten der Wechselkurse zwischen den Gemeinschaftswährungen und ein gemeinsames Floaten gegenüber dem Dollar vorschlugen, beschloss der Rest, jeder für sich vorzugehen: Italien und Deutschland, das infolge des massiven Dollarzustroms bereits Anfang Mai 1971 mit Billigung des Rats[94] den Wechselkurs der

---

[89] Zu dieser *„Metamorphose“* des Bretton-Woods-Währungssystems im Allgemeinen *F. Aschinger*, Das Währungssystem in der Metamorphose, 1972.

[90] *H.-E. Scharrer*, Europäische Wirtschafts- und Währungsunion – Pragmatismus ohne politisches Konzept, in: Scharrer/Wessels (Hrsg.), Europäische Wirtschaftspolitik, 1973, 81 (101).

[91] So auch *F. Aschinger*, Die Zukunft des Dollars und der EWG-Währungen, Außenwirtschaft 27 (1972), 376 (380, 386 ff.); *R. Myrus*, From Bretton Woods to Brussels: A Legal Analysis of the Exchange-Rate Arrangements of the International Monetary Fund and the European Community, Fordham Law Review 62 (1994), 2095 (2109).

[92] Vgl. Stellungnahme einer Expertengruppe unter Vorsitz von Baron Ansiaux zu den vom Ad-hoc-Ausschuss unter Vorsitz von Ministerpräsident Werner aufgeworfenen Fragen (Anlage 5 zum Werner-Bericht). Abgedruckt in: *D. Gehrmann/S. Harmsen*, Monetäre Integration in der EWG. Dokumente und Bibliographie, 1972, S. 140 ff.

[93] Vgl. *H.-E. Scharrer*, Europäische Wirtschafts- und Währungsunion – Pragmatismus ohne politisches Konzept, in: Scharrer/Wessels (Hrsg.), Europäische Wirtschaftspolitik – Programm und Realität, 1973, 81 (102 ff.); *G. Wittich/M. Shiratori*, Die Schlange im Tunnel, F&E 1973, 9 (9).

[94] Vgl. Ziff. 2 der Entschließung des Rats v. 9.5.1971 zur monetären Situation (ABl. C 58/1 v. 10.6.1971): „Angesichts der übermäßigen Kapitalzuflüsse in

Deutschen Mark freigab,[95] ließen ihre Währung weiterhin floaten. Frankreich dagegen ging dazu über, einen gespaltenen Devisenmarkt einzuführen, und verstärkte die devisenrechtlichen Beschränkungen.[96]

Erst das Washingtoner *Smithsonian Agreement* vom Dezember 1971,[97] mit dem die Minister der sog. Zehnergruppe (G10)[98] außerhalb des IWF, aber mit dessen „Duldung",[99] den Versuch unternahmen, wieder stabile Wechselkursbeziehungen und damit eine gewisse Ordnung im internationalen Währungssystem herzustellen,[100] stellte die „Geschäftsgrundlage"[101] für Bestrebungen nach einer einheitlichen europäischen

---

gewisse Länder der Gemeinschaft gibt der Rat, obgleich unter normalen Umständen ein System flexibler Wechselkurse innerhalb der Gemeinschaft mit ihrem guten Funktionieren unvereinbar ist, seinem Verständnis dafür Ausdruck, daß in gewissen Fällen die betreffenden Länder für eine begrenzte Zeit die Schwankungsbreiten der Wechselkurse ihrer Währungen im Vergleich zu ihren augenblicklichen Paritäten erweitern können". Abgedruckt in: *R. Hellmann/B. Molitor*, Textsammlung zur Wirtschafts- und Währungsunion der Europäischen Gemeinschaft, 1973, S. 85.

95 Dazu ausführlich *R. Morawitz*, Die Freigabe des Wechselkurses der deutschen Mark 1971, EuR 1971, 335.

96 Vgl. *J. van Ypersele/J.-C. Koeune*, Das Europäische Währungssystem. Geschichte, Funktionsweise und Aussichten, 1985, S. 42.

97 Abgedruckt in: *R. Hellmann/B. Molitor*, Textsammlung zur Wirtschafts- und Währungsunion der Europäischen Gemeinschaft, 1973, S. 274 ff.

98 Die G10 ist eine Staatengruppe, die seit 1962 besteht und sich aus den ehemals größten Beitragszahlern des IWF (Belgien, Deutschland, Frankreich, Großbritannien, Holland, Italien, Japan, Kanada, Schweden und USA) zusammensetzt. Ihre Rolle auch und vor allem in Bezug auf den IWF ist inzwischen aber von der G7/8 und G20 übernommen worden.

99 Vgl. Decision No. 3463-(71/126) des Exekutivdirektoriums v. 18.12.1971 über "Central Rates and Wider Margins: A temporary Regime", abgedr. in: *IMF*, Annual Report 1972, 85 ff. Vgl. hierzu auch *S. Kalsi*, Toward Greater Flexibility in the Exchange Rate Regime of the International Monetary Fund: The Widening of the Band, Vand. J. Transnat'l L. 6 (1972-73), 86 ff., der die Entscheidung für satzungswidrig erklärt (S. 104-105).

100 Hierzu *R. Solomon*, The International Monetary System 1945-1976. An Insider's View, 1977, S. 206 ff.; *K. W. Dam*, The Rules of the Game. Reform and Evolution in the International Monetary System, 1982, S. 189 ff.

101 *H.-E. Scharrer*, Europäische Wirtschafts- und Währungsunion – Pragmatismus ohne politisches Konzept, in: Scharrer/Wessels (Hrsg.), Europäische Wirtschaftspolitik – Programm und Realität, 1973, 81 (106).

Währungspolitik wieder her.[102] Durch die dort u.a. beschlossene Erweiterung der Bandbreiten gegenüber dem Dollar von ursprünglich +/- einem Prozent auf +/- 2,25 Prozent stieg der Spielraum für Wechselkursschwankungen zwischen den Gemeinschaftswährungen auf +/- 4,5 Prozent, im ungünstigsten Fall sogar auf neun Prozent. Da die Ausdehnung der Margen in dieser Höhe eine zu große Gefahr vor allem für die auf festen Preisen beruhende Gemeinsame Agrarpolitik darstellte, wurde der Plan wieder aufgenommen, die Bandbreiten zwischen den Gemeinschaftswährungen zu verringern.[103] Zu diesem Zweck verabschiedete der Rat zusammen mit den Regierungsvertretern der Mitgliedstaaten am 21. März 1972 eine Entschließung, in der unter anderem die Zentralbanken der EWG-Mitgliedstaaten „ersucht" wurden, bis zum 1. Juli 1972 durch Intervention auf dem Devisenmarkt den „Abstand zwischen den Währungen von zwei Mitgliedstaaten" unter 2,25 Prozent zu halten.[104] Dem kamen die Notenbanken durch das sog. Baseler Abkommen vom 10. April 1972[105] nach, das bereits am 24. April in Kraft gesetzt wurde.[106] Da die Bandbreiten zwischen den europäischen Wäh-

---

[102] Vgl. *W. Schmitz*, Die Europäische Währungsunion – Bauelement der künftigen Weltwährungsordnung, Europäische Rundschau 1973, 47 (50); *F. Aschinger*, Das neue Währungssystem. Von Bretton Woods bis zur Dollarkrise 1977, 1978, S. 28; *R. Myrus*, From Bretton Woods to Brussels: A Legal Analysis of the Exchange-Rate Arrangements of the International Monetary Fund and the European Community, Fordham Law Review 62 (1994), 2095 (2109).

[103] *I. Davidson*, Internationales Währungssystem und europäische Währungsunion, EA 1972, 609 (614); *J. van Ypersele/J.-C. Koeune*, Das Europäische Währungssystem. Geschichte, Funktionsweise und Aussichten, 1985, S. 43; *H. Ungerer*, A Concise History of European Monetary Integration. From EPU to EMU, 1997, S. 123.

[104] Vgl. Ziff. III 1 lit. c) der Entschließung des Rats und der Vertreter der Regierungen der Mitgliedstaaten vom 21. März 1972, ABl. 1972 C 38/ 3. Abgedruckt in: *H. Krägenau/W. Wetter*, Europäische Wirtschafts- und Währungsunion. Vom Werner-Plan zum Vertrag von Maastricht, 1993, S. 108 ff.

[105] Abkommen zwischen den Zentralbanken der Mitgliedstaaten der Gemeinschaft v. 10.4.1972 über die Verringerung der Bandbreiten zwischen den Währungen der Gemeinschaft. Abgedruckt in: *H. Krägenau/W. Wetter*, Europäische Wirtschafts- und Währungsunion. Vom Werner-Plan zum Vertrag von Maastricht, 1993, S. 110.

[106] Davon abweichend beschlossen die Benelux-Staaten, im Innenverhältnis zwischen ihren Währungen weiterhin an der ursprünglichen max. Schwankungsbreite von 1,5 % festzuhalten.

rungen danach nur halb so groß waren wie gegenüber Drittwährungen, hatte man für den so errichteten Europäischen Wechselkursverbund auch das Bild der „Schlange im Tunnel" geprägt.[107] Im Gegensatz zu der bis dahin im Bretton Woods-System üblichen Regel, Interventionen auf dem Devisenmarkt in US-Dollar durchzuführen, ging man zudem dazu über, Interventionen zur Verteidigung der vereinbarten Bandbreiten grundsätzlich in Gemeinschaftswährungen vorzunehmen. Damit kam man vor allem der Forderung Deutschlands nach, das keine zusätzlichen Dollarbestände mehr anhäufen wollte. Am 1. Mai 1972 traten dem Baseler Abkommen auch die zum 1. Januar 1973 in die Gemeinschaft neu aufgenommenen Mitglieder Großbritannien, Dänemark und Irland bei. Später kamen auch Norwegen im Mai 1972 und Schweden im März 1973 als assoziierte Mitglieder hinzu.

Allerdings zeigte sich bereits nach kurzer Zeit, dass nicht alle Mitglieder in der Lage waren, die mit diesem System verbundenen Verpflichtungen auch tatsächlich zu erfüllen. Bereits vor dem Ausbruch der ersten Ölkrise 1973 traten Großbritannien und zeitweise (bis Oktober) auch Dänemark im Juni 1972 aus dem Baseler Abkommen wieder aus und kehrten zur Bandbreitenerweiterung nach dem *Smithsonian Agreement* zurück.[108] Die darin sowie in der Entscheidung des Exekutivdirektoriums über "*Central Rates and Wider Margins: A Temporary Regime*" vereinbarte Neuordnung des Wechselkurssystems währte jedoch nicht lange.[109] Nur kurze Zeit später gingen auch Irland und Italien im Februar 1973 sowie bereits vorher die Schweiz im Januar 1973 dazu über, ihre Währungen floaten zu lassen, was erneut zu Spekulationswellen gegen den US-Dollar führte. Daraufhin werteten die USA ihre Währung abermals um zehn Prozent ab.[110] Als Reaktion hierauf schlug die Kommission dem Rat am 4. März 1973 die Schaffung eines gemeinschaftlichen Wechselkurssystems vor, „das die Beibehaltung des „Gemeinschaftsbands" von 2,25 Prozent vorsieht sowie die Aussetzung der Interventionen, mit denen der Wechselkurs des US-Dollars innerhalb

---

[107] Hierzu *G. Wittich/M. Shiratori*, Die Schlange im Tunnel, F&E 1973, 9 ff.

[108] Damit floatete nicht nur das Pfund Sterling, sondern auch die Währungen von anderen 16 Staaten, die an das Pfund gekoppelt waren.

[109] Vgl. *M. G. de Vries*, Das Weltwährungssystem im Lichte der veränderten Weltwirtschaft, F&E 1974, 10 ff.

[110] Zu dieser Entwicklung im Einzelnen *M. G. de Vries*, The International Monetary Fund 1972-1978, Bd. I.: Narrative and Analysis, 1985, S. 61 ff.; *J. van Ypersele/J.-C. Koeune*, Das Europäische Währungssystem. Geschichte, Funktionsweise und Aussichten, 1985, S. 44.

vorher festgelegter Grenzen gehalten wird [...], um zu verhindern, daß spekulative Bewegungen von außen die Wechselkursbeziehungen zwischen den Ländern der Gemeinschaft beeinträchtigen und ihre Wirtschaftsbeziehungen stören". Zudem wies sie darauf hin, dass „[d]ie Einführung dieses Systems [...] die Wiederherstellung fester Wechselkursrelationen zwischen den Währungen sämtlicher Länder der Gemeinschaft voraus[setzt]".[111] Anders als noch im August 1971, als angesichts der beginnenden Auflösung des Paritätensystems die Pläne für einen Wechselkursverbund nicht umgesetzt werden konnten, beschlossen daraufhin die im Basler Abkommen verbliebenen sechs EWG-Staaten, gemeinsam mit Schweden und Norwegen unter Aufrechterhaltung der engen Bandbreiten zwischen den Mitgliedswährungen von 2,25 Prozent bzw. zwischen den Benelux-Staaten von 1,5 Prozent die Bindung an die erweiterte Parität im *Smithsonian Agreement* von +/- 2,25 Prozent aufzugeben und gegenüber dem US-Dollar zu einem „Blockfloating" überzugehen[112].[113]

II. Zusammenbruch des Bretton Woods-Systems und währungspolitische Spaltung der Gemeinschaft

Dieser Entschluss bedeutete den endgültigen Zusammenbruch des im *Smithsonian Agreement* vereinbarten und von Präsident *Nixon* noch als "*the conclusion of the most significant monetary agreement in the history of the world*"[114] bezeichneten Wechselkurssystems. Spätestens zu diesem Zeitpunkt war auch klar, dass aufgrund der ökonomischen Rahmenbedingungen die führenden Wirtschaftsnationen der Welt in absehbarer Zeit nicht mehr zu festen Wechselkursparitäten zurückkehren konnten. Das bereits im Juli 1972 vom Gouverneursrat des IWF zur Ausarbeitung einer neuen Weltwährungsordnung eingesetzte "*Com-*

---

[111] Vgl. Mitteilung der Kommission an den Rat über die Schaffung eines gemeinschaftlichen Währungssystems, Bull.-EG 3-1973, Ziff. 1302.

[112] Siehe hierzu die Erklärung des Rats der EG v. 12.3.1973 über Maßnahmen zur Bewältigung der Währungskrise, abgedruckt in: EA 1973, D 177.

[113] Bildlich gesprochen bedeutete dies eine Fortsetzung der Währungsschlange ohne den durch die Bandbreite gegenüber dem US-Dollar gebildeten Tunnel, der bis dahin ihre Bewegungen eingeschränkt hatte.

[114] Zitiert nach *H. James*, International Monetary Cooperation since Bretton Woods, 1996, S. 238.

mittee on Reform of the International Monetary System and related Issues" (sog. Zwanzigerausschuss [*Committee of Twenty*])[115] nahm dies jedoch erst ein Jahr später, unter dem Eindruck der folgenschweren Auswirkungen der Ölkrise, zur Kenntnis. Dessen „hochfliegende"[116] Pläne, das sog. Rom-Kommuniqué (*Rome Communiqué*) vom Januar 1974 und der darauf folgende Entwurf zur Reform des internationalen Währungssystems (*Outline of Reform*) vom Juni 1974, auf der Grundlage fester, wenn auch anpassungsfähiger Währungsparitäten fanden dementsprechend aufgrund der enormen Zahlungsbilanzdefizite infolge der Ölkrise und der verbreiteten Praxis floatender Wechselkurse keine Realisierung.[117] Vor diesem wirtschaftspolitischen Hintergrund nahm der im Oktober 1974 an die Stelle des Zwanzigerausschusses eingesetzte[118] und institutionell zunächst nur als Übergangslösung gedachte Interimsausschuss von Anfang an eine pragmatischere Haltung ein. Der Anspruch, das internationale Währungssystem umfassend neu zu ordnen, wurde zugunsten eines auf die Realität gelenkten Sofortprogramms aufgegeben.[119] Dementsprechend konzentrierten sich die Reformarbeiten vor allem auf eine Überarbeitung der obsolet gewordenen Wechselkurs- und Goldvorschriften. Die Änderungen traten am 1. April 1978 in Kraft.[120]

---

[115] Zu diesem etwa *J. V. Surr*, Der Zwanzigerausschuß: Ursprung, Entwicklung und Arbeitsweise, F&E 1974, 24 ff. Zum Ausschusssystem des IWF ausführlich unten Teil 3. B.II.4.

[116] *O. Emminger*, Auf dem Weg zu einem neuen internationalen Währungssystem I, ZfgK 17 (1976), 815 (815).

[117] Vgl. *K. O. Pöhl*, Von Bretton Woods nach Jamaika. Bilanz der Reformarbeiten für die künftige Weltwährungsordnung, EA 1976, 139 (141); *J. Gold*, Exchange Arrangements and International Law in an Age of Floating Currencies, Am. Soc'y Int'l L. Proc. 73 (1979), 1 (4).

[118] Vgl. Res. No. 29-8 v. 2. Oktober 1974, "Establishment of an Interim Committee of the Board of Governors on the International Monetary System".

[119] Siehe hierzu im Einzelnen *J. Gold*, Der Interimsausschuss des IWF – eine Bestandsaufnahme, F&E 79, 32 (34-35).

[120] Zu dieser zweiten Satzungsreform des IWF ausführlich *J. Gold*, The Second Amendment of the Fund's Articles of Agreement, Pamphlet Series No. 25, 1978. Siehe zum Ganzen auch den Überblick bei *M. G. de Vries*, The International Monetary Fund 1972-1978, Bd. II: Narrative and Analysis, 1985, S. 685 ff.

Soweit man im Sinne der heutigen Dogmatik überhaupt von einem währungsvölkerrechtlichen Gewohnheitsrecht sprechen kann,[121] mehrten sich in der Zeit zwischen 1971, spätestens ab März 1973 bis zum Inkrafttreten der zweiten Satzungsänderung im April 1978 die Fälle, die auf eine gewohnheitsrechtliche Geltung flexibler Wechselkurse anstelle des bisherigen satzungsrechtlichen Paritäten- und Wechselkurssystems hinweisen.[122] So weist etwa *Ernst U. Petersmann* bereits 1974 darauf hin,

> *„daß die in der Entscheidung Nr.3463 normierten Übergangsregeln betr. die Zulässigkeit von Leitkursen und Wechselkursschwankungen durch ihre seit Ende 1971 konstante, von einer währungsrechtlichen „opinio necessitatis" getragene Anwendung und Anerkennung in der IMF-Organ- und Staatenpraxis inzwischen gewohnheitsrechtliche Völkerrechtsqualität erlangt und dadurch das IMF-Primärrecht modifiziert haben"*[123].[124]

---

[121] Dazu *S. Zamora*, Is there Customary International Economic Law?, GYIL 32 (1989), 9 (29-31).

[122] Siehe hierzu die Diskussion bei *A. Weber*, Die zweite Satzungsnovelle des Internationalen Währungsfonds und das Völkerrecht, in: Flume u.a. (Hrsg.), Internationales Recht und Wirtschaftsordnung, FS F.A. Mann, 1977, 807 (813-814) und *H. J. Hahn*, Elemente einer neuen Weltwährungsordnung, in: Kewenig (Hrsg.), Völkerrecht und internationale wirtschaftliche Zusammenarbeit, 1978, 215 (219). Vgl. auch den Diskussionsbeitrag von *B. Simma* und *R. Bernhardt*, in: Kewenig (Hrsg.), Völkerrecht und internationale wirtschaftliche Zusammenarbeit, 1978, 215 (250, 253). Vgl. ferner die Ausführungen unten Teil 3.A.I.3.

[123] *E. U. Petersmann*, Zum Rechtswandel des IMF-Paritätensystems, WiR 2/1974, 119 (140, 151-153). Vgl. auch *ders.*, Völkerrechtliche Fragen der Weltwährungsreform, ZaöRV 34 (1974), 452 (494-496).

[124] Im Ergebnis ihm folgend *A. Weber*, Die zweite Satzungsnovelle des Internationalen Währungsfonds und das Völkerrecht, in: Flume u.a. (Hrsg.), Internationales Recht und Wirtschaftsordnung, FS F.A. Mann, 1977, 807 (813-814); *P. Fischer*, Das internationale Wirtschaftsrecht, GYIL 19 (1976), 143 (153-154); *G. M. Berrisch*, The Establishment of New Law Through Subsequent Practice in GATT, N.C.J. Int'l L. & Com. Reg. 16 (1991), 497 (509). So wohl auch bereits *H. R. Meyer/K. Stadtmüller*, Flexible Wechselkurse in der Währungsrechtsordnung, ZHR 136 (1972), 31 (39). Den Nachweis einer *opinio iuris* bestreitet demgegenüber *H. J. Hahn*, Wechselkurse und Währungsrecht, in: ders. (Hrsg.), Integration und Kooperation im Europäischen Währungswesen, 1980, 107 (154-155). Anders aber noch seine Beurteilung in: Kewenig (Hrsg.), Völkerrecht und internationale wirtschaftliche Zusammenarbeit, 1978, 215

Diese somit zunächst gewohnheitsrechtlich, ab April 1978 dann auch satzungsrechtlich zulässige Praxis des Floating bedeutete jedoch nicht, dass alle Wechselkurse der Mitgliedswährungen des IWF in der Folge auch völlig frei schwankten. Bis auf einige wenige Mitgliedstaaten – u.a. die aus dem Europäischen Wechselkursverbund ausgeschiedenen Mitglieder Großbritannien und Italien – ging die Mehrzahl dazu über, den Wert ihrer Währungen in einer anderen nationalen Währung festzulegen, um so eine gewisse Stabilität der Austauschverhältnisse im Außenhandel zu erreichen. Auf diese Weise bildeten sich mehrere Währungsblöcke, deren Leitwährungen gegeneinander floateten.[125] Der europäische Währungsblock in Form des Wechselkursverbundes mit festen Wechselkursen nach innen und flexiblen Wechselkursen gegenüber Drittwährungen stellte allerdings insofern eine Besonderheit dar, als er neben seiner originär währungspolitischen Aufgabe auch und vor allem als „Integrationsinstrument“ diente.[126]

Diesen Aspekt betonten die Staats- und Regierungschefs auch noch Mitte der siebziger Jahre, als sich das Ende des Europäischen Wechselkursverbundes, der inzwischen zur „Minischlange“ verkommen war, bereits abzeichnete.[127] Aufgrund der mangelnden Koordinierung der nationalen Wirtschaftspolitik, deren Übertragung auf die Gemeinschaftsebene die Kommission bereits im April 1973 angemahnt hatte,[128] ließen sich die im Baseler Abkommen vereinbarten Bandbreiten immer schwerer aufrechterhalten, mit der Folge, dass immer mehr Mitglieder,

---

(219-220), wo er unter Rückgriff auf *Petersmann* festhält, dass „einiges für die Meinung [spricht], daß sich durch das allgemein praktizierte Floaten eine „opinio necessitatis“ und eine „consuetudo“ herausbildeten, die die Annahme eines das Fixkurssystem des IWF derogierenden Gewohnheitsrechts rechtfertigen mögen“.

125 Vgl. *IMF*, Annual Report 1978, S. 34.

126 Dazu *W. Wessels*, Das EWS – Konflikt zwischen Währungs- und Integrationspolitik, in: Scharrer/Wessels (Hrsg.), Das Europäische Währungssystem, 1983, 147 (insb. 153.155).

127 Erklärung des Europäischen Rats zur Europäischen Union vom 29./30.11.1976, Bull.-EG 11/76, Ziff.2316: *„Die Verwirklichung einer Wirtschafts- und Währungsunion ist für die Konsolidierung der gemeinschaftlichen Solidarität und für die Errichtung der Europäischen Union von grundlegender Bedeutung“*.

128 Vgl. Mitteilung der Kommission an den Rat [u.a.] über die Fortschritte, die während der ersten Stufe der WWU erzielt worden sind, abgedruckt in: Bull.-EG – Beilage 5/73, S. 10.

zunächst Frankreich im März 1976 und dann auch Schweden im August 1977 und Norwegen im Dezember 1978, austreten mussten.[129] Damit war die Gemeinschaft Ende 1978 in währungspolitischer Hinsicht nicht nur gespalten, sondern auch in ihrem 1969 eingeleiteten Versuch einer stufenweisen Errichtung einer Wirtschafts- und Währungsunion vorerst gescheitert.[130]

III. Errichtung des Europäischen Währungssystems (EWS) und seine Rückwirkungen auf den IWF

Um der Gefahr einer weiteren Desintegration zu begegnen, kam es noch im selben Jahr auf Initiative des damaligen französischen Staatspräsidenten *Valéry Giscard d'Estaing* und des damaligen deutschen Bundeskanzlers *Helmut Schmidt* zu einem erneuten Versuch, sämtliche Mitglieder der Gemeinschaft in einen gemeinsamen Wechselkursverbund einzubeziehen. Diese Bemühungen führten im März 1979 zur Errichtung des EWS, das auf dem noch bestehenden Europäischen Wechselkursverbund aufbaute und fast zwei Jahrzehnte bis zum Beginn der dritten und letzten Stufe der Europäischen Wirtschafts- und Währungsunion am 1. Januar 1999 existierte. Im Einzelnen setzte sich das EWS aus der Europäischen Währungseinheit (*European Currency Unit* [*ECU*]), die die bis dahin verwendete Europäische Rechnungseinheit ersetzte und wie das Sonderziehungsrecht des IWF als Währungskorb definiert war, dem Wechselkurs- und Interventionsmechanismus sowie den Kreditmechanismen zusammen.

1. Vereinbarkeit des EWS mit dem IWF-Recht

Die für die Errichtung des EWS maßgebliche[131] Entschließung des Europäischen Rats vom 5. Dezember 1978 nannte als dessen Ziele u.a. eine

---

[129] Eine Übersicht über die Chronik der Schlange findet sich bei *H. Krägenau/W. Wetter*, Europäische Wirtschafts- und Währungsunion. Vom Werner-Plan zum Vertrag von Maastricht, 1993, S. 12.

[130] Vgl. hierzu auch den Bericht der von der Kommission eingesetzten Studiengruppe „Wirtschafts- und Währungsunion 1980" (sog. *Marjolin*-Bericht), abgedruckt in Bull.-EG 4-1975, S. 33 ff.

[131] Wie auch schon vorher die Ausführung des Europäischen Wechselkursverbundes war auch die Errichtung des EWS, die auf der Grundlage einer Viel-

„stabile Währungszone in Europa“ und *„eine auf größere innere und äußere Stabilität gerichtete Politik“*.[132] Der Schwerpunkt lag hierbei aber weniger auf der inneren Preisniveaustabilität, als vielmehr auf der Wechselkursstabilität und damit auf der äußeren Dimension der Währungspolitik vor allem gegenüber der Entwicklung des US-Dollar.[133] Dies verdeutlichte auch Ziff. A. 5 der Ratsentschließung, die die Beziehungen des EWS zu Drittländern und internationalen Organisationen zum Gegenstand hatte. Zu der Frage nach der Vereinbarkeit des EWS mit den Bestimmungen der *Articles of Agreement* hieß es darin: *„Das EWS ist und bleibt uneingeschränkt mit den betreffenden Vorschriften des IWF-Abkommens vereinbar“*.

Dennoch wurden zu Beginn der Tätigkeit des EWS mögliche Inkompatibilitäten vor allem im Verhältnis von ECU und dem System der SZR sowie hinsichtlich der Kreditmechanismen diskutiert.[134] Dagegen war die IWF-rechtliche Zulässigkeit des Wechselkurs- und Interventionsmechanismus von Beginn an unumstritten:[135] Das über die ECU-Leitkurse ermittelte bilaterale Wechselkursgitter als regionales Festkurssystem stellte nicht, wie etwa noch zu Beginn der siebziger Jahre

---

zahl von Rechtsakten erfolgte, in ihrer rechtlichen Zulässigkeit nicht unumstritten. Die spätere Einfügung des Art. 102 a in den EWGV sollte daher nachträglich als zusätzliche Absicherung dienen. Siehe hierzu die insoweit kritische Analyse bei *M. Selmayr*, Das Recht der Wirtschafts- und Währungsunion, 2002, S. 157 ff.

[132] Vgl. Ziff. A. 1.1 und A. 1.3 der Entschließung des Europäischen Rats über die Errichtung des Europäischen Währungssystems (EWS) und damit zusammenhängende Fragen v. 5.12.1978, abgedr. in: *H. Krägenau/W. Wetter*, Europäische Wirtschafts- und Währungsunion. Vom Werner-Plan zum Vertrag von Maastricht, 1993, S. 121.

[133] So etwa *T. de Vries*, On the Meaning and Future of the European Monetary System, in: Essays in International Finance 138 (1980), S. 39; *H.-E. Scharrer*, Der Wechselkurs- und Interventionsmechanismus im EWS – Aus den Erfahrungen lernen, in: Scharrer/Wessels (Hrsg.), Das Europäische Währungssystem, 1983, 175 (178).

[134] Vgl. hierzu den Überblick bei *J. J. Polak*, The EMF: External Relations, in: Banca Nazionale Del Lavoro, Quarterly Review 138 (1980), 359 (367 ff.); *E. Thiel*, Das EWS im internationalen Währungssystem, in: Scharrer/Wessels (Hrsg.), Das Europäische Währungssystem, 1983, 355 (367 ff.); *J. M. Boughton*, Silent Revolution. The International Monetary Fund 1979-1989, 2001, S. 1015.

[135] Vgl. *H. J. Hahn*, Das Europäische Währungssystem, EuR 1979, 337 (343 f.); *J. Gold*, Legal Effects of Fluctuating Exchange Rates, 1990, S. 36.

der Europäische Wechselkursverbund, ein im Grunde mit den ursprünglichen IWF-Regeln von 1945 unvereinbares Wechselkurssystem dar, sondern bildete von Anfang an ein IWF-konformes Beispiel für ein regionales Wechselkursregime. Die insoweit maßgebliche und inhaltlich bis heute unveränderte Regelung des Art. IV Abschn. 2 lit. b) IWFÜ räumt den Mitgliedern grundsätzlich einen weiten Ermessensspielraum bei der Wahl ihres Wechselkurssystems ein, soweit dieses mit den in Art. I IWFÜ genannten Zielen des IWF und den allgemeinen Verpflichtungen nach Art. IV Abschn. 1 IWFÜ übereinstimmt. Zu letzterem gehört es nach Art. IV Abschn. 2 lit. a) IWFÜ auch, den IWF über das gewählte Wechselkurssystem sowie über jede diesbezügliche Änderung zu informieren.[136] Als erweiterte Fortsetzung der „Schlange", die als Wechselkursverbund mit festen Wechselkursen nach innen und flexiblen Wechselkursen gegenüber Drittwährungen bereits zum Zeitpunkt der Einigung des Interimsausschusses über die zweite Satzungsänderung des IWF am 1. Januar 1976 als kooperative Regelung i.S.d. Art. IV Abschn. 2 lit. b (ii) IWFÜ, nach der „Mitglieder den Wert ihrer Währungen im Verhältnis zum Wert der Währung oder Währungen anderer Mitglieder aufrechterhalten" können, anerkannt war,[137] wurde auch der EWS-Wechselkurs- und Interventionsmechanismus mehrheitlich unter die Regelung des Art. IV Abschn. 2 lit. b (ii) IWFÜ subsumiert.[138] Aus heutiger Perspektive spricht hierfür auch, dass die relative Stabilität der an die ECU gekoppelten Währungen und die Konvergenz der Inflationsraten und Zinssätze auf relativ niedrigem Niveau im Wesentlichen auf der zwar nicht *de jure*, aber *de facto* von der Deutschen Mark aus-

---

[136] Eine ausführliche Darstellung der IWF-Wechselkursregelungen findet sich unten in Teil 3.A.II.1.

[137] Zur Vereinbarkeit des Europäischen Wechselkursverbundes mit dem IWF siehe *A. Weber*, Die zweite Satzungsnovelle des Internationalen Währungsfonds und das Völkerrecht, in: Flume u.a. (Hrsg.), Internationales Recht und Wirtschaftsordnung, FS F.A. Mann, 1977, 807 (811-812).

[138] So etwa *H. Baquiast*, The European Monetary System and International Monetary Relations, in: Trezise (Hrsg.), The European Monetary System: Its Promise and Prospects, 1979, 49 (53-54); *H. J. Hahn*, Das Europäische Währungssystem, EuR 1979, 337 (344); *D. Hiss*, Zur Stellung des Europäischen Währungssystems im Rahmen des Weltwährungssystems, Kredit und Kapital 1979, 354 (355); *J.-V. Louis*, Le Système Monétaire Européen et le Fonds Monétaire International, in: Demaret (Hrsg.), Relations extérieures de la Communauté européenne et marché intérieur: aspects juridiques et fonctionnels, 1986, 185 (188); *J. Gold*, Legal Effects of Fluctuating Exchange Rates, 1990, S. 9.

geübten Funktion als Leitwährung des EWS beruhten.[139] Andererseits ließe sich das Wechselkurs- und Interventionssystem ebenso gut auch als die gemeinsame Bindung von Mitgliedswährungen des IWF an einen Währungskorb, nämlich der ECU, begreifen und damit unter Art. IV Abschn. 2 lit. b (i) IWFÜ fassen.[140] Die Praxis folgte dennoch der erstgenannten Variante. Dementsprechend unterlagen diejenigen Mitglieder des EWS, die bereits dem Europäischen Wechselkursverbund angehörten und daher bereits der Notifikationspflicht an den IWF nach Art. IV Abschn. 2 lit. a) IWFÜ nachgekommen waren, anders als die hinzugekommenen Mitglieder keiner erneuten Unterrichtungspflicht.[141] In materiell-rechtlicher Hinsicht sei schließlich noch darauf hingewiesen, dass, soweit es um die Schaffung einer *„stabilen Währungszone in Europa“* ging, auch die Zielsetzung des Wechselkurs- und Interventionssystems sowie seine anschließende Entwicklung, trotz der in der Folgezeit relativ häufigen Anpassungen der Leitkurse, sowohl mit den Zielsetzungen des IWF, insbesondere mit Art. I S. 1 (iii) IWFÜ, als auch mit den allgemeinen Verpflichtungen aus Art. IV Abschn. 1 IWFÜ übereinstimmten.[142]

Dasselbe lässt sich im Ergebnis auch hinsichtlich der Kreditmechanismen des EWS und der ECU als regionale Währungseinheit sagen. Anders als zunächst befürchtet, stellten beide keine Hindernisse bei der Wahrnehmung der sich aus den *Articles of Agreement* ergebenden Mitgliedschaftsrechte und -pflichten dar. Für diejenigen Mitglieder des EWS, die gleichzeitig dem IWF angehörten, bedeuteten die Kreditmechanismen des EWS vielmehr eine Ergänzung der finanziellen Unterstützungsmöglichkeiten, die ihnen aufgrund ihrer individuellen Mitgliedschaft im IWF zur Verfügung standen.[143] Seit Italien 1977 bis zum

---

[139] Zur Rolle der Deutschen Mark als Ankerwährung *S. Collignon*, Das Europäische Währungssystem im Übergang, 1994, S. 153 ff.

[140] Zu dieser Beurteilung siehe bereits *H. J. Hahn*, Das Europäische Währungssystem, EuR 1979, 337 (344).

[141] *Ebd.*

[142] Siehe hierzu auch den Überblick bei *F. Bobay*, La France, les Institutions Monétaires Européennes et le Fonds Monétaire International 1944-1994, in: Ministère de L'Économie, des Finances et de L'Industrie (Hrsg.), La France et les institutions de Bretton Woods 1944-1994, 1998, 157 (167).

[143] So *H. Baquiast*, The European Monetary System and International Monetary Relations, in: Trezise (Hrsg.), The European Monetary System: Its Promise and Prospects, 1979, 49 (54).

Ausbruch der globalen Finanz- und Wirtschaftskrise 2008 hat dennoch keiner der EG-Mitgliedstaaten von den Finanzhilfen des IWF Gebrauch gemacht.[144] Das Problem der Abstimmung zwischen der Gemeinschaft und dem IWF vor allem in Bezug auf die Auflagenpolitik stellte sich daher nicht bzw. wurde im Falle Italiens, das sowohl von der mittelfristigen Kreditfazilität des EWS wie auch von den Fondsfazilitäten im Rahmen einer Bereitschaftskreditvereinbarung (*Stand-By Arrangement*) Gebrauch machte, kooperativ gelöst.[145] Auch die Befürchtungen eines schwindenden Interesses der EWS-Mitglieder, sich in gleicher Weise wie bisher an der Finanzausstattung des IWF zu beteiligen, haben sich angesichts der regelmäßigen Zustimmung zu Quotenerhöhungen und der damit verbundenen Verpflichtungen zu höheren Quoteneinzahlungen sowie der Beteiligung an bi- und multilateralen Kreditvereinbarungen mit dem IWF nicht bestätigt.

In Bezug auf die ECU und ihre Vereinbarkeit mit der in Art. VIII Abschn. 7 IWFÜ niedergelegten Verpflichtung, „das Sonderziehungsrecht zum Hauptreservemedium des internationalen Währungssystems zu machen", verlief die Praxis ebenfalls konfliktfrei.[146] Das Ziel dieser durch die zweite Satzungsänderung in die *Articles of Agreement* eingefügten Regelung war es, die Rolle des Goldes im internationalen Währungssystem zugunsten der SZRe zu verringern, nicht dagegen die Mitgliedstaaten davon abzuhalten, zusätzlich andere Währungsreserven als das SZR zu schaffen.[147] Dementsprechend stellte nicht bereits die Einführung der ECU einen Verstoß gegen die sich aus Art. VIII Abschn. 7

---

[144] Ausführlich zu den *Stand-by Arrangements* des IWF mit Italien aus dem Jahr 1974 und 1977 *M. G. de Vries*, The International Monetary Fund 1972-1978, Bd. I.: Narrative and Analysis, 1985. Zur Beteiligung des IWF an den Rettungspaketen für einzelne EU-Staaten im Rahmen der Finanz- und Wirtschaftskrise seit 2007 siehe unten Teil 5.B.III.2.

[145] Vgl. *H. Baquiast*, The European Monetary System and International Monetary Relations, in: Trezise (Hrsg.), The European Monetary System: Its Promise and Prospects, 1979, 49 (54); *J.-V. Louis*, Le Système Monétaire Européen et le Fonds Monétaire International, in: Demaret (Hrsg.), Relations extérieures de la Communauté européenne et marché intérieur: aspects juridiques et fonctionnels, 1986, 185 (189).

[146] Vgl. *R. S. Mund*, A Comparison of the Special Drawing Rights and the Euro-Currency Units, 1987, S. 192 ff., insb. 219.

[147] Zum Telos des Art. VIII Abschn. 7 IWFÜ statt vieler nur *F. Gianviti*, Special Drawing Rights, in: Effros (Hrsg.), Current Legal Issues Affecting Central Banks, Bd. 5, 1998, 1 ff.

IWFÜ ergebende Verpflichtung dar. Auch in der anschließenden operativen Phase ist es ungeachtet des relativen Erfolges der ECU zu keiner gegensätzlichen Entwicklung gekommen. Zwar fand die ECU in der Folgezeit nicht nur im Rahmen des EWS, sondern auch in verschiedenen europäischen Einrichtungen – wie der Europäischen Investitionsbank[148] – als Rechnungseinheit Verwendung. Jedoch war ihre Reichweite in dieser „offiziellen" Funktion stets regional begrenzt.[149] Darüber hinaus orientierte sich die Praxis weniger an ihr als vielmehr an dem Paritätengitter der bilateralen Leitkurse der EWS-Währungen, insbesondere an der Deutschen Mark. Daran änderte auch die Tatsache nichts, dass die ECU auch bei privaten Transaktionen zunehmend an Bedeutung gewann.

Insgesamt gesehen war somit das gemeinschaftliche Vorgehen der EWG-Mitgliedstaaten im Rahmen des EWS mit den *Articles of Agreement* in vollem Umfang vereinbar.

2. Organisationsrechtliche Beziehungen der EWG zum IWF

Die institutionellen Beziehungen zwischen der Gemeinschaft als Verband und dem IWF waren in dieser Phase, anders als etwa die Zusammenarbeit der EWG mit dem GATT, nur schwach ausgebildet. Einen offiziellen Beobachter- oder sonstigen Status besaß die EWG nicht. Ein solcher wurde aber auch nicht angestrebt, obwohl bereits der *Werner*-Bericht die Notwendigkeit „erster Schritt[e] in Richtung auf die allmähliche Errichtung einer gemeinsamen Vertretung der EWG beim

---

[148] Vgl. hierzu den Beschluss des Rats der Gouverneure v. 13.5.1981 über die Änderung der Satzung der Europäischen Investitionsbank im Zusammenhang mit der Einführung der ECU als Rechnungseinheit der Bank, ABl. L 311/1 v. 30.10.1981.

[149] Ähnlich auch bereits der frühere franz. Wirtschaftsminister *René Monory* in seiner offiziell im Namen aller Gemeinschaftsmitglieder gehaltenen Rede auf der Tagung des Interimsausschusses im März 1979. Darin führte er aus, dass es das Ziel der Ausgabe der ECU sei, "to progressively institute the ECU as an instrument of settlement and as a reserve asset within the Community but without creating additional international liquidity nor compromising the international role of the SDR. […]. Moreover, the use of the ECU is limited to settlements between participating countries and, thus, *is strictly regional in nature*" [eigene Hervorhebung]. Zitiert nach: *J. Polak*, The EMF: External Relations, in: Banca Nazionale Del Lavoro, Quarterly Review 138 (1980), 359 (371).

IWF"[150] betonte. Zudem sah auch der EWGV selbst – wenn auch nur in allgemeiner Form – in Art. 229 vor, dass die Kommission „alle zweckdienlichen Beziehungen zu den Organen der Vereinten Nationen" und „ihrer Fachorganisationen" unterhält. Der Grund für diese eingeschränkte Zusammenarbeit mit dem IWF ist wohl darin zu sehen, dass die Gemeinschaft zu diesem Zeitpunkt keine oder nur über begrenzte monetäre Kompetenzen verfügte und sich daher die Aufgabenbereiche der beiden Organisationen nicht oder nur wenig überschnitten.

Umso mehr ist es daher als ein großer Erfolg für die Kommission unter ihrem damaligen Präsidenten *Walter Hallstein* zu werten, dass sie zunächst einen informellen Informations- und Dokumentenaustausch mit dem IWF-Sekretariat erreichen und diesen Kontakt später auf der Grundlage eines Briefwechsels vom 20. Januar und 20. März 1972[151] sogar noch vertiefen konnte.[152] Die Kommission und das IWF-Sekretariat verpflichteten sich darin zur Aufnahme geeigneter Kontakte und zur gegenseitigen Beratung sowie zum Austausch von Informationen und Dokumenten.[153] Dieser Briefwechsel legte auch den Grundstein für die Teilnahme der Kommission an der Jahresversammlung des IWF-Gouverneursrats, zu der sie bis zum Zwischenfall von 1980 mit der Vertretung der Palästinensischen Befreiungsorganisation (*Palestine Liberation Organization* [PLO])[154] eingeladen wurde.[155] Ihre Rolle war

---

[150] Vgl. Bericht an Rat und Kommission über die stufenweise Verwirklichung der Wirtschafts- und Währungsunion in der Gemeinschaft („Werner Bericht") v. 8.10.1970, abgedr. in: *H. Krägenau/W. Wetter*, Europäische Wirtschafts- und Währungsunion. Vom Werner-Plan zum Vertrag von Maastricht, 1993, S. 98 (103).

[151] Abgedruckt in: *Commission of the European Communities*, The European Community, international organizations and multilateral agreements, 1980, S. 141-143.

[152] Zurückhaltend dagegen die Bewertung bei *J.-V. Louis*, L'Union Européenne et les Institutions de Bretton Woods, in: Dormoy (Hrsg.), L'Union Européenne et les Organisations Internationales, 1997, 335 (340-341).

[153] Die Kommission hat im Oktober 2015 in einer Mitteilung angekündigt, diese Vereinbarung aktualisieren zu wollen und um die Schaffung eines Rahmens für regelmäßige Konsultationen zu ersuchen. Siehe *Kommission*, Ein Fahrplan für die Schaffung einer kohärenteren Außenvertretung des Euro-Währungsgebiets in internationalen Foren, COM(2015), 602 final, S. 7.

[154] Die Zulassung von Beobachtermissionen zu den Jahresversammlungen des Gouverneursrats wurde bis auf wenige Ausnahmen bis 1994 eingestellt,

allerdings auf die eines passiven Beobachters ohne Rederecht beschränkt. Zudem war ihr Beobachterstatus im Interimsausschuss, dem Vorgänger des heutigen Internationalen Währungs- und Finanzausschusses, insofern begrenzt, als dort zwischen ordentlichen Tagungen und Tagungen in engerem Rahmen ohne Beteiligung von Beobachtern unterschieden wurde.[156] Dafür gab der Gouverneur desjenigen Mitgliedstaates der EWG, der im Rat den Vorsitz führte, gewissermaßen als Ausgleich, zunächst eine Erklärung im Namen der Gemeinschaft ab, bevor er in seiner nationalen Rolle als Vertreter seiner Regierung fortfuhr.[157] Diese Darstellung der gemeinschaftlichen Position wurde in der Regel vorher im Währungsausschuss diskutiert und ausgearbeitet.[158]

---

nachdem 1979 die Entwicklungsländer in ihrer Formation als G-77 einen Beobachterstatus auch für die PLO forderten. Die Weigerung der westlichen Industriestaaten quittierten die G77 darauf mit einer Blockade dieser Praxis, mit der Folge, dass bis 1994 keine Beobachter mehr in das Plenarorgan des IWF zugelassen wurden. Zu dieser Kontroverse ausführlich *J. M. Boughton*, Silent Revolution. The International Monetary Fund 1979-1989, 2001, S. 1022-1027.

[155] *J.-V. Louis*, Le Système Monétaire Européen et le Fonds Monétaire International, in: Demaret (Hrsg.), Relations extérieures de la Communauté européenne et marché intérieur: aspects juridiques et fonctionnels, 1986, 185 (193-194); *F. Bobay*, La France, les Institutions Monétaires Européennes et le Fonds Monétaire International 1944-1994, in: Ministère de L'Économie, des Finances et de L'Industrie (Hrsg.), La France et les institutions de Bretton Woods 1944-1994, 1998, 157 (169).

[156] *J.-V. Louis*, Le Système Monétaire Européen et le Fonds Monétaire International, in: Demaret (Hrsg.), Relations extérieures de la Communauté européenne et marché intérieur: aspects juridiques et fonctionnels, 1986, 185 (195-196).

[157] Vgl. hierzu die Rede des damaligen belgischen Finanzministers *Geens* vor der 32. Jahresversammlung von IWF und Weltbank: „Bevor ich im Namen der belgischen Regierung spreche, habe ich die Ehre, vor dieser Versammlung *im Namen der Gemeinschaften das Wort zu ergreifen, da Belgien gegenwärtig im Ministerrat den Präsidenten stellt*" [eigene Hervorhebung]. Die Rede ist abgedruckt in: Bull.-EG 9-1977, Ziff. 1.4.5.

[158] Vgl. hierzu Art. 105 EWGV. Bei wichtigen Fragen fand in der Regel auch eine vorherige Beratung im ECOFIN-Rat statt. Vgl. *J.-V. Louis*, Vom Europäischen Währungssystem zur Währungsunion, 1991, S. 49; *F. Bobay*, La France, les Institutions Monétaires Européennes et le Fonds Monétaire International 1944-1994, in: Ministère de L'Économie, des Finances et de L'Industrie (Hrsg.), La France et les institutions de Bretton Woods 1944-1994, 1998, 157 (168). Diese Aufgabe kommt heute dem speziell mit IWF-Angelegenheiten be-

Zum Exekutivdirektorium, dem bis heute zentralen operativen Organ des IWF, unterhielt die Gemeinschaft dagegen keine direkten Arbeitsbeziehungen. Die von mehreren EWG-Mitgliedstaaten entsandten Exekutivdirektoren erhielten ihre Weisungen grundsätzlich von ihren jeweiligen Regierungen.[159] Obwohl insoweit Art. 116 EWGV[160] ein gemeinsames Vorgehen der Mitgliedstaaten in internationalen Organisationen mit wirtschaftlichem Charakter forderte und auch die Gemeinschaftsorgane wiederholt, etwa in Ziff. 6 des dritten Teils der Ratsentschließung vom 22. März 1971, die Notwendigkeit eines gemeinsamen Standpunktes der Gemeinschaft „in ihren monetären Beziehungen zu Drittländern und internationalen Organisationen" betonten, fand eine gemeinschaftliche Koordinierung der einzelstaatlichen Maßnahmen nicht oder nur zaghaft statt. Hierbei stellte sich erschwerend das bis heute aktuelle Problem, dass ein solcher gemeinschaftlicher Standpunkt, sofern er erzielt wurde, aufgrund der uneinheitlichen Vertretung der EWG-Mitgliedstaaten in verschiedenen Stimmrechtsgruppen nur sehr schwer vertreten werden konnte. Zeitweise wurde der Kontakt zu den europäischen Exekutivdirektoren immerhin informell über die Delegation der Kommission in Washington hergestellt und auf diese Weise versucht, bei wichtigen Anliegen ein Einvernehmen zu erzielen.[161]

D. Entwicklungen seit 1992

I. Finale Etappen zur europäischen Währungsunion

Nach dem Scheitern des Bretton Woods-Systems und den Erfahrungen mit den verschiedenen Varianten des Europäischen Wechselkursver-

---

fassten Unterausschuss des Wirtschafts- und Finanzausschusses (*Sub-Committee on IMF-related issues* [SCIMF]) zu. Siehe Teil 5.B.II.3.

[159] *J.-V. Louis*, Le Système Monétaire Européen et le Fonds Monétaire International, in: Demaret (Hrsg.), Relations extérieures de la Communauté européenne et marché intérieur: aspects juridiques et fonctionnels, 1986, 185 (193).

[160] Diese Bestimmung findet sich heute, wenn auch in stark modifizierter Form, in Art. 138 AEUV (ex-Art. 111 Abs. 4 EGV).

[161] Vgl. *J.-V. Louis*, Le Système Monétaire Européen et le Fonds Monétaire International, in: Demaret (Hrsg.), Relations extérieures de la Communauté européenne et marché intérieur: aspects juridiques et fonctionnels, 1986, 185 (193-194); *ders.*, Vom Europäischen Währungssystem zur Währungsunion, 1991, S. 49.

bundes wurde die Idee einer erneuten Einführung eines Systems relativ fester Paritäten innerhalb der EWG zunächst skeptisch aufgenommen.[162] Die Anfangsphase des EWS schien diese Skepsis allerdings auch zu bestätigen, da allein bis 1987 Anpassungen der Leitkurse der Teilnehmerwährungen, sog. *Realignments*, fast im Halbjahresrhythmus erforderlich waren. Zudem kam es auch nicht zu dem ursprünglich in Ziff. A.1.4 der Ratsentschließung vom 5. Dezember 1978 vorgesehenen institutionellen Ausbau des bereits 1973 im Rahmen des Europäischen Wechselkursverbundes geschaffenen Europäischen Fonds für währungspolitische Zusammenarbeit (EFWZ) zu einem Europäischen Währungsfonds (EWF).[163] Dagegen gelang es, in dem Zeitraum von 1987 bis 1992 das ausgegebene Ziel stabiler Wechselkurse weitgehend zu verwirklichen. Im Zeitraum zwischen September 1992 und Mai 1993 kam es dann jedoch erneut zu mehreren *Realignments*, bevor die Bandbreiten innerhalb des Wechselkursmechanismus bis zum Übergang in die dritte Stufe der WWU von ursprünglich +/- 2,25 bzw. +/- 6 Prozent für Neumitglieder auf +/- 15 Prozent erweitert werden mussten.[164]

Bekanntlich haben diese Krisen des EWS den Fortgang der monetären Integration innerhalb der Gemeinschaft nicht in Frage stellen können.[165] Mit der Einheitlichen Europäischen Akte (EEA) vom 28. Februar 1986 und dem auf ihrer Grundlage in den EWGV eingefügten Art. 102 a gelang es vielmehr gerade in dieser Periode nicht nur erstmals den EWG-Vertrag im Wege des formellen Änderungsverfahrens nach Art. 236 EWGV zu ändern, womit die EEA der erste in der Reihe besonderer Reformverträge war, dem die Verträge von Maastricht, Ams-

---

[162] Vgl. *H. Geiger*, Das Währungsrecht im Binnenmarkt der Europäischen Union, 1996, S. 46. Siehe ferner den Vergleich dieser drei Systeme bei *H. Ungerer*, A Concise History of European Monetary Integration. From EPU to EMU, 1997, S. 164 ff. Diese Skepsis scheint sich offenbar bis in die Gegenwart fortzusetzen, da die Union von der ihr in Art. 219 Abs. 1 AEUV zugewiesenen Kompetenz zum Abschluss von „Vereinbarungen über ein Wechselkurssystem für den Euro gegenüber den Währungen von Drittstaaten" bis heute kein Gebrauch gemacht hat.

[163] Zu den Gründen siehe *H. Geiger*, Das Währungsrecht im Binnenmarkt der Europäischen Union, 1996, 46 ff.

[164] Zu dieser Entwicklung im Einzelnen *A. Szász*, The Road to European Monetary Union, 1999, S. 185 ff.

[165] Zur Krise als Motor der europäischen Integration siehe auch die Beiträge in *S. Kadelbach*/*K. Günther* (Hrsg.), Europa: Krise, Umbruch und neue Ordnung, 2014.

terdam, Nizza und Lissabon folgten, sondern auch erstmals den Terminus Wirtschafts- und Währungsunion in das Primärrecht aufzunehmen.[166] Aus historischer Sicht liegt darin eine eindrucksvolle Bestätigung dafür, dass sich das währungspolitische Denken der Gemeinschaftsmitglieder im Vergleich zu Beginn der siebziger Jahre entscheidend verändert hatte. Denn nur bereits kurze Zeit später wurde zur Vorzeichnung des Weges zur WWU auf der Tagung des Europäischen Rats in Hannover am 27./ 28. Juni 1988 ein Expertenausschuss unter der Leitung des damaligen Kommissionspräsidenten *Jacques Delors* mit der Erstellung eines Berichts über „die konkreten Etappen zur Verwirklichung dieser Union"[167] beauftragt. In seinem Bericht zur Wirtschafts- und Währungsunion in der EG („*Delors*-Bericht"),[168] der am 12. April 1989 vorgelegt wurde, schlug der Ausschuss ähnlich wie die *Werner*-Gruppe in ihrem Plan von 1970 einen dreistufigen Ansatz zur Errichtung der WWU vor (Ziff. 50-60), wobei als Beginn der ersten Stufe bereits der 1. Juli 1990 vorgesehen war (Ziff. 43).[169] Außerdem wurde darin erneut auf den Nutzen einer „internationalen monetären Zusammenarbeit" (Ziff. 38) hingewiesen und die Notwendigkeit einer Neugestaltung der Vertretung der EWG „in Gremien zur internationalen wirtschaftspolitischen Koordinierung und bei internationalen Währungsverhandlungen" (Ziff. 58) betont.

Trotz der vielfältigen Kritik am *Delors*-Plan wurden seine Grundaussagen auf der Tagung des Europäischen Rats in Madrid am 26. /27. Juni 1989 beschlossen und auf weiteren Tagungen, die letztlich zum Abschluss des Vertrages von Maastricht über die Europäische Union

---

[166] Davor war das Ziel einer WWU allein in politischen Ansichtserklärungen festgehalten worden.

[167] Tagung des Europäischen Rats in Hannover v. 27. und 28.6.1988, Schlussfolgerungen des Vorsitzes, abgedr. in: *H. Krägenau/W. Wetter*, Europäische Wirtschafts- und Währungsunion. Vom Werner-Plan zum Vertrag von Maastricht, 1993, S. S. 140.

[168] Bericht zur Wirtschafts- und Währungsunion in der EG, vorgelegt vom Ausschuß zur Prüfung der Wirtschafts- und Währungsunion („Delors-Bericht") v. 12.4.1989, abgedr. in: *ebd.*, S. 146 ff.

[169] Hierzu auch *J.-V. Louis*, A Monetary Union for Tomorrow, CMLRev. 26 (1989), 301 (314 ff.).

(EUV) am 7. Februar 1992 führten,[170] konkretisiert.[171] Durch Art. G des EUV wurden die wesentlichen Bestimmungen über die WWU als Titel VI: „Die Wirtschafts- und Währungspolitik" in den zugleich in Vertrag zur Gründung der Europäischen Gemeinschaft (EGV) umbenannten EWGV eingefügt.[172] Darin war in Anlehnung an den *Delors*-Plan und den Beschluss des Europäischen Rats in Madrid vorgesehen, die WWU mit dem Übergang in die nächsten beiden Stufen zu vollenden.

Obwohl im EGV von „Wirtschafts- und Währungspolitik" die Rede war, konnte Einigkeit jedoch nur insoweit erzielt werden, als nach Art. 3 lit. a) Abs. 2 EGV eine vollständige Vergemeinschaftung der monetären Befugnisse der Mitgliedstaaten und die Einführung einer einheitlichen Währung anstelle der bestehenden nationalen Währungen erfolgen sollte, nicht jedoch auch eine Integration der allgemeinen Wirtschaftspolitik einschließlich der Finanz- und Haushaltspolitik. Insoweit beschränkte sich der EGV in Art. 103 wie auch schon zuvor der EWGV in den Art. 103 ff. auf eine bloße Koordinierung der wirtschaftspolitischen Maßnahmen. Die Verträge von Amsterdam (1999), Nizza (2003) und Lissabon (2009) führten insoweit vor allem zu einer redaktionellen Überarbeitung und Straffung der einschlägigen Bestimmungen, brachten jedoch in sachlicher Hinsicht keine bzw. der Lissabon-Vertrag nur marginale Änderungen mit sich.[173] Auf diese asymmetrische Konstruktion der WWU, die *Martin Seidel* rückblickend zu Recht als „konstitutionelle Schwächen der Währungsunion"[174] bezeichnet hat, soll hier zunächst nur hingewiesen und erst im weiteren Verlauf der Arbeit,

---

[170] Vertrag über die Europäische Union, ABl. 1992 C 191/1.

[171] Vgl. im Einzelnen *H. Kortz*, Die Entscheidung über den Übergang in die Endstufe der Wirtschafts- und Währungsunion, 1996, S. 42 ff.; *A. Szász*, The Road to European Monetary Union, 1999, S. 130 ff.

[172] Ursprünglich war geplant, die WWU nicht in die erste Säule des Gemeinschaftsrechts zu integrieren, sondern sie wie die GASP (zweite Säule) und die PJZS (dritte Säule) gesondert als vierte Säule zu konstruieren. Siehe dazu ausführlich und m.w.Nw. *M. Selmayr*, Das Recht der Wirtschafts- und Währungsunion, 2002, S. 182 ff.; sowie *J. de la Rochère*, EMU: Constitutional Aspects and External Representation, YEL 19 (1999/2000), 427 (432 f.).

[173] Siehe hierzu statt vieler *U. Häde* Der Vertrag von Nizza und die Wirtschafts- und Währungsunion, EWS 2001, 97 ff.; *ders.*, Die Wirtschafts- und Währungsunion im Vertrag von Lissabon, EuR 2009, 200 ff.

[174] *M. Seidel*, Konstitutionelle Schwächen der Währungsunion, EuR 2000, 861 (862).

wenn nach den Kompetenzen der EU im Bereich des IWF-Rechts und den sich hieraus ergebenden Fragen hinsichtlich eines ihren Außenkompetenzen entsprechenden Status im IWF nachgegangen wird, näher behandelt werden.

II. IWF und Maastrichter Vertrag: Zu den ersten Reaktionen des IWF auf den Übergang der nationalen monetären Souveränitätsrechte auf die EG

Die im Maastrichter Vertrag anvisierte WWU und ihre Bedeutung für das internationale Währungssystem im Allgemeinen und den IWF im Besonderen waren von einem Teil der nichteuropäischen Mitglieder des IWF-Exekutivdirektoriums zunächst noch unterschätzt worden. So wurde der Vorschlag von *Michel Camdessus*, dem damaligen Geschäftsführenden Direktor des IWF, ein Seminar im Exekutivdirektorium zu veranstalten, "to discuss various aspects of the Maastricht treaty, including the conduct of monetary and exchange rate policies within the EC in the transnational phase of the progress toward economic and monetary union (EMU)",[175] vom japanischen Exekutivdirektor *H. Fukui* als "a low priority"[176] für den IWF eingestuft. Trotz dieser anfänglichen Vorbehalte aus dem Direktorium kam es unmittelbar nach der Unterzeichnung des Maastrichter Vertrags dann doch zu ersten informellen Treffen zwischen *Camdessus* und einigen europäischen Vertretern, u.a. mit dem portugiesischen Finanzminister in seiner Funktion als Vorsitzender und Vertreter des ECOFIN-Rats.[177] Alsbald danach, sechs Monate vor Inkrafttreten des Maastrichter Vertrages, zeichnete sich dann auch eine verstärkte Bereitschaft sowohl beim Mitarbeiterstab des IWF als auch im Exekutivdirektorium ab, die mit dem Übergang in die dritte Stufe der WWU zu erwartenden Veränderungen und Auswirkungen auf die institutionelle Struktur und Tätigkeit des IWF anzugehen und auf die Tagesordnung des Direktoriums zu setzen.[178] Dabei fällt

---

[175] *IMF*, Minutes of Executive Board Meeting, EBM/92/66, 27 May 1992, S. 13.

[176] *Ebd.*, S. 19.

[177] Siehe hierzu im Detail den Bericht des Geschäftsführenden Direktors, abgedr. in: *ebd.*, S. 3.

[178] Dies geht ausdrücklich aus dem Bericht des Geschäftsführenden Direktors vom 21.4.1993 hervor; vgl. *IMF*, Minutes of Executive Board Meeting,

auf, dass bereits zu diesem Zeitpunkt die auch heute noch politisch hoch sensiblen Fragen zur Organisations- und Entscheidungsstruktur des IWF, seine systemische Rolle im internationalen Währungssystem und den Beziehungen zwischen den quotenstärksten Mitgliedern im Direktorium im Mittelpunkt des Interesses der nichteuropäischen Direktoren standen. Dies wird u.a. in einem Statement des amerikanischen Exekutivdirektors *Thomas C. Dawson* vom 27. Mai 1992 deutlich:

> "*It would be useful to have an analysis of the effects of the Maastricht agreement on the size of the Executive Board and representation. We are particularly interested in the implications of Maastricht for the Fund's surveillance role. We would look for information on how EC surveillance works compared with Fund surveillance and whether it meets the Fund's rigorous standards. Further, we would appreciate a discussion and analysis, if not a critique, of the record of EC balance of payments support – for example, for Greece – as well as a frank analysis of the implications of such payments support for the Fund's role as a universal institution and in defining conditionality among members.*"[179]

Die Reaktion einiger europäischer Exekutivdirektoren auf die von *Dawson* angeregten Diskussionspunkte fiel, anders als man zunächst angesichts der im Maastrichter Vertrag erzielten Einigung über die geld- und wechselkurspolitischen Kompetenzen der EG meinen könnte, nicht immer zugunsten der Gemeinschaft aus. Ihre Haltung spiegelte im Wesentlichen die zu diesem Zeitpunkt praktizierte Politik „ihrer" Regierungen auf europäischer Ebene wider. Am deutlichsten gab Großbritannien, das bekanntlich zusammen mit Dänemark innerhalb der Gemeinschaft zu den größten Gegnern der Idee einer europäischen Währungsunion zählte und bis heute der WWU ferngeblieben ist, durch „seinen" Exekutivdirektor *David Peretz* zu erkennen, dass es an der bisherigen Praxis des IWF im Umgang mit regionalen Währungsunionen und den in den *Articles of Agreement* insoweit festgelegten Rechten und Pflichten festhalten wolle. Die Vorbehalte Großbritanniens bezogen sich dabei vor allem auf Pläne des Mitarbeiterstabs des IWF vom Januar 1993, den Dialog mit der EG bei der Überwachung der Außenwirtschafts- und Wechselkurspolitik ihrer Mitgliedstaaten zu intensivie-

EBM/93/60, 21. April 1993, S. 16 ff. Vgl. auch die dort wiedergegebenen Stellungnahmen verschiedener Exekutivdirektoren.

[179] *IMF*, Minutes of Executive Board Meeting, EBM/92/66, 27 May 1992, S. 37.

ren. *Peretz* merkte hierzu kritisch an, dass die Zuständigkeit für die Geld- und Wechselkurspolitik "remains with individual member states and their central banks", und fügte dem sodann hinzu, "Community bodies do not take decisions in this area; rather, it is the member states that do so, even concerning changes in parties and the exchange rate mechanism".[180] Aus diesem Grund seien allein "informal contacts and exchanges between the staff and the EC Commission [...] on issues in which the Commission has competence, such as trade, the internal market, and competition policy"[181] zulässig.

Zu den Anhängern dieser Position auf europäischer Ebene zählten zu diesem Zeitpunkt nicht nur die Kritiker der geplanten WWU, sondern mit Deutschland, Frankreich und Spanien auch ihre Befürworter und Initiatoren. So unterstrich auch noch einmal der französische Exekutivdirektor, *J.-P. Landau*, "there was at present no case for the Fund to establish formal contact with EC institutions. [...] It needed to be borne in mind that the EC was not a member of the Fund".[182] Zudem schlug *Landau* bereits zu diesem Zeitpunkt vor, "[t]he Fund should take a pragmatic approach". Damit führte er interessanterweise denselben Ansatz zur Lösung der durch die WWU hervorgerufenen operationellen und institutionellen Fragen im Hinblick auf den IWF an, den wenig später – Mitte Dezember 1997 – auch der Europäische Rat auf seiner Tagung in Luxemburg vorgeschlagen hat.[183]

Ihre Zustimmung zu einer verstärkten Kooperation zwischen dem IWF und der Gemeinschaft haben hingegen der italienische, holländische und vor allem der belgische Exekutivdirektor, *J. de Groote*, ausgesprochen. Hierbei wies *de Groote* mit dem nötigen Weitblick darauf hin: "The Fund's role vis-à-vis the EC must also remain flexible, so that the Fund could adapt itself continuously to the increasing economic integration called for under the Maastricht Treaty [...]. That integration

[180] Vgl. *IMF*, Minutes of Executive Board Meeting, EBM/93/60, 21. April 1993, S. 28.

[181] *Ebd.*

[182] *Ebd.*, S. 23.

[183] Vgl. *Europäischer Rat* v. Luxemburg, Schlussfolgerungen des Vorsitzes, Bull.-EU 12-1997, Anlage I, Ziff. 10: „Die Mitgliedstaaten sollten sich in ihrer Eigenschaft als Mitglieder des IWF darum bemühen, *zu pragmatischen Vereinbarungen zu gelangen*, die die Durchführung der IWF-Überwachung und die Darlegung des Gemeinschaftsstandpunktes, einschließlich des ESZB-Standpunkts, in den IWF-Gremien erleichtern" [eigene Hervorhebung].

process would be guided largely by assessments of the convergence programs and by the evolution of the European monetary union-areas in which the Fund's input could be critically important". Hinsichtlich der Modalitäten der Beteiligung des IWF an diesem Prozess schlug *de Groote* vor, "to use the Executive Directors representing the EC countries, both individually and as a group, as the main channel of communication between the Fund, national capitals, and the relevant EC institutions".[184] Damit befand er sich auf einer Linie mit den Vorstellungen einiger nichteuropäischer Exekutivdirektoren, die – wie etwa der marokkanische Direktor *Omar Kabbaj* – eine engere Beziehung des IWF zur EG für unumgänglich hielten.[185] Für *Kabbaj* sollten diese Bemühungen um eine engere Zusammenarbeit jedoch nicht auf die EG begrenzt bleiben, sondern, soweit zweckdienlich, auch auf andere regionale Währungszusammenschlüsse ausgeweitet werden.[186] Der italienische Direktor, *Giulio Lanciotti*, merkte hierzu allerdings kritisch an, "while it was true that regional integration was not only a European phenomenon, it needed to be recognized that the relationship of the European countries to the EC, in terms of their integration into a supranational institution, was unique".[187]

Gerade wegen dieser Einzigartigkeit der mit dem Maastrichter Vertrag vorangetriebenen europäischen Integration hat der Mitarbeiterstab des IWF nach Inkrafttreten des Vertrages am 1. November 1993 den Dialog mit der EG und hier insbesondere mit der Kommission – vor allem auf dem Gebiet der *Surveillance* – schrittweise intensiviert. Dies vollzog

---

[184] Vgl. *IMF*, Minutes of Executive Board Meeting, EBM/93/60, 21. April 1993, S. 21-22.

[185] Vgl. das Statement von *Kabbaj*, ebd., S. 25: "The point of some of our EC colleagues that the Fund should have a relationship only with individual countries regarding surveillance is well taken, but, given the systemic nature of EC policies and arrangements in the trade, exchange, and monetary areas, they should also recognize that, for surveillance over their countries to be effective, the Fund will need to establish official channels of communication with the relevant organs of the EC. Those relationships will need to be updated in line with the evolution of EC decision making organs, notably in connection with the future implementation of the Maastricht Treaty".

[186] Vgl. *ebd.*

[187] *Ebd.*, S. 38.

sich teilweise „unter dem Radar“ der Mitglieder des Direktoriums,[188] wohl aber größtenteils mit deren Zustimmung, da ab 1994 die *staff-reports* über WWU-bezogene Fragen auch im Direktorium – wenn auch nicht im Rahmen einer formellen Aussprache, sondern nur in informellen Seminaren – diskutiert wurden.[189] Da die Kommission selbst an diesen Diskussionen nicht teilnehmen durfte, wurden ihre Stellungnahmen zu den *staff-reports* dem Exekutivdirektorium in Form einer Mitteilung des Generaldirektors der Europäischen Kommission für Wirtschaft und Finanzen zugeleitet. Diese Form der Zusammenarbeit wurde noch bis zum Übergang in die dritte Stufe der WWU am 1. Januar 1999 fortgesetzt.[190]

E. Fazit

Die vorstehenden Ausführungen haben zum einen gezeigt, dass die Entwicklung der europäischen Währungsintegration zahlreiche Berührungspunkte mit der Entwicklung des Internationalen Währungssystems und des IWF im Speziellen aufweist. Dies gilt insbesondere für die Phase ab 1962, in der das Bretton Woods-System infolge ständiger Leitkursanpassungen nicht mehr konflikt- und problemlos funktionierte.

Zum Zweiten hat sich gezeigt, dass bereits bei der Gründung der EWG mit Art. 229 EWGV – wenn auch nur in allgemeiner Form – an eine Zusammenarbeit mit dem IWF in seiner Eigenschaft als UN-Sonderorganisation gedacht wurde. Dieses Bekenntnis zur Kooperation mit dem IWF findet sich in der Folge dann auch in verschiedenen Plänen und Beschlüssen über den Fortgang der europäischen Währungsin-

[188] So jedenfalls *A. Broome*, The politics of IMF–EU co-operation: institutional change from the Maastricht Treaty to the launch of the euro, JEPP 2013, 589 (597).

[189] Vgl. *J. Polak*, The IMF and Its EMU Members, in: Masson/Krueger/Turtelboom (Hrsg.), EMU and the International Monetary System, 1997, 491 (499); *N. Thygesen*, Relations Among the IMF, the ECB, and the IMF's EMU Members, *ebd.*, 512 (512).

[190] Vgl. *IMF*, Fund Surveillance over Members of Currency Unions, December 21, 2005, S. 2, abrufbar unter http://www.imf.org/external/np/pp/eng/2005/122105.pdf (zuletzt besucht am 2.9.2014). Zur heutigen Ausgestaltung der Art. IV-Konsultationen mit dem Euro-Währungsgebiet siehe unten Teil 5.B.III.1.

tegration wieder. In der Praxis war es dann die Kommission, die die ersten Arbeitsbeziehungen zum IWF aufnahm und in der Folge auf der Grundlage eines Briefwechsels mit dem IWF-Sekretariat auch ausbaute. Diese insbesondere gegenüber dem Rat hervorgehobene Rolle der Kommission mag aus heutiger Sicht überraschen. Zu diesem Zeitpunkt folgte sie jedoch eben aus der ihr in Art. 229 EWGV übertragenen Befugnis, „zweckdienliche Beziehungen" zu den Fachorganisationen der UN herzustellen. Zudem verfügte sie bereits zu dieser Zeit auf praktisch-politischer Ebene über die nötigen personellen und materiellen Ressourcen, die ihr die Aufnahme der Zusammenarbeit mit dem IWF erleichterten. Aus heutiger Sicht hat zu diesem Erfolg der Kommission sicherlich auch der Umstand beigetragen, dass die der europäischen Integration feindlich gesinnte Sowjetunion und ihre Verbündeten im IWF nicht vertreten waren bzw. im Falle Polens und der Tschechoslowakei aus dem IWF ausgetreten oder ausgeschlossen worden sind. Insofern kam es hauptsächlich darauf an, die anderen IWF-Mitglieder, zu denen die Gemeinschaft bereits im Rahmen des GATT in Kontakt getreten war, vom Nutzen einer Zusammenarbeit zu überzeugen.

Hierbei wurde drittens deutlich, dass eine Kooperation solange als unproblematisch empfunden wurde, als dadurch nicht Rechte oder – wie der Zwischenfall mit der PLO gezeigt hat – bestimmte geopolitische Interessen der Fondsmitglieder gefährdet erschienen. Insoweit lässt sich in der Rückschau, spätestens ab 1992 mit der Unterzeichnung des Maastrichter Vertrages bis zum Übergang in die dritte Stufe der WWU, ein deutlicher Unterschied zwischen der Haltung der Drittstaaten und der der EG-Mitgliedstaaten feststellen. Während erstere wie auch das IWF-Sekretariat sich aus unterschiedlicher Motivation heraus für eine engere Zusammenarbeit zwischen dem IWF und der EG aussprachen, herrschte innerhalb der Gemeinschaft bei einigen Mitgliedstaaten, vor allem bei denjenigen, die sich angesichts eines eigenen Exekutivdirektors in einer einflussreichen Position befanden, eine deutlich abwehrende Haltung vor.

Schließlich hat sich viertens gezeigt, dass die institutionelle Struktur des IWF Besonderheiten aufweist, die die Vertretung gemeinsamer Interessen bis heute erschweren. Dies wird besonders an der Situation Spaniens deutlich, das seit 1978 gemeinsam mit verschiedenen lateinamerikanischen Staaten eine Stimmrechtsgruppe bildet, in der eine große Solidarität herrscht. Bevor im weiteren Verlauf der Arbeit die unionsrechtlichen Grundlagen für eine Beteiligung der EU im IWF geklärt und die vor diesem Hintergrund möglichen Kooperationsformen diskutiert werden, erscheint es daher angezeigt, zunächst auf die Grundzüge der Rechtsordnung des IWF einzugehen.

Dritter Teil: Grundzüge der Rechtsordnung des IWF

In diesem Teil der Arbeit soll in zwei Schritten eine systematische Einführung in die Rechtsordnung des IWF gegeben werden, um damit den Einstieg in die darauffolgende Untersuchung zu erleichtern. Nach einem kurzen Überblick über die rechtlichen Grundlagen und das Mandat des IWF werden dessen Besonderheiten vorgestellt. Eingehende Behandlung finden in diesem Zusammenhang die Anpassungsmechanismen des IWF. Darauf folgt ein Überblick über dessen Organisations- und Entscheidungsstruktur.

A. Rechtliche Grundlagen – Mandat – Besonderheiten

I. Rechtliche Grundlagen

Nach der Rechterzeugungsform ist zwischen den *Articles of Agreement* als dem Primärrecht des IWF und dem auf seiner Grundlage von den Fondsorganen erlassenen Sekundärrecht, das in Abgrenzung zum sekundären Unionsrecht auch als „internes Staatengemeinschaftsrecht"[191] oder in Abwandlung zu diesem von *Alfred Verdross* geprägten Begriff „internes Organisationsrecht"[192] bzw. „sekundäres Gemeinschafts-[193]/ Organisationsrecht[194]" bezeichnet wird,[195] zu unterscheiden. Hinzu

---

[191] So *E. P. Hexner*, Das Verfassungs- und Rechtssystem des Internationalen Währungsfonds, 1960, S. 63 unter Rückgriff auf *K. Zemanek*, Das Vertragsrecht der Internationalen Organisationen, 1957, S. 90 ff. Der Ausdruck geht allerdings zurück auf *A. Verdross*, Die Verfassung der Völkerrechtsgemeinschaft, 1926, 76 ff., 162 f. Siehe auch *ders.*, Völkerrecht, 5. Aufl. 1964, S. 4.

[192] *A. Verdross/B. Simma*, Universelles Völkerrecht, 3. Aufl. 1984, § 626.

[193] *I. Seidl-Hohenveldern/G. Loibl*, Das Recht der internationalen Organisationen einschließlich der Supranationalen Gemeinschaft, 7. Aufl. 2000, Rn. 1502 ff.

[194] *R. Bernhardt*, in: ders./Miehsler (Hrsg.), Qualifikation und Anwendungsbereich des internen Rechts internationaler Organisationen, BDGVR 12 (1971), 7 (9).

M. Assakkali, *Europäische Union und Internationaler Währungsfonds,* Beiträge zum ausländischen öffentlichen Recht und Völkerrecht, DOI 10.1007/978-3-662-54363-4_3

treten das Gewohnheitsrecht des IWF, bei dem es sich um eine Form des speziellen Völkergewohnheitsrechts handelt, sowie als Teil des allgemeinen Völkerrechts das in Art. 38 I lit. b) IGH-Statut angeführte allgemeine Völkergewohnheitsrecht und die allgemeinen Rechtsgrundsätze i.S.v. Art. 38 I lit. c) IGH-Statut.[196]

1. Die Articles of Agreement als Gründungsvertrag und „Verfassung" des IWF

Die *Articles of Agreement* bilden die obersten Rechtsnormen des IWF. In ihnen finden sich die grundlegenden Regelungen über die Ziele und Kompetenzen, die Mitgliedschaft, den organisatorischen Aufbau, den Rechtsstatus und das Änderungsverfahren, sowie über die Rechtsbeziehungen im IWF – also zwischen ihm und seinen Mitgliedern, zwischen den Mitgliedern untereinander und zwischen seinen Organen. Vielfach werden die *Articles of Agreement* daher in Analogie zum innerstaatlichen Recht und meist auf der Grundlage eines funktionalistischen Verständnisses des IWF nicht nur als dessen Gründungsvertrag, sondern auch als „lebende Verfassung"[197] qualifiziert.[198] Entsprechend der Dynamik nationalstaatlicher Verfassungen werden aus dieser Einordnung vor allem wichtige Folgen für die Auslegung des Übereinkommens ge-

---

[195] Im Folgenden soll dennoch an der Bezeichnung Sekundärrecht festgehalten und darunter das gesamte von den Organen des IWF erlassene Recht, einschließlich des Dienstrechts des Personals, verstanden werden. Davon abweichend werden Dienstrechtsregelungen von manchen Autoren als internes Staatengemeinschaftsrecht *im engeren Sinne* vom sonstigen internen Staatengemeinschaftsrecht unterschieden. So z.B. *A. Verdross/B. Simma*, Universelles Völkerrecht, 3. Aufl. 1984, § 626 f.

[196] Zu dieser Einordnung auch *E. P. Hexner*, Das Verfassungs- und Rechtssystem des Internationalen Währungsfonds, 1960, S. 55-73; *D. Bradlow*, International Law and the Operations of the International Financial Institutions, in: Bradlow/Hunter (Hrsg.), International Financial Institutions and International Law, 2010, 1 (11 ff.).

[197] So bereits *H. Aufricht*, The Fund Agreement: Living law and Emerging Practice, 1969, S. 1 ff.

[198] Vgl. *J. Fawcett*, The Place of Law in an International Organization, BYIL 36 (1960), 321 (329 ff.); *E. Denters*, New Challenges to IMF Jurisdiction, NYIL 29 (1998), 3 (15-16).

zogen.[199] Die damit angesprochene Frage nach der Rolle und Bedeutung der interpretativen Beschlüsse des IWF für die Fortbildung seines Organisationsrechts soll hier zunächst nur aufgeworfen und erst am Ende dieses Abschnittes vertieft behandelt werden.

2. *Das Sekundärrecht des IWF*

Das Primärrecht des IWF wird durch eine heute kaum mehr überschaubare Vielzahl von Rechtsakten ergänzt, die von seinen Organen aufgrund von Kompetenzzuweisungen in den *Articles of Agreement* erlassen wurden. Die Ausweitung dieses von den Fondsorganen geschaffenen Rechts, deren Ursache vor allem in der Schwerfälligkeit primärrechtlicher Rechtsanpassung gesehen wird, betrifft sowohl die Quantität als auch die Bedeutung der auf diesem Wege erledigten Agenden. Im Folgenden wird – wie in den Darstellungen des Rechts internationaler Organisationen üblich –[200] zwischen Sekundärrecht in Form von völkerrechtlichen Verträgen i.S.v. Art. 38 I lit. a) IGH-Statut und sonstigen Rechtshandlungen, die die Fondsorgane auf der Grundlage primärrechtlicher Kompetenzbestimmungen erlassen dürfen, unterschieden.

Ein Beispiel des vertraglichen Sekundärrechts stellen die auf der Grundlage von Art. X IWFÜ abgeschlossenen Kooperationsabkommen mit den Vereinten Nationen[201] und der WTO dar.[202] Ebenfalls sekundär-

[199] Folgerichtig spricht *J. Gold*, Interpretation: The IMF and International Law, 1996, S. 407 ff. von "*Constitutional interpretation*".

[200] Vgl. bspw. *W. Meng*, Das Recht der Internationalen Organisationen, 1979, S. 53 ff.; *M. Ruffert/ C. Walter*, Institutionalisiertes Völkerrecht, 2. Aufl. 2015, § 3, Rn. 79 ff. Speziell in Bezug auf den IWF siehe *F. Gianviti*, Decision Making in the International Monetary Fund, in: IMF (Hrsg.), Current Developments in Monetary and Financial Law, Bd. 1, 1999, 31 (32 ff.). Gebräuchlich ist daneben auch die Differenzierung zwischen organisationsinternen und -externen Organakten. So z.B. *H.G. Schermers/ N.M. Blokker*, International Institutional Law, 5. Aufl. 2011, § 1196 ff., §§ 1216 ff.

[201] Hierzu ausführlich unten Teil 5.C.V.

[202] Zwar wird in der Bestimmung der völkerrechtliche Vertrag nicht ausdrücklich als Rechtsform zur Regelung der Beziehungen des IWF mit den darin genannten Typen internationaler Organisationen genannt und dementsprechend finden sich in der Praxis auch Arbeitsbeziehungen zu internationalen und regionalen Akteuren, die nicht formalisiert sind (vgl. zum Erfordernis einer ausdrücklichen Regelung der Vertragsschlussfähigkeit internationaler Organisationen in ihrem Gründungsvertrag Art. 6 der – bisher noch nicht in Kraft getre-

rechtlicher Natur sind vertragliche Vereinbarungen des IWF mit seinen Mitgliedern und Drittstaaten. Ein Beispiel hierfür bildet das am 5. Oktober 1991 mit der Sowjetunion abgeschlossene Sonderassoziierungsabkommen (*special association agreement*)[203] oder die zur Aufstockung der IWF-Ressourcen bilateral vereinbarten Kreditlinien mit einzelnen Gläubigerländern sowie auf multilateraler Ebene die 1962 zunächst mit den G10-Staaten abgeschlossenen Allgemeinen Kreditvereinbarungen (*General Arrangements to Borrow*, GAB) und die 1998 geschaffenen und um weitere finanzstarke Mitglieder erweiterten Neuen Kreditvereinbarungen (*New Arrangements to Borrow*, NAB).[204] Letztere stellen aufgrund ihrer enormen Auswirkungen auf das Finanzierungspotenzial des IWF gegenwärtig die bedeutendste Form vertraglichen Sekundärrechts des IWF dar. Nicht dazu zählen allerdings bereits mangels Rechtsbindungswillen der Parteien[205] die zwischen dem IWF und ei-

---

tenen, aber weitgehend geltendes Völkergewohnheitsrecht wiedergebenden – WVKIO von 1986). Andererseits steht der Wortlaut der Regelung dieser Praxis des IWF nicht ausdrücklich entgegen. Die insoweit neutrale Formulierung kann insofern auch dahingehend ausgelegt werden, dass es dem Ermessen des IWF überlassen ist, auf welche Grundlage er seine Beziehungen zu anderen Akteuren stellt. Die generelle Vertragsschlussfähigkeit des IWF ergibt sich – wie auch noch im Einzelnen auszuführen sein wird – jedenfalls zweifellos aus seiner Völkerrechtsfähigkeit. Siehe hierzu auch die Begründung von *J. Fawcett*, Trade and Finance in International Law, RdC I 1968, 219 (231). "The capacity of IMF, IBRD and EEC to conclude international agreements appears to be derived from the fact that they are public corporate bodies, and that it is necessary to the proper performance of their functions". Ausführlich zur Zusammenarbeit des IWF mit anderen internationalen Organisationen siehe unten Teil 3.B.IV.2.

[203] Der Text des Abkommens ist abgedruckt in *IMF*, Special Association Agreement with the Soviet Union, Press Release No. 91/ 60 v. 8.10.1991.

[204] Vgl. Art. VII Abschn. 1 IWFÜ. Siehe hierzu auch; *J. Gold*, Borrowing by the Fund: *Ultra Vires* and Other Problems, in: Frenkel/Goldstein (Hrsg.), International Financial Policy. Essays in Honour of Jacques J. Polak, 1991, 173 ff.; ferner *H J. Hahn*, Völkerrechtliche Darlehens- und Garantieabkommen, in: Böckstiegel u.a. (Hrsg.), FS I. Seidl-Hohenveldern, 1988, 173 (175-176). Eingehend zu den Allgemeinen und Neuen Kreditvereinbarungen auch *Deutsche Bundesbank*, Finanzbedarf des Internationalen Währungsfonds in einem veränderten Umfeld, Monatsbericht 11/ 1997, S. 57 ff.; *dies.*, Finanzierung und Repräsentanz im Internationalen Währungsfonds, Monatsbericht 03/ 2010, 53 ff; sowie *IMF*, Factsheet: IMF Standing Borrowing Arrangements, abrufbar unter http://www.imf.org/external/np/exr/facts/pdf/gabnab.pdf (letzter Zugriff: 4.4.2015).

[205] Vgl. zu diesem Erfordernis Art. 11 WVK/ WVKIO.

nem kreditbegehrenden Staat getroffenen Vereinbarungen – so zum Beispiel die weitgehend standardisierten Bereitschaftskreditvereinbarungen (*Stand-By Arrangements*, SBAs). Bei diesen handelt es sich nach weit verbreiteter Auffassung und in Übereinstimmung mit der Legaldefinition in Art. XXX lit. b) IWFÜ[206] um eine unilaterale Entscheidung (*decision*) des IWF, in der einem kreditbegehrenden Mitglied versichert wird, "*in accordance with the terms of the decision, the member will be able to purchase the currencies of other members from the Fund during a specified period and up to a specified amount*"[207].[208]

Die *decisions* stellen neben den *resolutions* die typische Erscheinungsform des sonstigen Sekundärrechts des IWF dar. Erstere werden vom Exekutivdirektorium im Rahmen seiner wöchentlich mehrmals stattfindenden Sitzungen, letztere vom Gouverneursrat anlässlich seiner Jahrestagungen oder im Umlaufwege (schriftlich oder telegraphisch) erlassen und in der Regel auf den ersten Seiten der "*Selected Decisions and Selected Documents of the International Monetary Fund*"[209] veröffentlicht. Hierzu zählen auch die interpretativen Entscheidungen gem. Art. XXIX lit. a), b) IWFÜ. Auf diese im Recht internationaler Organisationen besondere Regelung soll hier zunächst nur hingewiesen und erst an anderer Stelle, wenn nach den Mitteln des IWF zur Konkretisierung und interpretativen Weiterentwicklung seiner Satzungsbe-

---

[206] Die hier festgelegte Definition der Bereitschaftskreditvereinbarungen ist weitgehend auf die wissenschaftliche Arbeit von *J. Gold*, The Stand-By Arrangements of the IMF, 1970 und seine Mitwirkung an der zweiten Satzungsänderung zurückzuführen. Damit wurde zugleich der von seinem Amtsvorgänger *J. Fawcett*, Trade and Finance in International law, RdC 1968, 215 (236) vertretenen Auffassung, der zufolge es sich bei SBAs um völkerrechtliche Verträge handelt ("*We may conclude then that stand-by arrangements are international agreements governed by public international law*"), eine Absage erteilt.

[207] *J. Gold*, The Stand-By Arrangements of the IMF, 1970, S.3.

[208] Siehe hierzu auch die insoweit grundlegende Entscheidung des Exekutivdirektoriums Nr. 6056-(79/38) v. 2.3.1979, in der in Ziff. 3 ausdrücklich darauf hingewiesen wird, dass Begriffe, die eine vertragliche Bindung der Parteien nahelegen, zu vermeiden sind: "Stand-by arrangements are not international agreements and therefor language having a contractual connotation will be avoided in stand-by arrangements and letter of intent". Siehe dazu auch *R. Leckow*, The Stand-By Arrangement: Its Legal Nature and Principal Features, in: IMF (Hrsg.), Current Developments in Monetary and Financial law, Bd. 2, 2003, 33 ff.

[209] *IMF*, Selected Decisions and Selected Documents of the International Monetary Fund, 37. Aufl. 2014.

stimmungen gefragt wird, eingehend behandelt werden. Zum Sekundärrecht des IWF zählen auch die auf der Grundlage von Art. XII Abschn. 2 lit. g) IWFÜ zu erlassenden *rules and regulations*. Auf dieser Basis hat der Gouverneursrat die sog. *By-Laws of the International Monetary Fund*[210] und das Exekutivdirektorium die sog. *Rules and Regulations of the International Monetary Fund*[211] geschaffen. Diese betreffen neben technischen Ausführungsvorschriften auch wichtige Gebiete des formellen und materiellen Fondsrechts.

Während es sich bei diesen Bestimmungen stets um abstrakt-generelle Regelungen handelt, können *resolutions* und *decisions* sowohl in abstrakt-genereller wie auch in konkret-individueller Form ergehen.[212] Letzteres gilt auch für die vom Geschäftsführenden Direktor gem. Art. XII Abschn. 4 lit. b) IWFÜ zu erlassenden *General Administration Orders*. Bei ihnen handelt sich um Vorschriften, die sich nicht an die Mitglieder, sondern ausschließlich an das Personal des IWF richten. Sie bilden somit das Dienstrecht der Organisation und haben teils verpflichtenden, teils empfehlenden Charakter. Eine Unterscheidung des nichtvertraglichen Sekundärrechts nach der Rechtsverbindlichkeit ist daher kaum möglich, da mit den eben genannten Beschlüssen des Gouverneursrats und Exekutivdirektoriums auch das Dienstrecht und damit grundsätzlich alle Beschlussformen rechtlich verbindlich sind, es sei denn ihr Inhalt steht dem ausdrücklich entgegen.[213]

Zwischen diesen geschriebenen Rechtsquellen des IWF besteht eine Normenhierarchie in der Weise, dass sekundärrechtliche Normen an den *Articles of Agreement* zu messen sind. Innerhalb des Sekundärrechts sind die vom *Managing Director* erlassenen *General Administrative Orders* an der Ermächtigungsnorm der vom Exekutivdirektorium angenommenen *personnel policies* zu messen.[214] Dessen Entscheidungen

---

[210] Im Folgenden: IMF By-Laws.

[211] Im Folgenden: IMF Rules and Regulations.

[212] Dies gilt bspw. für Auslegungsentscheidungen des Direktoriums nach Art. XXIX lit. a) IWFÜ.

[213] Vgl. auch *P. Lucke*, Internationaler Währungsfonds, 1997, 71-73; *L. Gramlich*, Internationale Finanzordnung (IMF und IBRD) – Legitimität, Effektivität, Reform, in: Giegerich (Hrsg.), Internationales Wirtschafts- und Finanzrecht in der Krise, 2011, 71 (127-128).

[214] Vgl. Regel N-13 IMF Rules and Regulations.

und *Rules and Regulations* wiederum dürfen nicht mit den Resolutionen und *By-Laws* des Gouverneursrats unvereinbar sein.[215]

3. Gewohnheitsrecht des IWF und allgemeine Rechtsgrundsätze

Das Primär- und Sekundärrecht wird schließlich ergänzt und teilweise auch abgeändert durch Gewohnheitsrecht des IWF.[216] Die von einer entsprechenden *opinio iuris* getragene satzungsergänzende bzw. -ändernde Praxis soll dabei sowohl von den Fondsmitgliedern wie auch vom Gouverneursrat und/ oder Exekutivdirektorium ausgehen können. Da es sich hierbei um Gewohnheitsrecht handelt, das „im Rahmen des durch das Abkommen geschaffene[n] *vertraglichen* Währungsvölkerrechts"[217] entsteht, wird von *speziellem* oder *partikularem Völkergewohnheitsrecht*[218] gesprochen. Daneben ist für den IWF auch das allgemeine Völkergewohnheitsrecht von Bedeutung[219] – so etwa die

---

[215] Vgl. Regel A-1 IMF Rules and Regulations.

[216] Vgl. *E. P. Hexner*, Das Verfassungs- und Rechtssystem des Internationalen Währungsfonds, 1960, S. 63-65; ferner *E.U Petersmann*, Völkerrechtliche Fragen der Weltwährungsreform, ZaöRV 34 (1974), 452 (488 ff.); *A. Weber*, Die zweite Satzungsnovelle des Internationalen Währungsfonds und das Völkerrecht, in: Flume u.a. (Hrsg.), Internationales Recht und Wirtschaftsordnung, Festschrift f. F.A. Mann, 1977, S. 807 (839). Allgemein zum Gewohnheitsrecht internationaler Organisationen siehe den Überblick bei *H.G. Schermers/ N.M. Blokker*, International Institutional Law, 5. Aufl. 2011, § 1196 ff., §§ 1339, 1579 und *Seidl-Hohenveldern/G. Loibl*, Das Recht der internationalen Organisationen einschließlich der Supranationalen Gemeinschaft, 7. Aufl. 2000, Rn. 1512 ff.

[217] *E. P. Hexner*, Das Verfassungs- und Rechtssystem des Internationalen Währungsfonds, 1960, S. 64.

[218] Zu diesem Ausdruck ausführlich und m.w.Nw. *W. Karl*, Vertrag und spätere Praxis im Völkerrecht, 1983, S. 93 ff., der hierfür auch die Bezeichnung *organisationsinternes* (S. 96) oder *vertragsbezügliches* (S. 108) Völkergewohnheitsrecht verwendet.

[219] *D. Bradlow*, International Law and the Operations of the International Financial Institutions, in: Bradlow/Hunter (Hrsg.), International Financial Institutions and International Law, 2010, 1 (12-13, 17-23). Allgemein zum Völkergewohnheitsrecht im Bereich des Internationalen Währungsrechts siehe den knappen, aber prägnanten Überblick bei *S. Zamora*, Is there Customary International Economic Law?, GYIL 32 (1989), 9 (29-31); ferner *M. Selmayr*, Das Recht der Wirtschafts- und Währungsunion, 2002, S. 50 ff. Speziell zur Frage der Bindung internationaler Organisationen an das Völkergewohnheitsrecht

allgemein anerkannten Auslegungsregeln, die inzwischen weitestgehend, nicht aber abschließend[220] in Art. 31 bis 33 des Wiener Übereinkommens über das Recht der Verträge („Wiener Vertragsrechtskonvention", WVK)[221] kodifiziert sind.[222] Im Folgenden stehen jedoch die Entstehung und Besonderheit des Fonds-Gewohnheitsrechts im Vordergrund, so dass hierauf nicht weiter eingegangen werden soll.

Ein prominentes – allerdings nicht unbestrittenes – Beispiel für im Rahmen des IWF entstandenes Gewohnheitsrecht bilden die bereits 1948 zunächst unregelmäßig, später dann ab 1971 mit Duldung des Exekutivdirektoriums[223] konstant einsetzenden Wechselkurspraktiken der Fondsmitglieder, insbesondere des Floating.[224] So weisen z.B. *Ernst U. Petersmann* und *Albrecht Weber* darauf hin, dass das weltweite Floaten der meisten Mitgliedswährungen des IWF, die Bestätigung der im sog. *Smithsonian Agreement* vom 18. Dezember 1971 u.a. vereinbarten Bandbreitenerweiterung in der Entscheidung des Direktoriums vom gleichen Tag, die anschließende Anwendung dieser Übergangsregelungen durch die Mehrheit der Mitglieder, sowie die am 24. September 1973 veröffentlichte "*First Outline of Reform*" des Zwanzigerausschusses bereits Ausdruck einer *opinio iuris* seien, „die die Annahme eines

---

etwa *A. Bleckmann*, Zur Verbindlichkeit des allgemeinen Völkerrechts für internationale Organisationen, ZaöRV 37 (1977), 107 (110 ff.).

[220] Vgl. hierzu auch die Bemerkung von *K. Doehring*, Völkerrecht, 2. Aufl. 2004, Rn. 390, der von „recht spärlichen Regeln" spricht.

[221] Wiener Übereinkommen über das Recht der Verträge v. 23.5.1969, UNTS Bd. 1155, S.331; BGBl. 1985 II, S. 926.Vgl. auch das – allerdings bislang noch nicht in Kraft getretene – Wiener Übereinkommen über das Recht der Verträge zwischen Staaten und internationalen Organisationen oder zwischen internationalen Organisationen v. 21.3.1986 (WVKIO), BGBl.1990 II, S. 1414, dessen Regeln über die Vertragsauslegung in Art. 31 bis 33 WVKIO den Inhalt der Art. 31 bis 33 WVK wortgleich wiedergeben.

[222] Ausführlich zu den Interpretationsregeln, die bei der Auslegung der *Articles of Agreement* heranzuziehen sind, sogleich näher in Teil 3.A.III.3.b).

[223] Vgl. Decision No. 3463-(71/126) des Exekutivdirektoriums v. 18.12.1971 über "Central Rates and Wider Margins: A temporary Regime", abgedruckt in *IMF*, Annual Report 1972, 85 ff.

[224] Eine eingehende kritische Prüfung dieser monetären Maßnahmen unternimmt *E.U Petersmann*, Völkerrechtliche Fragen der Weltwährungsreform, ZaöRV 34 (1974), 452 (493); *ders.*, Zum Rechtswandel des IMF-Paritätensystems, WiR 2/ 1974, 119 (129 ff.). Siehe hierzu auch den historischen Abriss oben Teil 2.C.II.

das Völkervertragsrecht des IWF derogierenden Gewohnheitsrechts rechtfertigt."[225] *Ervin P. Hexner*, früherer *Assistant General Counsel* und Rechtsberater des IWF, will sogar bereits früher ein die Regelungen der Art. IV und VIII Abschn. 3 IWFÜ a.F. derogierendes „Fond-Gewohnheitsrecht" festgestellt haben.[226] Allerdings dürfte man zu dieser – von ihm bereits 1960 getroffenen – Beurteilung allenfalls dann gelangen, wenn man im Sinne der wohl auf *Bin Cheng*[227] zurückgehenden und für das Weltraumrecht entwickelten Lehre vom "*instant customary international Law*" oder der von *René-Jean Dupuy*[228] vertretenen Theorie einer « *coutume sauvage* » auf das objektive Element einer einheitlichen und konstanten Praxis (*consuetudo*) verzichtet. Selbst unter Zugrundelegung dieser zu Recht umstrittenen[229] Figuren dürfte sich im Zusammenhang mit den Geschehnissen im IWF in der für *Hexner* beurteilungswesentlichen Phase zwischen 1951 und 1959 noch kein (derogierendes) Gewohnheitsrecht gebildet haben, da sich zu diesem Zeitpunkt offenkundig noch keine *opinio iuris* nachweisen lässt.[230]

---

[225] *A. Weber*, Die zweite Satzungsnovelle des Internationalen Währungsfonds und das Völkerrecht, in: Flume u.a. (Hrsg.), Internationales Recht und Wirtschaftsordnung, Festschrift f. F.A. Mann, 1977, 807 (814).

[226] *E. P. Hexner*, Das Verfassungs- und Rechtssystem des Internationalen Währungsfonds, 1960, S. 63 ff.

[227] *B. Cheng*, United Nations Resolutions on Outer Space: "Instant" International Customary Law?, IJIL 5 (1965), 23 ff.

[228] *R.-J. Dupuy*, Droit Déclaratoire et Droit Programmatoire: De la Coutume Sauvage a la « Soft Law », in: Société Française pour le Droit International (Hrsg.), L'Élaboration du Droit International Public, 1975, 132 ff.

[229] Vgl. statt vieler den Überblick bei *A. Verdross/ B. Simma*, Universelles Völkerrecht, 3. Aufl. 1984, § 566; sowie *A. von Arnauld*, Völkerrecht, 2012, S. 105.

[230] Folgerichtig hält *A. Weber*, Die zweite Satzungsnovelle des Internationalen Währungsfonds und das Völkerrecht, in: Flume u.a. (Hrsg.), Internationales Recht und Wirtschaftsordnung, Festschrift f. F.A. Mann, 1977, 807 (813) unter Rückgriff auf *E.U Petersmann*, Völkerrechtliche Fragen der Weltwährungsreform, ZaöRV 34 (1974), 452 (491) fest, dass „die Fondspraxis bis 1971 daher nicht zu einer gewohnheitsrechtlichen Legalisierung des Floaten, sondern allenfalls zu einer gewohnheitsrechtlichen Reduzierung des Sanktionsermessens des Fonds führen" konnte. Hierzu und zur Entwicklung insgesamt auch *J. Gold*, The "Sanctions" of the International Monetary Fund, AJIL 66 (1972), 737, insb. 755 ff.

Wie eben erwähnt, ist in der Literatur umstritten, ob es sich hierbei überhaupt um eine gewohnheitsrechtliche Fortbildung der *Articles of Agreement* handelt oder nicht vielmehr um eine Auslegung aufgrund nachfolgender Praxis.[231] Da letztere jedoch auch gewohnheitsrechtliche Züge tragen kann, ist der Übergang oft fließend. *José Alvarez* spricht daher nachvollziehbar von *"subsequent" or "customary" institutional practice*"[232]. Ungeachtet dieser begrifflichen Differenzierung kann jedenfalls festgehalten werden, dass auch der IWF Möglichkeiten der Änderung und Ergänzung seiner Satzungsbestimmungen außerhalb des formellen Änderungsverfahrens nach Art. XXVIII IWFÜ kennt. Hierauf wird im Zusammenhang mit der Frage nach den Mitteln des IWF zur Konkretisierung und Weiterentwicklung der *Articles of Agreement* noch näher einzugehen sein.

Schließlich ist auch ein Rückgriff auf die in Art. 38 I lit. c) IGH-Statut angeführten allgemeinen Rechtsgrundsätze zulässig, wobei darunter jedoch vor allem die den Mitgliedstaaten gemeinsamen Rechtsgrundsätze, insbesondere die ihres öffentlichen Rechts,[233] zu verstehen sind.[234] Zudem ist ihre Anpassung an die Rechtsordnung, insbesondere an die allgemeinen Zielsetzungen und spezifischen Aufgabenbereiche des IWF geboten. Daraus folgt, dass allgemeine Rechtsgrundsätze nur im Rahmen des satzungsrechtlich vorgegebenen Aktionsradius zur ergänzenden Ausfüllung allgemeiner und interpretationsbedürftiger Bestimmungen heranzuziehen sind.[235]

---

[231] Vgl. *W. Karl*, Vertrag und spätere Praxis im Völkerrecht, 1983, S. 231-232 u. S. 350 (Fn. 51); ferner die Diskussionsbeiträge von *B. Simma* und *R. Bernhardt*, in: Kewenig (Hrsg.), Völkerrecht und internationale wirtschaftliche Zusammenarbeit, 1978, 215 (250 u. 253).

[232] *J. E. Alvarez*, International Organizations as Law-makers, 2006, S. 90. Vgl. auch bereits *H. Pollux*, The Interpretation of the Charter, BYIL 23 (1946), 54 (54), der in diesem Zusammenhang von *"constitutional customary law"* spricht; ferner den Überblick bei *N. D. White*, The Law of International Organisations, 2. Aufl. 2005, S. 25 ff.

[233] Hierzu zählt vor allem die aus dem staatlichen Verfassungsrecht, insbesondere der USA, entlehnte Lehre von den *implied powers*.

[234] Vgl. allgemein *I. Seidl-Hohenveldern/G. Loibl*, Das Recht der internationalen Organisationen einschließlich der Supranationalen Gemeinschaft, 7. Aufl. 2000, Rn. 1613; sowie *H.G. Schermers/N.M. Blokker*, International Institutional Law, 5. Aufl. 2011, §§ 1336-1338.

[235] Vgl. hierzu am Beispiel der *implied powers*-Lehre die Ausführungen bei *F. Gianviti*, Decision Making in the International Monetary Fund, in: IMF

II. Das Mandat des IWF

Das breite Mandat des IWF kommt bereits in der seit seiner Gründung unveränderten Zielbestimmung des Art. I S. 1 IWFÜ deutlich zum Ausdruck. Danach obliegt ihm,

> *„i) die internationale Zusammenarbeit auf dem Gebiet der Währungspolitik durch eine ständige Einrichtung zu fördern, die als Apparat zur Konsultation und Zusammenarbeit bei internationalen Währungsproblemen zur Verfügung steht;*
>
> *ii) die Ausweitung und ein ausgewogenes Wachstum des Welthandels zu erleichtern und dadurch zur Förderung und Aufrechterhaltung eines hohen Beschäftigungsgrads und Realeinkommens sowie zur Entwicklung des Produktionspotentials aller Mitglieder als oberste Ziele der Wirtschaftspolitik beizutragen;*
>
> *iii) die Stabilität der Währungen zu fördern, geordnete Währungsbeziehungen unter den Mitgliedern aufrechtzuerhalten und Währungsabwertungen aus Wettbewerbsgründen zu vermeiden;*
>
> *iv) bei der Errichtung eines multilateralen Zahlungssystems für die laufenden Geschäfte zwischen den Mitgliedern und bei der Beseitigung von Devisenverkehrsbeschränkungen, die das Wachsen des Welthandels hemmen, mitzuwirken;*
>
> *v) das Vertrauen der Mitglieder dadurch zu stärken, dass ihnen zeitweilig unter angemessenen Sicherungen die allgemeinen Fondsmittel zur Verfügung gestellt werden und ihnen so Gelegenheit gegeben wird, Unausgeglichenheiten in ihrer Zahlungsbilanz zu bereinigen, ohne zu Maßnahmen Zuflucht nehmen zu müssen, die dem nationalen oder internationalen Wohlstand schaden;*
>
> *vi) in Übereinstimmung mit Vorstehendem die Dauer der Ungleichgewichte der internationalen Zahlungsbilanzen der Mitglieder abzukürzen und den Grad der Ungleichgewichte zu vermindern."*

Neben der Umschreibung der Organisationsziele kommt dieser Bestimmung auch insofern eine zentrale Bedeutung zu, als sich der IWF

(Hrsg.), Current Developments in Monetary and Financial Law, Bd. 1, 1999, 31 (60-61).

gem. Art. I S. 2 IWFÜ „in seiner Geschäftspolitik sowie bei allen Beschlüssen“, einschließlich seiner auslegenden Tätigkeit, von diesen Zielen zu leiten lassen hat. Das bedeutet freilich nicht, dass Art. I IWFÜ hierdurch der Status einer Kompetenznorm zukommt. Vielmehr benötigen die Fondsorgane für die Umsetzung der hier genannten Ziele jeweils eine besondere, aus den nachfolgenden Bestimmungen der *Articles of Agreement* zu entnehmende Ermächtigungsgrundlage.[236] Danach lassen sich im Kern drei Aufgabenbereiche des IWF unterscheiden, nämlich die Politiküberwachung, die Kreditvergabe und die technische Hilfe.[237]

1. Politiküberwachung (surveillance)

Das Überwachungsmandat des IWF bezieht sich zum einen auf das internationale Währungssystem im Allgemeinen (sog. *multilaterale surveillance*)[238] und die mitgliedstaatliche Wechselkurspolitik im Speziellen (Art. IV Abschn. 1 und 3 IWFÜ), ferner in zunehmendem Maße auf die innerstaatliche Wirtschafts-, Finanz- und Konjunkturpolitik, soweit sie von währungspolitischer Bedeutung ist (sog. *bilateral surveillance*) (Art. IV Abschn. 3 lit. a) a.E. i.V.m. Abschn. 1 S. 2 i) – ii) IWFÜ),[239] sowie auf die Einhaltung der Verpflichtungen der Mitglieder im Zu-

---

[236] Siehe auch *IMF*, The Fund’s Mandate – The Legal Framework, February 22, 2010, S. 1-2, abrufbar unter http://www.imf.org/external/np/pp/eng/2010/022210.pdf (letzter Zugriff: 4.4.2015).

[237] Vgl. *M. Guitián*, The Unique Nature of the Responsibilities of the IMF, 1992, S. 8; *R. Lastra*, International Financial and Monetary Law, 2. Aufl. 2015, S. 455.

[238] Die Schlüsselinstrumente des IWF für die multilaterale Überwachung sind die drei halbjährlich erscheinenden Publikationen *World Economic Outlook* (WEO), *Global Financial Stability Report* (GFSR) und *Fiscal Monitor* (FM), sowie die ebenfalls halbjährlich erscheinenden Berichte des *Regional Economic Outlook* (REO), in denen eine detaillierte Analyse der Wirtschaftsentwicklung und wichtige Politikfragen der fünf bedeutenden Weltregionen (Asien und Pazifikraum, Europa, der Nahe Osten und Zentralasien, Afrika südlich der Sahara und die Westliche Hemisphäre) enthalten sind.

[239] Dem ließe sich im Grunde als dritte Form der *surveillance* die *“regional surveillance”* etwa mit der EU hinzufügen. So auch die Differenzierung bei *R. Lastra*, International Financial and Monetary Law, 2. Aufl. 2015, S. 457-458. Ausführlich zur länderbezogenen und regionalen Überwachung des EU-Gebiets siehe Teil 5.B.III.1.

sammenhang mit dem internationalen Zahlungsverkehr (Art. VIII Abschn. 2 lit. a), XIV IWFÜ). Auf diese Weise trägt der IWF dazu bei, dass das internationale Währungssystem seinen „eigentlichen Zweck", „die Schaffung von Rahmenbedingungen zur Erleichterung des Waren-, Dienstleistungs- und Kapitalverkehrs zwischen den Ländern und zur Aufrechterhaltung eines gesunden Wirtschaftswachstums"[240], erfüllen kann.[241] Hierzu ist der IWF befugt, im Rahmen der in der Regel jährlich stattfindenden Konsultationen mit seinen Mitgliedern wirtschafts- und währungspolitische Empfehlungen auszusprechen. Dagegen ist es ihm verwehrt, direkt in die innerstaatliche Politik einzugreifen oder diese zu korrigieren.[242] Bei der Politiküberwachung durch den IWF handelt es sich insofern um eine präventive Maßnahme, um mögliche Risiken und negative Entwicklungen frühzeitig entschärfen zu können.

Bis zum Zusammenbruch des Bretton Woods-Systems war von dieser aufsichtsrechtlichen Funktion auch die Überwachung der in Art. IV IWFÜ a.F. enthaltenen Verpflichtung zu grundsätzlich festen Wechselkursen und festen Währungsparitäten umfasst.[243] Mit dem Inkrafttreten der zweiten Satzungsreform 1978 und des mit ihr in Art. IV Abschn. 2 lit. b) IWFÜ eingeführten Gestaltungsspielraums bei der Wahl des zu praktizierenden Wechselkurssystems hat sich diese Aufgabe insoweit gewandelt, als Art. IV Abschn. 1 S. 1 IWFÜ gleich an vorderster Stelle eine Kooperationspflicht jedes Mitglieds mit dem Fonds und anderen Mitgliedern normiert mit dem Ziel, „geordnete Wechselkursregelungen zu gewährleisten und ein stabiles Wechselkurssystem zu fördern". Die-

---

240 Art. IV Abschn. 1 S. 1 IWFÜ; vgl. auch die Formulierung in Art. I S. 1 ii) IWFÜ.

241 Siehe hierzu auch den Überblick des *IMF*, Article IV of the Fund's Articles of Agreement: An Overview of the Legal Framework, June 28, 2006, abrufbar unter http://www.imf.org/external/np/pp/eng/2006/062806.pdf (letzter Zugriff: 7.4.2015).

242 Vgl. *L. Gramlich*, Eine neue internationale "Finanzarchitektur" oder: Der IMF in der Krise?, AVR 38 (2000), 399 (412); *E. Denters*, in: ders./Viterbo, International Monetary Fund (IMF), 2013, S. 66. *D. Lombardi* und *N. Woods* weisen zutreffend darauf hin, dass die regelmäßig von den *surveillance*-Berichten des IWF ausgehende Signalwirkungen insbesondere für den Privatmarkt für zusätzliche Anreize zur Befolgung der Empfehlungen des IWF sorgen (*D. Lombardi/N. Woods*, The politics of influence: An analysis of IMF surveillance, Review of International Political Economy 15 (2008), 711 ff.).

243 Ausführlich dazu *G. Stratmann*, Der Internationale Währungsfonds: Seine Aufsichts- und Lenkungsbefugnisse, 1972, S. 108 ff, 139 ff.

se Zielvorgabe, die im nachfolgenden Satz durch eine Reihe weiterer Verpflichtungen der Mitglieder konkretisiert wird, mündet schließlich in der Berechtigung des IWF zur „strikten Überwachung" (*"firm surveillance"*) der Wechselkurspolitik seiner Mitglieder, um dadurch zum einen das internationale Währungssystem zu beaufsichtigen und seine effiziente Funktion zu gewährleisten und zum zweiten die Erfüllung der Verpflichtungen der Mitglieder nach Art. IV Abschn. 1, zu denen auch die Kooperationspflicht zählt, zu kontrollieren (Art. IV Abschn. 3 lit. b) IWFÜ).[244]

Welchen Umfang diese im Vergleich zur alten Rechtslage verstärkte Aufsichtsfunktion im Einzelnen einnehmen kann sowie die Art und Weise ihrer konkreten Durchführung lässt Art. IV Abschn. 3 lit. b) IWFÜ allerdings offen. Insofern ermächtigt die Vorschrift den IWF lediglich zur Aufstellung von „besondere[n] Grundsätze[n], von denen sich alle Mitglieder bei ihrer Wechselkurspolitik [zu] leiten lassen" haben. Diese Grundsätze sind bislang sekundärrechtlich insbesondere als *decisions* des Exekutivdirektoriums ergangen. Die erste von insgesamt drei Entscheidungen ist im Anschluss an den Zusammenbruch des Bretton-Woods-Systems 1977 erlassen worden[245] und bildete bis zu ihrer Ersetzung durch die am 15. Juni 2007 verabschiedeten Entscheidung des Exekutivdirektoriums Nr. 13919-(07/51) „über die bilaterale Überwachung der Wirtschaftspolitik der Mitglieder"[246] das Überwachungsregelwerk des IWF. Im Januar 2013 wurde auch diese Entscheidung in Reaktion auf die seit 2007 anhaltende globale Finanz- und Wirtschaftskrise aufgehoben und durch die „Entscheidung über die bilaterale und multilaterale Überwachung" (*Decision on Bilateral and Multilateral Surveillance*), auch bekannt als *"Integrated Surveillance Decision (ISD)"*, ersetzt. Wie ihre Vorgängerentscheidungen begründet auch die ISD keine neuen Verpflichtungen der Mitglieder, betont allerdings als

---

[244] Siehe zum Ganzen auch *J. Gold*, Exchange Rates in International Law and Organization, 1988, S. 89 ff.; ferner *A. Viterbo*, in: Denters/Viterbo, International Monetary Fund (IMF), 2013, S. 48 ff.

[245] Decision No. 5392-(77/63) des Exekutivdirektoriums v. 29.4.1977 über "Surveillance over Exchange Rate Policies", abgedruckt in: *J.M. Boughton*, Silent Revolution: The International Monetary Fund, 1979-1989, 2001, S. 125 ff.

[246] Decision No. 13919-(07/51) des Exekutivdirektoriums v. 15.6.2007 über "Bilateral Surveillance over Members' Policies – 2007 Decision", geändert durch Decision No. 14766-(10/115) v. 29.11.2010, abgedruckt in: *IMF*, Selected Decisions and Selected Documents of the International Monetary Fund, 2012, S. 33 ff.

wichtigste Neuerung, dass "*surveillance should focus on economic and financial stability both at the individual country and global levels*"[247].[248] Dementsprechend hat der IWF, der von *Rosa M. Lastra* bereits jetzt als *Global Financial Authority* gesehen wird,[249] seine Konzentration in weitaus größerem Maße als früher auf die nationalen Finanzsektoren und die internationalen Finanzmärkte gerichtet und einen strategischen Plan für ihre Überwachung ausgearbeitet[250].[251] Die rechtliche Grundlage hierfür wird vereinzelt unmittelbar in Art. IV Abschn. 3 lit. a) a.E.

---

[247] *IMF*, Factsheet: Integrated Surveillance Decision, http://www.imf.org/external/np/exr/facts/pdf/isd.pdf (letzter Zugriff: 5.1.2015).

[248] Vgl. dazu im Einzelnen *IMF*, Modernizing the Legal Framework for Surveillance – An Integrated Surveillance Decision, July 17, 2012, http://www.imf.org/external/np/pp/eng/2012/071712.pdf (letzter Zugriff: 5.4.2015). Die Grundlage für die ISD war v.a. eine (kritische) Studie des *IEO*, IMF Performance in the Run-Up to the Financial and Economic Crisis, 2011, in der es u.a. eine bessere Integration des Finanzsektors in die makroökonomische Analyse gefordert hat.

[249] *R. Lastra*, The Role of the IMF as a Global Financial Authority, EYIEL 2 (2011), 121. Vgl. auch *dies.*, International Financial and Monetary Law, 2. Aufl. 2015, S. 461.

[250] Siehe hierzu im Einzelnen *IMF*, Financial Sector Surveillance and the Mandate of the Fund, March 19, 2010, abrufbar unter http://www.imf.org/external/np/pp/eng/2010/031910.pdf (letzter Zugriff: 5.4.2015); ferner *ders.*, Jahresbericht 2012, S. 32 ff., insb. S. 35; *ders.*, Jahresbericht 2013, S. S. 26 ff. Siehe auch *Deutsche Bundesbank*, Der Internationale Währungsfonds in einem veränderten globalen Umfeld, Monatsbericht 09/ 2012, 63 (75-76). Aus der Literatur etwa *S. Hagan*, Enhancing the IMF's Regulatory Authority, JIEL 13 (2010), 955 (959 ff.).

[251] Zu diesem Zweck hat der IWF bereits 2009 auch das 1999 in Zusammenarbeit mit der Weltbank eingeführte *Financial Sector Assessment Program* (FSAP) überarbeitet und entsprechend angepasst. Im Rahmen eines solchen FSAP führt der IWF in Zusammenarbeit mit der Weltbank eine umfassende Analyse der nationalen Finanzsektoren durch und überprüft die Anwendung der international anerkannten Standards zur Aufsicht und Regulierung des Finanzsektors. Siehe hierzu auch den Überblick bei *IMF*, Factsheet: The Financial Sector Assessment Program (FSAP), http://www.imf.org/external/np/exr/facts/pdf/fsap.pdf (letzter Zugriff: 21.1.2014); ferner *R. Lastra*, International Financial and Monetary Law, 2. Aufl. 2015, S. 461-463. In diesem Kontext kooperiert der IWF auch mit dem FSB und der WTO. Hierzu z.B. *D. Ruddigkeit*, Das Mandat des IWF, 2013, S. 176 ff.

i.V.m. Abschn. 1 S. 2 i) – ii) IWFÜ[252] gesehen oder aus der allgemeinen Zielbestimmung des Art. I IWFÜ hergeleitet.[253] Der IWF selbst sieht jedoch in der Überwachung der Finanzmärkte keine Maßnahme i.S.v. Art. IV IWFÜ, sondern vielmehr eine – für beide Seiten nicht verpflichtende – Form der technischen Hilfe nach Art. V Abschn. 2 lit. b) IWFÜ.[254]

Auf der Grundlage des Art. IV Abschn. 3 lit. a) a.E. i.V.m. Abschn. 1 S. 2 i) – ii) IWFÜ stützt der IWF auch die Überwachung der Wirtschafts- und Konjunkturpolitik seiner Mitglieder. Obgleich sowohl sein Mandat wie auch die Verpflichtungen der Mitglieder auf diesem Gebiet nur schwach ausgebildet sind,[255] hat sich die Überwachungspraxis in den letzten Jahren zunehmend von der Wechselkurspolitik auf diesen Bereich verlagert.[256]

---

[252] Die – völkerrechtlich ohnehin nicht verbindliche – deutsche Sprachfassung ist an dieser Stelle ungenau, da sie die Begriffe "*economic and financial policies*" und "*economic and financial conditions*" in Art. IV Abschn. 1 S. 2 i) und ii) IWFÜ mit „Wirtschafts- und Währungspolitik" bzw. „Wirtschafts- und Währungsverhältnisse" übersetzt.

[253] So z.B. *R. Lastra*, The Role of the IMF as a Global Financial Authority, EYIEL 2 (2011), 121 (123 ff.): "The instruments that the Fund has at its disposal in the pursuit of the objectives granted to it by the IMF Articles of Agreement – in particular with regard to surveillance – make the institution particularly suitable to become *a 'global sheriff' for financial stability*" (S. 136) [eigene Hervorhebung]. Ähnlich bereits auch *R. Hockett*, From Macro to Micro to "Mission Creep", Colum. J. Transnat'l L. 41 (2002-03), 153 (181-182).

[254] *IMF*, Financial Sector Surveillance and the Mandate of the Fund, March 19, 2010, S. 13: "Indeed, it is legally not a surveillance instrument at all but a form of technical assistance". Krit. demgegenüber *D. Ruddigkeit*, Das Mandat des IWF, 2013, S. 118 -119, die stattdessen eine „implizite Kompetenz des IWF" im Bereich der Finanzregulierung annehmen will (S. 147 ff.).

[255] Ausführlich hierzu *F. Gianviti*, Evolving Role and Challenges for the IMF, Int'l L. 35 (2001), 1371 (1384 ff.), dem zufolge es sich bei den ersten beiden Verpflichtungen in Art. IV Abschn. 1 S. 2 i) – ii) IWFÜ nur um "*soft obligations*" handelt, während die beiden letzten Verpflichtungen betreffend die Wechselkurspolitik (Art. IV Abschn. 1 S. 2 iii) – iv) IWFÜ) "*hard obligations*" darstellen.

[256] Vgl. *R. Lastra*, The International Financial and Monetary Law, 2. Aufl. 2015, S. 459. Siehe auch bereits *F. Gianviti*, Evolving Role and Challenges for the International Monetary Fund, Int'l L. 35 (2001), 1371 (1385), der deshalb von einer "*de facto transformation of Article IV, section 1 into a soft law provision*" spricht. So auch schon *J. Gold*, Strengthening the Soft International Law

Schließlich kommt dem IWF auch im Hinblick auf die Reservepolitik seiner Mitglieder (Art. VIII Abschn. 7 IWFÜ) und insbesondere in Bezug auf den internationalen Zahlungsverkehr eine Aufsichtsfunktion zu, indem er die Einhaltung der seit seiner Gründung unverändert in Art. VIII Abschn. 2 lit. a) IWFÜ enthaltenen Verpflichtung der Mitglieder, „Zahlungen und Übertragungen für laufende internationale Geschäfte" nicht ohne seine Zustimmung[257] zu beschränken, überwacht und fördert.[258] In Art. XXX lit. d) S. 1 Hs. 1 IWFÜ sind „Zahlungen für laufende Transaktionen" als solche definiert, die „nicht der Übertragung von Kapital dienen". Zur näheren Erläuterung enthält dessen Hs. 2 einen nicht abschließenden Katalog von exemplarischen Erscheinungen, darunter Zahlungen „im Zusammenhang mit dem Außenhandel, anderen laufenden Geschäften einschließlich Dienstleistungen sowie normalen kurzfristigen Bank- und Kreditgeschäften" (Nr. 1), ferner „Zahlungen von Beträgen, die als Kreditzinsen sowie als Nettoerträge aus anderen Anlagen geschuldet werden" (Nr. 2), „Zahlungen in mäßiger Höhe für die Tilgung von Krediten oder für die Abschreibung von Direktinvestitionen" (Nr. 3), sowie „Überweisungen in mäßiger Höhe zur Bestreitung des Familienunterhalts" (Nr. 4)[259].[260] Das Beschränkungsverbot des Art. VIII Abschn. 2 lit. a) IWFÜ schützt damit vor allem die Übertragung von Zahlungsmitteln, die in Erfüllung

of Exchange Arrangements, AJIL 77 (1983), 443 (452 ff.): *"[T]hese obligations [of Article IV] are soft law and softer than the provisions of the original Articles"* (S.452) [eigene Hervorhebung].

[257] Die Zustimmung des Fonds stellt eine wichtige Anwendungsvoraussetzung für den in der Praxis äußerst bedeutsamen Art. VIII Abschn. 2 lit. b) IWFÜ dar. Danach kann aus „Devisenkontrakten" (*exchange contracts*), welche den Devisenbestimmungen eines Mitgliedstaates widersprechen, nicht geklagt werden (*unenforceable*).

[258] Siehe hierzu im Überblick *IMF*, The Fund's Mandate – The Legal Framework, February 22, 2010, S. 12-14; ferner *A. Viterbo*, in: Denters/Viterbo, International Monetary Fund (IMF), 2013, S. 54 f.; *R. Lastra*, International Financial and Monetary Law, 2. Aufl. 2015, S. 450 ff.

[259] Damit unterscheidet sich die Abgrenzung zwischen Kapital- und Zahlunsgverkehr nach dem IWF-Recht teilweise erheblich zur Abgrenzung nach dem Unionsrecht.

[260] Da Art. XXX lit. d) S. 1 IWFÜ nicht abschließend definiert, was als Zahlungsverkehr zu verstehen ist, räumt die Bestimmung in ihrem S. 2 letztlich dem IWF das Recht ein, nach Konsultation mit dem betreffenden Mitglied zu bestimmen, ob gewisse besondere Transaktionen als laufende Transaktionen oder als Kapitaltransaktionen anzusehen sind.

einer Gegenleistungspflicht erfolgt, aber auch die Erfüllung sonstiger Zahlungsverpflichtungen und geht damit weit über das hinaus, was etwa das Unionsrecht unter die Zahlungsverkehrsfreiheit fasst. Auf diese Weise wird der eigentlichen Zielsetzung des IWF, „Rahmenbedingungen zur Erleichterung“ des Waren- und Dienstleistungsverkehrs „zwischen den Ländern und zur Aufrechterhaltung eines gesunden Wirtschaftswachstums“ zu schaffen, noch einmal in besonderem Maße Rechnung getragen (Art. I S.1 ii) IWFÜ, IV Abschn. 1 S. 1 IWFÜ). Gleichwohl besteht das Verbot nicht uneingeschränkt. Die *Articles of Agreement* machen hiervon zwei Ausnahmen, einmal für den Fall des Art. VII Abschn. 3 IWFÜ (Knappheit der Fondsbestände) und zum anderen für Mitglieder, die gem. Art. XIV Abschn. 2 IWFÜ von ihrem Recht der „Übergangsregelungen“ Gebrauch gemacht haben, die also bei Beginn ihrer Mitgliedschaft die bestehenden Zahlungs- und Überweisungsbeschränkungen aufrechterhalten.[261] Das ist inzwischen nur noch bei einer kleinen Minderheit von Mitgliedern der Fall. Während noch bis Anfang der 1990er Jahre etwa die Hälfte der Mitglieder, darunter vor allem Entwicklungsländer, hiervon Gebrauch gemacht haben, hat sich ihre Zahl im Jahr 2013 bereits auf 20 reduziert.[262]

Im Gegensatz zum Zahlungsverkehr sind Devisenbeschränkungen im Kapitalverkehr grundsätzlich ohne Zustimmung des IWF erlaubt und damit von seinem Überwachungsmandat nicht erfasst.[263] Zwar erkennen die *Articles of Agreement* auch die Erleichterung des Kapitalverkehrs „als eigentlichen Zweck des internationalen Währungssystems“ an,[264] jedoch sind die Mitglieder gleichzeitig berechtigt, die zur Kontrolle internationaler Kapitalbewegungen notwendigen Maßnahmen zu treffen (Art. VI Abschn. 3 IWFÜ).[265] Nach Art. VI Abschn. 1 lit. a) IWFÜ kann ein Mitglied sogar ausdrücklich dazu verpflichtet werden, Kapitalverkehrsbeschränkungen einzuführen, wenn es andernfalls all-

---

261 Ausführlich hierzu *W. Ebke*, Internationales Devisenrecht, 1990, S. 87 ff.

262 Zum aktuellen Stand vgl. *IMF*, Annual Report on Exchange Arrangements and Exchange Restrictions, 2014, S. 3.

263 Hierzu im Überblick etwa *A. Viterbo*, in: Denters/Viterbo, International Monetary Fund (IMF), 2013, S. 55.

264 Art. IV Abschn. 1 S. 1 IWFÜ.

265 Siehe hierzu Decision No. 541-(56/39) des Exekutivdirektoriums v. 25.7.1956 über "Controls of Capital Transfers", abgedruckt in: *IMF*, Selected Decisions and Selected Documents of the International Monetary Fund, 2014, S. 564.

gemeine Fondsmittel zur Deckung von Kapitalabflüssen nutzen würde. Da andererseits eine Abgrenzung zwischen Kapital- und Zahlungsverkehr im Einzelfall schwierig sein kann, bestimmt Art. VI Abschn. 3 Hs. 2 IWFÜ, dass Kapitalverkehrskontrollen nicht dazu führen dürfen, dass „Zahlungen für laufende Geschäfte eingeschränkt oder Übertragungen von Mitteln zur Erfüllung von Verbindlichkeiten ungebührlich verzögert werden". Eine weitere Einschränkung ergibt sich zudem implizit aus den in Art. IV Abschn. 1 S. 2 iii) IWFÜ enthaltenen Verpflichtungen, „Manipulationen der Wechselkurse oder des internationalen Währungssystems mit dem Ziel, eine wirksame Zahlungsbilanzanpassung zu verhindern oder einen unfairen Wettbewerbsvorteil gegenüber anderen Mitgliedern zu erlangen, [zu] vermeiden".[266] Diese unterschiedliche Behandlung von Kapital- und Zahlungsverkehr durch den IWF ist in erster Linie historisch damit zu erklären, dass die Gründer des IWFÜ, insbesondere die USA und Großbritannien, zum einen davon ausgingen, dass kein Mitglied auf Kapitalverkehrskontrollen verzichten könne und damit eine Liberalisierung des Kapitalverkehrs nicht sachdienlich sei.[267] Zum anderen erklärt sie sich auch daraus, dass ein freier Kapitalverkehr – anders als dies beim Zahlungsverkehr der Fall ist – für ein geordnetes Wachstum des Welthandels nicht unmittelbar erforderlich ist.[268] Eine Liberalisierungsverpflichtung der Mitglieder auch hinsichtlich des Kapitalverkehrs würde daher in jedem Fall eine Änderung der *Articles of Agreement* voraussetzen,[269] für die aber – trotz ver-

---

[266] Hierzu *IMF*, The Fund's Role Regarding Cross-Border Capital Flows, November 15, 2010, S. 18-19, abrufbar unter http://www.imf.org/external/np/pp/eng/2010/111510.pdf (letzter Zugriff: 28.7.2015).

[267] Hierzu und zum wirtschaftlichen Hintergrund siehe *J. Gold*, International Capital Movements under the Law of the IMF, 1977. Vgl. auch *C. Lichtenstein*, International Jurisdiction over International Capital Flows and the Role of the IMF: Plus ça Change ..., in: Giovanoli (Hrsg.), International Monetary Law. Issues for the New Millennium, 2005, 61 (62 ff.).

[268] Vgl. *W. Ebke*, Internationales Devisenrecht, 1990, S. 90.

[269] Einen entsprechenden Vorschlag, wonach die *Articles of Agreement* "should be amended to make the promotion of capital account liberalization a specific purpose of the Fund and to give the Fund appropriate jurisdiction over capital movements", hatte der Interimsausschuss des Gouverneursrats bereits im April 1997 ausgearbeitet. Infolge der Asienkrise 1997/ 1998 wurde dieser aber nicht weiterverfolgt. Vgl. dazu im Einzelnen *J. Polak*, The Articles of Agreement of the IMF and the Liberalization of Capital Movements, in: Fischer u.a. (Hrsg), Should the IMF Pursue Capital-Account Convertibility?, 1998, 47 ff.

einzelter Bestrebungen innerhalb des IWF –[270] keine wirklichen Anzeichen bestehen.

2. *Finanzielle Hilfe*

Neben dieser mit Bedacht und in Anerkennung ihrer besonderen Bedeutung in den *Articles of Agreement* breit angelegten Überwachungsfunktion des IWF steht seine Finanzierungsfunktion, der eine ebenfalls zentrale, aus Sicht der Mitglieder gegenüber der *surveillance* sogar vorrangige Bedeutung zukommt. Während die Finanzhilfen des IWF bis in die späten 1960er Jahre noch von Industrie- und Entwicklungsländern gleichermaßen in Anspruch genommen wurden, der größere Teil sogar an die heutigen Industrieländer ging, sind spätestens ab Mitte der 1970er Jahre bis zum Ausbruch der globalen Banken- und nachfolgenden Finanz- und Wirtschaftskrise im Jahr 2007 nur noch Entwicklungsländer, vor allem sog. *low-income-countries*, unter den Nehmern zu finden.[271] Auf diese Entwicklung hat der IWF in Durchbrechung des seine Rechtsordnung ansonsten kennzeichnenden Prinzips der Gleichbehandlung (*principle of uniformity*)[272] sukzessive mit einer Anpassung seiner Kreditfazilitäten und der mit ihnen verbundenen Auflagen (Konditionalität) an die unterschiedlichen Bedürfnisse seiner Mitglieder reagiert.[273] Im Zuge der seit 2007 anhaltenden Krise – auch und vor al-

---

[270] Vgl. zuletzt *IMF*, The Liberalization and Management of Capital Flows: An Institutional View, November 14, 2014, http://www.imf.org/external/np/pp/eng/2012/111412.pdf; ferner *ders.*, Liberalizing Capital Flows and Managing Outflows, March 13, 2012, http://www.imf.org/external/np/pp/eng/2012/031312.pdf (jeweils letzter Zugriff: 28.7.2015).

[271] Die Industrienationen decken ihren Finanzbedarf stattdessen auch heute noch weitgehend über den privaten Kapitalmarkt.

[272] Dazu *J. Gold*, Uniformity as a Legal Principle of the IMF, Law & Pol'y Int'l Bus. 7 (1975), 765 ff. Dazu auch sogleich näher in Teil 3.A.III.1.

[273] Hierzu anschaulich *J. Gold*, Transformations of the International Monetary Fund, Colum. J. Transnat'l Law 20 (1981), 227 (231 ff.). Siehe auch bereits *S. D. Krasner*, The International Monetary Fund and the Third World, International Organization 22 (1968), 670 (675 ff.); ferner *S. Schlemmer-Schulte*, Die Rolle der internationalen Finanzinstitutionen im Nord-Süd-Konflikt, in: Meng u.a. (Hrsg.), BDGVR 41 (03), 149 (154 ff.). Speziell zur Konditionalitätspolitik des IWF *A. Mohammed*, Recent Evolution of Fund Conditionality, in: Frenkel/Goldstein (Hrsg.), International Financial Policy. Essays in Honour of Jacques J. Polak, 1991, 244 (246 ff.).

lem in einigen EU-Mitgliedstaaten – hat der IWF in Reaktion hierauf seine Finanzierungsfunktion abermals angepasst und zu diesem Zweck stark ausgeweitet. Es wurden neue flexible und mit der Flexible Credit Line[274] und der Precautionary and Liquidity Line[275] erstmals auch vorbeugende Kreditlinien geschaffen, die ausgewählte Mitglieder mit starken oder guten wirtschaftlichen Fundamentaldaten im Krisenfall jederzeit abrufen können.[276]

Im Einzelnen lassen sich heute nach den Finanzquellen des IWF drei Kategorien von Finanzierungsinstrumenten unterscheiden: Zum einen die jedem Mitglied, gleich ob Industrie- oder Entwicklungsland, zur Verfügung stehenden allgemeinen Fondsmittel, ferner die sog. *low-income-countries-facilities* und schließlich das durch den IWF 1968 geschaffene Reservemedium der Sonderziehungsrechte (SZR; *Special Drawing Rights* [SDRs]).[277] Letztere kann der IWF einem kreditsuchenden Mitglied, das zugleich Teilnehmer der Sonderziehungsrechtsabteilung sein muss (Art. XVII IWFÜ), anstelle nationaler Währungen im Verhältnis zu seiner Quote zur Verfügung stellen, um hierfür von anderen Mitgliedern Devisen zu erhalten oder um Zahlungen, insbesondere an den IWF, zu leisten (Art. XIX IWFÜ).[278] Im ersteren Fall ist ein Mitglied allerdings grundsätzlich nur dann berechtigt, seine SZRe zu diesem Zweck zu verwenden, „wenn hierfür wegen seiner Zahlungsbilanz- oder Reservesituation oder wegen der Entwicklung seiner

---

[274] *IMF*, Factsheet: The IMF's Flexible Credit Line, http://www.imf.org/external/np/exr/facts/fcl.htm (letzter Zugriff: 4.4.2015).

[275] *IMF*, Factsheet: The IMF's Precautionary and Liquidity Line, abrufbar unter http://www.imf.org/external/np/exr/facts/pll.htm (letzter Zugriff: 4.4.2015).

[276] Eine prägnante Übersicht hierzu findet sich bei *Deutsche Bundesbank*, Der Internationale Währungsfonds in einem veränderten globalen Umfeld, Monatsbericht 09/2012, 63 ff.

[277] Hierzu im Überblick z.B. *IMF*, The Fund's Mandate – The Legal Framework, February 22, 2010, S. 16; ferner *B. Steinki/W. Bergthaler*, Recent reforms of the Finances of the IMF, EYIEL 3 (2012), 635 (636).

[278] Da Inhaber von SZRen neben dem IWF grundsätzlich nur die Mitglieder sein können (vgl. aber Art. XVII Abschn. 2 und 3 IWFÜ), müssen diese, um unmittelbar für Operationen auf den Devisenmärkten verwendet werden zu können, erst in frei verwendbare Währungen umgetauscht werden. Siehe hierzu auch *IMF*, Financial Organization and Operations of the IMF, 6. Aufl. 2001, S. 11-12. Generell zu den SZRen *C. Wilkie*, Special Drawing Rights (SDRs): The First International Money, 2012.

Reserven ein Bedarf besteht“ (Art. XIX Abschn. 3 lit. a) IWFÜ). In jedem Fall unzulässig ist die Verwendung von SZR mit der Absicht, lediglich die Zusammensetzung der eigenen Währungsreserven zu verändern. Dabei kommen diese Kriterien nicht kumulativ, sondern alternativ zur Anwendung. Bereits die eindeutige Erfüllung einer der Voraussetzungen führt damit zur Berechtigung nach Art. XIX Abschn. 3 lit. a) IWFÜ.

Der Großteil der Finanzierungsaktivitäten erfolgt allerdings nicht über die Sonderziehungsrechtsabteilung, sondern über die Allgemeine Abteilung,[279] im Einzelnen über das Allgemeine Konto (*General Resources Account*, GRA) und dem Konto für Sonderverwendungen (*Special Disbursement Account*, SDA).[280] Die Finanzhilfen aus dem GRA, auf dem die Quoteneinzahlungen der Mitglieder sowie die Erträge aus den bi- und multilateralen Kreditvereinbarungen gehalten werden, erfolgt in der Regel im Rahmen von Bereitschaftskreditvereinbarungen (*Stand-By Arrangements*, SBAs). Dieses in Art. V Abschn. 3 lit. a) IWFÜ explizit aufgeführte Finanzierungsinstrument wie auch andere kurz- bis mittelfristige Kreditfazilitäten,[281] aufgrund derer jedes Mitglied „vom Fonds gegen Zahlung eines entsprechenden Betrags in seiner Währung die Währungen anderer Mitglieder [...] kaufen“[282] kann und die insofern aus rechtlicher Sicht nicht als Kredit, sondern als Kauf (*purchase*)[283] bzw. „Finanzierungsgeschäft eigner Art“[284] zu qualifizieren sind, werden ebenfalls grundsätzlich nur bei Vorliegen der in Art. V Abschn. 3 lit. b) IWFÜ näher bezeichneten Bedingungen vergeben. Zu diesen Bewilligungsvoraussetzungen gehört es insbesondere, dass das Mitglied von Zahlungsbilanz- oder Währungsreserveschwierigkeiten betroffen

---

[279] Der IWF differenziert bei allen seinen Operationen und Transaktionen strikt zwischen der Allgemeinen Abteilung und der Sonderziehungsrechtsabteilung. Vgl. Einführungsartikel ii), Art. V Abschn. 3, 12, XVI Abschn. 1, 2 IWFÜ.

[280] Vgl. *IMF*, Jahresbericht 2012, S. 23.

[281] Eine Übersicht über die einzelnen Kreditfazilitäten des IWF findet sich im Factsheet: IMF Lending, 04/ 2013, abrufbar unter http://www.imf.org/external/np/exr/facts/pdf/howlend.pdf (letzter Zugriff: 5.4.2015).

[282] Art. V Abschn. 3 lit. b) IWFÜ.

[283] *J. Gold*, Balance of payments transactions of the IMF, in: Rendell (Hrsg.), International Financial Law, 1980, 237 (240).

[284] *J.-D. Kramer*, Die Rechtsnatur der Geschäfte des Internationalen Währungsfonds, 1967, S. 104: "*contractus sui generis*".

ist (Art. I S. 1 v), Art. V Abschn. 3 lit. b) ii) IWFÜ).[285] Dem Fonds, dem ansonsten sowohl hinsichtlich der Bedingungen wie auch in Bezug auf die eigentliche Vergabeentscheidung grundsätzlich ein weiter Ermessensspielraum zukommt,[286] ist es verwehrt, auf diese Voraussetzungen zu verzichten.[287] Vielmehr ist er nach Art. V Abschn. 3 lit. a IWFÜ explizit dazu verpflichtet, auf die zweckgerechte Verwendung seiner Mittel sowohl präventiv durch die Aufstellung von Geschäftsgrundsätzen (*"policies"*), die in der Praxis als sog. *conditionalities*[288] ergehen und die Kreditvergabe von der Durchführung von zum Teil einschneidenden wirtschaftspolitischen Anpassungsprogrammen abhängig machen,[289] als auch repressiv durch die Ergreifung der in Art. V Abschn. 5 IWFÜ vorgesehenen Überwachungs- und Sanktionsmaßnahmen hinzuwirken. Darüber hinaus wird eine Sicherung der Mittel des IWF durch seinen Status als bevorrechtigter Gläubiger (*preferred creditor status*) erreicht. Dieser ist in den *Articles of Agreement* zwar nicht ausdrücklich vorge-

---

[285] Ausführlich zu den Bewilligungsvoraussetzungen – auch aus rechtlicher Perspektive – *IMF*, Need as Condition for the Use of Fund Resources, SM/94/299 v. 16.12.1994, S.1-27.

[286] Dazu *G. Stratmann*, Der Internationale Währungsfonds: Seine Aufsichts- und Lenkungsbefugnisse, 1972, S. 204 ff.

[287] Diese Befugnis steht dem IWF gem. Art. V Abschn. 4 IWFÜ nur hinsichtlich der in Abschn. 3 lit. b) iii) und iv) IWFÜ genannten Bedingungen zu. Zur Auslegung der Bestimmung im Zusammenhang mit der Staatsschuldenkrise in einigen Staaten der WWU siehe unten Teil 5.B.III.2.

[288] Siehe hierzu Decision No. 12864-(02/102) des Exekutivdirektoriums v. 25.9.2002, geändert durch Decision No. 13814-(06/98) v. 15.11.2006 über "Guidelines on Conditionality", abgedr. in: *IMF*, Selected Decisions and Selected Documents of the International Monetary Fund, 37th Issue 2014, S. 352-360. Grundlegend zur Konditionalitätspolitik des IWF *J. Gold*, Conditionality, 1979; aus jüngere Zeit statt vieler z.B. *R. Lastra*, IMF Conditionality, J Int'l Banking Reg. 4 (2002), 167 (168 ff.); *R. Stone*, The Scope of IMF Conditionality, International Organization 62 (2008), 589 ff; *E. Denters*, in: ders/Viterbo, International Monetary Fund (IMF), 2013, S. 66 ff.

[289] Konkret schlagen sich die Auflagen vor allem in sog. *performance criteria* nieder, die zwischen dem IWF und dem kreditsuchenden Mitglied ausgehandelt und in einer Absichtserklärung, dem *letter of intent*, schriftlich festgehalten werden. Missachtet das betreffende Mitglied später die darin aufgenommenen Bedingungen begeht es damit zwar keine Vertragsverletzung, ihm kann allerdings die Auszahlung der weiteren Tranchen verwehrt werden. Hierzu im Überblick z.B. *M. Krajewski*, Wirtschaftsvölkerrecht, 3. Aufl. 2012, § 5, Rn. 836-841.

sehen,[290] wird aber dennoch allgemein anerkannt.[291] Er hat zur Folge, dass die Forderungen des IWF ein Rückzahlungsvorrecht gegenüber allen anderen Gläubigern genießen.

Demgegenüber erfolgt die Zuteilung von SZR insofern bedingungsfrei, als das entsprechende Mitglied keine wirtschaftspolitischen Anpassungs- und Reformmaßnahmen ergreifen muss. Die speziell für Mitglieder mit niedrigem Pro-Kopf-Einkommen zur Verfügung stehenden längerfristigen und zum Teil auch zinslosen Kredite aus dem SDA und dem vom IWF verwalteten Treuhandfonds für Armutsbekämpfung und Wachstum (*Poverty Reduction and Growth Trust*, PRGT) unterliegen dagegen zum Teil strikteren Auflagen, nicht nur volkswirtschaftlicher, sondern zunehmend auch institutioneller und rechtlicher Natur.[292]

---

[290] Ausdrücklich vorgesehen ist er nunmehr aber im 13. Erwägungsgrund zum ESMV. Danach haben „ESM-Darlehen – vergleichbar denen des IWF – den Status eines bevorrechtigten Gläubigers […], wobei akzeptiert wird, dass der IWF gegenüber dem ESM als Gläubiger vorrangig ist". Hierzu *R. Martha*, The Financial Obligation in International Law, 2015, S. 492-493. Zu weiteren hieraus folgenden Rückwirkungen auf die Beteiligung des IWF bei der Bewältigung der europäischen Staatsschuldenkrise siehe unten Teil 5.B.III.2.c). Ein entsprechender Hinweis findet sich auch in den von der G20 bei ihrem Treffen auf der Ebene der Finanzminister und Notenbankgouverneure in Cannes im Oktober 2011 gebilligten "*G20 Principles for Cooperation between the IMF and Regional Financing Arrangements*", https://g20.org/about-g20/past-summits/2010-toronto/ (letzter Zugriff: 6.4.2015). Darin heißt es in Ziff. 6: "RFAs must respect the preferred creditor status of the IMF".

[291] Einige Stimmen in der Literatur gehen inzwischen daher von einer gewohnheitsrechtlichen Geltung aus. Vgl. hierzu auch die Diskussion bei *R. Martha*, Preferred Creditor Status under International Law: The Case of the IMF, ICLQ 39 (1990), 801-826; ferner den Überblick bei *R. Lastra*, The Role of the IMF, in: dies./Buchheit (Hrsg.), Sovereign Debt Management, 2014, 49 (61-63): "de facto "preferred creditor" status".

[292] Diese Bedingungen, die gemeinhin unter dem Stichwort *good governance* bekannt sind, werden häufig als Instrument verlängerter Kolonialisierung kritisiert. Siehe z.B. *I. Taylor*, Hegemony, neoliberal "good governance" and the International Monetary Fund, in: Boas/McNeil (Hrsg.), Global Institutions and Development, 2004, 124 ff. Darüber hinaus ist nicht unumstritten, ob sich solche Aktivitäten des IWF überhaupt mit seinem apolitischen Mandat (s.u.) vereinbaren lassen. Vgl. andererseits Art. V Abschn. 3 lit. a) IWFÜ, wonach der Fonds "may *adopt special policies* for special balance of payments problems" [eigene Hervorhebung].

Die Einführung dieser Sonderfazilitäten,[293] die sich nicht aus Quoteneinzahlungen, sondern aus freiwilligen bilateralen Geldzuwendungen der reicheren Fondsmitglieder und Goldverkäufen des IWF finanzieren (vgl. Art. V Abschn. 12 lit. f) S. 1 IWFÜ), erfolgte nach der Phase der Dekolonialisierung in den siebziger Jahren hauptsächlich als Reaktion auf die beiden Ölkrisen.[294] Sie wurden in der Folge – vor allem nach der internationalen Schuldenkrise in den achtziger Jahren – sukzessive ausgebaut, da vielen dieser Schuldnerländer der Zugang zu den privaten Kapitalmärkten und ausländischen Investitionen bis heute nicht oder nur in Verbindung mit einem Anpassungsprogramm des IWF möglich ist.[295] Ihre satzungsrechtliche Grundlage findet diese Praxis in Art. V Abschn. 2 lit. b) und Abschn. 12 lit. f) S. 2 IWFÜ. Die Vorschrift lässt in Durchbrechung des *principle of uniformity* unter bestimmten tatbestandlichen Voraussetzungen Zahlungsbilanzhilfen zu Sonderbedingungen an Mitglieder zu, die „Entwicklungsländer und in schwierigen Verhältnissen sind".[296] Obwohl der Kreis der Empfänger damit auf Entwicklungsländer (*developing members*) begrenzt ist, ist die Bestimmung *de jure* nicht als entwicklungsbezogene Rechtsvorschrift zu qualifizieren.[297] Dagegen spricht die darin wiederholt bekräftigte Ausrich-

---

[293] Eine Übersicht über die einzelnen Sonderfazilitäten des IWF findet sich im Factsheet, IMF Support for Low-Income Countries, 12/2012, abrufbar unter http://www.imf.org/external/np/exr/facts/pdf/poor.pdf. (letzter Zugriff: 5.4.2015).

[294] Siehe aber auch bspw. die bereits vorher vom IWF-Exekutivdirektorium mit der Entscheidung Nr. 1477-(63/8) v. 27.2.1963 geschaffene „kompensierende Erlösstabilisierungsfazilität" („*Compensatory Financing Facility*"), die als Finanzhilfe allen Rohstoffexportländern bei Exporterlösschwankungen zur Verfügung stand. Zu Einzelheiten siehe *S. D. Krasner*, The International Monetary Fund and the Third World, International Organization 22 (1968), 670 (676-677).

[295] Zum Ganzen siehe auch *H. G. Petersmann*, Financial Assistance to Developing Countries: The Changing Role of the World Bank and International Monetary Fund, 1988, S. 23-43; *B. Bernstein/J. Boughton*, Anpassung an die Entwicklung: Der IWF und die Armen, F&E 09/1994, 42 (43-44).

[296] Art. V Abschn. 12 lit. f S. 2 ii) IWFÜ. So auch die offizielle Begründung der Rechtsabteilung des *IMF*, The Fund's Mandate – The Legal Framework, February 22, 2010, S. 20-21.

[297] Im Gegensatz dazu steht das Mandat etwa der Weltbank, die nach ihrer Satzung Finanzierungen „außer in besonderen Umständen, nur für bestimmte Wiederaufbau- und Entwicklungsvorhaben verwende[n]" darf. Vgl. Art. III Abschn. 4 (vii) IBRDÜ. Ähnlich auch die Formulierung in Art. V Abschn. 1

tung auch der Finanzhilfen aus dem SDA an die monetären Zielbestimmungen des Art. I IWFÜ, wozu im Speziellen eben auch ihr Einsatz zur Bewältigung besonderer Zahlungsbilanzprobleme zugunsten von wirtschaftlich schwächeren Mitgliedern zählt.[298] Dennoch lässt sich *de facto* – gerade auch wegen den mit diesen Krediten in der Regel verbundenen strukturpolitischen Anpassungs- und Reformprogrammen – ein gewisser Entwicklungshilfecharakter der konzessionären Finanzhilfen nicht abstreiten.

Von der konzessionären Finanzierungsaktivität des IWF umfasst sind auch die an hochverschuldete ärmere Staaten vergebenen Zuschüsse im Rahmen der 1996 in Zusammenarbeit mit der Weltbank gestarteten *Initiative for Heavily Indebted Poor Countries* (HIPC-Initiative). Diese Finanzhilfen zielen wie die HIPC-Initiative insgesamt und die sie seit 2005 ergänzende *Multilateral Debt Relief Initiative* (MDRI)[299] darauf ab, hochverschuldeten wirtschaftlich schwächeren Mitgliedern, die auf der Grundlage eigener Armutsbekämpfungsstrategien *(Poverty Reduction Strategy Papers*, PRSPs) überzeugende Anpassungsprogramme über einen längeren Zeitraum entwickeln und durchführen müssen, dabei zu helfen, eine tragfähige externe Verschuldungsposition zu erreichen.[300]

---

lit. b) IDAÜ. Gleichwohl geraten beide Organisationen in der Praxis durch die Ausweitung ihres Tätigkeitsbereichs zunehmend in Konkurrenz zueinander.

[298] Eine davon abweichende Auslegung wäre insofern mit der Regelung des Art. I IWFÜ nicht vereinbar und damit satzungswidrig. Vgl. auch *F. Gianviti*, Evolving Role and Challenges for the International Monetary Fund, Int'l L. 35 (2001), 1371 (1387).

[299] Durch die 2005 als weitere Maßnahme zur Erreichung der *United Nations Millennium Development Goals* begründete MDRI soll die Verschuldung hochverschuldeter ärmerer Staaten gegenüber drei multilateralen Finanzorganisationen – IWF, IDA und dem Afrikanischen Entwicklungsfonds – zu hundert Prozent abgebaut werden. Hierzu der Überblick bei *IMF*, Factsheet: The Multilateral Debt Relief Initiative, September 2013, abrufbar unter http://www.imf.org/external/np/exr/facts/pdf/mdri.pdf (letzter Zugriff: 5.4.2015).

[300] Zum Ganzen ausführlich und m.w.Nw. *L. F. Guder*, The Administration of Debt Relief by the International Financial Institutions, 2009, S. 26 ff. Vgl. auch *Deutsche Bundesbank*, Weltweite Organisationen und Gremien im Bereich von Währung und Wirtschaft, 2013, S. 66 ff.; *T. Duvall*, Debt Relief for Low-Income Countries, in: Lastra/Buchheit (Hrsg.), Sovereign Debt Management, 2014, 69 ff.

Daneben hat der IWF in Reaktion auf das Erdbeben in Haiti im Januar 2010 mit dem *Post-Catastrophe Debt Relief Trust* (PCDR) einen weiteren speziellen Fonds eingerichtet, aus dem neben Schuldenerleichterungen auch Finanzhilfen an von schweren Naturkatastrophen betroffenen LICs vergeben werden können.[301] Derartige Hilfen werden zu einem großen Teil aus dem PRGT, aus dem auch die jüngsten Soforthilfen für Liberia, Guinea und Sierra Leone zur Eindämmung der wirtschaftlichen Auswirkungen der Ebola-Epidemie stammten,[302] bereitgestellt. Schließlich bietet der IWF auch über das sog. *Rapid Financing Instrument* (RFI) Nothilfe für Mitglieder zur Bewältigung dringender Zahlungsbilanzprobleme infolge plötzlicher Naturkatastrophen und bewaffneter Konflikte an.[303] Das Kapital hierfür wird aus dem GRA finanziert und steht damit allen IWF-Mitgliedern offen.[304] Da jedoch in der Regel vor allem wirtschaftlich schwächere Mitglieder für den Umgang mit Katastrophen schlechter gerüstet sind, dürfte das RFI auch in Zukunft nur von Entwicklungs- und Schwellenländer in Anspruch genommen werden. Bedingung für den Zugang zum RFI ist allein, dass das betreffende Mitglied mit dem IWF bei der Bewältigung seiner Zahlungsbilanzprobleme zusammenarbeitet.

3. Ausbildung und Technische Hilfe

Die Finanzhilfen über das RFI und aus dem PCDR werden in der Regel unterstützt und ergänzt durch technische Hilfe des IWF (Art. V Abschn. 2 lit. b) IWFÜ). Damit soll allerdings nicht gesagt sein, dass die

---

[301] *IMF*, Factsheet: Post-Catastrophe Debt Relief Trust, http://www.imf.org/external/np/exr/facts/pdf/pcdr.pdf (letzter Zugriff: 5.4.2015). Siehe zu diesem Tätigkeitsfeld des IWF auch die Analyse bei *J. Gold*, Natural Disasters and Other Emergencies Beyond Control: Assistance by the IMF, Int'l L. 24 (1990), 621 ff.

[302] Siehe hierzu *IMF*, IMF Response to The Ebola Crisis, http://www.imf.org/external/np/fad/ebola/ (letzter Zugriff: 1.3.2016). Zu Einzelheiten und nachfolgenden Finanzhilfeprogrammen siehe *IWF*, Jahresbericht 2015, S. 14-15.

[303] Vgl. hierzu auch den Überblick bei *IMF*, Factsheet: The IMF's Rapid Financing Instrument (RFI), September 2013, http://www.imf.org/external/np/exr/facts/pdf/rfi.pdf (letzter Zugriff: 5.4.2015).

[304] Dagegen steht die analog zur RFI konstruierte *Rapid Credit Facility* (RCF) ausnahmslos nur LICs zu. Zu dieser *IMF*, Factsheet: IMF Rapid Credit Facility (RCF), http://www.imf.org/external/NP/EXR/FactS/pdf/rcf.pdf (letzter Zugriff: 5.4.2015).

von der technischen Hilfe des IWF umfassten Leistungen nur von Entwicklungs- und Schwellenländern in Anspruch genommen werden dürfen. Art. V Abschn. 2 lit. b) IWFÜ stellt vielmehr klar, dass die technische Hilfe unterschiedslos allen Fondsmitgliedern offen steht. So dient diese Bestimmung dem IWF beispielsweise auch als Rechtsgrundlage für die (freiwillige) Überwachung der Finanzmärkte, die sich weniger an die Entwicklungs-, als vielmehr an die Industrieländer richtet. Gleichwohl geht in der Praxis der weit überwiegende Teil immer noch an wirtschaftlich schwächere Mitglieder sowie an solche, die sich in der Konfliktfolgezeit befinden.[305] Hierzu gehörten in der Vergangenheit auch eine Reihe europäische Staaten – wie Albanien, Bosnien und Herzegowina und der Kosovo. Infolge der internationalen Banken-, Finanz- und Wirtschaftskrise seit 2007 konzentrierte sich die technische Hilfe des IWF zudem erstmals wieder darauf, einzelnen EU-Mitgliedstaaten beim Umgang mit den Folgen der Krise zu helfen.[306]

Insgesamt verfolgt die technische Hilfe des IWF das Ziel, die Mitglieder bei der Erlangung von Kenntnissen und Fähigkeiten sowie beim Aufbau von effektiveren Institutionen auf den Gebieten zu unterstützen, auf denen er über entsprechende Sachkenntnisse verfügt.[307] Dazu gehören vor allem die Geld-, Devisen- und Fiskalpolitik und das Zentralbankwesen.[308] Im Gegensatz zum Überwachungsmandat erfolgt die Ausübung dieser Tätigkeit von beiden Seiten insofern freiwillig,[309] als

---

[305] Vgl. *IMF*, Annual Report 2006, S. 91-92; sowie *ders.*, Jahresbericht, 2013, S. 51.

[306] Dazu auch sogleich näher in Teil 5.B.III.3.

[307] Nach Art. V Abschn. 2 lit. b) IWFÜ finden Umfang und Reichweite der technischen Hilfe durch den IWF eine Grenze in den Organisationszielen.

[308] Eine ausführliche Beschreibung der Ziele, des Umfangs und der Arbeitsmethoden der technischen Hilfe des IWF findet sich bei *J. Gold*, Technical Assistance Services of the IMF, 1979, S. 2 ff.; sowie bei *IMF*, Policy Statement on IMF Technical Assistance, 2001, http://www.imf.org/external/pubs/ft/psta/ (letzter Zugriff: 5.4.2015).

[309] Vgl. Art. V Abschn. 2 lit. b) S. 1 IWFÜ: "the Fund may decide to perform [...] technical services".Vgl. auch *W. E. Holder*, The IMF's Technical Assistance Activities, in: Effros (Hrsg.), Current Legal Issues Affecting Central Banks, 1995, 18 (20 ff.); ferner *S. Hagan*, Enhancing the IMF's Regulatory Authority, JIEL 13 (2010), 955 (959).

die Dienstleistung nur erteilt wird, wenn sie gewünscht ist,[310] und dem Fonds hierfür genügend Ressourcen zur Verfügung stehen.[311]

Abschließend sei noch darauf hingewiesen, dass das Mandat des IWF somit ein ausschließlich ökonomisches ist. Dementsprechend sind ihm, obwohl die *Articles of Agreement* anders als etwa der Gründungsvertrag der Weltbank ein solches Verbot nicht explizit statuieren[312],[313] jegliche politische Aktivitäten untersagt.[314]

III. Besonderheiten

Das Recht des IWF gehört heute neben dem WTO-Recht und dem Recht der ausländischen Investitionen sicherlich zu den wichtigsten Regelungsbereichen des Wirtschaftsvölkerrechts, das seinerseits ein eigenständiges und spezielles Rechtsgebiet des Völkerrechts bildet.[315] Dementsprechend finden sich in der Struktur und den Funktionen des IWF-Rechts sowohl Gemeinsamkeiten mit als auch Besonderheiten gegenüber dem allgemeinen Völkerrecht und seinen übrigen Teilordnungen. Im Rahmen der folgenden Ausführungen soll auf drei für die weitere Untersuchung zentrale Eigenheiten bzw. Grundprinzipien des IWF eingegangen werden, wobei ein besonderes Augenmerk auf die Instru-

---

310 Art. V Abschn. 2 lit. b) S. 3: "Services under this subsection shall not impose any obligation on a member without its consent".

311 Seit 1995 bietet allerdings der sog. Technical Assistance Framework Account, ein Rahmenkonto für technische Hilfe, auch anderen Geldgebern die Möglichkeit, bestimmte Programme der technischen Hilfe des IWF zu unterstützen.

312 Vgl. Art. IV Abschn. 10 IBRDÜ. Ausführlich *S. Killinger*, The World Bank's Non-political Mandate, 2003.

313 Siehe aber Art. IV Abschn. 3 lit. b) S. 4 IWFÜ: „Diese Grundsätze müssen *die innerstaatliche sozial- und allgemeinpolitische Ausrichtung der Mitglieder beachten*; bei der Anwendung dieser Grundsätze hat der Fonds die Situation der Mitglieder gebührend zu berücksichtigen". [Eigene Hervorhebung].

314 Zu diesem impliziten Verbot politischer Aktivitäten vgl. *IMF*, The Fund's Mandate – The Legal Framework, February 22, 2010, S. 1.

315 So auch die Schwerpunktsetzung bei *A. F. Lowenfeld*, International Economic Law, 2. Aufl. 2008, S. xiii-xiv; *D. Carreau/P. Juillard*, Droit international économique, 5. Aufl. 2013, S. v-vii; *K. Ipsen* (Hrsg.), Völkerrecht, 6. Aufl. 2014, S. XI.

mentarien des Fonds zur interpretativen Weiterentwicklung seiner Satzungsbestimmungen gelegt wird.

1. *Das Prinzip der Uniformität*

Neben dem Universalitätsprinzip, demzufolge der IWF eine offene, auf Universalität hin angelegte Organisation ist, die weder zwischen verschiedenen Staaten oder Staatengruppen noch nach den nationalen Wirtschaftsordnungen unterscheidet,[316] kennzeichnen den Fonds vor allem zwei, auf den ersten Blick in einem gegensätzlichen Verhältnis zueinander zu stehen scheinende Grundsätze. Dies ist zum einen das zum Konzept der Universalität in engem Zusammenhang stehende Prinzip der Uniformität (*principle of uniformity*) und zum anderen der quotenbasierte Charakter des IWF.

Das Prinzip der Uniformität, das in den *Articles of Agreement* zwar nicht ausdrücklich genannt ist, sich aber aus der Gesamtschau verschiedener Bestimmung des Übereinkommens ergibt,[317] hat eine doppelte Bedeutung. Zum einen ist damit die Geltung grundsätzlich gleicher primärrechtlicher Rechte und Pflichten in Bezug auf das oben beschriebene Mandat des IWF gemeint, zum zweiten begründet der Grundsatz

---

[316] Vgl. hierzu *H. White*, "White Plan" for a Stabilization Fund, April 1942: "Any Member of the united or associated nations is eligible for membership in the Fund provided it agrees [to the conditions in the Articles]. […] No restrictions as to membership should be imposed on grounds of the particular economic structure adopted by any country. […]. [In particular,] to exclude a country such as Russia would be an egregious error". Zitiert nach *J. M. Boughton*, Tearing Down Walls. The International Monetary Fund 1990-1999, 2012, S. 49. Zu Einzelheiten siehe *J. Gold*, Membership and Nonmembership in the International Monetary Fund, 1974, S. 157-168.

[317] Vgl. insb. Art. II Abschn. 2 S. 2 IWFÜ, wonach beitrittswillige Kandidaten vom Gouverneursrat zu den Bedingungen zuzulassen sind, die auch für bereits aufgenommene Mitglieder galten. Die Regelung ist durch die zweite Satzungsänderung in das Primärrecht eingefügt worden. Ausführlich zur Entstehungsgeschichte der Bestimmung *M. G. de Vries*, The International Monetary Fund 1972-1978, Bd. III: Documents, 1985, S. 323. Vgl. hierzu ferner die Analyse bei *G. Stratmann*, Der Internationale Währungsfonds: Seine Aufsichts- und Lenkungsbefugnisse, 1972, S. 77-78. Zu nennen sind ferner Art. III Abschn. 3 lit. a), Art. V Abschn. 7 lit. d), 8 lit. d), 9 lit. a) und Art. XVIII Abschn. 2 lit. b) IWFÜ. Zur letzteren Bestimmung vgl. auch die umfangreiche Untersuchung bei *T. Ferguson*, The Third World and Decision Making in the IMF, 1988, S.119-147.

die Verpflichtung der Fondsorgane, das Fondsrecht auf alle Mitglieder ungeachtet ihrer wirtschaftlichen, sozialen, politischen oder sonstigen Unterschiede in gleicher Weise, also diskriminierungsfrei, anzuwenden.[318] Dadurch sollen einerseits reichere Mitgliedstaaten davor bewahrt werden, Entwicklungsländern in der Mitgliedschaft des IWF eine Vorzugsbehandlung etwa bei der Inanspruchnahme („Ziehung") der allgemeinen Fondsmittel gewähren zu müssen. Andererseits soll es auch einen gewissen Schutz der Letzteren gegen eine Instrumentalisierung des IWF durch insoweit mächtigere Mitglieder gewährleisten. Entsprechend enthielten die *Articles of Agreement* in ihrer ursprünglichen Fassung bis zum Inkrafttreten der zweiten Satzungsreform grundsätzlich keine Sonderbestimmungen zugunsten einzelner Staaten oder Staatengruppen.[319] Das Recht des IWF kennzeichnete insofern – anders als etwa das WTO-Recht – keine *duale Normenstruktur*.

Auf die in den *Articles of Agreement* angelegten unterschiedlichen Behandlungen der Mitglieder, wie etwa die unterschiedliche Vertretung im Exekutivdirektorium oder die Gewichtung der Stimmrechte bei der Entscheidungsfindung, hat das Uniformitätsprinzip indessen keine Auswirkungen.

In gewisser Hinsicht erinnert es damit an den völkergewohnheitsrechtlichen Grundsatz der souveränen Gleichheit der Staaten, welcher insbesondere in Art. 2 Nr. 1 UN-Charta niedergelegt ist.[320] Gleichwohl ist nicht davon auszugehen, dass die Gründer des IWF sich von diesem Grundsatz haben leiten lassen. Die Gründungsdokumente jedenfalls enthalten keine Hinweise darauf.[321] Auch wäre es im Hinblick auf das

---

[318] *J. Gold*, Uniformity as a Legal Principle of the IMF, Law & Pol'y Int'l Bus. 7 (1975), 765 (765-768). Vgl. aus jüngerer Zeit ferner den Überblick bei *E. Denters*, in: ders./Viterbo, International Monetary Fund (IMF), 2013, S. 24-25.

[319] Eine Ausnahme stellten jedoch die Sonderbestimmungen für die lateinamerikanischen Staaten dar, denen insofern eine Vorzugsbehandlung zugestanden wurde, als diejenigen unter ihnen, die keinen eigenen Exekutivdirektor ernennen konnten, das Recht zustand, bis zu drei eigene Exekutivdirektoren zu wählen. Diese Sonderbestimmung wurde mit der zweiten Satzungsänderung gestrichen.

[320] Dazu *B. Fassbender*, in: Simma/Khan/Nolte/Paulus (Hrsg.), The Charter of the United Nations. A Commentary, 3. Aufl. 2012, Art. 2 (1).

[321] Zu Einzelheiten vgl. *J. K. Horsefield*, The International Monetary Fund 1945-1965, Bd. I: Chronicle, 1969, S. 3- 118.

die Entscheidungsfindung im IWF kennzeichnende Prinzip des "*weighted voting*" seltsam, hätte es diese Wirkung gehabt.[322]

Ungeachtet seiner Vorteile für die Politik im IWF ist das Prinzip der Uniformität in der Literatur nicht immer befürwortend kommentiert worden.[323] So diskutierte etwa *Joseph Gold* dessen Auswirkungen im Hinblick auf das die IWF-Rechtsordnung ebenfalls kennzeichnende Prinzip der Flexibilität[324] und warnte in diesem Zusammenhang insbesondere vor dem Hintergrund der heterogenen Mitgliederstruktur des IWF vor einer allzu rigiden Anwendung seines Inhalts.[325] Ähnlich argumentiert auch *Daniel Bradlow*, der zu Recht darauf hinweist, "*the principle of uniformity made sense when the IMF functioned purely as a monetary institution and all its member states, in fact, were utilizing its services. However, it does not make sense when its services are only being utilized by its developing country member states.*"[326] Wie oben bereits dargelegt, waren bis zum Ausbruch der globalen Finanz- und Wirtschaftskrise 2008 tatsächlich nur Entwicklungsländer unter den Kreditnehmern zu finden. Auch gehört bis heute beinahe nur diese Staatengruppe zu den Mitgliedern des IWF, die in besonderem Maße auf dessen technische Hilfe angewiesen ist. Insofern überrascht es nicht, dass die Entwicklungsländer bereits auf dem Delegiertentreffen in Atlantic City im Juni 1944 auf die Notwendigkeit von Sonderbestimmungen zu ihren Gunsten aufmerksam machten. So brachte Indien den Vor-

---

322 Hierauf weist zu Recht *J. Gold*, Uniformity as a Legal Principle of the IMF, Law & Pol'y Int'l Bus. 7 (1975), 765 (768) hin.

323 Vgl. etwa *H. Johnson*, The International Monetary System and the Rule of Law, The Journal of Law and Economics 15 (1972), 277 (284 f.), der von einem "*fictitious legal principle of equality among nations*" der *Articles of Agreement* spricht.

324 Dazu *J. Gold*, Legal and Institutional Aspects of the International Monetary System: Selected Essays, 1979, S. 25-55.

325 *J. Gold*, Uniformity as a Legal Principle of the IMF, Law & Pol'y Int'l Bus. 7 (1975), 765 (790): "Uniformity is not allowed to degenerate into a mechanical sameness. A line must be drawn between uniformity in the formulation of a policy and flexibility in its application that recognizes differences in the circumstances of members of a kind that should be taken into account". Siehe hierzu auch m.w.Nw. *ders.*, Legal and Institutional Aspects of the International Monetary System: Selected Essays, 1979, S. 55-70.

326 *D. Bradlow*, The Governance of the IMF: The Need for Comprehensive Reform, September 2006, S. 21-22, abrufbar unter http://www.g24.org/TGM/brad0906.pdf (letzter Zugriff: 5.4.2015).

schlag vor, bereits im Zielkatalog des Art. I S. 1 (ii) IWFÜ mit der Formulierung, "to assist in the fuller utilisation of the resources of economically underdeveloped countries"[327], auf die Sonderrolle der Entwicklungsländer hinzuweisen. Auf der Konferenz in Bretton Woods wurde dieser Vorschlag von westlicher Seite jedoch abgelehnt, vor allem mit dem Argument, dass für Wiederaufbau- und Entwicklungsfragen primär die Weltbank, nicht jedoch der IWF, zuständig ist.[328] Die heute in den *Articles of Agreement* vorzufindenden insgesamt vier Bestimmungen über eine Vorzugsbehandlung der Entwicklungsländer, im Einzelnen Art. V Abschn. 12 lit. e) und f) ii) sowie Anhang B Nr. 7 und Anhang D Nr. 2 a) zum IWFÜ,[329] sind insofern das Ergebnis einer langjährigen Entwicklung, die während der Ausarbeitung der *Articles of Agreement* ihren Anfang nahm und in den Vorarbeiten zur zweiten Satzungsreform ihren Höhenpunkt fand.[330] Im Einzelnen werfen diese Ausnahmebestimmungen eine Reihe von rechtlichen Fragen auf, die hier jedoch nicht weiter verfolgt werden können. Im Hinblick auf das Prinzip der Uniformität lässt sich jedenfalls festhalten, dass sie insoweit eine Ausnahme hiervon begründen, die in ihren Auswirkungen auf die Rechtsordnung des IWF allerdings nicht so weit reicht, dass von einer Aufweichung dieses Grundsatzes gesprochen werden kann.[331]

---

[327] Zitiert nach *J. K. Horsefield*, The International Monetary Fund 1945-1965, Bd. I: Chronicle, 1969, S. 93.

[328] Stattdessen wurde in Art. I S. 1 (ii) IWFÜ die bis heute gültige Formulierung, "to facilitate the expansion and balanced growth of international trade, and to contribute thereby to the promotion and maintenance of high levels of employment and real income and to the development of the productive resources of *all members* as primary objectives of economic policy", aufgenommen [eigene Hervorhebung]. Zu weiteren Einzelheiten siehe *J. K. Horsefield*, The International Monetary Fund 1945-1965, Bd. I: Chronicle, 1969, S. 93-94; *J. Gold*, "... To Contribute Thereby To ... Development ...": Aspects of the Relations of the International Monetary Fund with its Developing members, Colum. J. Transnat'l. L. 10 (1971), 267 (270-276).

[329] Bis auf die in Anhang D Nr. 2 a) zum IWFÜ enthaltene Regelung sehen alle Bestimmungen besondere Vergünstigungen im Zusammenhang mit den Dispositionen über das Fondsgold vor. Dazu im Einzelnen *J. Gold*, Legal and Institutional Aspects of the International Monetary System: Selected Essays, 1979, S. 66-68.

[330] Hierzu auch *J. Gold*, The Second Amendment of the Fund's Articles of Agreement, 1978, S. 19-21.

[331] Vgl. auch die Schlussfolgerung bei *J. Gold*, Uniformity as a Legal Principle of the IMF, Law & Pol'y Int'l Bus. 7 (1975), 765 (766): "Experience so far

2. Das Quotenprinzip

Die in Art. III IWFÜ geregelte und in Sonderziehungsrechten ausgedrückte Quote soll die relative volkswirtschaftliche Größe eines Mitglieds widerspiegeln. Sie entspricht der Einzahlungsverpflichtung (Subskription) in den Fonds, der – vergleichbar einer kreditgenossenschaftlichen Einlage – mit Erwerb der Mitgliedschaft nachzukommen ist. Seit der zweiten Satzungsänderung kann diese Verpflichtung grundsätzlich zu 25 Prozent in SZRen oder mit Billigung des IWF in einer allgemein akzeptierten Währung (derzeit US-Dollar, Euro, Yen, britisches Pfund Sterling, ab 1. Oktober 2016 auch chinesischer Renminbi) und zu 75 Prozent in der heimischen Währung des betreffenden Staates erfüllt werden (Art. III Abschn. 3 lit. a) IWFÜ).[332] Ausnahmsweise ist es auch zulässig, einen Teil der eigenen Währung durch Schuldurkunden zu ersetzen (Art. III Abschn. 4 IWFÜ). Die Berechnung der Quoten ist in den *Articles of Agreement* ebenfalls nicht weiter präzisiert und erfolgt aktuell auf der Grundlage einer im Jahr 2008 umfassend modifizierten, im Einzelnen aber komplizierten ökonomischen Formel,[333] deren Ergebnisse nicht selten im Wege politischer Verhandlungsprozesse abgeändert werden.[334] Über ihre Höhe beim Eintritt in den Fonds sowie über die allgemeine Überprüfung und Änderung bereits bestehender

---

can be summarized by saying that when developing members have sought preferential treatment, and when developed members have been willing to concur in it, both have regarded the treatment as an exception to, but not an abrogation of, the principle of uniformity".

332 Ursprünglich waren 25 % der Subskription in Gold einzuzahlen, der Rest in der heimischen Währung.

333 Danach nimmt das Bruttoinlandsprodukt (BIP) mit 50 % das größte Gewicht ein, gefolgt von der „Offenheit" eines Mitglieds – gemessen als Fünfjahresdurchschnitt der nominalen Leistungsbilanzeinnahmen und -ausgaben – mit einem Gewicht von 30 %. Ferner werden die Variabilität der Leistungsbilanzeinnahmen und des Netto-Kapitalverkehrs mit einem Gewicht von 15 % sowie die Höhe der Währungsreserven mit 5 % berücksichtigt. Vgl. *IMF*, Reform of Quota and Voice in the International Monetary Fund – Report of the Executive Board to the Board of Governors, March 28, 2008, S. 2 ff., http://www.imf.org/external/np/pp/eng/2008/032108.pdf (letzter Zugriff: 7.3.2016).

334 Die Formel soll im Rahmen der Fünfzehnten Allgemeinen Quotenüberprüfung erneut geändert werden. Hierzu liegt auch bereits ein Änderungsvorschlag des Exekutivdirektoriums vor. Siehe *IMF*, Outcome of the Quota Formula Review – Report of the Executive Board to the Board of Governors, Press Release No. 13/30, January 30, 2013.

Quoten im Fünfjahresrhythmus entscheidet allein der Gouverneursrat mit einer Mehrheit von fünfundachtzig Prozent aller Stimmen (Art. III Abschn. 2 IWFÜ). Bislang wurden die Quoten bei vierzehn Überprüfungen neunmal erhöht,[335] um das Finanzierungspotenzial des IWF an die globale Wachstums- und Handelsentwicklung anzupassen und die besonders dynamische Wirtschaftsentwicklung einzelner Staaten, aktuell insbesondere der sog. BRICS-Staaten,[336] widerzuspiegeln.[337] Gegenwärtig beläuft sich die Quotensumme auf 477 Mrd. SZR (rd. 659 Mrd. US-Dollar), wobei allein die USA als quotenstärkstes Mitglied mit einer Einlage i.H.v. 82 Mrd. SZR über einen Anteil von

[335] Zuletzt 2016 im Rahmen der Vierzehnten Allgemeinen Quotenüberprüfung. Hierdurch sind die Quoten auf 659 Mrd. US-Dollar verdoppelt worden. Dabei wurden mehr als sechs Prozent der Quotenanteile auf dynamische Entwicklungs- und Schwellenländer und von überrepräsentierten auf unterrepräsentierte Mitglieder übertragen und gleichzeitig die Quotenanteile und Stimmrechte der quotenschwächsten Mitglieder vor einem Absinken geschützt. Vgl. hierzu auch *W. Bergthaler/A. Giddings*, Recent Quota and Governance Reforms at the International Monetary Fund, EYIEL 4 (2013), 371 (375 ff.).

[336] Diese ursprünglich vom Goldman Sachs-Chefvolkswirt *Jim O'Neill* geprägte Abkürzung steht für die Anfangsbuchstaben der fünf Staaten Brasilien, Russland, Indien, China und Südafrika. Hierzu z.B. *C. Schmucker/S.-A. Mildner*, Die BRICS-Staaten, IP 2012, 66 ff. Infolge der Quotenverschiebung durch die Vierzehnte Allgemeine Quotenüberprüfung gehören die BRICS-Staaten jetzt zu den zehn quotenstärksten Mitgliedern des IWF, wobei China Deutschland wie in der Weltbank als drittstärkstes Mitglied ablösen konnte.

[337] Da sich die Wirtschaftskraft einzelner Mitglieder relativ kurzfristig ändern kann, kommt es gelegentlich auch zu *ad hoc*-Quotenerhöhungen. So geschehen auf der Jahrestagung von IWF und Weltbank 2006 in Singapur zugunsten der vier am stärksten unterrepräsentierten Mitgliedstaaten Mexiko, Südkorea, China und Türkei um insgesamt 1,8 Prozent der Gesamtquoten. Siehe *IMF*, IMF Board of Governors Approves Quota and Related Governance Reforms, Press Release No. 06/189. Im Zusammenhang mit dem Inkrafttreten der sechsten Satzungsreform am 3.3.2011 ist es zu einer weiteren *ad hoc*-Quotenerhöhung für 54 Mitglieder i.H.v. 20,8 Mrd. SZR gekommen. Siehe hierzu *IMF*, Quota and Voice Reform – Key Elements of a Potential Package of Reforms, 2008, S. 11, https://www.imf.org/external/np/pp/eng/2008/022608.pdf (letzter Zugriff: 7.3.2016).

über 17 Prozent verfügen.[338] Bei Gründung des IWF lag das gesamte Quotenvolumen noch bei unter 10 Mrd. US-Dollar.[339]

Die besondere Bedeutung und Funktion der Quote zeigt sich insbesondere in institutioneller Hinsicht in der Gewichtung der Stimmrechte (Art. XII Abschn. 5 IWFÜ) und bis zum Inkrafttreten der siebten Satzungsänderung 2016 auch in unterschiedlichen Regeln für die Vertretung im Exekutivdirektorium.[340] Aus völkerrechtlicher Sicht war dieser Einfluss insofern ungewöhnlich, als damit gleich in doppelter Weise das allgemeine völkerrechtliche Prinzip der souveränen Gleichheit der Staaten durchbrochen wurde. Darüber hinaus ist das Quotenprinzip auch in finanzieller Hinsicht von Bedeutung, da zum einen die Summe der quotenbezogenen Finanzbeiträge aller Mitglieder die reguläre Finanzausstattung des IWF bildet und zum anderen die Höhe der Quote den Zugang der Mitglieder zu den Krediten des IWF bestimmt (Art. V Abschn. 3 IWFÜ). Zudem werden bei der allgemeinen Zuteilung von SZRen die neu geschaffenen SZR den Mitgliedern anteilig nach ihren Quoten zugeteilt (Art. XVIII Abschn. 2 IWFÜ).

Im Einzelnen ist der Zusammenhang zwischen der Quote und ihren verschiedenen Funktionen unterschiedlich stark ausgeprägt. Während zwischen dem Quotenanteil eines Mitglieds und seinen Stimmrechtsanteilen sowie der Zuteilung an SZRen ein relativ starker Zusammenhang besteht, ist dies bei der finanzbezogenen Funktion der Quote nur eingeschränkt der Fall. Dies ist unter anderem darauf zurückzuführen, dass der IWF seine Zahlungsbilanzhilfen nicht nur aus Subskriptionszahlungen seiner Mitglieder finanziert, sondern in zunehmendem Maße auch durch die multilateralen AKV und NKV sowie durch bilaterale Kreditlinien.[341] Zudem ist der Zugang zu den Finanzhilfen des IWF

---

[338] Siehe hierzu die Übersicht bei *IMF*, IMF Members' Quotas and Voting Power, and IMF Board of Governors, abrufbar unter http://www.imf.org/external/np/sec/memdir/members.aspx (letzter Zugriff: 7.3.2016).

[339] Dazu und zur ersten Quotenformel des IWF, der sog. Bretton-Woods-Formel von 1944, *Deutsche Bundesbank*, Quoten und Stimmrechtsanteile im IWF, Monatsbericht 09/ 2002, 65 ff.

[340] Vgl. insoweit Art. XII Abschn. 3 lit. b) i) IWFÜ a.F. Hierzu eingehend Dritter Teil.B.II.2.a).

[341] Vor dem Hintergrund des quotenbasierten Charakters des IWF kritisch zu dieser Entwicklung *Deutsche Bundesbank*, Der Internationale Währungsfonds in einem veränderten globalen Umfeld, Monatsbericht 09/ 2012, 63 (70 ff.). Mit der siebten Satzungsänderung ist dem jetzt allerdings insofern entgegengesteuert worden, als die hiervon abhängig gemachte Fertigstellung der

nicht mehr ausschließlich durch die Höhe der Quote bestimmt. Vielmehr kann ein kreditsuchendes Mitglied seit 2009 beispielsweise im Rahmen eines *High Access Precautionary Stand-By Arrangements* (HAPAs) Zahlungsbilanzhilfen im Umfang von jährlich 200 Prozent und kumuliert auf drei Jahre insgesamt 600 Prozent seiner Quote in Anspruch nehmen.[342] In außergewöhnlichen Fällen sind im Rahmen eines speziellen Verfahrens, dem sog. *Exceptional Access Framework* (EAF), Ziehungen auch über diese Grenzen hinaus möglich, wenn etwa von einem Mitglied mit einer fragilen Verschuldungssituation und einem problematischen Marktzugang substantielle Ansteckungseffekte sowie ein systematisches Risiko für das internationale Finanzsystem ausgehen können.[343] Im Zuge der europäischen Staatsschuldenkrise wurde auf dieser Grundlage unter anderem mit Griechenland ein Programm unter einer SBA mit außergewöhnlich hohem Zugang in Höhe von rund 3.212 Prozent seiner Quote vereinbart.[344] Auf diese unterschiedlichen Funktionen des Quotenprinzips wird im weiteren Verlauf der Arbeit noch wiederholt einzugehen sein.

Vierzehnten Allgemeinen Quotenüberprüfung zu einer Verdoppelung der Quoten geführt hat.

[342] Vgl. *IMF*, Factsheet: IMF Stand-By Arrangement, https://www.imf.org/external/np/exr/facts/pdf/sba.pdf (letzter Zugriff: 7.3.2016). Die Ausschöpfung der Ziehungsmöglichkeiten hängt von Umfang und Dringlichkeit des Zahlungsbilanzbedarfs, der Intensität der Anpassungsanstrengungen des kreditsuchenden Mitglieds und seiner Rückzahlungsfähigkeit ab.

[343] Vor der Überarbeitung der Kreditfazilitäten im Jahr 2009 konnte das EAF nur aktiviert werden, wenn vier Voraussetzungen gegeben waren: Erstens musste das Mitglied akuten und außergewöhnlich hohen Kapitalabflüssen ausgesetzt sein, zweitens musste gleichzeitig eine hohe Wahrscheinlichkeit der Schuldentragfähigkeit bestehen, drittens musste eine Wiedergewinnung des Marktzugangs innerhalb der Kreditlaufzeit wahrscheinlich sein und, viertens, musste das Anpassungsprogramm hohe Erfolgschancen aufweisen. Vgl. *Deutsche Bundesbank*, Der Internationale Währungsfonds in einem veränderten globalen Umfeld, Monatsbericht September 2012, 63 (68).

[344] Der im Jahr 2010 bewilligte Kredit an Griechenland war damit gemessen an der griechischen Quote der bislang höchste in der Geschichte des IWF. Zu Einzelheiten siehe *IMF*, Greece: Ex Post Evaluation of Exceptional Access under the 2010 Stand-By Arrangement, IMF Country Report No. 13/156, June 2013, abrufbar unter http://www.imf.org/external/pubs/ft/scr/2013/cr13156.pdf (letzter Zugriff: 7.3.2016).

3. Zur Flexibilität und den Anpassungsmechanismen des IWF

a) Rechtliche Flexibilität und Pragmatismus

Die oben beschriebene Kompetenzordnung des IWF, nach der sich – wie bei internationalen Organisationen üblich – maßgeblich bestimmt, welche Handlungen seine Organe überhaupt vornehmen bzw. welche Rechtsakte sie erlassen dürfen, ist nicht statisch zu verstehen, sondern muss – wie die gesamte Rechtsordnung des IWF überhaupt – im Wandel der ihn umgebenden Wirklichkeit, also dynamisch aufgefasst werden. Diese Notwendigkeit ergibt sich bereits aufgrund der im Zielkatalog des Art. I IWFÜ (Währungskooperation, Ausweitung des Welthandels usw.) zum Ausdruck kommenden dienenden Funktion der *Articles of Agreement* gegenüber der Wirtschafts- und Währungspolitik.[345] Hinzu kommt, dass der IWF nur über eingeschränkte Durchsetzungs- und Sanktionsmechanismen verfügt[346] und er daher gewissermaßen gezwungen ist, sich den Veränderungen der faktischen oder rechtlichen Lage fortwährend anzupassen, um nicht Gefahr zu laufen, wegen andauernder Verletzungen seiner Satzungsbestimmungen wirklichkeitsfremd zu werden. So hatten in der Vergangenheit Änderungen der Währungspraktiken bereits einzelner Mitglieder, wie etwa das oben dargelegte, anfangs nur von einigen wenigen praktizierte Floating Ende der sechziger Jahre, oder auch nur faktische Entwicklungen, wie die zunehmende Heterogenität der Mitgliederstruktur infolge der Integration vieler ehemaliger Kolonien nach Erlangung der Unabhängigkeit in den sechziger und siebziger Jahren und der Öffnung gegenüber den ehemals planwirtschaftlich organisierten Staaten, nicht nur Einfluss auf die Wirtschafts- und Währungspolitik der Mitgliedstaaten, sondern auch und vor allem auf die Entwicklung des Fondsrechts.

---

[345] Hierzu allgemein *L. Fröhler*, Das Wirtschaftsrecht als Instrument der Wirtschaftspolitik, 1969.

[346] Die gestaffelten Sanktionen des IWF bestehen lediglich in Konsultationen, Vorhaltung bei Fehlverhalten, Versagung von Fondsmitteln, Suspendierung der Mitgliedschaft und Ausschluss (Vgl. Art. V Abschn. 5, VIII Abschn. 6, XIV Abschn. 3, XXVI Abschn. 2 IWFÜ). Ausführlich zum IWF-Sanktionsregime *J. Gold*, The "Sanctions" of the IMF, AJIL 66 (1972), 737 ff.; *E. Osieke*, Sanctions in International Law: The Contribution of International Organizations, NILR 31 (1984), 183 (189 ff.). Vgl. auch *B. M. Steinhauer*, Die Auslegung, Kontrolle und Durchsetzung mitgliedstaatlicher Pflichten im Recht des Internationalen Währungsfonds und der Europäischen Gemeinschaft, 1997, S. 77-87.

Auf diese Notwendigkeit zur fortwährenden Dynamisierung und Anpassung der *Articles of Agreement* hat bereits auch der frühere Geschäftsführende Direktor des IWF, *Pierre-Paul Schweitzer*, in seiner Rede vor dem Wirtschafts- und Sozialrat der Vereinten Nationen am 5. Juli 1973 hingewiesen. Darin hatte er im Vorfeld der zweiten Satzungsreform des IWF betont,

> *"new arrangements will have to be flexible enough to respond to changing circumstances and unforeseen developments. As far as possible, they should be based on broad principles rather than overelaborate formulae. We must be prepared, therefore, to equip the central institution of the system with the power to adapt itself to developing circumstances and to deal quickly with crises should they nevertheless arise".*[347]

Die hier geforderte Flexibilität und Elastizität der Rechtsordnung des IWF zeigt sich heute einmal in der Zukunftsoffenheit und Reaktionsfähigkeit des IWF-Rechts und zum anderen im Pragmatismus der Fondsorgane bei seiner Anwendung.[348] So sieht etwa die primärrechtliche Regelung des Art. III Abschn. 2 IWFÜ in Bezug auf Quotenänderungen eine in der Regel im Fünfjahresrhythmus vorzunehmende Überprüfung und eventuelle Anpassung an die veränderten wirtschaftlichen Verhältnisse vor, die sich auch auf andere Fondsregelungen, beispielsweise auf solche betreffend die Vertretung durch einen eigenen Exekutivdirektor, auswirken kann. Ferner begründet Art. XXVII Abschn. 1 IWFÜ neben der ohnehin gegebenen Möglichkeit zur formellen Änderung der *Articles of Agreement* (Art. XXVIII IWFÜ)[349] die Befugnis des Exekutivdi-

---

[347] IMF Survey, Bd. 2 (1973), S. 203, zitiert nach *J. Gold*, Legal and Institutional Aspects of the International Monetary System: Selected Essays, 1979, S. 25.

[348] Zu Einzelheiten bereits *J. Gold*, Transformations of the International Monetary Fund, Colum. J. Transnat'L. 20 (1981), 227 ff. Siehe auch *ders.*, Interpretation: The IMF and International Law, 1996, S. 162: *"Flexible response to change, including change that might have become crisis, has been a characteristic of the IMF"*. Anschaulich auch *E.U. Petersmann*, Völkerrechtliche Fragen der Weltwährungsreform, ZaöRV 34 (1974), 452 (bes. 455 ff., 479); *H. G. Petersmann*, The Legal Evolution of the International Monetary System since Bretton Woods, GYIL 25 (1982), 376 ff.; sowie aus jüngerer Zeit der Überblick bei *A. F. Lowenfeld*, Monetary Law, International, in: Wolfrum (Hrsg.), MPEPIL (Stand: April 2011).

[349] Die Änderung wichtiger Bestimmungen des IWFÜ ist allerdings aufgrund der hierfür erforderlich Zustimmung durch drei Fünftel der Mitglieder,

rektoriums, „im Falle eines Notstands oder der Entwicklung unvorhergesehener Umstände, welche die Tätigkeit des Fonds gefährden", verschiedene Satzungsbestimmungen zeitweilig außer Kraft zu setzen. Die im Zusammenhang mit den ab 1971 mit Duldung des IWF einsetzenden Wechselkurspraktiken einiger Fondsmitglieder haben zudem gezeigt, dass der IWF auch eine sekundärrechtliche Fortbildung seines Satzungsrechts aufgrund Gewohnheitsrecht bzw. späterer Praxis kennt. Neben dieser materiellen Fortentwicklung kennzeichnet den IWF auch eine weitreichende Weiterentwicklung in institutioneller Hinsicht. Diese zeigt sich beispielsweise in den eingerichteten Ausschüssen oder in der Befugnis zur Einsetzung des Rats auf Ministerebene, welche ursprünglich in den *Articles of Agreement* nicht enthalten war.[350] Ein jüngeres Beispiel für den Pragmatismus in der Rechtsanwendung ist – wie noch im Einzelnen zu zeigen sein wird – die Prüfung der institutionellen und operationellen Rückwirkungen der WWU auf den IWF, die angesichts widerstreitender Auffassungen in der Literatur und Praxis vom Exekutivdirektorium auf Vorschlag des *Legal Departments* derart beendet wurde:

> "On the question of the representation of the European central bank, I think the idea of giving the ECB an observer status is the most *pragmatic one* at this moment since in my opinion it does not preclude any other alternative we may consider in the future, but to begin with this observer status seems to be the most appropriate alternative".[351]

---

die über fünfundachtzig Prozent aller Stimmen verfügen bzw. in bestimmten Fällen sogar durch die Gesamtheit aller Vertragsparteien wenig praktikabel. Die im Vorfeld der 11. Quotenrevision 1998 organisationsintern zum ersten Mal ernsthaft diskutierte und schließlich 2006 auf der Jahrestagung in Singapur in Angriff genommene *quota and voice reform* von 2008, deren Ratifikation bis 2011 auf sich warten ließ, hat dies deutlich gezeigt.

[350] Vgl. Art. XII Abschn. 1 IWFÜ i.V.m. Anhang D zum IWFÜ. Zum Ganzen auch die fundierte Übersicht bei *M. G. de Vries*, The IMF in a Changing World 1945-85, 1986.

[351] *IMF*, Minutes of Executive Board Meeting, Statement by Mr. Toribio, EBM/98/101, 21. September 1998, S. 37 [eigene Hervorhebung]. Vgl in diesem Zusammenhang auch die Stellungnahme des damaligen deutschen stellvertretenden Exekutivdirektors, *Wolf-Dieter Donecker, ebd.*, S. 17: "We have the impression though that *a bit less legalistic and more pragmatic approach* to the issues discussed – as exercised by the Fund on other occasions – would have helped our search for common ground" [eigene Hervorhebung].

Dieser Überblick zeigt, dass die Funktion der die gesamte Rechtsordnung des IWF kennzeichnenden Flexibilität gewissermaßen die Erhaltung der Rechtsordnung an sich ist. Selbstverständlich sind damit auch Gefahren verbunden, vor allem die des Missbrauchs dieser Offenheit und Reaktionsfähigkeit durch wirtschaftlich stärkere Mitglieder. Daher bleibt es auch weiterhin die Aufgabe des IWF, insoweit die richtige Balance zu wahren und sich nicht in jedem Fall nach den Realitäten auszurichten und damit die Ordnungsaufgabe völlig in den Hintergrund treten zu lassen.

b) Formelles Auslegungsverfahren

Eine besondere Bedeutung gewinnt das Konzept der Flexibilität vor allem dadurch, dass dem IWF die Auslegung der *Articles of Agreement* exklusiv übertragen ist. In vielen Fällen ist die Ergänzung des IWFÜ das Ergebnis der (vor allem informellen) Rechtsauslegung gewesen, durch die einzelne Bestimmungen konkretisiert und „Lücken"[352] gefüllt wurden.[353] Angesichts dieser zentralen Bedeutung der Auslegung soll im Folgenden das Interpretationsverfahren in seinen Grundzügen dargestellt werden. Dazu ist zunächst auf die für die Auslegung zuständigen Organe und die Natur ihrer interpretativen Entscheidungen, sowie auf die im Fonds geltenden und dort vorherrschenden Methoden der Auslegung einzugehen. Im Mittelpunkt dieser Analyse stehen die Besonderheiten des Auslegungsverfahrens, seine völkerrechtliche Charakterisierung, sowie seine Probleme und Verbesserungsmöglichkeiten. Hierauf wird im Rahmen der weiteren Untersuchung verwiesen, wenn es darum geht, Bestimmungen des IWFÜ auszulegen.

---

[352] Zum Begriff im hier verstandenen Sinne siehe die Darstellung bei *J. Salmon*, Quelques observations sur les lacunes en droit international public, in: Perelman (Hrsg.), Le problème des lacunes en droit, 1968, 313 ff.; sowie *U. Fastenrath*, Lücken im Völkerrecht, 1991, S. 213-236.

[353] Vgl. nur *M. G. de Vries*, The International Monetary Fund, Bd. I: Narrative and Analysis, 1985, S. 146: "[T]he authority of the Fund to interpret its own charter, an authority that had been a *prime factor in enabling the Fund to adapt to changing circumstances and to be flexible in its actions*" [eigene Hervorhebung].

aa) Zur Auslegung befugte Organe

In jeder Rechtsordnung stellt sich die Frage, wer im Falle von Streitigkeiten über die Auslegung des der Rechtsordnung zugrunde liegenden Rechts die Kompetenz hat, verbindliche Interpretationen festzulegen. Die Antwort, die diese Frage im IWF gefunden hat, findet sich einmal in Art. XXI lit. c) IWFÜ und zum anderen in Art. XXIX lit. a), b) IWFÜ. Anders als Art. XXIX lit. a), b) IWFÜ, der auf alle Auslegungsfragen Anwendung findet und damit als die zentrale Norm für die Auslegung des Übereinkommens ausgemacht werden kann, ist der Anwendungsbereich des Art. XXI lit. c) IWFÜ speziell auf die Klärung von Auslegungsfragen beschränkt, die Angelegenheiten der Sonderziehungsrechtsabteilung betreffen. Zu diesem Zweck sieht die Bestimmung bestimmte Modifikationen hinsichtlich der die Auslegung begehrenden Partei[354] und der Zusammensetzung der Berufungsinstanz vor.

Die Regelung des Art. XXIX lit. a), b IWFÜ entspricht seit dem Inkrafttreten der zweiten Satzungsreform 1978 der des Art. XVIII lit. a), b) IWFÜ a.F.[355] Die Bestimmung weist ausschließlich und obligatorisch[356] dem Exekutivdirektorium und im Berufungsfall – nach vorheriger Prüfung durch den Auslegungsausschuss – dem Gouverneursrat die Aufgabe zu, auf alle Auslegungsfragen, „die sich zwischen einem Mitglied und dem Fonds“ oder zwischen einzelnen Fondsmitgliedern stellen, allgemeingültige Antworten zu geben. Demgemäß be-

---

[354] Während nach Art. XXIX lit. a) IWFÜ jedes Mitglied eine interpretierende Entscheidung des Exekutivdirektoriums verlangen oder gem. Art. XXIX lit. b) IWFÜ gegen jede seiner Entscheidungen Berufung einlegen kann, ohne Rücksicht darauf, ob es an der Entscheidung oder Berufung ein besonderes Interesse hat, muss es bei Auslegungserklärungen betreffend die Abteilung der Sonderziehungsrechte zwingend ein Teilnehmer der SZR-Abteilung sein.

[355] Hierzu *J. Gold*, The Second Amendment of the Fund's Articles of Agreement, 1978. Mit der siebten Satzungsänderung wurde Art. XXIX lit. a) IWFÜ entsprechend der Aufhebung des Rechts zur Ernennung von Exekutivdirektoren durch die fünf quotenstärksten Mitglieder dahingehend geändert, dass die Referenz zu besonderen Bestimmungen für Mitglieder ohne Recht auf Ernennung eines Exekutivdirektors durch eine für alle Mitglieder gleichermaßen geltende Formulierung ersetzt wurde.

[356] Dies folgt bereits aus dem Wortlaut der Bestimmung. Dort heißt es in lit. a), "[a]ny question of interpretation [...] *shall* [nicht: may] be submitted to the Executive Board for its decision" [eigene Hervorhebung].

gründet die Regelung ein „Auslegungsmonopol"[357] zugunsten dieser beiden, in erster Linie aber mit exekutiven Aufgaben betrauten Organe.[358] Daneben sieht der durch die zweite Satzungsänderung inhaltlich unverändert gebliebene Art. XXIX lit. c) IWFÜ[359] zwar noch die Möglichkeit eines *ad hoc* zu bestellenden Schiedsgerichts vor, in dessen Verfahren sicherlich auch Auslegungsfragen auftauchen können. Jedoch entspricht dies nicht seiner vorrangigen Funktion. Diese beschränkt sich vielmehr darauf, Streitigkeiten, die sich zwischen dem Fonds und einem bereits ausgeschiedenen Mitglied oder zwischen dem Fonds und einem Mitglied im Verlauf der Liquidierung des IWF ergeben, zu

---

[357] Zur Begrifflichkeit siehe *I. Seidl-Hohenveldern/ G. Loibl*, Das Recht der Internationalen Organisationen einschließlich der Supranationalen Gemeinschaften, 7. Aufl. 2000, Rn. 1327, 1335.

[358] Dies betont auch *T. Treves*, Les décisions d'interprétation des statuts du Fonds Monétaire International, RGDIP 79 (1975), 5 (9) : « Il faut observer, tout d'abord, que l'article XVIII manifeste assez clairement la volonté de tenir à l'écart du Fonds monétaire international toute possibilité d'intervention de juges internationaux ». Vgl. ferner *H. Aufricht*, The International Monetary Fund, 1964, S. 12-14; *D. Simon*, L'interprétation judiciaire des traités d'organisations internationales, 1981, S. 33-39. Aus jüngerer Zeit z.B. *F. Gianviti*, Decision Making in the International Monetary Fund, in: IMF (Hrsg.), Current Developments in Monetary and Financial Law, Bd. 1, 1999, S. 31 (36); *D. Carreau*, Le Fonds monétaire international, 2009, S. 73-75; *E. Denters*, in: ders./Viterbo, International Monetary Fund (IMF), 2013, S. 32.

Diesem im Recht internationaler Organisationen einzigartigen Auslegungssystem sind in der Folge andere Finanz- und vereinzelt auch einige Rohstofforganisationen gefolgt. So ermächtigen beispielsweise die Weltbank (Art. IX) und drei ihrer Tochterorganisationen – die Internationale Finanzkooperation (Art. VIII), die Internationale Entwicklungsassoziation (Art. X) und die Multilaterale Investitions-Garantie-Agentur (Art. 56) –, ferner die Afrikanische Entwicklungsbank (Art. 61, 62), die Asiatische Entwicklungsbank (Art. 60, 61), die Interamerikanische Entwicklungsbank (Art. XIII), die Europäische Investitionsbank (Art. 17), die Zentralamerikanische Bank für Wirtschaftsintegration (Art. 25, 26) sowie das Zentralamerikanische Clearing-Haus (Art. 23) ihre Organe zur autoritativen Auslegung ihrer Gründungsverträge. Auf der Seite der Rohstofforganisationen findet sich eine ähnliche Regelung etwa in Art. 50 des Internationalen Kakao-Übereinkommen von 2001 und 2010; sowie in Art. 39 des Internationalen Kaffee-Abkommens von 2010. Vgl. auch *C. Tomuschat*, International Courts and Tribunals with Regionally Restricted and/ or Specialized Jurisdiction, in: Mosler/ Bernhardt (Hrsg.), Judicial Settlement of International Disputes, 1974, 285 (297).

[359] Siehe auch Abschn. 23 IMF By-Laws.

schlichten. Die Bestimmung hat insofern primär Auseinandersetzungen und nicht Auslegungsfragen zum Gegenstand. Auch erfasst sie nur solche Auseinandersetzungen, die sich erst nach oder im Rahmen der Beendigung der Mitgliedschaft im IWF stellen.[360] Für die hier interessierenden Fragen, insbesondere die nach den Möglichkeiten der Aufnahme „nichtstaatlicher Währungsgebilde“ als Mitglieder des Fonds im Sinne des Art. II Abschn. 2 IWFÜ, ist die Bestimmung insofern wenig aufschlussreich und soll daher (zunächst) außerhalb der Betrachtung bleiben. Schließlich ist noch in Art. VIII des Beziehungsabkommens mit den Vereinten Nationen vorgesehen, dass der IWF[361] in seiner Eigenschaft als UN-Sonderorganisation den IGH um die Erstellung eines Gutachtens über alle Rechtsfragen aus seinem Tätigkeitsbereich ersuchen kann.[362] Bisher hat es der Fonds allerdings vermieden, diesen um die Erstellung eines solchen Gutachtens zu ersuchen; auch ist derzeit nicht absehbar, ob und unter welchen Umständen der Fonds von dieser Möglichkeit je Gebrauch machen wird.

Es kann somit festgehalten werden, dass innerhalb der Rechtsordnung des IWF die Kompetenz zur verbindlichen Auslegung der *Articles of Agreement* allein dem Exekutivdirektorium und im Berufungsfall dem Gouverneursrat und damit in beiden Instanzen politischen Organen, nicht aber einer externen richterlichen Instanz zugewiesen ist. Dieses Auslegungsprivileg des Fonds hat zum einen sicherlich den Zweck, die *Articles of Agreement* davor zu schützen, durch unterschiedliche Auslegungen vor nationalen und internationalen Gerichten aufgesplittert zu werden. Zum anderen haben der Fonds selbst[363] und die ihm naheste-

---

[360] Vgl. auch *J. Gold*, Interpretation: The IMF and International Law, 1996, S. 129.

[361] Anders als in Art. XXIX lit. a) IWFÜ vorgesehen, ist hier allein der IWF antragsberechtigt, nicht auch die einzelnen Mitglieder.

[362] Vgl. Art. 96 Abs. 2 UN-Charta. Dazu *K. Oellers-Frahm*, in: Simma/Khan/Nolte/Paulus (Hrsg.), The Charter of the United Nations. A Commentary, 3. Aufl. 2012, Art. 96, Rn. 14-21.

[363] Vgl. hierzu den Bericht des früheren deutschen Exekutivdirektors *Ernst vom Hofe* an das Bundeswirtschaftsministerium vom 19.10.1967, Tgb. Nr. F 1032/ 67 (abgelegt im Historischen Archiv der Deutschen Bundesbank, Bestand: B 330/ 2766 – 2). Darin spricht dieser sich in unmissverständlicher Weise gegen den Vorschlag aus, den IGH als Berufungsinstanz einzuschalten: „In der Frage der Schaffung einer Berufungsinstanz habe ich mich mit Lieftinck und Siglienti gegen Larre’s Vorschlag, den internationalen Gerichtshof in Haag einzuschalten, gewandt. Ich habe insbesondere darauf hingewiesen, dass in einer so

henden Autoren[364] zur Begründung vorgebracht, dass einer externen Gerichtsbarkeit, wie beispielsweise dem IGH, in der Regel ohnehin die für die Auslegung der *Articles of Agreement* nötigen Sachkenntnisse im Bereich des Internationalen Finanz- und Währungsrechts fehlten und es daher nicht sinnvoll sei, diese mit heiklen finanz- und währungspolitischen Auslegungsfragen zu befassen.[365] Im IGH-Fall über *Rights of*

---

komplizierten Materie die Richter nicht selbst die noetige Sachkunde haben koennen und sich deshalb auf Gutachten von Sachverständigen verlassen muessen. (...). Ich habe deshalb sehr dafuer plaediert, den „Instanzenzug" innerhalb der IWF-Instanzen zu halten und mich dem zuletzt von Siglienti gemachten Vorschlag angeschlossen." Siehe auch vor allem Punkt 14 der Anmerkung des damaligen Leiters der IWF-Rechtsabteilung, *Joseph Gold*, vom 22.1.1968 zu den von den EWG-Exekutivdirektoren eingebrachten Vorschlägen zur Abänderung von Art. XVIII (=Art. XXIX n.F.) IWFÜ (abgelegt im Historischen Archiv der Deutschen Bundesbank, Bestand: B 330/ 2766 – 1): "This is not meant to disparage arbitral tribunals or the process of arbitration, but only to make the point that the questions of interpretation that arise in the Fund are rarely questions of general international law. It is recognized throughout the world that there are legal problems demanding expert attention that can be best handled by expert tribunals".

Vgl. ferner den Report des *Bretton Woods Conference Committee*, demzufolge es das Ziel dieser Regelung sei, "[to keep] disputes, concerning the interpretation of the Agreement between the Fund and any member country within the set-up of the Fund itself, but at the same time to secure for the member in question privileges of fair treatment", Proceedings and Documents of the UN Monetary and Financial Conference, Bd. I, S. 248.

364 Zu nennen sind hier vor allem die früheren *General Counsel* des IWF *J. Fawcett*, The Place of Law in an International Organization, BYIL 36 (1960), 321 (322, 328); *J. Gold*, The Interpretation by the International Monetary Fund of its Articles of Agreement, Int'l & Comp. L. Q. 3 (1954), 256 (257-258); *F. Gianviti*, Decision Making in the International Monetary Fund, in: IMF (Hrsg.), Current Developments in Monetary and Financial Law, Bd. 1, 1999, S. 31 (36 f.).

365 Siehe hierzu auch die Analyse des früheren *Assistant General Counsel* des IWF *E. P. Hexner*, Interpretation by Public International Organizations of their Basic Instruments, AJIL 53 (1959), 341 (344): "The negotiations preceding Bretton Woods and at Bretton Woods were undertaken mainly by monetary experts. They wished to keep decision-making on delicate policy issues involving interpretation in the hands of financial experts". Ähnlich *J. Fawcett*, The Place of Law in an International Organization, BYIL 36 (1960), 321 (328): "[T]he concept of judicial control is incompatible with the design of the Fund, and [...] even the indirect control which may be had through advisory opinions of the International Court will not work in an organization which has for tech-

Nationals of the United States of America in Morocco,[366] der teilweise auch einen Auslegungsstreit zwischen Frankreich und den USA über einzelne Bestimmungen der *Articles of Agreement* betraf, wiesen daher sowohl Frankreich als auch die USA in ihren Schriftsätzen auf die Vorrangklausel des Art. XXIX lit. a), b) IWFÜ hin und bekräftigten so erstmals auch außerhalb der Organisation die Ausschließlichkeit des IWF-Auslegungssystems.[367] *Adrian Fisher*, einer der dortigen Prozessvertreter der USA, beschrieb dieses System wie folgt:

> *"Now, the discussion here, in this dispute, of the interpretation of Articles of Agreement of the Fund, of what the Directors meant when they made such a decision, shows the wisdom of the requirement of the Articles of Agreement of the Fund itself, which imposes on the French Government, as the party which is attempting to justify action on the basis of these Articles of Agreement, the burden of proceeding in accordance with these Articles to obtain an authoritative interpretation. In this connection, the attention of the Court is respectfully drawn to Article XVIII, which requires that: "Any question of interpretation of the provisions of this Agreement arising … between any members of the Fund shall be submitted to the Executive Directors for their decision." Now, this provision is mandatory on members. A right of appeal to the Board of Governors is provided. There has been no compliance with this requirement. The suggestion that the treaty rights of the United States have been abrogated by action taken under the Articles of Agreement of the International Monetary Fund should therefore be rejected."*[368]

---

nical reasons been made the interpreter of its own constitution". Vgl. auch *E. J. Pan*, Authoritative Interpretation of Agreements: Developing More Responsive International Administrative Regimes, HILJ 38 (1997), 503 (517 ff.).

[366] *IGH*, Rights of Nationals of the United States of America in Morocco (France vs. United States of America), ICJ Rep. 1952, 1976. Vgl. hierzu auch die Analyse bei *J. Gold*, Interpretation: The IMF and International Law, 1996, S. 247 ff. Zum Fall allgemein *D. Johnson*, The Case concerning Rights of Nationals of the United States of America in Morocco, BYIL 29 (1952), 401 ff.; *J. Herbst*, United States Nationals in Morocco Case, in: Wolfrum (Hrsg.), MPEPIL (Stand: Juli 2009).

[367] Vgl. *ICJ Pleadings*, Morocco Case (France vs. USA), Bd. II, S. 200, 205, 261, 308, 309.

[368] Oral Proceedings, Argument of Mr. *Adrian Fisher*, Agent of the Government of the United States, ICJ Pleadings, Morocco Case (France vs. USA), Bd. II, S. 261.

Auch die französische Vertretung bestätigte in ihren Schriftsätzen das Auslegungsprivileg der Fondsorgane, in dem sie darauf hinwies, "*en vertu de l'article 18 des statuts, l'organisme directeur du Fonds est compétent pour interpréter le statut à l'égard des parties*".[369]

Ob sich dieser Ausschließlichkeitsanspruch auch heute noch mit dem Hinweis auf die mangelnde Kenntnis externer Gerichte von der komplexen Rechtsmaterie des IWF aufrechterhalten lässt, ist allerdings zu bezweifeln. So weist *Dominique Carreau*[370] zutreffend darauf hin, dass ein solches „geschlossenes System" zu Beginn der Tätigkeit des IWF angesichts der Neuheit und Komplexität seines Regelwerks noch nachvollziehbar war, weil eine richtige Auslegung der IWF-Satzung nicht nur ein profundes Verständnis ihrer Bestimmungen, sondern notwendigerweise auch der nicht selten einem raschen Wandel unterworfenen internationalen Wirtschafts- und Währungsbeziehungen voraussetzt. Deshalb – so *Carreau* – wäre es wahrscheinlich schwierig gewesen, den IGH, vor dem bis heute kaum wirtschaftliche Streitigkeiten ausgetragen wurden,[371] gleich zu Beginn mit der Auslegung von IWF-Be-

---

[369] Procédure Orale, Plaidoirie de *M. Reuter*, agent adjoint du gouvernement de la république française, ICJ Pleadings, *Morocco Case (France vs. USA)* Bd. II, S. 200. Siehe auch Procédure Orale, Réplique de M. Le Professeur Gros, agent du gouvernement de la république française, ICJ Pleadings, *Morocco Case (France vs. USA)* Bd. II, S. 308: « Le Fonds monétaire international est pleinement compétent pour apprécier si une législation des changes est conforme ou non au statut ».

[370] *D. Carreau*, Le Fonds monétaire international, 2009, S. 74.

[371] Eine Ausnahme stellen indes neben dem eben erwähnten Fall betreffend *Rights of Nationals of the United States of America in Morocco* bspw. der sog. *Interhandel*-Fall v. 21.3.1959, ICJ Rep. 1959, 6 ff.; der sog. *Barcelona Traction*-Fall v. 5.2.1970, ICJ Rep. 1970, 3 ff., der sog. *Elettronica Sicula SpA (ELSI)*-Fall v. 20.7.1989, ICJ Rep. 1989, 15 ff., der sog. *Diallo*-Fall v. 24.5.2007, ICJ Rep. 2007, 582 ff., sowie diverse Streitigkeiten, die Bodenschätze und Fischereirechte betrafen, dar.

Der Vorgänger des IGH, der Ständige Internationale Gerichtshof (StIGH), war dagegen mit einer Reihe speziell wirtschaftsrechtlichen Fragestellungen befasst. Zu nennen sind insbesondere der sog. *Chorzow Factory*-Fall von 1925 (PCIJ Rep. Series A, No. 17), die sog. *Serbian and Brazilian Loans* -Fälle (PCIJ Rep. Series A No 20/ 21) und der sog. *Oscar Chinn*-Fall von 1934 (PCIJ Rep. Series A/B, No. 63). Nach der Ansicht von *Seidl-Hohenfeldern* werden die Zweifel hinsichtlich der fachlichen Kompetenz gerichtlicher Instanzen bereits durch diese Urteile des StIGH widerlegt, vgl. *I. Seidl-Hohenveldern*, Grenzen rechtlicher Streiterledigung in Internationalen Organisationen, in: Die

stimmungen zu betrauen. Aufgrund der bedeutenden Erfahrungen, die in der jüngeren Praxis auf dem Gebiet des Welthandelsrechts mit den Möglichkeiten quasigerichtlicher Streitbeilegung wie Konsultation und Schiedsgerichtsverfahren gemacht wurden, kommt *Carreau* dann aber zu dem Schluss, dass eine Einbeziehung von regierungsunabhängigen und neutralen Währungsexperten, deren Auswahl durch die Erstellung von Listen erleichtert werden könnte, die zweckdienlichere Variante wäre.[372]

Einen entsprechenden Vorstoß zu einer Reformierung des Auslegungssystems des IWF hat es denn auch während der Ausarbeitung der ersten Satzungsreform des IWF 1968/ 1969 von Seiten einiger Mitgliedstaaten der früheren EWG und unter ihnen vor allem von Frankreich gegeben.[373] Im Zentrum der Reformbestrebungen stand die Errichtung eines unabhängigen, außerhalb des IWF stehenden und zu endgültigen Entscheidungen ermächtigten Schiedsgerichts, dessen Zusammensetzung sich an der in Art. XVIII lit. c) IWFÜ a.F. (= Art. XXIX lit. c) IWFÜ) festgelegten Dreierlösung orientieren sollte.[374] Zudem war vor-

---

Grenzen rechtlicher Streiterledigung im Völkerrecht und in Internationalen Organisationen, BDGVR 9 (1969), 45 (59-60).

[372] Ähnlich auch die Argumentation bei *L. Gramlich*, Internationale Finanzordnung (IMF und IBRD) – Legitimität, Effektivität, Reform, in: Giegerich (Hrsg.), Internationales Wirtschafts- und Finanzrecht in der Krise, 2011, S. 123: „Dass monetäre und finanzielle Spannungen nicht in gleicher Weise durch Einschaltung unabhängiger Dritter bewältigt werden können, erscheint trotz einiger fachspezifischer Aspekte kaum plausibel". Siehe auch bereits *I. Seidl-Hohenveldern*, Probleme der Anerkennung ausländischer Devisenbewirtschaftungsmaßnahmen, ÖZöR 8 (1957/58), 82 (90-91) mit Hinweis auf *L. Kopelmanas*, La notion de la liberté économique devant la Justice internationale, Journal du Droit International 81 (1954), 64 (101 ff.).

[373] Siehe hierzu vor allem die im Historischen Archiv der Deutschen Bundesbank, Bestand: B 330/ 2766 – 1; B 330/ 2766 – 2 abgelegten Dokumente. Vgl. ferner den prägnanten Überblick bei *M. G. de Vries*, The International Monetary Fund, Bd. I: Narrative and Analysis, 1985, S. 145 ff. und *J. Gold*, Interpretation: The IMF and International Law, 1996, S. 124-132.

[374] Siehe *Paragraph 5 of the memorandum EBD/ 68/ 3 (January 4, 1968)*, abgelegt im Historischen Archiv der Deutschen Bundesbank, Bestand: B 330/ 2766 – 1: "*It is considered that Article XVIII of the Articles of Agreement which provides that questions of interpretation of the Articles of Agreement can be decided by simple majority of the Executive Directors and, on appeal, by the same majority of the Board of Governors, is not quite adequate. Matters of interpretation affect important rights and obligations of member countries and it is felt*

gesehen, für die der Entscheidung dieses Gremiums vorzugehenden interpretativen Erklärungen der Fondsorgane eine Mehrheit von 85 Prozent der gesamten Stimmen vorauszusetzen.

Eine solche weitgehende Juridifizierung des Auslegungsverfahrens stellte jedoch für die meisten Mitgliedstaaten einen zu revolutionären Schritt dar. Die Vorschläge konnten sich daher auf der hierfür anberaumten Direktoriumssitzung vom 5. Januar 1968 nicht durchsetzen. Keine Realisierung fand auch der Vorschlag, im Rahmen des Beziehungsabkommens mit den Vereinten Nationen nicht nur dem IWF, sondern jedem seiner Mitglieder das Recht einzuräumen, vom IGH ein Rechtsgutachten einzuholen.[375]

Die Mehrheit der zur EWG nicht gehörenden Exekutivdirektoren, unter ihnen vor allem diejenigen mit einem hohen Stimmanteil, war offensichtlich nicht bereit, Auslegungsfragen vor solchen Gremien auszutragen, auf die sie keinen entscheidenden Einfluss ausüben konnten.[376] Vielmehr scheint bis heute die Möglichkeit einer umfassenden Beteiligung aller Mitglieder des IWF, entweder mittelbar durch die eigene Stimmrechtsgruppe oder sogar direkt durch den „eigenen" Exekutivdirektor bzw. Gouverneur, die vorteilhaftere Variante zu sein, als eine externe Gerichtsbarkeit. Entsprechend ließen mehrere dieser Exekutivdi-

---

that minorities should be protected in a way more in line with traditionally accepted procedures. It is suggested that this could be achieved by allowing members who would not be satisfied with the decisions taken in accordance with the present procedures, to have recourse, in the last resort, to the procedures provided for in Article XVIII (c) with regard to disagreements arising between the Fund and a member which has withdrawn or between the Fund and any member during the liquidation of the Fund. To that end, Article XVIII (c) should be amended accordingly and the words "whose decision shall be final" in Article XVIII (b) should be deleted." Vgl. ferner den zusammenfassenden Bericht von *Horst Ungerer*, dem früheren deutschen stellvertretenden Exekutivdirektor, an das Bundeswirtschaftsministerium vom 7.2.1968, Tgb.- Nr. F 179/ 68 (abgelegt im Historischen Archiv der Deutschen Bundesbank, Bestand: B 330/ 2766 – 1).

[375] Eine direkte Klage eines Mitglieds gegen den IWF vor dem IGH ist nach derzeit geltendem Recht nicht möglich, da nach Art. 34 Abs. 1 IGH-Statut allein Staaten parteifähig sind. Dies schließt jedoch – wie auch der sog. *Morocco*-Fall zeigt – eine Befassung mit dem IWFÜ nicht gänzlich aus (s. Art. 34 Abs. 3 IGH-Statut). Vgl. hierzu auch m.w.Nw. *P.-M. Dupuy*, in: Zimmermann/Tomuschat/Oellers-Frahm, The Statute of the ICJ: A Commentary, 2. Aufl. 2012, Art. 34.

[376] Dazu näher *J. Gold*, Weighted Voting Power: Some Limits and Some Problems, AJIL 68 (1974), 687 (698-699).

rektoren – darunter vor allem der brasilianische, indische, kanadische und US-amerikanische Direktor – erkennen, dass sie sich nicht unbedingt gegen eine Änderung des bestehenden Systems wenden würden, sofern die letzte Entscheidung weiterhin im Rahmen des IWF und auf der Grundlage einer einfachen Mehrheit getroffen wird. Gegen eine Fortentwicklung in Richtung eines externen gerichtsförmigen Verfahrens wandte sich auch die Gruppe der Entwicklungsländer. Diese forderte dafür, Auslegungsfragen künftig nicht mehr auf dem Prinzip der Stimmengewichtung, sondern nach dem Prinzip "*one member one vote*" zu klären.[377] Als Kompromiss gelang es schließlich, sich auf einen von *Pierre-Paul Schweitzer*, dem damaligen Geschäftsführenden Direktor des IWF, vorgebrachten Vorschlag zu einigen, der, wie es heute in Art. XXIX lit. a), b) IWFÜ vorgesehen ist, die Letztentscheidungsbefugnis nach wie vor beim Gouverneursrat belässt, jedoch auf einer Zwischenebene einen Auslegungsausschuss ohne Stimmengewichtung vorschaltet.[378] Dieser Ausschuss, dessen Aufgabe es ist, dem Gouverneursrat im Falle eines weiterhin bestehenden Disputs einen Bericht als Grundlage für seine Entscheidung vorzulegen, wird allerdings nur dann tätig, wenn der Gouverneursrat sich unter anderem über dessen Zusammensetzung geeinigt hat, wozu es bisher noch nicht gekommen ist.[379]

---

[377] Einen Überblick über die auf der Direktoriumssitzung diskutierten Vorschläge findet sich in dem Bericht von *Horst Ungerer* vom 7.2.1968, Tgb.- Nr. F 179/ 68 (abgelegt im Historischen Archiv der Deutschen Bundesbank, Bestand: B 330/ 2766 – 1).

[378] Zu Einzelheiten siehe *M. G. de Vries*, The International Monetary Fund 1972-1978, Bd. I: Narrative and Analysis, 1985, S. 145 f.; ferner *J. Gold*, Interpretation: The IMF and International Law, 1996, S. 131 ff.

[379] In der Literatur findet sich zu dieser Kompromisslösung gelegentlich die Auffassung, dass die Vorschaltung des Auslegungsausschusses ohnehin keine wirkliche Verbesserung zu dem bisherigen Verfahren darstellt, da der Gouverneursrat ohnehin nicht an die Empfehlung des Ausschusses gebunden ist und die endgültige Entscheidung daher nach wie vor beim ihm verbleibt. Vgl. z.B. *J. Gold*, Weighted Voting Power: Some Limits and Some Problems, AJIL 68 (1974), 687 (698). Diese Einschätzung wird der praktischen Wirkung der Berichte des Auslegungsausschusses jedoch nicht gerecht. Da diese als Grundlage für die Beratung der Gouverneure dienen, stellen sie jede abweichende Argumentation des Gouverneursrats unter den Druck einer erheblichen Darlegungslast. Zu Recht kritisch auch *E. Denters*, Law and Policy of IMF Conditionality, 1996, S. 200 ff., der zudem darauf hinweist, "*in practice the opinion of the Committee is decisive, at least when it is operational. It is unlikely that a majori-*

bb) Gegenstand des Auslegungsverfahrens und seine völkerrechtlichen Besonderheiten

Wie eben bereits angedeutet, sieht Art. XXIX lit. a) IWFÜ eine Klärung von Auslegungsfragen vor, die aus verschiedenen Gründen entstanden sein können: Einmal anlässlich einer konkreten Auseinandersetzung über den Inhalt einer Bestimmung der *Articles of Agreement* entweder zwischen einem Mitglied[380] und dem Fonds oder zwischen Fondsmitgliedern untereinander. Zum zweiten kann eine Interpretationsfrage auch unabhängig von einem aktuellen Auslegungsstreit dahingehend gestellt werden, ob eine erst beabsichtigte, also noch nicht vollzogene Maßnahme des IWF oder seiner Mitglieder mit den *Articles of Agreement* vereinbar ist.[381] Für ein solches weites Verständnis vom Umfang der Auslegungsbefugnis der Fondsorgane bzw. vom Antragsrecht der die Auslegung begehrenden Partei spricht neben dem weiten Wortlaut des Art. XXIX lit. a) IWFÜ ("Any question of interpretation") auch dessen systematisches Zusammenspiel mit Art. XXIX lit. c) IWFÜ. Dieser fordert in seiner authentischen englischen Sprachfassung *"[a] disagreement [...] between the Fund and a member"* und damit stets eine konkrete Auseinandersetzung für die Einleitung des darin beschriebenen Verfahrens. Lit. a) hingegen setzt lediglich *"any question of interpretation of the provisions of this Agreement arising between any member and the Fund or between any members of the Fund"* voraus. Demnach deutet die Bestimmung zwar auf das Bestehen verschiedener An-

---

ty of the Board of Governors could be found to overrule the decision of the Committee".

380 Wie bei allen Entscheidungen des Exekutivdirektoriums ist jedes Mitglied, das durch eine Frage besonders betroffen ist, berechtigt, für die Zwecke des Verfahrens einen Vertreter – allerdings ohne Stimmrecht – zu entsenden (vgl. Art. XXIX lit. a) S. 2 i.V.m. Art. XII Abschn. 3 lit. j) IWFÜ).

381 Grundlegend hierzu *J. Gold*, The Interpretation by the International Monetary Fund of its Articles of Agreement, Int'l & Comp. L. Q. 3 (1954), 256 ff.; *E. P. Hexner*, Interpretation by Public International Organizations of their Basic Instruments, AJIL 53 (1959), 341 (345); *ders.*, Die Rechtsnatur der interpretativen Entscheidungen des Internationalen Währungsfonds, ZaöRV 20 (1959/ 60), 73 (76-77); *J. Fawcett*, The Place of Law in an International Organization, BYIL 36 (1960), 321 (326). Vgl. ferner den Überblick bei *E. Pan*, Authoritative Interpretation of Agreements: Developing More Responsive International Administrative Regimes, HILJ 38 (1997), 503 (518); *J. E. Alvarez*, International Organizations as Law-makers, 2006, S. 442; *E. Denters*, in: ders./Viterbo, International Monetary Fund, 2013, S. 31.

sichten zwischen den Verfahrensbeteiligten hin. Diese müssen allerdings nicht zwingend zu einer akuten Auseinandersetzung geführt haben. Vielmehr genügt es bereits, wenn eine Partei wegen begründeter Zweifel an der Rechtmäßigkeit einer geplanten Maßnahme eine Klärung der Auslegungsfrage durch das Exekutivdirektorium bzw. im Berufungsfall durch den Gouverneursrat wünscht, um so der Organisation und ihren Mitgliedern eine Anleitung für ihr künftiges Verhalten zu geben.[382] Für diesen systematisch gebotenen Umkehrschluss spricht auch, dass letztlich keine ernsthaften Gründe dafür angebracht werden können, einmal entstandene Bedenken solange ungeklärt zu lassen, bis sie zu ernsteren Konflikten innerhalb der Organisation führen. Demgemäß können interpretative Entscheidungen Auslegungsfragen richtigerweise sowohl anlässlich eines konkreten Sachverhalts wie auch in abstrakt-genereller Form zum Gegenstand haben.

Von den bislang ergangenen zehn Auslegungsentscheidungen des Fonds betraf erstaunlicherweise nur eine einen konkreten Auslegungsstreit.[383] In allen anderen Fällen erging die Auslegungserklärung in generell abstrakter Form, um das künftige Verhalten der Organisation und ihrer Mitglieder festzulegen.[384] Diese Entwicklung zeigt aus heutiger Sicht zweierlei auf: Zum einen, dass sich die letztere Form der Auslegungserklärung in der Praxis als die bedeutendere erwiesen hat und zum zweiten, dass das Auslegungsverfahren sowohl vom IWF selbst wie auch von seinen Mitgliedern nicht als Instrument zur „Verurteilung“ der sich im Unrecht befindlichen Partei verstanden wird, sondern vielmehr als

---

[382] *J. Gold*, The Interpretation by the International Monetary Fund of its Articles of Agreement, Int'l & Comp. L. Q. 3 (1954), 256 (259): "It should be noted that the procedure of Article XVIII can be employed for resolving a problem *even though it does not involve a dispute*. It is sufficient that a question of interpreting the provisions of the Agreement has arisen between the Fund and a member or between members. *Thus, the procedure is available, not merely for the settlement of disputes, but also for the resolution of doubts*" [eigene Hervorhebung].

[383] Dieser betraf das zwangsweise Ausscheiden der damaligen Tschechoslowakei aus dem IWF. Die hier ergangene Entscheidung des Exekutivdirektoriums, die auf eine Berufung der Tschechoslowakei hin vom Gouverneursrat bestätigt wurde, befasste sich demgemäß mit der Auslegung der Regelung des Art. XV Abschn. 2 a. F. (= Art. XXVI Abschn. 2) IWFÜ. Zu dieser auch sogleich näher in Teil 3.B.IV.1.d).

[384] Ein prägnanter Überblick über den Gegenstand dieser Verfahren findet sich bei *J. Gold*, The Techniques of Response, in: Horsefield (Hrsg.), The International Monetary Fund 1945-1965, Bd. II: Analysis, 1969, 567 ff.

Mittel zur Verhinderung eines Konflikts und damit zur Aufrechterhaltung oder Wiederherstellung der guten Zusammenarbeit in der Organisation.[385] Diese Neigung zur einvernehmlichen Erarbeitung von gemeinsamen Lösungen, die sich bereits auch als generelle Zielsetzung der Organisation an erster Stelle der *Articles of Agreement* in Art. I (i) ausdrückt und dementsprechend als eine der zentralen Triebfedern bei der Verwirklichung der nachfolgend in der Bestimmung genannten Ziele gesehen werden kann,[386] dürfte neben dem eben erwähnten Misstrauen gegenüber den mit der IWF-Materie nicht voll vertrauten internationalen Gerichten ein weiterer wesentlicher Grund für das Fehlen einer allgemeinen Bereitschaft im Fonds sein, sich bei Auslegungsfragen an eine externe Gerichtsbarkeit zu richten.

Wendet man sich schließlich der Frage nach den von Art. XXIX lit. a), b) IWFÜ geregelten oder vorausgesetzten Entscheidungswirkungen der Fondsorgane zu, so zeigt sich in den Abhandlungen hierzu kein einheitliches Bild. So qualifiziert selbst der frühere *Assistant General Counsel* des IWF, *Ervin P. Hexner*, die interpretativen Entscheidungen einmal in seinem Beitrag in der ZaöRV[387] als *„sui generis*-Rechtsform" und ein anderes Mal in seiner Monographie über das „Verfassungs- und Rechtsschutzsystem des Internationalen Währungsfonds"[388] zunächst als authentisch (S.60) und wenig später als (quasi-)autoritativ (S. 74, 89).[389] Hierbei handelt es sich keineswegs nur um eine Frage der Ausdrucksweise. Vielmehr beschreibt jeder dieser drei bzw. zwei Termini einen anderen Umfang der dem Interpreten zugewiesenen Auslegungskom-

---

385 Vgl. *E. J. Pan*, Authoritative Interpretation of Agreements: Developing More Responsive International Administrative Regimes, HILJ 38 (1997), 503 (518).

386 Vgl. auch *R. Dolzer*, Formen der Streitbeilegung im multilateralen Wirtschaftsrecht, in: Hailbronner u.a. (Hrsg.), Staat und Völkerrechtsordnung, FS Karl Doehring, 1989, S. 143 (157).

387 *E. P. Hexner*, Die Rechtsnatur der interpretativen Entscheidungen des Internationalen Währungsfonds, ZaöRV (20) 1959/ 60, 73 (81).

388 *E. P. Hexner*, Das Verfassungs- und Rechtssystem des Internationalen Währungsfonds, 1960.

389 In seinem Aufsatz im AJIL spricht *Hexner* aber richtigerweise nur von einer *autoritativen* Auslegungsbefugnis, vgl. *E.P. Hexner*, Interpretation by Public International Organizations of their Basic Instruments, AJIL 53 (1959), 341 (343, 344, 347).

petenz.[390] Die umfangreichere Befugnis stellt dabei die authentische dar, die als diejenige Auslegung verstanden werden kann, „welche sich in einer gleichartigen nachfolgenden Praxis aller Vertragsparteien oder in einer entsprechenden übereinstimmenden Erklärung widerspiegelt“[391].[392] Stellen die Vertragsparteien die Vertragsbedeutung – gewöhnlich in Form eines Auslegungsvertrages oder übereinstimmender Auslegungserklärungen – fest, so erhält diese Auslegung denselben Rang und dieselbe Bindungswirkung wie die ausgelegte Bestimmung.[393] Vor diesem Hintergrund ist der Terminus von der authentischen Auslegung nicht treffend, um die Befugnisse und Möglichkeiten des Exekutivdirektoriums und Gouverneursrats im Rahmen des Art. XXIX lit. a), b) IWFÜ zu charakterisieren.[394] Auch der Versuch, eine Befugnis zur authentischen Auslegung zumindest allein im Hinblick auf das Plenarorgan des IWF, den Gouverneursrat, damit zu begründen, dass in ihm alle Mitglieder durch einen Gouverneur und seinen Vertreter repräsentiert sind, hilft bei näherer Betrachtung nicht zum Erfolg. Aufgrund des auch dort gem. Art. XII Abschn. 2 lit. e) i.V.m. Abschn. 5 IWFÜ bei Abstimmungen geltenden Prinzips des *weighted voting* stellen die dort getroffenen Entscheidungen keine proportionale Abbildung der Interessen der Mitglieder dar.[395] Daher betreiben die Fondsorgane im Rahmen ihrer Auslegungsbefugnis richtigerweise keine authentische, sondern „nur“ eine

---

390 Siehe z.B. *I. Voicu*, De L'Interprétation Authentique des Traités Internationaux, 1967, S. 73 ff.

391 *W. Heintschel von Heinegg*, in: Ipsen (Hrsg.), Völkerrecht, 6. Aufl. 2014, § 12, Rn. 2.

392 In diesem Sinne auch schon der *StIGH* in seinem sog. *Jaworzina*-Gutachten v. 6.12.1923, PCIJ Series B, No. 8, S. 37. Siehe auch *I. Voicu*, De L'Interprétation Authentique des Traités Internationaux, 1967, S. 73 ff., 137 ff.

393 *R. Bernhardt*, Die Auslegung völkerrechtlicher Verträge insbesondere in der neueren Rechtsprechung internationaler Gerichte, 1963, S.44.

394 Anders aber *I. Seidl-Hohenveldern*, Grenzen rechtlicher Streiterledigung in Internationalen Organisationen, in: Die Grenzen rechtlicher Streiterledigung im Völkerrecht und in Internationalen Organisationen, BDGVR 9 (1969), 45 (51).

395 Zwar kommt es in der Praxis, wie noch zu zeigen sein wird, nur sehr selten zu einer förmlichen Abstimmung. Dennoch darf dies nicht zur Annahme verleiten, dass der Stimmengewichtung keinerlei Bedeutung für die Willensbildung im *formellen Vorfeld* zukommt. Vgl. auch *E. S. Fawcett*, The Place of Law in an International Organization, BYIL 36 (1960), 321 (327).

autoritative Auslegung.[396] Daraus folgt letztlich, dass es gegen ihre Interpretationserklärungen keinen außerhalb des IWF stehenden Rechtsbehelf gibt. Weder der IWF selbst noch seine Mitglieder können eine andere nationale[397] oder internationale Gerichtsbarkeit oder eine sonstige Streitschlichtungsstelle anrufen und ihr die Auslegung des IWFÜ überlassen.[398] Mit seiner verbindlichen Letzterkenntnis bringt der Fonds den „Auslegungswettstreit" der daran Beteiligten vielmehr zu einem Ende.[399] Diese Letzterkenntnis ist nach der Auffassung einiger Autoren nicht nur im konkreten Anlassfall und für die daran beteiligten Parteien verbindlich, sondern darüber hinaus auch für die übrigen Mitglieder.[400] Nach der Ansicht von *Hexner*, der eine solche *erga omnes*-Wirkung jedoch nur auf Verfahren mit einer abstrakt-generellen Fragestellung begrenzt wissen will, steht diese Bindungswirkung stets unter

---

[396] Vgl. statt vieler nur *E. J. Pan*, Authoritative Interpretation of Agreements: Developing More Responsive International Administrative Regimes, HILJ 38 (1997), 503 (519); *E. Denters*, New Challenges to IMF Jurisdiction, NYIL 29 (1998), 3 (14); *F. Gianviti*, Decision Making in the International Monetary Fund, in: IMF (Hrsg.), Current Developments in Monetary and Financial Law, Bd. 1, 1999, S. 31 (35).

[397] Aufgrund der dem Fonds in Art. IX IWFÜ eingeräumten Vorrechte und Befreiungen wäre es ohnehin nicht zulässig, Streitigkeiten zwischen einem Mitglied und dem Fonds einem nationalen Gericht zu unterbreiten.

[398] Zur Frage der Exklusivität des IWF-Auslegungsverfahrens gegenüber Verfahren außerhalb des Fonds siehe bereits *J. Gold*, The Interpretation by the International Monetary Fund of its Articles of Agreement, Int'l & Comp. L. Q. 3 (1954), 256 (273-276); *F. Gianviti*, Decision Making in the International Monetary Fund, in: IMF (Hrsg.), Current Developments in Monetary and Financial Law, Bd. 1, 1999, S. 31 (36).

[399] Vgl. dazu Art. XXIX lit. b) S. 1 IWFÜ: Danach tritt die Bindungswirkung der Entscheidung entweder nach Ablauf der Dreimonatsfrist für die Anrufung des Gouverneursrats oder unmittelbar nach der Entscheidung des Gouverneursrats ein.

[400] Eine solche *erga omnes*-Wirkung wird ausdrücklich vertreten von *E. P. Hexner*, Die Rechtsnatur der interpretativen Entscheidungen des Internationalen Währungsfonds, ZaöRV (20) 1959/ 60, 73 (77); *T. Treves*, Les décisions d'interprétation des statuts du Fonds Monétaire International, RGDIP 79 (1975), 5 (14). Krit. demgegenüber *F. A. Mann*, The "Interpretation" of the Constitutions of International Financial Organizations, BYIL (43) 1968/ 69, 1 (4 ff.).

dem Vorbehalt der späteren Erkenntnis.[401] Das heißt, dass die Fondsorgane im Rahmen einer neuerlichen Befassung mit derselben Auslegungsfrage die Autorität ihrer alten Auslegung *ex nunc* beseitigen können, ohne dabei besondere, vom Ausgangsverfahren abweichende Verfahrensförmlichkeiten oder Entscheidungsquoren beachten zu müssen. Eine solche *reinterpretation* erfordert gleichwohl eine sorgfältige Begründung, beispielsweise den Hinweis auf grundlegend veränderte Umstände.[402]

Die Rechtmäßigkeit dieses Letztentscheidungsrechts der Fondsorgane ist in der Vergangenheit in der Diskussion um die Reform des IWF immer wieder in Zweifel gezogen worden. Da das Auslegungsverfahren nach Art. XXIX lit. a), b) IWFÜ auch durch eine Auslegungsfrage des Exekutivdirektoriums oder Gouverneursrats in Gang gesetzt werden kann, stellt sich für den Juristen das Problem, dass das Exekutivdirektorium und der Gouverneursrat wiederum selbst darüber entscheiden und damit Richter in eigener Sache wären. So wird denn auch vereinzelt angenommen, dass darin ein Verstoß gegen das Prinzip *nemo judex in re sua*, nach dem niemand Richter in eigener Sache sein soll, liegt und dementsprechend ein Letztentscheidungsrecht abgelehnt.[403] Beantwortet man die diesem Meinungsstreit vorgehende Frage, ob es sich bei diesem Grundsatz um eine Regel handelt, die in allen nationalen Rechtssystemen verankert ist und demnach als allgemeiner Rechtsgrundsatz i.S.d. Art. 38 I lit. c) IGH-Statut auch im Völkerrecht gilt, positiv,[404] so stellt sich im Anschluss die weitere Frage, ob die Bindungswirkung der Auslegungsentscheidungen des Exekutivdirektoriums und Gouverneursrats auch tatsächlich dagegen verstößt. Insoweit ist in Überein-

---

[401] Vgl. *E. P. Hexner*, Interpretation by Public International Organizations of their Basic Instruments, AJIL 53 1959, 341 (353); *ders.*, Die Rechtsnatur der interpretativen Entscheidungen des Internationalen Währungsfonds, ZaöRV (20) 1959/ 60, 73 (79-80).

[402] Vgl. *J. Gold*, Interpretation: The IMF and International Law, 1996, S. 182.

[403] So kritisch *F. A. Mann*, The "Interpretation" of the Constitutions of International Financial Organizations, BYIL (43) 1968/ 69, 1 (5); *C. Leben*, Les sanctions privatives de droits ou de qualité dans les organisations internationales spécialisées, 1979, S. 271, Fn. 105.

[404] Siehe hierzu *StIGH*, Article 3, Paragraph 2, of the Treaty of Lausanne (Frontier between Turkey and Iraq), PCIJ 1925 Ser. B, No. 12, S. 32: "The well-known rule that no one can be judge in his own suit holds good." Vgl. ferner die ausführliche Untersuchung bei *Bin Cheng*, General Principles of Law as applied by International Courts and tribunals, 1953 (Neuauflage 1987), S. 279 ff.

stimmung mit der überwiegenden Mehrheit festzustellen, dass es sich bei diesem Grundsatz um keine zwingende Regel handelt, sondern dass er vielmehr in einem völkerrechtlichen Vertrag abbedungen werden kann.[405] Demzufolge ist der Grundsatz *nemo judex in re sua* im Recht des IWF durch die Regelung des Art. XXIX lit. a), b) IWFÜ außer Kraft gesetzt und Auslegungsentscheidungen der Fondsorgane damit von vornherein von seiner Geltung ausgenommen. Im Übrigen dürfte eine solche Befugnis politischer Organe zur autoritativen Auslegung mit *Joseph Gold* zwar *"a most unusual phenomenon in international life"*[406] darstellen. Solange es jedoch keine sonstige völkerrechtliche Regel (zwingenden Charakters) gibt, nach der eine autoritative Auslegung durch nicht-richterliche Organe ausgeschlossen ist, bleibt hier als Zwischenergebnis festzuhalten, dass den Entscheidungen auf der Grundlage des Art. XXIX lit. a), b) IWFÜ eine exklusive Bindungswirkung zukommt.

Dies bedeutet letztendlich auch, dass die einzige Möglichkeit, sich der Wirkung einer Auslegungserklärung, die ein Mitglied als unbegründet oder willkürlich empfindet, zu entziehen, der Austritt aus dem Fonds wäre,[407] welcher zwar nach Art. XXVI Abschn. 1 IWFÜ jederzeit möglich ist, nicht aber unbedingt im Einklang mit der Zielsetzung der Organisation steht.[408] Ein so ausgeschiedenes Mitglied wäre weder durch

---

[405] Vgl. *E.P. Hexner*, Interpretation by Public International Organizations of their Basic Instruments, AJIL 53 (1959), 341 (368); *B. Steinhauer*, Die Auslegung, Kontrolle und Durchsetzung mitgliedstaatlicher Pflichten im Recht des Internationalen Währungsfonds und der Europäischen Gemeinschaft, 1997, S. 47.

[406] *J. Gold*, The Interpretation by the International Monetary Fund of its Articles of Agreement, Int'l & Comp. L. Q. 3 (1954), 256 (256).

[407] Darauf weist *E. P. Hexner*, Interpretation by Public International Organizations of their Basic Instruments, AJIL 53 1959, 341 (349); *ders.*, Die Rechtsnatur der interpretativen Entscheidungen des Internationalen Währungsfonds, ZaöRV (20) 1959/ 60, 73 (79) unter Bezugnahme auf eine Erklärung des Berichterstatters des *Committee IV of Commission I (Form and Status of the Fund) of the Bretton Woods Conference* hin.

[408] Dementsprechend scharf fiel die Reaktion des früheren französischen Exekutivdirektors *Plescoff* auf diesen vom kanadischen Exekutivdirektors *Handfield-Jones* geäußerten Hinweis aus. Hierzu der zusammenfassende Bericht von *Ungerer* an das Bundeswirtschaftsministerium vom 7.7.68, Tgb.-Nr. F 179/ 68 (abgelegt im Historischen Archiv der Deutschen Bundesbank, Bestand: B 330/ 2766 – 1): „Plescoff [...] meinte, es sei so, wie wenn man dem Bürger eines Landes nur die Möglichkeit lasse, auszuwandern".

die *Articles of Agreement* noch durch die interpretativen Fondsentscheidungen gebunden. Ob dies allerdings auch dann gilt, wenn ein ausgeschiedenes Mitglied im Anschluss daran ein Schiedsgericht nach Art. XXIX lit. c) IWFÜ mit einer Streitfrage befasst oder ob sich dieses Schiedsgericht in diesem Fall nicht vielmehr an die während der aktiven Mitgliedschaft erlassene Auslegungsentscheidung des Fonds gebunden fühlt und diese somit wieder aktuell wird, hat sich bislang in der Praxis nicht gestellt und bleibt damit offen.

c) Informelles Auslegungsverfahren

Die niedrige Zahl von bislang zehn Auslegungsverfahren, von denen das letzte am 24. Juli 1959 durchgeführt wurde, mag auf den ersten Blick überraschen und Zweifel an der Effektivität der Auslegung im Fonds wecken, insbesondere wenn man an die Vielzahl solcher Auslegungsstreitigkeiten im Währungsbereich denkt.[409] Allerdings darf insoweit nicht außer Acht gelassen werden, dass gelegentlich allein die bloße Existenz eines solchen Auslegungssystems durchaus konfliktvermeidende Wirkung haben kann. Nach der Auffassung von *François Gianviti*, dem früheren *General Counsel* und Leiter der Rechtsabteilung des IWF, spricht jedenfalls vieles dafür, der Auslegung in der Praxis des IWF eine wesentlich stärkere Bedeutung zuzuschreiben, als dies angesichts der niedrigen Zahl der bislang ergangenen formellen Auslegungsverfahren erscheinen mag.[410] Das ist darauf zurückzuführen, dass seit dem letzten Verfahren dieser Art die Auslegung von Bestimmungen der *Articles of Agreement* aus Gründen der Flexibilität nur noch auf informellem Weg als Teil des regulären Entscheidungsprozesses gem. Art. XII Abschn. 2 lit. a) und g), Abschn. 3 lit. a) sowie Abschn. 4 lit. b) IWFÜ erfolgt.[411] Diese sog. impliziten oder informellen Auslegungserklärungen stimmen bis auf den Verfahrensablauf und der autoritativen

[409] Vgl. den zuletzt durch Chinas Wechselkurspolitik ausgelösten Währungsstreit. Dazu m.w.Nw. *A. Yu*, China's Currency Practices and "Currency Manipulation": The Power of Action in Inaction, Pac. Mc George Global Bus. & Dev. L. J. 26 (2013), 577 (584 ff.); *C. Herrmann*, Don Yuan – China's Selfish Exchange Rate Regime and International Economic Law, EYIEL 1 (2010), 31 ff.

[410] *F. Gianviti*, Decision Making in the International Monetary Fund, in: IMF (Hrsg.), Current Developments in Monetary and Financial Law, Bd. 1, 1999, S. 31 (35).

[411] So *J. Gold*, Interpretation: The IMF and International Law, 1996, S. 161 ff.

Wirkung[412] weitgehend mit den auf der Grundlage des Art. XXIX lit. a), b) IWFÜ ergangenen Entscheidungen überein.[413]

In der Regel geht solchen impliziten Auslegungen eine vorherige Konsultation mit dem *Legal Department* voraus, das zu diesem Zweck unter der Leitung des *General Counsel* umfangreiche Rechtsgutachten erstellt.[414] Über diese Funktion hinaus entspricht es heute gängiger Praxis, dass der *General Counsel* oder in dessen Abwesenheit ein anderer *senior lawyer* nicht nur dem Geschäftsführenden Direktor und weiteren Angehörigen des Mitarbeiterstabes beratend zur Seite steht, sondern auch und vor allem an den Sitzungen des Exekutivdirektoriums teilnimmt und bei Rechtsfragen entweder *ad hoc* einen Rechtsrat erteilt oder bei komplexen Fragestellungen ausformulierte *legal opinions* erstellt.[415] Dabei tritt der *General Counsel*, der *de jure* allein vom Geschäftsführenden Direktor eingestellt wird,[416] nicht als Verteidiger eines bestimmten Organs auf, sondern als unabhängiger Rechtsexperte.[417]

---

412 Den IWF-Mitgliedern steht es frei, eine solche implizite Auslegung zum Gegenstand eines formellen Auslegungsverfahrens zu machen, um so eine rechtliche Bindungswirkung herbeizuführen.

413 Vgl. *J. Gold*, Public International Law in the International Monetary System, Sw. L. J. 38 (1984-1985), 799 (827-828); *T. Sato*, Evolving Constitutions of International Organizations, 1996, S. 195.

414 Ein umfassender Überblick zu dieser Tätigkeit des *Legal Departments* findet sich bei *W. E. Holder*, On Being a Lawyer in the International Monetary Fund, in: Effros (Hrsg.), Current Legal Issues Affecting Central Banks, 1998, 14 ff.; *R. W. Edwards*, The Role of the General Counsel of an International Financial Institution, Kan. J. L. & Pub. Pol'y 17 (2007-2008), 254 ff., insb. 265-268.

415 Zur Befugnis und Rechtsstellung des *General Counsel* vgl. auch *W. E. Holder*, International Organizations and Governance of the IMF, in: Yee/Morin (Hrsg.), Multiculturalism and International Law: Essays in Honour of Ed. Mc Whinney, 2009, 373 (388-390).

416 Vgl. Art. XII Abschn. 4 lit. b) IWFÜ.

417 *R. W. Edwards*, The Role of the General Counsel of an International Financial Institution, Kan. J. L. & Pub. Pol'y 17 (2007-2008), 254 (269):"[...], the loyalty of the general counsel should be understood to run to the organization itself and to the law applicable to the international organizations". Vgl. auch die Schilderung bei *W. E. Holder*, On Being a Lawyer in the International Monetary Fund, in: Effros (Hrsg.), Current Legal Issues Affecting Central Banks, 1998, 14 (27): "[It] is tempting to conclude that legal advice, to the extent at least that is accepted in practice and, as necessary, endorsed by the Executive Board [...] assumes an adjudicatory function".

Die rechtliche Qualität seiner *legal opinions* beschreibt *William E. Holder*, ehemaliger *Deputy General Counsel* des IWF, daher wie folgt: "*That opinion [...] becomes part of the "law" of the Fund, to be identified, retrieved, and referred to in the future as a "precedent"*."[418] Ihnen kommt damit nicht nur als Entscheidungsgrundlage im IWF eine herausragende Bedeutung zu, sondern allgemein für das richtige Verständnis des IWF-Rechts. Ihre Auswertung ist allerdings dadurch erschwert, dass sie grundsätzlich nicht öffentlich zugängliche Dokumente sind. Auf ihren Inhalt lässt sich daher, wenn überhaupt, allein über die wissenschaftlichen Arbeiten des *General Counsel* schließen[419].[420]

Zusammenfassend lässt sich festhalten, dass sich in der Praxis des IWF an Stelle des formellen Auslegungsverfahrens bereits früh ein System der Auslegung durchgesetzt hat, das noch stärker an der Idee der Flexibilität und des um effiziente Problemlösung bemühten Pragmatismus ausgerichtet ist.[421] Ein Beispiel für eine solche überaus wichtige Entscheidung, die nicht auf der Grundlage des Art. XXIX lit. a), b) IWFÜ getroffen wurde, sondern als Teil des regulären Entscheidungsprozesses auf der Grundlage mehrerer Rechtsgutachten des *Legal Departments*[422]

---

418 *W. E. Holder*, On Being a Lawyer in the International Monetary Fund, in: Effros (Hrsg.), Current Legal Issues Affecting Central Banks, 1998, 14 (24).

419 Rechtlich lassen sich die wissenschaftlichen Abhandlungen des *General Counsel* daher als „Hilfsmittel" i.S.d. Art. 38 Abs. 1 lit. d) IGH-Statut einordnen. Dies gilt jedoch nicht für die *Legal Opinions* selbst, da diese vom *General Counsel* nicht in der Rolle als Wissenschaftler/Autor erstellt werden, sondern als Angehöriger des IWF.

420 Entsprechend zu Recht kritisch daher *J. W. Head*, Law and Policy in International Financial Institutions: The Changing role of law in the IMF and the Multilateral Development Banks, Kan. J. L. & Pub. Pol'y 17 (2007-2008), 194 (225-226).

421 Diese flexible Haltung und die Toleranz des Fonds gegenüber faktischen Entwicklungen wurde denn auch vom früheren Geschäftsführenden Direktor des IWF *Pierre Paul Schweitzer* als einer der wichtigsten Gründe für den Erfolg der Organisation überhaupt ausgemacht: "*The Fund benefited from the flexibility of its organizational structure and decision-making process, and from the fact that its rules and policies reflected the needs of the time*". Rede vom 5.7.1973, IMF Survey 7.7.1973, S. 203.

422 Vgl. *IMF*, The European Economic and Monetary Union and the Fund – Institutional Aspects, SM/97/261, October 20, 1997; *IMF*, The European Economic and Monetary Union and the International Monetary Fund – Main Legal Issues Relating to Rights and Obligations of EMU Members in the Fund, SM/98/131, June 8, 1998.

ergangen ist, stellt die im weiteren Verlauf der Untersuchung noch näher darzulegende Entscheidung des Exekutivdirektoriums vom 21. Dezember 1998 dar, der EZB infolge des Übergangs in die dritte Stufe der WWU mit Wirkung zum 1. Januar 1999 einen Beobachterstatus im Exekutivdirektorium zu allen relevanten Tagesordnungspunkten einzuräumen.[423]

d) Methoden zur Auslegung der *Articles of Agreement*

Nachdem zunächst die zur Auslegung befugten Spruchkörper bestimmt und das im IWF geltende Auslegungsverfahren in seinen Grundzügen analysiert wurde, soll es im Folgenden um die Darstellung der Interpretationsregeln gehen, die bei der Auslegung der *Articles of Agreement* heranzuziehen sind.

Hierzu ist zunächst festzustellen, dass der Übereinkommenstext bereits selbst Regeln für die Auslegung seiner Bestimmungen enthält. Eine überaus bedeutsame Auslegungsvorschrift findet sich gleich an erster Stelle der *Articles of Agreements* in Art. I S. 2. Danach hat sich der IWF „bei allen Beschlüssen von den in diesem Artikel niedergelegten Zielen“ leiten zu lassen. Die Bestimmung ist, wie sogleich näher darzulegen sein wird, vor allem für die teleologische Auslegung bedeutsam. Zudem listet Art. XXX IWFÜ einige Legaldefinitionen auf, deren Funktion es unter anderem ist, die Bedeutung der im Rahmen einer konkreten Vorschrift verwendeten unbestimmten Begriffe näher darzulegen, um hierdurch Auslegungszweifeln vorzubeugen.

Neben diesen fondseigenen Auslegungsregelungen ist allgemein anerkannt,[424] dass das Exekutivdirektorium und der Gouverneursrat bei ihrer auslegenden Tätigkeit zusätzlich die völkergewohnheitsrechtlich anerkannten Auslegungsgrundsätze, die inzwischen weitestgehend, nicht aber abschließend in Art. 31 bis 33 WVK kodifiziert sind und gem. Art. 5 WVK auch für die Auslegung der Gründungsverträge internatio-

---

[423] Vgl. Decision No. 11875-(99/1) des Exekutivdirektoriums v. 21.12.1998, geändert durch Decision Nos. 12925-(03/1) v. 27.12. 2002, 13414-(05/01) v. 23. 12. 2004, 13612-(05/108) v. 22.12. 2005 und 14517-(10/1) v. 5.1. 2010, abgedr. in: *IMF*, Selected Decisions and Selected Documents of the International Monetary Fund, 2012, S. 731-732.

[424] Vgl. statt vieler allein *E. Denters*, in: ders./Viterbo, International Monetary Fund (IMF), S. 31.

naler Organisationen gelten, zu beachten haben.[425] Danach ist ein völkerrechtlicher Vertrag „nach Treu und Glauben in Übereinstimmung mit der gewöhnlichen, seinen Bestimmungen in ihrem Zusammenhang zukommenden Bedeutung und im Lichte seines Zieles und Zweckes auszulegen" (Art. 31 Abs. 1 WVK). Daneben ist als besondere völkerrechtliche Auslegungsregel jede spätere Übereinkunft zwischen den Vertragsparteien, sowie jede spätere Übung bei der Vertragsanwendung und „jeder in den Beziehungen zwischen den Vertragsparteien anwendbare einschlägige Völkerrechtssatz" zu berücksichtigen (Art. 31 Abs. 3 WVK).[426] Diese primären Auslegungsmethoden des Art. 31 WVK sind untereinander gleichrangig, stehen also – obwohl der Wortlaut der auszulegenden Bestimmung regelmäßig den Ausgangspunkt der Auslegung bilden soll –[427] in keinem Hierarchieverhältnis.[428] Dagegen kommt den

---

[425] Zwar kann die 1969 verabschiedete und erst 1980 in Kraft getretene WVK aufgrund des in ihrem Art. 4 normierten Rückwirkungsverbots nicht unmittelbar auf das bereits 1945 in Kraft getretene IWFÜ angewendet werden. Einer entsprechenden Heranziehung ihrer Interpretationsregeln für die Auslegung des IWFÜ steht die Regelung aber dennoch nicht entgegen, da die WVK – wie bereits dargelegt – lediglich vorher in Geltung befindliches Völkergewohnheitsrecht kodifiziert. Diese zunächst nur in der Literatur vertretene Auffassung wurde in der Folge auch vom *IGH* erstmals in seinem sog. *Namibia*-Gutachten von 1971 (First Advisory Opinion, ICJ Rep. 1971, 16, Ziff. 94) übernommen. Darin stellt er – wenn auch zunächst nur im Hinblick auf Art. 60 WVK – fest, die WVK könne "*in many respects be considered as a codification of existing customary law*". Für Art. 31 WVK vgl. *IGH*, LaGrand Case (Germany v. United States of America), Judgment, ICJ Rep. 2001, 466, Ziff. 99: "*It will do so in accordance with customary international law, reflected in Article 31 of the 1969 Vienna Convention on the Law of Treaties.*"; Legality of Use of Force (Serbia and Montenegro v. Belgium), Preliminary Objections, Judgment, ICJ Rep 2004, 279, Ziff. 100: "*The Court will thus proceed to the interpretation of Article 35, paragraph 2, of the Statute, and will do so in accordance with customary international law, reflected in Article 31 of the 1969 Vienna Convention on the Law of Treaties*". Aus der umfangreichen Literatur vgl. statt vieler nur *I. Sinclair*, The Vienna Convention on the Law of Treaties, 2. Aufl. 1984, S. 153. Wohl anders aber *M. K. Yasseen*, L'interprétation des traités d'après la Convention de Vienne sur le Droit des Traités, RdC 151(1976 III), 1 (16, Rn. 24).

[426] Ausführlich hierzu *W. Karl*, Vertrag und spätere Praxis im Völkerrecht, 1983.

[427] Grundlegend *E. de Vattel*, Le droit des gens ou principes de la loi naturelle, Livre II, 1758, § 263 : « La première maxime générale sur l'interprétation est qu'il n'est pas permis d'interpréter ce qui n'a pas besoin d'interprétation. ».

in Art. 32 WVK enthaltenen „ergänzenden Auslegungsmitteln", den vorbereitenden Arbeiten (*travaux préparatoires*) und den Umständen des Vertragsabschlusses insofern eine nur subsidiäre Bedeutung zu, als sie erst dann herangezogen werden dürfen, wenn nach Anwendung der vorgenannten Auslegungsmethoden die Bedeutung einer Bestimmung unklar bleibt (Art. 32 lit. a) WVK) oder die Auslegung zu einem offensichtlich sinnwidrigen oder unvernünftigen Ergebnis führt (Art. 32 lit. b) WVK).[429] Schließlich legt noch Art. 33 WVK bestimmte Regeln für die Auslegung von Verträgen mit zwei oder mehr authentischen Sprachen fest[430].[431]

Da die *Articles of Agreement* allein in ihrer englischen Sprachfassung verbindlich sind,[432] kommt der Regelung des Art. 33 WVK im Rahmen des IWF keine oder allenfalls eine begrenzte Bedeutung zu.[433] Auch bei der Anwendung der in Art. 31 und 32 WVK kodifizierten Auslegungsmethoden hält *Joseph Gold* zumindest hinsichtlich ihrer Gewichtung eine Anpassung an die Rechtsordnung des IWF für geboten.[434] So weist er darauf hin:

---

428 *ILC*, Draft Articles on the Law of Treaties with Commentaries, YBILC 1966, Bd. II, S. 220, Ziff. 9: "*[T]he article, when read as a whole, cannot properly be regarded as laying down a legal hierarchy of norms for the interpretation of treaties*".

429 Vgl. auch *A. Verdross/ B. Simma*, Universelles Völkerrecht, 3. Aufl. 1984, § 779; *J. Delbrück*, in: Dahm/ Delbrück/ Wolfrum, Völkerrecht, 2. Aufl. 2002, S. 645. Krit. *M. E. Villiger*, Commentary on the 1969 Vienna Convention on the Law of Treaties, 2009, Art. 32, Rn. 7-11.

430 Dazu ausführlich *M. Hilf*, Die Auslegung mehrsprachiger Verträge, 1973.

431 Zum Ganzen siehe auch *O. Dörr*, in: Dörr/ Schmalenbach (Hrsg.), Vienna Convention on the Law of Treaties, 2012, Art. 31-33.

432 Hierzu *H. Aufricht*, The Fund Agreement: Living law and Emerging Practice, 1969, S. 2. Siehe auch Rule C-13 IMF By-Laws, wonach auch die Arbeitssprache im Direktorium Englisch ist.

433 Wohl anders *J. Gold*, Legal and Institutional Aspects of the International Monetary System: Selected Essays, Bd. II, 1984, S. 6: "*[A] second language can contribute to a compromise even when there is only one authentic language [...]*".

434 *J. Gold*, Interpretation: The IMF and International Law, 1996, S. 176: "*The IMF's eclectic approach to interpretation may not be in full accord with Articles 31 and 32 of the Vienna Convention on the Law of Treaties, because the IMF has not established a hierarchy among the interpretative techniques that it has applied*".

> *"The Vienna Convention on the Law of Treaties refers to a particular technique as confirming the result of another technique. The absence of a recognized hierarchy in the IMF means that under present practice no one technique can be considered as primary and all others secondary because their only function is to confirm, when confirmation is considered necessary, the result of applying a particular technique. All techniques can be considered primary, and at the same time all can be considered confirmatory"*.[435]

Daher, so *Gold*, komme vor allem den *travaux préparatoires* eine größere Bedeutung bei der Auslegung der *Articles of Agreement* zu, als dies in Art. 32 WVK zum Ausdruck kommt.[436] Auch andere, dem IWF nahestehende Autoren bekräftigen, dass im Grundsatz auf die in der WVK niedergelegten Interpretationsregeln zurückzugreifen ist, allerdings mit einer anderen Akzentuierung als *Gold*. Wegen der erschwerten Abänderbarkeit der *Articles of Agreement*, die zum Teil sogar den Konsens aller Vertragsparteien voraussetzt (Art. XXVIII lit. b) IWFÜ), und dem Charakter der *Articles of Agreement* nicht nur als Gründungsvertrag des IWF, sondern zugleich auch als dessen „lebende Verfassung“[437] bedarf es ihnen zufolge einer primär der Effektivität und Wandlungsfähigkeit des IWF verpflichteten Auslegungsmethode, um so auch dessen „Überleben“ zu sichern. Vor diesem Hintergrund findet

---

435 *J. Gold*, Interpretation: The IMF and International Law, 1996, S. 186.

436 *J. Gold*, Interpretation: The IMF and International Law, 1996, S. 184: "*Travaux préparatoires are almost always examined when interpretation is undertaken. The IMF gives travaux préparatoire an extensive meaning*". Anders dagegen *J. Fawcett*, The Place of Law in an International Organization, BYIL 36 (1960), 321 (333), der allerdings gegenüber der Einordnung historischer Dokumente des IWF als *travaux préparatoire* generell kritisch zu sein scheint.

437 Zu den *Articles of Agreement* als "*living law*" bereits *H. Aufricht*, The Fund Agreement: Living law and Emerging Practice, 1969, S. 15 ff. Zum Verfassungscharakter des Fonds vgl. auch die von *Per Jacobson*, dem früheren Geschäftsführende Direktor des IWF, vor dem Exekutivdirektorium gehaltene Rede vom 10.2.1961: "*It is frequently suggested that one or another of the activities of the Fund (...) might require amendment of the Articles of Agreement. I have an open mind on this; but I do know that the Articles provide considerable flexibility in many respects. The Articles are a constitutional charter, and constitutional interpretation recognized that such a document must meet needs when this can be done without offending its spirit, purposes or provisions.*" Zitiert nach *J. Gold*, The Techniques of Response, in: Horsefield (Hrsg.), The International Monetary Fund 1945-1965, Bd. II: Analysis, 1969, S. 567 (572).

sich bei *Ervin Hexner,*[438] *James Fawcett,*[439] *Erik Denters*[440] und *Richard Edwards*[441] – zum Teil auch unter Hinweis auf den Schlusssatz des Art. I IWFÜ – die Auffassung, dass vor allem der *teleologisch-funktionalen* Auslegungsmethode eine besondere Bedeutung beizumessen ist.[442] Entsprechend führt *Denters* aus:

> *"The determination of the Fund's object and purpose is essential for [the constitutional interpretation of its Articles]: there can be no interpretation unilluminated by the object and purpose and the special character of the IMF can only be understood through a careful investigation of its object and purpose."*[443]

Diese Ansicht deckt sich weitestgehend mit der auch außerhalb der IWF-Literatur[444] und vereinzelt auch in der internationalen Rechtspre-

---

438 *E. P. Hexner*, Interpretation by Public International Organizations of their Basic Instruments, AJIL 53 1959, 341 (349); *ders.*, Teleological Interpretation of Basic Instruments of Public International Organizations, in: Engel/Métall (Hrsg.), Law, State, and International Legal Order – Essays in Honor of Hans Kelsen, 1964, 119 (120 ff.).

439 *J. Fawcett*, The Place of Law in an International Organization, BYIL 36 (1960), 321 (329 ff.).

440 *E. Denters*, New Challenges to IMF Jurisdiction, NYIL 29 (1998), 3 (15-16); ders., in: ders/Viterbo, International Monetary Fund (IMF), S. 31.

441 *R. W. Edwards*, The Role of the General Counsel of an International Financial Institution, Kan. J. L. & Pub. Pol'y 17 (2007-2008), 254 (267).

442 Diesen Ansatz betont und verfolgt letztlich auch *Joseph Gold*, Interpretation: The IMF and International Law, 1996, S. 407, wenn er unter der Überschrift "*Constitutional interpretation*" ausführt, "*a flexible approach is appropriate or necessary in interpreting the provisions of certain treaties, including treaties establishing international organizations*".

443 *E. Denters*, New Challenges to IMF Jurisdiction, NYIL 29 (1998), 3 (15-16). Siehe auch *ders.*, Representation of the EC in the IMF, in: Giovanoli (Hrsg.), International Monetary Law, 2000 (Neudruck 2005), S. 211 (221): "*A fundamental aspect of the interpretation of constitutions is the principle of effectiveness, which states that the provisions of constitutions are to be interpreted so as to give them the fullest weight and effect consistent with the normal sense of the words and with other parts of the text*".

444 Vgl. die bei *S. Kadelbach*, in: Simma/Khan/Nolte/Paulus (Hrsg.), The Charter of the United Nations. A Commentary, 3. Aufl. 2012, Interpretation of the Charter, Rn. 16 ff. enthaltenen Nachweise und seine Darstellung.

chung[445] vorzufindenden Meinung, der zufolge bei „'verfassungsrechtlichen' Bestimmungen der Gründungsverträge internationaler Organisationen, in denen das Gemeinschaftsinteresse, der Verbandszweck, im Vordergrund steht",[446] verstärkt die *teleologisch-funktionale* Auslegung zur Anwendung kommen soll. Auch die Forderung einer *dynamischen-evolutiven* Auslegung wird insoweit erhoben.[447] Beide Interpretationsansätze stimmen darin überein, dass sie dem historisch fixierten Parteiwillen und dem Grundsatz *in dubio mitius*, wonach Bestimmungen eines völkerrechtlichen Vertrages, die die staatliche Entscheidungs- und Gestaltungsfreiheit beschränken, restriktiv auszulegen sind,[448] keinerlei oder wenig Beachtung schenken, um so das Organisationsrecht bei gleichbleibendem Text des Gründungsvertrags einer Fortentwicklung

---

[445] Vgl. bereits *StIGH*, Case Concerning the Factory at Chorzów (Claim for Indemnity) (Jurisdiction), PCIJ Ser. A, No. 9, S. 24: "*[F]or the interpretation [...] account must be taken not only of the historical development of [...] treaties, as well as of the terminology of such treaties, and of the grammatical and logical meaning of the words used, but also and more especially of the function which, in the intention of the contracting Parties is to be attributed to this provision.*" Aus der Rspr. des IGH vgl. nur *IGH*, Legality of the Use by a State of Nuclear Weapons in Armed Conflict, ICJ Rep. 1996, 66, Ziff. 19: "*But the constituent instruments of international organizations are also treaties of a particular type; their object is to create new subjects of law endowed with a certain autonomy, to which the parties entrust the task of realizing common goals. Such treaties can raise specific problems of interpretation owing, inter alia, to their character which is conventional and at the same time institutional; the very nature of the organization created, the objectives which have been assigned to it by its founders, the imperatives associated with the effective performance of its functions, as well as its own practice, are all elements which may deserve special attention when the time comes to interpret these constituent treaties*".

[446] *E. Klein/ S. Schmahl*, in: Graf Vitzthum (Hrsg.), Völkerrecht, 5. Aufl. 2010, S. 284.

[447] Vgl. *S. Kadelbach*, in: Simma/Khan/Nolte/Paulus (Hrsg.), The Charter of the United Nations. A Commentary, 3. Aufl. 2012, Interpretation of the Charter, Rn. 18; ferner *G. Distefano*, L'Interprétation Evolutive de la Norme Internationale, RGDIP 115 (2011), 373 ff. Krit. demgegenüber allerdings *E. Bjorge*, The Evolutionary Interpretation of Treaties, 2014, S. 23 ff.

[448] Hierzu z.B. *M. Leibiger*, Die souveränitätsfreundliche Auslegung im Völkerrecht, 2005.

zuführen und auf diese Weise eine „zeitangepasste" Auslegung vornehmen zu können.[449]

Schließlich findet sich noch vereinzelt der Hinweis darauf, dass aufgrund der ökonomischen Zielorientierung des IWF-Rechts und des ökonomischen Ausbildungshintergrundes seiner Interpreten[450] auch „Elemente der wirtschaftlichen Vernunft"[451] stärker in die Auslegungsentscheidung einzufließen haben, als das sonst im Rahmen der Auslegung völkerrechtlicher Verträge zulässig ist.[452]

Insgesamt lässt sich damit ein Nebeneinander verschiedener Interpretationsmethoden im IWF feststellen, die es erlauben, ein bestimmtes Verständnis der *Articles of Agreement* zu überprüfen und soweit erforderlich auch weiterzuentwickeln.

---

449 Vgl. hierzu auch die abw. Meinung des Richters *M. Alvarez*, ICJ Rep. 1950, 12 (17): "*It will be necessary in future [...] when interpreting treaties, even those which are obscure, and especially those relating to international organizations, to exclude the consideration of the travaux préparatoires, which was formerly usual. The value of these documents has indeed progressively diminished, for different reasons: (a) they contain opinions of all kinds; moreover, States, and even committees, have at times put forward some idea and have later abandoned it in favour of another; (b) when States decide to sign a treaty, their decision is not influenced by the travaux préparatoires, with which, in many cases, they are unacquainted; (c) the increasing dynamism of international life makes it essential that the texts should continue to be in harmony with the new conditions of social life. It is therefore necessary, when interpreting treaties [...] to look ahead, that is to have regard to the new conditions, and not to look back, or have recourse to travaux préparatoires. A treaty or a text that has once been established acquires a life of its own. Consequently, in interpreting it we must have regard to the exigencies of contemporary life, rather than to the intentions of those who framed it*".

450 Das Exekutivdirektorium setzt sich hauptsächlich aus Ökonomen zusammen.

451 *C. Tomuschat*, Die Aufwertung der Deutschen Mark, 1970, S. 10.

452 Vgl. auch *T. Treves*, Les décisions d'interprétation des statuts du Fonds Monétaire International, RGDIP 79 (1975), 5 (9); *B. Steinhauer*, Die Auslegung, Kontrolle und Durchsetzung mitgliedstaatlicher Pflichten im Recht des Internationalen Währungsfonds und der Europäischen Gemeinschaft, 1997, S. 37.

B. Der IWF als unabhängige internationale Organisation

Der IWF erfüllt unstreitig alle Voraussetzungen,[453] die das moderne Völkerrecht an eine Wirkungseinheit[454] in Gestalt einer internationalen zwischenstaatlichen Organisation stellt.[455] Da mit dieser Feststellung aber noch keine hinreichende Aussage über die Position des IWF innerhalb der Völkerrechtsordnung und insbesondere im Hinblick auf seine Völkerrechtsfähigkeit (oder synonym: Völkerrechtspersönlichkeit, Völkerrechtssubjektivität)[456] und den sich hieraus ergebenden Fol-

---

[453] Trotz unterschiedlicher Umschreibungen in der völkerrechtlichen Literatur lässt sich heute ein weitgehender Konsens über die Voraussetzungen finden, die erfüllt sein müssen, will man von einer Organisationsform als internationale Organisation sprechen. *M. Ruffert/ C. Walter*, Institutionalisiertes Völkerrecht, 2. Aufl. 2015, § 1, Rn. 9 bspw. haben die konstitutiven Eigenschaften einer internationalen Organisation auf die folgende Formel gebracht: *„[E]ine Internationale Organisation [ist] ein auf völkerrechtlichem Vertrag beruhender, mitgliedschaftlich strukturierter Zusammenschluss von zwei oder mehreren Völkerrechtssubjekten (zumeist Staaten), der mit eigenen Organen Angelegenheiten von gemeinsamem Interesse besorgt."* Ähnlich bereits auch *P. Reuter/ J. Combacau*, Institutions et Relations Internationales, 4. Aufl. 1988, S. 278: «*Une organisation internationale est un être créé par traité entre plusieurs Etats pour gérer leur coopération dans un certain domaine, et doté d'organes propres chargés de mener une action autonome.*» Vgl. auch den Überblick bei *M. Mendelson*, The Definition of "International Organization" in the International Law Commission's Current Project on the Responsibility of International Organizations, in: Ragazzi (Hrsg.), International Responsibility Today, 2005, S. 371 ff.; *J. E. Alvarez*, International Organizations as Law-makers, 2005, S. 4 ff.

[454] Dieser Ausdruck ist von *H. Mosler*, Die Erweiterung des Kreises der Völkerrechtssubjekte, ZaöRV 22 (1962), 1 (7) geprägt, um ein deutsches Äquivalent für den englischen, französischen und italienischen Begriff *entity*, *entité* und *ente* zu schaffen.

[455] Vorbehaltlos zum IWF als internationale Organisation bekannten sich auch bereits *E. P. Hexner*, Das Verfassungs- und Rechtssystem des Internationalen Währungsfonds, 1960, S. 34; *J. Gold*, Keynes on Legal Problems of International Organization, Conn. L. Rev. 14 (1981), 1 (1); *R. W. Edwards*, International Monetary Collaboration, 1985, S. 23. Aus dem jüngeren Schrifttum vgl. statt vieler nur *D. Carreau*, Le Fonds monétaire international, 2009, S. 12; *C. Proctor*, Mann on the Legal Aspect of Money, 7. Aufl. 2012, S. 863; *E. Denters*, in: ders./Viterbo, International Monetary Fund (IMF), 2013, S. 19.

[456] Zur Begrifflichkeit siehe z.B. *T. Schweisfurth*, Völkerrecht, 2006, S. 3. Wohl anders aber *H. J. Wolff/ O. Bachof/ R. Stober*, Verwaltungsrecht, Bd. 1,

gen getroffen ist, soll im Folgenden zunächst ein besonderes Augenmerk auf die Natur des IWF als internationale Organisation gelegt werden.

I. Die Völkerrechtspersönlichkeit des IWF

Der theoretische Nachweis der Völkerrechtsfähigkeit des IWF ist weniger einfach, als es sein äußeres Erscheinungsbild und seine Aktivitäten zunächst vermuten lassen. Obwohl Art. IX Abschn. 2 IWFÜ neutral von „Rechtspersönlichkeit" *("juridical personality")* spricht und dieses Attribut nicht direkt einer bestimmten Rechtsordnung zuordnet, ist damit nicht speziell die Völkerrechtsfähigkeit gemeint, also die Fähigkeit, Träger völkerrechtlicher Rechte und Pflichten zu sein,[457] sondern die Rechts- und Geschäftsfähigkeit des IWF „in den Hoheitsgebieten eines jeden Mitglieds"[458].[459]

---

12. Aufl. 2007, § 32, Rn. 6-7, die zwischen Rechtssubjektivität und Rechtsfähigkeit differenzieren. Während danach die Rechtssubjektivität die Zuordnung auch fremder Rechte und Pflichten (etwa durch einen Stellvertreter) meint, bedeutet der Terminus Rechtsfähigkeit die Zuordnung allein eigener Rechte und Pflichten.

[457] Zur Definition vgl. bereits *IGH*, Reparation for Injuries Suffered in the Service of the United Nations, Advisory Opinion, ICJ Rep. 1949, 174 (179): "*What it means is that [the international organization] is a subject of international law and capable of possessing international rights and duties*".

[458] Art. IX Abschn. 1 IWFÜ. Vgl. auch Art. VII IBRDÜ, Art. VI IFCÜ oder Art. 39 ILO-Satzung.

[459] So auch die Bewertung bei *E. P. Hexner*, Das Verfassungs- und Rechtssystem des Internationalen Währungsfonds, 1960, S. 36; *J. D. Kramer*, Die Rechtsnatur der Geschäfte des Internationalen Währungsfonds, 1967, S. 23; *P. Lucke*, Internationaler Währungsfonds, 1997, S. 60; *D. Carreau*, Le Fonds monétaire international, 2009, S. 48. So auch im Hinblick auf die Weltbank *A. Broches*, International Legal Aspects of the Operations of the World Bank, RdC 1959 – III, 301 (323); *F.A. Mann*, Die juristische Person des Völkerrechts, ZHR 152 (1988), 303 (306). Im Hinblick auf die IFC siehe *H. Peters*, Internationale Entwicklungsfinanzierung, 1978, S. 206. A.A. aber offenbar *H. Mosler*, Die Erweiterung des Kreises der Völkerrechtssubjekte, ZaöRV 22 (1962), 1 (36, Fn.135), der aus der Formulierung "*juridical personality*" in Art. 39 ILO-Satzung auch die Rechtsfähigkeit nach dem Völkerrecht ableiten will.

Diese Beschränkung ist zunächst entstehungsgeschichtlich mit den Sorgen vor allem der USA zu erklären. Diese befürchteten, durch die Zuerkennung ausdrücklicher Völkerrechtspersönlichkeit an den IWF eine Art "*economic superstate*"[460] zu schaffen und dadurch einen Souveränitätsverlust zu erleiden.[461] Aus diesem Grund konzentrierten sich die Regierungsvertreter auf der Gründungskonferenz in Bretton Woods hinsichtlich der Rechtsstellung des IWF ausschließlich auf seinen Status innerhalb der mitgliedstaatlichen Rechtsordnungen. Dementsprechend ergibt sich heute die Bezugnahme der Bestimmung auf die nationalen Rechtsordnungen und nicht auf das Völkerrecht zum einen sehr klar aus dem Wortlaut des Art. IX Abschn. 2 (i) bis (iii) IWFÜ, der die Fähigkeit des IWF, „(i) Verträge zu schließen; (ii) unbewegliches und bewegliches Vermögen zu erwerben und darüber zu verfügen;" sowie „(iii) vor Gericht zu stehen", hervorhebt und zum anderen aus dem systematischen Zusammenspiel mit Abschn. 1 und 10, die den Zweck und die Anwendung dieses Artikels und damit auch die Rechtsstellung des IWF ausschließlich mit Bezug auf die mitgliedstaatlichen Rechtsordnungen näher regeln.[462] Diese Auslegung entspricht im Übrigen auch der in der UN-Literatur vertretenen Auffassung zu Art. 104 UN-Charta, der im Wesentlichen Art. IX Abschn. 2 IWFÜ nachempfunden ist,[463] und dessen Regelungsgegenstand unstreitig allein die Festlegung der Rechts- und Geschäftsfähigkeit der UN innerhalb der Rechtsordnungen der Mitgliedstaaten[464] ist.[465]

---

[460] *U. Andersen*, Das internationale Währungssystem zwischen nationaler Souveränität und supranationaler Integration, 1977, S. 101.

[461] Vgl. auch *P. Lucke*, Internationaler Währungsfonds, 1997, S. 60; *B. Ghazi*, The IMF, the World Bank Group and the Question of Human Rights, 2005, S. 102.

[462] Vgl. auch *P. Lucke*, Internationaler Währungsfonds, 1997, S. 60-61; *D. Carreau*, Le Fonds monétaire international, 2009, S. 48. Zur Weltbank bereits *A. Broches*, International Legal Aspects of the Operations of the World Bank, RdC 1959 - III, 301 (323).

[463] Vgl. *D. Carreau*, Le Fonds monétaire international, 2009, S. 48.

[464] Ausführlich zum Regelungsgegenstand des Art. 104 UN-Charta *A. Ziegler*, in: Simma/Khan/Nolte/Paulus (Hrsg.), The Charter of the United Nations. A Commentary, 3. Aufl. 2012, Art. 104; *P.-M. Dupuy*, in : Cot/ Pellet, La Charte des Nations Unies, Bd. II, 3. Aufl. 2005, Art. 104.

[465] Zu Recht weist *K. Zemanek*, Das Vertragsrecht der Internationalen Organisationen, 1957, S. 25 unter Hinweis auf *Fitzmaurice*, dem englischen Vertreter vor dem IGH im Fall "*Reparation for Injuries Suffered in the Services of the*

Auch wenn die *Articles of Agreement* damit die Völkerrechtsfähigkeit des IWF nicht *expressis verbis* vorsehen, kann daraus nicht zwangsläufig gefolgert werden, dass der IWF keine völkerrechtliche Rechtspersönlichkeit besitzt.[466] Vielmehr ist in diesem Fall nach dem Vorbild des IGH in seinem Rechtsgutachten über "*Reparation for Injuries Suffered in the Service of the United Nations*", des sog. *Bernadotte*-Gutachtens, aus dem Jahr 1949 im Wege einer weiten, funktionalen Auslegung des IWFÜ zu klären,[467] ob die Völkerrechtssubjektivität des Fonds nicht

---

United Nations", darauf hin, dass diese Auslegung auch durch den Gründungsvertrag der Internationalen Handelsorganisation (sog. Havanna Charta), die zusammen mit dem IWF und der Weltbank die drei Säulen der Neuordnung des internationalen Wirtschaftssystems hätte bilden sollen, unterstützt wird. Diese enthielt in Art. 90 eine im Wesentlichen ähnliche Regelung und unterschied zudem ausdrücklich zwischen der völkerrechtlichen Rechtspersönlichkeit (Art. 89 Havanna Charta) und der innerstaatlichen Rechtsfähigkeit (Art. 90 Havanna Charta). Ähnlich auch die Argumentation bei *A. Broches*, International Legal Aspects of the Operations of the World Bank, RdC 1959 - III, 301 (324)

466 So aber das Ergebnis, wenn man der – vor allem von der jüngeren sozialistischen Völkerrechtslehre vertretenen – *(strengen) Vertragstheorie*, auch als *(strenge) subjektive* oder *Willenstheorie* bezeichnet, folgt (vgl. dazu etwa *G. I. Tunkin*, Die rechtliche Natur der UNO und der Weg zur Festigung der internationalen Organisation, Vereinte Nationen 4/ 1965, 121 (123 ff.); *ders.*, Völkerrechtstheorie, 1972, 137 ff., 369 ff.): Danach ergibt sich die Völkerrechtspersönlichkeit einer internationalen Organisation ausschließlich aus dem Wortlaut ihrer Satzung, dem Gründungsvertrag. Hierzu zu Recht krit. *M. Hartwig*, Die Haftung der Mitgliedstaaten für internationale Organisationen, 1993, S. 37, der darauf hinweist, dass ein solcher Ansatz die Abhängigkeit internationaler Organisationen von dem Willen ihrer Mitgliedstaaten überbetont.

467 *IGH*, ICJ Rep. 1949, 174. Die Völkerrechtspersönlichkeit der Vereinten Nationen wird darin vom IGH als Vorfrage zum eigentlichen Problem behandelt, ob die Organisation von einem Nichtmitgliedstaat Schadensersatz wegen Verletzung einer in ihrem Auftrag handelnden Person begehren kann. Vgl. hierzu auch die Diskussion bei *P. d'Argent*, Reparation for Injuries Suffered in the Service of the United Nations (Advisory Opinion), in: Wolfrum (Hrsg.), MPEPIL (Stand: Dezember 2006).

Diese Vorgehensweise entspricht dem derzeit in der Völkerrechtslehre herrschenden Ansatz zur Feststellung der Völkerrechtspersönlichkeit internationaler Organisationen, soweit der Gründungsvertrag keine explizite Bestimmung enthält. Vgl. etwa den prägnanten Überblick bei *B. Faßbender*, Die Völkerrechtssubjektivität internationaler Organisationen, ÖZöRV 37 (1986), 17 (27 ff.); *J. Delbrück*, in: Dahm/ Delbrück/ Wolfrum, Völkerrecht Band I/2, 2. Aufl. 2002, S. 215 ff.; *M. Ruffert/ C. Walter*, Institutionalisiertes Völkerrecht, 2. Aufl. 2015, § 5, Rn. 152-156; *A. Aust*, Handbook of International Law,

implizit aus den Vertragsbestimmungen und insbesondere aus den Aufgaben und Funktionen sowie den Zielen und Zwecken des IWF abgeleitet werden kann.[468] Darin hat sich der IGH für eine Völkerrechtsper-

---

2. Aufl. 2010, S.180. Vgl. auch die in der Folge vom IGH selbst, insbesondere in seinem Gutachten über "*Certain Expenses of the United Nations*" vom 20.7.1962, ICJ Rep. 1962, 167, vorgenommene Konkretisierung der im *Bernadotte*-Fall entwickelten Argumentation. Hierzu z.B. *O. Dörr*, Certain Expenses of the United Nations (Advisory Opinion), in: Wolfrum (Hrsg.), MPEPIL (Stand: März 2007).

Zuvor hatte die Frage, ob und in welchem Umfang diese auf die Vereinten Nationen bezogene Argumentation des IGH angesichts ihrer besonderen Stellung überhaupt auf andere internationale Organisationen übertragbar ist, die völkerrechtliche Literatur immer wieder beschäftigt. Vgl. beispielsweise *J. Carroz/ Y. Probst*, Personnalité juridique internationale et capacité de conclure des traités de l'ONU et des institutions spécialisés, 1953, S. 22; *K. Zemanek*, Das Vertragsrecht der Internationalen Organisationen, 1957, S. 25 ff. und speziell im Hinblick auf die Weltbank *A. Broches*, International Legal Aspects of the Operations of the World Bank, RdC 1959 – III, 301 (324-329). Da die Aussage des IGH einen Sachverhalt betrifft, hinsichtlich dessen sich die Vereinten Nationen nicht wesentlich von anderen internationalen Organisationen unterscheiden und das Problem der im Gründungsvertrag oft unbestimmten Völkerrechtspersönlichkeit internationaler Organisationen ein allgemeines Problem darstellt (vgl. insoweit nur *I. Seidl-Hohenveldern/ G. Loibl*, Das Recht der internationalen Organisationen einschließlich der Supranationalen Gemeinschaft, 7. Aufl. 2000, § 3, Rn. 324; *N. D. White*, The law of international organisations, 2. Aufl. 2005, S. 32; *M. N. Shaw*, International Law, 6. Aufl. 2008, S.1297) und daher mit den Vereinten Nationen strukturell vergleichbar ist, lässt sich im Ergebnis festhalten, dass diese sog. *implied powers-Doktrin* des IGH auf andere internationale Organisationen und damit auch auf den IWF anwendbar ist.

[468] Ganz unproblematisch ist die Feststellung der Völkerrechtspersönlichkeit des IWF, wenn man diese im Lichte der von *Finn Seyersted* begründeten *Theorie von der objektiven oder originären Völkerrechtspersönlichkeit internationaler Organisationen*, auch als *Gewohnheitsrechtstheorie* bezeichnet, betrachtet (vgl. *F. Seyersted*, Objective International Personality of Intergovernmental Organizations, 1964; *ders.*, Common Law of International Organizations, 2008, S. 357 ff.; ähnlich *J. Carroz/ Y. Probst*, Personnalité juridique internationale et capacité de conclure des traités de l'ONU et des institutions spécialisés, 1953, S. 86; *M. Rama-Montaldo*, International Legal Personality and Implied Powers of International Organizations, BYIL 44 (1970), 111 ff.; *N. D. White*, The law of international organisations, 2. Aufl. 2005, S. 35 ff.): Diese geht davon aus, dass internationale Organisationen unter der Voraussetzung eines Mindestmaßes an Autonomie – was in der Regel bereits dann gegeben sein soll, wenn die Organisation mit einem Organ ausgestattet ist, das einen eigenen Willen unabhängig von dem der Mitglieder der Organisation ausdrücken kann – *ipso facto*

sönlichkeit der Vereinten Nationen mit der Begründung ausgesprochen, dass die Vereinten Nationen Funktionen ausüben und Rechte genießen, "*which can only be explained on the basis of the possession of a very large measure of international personality and the capacity to operate upon an international plane*".[469] Übertragen auf den IWF lässt sich zunächst feststellen, dass aus den in Art. I IWFÜ niedergelegten Zielen und vor allem aus dem diesen Artikel abschließenden Satz 2, der den IWF dazu verpflichtet, „sich in seiner Geschäftspolitik sowie bei allen Beschlüssen von den in diesem Artikel niedergelegten Zielen leiten" zu lassen, deutlich wird, dass der IWF als Organisation tätig werden soll und nicht die einzelnen Mitglieder. Zur Umsetzung dieser Ziele übt der IWF eine ganze Reihe von Aufgaben und Funktionen aus, die für das internationale Währungs- und Finanzsystem so bedeutend sind, dass der Schluss gerechtfertigt erscheint, zu ihrer angemessenen Erfüllung müsse der IWF Völkerrechtspersönlichkeit besitzen. Hierzu gehört, wie bereits erläutert, neben der Bewältigung von Zahlungsbilanzproblemen unter seinen Mitgliedern und der Kontrolle der damit verbundenen wirtschaftspolitischen Auflagen (Art. I(v) und V IWFÜ) vor allem die bi- und multilaterale Überwachung, insbesondere der Wechselkurspolitik seiner Mitglieder (Art. IV Abschn. 3 IWFÜ), sowie die Gewährleistung eines freien Zahlungsverkehrs, unter anderem durch die Überwachung und Bewertung von Devisenkontrollbestimmungen (Art. VIII IWFÜ). Hinzu kommt die Pflicht der Mitgliedstaaten, die besondere Rechtstellung des IWF anzuerkennen und ihm als Organisation sowie den einzelnen Mitgliedern seiner Organe und seinen übrigen Angestellten bestimmte (sonst nur Staaten und ihren Diplomaten zukommende) Immunitäten und Vorrechte zu gewähren (Art. IX IWFÜ). Zudem spricht

---

Völkerrechtsfähigkeit zukommt. Demnach folgt die Völkerrechtspersönlichkeit des Fonds bereits allein aufgrund "*the objective fact of its existence*" (*F. Seyersted*, Objective International Personality of Intergovernmental Organizations, 1964, S.45). Vgl. hierzu aber die zutreffende Kritik bei *B. Faßbender*, Die Völkerrechtssubjektivität internationaler Organisationen, ÖZöRV 37 (1986), 17 (45-46); *I. Seidl-Hohenfeldern*, The Legal Personality of International Organizations, in: ders., Collected Essays on International Investments and on International Organizations, 1998, S. 3 (6 ff.); *J. Klabbers*, An Introduction to International Institutional Law, 2. Aufl. 2009, S. 49. Zurückhaltender *J. Delbrück*, in: Dahm/ Delbrück/ Wolfrum, Völkerrecht Band I/2, 2. Aufl. 2002, S. 215-216, der davon ausgeht, dass „eine Gewohnheitsrechtsnorm des von *Seyersted* angenommenen Inhalts angesichts der wachsenden Bedeutung und Verbreitung internationaler Organisationen im Entstehen begriffen ist".

[469] *IGH*, ICJ Rep. 1949, 174 (179).

auch die Berechtigung des Fonds, den Mitgliedstaaten gegenüber eine Reihe von Zwangsmaßnahmen ausüben zu können, wozu im äußersten Fall auch der Ausschluss aus der Organisation gehört (Art. XXVI Abschn. 2 lit. c) IWFÜ), und die ihm in Art. X IWFÜ zugewiesene Aufgabe, mit anderen, auf verwandten Gebieten arbeitenden internationalen Organisationen zusammenzuarbeiten, für seine Völkerrechtsfähigkeit. Dieses mit Hilfe „materieller" Erwägungen gefundene Ergebnis wird auch durch die Praxis des IWF, insbesondere durch das Beziehungsabkommen mit den Vereinten Nationen und das Assoziierungsabkommen mit der Sowjetunion,[470] bestätigt und verstärkt.

Aus der Völkerrechtsfähigkeit des IWF ergeben sich verschiedene Rechtsfolgen, die für sein Handeln von zentraler Bedeutung sind. Zunächst ist hierzu festzustellen, dass die Völkerrechtsfähigkeit des IWF, gestützt auf die Rechtsauffassung des IGH im *Bernadotte*-Fall, *erga omnes*, also auch und gerade im Verhältnis zu Drittstaaten[471] und anderen Völkerrechtssubjekten,[472] wirkt.[473] Der IGH macht darin deutlich,

---

[470] Der Text des Abkommens ist abgedruckt in *IMF*, Special Association Agreement with the Soviet Union, Press Release No. 91/ 60 v. 8.10.1991.

[471] Die wichtigsten Nichtmitglieder des IWF sind heute die Mikrostaaten Andorra, Liechtenstein und Monaco sowie die beiden kommunistischen Staaten Kuba und Nordkorea.

[472] Diese Annahme einer objektiven Völkerrechtspersönlichkeit internationaler Organisationen universellen Charakters gegenüber Drittstaaten gilt auch für das Verhältnis internationaler Organisationen zueinander. Allerdings sind die Konsequenzen, die sich aus dieser Annahme ergeben, weniger bedeutsam, als für die Rechtstellung gegenüber Nichtmitgliedstaaten. Denn in der Regel enthält bereits der Gründungsvertrag eine Generalklausel, die die jeweilige Organisation zur Aufnahme und Pflege von Beziehungen zu anderen internationalen Organisationen ermächtigt (vgl. Art. X IWFÜ; Art. V Abschn. 8 IBRDÜ; Art. V:1 WTOÜ; Art. 220 AEUV) und auf diese Weise zu einer gegenseitigen Anerkennung der Rechtspersönlichkeit durch konkludentes Handeln führt. Insofern gelangt man – zumindest in den überwiegenden Fällen – auch nach der traditionellen Auffassung zu einer auch gegenüber anderen internationalen Organisationen geltenden Rechtspersönlichkeit. Davon geht auch *J. Delbrück*, in: Dahm/ Delbrück/ Wolfrum, Völkerrecht Band I/2, 2. Aufl. 2002, S. 228 aus. Siehe auch *I. Seidl-Hohenveldern/ G. Loibl*, Das Recht der internationalen Organisationen einschließlich der Supranationalen Gemeinschaft, 7. Aufl. 2000, § 7, Rn. 712 a; *K. Schmalenbach*, International Organizations or Institutions, General Aspects, in: Wolfrum (Hrsg.), MPEPIL, Rn. 25 (Stand: Dezember 2006).

"the vast majority of the members of the international community, had the power, in conformity with international law, to bring into being an entity possessing objective international personality, and not merely personality recognized by them alone"[474].[475] Diese Ausführungen des Ge-

---

[473] Im Ergebnis wie hier *J. Gold*, The International Monetary Fund and International Law, 1965, S. 2; *ders.*, Membership and Nonmembership in the International Monetary Fund, 1974, S. 456-463; *B. Ghazi*, The IMF, the World Bank Group and the Question of Human Rights, 2005, S. 106-107. Krit. demgegenüber *E. Klein*, United Nations, Specialized Agencies, in: Wolfrum (Hrsg.), MPEPIL, Rn. 62 (Stand: September 2006).

[474] *IGH*, ICJ Rep. 1949, 174 (185).

[475] Da vor dem *Bernadotte*-Gutachten des IGH die Frage nach der Völkerrechtssubjektivität internationaler Organisationen in der Rechtsprechung seines Vorgängers, dem StIGH, noch nicht in der Weise behandelt worden war (vgl. dazu m.w.Nw. *C. F. Amerasinghe*, Principles of the Institutional Law of International Organizations, 2. Aufl. 2005, S. 77 f.), hat seit diesen Ausführungen des IGH die allgemeine Frage nach der Rechtstellung internationaler Organisationen gegenüber Drittstaaten (zu diesem Begriff vgl. die Legaldefinition in Art. 2 Abs. 1 lit. h) WVK) in der Völkerrechtslehre eine Fülle von zum Teil stark divergierenden Ansichten hervorgebracht. Im Wesentlichen lassen sich diese auf zwei Auffassungen zusammenführen: Nach der bislang noch als herrschend zu bezeichnenden Meinung gilt, dass Drittstaaten sich die Völkerrechtspersönlichkeit internationaler Organisationen nicht entgegenhalten lassen müssen, weil der Gründungsvertrag und die auf seiner Grundlage erfolgende Errichtung der Organisation eine *res inter alios acta* darstellt. Erst mit der ausdrücklichen oder konkludenten Anerkennung der internationalen Organisation durch den Nichtmitgliedstaat werde im Verhältnis zu ihm eine völkerrechtliche Beziehung begründet. Danach haben internationale Organisationen nur *partikuläre* Völkerrechtssubjektivität gegenüber den Anerkennenden. So beispielsweise *G. Schwarzenberger*, International Law, Bd. 1, 3. Aufl. 1957, S. 128 ff., 469 ff.; *R. L. Bindschedler*, Die Anerkennung im Völkerrecht, AVR 9 (1961/1962), 377 (387-388); *H. Mosler*, Die Erweiterung des Kreises der Völkerrechtssubjekte, ZaöRV 22 (1962), 1 (32); *I. Seidl-Hohenveldern/ G. Loibl*, Das Recht der internationalen Organisationen einschließlich der Supranationalen Gemeinschaft, 7. Aufl. 2000, § 3, Rn. 321-322, § 7; *K. Schmalenbach*, International Organizations or Institutions, General Aspects, in: Wolfrum (Hrsg.), MPEPIL, Rn. 23-25 (Stand: Dezember 2006). Diese klassische Auffassung ist in jüngerer Zeit zu Recht in Frage gestellt worden. So weist z.B. *J. Delbrück*, in: Dahm/ Delbrück/ Wolfrum, Völkerrecht Band I/2, 2. Aufl. 2002, S. 226-229 darauf hin, dass es sich beim Gründungsvertrag internationaler Organisationen nicht nur um einen multilateralen völkerrechtlichen Vertrag handelt, der die Beziehungen der Vertragspartner untereinander regelt, sondern auch um die Verfassung oder Satzung der durch ihn ins Leben gerufenen Organisation. Aufgrund dieser

richtshofs sind in der Literatur überwiegend positiv aufgenommen worden.[476] Die vereinzelt anzutreffende Kritik bezieht sich hauptsächlich auf den Hinweis der "*vast majority*". Ihr ist insoweit zu folgen, als geltend gemacht wird, der Gerichtshof greife mit dieser Begründung auf ein dem allgemeinen Völkerrecht fremdes Prinzip zurück und argumentiere deshalb dogmatisch „unsauber".[477] Das heißt aber nicht, dass der IGH damit im Ergebnis falsch entschieden hätte. Vielmehr

---

Doppelnatur lässt der Gründungsvertrag „eine objektive Ordnung entstehen", „die zu beachten auch Nichtmitgliedstaaten verpflichtet werden können, ohne daß es dazu ihrer vorherigen ausdrücklichen oder konkludenten Anerkennung bedürfte." Ähnlich auch *M. Ruffert/ C. Walter*, Institutionalisiertes Völkerrecht, 2. Aufl. 2015, § 5, Rn. 174-175, die die Frage nach der Anerkennung „angesichts der begrenzten Objektivität der Rechtspersönlichkeit Internationaler Organisationen im konstitutionalisierten Völkerrecht" nur für bedingt relevant halten. Zudem zeigen *M. Hartwig*, Die Haftung der Mitgliedstaaten für internationale Organisationen, 1993, S. 41-43 und *M. Breuer*, Die Völkerrechtspersönlichkeit Internationaler Organisationen, AVR 49 (2011), 4 (9 ff.) in ihrer Untersuchung auf, dass etwaige Rechtsbeeinträchtigungen für Nichtmitgliedstaaten infolge einer objektiv verstandenen Völkerrechtssubjektivität nur indirekt auf dem Gründungsvertrag beruhen und daher allenfalls mittelbarer Natur sind. Hieraus schlussfolgern beide, dass der in Art. 34 WVK niedergelegte *pacta tertiis*-Grundsatz einer solch objektiven Wirkung der internationalen Rechtspersönlichkeit internationaler Organisationen streng genommen ebenfalls nicht entgegensteht.

Ähnlich auch die Argumentation der *ILC*, Report, A/64/10, chp. IV, Kommentar zu Art. 2, Rn. 9: "*[T]he Court appeared to favour the view that when legal personality of an organization exists, it is an "objective" personality. Thus, it would not be necessary to enquire whether the legal personality of an organization has been recognized by an injured State before considering whether the organization may be held internationally responsible according to the present articles*".

[476] Vgl. die eben genannten Nachweise.

[477] So deutlich bereits die Kritik bei *K. Zemanek*, Das Vertragsrecht der Internationalen Organisationen, 1957, S. 27. Offenbar befürchtet man von der Formulierung des IGH auch eine zu starke Einengung des Anwendungsbereichs der Theorie von der *erga omnes*-Wirkung der Völkerrechtspersönlichkeit internationaler (universeller) Organisationen. Vgl. hierzu etwa den Hinweis von *H. F. Köck/ P. Fischer*, Das Recht der Internationalen Organisationen, 3. Aufl. 1997, S. 346: „*Man könnte diese Begründung mit dem Argument für verfehlt erklären, sie würde den Umkehrschluß zulassen, daß eine internationale Organisation mit geringerer Mitgliederzahl keine Rechtspersönlichkeit gegenüber Nichtmitgliedern besitzt [...]*".

lässt sich mit *Heribert F. Köck* und *Peter Fischer* dahingehend argumentieren, dass vor dem Hintergrund dieser Aussage des IGH Nichtmitgliedstaaten „jedenfalls eine von der Mehrheit der übrigen Staaten einschließlich der Großmächte geschaffene neue internationale Realität anerkennen müßten".[478] Angesichts des offenen, auf Universalität[479] hin angelegten Charakters des IWF[480] mit seiner zurzeit fast universellen Mitgliedschaft aus Industrie- und Entwicklungsländern, der Respektierung währungsrechtlicher Verhaltenspflichten auch durch Nichtmitglieder und der für sie nach wie vor bestehenden Möglichkeit, dem IWF beizutreten, sowie der grundsätzlichen Kooperations- und Konsultationspflicht auch von Nichtmitgliedern mit dem IWF[481] erscheint es nur konsequent, auch eine objektive,[482] nicht von der Anerkennung durch dritte Völkerrechtssubjekte abhängige Völkerrechtspersönlichkeit des IWF anzunehmen.

Die Völkerrechtsfähigkeit des IWF führt dazu, dass er Träger eigener völkerrechtlicher Rechte und Pflichten ist. Zur näheren Bestimmung dieses Rechte- und Pflichtenkatalogs wäre wieder auf die bereits oben

---

[478] *H. F. Köck/ P. Fischer*, Das Recht der Internationalen Organisationen, 3. Aufl. 1997, S. 346.

[479] Vgl. hierzu *J. Delbrück*, in: Dahm/ Delbrück/ Wolfrum, Völkerrecht Band I/2, 2. Aufl. 2002, S. 227; *C. Tomuschat*, in: v. der Groeben/ Schwarze, Kommentar zum EU-/ EG-Vertrag, Bd. 4, 6. Aufl. 2003, Art. 281, Rn. 26; *H.G. Schermers/ N.M. Blokker*, International Institutional Law, 5. Aufl. 2011, § 1568, die zutreffend darauf hinweisen, dass die Argumentation des IGH nur für internationale Organisationen mit universellem Charakter gilt, nicht jedoch auch für regionale Organisationen mit einem bewusst begrenzten Mitgliederkreis. Speziell zur EU siehe unten Teil 4.A.

[480] Hierzu auch sogleich näher.

[481] Vgl. z.B. Art. XV GATT und Art. XII GATS.

[482] In diesem Zusammenhang ist besonders wichtig zu erkennen, dass sich die hier befürwortete Ansicht der objektiven Völkerrechtspersönlichkeit des IWF von der zuvor abgelehnten sog. *Gewohnheitsrechtstheorie Seyersteds* dadurch unterscheidet, dass sie nicht, wie die letztgenannte Theorie, auf objektive Kriterien abstellt, die zur Begründung der Völkerrechtsfähigkeit gegeben sein müssen, sondern auf den Gründungsvertrag und damit auf den Willen der Mitgliedstaaten. Dies betont auch *M. Bothe*, Die Stellung der Europäischen Gemeinschaften im Völkerrecht, ZaöRV 37 (1977), 122 (125, Fn. 9). Treffend insoweit auch die Ausführung bei *V. Epping*, in: Ipsen (Hrsg.), Völkerrecht, 6. Aufl. 2014, § 6, Rn. 77, der von der „Objektivierung einer vertraglich geschaffenen Rechtspersönlichkeit mit daraus resultierender Beachtungspflicht für dritte Staaten" spricht.

genannten Theorien zur Feststellung der Völkerrechtssubjektivität internationaler Organisationen zurückzugreifen. Nach der sog. *Gewohnheitsrechtstheorie Seyersteds*, der zufolge die in den Satzungen internationaler Organisationen vorzufindenden Bestimmungen über die Kompetenzen nicht kompetenz*begründend*, sondern *-beschränkend* sind,[483] wäre dem IWF alles erlaubt, was ihm nach seiner Rechtsordnung nicht ausdrücklich verboten ist. Dieser Ansatz wird in der Völkerrechtslehre jedoch zu Recht als zu weitgehend kritisiert; auch neigt die Praxis nicht zu einer derart extremen Lösung, sondern geht von einer funktional beschränkten Völkerrechtsfähigkeit internationaler Organisationen aus. Dies ist bereits im Fall *Jurisdiction of the European Commission for the Danube between Galatz and Braila* zum Ausdruck gekommen. Dort stellte der StIGH fest, "*[a]s the European Commission is not a State, but an international institution with a special purpose, it only has the functions bestowed upon it by the Definitive Statute with a view to the fulfilment of that purpose, [...].*"[484] Demgemäß ist richtigerweise auch die Völkerrechtsfähigkeit des IWF, der von seinen Mitgliedern zur Erfüllung ganz bestimmter Aufgaben gegründet worden ist, funktional auf das zur Erfüllung eben dieser Aufgaben erforderliche Maß begrenzt. Sie findet ihre äußere Grenze also in den in Art. I IWFÜ niedergelegten Zielen der Organisation. Das so rechtlich begründete Prinzip der begrenzten Ermächtigung bestimmt allerdings nicht allein die völkerrechtliche Handlungsfähigkeit des IWF. Vielmehr stehen ihm, anknüpfend an die *implied-powers*-Doktrin des IGH,[485] auch diejenigen Rechte zu, die notwendig sind, um seinen Zweck und die ihm in den *Articles of Agreement* zugewiesenen Aufgaben möglichst wirksam zu erfül-

---

483 *F. Seyersted*, Objective International Personality of Intergovernmental Organizations, Do their capacities really depend upon the Conventions establishing them?, NTIR 34 (1964), 1 (44 f., 100); *ders.*, Common Law of International Organizations, 2008, S. 384 f.

484 *StIGH*, Jurisdiction of the European Commission for the Danube between Galatz and Braila, PCIJ 1927 Ser. B, No. 14, S. 5 (64). Vgl. auch die Ausführungen des *IGH*, ICJ Rep. 1949, 174 (180) im *Bernadotte*-Fall: "*[T]he rights and duties of an entity such as the Organization must depend upon its purposes and functions as specified or implied in its constituent documents*".

485 *IGH*, ICJ Rep. 1949, 174 (182): "*Under international law, the Organization must be deemed to have those powers which, though not expressly provided in the Charter, are conferred upon it by necessary as being essential to the performance of its duties*".

len.[486] Daraus folgt im Anwendungsbereich der hier interessierenden Fragestellung vor allem die Befugnis, völkerrechtliche Verträge zu schließen, mit anderen Völkerrechtssubjekten Rechtsbeziehungen auf einer Ebene der Gleichordnung aufzunehmen, sowie diplomatische Vertreter zu entsenden und zu akkreditieren. Auch folgt hieraus die Bindung des IWF an die Regeln des Völkergewohnheitsrechts, soweit diese ihrem Wesen nach auf ihn als internationale Organisation anwendbar sind.

II. Organisations- und Zuständigkeitsstruktur des IWF

Die in ihren äußeren Konturen weitgehend dem hergebrachten Aufbau internationaler Organisationen entsprechende Organisationsstruktur des IWF ist in Art. XII IWFÜ festgelegt.[487] Danach setzt sich der Fonds, der in seinem institutionellen Aufbau insgesamt aber stark aufgegliedert ist, aus dem Gouverneursrat (*Board of Governors*), dem Exe-

---

[486] Zur Diskussion in der Lehre siehe nur *V. Engström*, Understanding Powers of International Organizations, 2009, S. 53 ff.; *N. Weiß*, Kompetenzlehre internationaler Organisationen, 2009, S. 325 ff. Vgl. auch den Überblick bei *N. M. Blokker*, International Organizations or Institutions, Implied Powers, in: Wolfrum (Hrsg.), MPEPIL (Stand: April 2009).

[487] Die typische Organisationsstruktur einer internationalen zwischenstaatlichen Organisation ist in der Regel zumindest dreigeteilt: An der Spitze steht als oberstes Gremium ein Plenarorgan (vornehmlich) zur Wahrung und Vertretung der Partikularinteressen der Mitgliedstaaten. Da dieses aufgrund seiner großen Mitgliederzahl häufig zu schwerfällig ist, um zügige Entscheidungen und effektives Handeln zu gewährleisten, findet sich dem nachgeordnet meist ein verkleinertes Mitgliederorgan, das regelmäßiger zusammentritt und demgemäß mit der laufenden Geschäftsführung befasst ist. Schließlich ist regelmäßig noch ein ständiges Verwaltungsorgan als Repräsentant der Organisation und für die laufende Verwaltungsarbeit vorgesehen. Neben diesen in der Satzung festgelegten drei Hauptorganen können in Folge der Gestaltungsgewalt internationaler Organisationen jeweils eigene Neben- bzw. Unterorgane installiert werden. Siehe z.B. *I. Seidl-Hohenveldern/ G. Loibl*, Das Recht der internationalen Organisationen einschließlich der Supranationalen Gemeinschaft, 7. Aufl. 2000, § 9 ff.; *C. F. Amerasinghe*, Principles of the Institutional Law of International Organizations, 2. Aufl. 2005, S. 131 f.; *J. Klabbers*, An Introduction to International Institutional Law, 2. Aufl. 2009, S. 155 ff.; *M. Ruffert/ C. Walter*, Institutionalisiertes Völkerrecht, 2. Aufl. 2015, § 9, Rn. 287 ff.; *H.G. Schermers/ N.M. Blokker*, International Institutional Law, 5. Aufl. 2011, § 237.

kutivdirektorium (*Executive Board*) und dem Geschäftsführenden Direktor (*Managing Director*) einschließlich des IWF-Personals (*staff*) zusammen. Der dort ebenfalls genannte Rat auf Ministerebene (*Council*) wurde bislang vom Gouverneursrat nicht eingerichtet. Dessen Aufgaben werden seit 1974 vom sog. Interimsausschuss (*Interim Committee*), der wiederum seit 1999 vom Internationalen Währungs- und Finanzausschuss (*International Monetary and Financial Committee*) ersetzt wird, übernommen.

1. Der Gouverneursrat

Der Gouverneursrat ist das Plenarorgan und als solches das oberste Entscheidungs- und Leitungsgremium des IWF. In ihm sind alle 188 Mitgliedstaaten durch einen Gouverneur und seinen Stellvertreter repräsentiert (Art. XII Abschn. 2 lit. a) IWFÜ)[488].[489] Ihre Auswahl ist nach Art. XII Abschn. 2 lit. a) S. 2 IWFÜ den Mitgliedern überlassen und erfolgt insofern nach innerstaatlichem Recht. In der Regel handelt es sich um den Finanzminister oder den Präsidenten der nationalen Zentralbank.[490]

Das Amt des deutschen IWF-Gouverneurs und seines Stellvertreters wird auf der Grundlage des Art. 5 Abs.1 S. 1 IWFG[491] von der Bundes-

---

488 Somit werden die Mitglieder bei der Zusammensetzung des Gouverneursrats – anders als es bei der Sitzverteilung innerhalb des Exekutivdirektoriums *de facto* noch der Fall ist – absolut gleich behandelt („ein Mitglied – ein Sitz").

489 Neben den Mitgliedern des IWF können auch Beobachter in den Gouverneursrat zugelassen werden (vgl. Abschn. 5 lit. b) IMF By-Laws). Dies gilt insbesondere für die IBRD (vgl. Abschn. 5 lit. c) IMF By-Laws) und die WTO (vgl. Abschn. 5 lit. e) IMF By-Laws). Eingehend zu den Erscheinungsformen, Funktionen und Grundlagen des Beobachterstatus beim IWF siehe unten Teil 3.B.IV.2.

490 Vgl. *B. Fritz-Krockow/ P. Ramlogan*, International Monetary Fund Handbook, 2007, S. 70; *D. Carreau*, Le Fonds monétaire international, 2009, S. 36.

491 Gesetz zu dem Übereinkommen über den Internationalen Währungsfonds i. d. F. von 1976 v. 9.1.1978 (im Folgenden: IWFG), BGBl. 1978 II S. 13; zuletzt geändert durch Art. 298 Zehnte ZuständigkeitsanpassungsVO v. 31. 8. 2015, BGBl. I S. 1474. Eine weitere Rechtsgrundlage für die Beteiligung der Deutschen Bundesbank an Personal- und Sachentscheidungen im Zusammenhang mit dem IWF bildet nach Art. 7 IWFG eine bislang unveröffentlichte Verwaltungsvereinbarung über die Zusammenarbeit zwischen der Bundesregie-

regierung „im Benehmen[492] mit der Deutschen Bundesbank" bestimmt und seit Beginn der deutschen Mitgliedschaft vom Präsidenten der Deutschen Bundesbank als Gouverneur und vom Bundesfinanzminister als Stellvertreter ausgeübt. Um im Rahmen dieser Praxis die in Art. 88 S. 2 GG, § 12 S. 1 BbankG garantierte Unabhängigkeit[493] der Deutschen Bundesbank von den Weisungen der Bundesregierung nicht zu umgehen, normiert Art. 6 Abs. 1 IWFG lediglich eine Verpflichtung des deutschen Gouverneurs zur Ausübung seiner Tätigkeit im Einvernehmen mit dem Bundesfinanzministerium, unterwirft ihn jedoch nicht den Weisungen der Bundesregierung[494].[495]

---

rung und der Deutschen Bundesbank. Dazu und zur Rechtmäßigkeit der Geheimhaltung der Verwaltungsvereinbarung vgl. *W. Hoffmann*, Rechtsfragen der Währungsparität, 1969, S.177, Fn. 115; *H.J. Hahn*, Währungsrecht, 1990, § 15, Fn.3 m.w.Nw. Zum Inhalt einer früheren und wohl nur aus Versehen veröffentlichten Verwaltungsvereinbarung zwischen der Bundesregierung und der Bundesbank s. *H.J. Hahn*, Währungsrecht, 1990, § 15, Rn. 2.

492 Zur Bedeutung der Benehmensherstellung vgl. – wenn auch in anderem Zusammenhang – BSGE 29, 111 (113). Zu Einzelheiten im Hinblick auf Art. 5 Abs. 1 S.1 IWFG s. *H.J. Hahn*, Währungsrecht, 1990, § 15, Rn. 6.

493 Dazu ausführlich und m.w.Nw. *L. Gramlich*, Komm. z. Bundesbankgesetz, Währungsgesetz, Münzgesetz, 1988, § 12, Rn. 2; *D. Janzen*, Der neue Artikel 88 Satz 2 des Grundgesetzes, 1996, S.170; *M. Herdegen*, in: Maunz/Dürig, Komm. z. GG, 60. Erg. Lfg. 2010, Art. 88, Rn. 62 ff. Vgl. insoweit auch die zusätzliche unionsrechtliche Absicherung der Weisungsfreiheit der deutschen Zentralbank in Art. 130 AEUV; hierzu z.B. *B. Kempen*, in: Streinz, EUV/AEUV, 2. Aufl. 2012, Art. 130, Rn. 6.

494 Eine Begrenzung seiner Handlungsfreiheit erfährt der deutsche Gouverneur jedoch durch das Abberufungsrecht der Bundesregierung, wobei allerdings auch dies der vorherigen Mitwirkung der Deutschen Bundesbank bedarf. Vgl. insoweit auch die Regierungsbegründung zum IWFG, BR-Drucks. 192/77, 8. Allgemein zur Amtszeit der Gouverneure und ihrer Stellvertreter vgl. Art. XII Abschn. 2 lit. a) S. 3 IWFÜ: Danach bleiben diese so lange im Amt, bis der jeweilige Mitgliedstaat eine Neuernennung vornimmt.

495 An dieser Übung hat die mit dem Eintritt in die dritte Stufe der WWU verbundene Übertragung der währungspolitischen Kompetenzen auf die europäische Ebene und die damit einhergehende Errichtung der Europäischen Zentralbank (EZB) und des Europäischen Systems der Zentralbanken (ESZB) (bislang) nichts geändert. Vgl. dazu *Deutsche Bundesbank*, Die Beziehungen Deutschlands zum Internationalen Währungsfonds nach Einführung des Euro, Monatsbericht September 1999, S. 15 ff. Eingehend zum organisationsverfassungsrechtlichen Problem der Einbindung der EU in die Organisationsstruktur des IWF siehe unten Teil 5.

Der Gouverneursrat tagt mindestens einmal im Jahr[496] gemeinsam mit der Weltbank anlässlich der Ende September oder Anfang Oktober stattfindenden Jahrestagung.[497] Auf Antrag von fünfzehn Mitgliedern oder von Mitgliedern mit einem Viertel aller Stimmen besteht darüber hinaus die Möglichkeit, Sondersitzungen einzuberufen.[498] Dazu ist es bisher noch nicht gekommen.[499] Zwischen den Jahrestagungen treffen die Gouverneure ihre Beschlüsse traditionell ohne Sitzung durch schriftliches oder telegraphisches Verfahren, wenn ein Handeln dringend erforderlich ist.[500] Ihre dabei umfassende Zuständigkeit grenzt Art. XII Abschn. 2 lit. a) IWFÜ negativ dahingehend ab, dass ihnen *„alle Befugnisse aus diesem Übereinkommen [zustehen], die weder dem Gouverneursrat noch dem Exekutivdirektorium oder dem Geschäftsführenden Direktor unmittelbar übertragen sind"*. In der Praxis hat der Gouverneursrat infolge seiner Größe und seiner seltenen Zusammenkünfte nur wenige Monate nach Inkrafttreten des IWFÜ alle delegierbaren Befugnisse auf das Exekutivdirektorium übertragen,[501] so dass seine Hauptaufgabe heute nur noch in der Ausübung der ihm vom

---

[496] Vgl. Abschn. 3 lit. (a) IMF By-Laws.

[497] Die Jahrestagungen werden von einem aus den Reihen des Gouverneursrats ausgewählten Vorsitzenden, der dieses Amt gewöhnlich für die Dauer von einem Jahr nach einem Rotationsprinzip ausübt, geleitet (vgl. Abschn. 7 IMF By-Laws). Dazu *A. Mountford*, Governance of the International Monetary Fund, in: Lamdany/ Martinez-Diaz (Hrsg.), Studies of IMF Governance – A Compendium, 2009, S. 15 (18). Hinsichtlich der Tagungsorte besteht die Gewohnheit, nach jeweils zwei aufeinanderfolgenden Treffen in Washington D.C. das nächste in der Hauptstadt eines anderen, in der Regel nicht-amerikanischen, Mitgliedsstaates stattfinden zu lassen. Zu dieser Übung siehe *D. Carreau*, Le Fonds monétaire international, 2009, S. 36.

[498] Vgl. Art. XII Abschn. 2 lit. c) S. 2 IWFÜ i.V.m. Sec. 3 lit. (b) IMF By-Laws.

[499] *B. Fritz-Krockow/ P. Ramlogan*, International Monetary Fund Handbook, 2007, S. 72; *D. Carreau*, Le Fonds monétaire international, 2009, S. 36 f.

[500] Vgl. Art. XII Abschn. 2 lit. f) IWFÜ i.V.m. Abschn. 13 IMF By-Laws. Siehe hierzu auch *F. Gianviti*, Decision Making in the International Monetary Fund, in: IMF (Hrsg.), Current Developments in Monetary and Financial Law, Bd. 1, 1999, S. 31 (39). *A. F. Lowenfeld*, International Economic Law, 2. Aufl. 2008, S. 602.

[501] Vgl. Art. XII Abschn. 2 lit. b) IWFÜ i.V.m. Abschn. 15 IMF By-Laws. Neben dieser Zuständigkeitsübertragung erfolgt auf dieser Grundlage auch eine Zuständigkeitsabgrenzung im Sinne einer Zuständigkeitsstufung zwischen dem Gouverneursrat und dem Exekutivdirektorium.

Übereinkommen unmittelbar übertragenen Befugnisse liegt.[502] In diesen Zuständigkeitsbereich fallen neben den Beschlussfassungen über die Aufnahme neuer Mitglieder (Art. II Abschn. 2 IWFÜ) und das zwangsweise Ausscheiden eines vertragswidrig handelnden Mitglieds (Art. XXVI Abschn. 2 lit. c) IWFÜ) insbesondere die Entscheidungen über die Änderung und abschließende Auslegung des Übereinkommens (Art. XXVIII u. XXIX lit. b) IWFÜ), die Liquidation des IWF (Art. XXVII Abschn. 2 IWFÜ), die Festsetzung und Änderung der Quoten eines Mitglieds (Art. III Abschn. 1, 2 lit. a) und 3 IWFÜ), die Zuweisung oder Rücknahme von Sonderziehungsrechten (Art. XVIII Abschn. 4 IWFÜ), die Liquidation der Abteilung der Sonderziehungsrechte (Art. XXV lit. a) IWFÜ) sowie die mittelfristige Suspendierung von Operationen und Transaktionen des IWF (Art. XXVII Abschn. 1 lit. b) IWFÜ).[503]

2. *Das Exekutivdirektorium*

a) Aufbau und Zusammensetzung

Dem auf einer institutionellen Ebene unterhalb des *Board of Governors* angesiedelten Exekutivdirektorium obliegt die laufende Geschäftsführung des IWF (Art. XII Abschn. 3 lit. a) IWFÜ). Es tritt je nach Umfang der anfallenden Arbeiten mehrmals – mindestens jedoch zwei- oder dreimal – wöchentlich in formaler Sitzung am Hauptsitz des IWF

---

[502] Vgl. *A. Mountford*, Governance of the International Monetary Fund, in: Lamdany/ Martinez-Diaz (Hrsg.), Studies of IMF Governance – A Compendium, 2009, S. 15 (18). Zum Recht des Gouverneursrats, dem Exekutivdirektorium die zuvor übertragenen Befugnisse wieder zu entziehen, siehe die Diskussion bei *F. Gianviti*, Decision Making in the International Monetary Fund, in: IMF (Hrsg.), Current Developments in Monetary and Financial Law, Bd. 1, 1999, S. 31 (40-41). Dazu auch bereits *J. Rettberg*, Weltwährungsfonds mit Weltbankgruppe und UNCTAD als Bezugspunkte der internationalen Handels- und Entwicklungspolitik, 1983, S.323.

[503] Bei diesen ausschließlich dem Gouverneursrat vorbehaltenen Entscheidungsbefugnissen handelt es sich somit hauptsächlich um solche, die besonders „politische“ Fragen betreffen oder enorme Auswirkungen auf das internationale Währungssystem haben können. So auch die Bewertung bei *J. Gold*, Voting and Decisions in the International Monetary Fund, 1972, S. 12-15 m.w.Nw. Um sicherzustellen, dass die im Rahmen der Erfüllung dieser Aufgaben getroffenen Entscheidungen auch von einer breiten Masse getragen werden, bedarf es hierzu in der Regel einer Mehrheit von 70 % oder 85 % aller Stimmen.

zusammen.[504] Seine Zusammensetzung ist in Art. XII Abschn. 3 lit. b) IWFÜ geregelt. Danach besteht das Direktorium aus den Exekutivdirektoren, ihren Stellvertretern[505] und dem Geschäftsführenden Direktor als Vorsitzenden. In der Praxis hat sich zudem die Möglichkeit einer Teilnahme von internationalen Organisationen und sonstigen Akteuren herausgebildet.[506] Im Unterschied zum Gouverneursrat, in dem jedes Mitglied vertreten ist, bildet das Exekutivdirektorium aber ein zahlenmäßig kleines Gremium, das schnell handeln und in der Lage sein soll, seine Entscheidungen in der Staatengemeinschaft durchzusetzen. Diese Zielsetzung hat über die Jahre hinweg – trotz aller Reformbestrebungen – zu einer sehr weitgehenden Beschränkung der Zahl seiner Mitglieder geführt. Insoweit geben die *Articles of Agreement* in Art. XII Abschn. 3 lit. b) lediglich die variable Anzahl von 20 Exekutivdirektoren vor, während ihre konkrete Zahl auch nach dem Inkrafttreten der 2010 beschlossenen *Quota and Governance* Reform nicht primärrechtlich bestimmt wird, sondern gem. Art. XII Abschn. 3 lit. c) IWFÜ weiterhin der Beschlussfassung des Gouverneursrats unterliegt.[507] Diese für den IWF typische Regelungstechnik sorgt für die nötige Flexibilität durch Verlagerung einer Entscheidung auf sekundärrechtlicher Ebene und bewirkt eine Dynamisierung, die es ermöglichen soll, angemessen und zeitnah auf politische und wirtschaftliche Veränderungen reagieren zu können. Für die gegenwärtige Amtsperiode von November 2014 bis Oktober 2016 besteht das Direktorium aus 24 Exekutivdirektoren.[508] Bei dieser Gesamtzahl der Sitze soll es nach einer – indes rechtlich nicht

---

[504] Vgl. Art. XII Abschn. 3 lit. g) IWFÜ i.V.m. Abschn. 14 lit. (d) IMF By-Laws und Regel C-4 IMF Rules and Regulations. Nähere Einzelheiten zum Ablauf der Direktoriumssitzungen sind in Regel C IMF Rules and Regulations niedergelegt. Hierzu auch der Überblick bei *L. Van Houtven*, Governance of the IMF, 2002, S. 14 f.

[505] Vgl. Art. XII Abschn. 3 lit. e) IWFÜ.

[506] Speziell zu dem der EZB im Exekutivdirektorium eingeräumten Beobachterstatus siehe unten Teil 5.B.II.1.

[507] Danach kann die Anzahl von 20 Exekutivdirektoren bei jeder ordentlichen Wahl durch einen Beschluss des Gouverneursrats mit einer Mehrheit von fünfundachtzig Prozent aller Stimmen herauf- oder herabgesetzt werden.

[508] Damit hat sich die Größe des Exekutivdirektoriums (ursprünglich waren es max. zwölf Exekutivdirektoren, davon fünf ernannte und sieben gewählte) seit der Gründung des IWF verdoppelt.

verbindlichen –[509] Entscheidung des Gouverneursrats von 2010 auch bei der nächsten Amtsperiode bleiben. Danach soll die Zusammensetzung des Exekutivdirektoriums alle acht Jahre überprüft werden.[510]

Die genaue Besetzung der Exekutivdirektorenposten regelt Art. XII Abschn. 3 IWFÜ gegenüber seiner Fassung vor der siebten Satzungsreform in veränderter Weise.[511] Während Art. XII Abschn. 3 lit. a) IWFÜ unverändert geblieben ist, sind dessen Buchstaben b), c), d) und f) durch die Aufhebung des Rechts zur Ernennung von Exekutivdirektoren erheblich geändert worden. Danach setzt sich das Exekutivdirektorium nunmehr ausschließlich aus gewählten Direktoren zusammen (Art. XII Abschn. 3 lit. b) IWFÜ).[512] Davor galt die – seit der Gründung des IWF unveränderte – Regelung, dass fünf Exekutivdirektoren von den fünf Mitgliedern mit den größten Quoten ernannt werden (Vgl. Art. XII Abschn. 3 lit. b) S. 2 (i) IWFÜ a.F.). Zusätzlich bestimmte Art. XII Abschn. 3 lit. c) IWFÜ a.F., dass die beiden Mitglieder, deren Währung in den letzten beiden Jahren verhältnismäßig am meisten in Anspruch genommen wurde, zusammen einen oder zwei Exekutivdirektoren ernennen können, soweit sie nicht bereits zu den fünf Mitgliedern mit den größten Quoten gehören.[513] Seit der zweiten Satzungsänderung des IWF musste das betreffende Mitglied dieses Recht auf Ernennung eines weiteren Exekutivdirektors – anders als die fünf quoten-

---

509 Vgl. *IMF*, IMF Quota and Governance Reform – Elements of an Agreement, SM/10/293, Revision 1, Nov. 2010, Annex II, III.: Commentary on Proposed Amendment on Reform of the Executive Board, Rn. 25.

510 Siehe *IMF*, Selected Decisions and Selected Documents of the IMF, 36th Issue 2012, S. 11.

511 Hierzu im Einzelnen und m.w.Nw. *IMF*, IMF Quota and Governance Reform – Elements of an Agreement, SM/10/293, Revision 1, November 9, 2010, Annex II, III.: Commentary on Proposed Amendment on Reform of the Executive Board. Aus der Literatur etwa *S. Hagan*, Reforming the IMF, in: IMF (Hrsg.), Current Developments in Monetary and Financial Law, Bd. 6, 2012, 221 (235 ff.); *W. Bergthaler/A. Giddings*, Recent Quota and Governance Reforms at the IMF, EYIEL 4 (2013), 371 (375 ff.).

512 Entsprechend der Umstellung auf ein ausschließlich gewähltes Direktorium sind in den nachfolgenden Buchstaben des Art. XII Abschn. 3 IWFÜ die besonderen Bestimmungen für ernannte Exekutivdirektoren durch für alle Exekutivdirektoren gleichermaßen geltende Formulierungen ersetzt worden.

513 Zur Auslegung der Bestimmung siehe die Entscheidung des Exekutivdirektoriums Nr. 597-4 v. 28.7.1950.

stärksten Mitglieder –[514] jedoch nicht ausüben, sondern konnte sich stattdessen weiterhin an Wahlen beteiligen.[515] Zuletzt stellten neben Saudi-Arabien, dessen Währung – der saudische Rial – 1976 und 1977 zu den zwei am häufigsten verwendeten Transaktionswährungen des IWF zählte,[516] und das daher erstmals im Rahmen der Direktoriumswahl von 1978 einen eigenen Exekutivdirektor ernennen durfte, auch China (1980) und Russland (1992) aufgrund politischer Erwägungen und ihrer Bereitschaft zum finanziellen Engagement jeweils einen weiteren Exekutivdirektor auf.[517] Damit war die Zahl der von den einlagenstärksten Mitgliedern ernannten Direktoren zuletzt auf acht angewachsen.

Aus diesem Grund sollte mit der Governance-Reform von 2010 das Grundanliegen des Reformprozesses, die Legitimation und Gleichbehandlung im Exekutivdirektorium sowie seine Anpassungsfähigkeit an

---

[514] Vgl. Art. XII Abschn. 3 lit. b) S. 2 (i) IWFÜ a.F.: "Of the Executive Directors five *shall be* appointed by the five members having the largest quotas" [eigene Hervorhebung]. Zu den früher hieraus folgenden Rückwirkungen auf eine Beteiligung der Union im IWF siehe unten Teil 5.C.I.

[515] Hierzu ausf. und m.w.Nw. *J. Gold*, Die Struktur des IWF, F & E 79, 11 (12); *ders.*, Legal and Institutional Aspects of the International Monetary System, Bd. II, 1984, S. 387.

[516] Der Zweck dieser Regelung, die auf einen Vorschlag Kanadas zurückgeht, war es, eine angemessene Präsenz derjenigen Mitglieder im Exekutivdirektorium sicherzustellen, die maßgeblich zur Finanzierung des Fonds beitragen. Eine zeitlich gegliederte Übersicht über die Anzahl der ernannten und gewählten Exekutivdirektoren findet sich bei *A. Mountford*, Governance of the International Monetary Fund, in: Lamdany/ Martinez-Diaz (Hrsg.), Studies of IMF Governance – A Compendium, 2009, S. 15 (23). Zu weiteren Einzelheiten und zur Entstehungsgeschichte der Regelung s. *U. Andersen*, Das internationale Währungssystem zwischen nationaler Souveränität und supranationaler Integration, 1977, S. 94; *J. Gold*, Legal and Institutional Aspects of the International Monetary System, Bd. II, 1984, S. 386 f.

[517] Vgl. *L. Van Houtven*, Governance of the IMF, 2002, S. 20 f.; *B. Fritz-Krockow/ P. Ramlogan*, International Monetary Fund Handbook, 2007, S. 72. Zu den beiden letzteren ausführlich *B. Momani*, Another Seat at the Board – Russia's IMF executive director, International Journal 2007, 916 (921 ff.); *dies.*, China at the International Monetary Fund, Journal of Chinese Economics 2013, 125 ff.

sich ändernde weltwirtschaftliche Rahmenbedingungen zu stärken,[518] umgesetzt werden. Allerdings ist zweifelhaft, ob sich dieses Ziel allein mit der Umstellung auf ein ausschließlich gewähltes Direktorium erreichen lässt. Gegenwärtig stellen jedenfalls auf der Grundlage des Anhangs E zum IWFÜ, der durch die siebte Satzungsänderung nunmehr als Übergangsregelung für vor dem Inkrafttreten der Reform ernannte Exekutivdirektoren konzipiert worden ist, mit den USA, Japan, China, Deutschland, Frankreich, Großbritannien, Russland und Saudi-Arabien weiterhin dieselben Staaten wie bisher einen eigenen Exekutivdirektor. Es ist zu erwarten, dass sich daran – zumindest im Hinblick auf die sechs quotenstärksten Mitglieder –[519] angesichts ihrer hohen Quote, ihres daraus folgenden Stimmengewichts und der anzustrebenden Stimmmachtgleichheit zwischen den Stimmrechtsgruppen[520] auch in der nächsten Wahlperiode, wenn das Direktorium erstmals nach den reformierten Regelungen zusammengesetzt wird, nichts ändern wird.[521]

aa) Das System der Stimmrechtsgruppen

Da Einfluss in Nicht-Plenarorganen – also in Gremien mit beschränkter Mitgliedschaft wie dem Exekutivdirektorium – in der Regel nur ausüben kann, wer unmittelbar am Entscheidungsprozess beteiligt ist, ergibt sich häufig eine Konkurrenz der Mitgliedstaaten um die beste Repräsentation in diesen Organen. Ausgenommen hiervon sind lediglich diejenigen Mitgliedstaaten, die insofern eine Sonderstellung einnehmen, als sie in dem betreffenden Gremium ständig vertreten sind.[522] Wie eben

---

518 Siehe hierzu auch den Überblick bei *IMF*, Factsheet: How the IMF Makes Decisions, abrufbar unter http://www.imf.org/external/np/exr/facts/pdf/govern.pdf (letzter Zugriff: 6.3.2016).

519 Frankreich und Großbritannien verfügen jeweils eine Quote von 4,31 Prozent.

520 Vgl. insoweit auch *IMF*, Report of the Committee on Rules for the 2012 Regular Election of Executive Directors, EBD/12/34, June 20, 2012, S. 2. Zu den sich hieraus ergebenden Folgen im Hinblick auf eine engere Einbindung der EU in den IWF siehe unten Fünfter Teil.C.I.

521 Skeptisch auch *Deutsche Bundesbank*, Weltweite Organisationen und Gremien im Bereich von Währung und Wirtschaft, 2013, S. 30.

522 Näher hierzu z.B. *C. F. Amerasinghe*, Principles of the Institutional Law of International Organizations, 2. Aufl. 2005, S. 137-138; *J. Klabbers*, An Introduction to International Institutional Law, 2. Aufl. 2009, S. 155-156; ferner *I. Seidl-Hohenveldern/ G. Loibl*, Das Recht der internationalen Organisationen

dargelegt, werden einige der quotenstarken Mitglieder wohl auch in Zukunft exklusiv ihren eigenen Direktor stellen können und damit über einen eigenen Sitz verfügen. Die übrigen Mitglieder müssen sich dagegen zu Stimmrechtsgruppen (*constituencies*) zusammenschließen und aus ihren Reihen einen Exekutivdirektor wählen.[523] Dieser verfügt im Fall einer Abstimmung *en bloc* über die Stimmen aller Mitglieder, die ihn gewählt haben (Art. XII Abschn. 3 lit. i (iv) S.2 IWFÜ).

Solche *multiple-state constituencies*, die teils auf informellen Absprachen, teils auf schriftlichen Vereinbarungen ihrer Mitglieder beruhen,[524] umfassen derzeit zwischen 4 und 23 Staaten und weisen im Durchschnitt eine Quote von weniger als 4 Prozent auf.[525] Die Anzahl der in den Gruppen vertretenen Mitglieder ist in der Regel umso höher, je geringer der von ihnen gebildete Gesamtstimmrechtsanteil ist. So verfügt die – zusammen mit einer weiteren afrikanischen Stimmrechtsgruppe – mitgliederstärkste und derzeit vom Inselstaat São Tomé and Príncipe angeführte Gruppe über einen Stimmrechtsanteil von nur 1,56 Prozent. Im Vergleich dazu weist die aktuell vom Euro-Mitgliedstaat Niederlande geführte Gruppe mit einem Anteil von 5,50 Prozent eine um das Dreifache höhere Stimmmacht auf.

Der Grund für diese mitunter enorme Ungleichheit unter den Stimmrechtsgruppen liegt überwiegend an ihrer Zusammensetzung selbst. Da es bislang an einer formalen Regelung sowohl in den *Articles of Agreement* als auch im Sekundärrecht des IWF fehlt, ist die Gruppenbildung

---

einschließlich der Supranationalen Gemeinschaft, 7. Aufl. 2000, § 11, Rn. 1146 ff.

523 Bei den auf dieser Weise gewählten Exekutivdirektoren handelt es sich in der Regel um die eigenen Staatsangehörigen der Mitglieder einer Stimmrechtsgruppe. Allerdings existiert keine Regelung, die dies auch zwingend vorschreibt. Insofern kann es sich auch um einen fremden Staatsangehörigen handeln. Hierzu *F. Gianviti*, Decision Making in the International Monetary Fund, in: IMF (Hrsg.), Current Developments in Monetary and Financial Law, Bd. 1, 1999, S. 31 (45).

524 Vgl. *M. Portugal*, Improving IMF Governance and Increasing the Influence of Developing Countries in IMF-Decision-Making, in: Buira (Hrsg.), Reforming the Governance of the IMF and the World Bank, 2006, S. 94.

525 S. hierzu die Übersicht auf der IWF-Homepage, http://www.imf.org/external/np/sec/memdir/eds.aspx (letzter Zugriff: 6.3.2016). Zum Zeitpunkt der Gründung des IWF umfasste die größte Stimmrechtsgruppe bei insgesamt 38 Vertragsstaaten nur 9 Mitglieder.

vollständig den Mitgliedern überlassen.[526] Entsprechend haben sich im Laufe der Zeit verschiedene Muster von Zusammenschlüssen herausgebildet, denen nicht unbedingt immer der Gedanke einer anzustrebenden Stimmmacht-Gleichheit zugrunde liegt. In der Mehrzahl haben sich Staaten zusammengefunden, die aufgrund ihrer geographischen Lage oder ihrer Zugehörigkeit zu einer bestimmten Region gleichgerichtete politische Ideale sowie parallele wirtschaftliche und soziale Interessen haben.[527] Ein gutes Beispiel hierfür ist Indonesien, das in den 1950er Jahren zunächst der von Italien angeführten Stimmrechtsgruppe beitrat, zwischendurch zu einer Gruppe bestehend aus den islamischen Staaten Nordafrikas und Malaysia wechselte[528] und schließlich seit 1972 aus geographischen und wirtschaftspolitischen Gründen eine Stimmrechtsgruppe mit Staaten wie Brunei, Kambodscha, Laos, Malaysia, Myanmar, den Philippinen, Singapur, Thailand und Vietnam, also allen ASEAN-Mitgliedstaaten, bildet. Ein anderer Beispielsfall ist Australien, das

---

[526] Obgleich der Gouverneursrat gem. Art. XII Abschn. 3 lit. d) S. 2 IWFÜ eine Höchstzahl für die Gesamtzahl von Stimmen, die mehrere Mitglieder für denselben Kandidaten abgeben können, bestimmen soll und auf diese Weise indirekt die Zusammensetzung der Stimmrechtsgruppen beeinflussen kann, wollte man an diesem Prinzip der freiwilligen Zusammensetzung von Stimmrechtsgruppen auch durch die beiden Reformen von 2008 und 2010 nichts ändern. Vgl. insoweit *IMF*, IMF Quota and Governance Reform – Elements of an Agreement, SM/10/293, Revision 1, Nov. 2010, Annex II, IV.: Other Governance Reforms, Rn. 26: "*principle of voluntary constituency formation*".

Bereits auf der Gründungskonferenz in Bretton Woods wurde allerdings eine aktive Debatte darüber geführt, ob und gegebenenfalls welche Kriterien den Wahlmodus innerhalb einer Stimmrechtsgruppe bestimmen sollten. Es wurden verschiedene Vorschläge vorgebracht, von denen sich am Ende – trotz allen Widerstands, vor allem von Seiten der westeuropäischen Staaten – nur der lateinamerikanische Vorschlag durchsetzen konnte. Dieser sah vor, dass zwei der damals noch sieben verbleibenden Exekutivdirektorenposten exklusiv den lateinamerikanischen Staaten vorbehalten bleiben müssen. Diese privilegierte Stellung wurde ihnen bis zur zweiten Satzungsreform 1978 zugestanden. Hierzu *U. Andersen*, Das internationale Währungssystem zwischen nationaler Souveränität und supranationaler Integration, 1977, S. 93-94; *J. Gold*, Legal and Institutional Aspects of the International Monetary System, Bd. II, 1984, S. 388 jeweils m.w.Nw.

[527] Vgl. auch *B. Fritz-Krockow/ P. Ramlogan*, International Monetary Fund Handbook, 2007, S. 72.

[528] Vgl. *N. Woods/ D. Lombardi*, Uneven patterns of governance: how developing countries are represented in the IMF, Review of International Political Economy 13 (2006), 480 (483).

1947 dem IWF beigetreten ist und zunächst gemeinsam mit Südafrika und weiteren Staaten des südlichen Afrikas und Pazifiks – darunter Lesotho, Swasiland, Neuseeland und Westsamoa – eine Stimmrechtsgruppe zusammenstellte. Als im Jahr 1972 die afrikanischen Staaten die Gruppe verließen, um mit anderen Staaten Afrikas eine homogenere – heute insgesamt 23 Staaten umfassende – Gruppe zu bilden, traten der Stimmrechtsgruppe Australiens weitere asiatische Staaten, darunter Korea und die Philippinen, bei. Heute umfasst die Gruppe – mit Ausnahme von Usbekistan und der Mongolei – 15 Staaten aus der gesamten Pazifikregion. Insgesamt lassen sich derzeit je zwei afrikanische, asiatische und lateinamerikanische sowie eine nahöstliche und baltisch-nordeuropäische Stimmrechtsgruppe ausmachen.

Neben geographisch-regionalen Überlegungen ist oftmals auch das Streben einzelner Staaten nach einer einflussreichen Position innerhalb einer Stimmrechtsgruppe ein weiterer Grund für die gegenwärtige Struktur des Exekutivdirektoriums.[529] So waren beispielsweise Spanien und Polen, die in ihrer Gruppe zunächst (nur) den Posten des stellvertretenden Exekutivdirektors bzw. im Falle Polens nur die Position des Chefberaters innehatten, sowie Griechenland anfangs Mitglieder der bis heute von Italien angeführten Gruppe. Um den Posten eines stellvertretenden Direktors in einer von Iran angeführten Stimmrechtsgruppe zu übernehmen, verließ Griechenland als erster der drei europäischen Staaten die Gruppe. Kurze Zeit darauf, im Jahr 1978, trat Spanien – wohl auch aus früherer kolonialer Verbundenheit – der heute lateinamerikanischen Staatengruppe bei und stellt seitdem abwechselnd mit Mexiko und Venezuela den dortigen Exekutivdirektor. Als daraufhin in der italienischen Gruppe die Position des stellvertretenden Direktors frei wurde, wechselte Griechenland dorthin zurück und nimmt seitdem diesen Posten ein. Später verließ dann auch Polen die Stimmrechtsgruppe,

---

[529] *N. Woods/ D. Lombardi*, Uneven patterns of governance: how developing countries are represented in the IMF, Review of International Political Economy 13 (2006), 480 (483); vgl. auch *P. Brandner/H. Grech*, Unifying EU Representation at the IMF – A *Voting Power Analysis*, Working Paper (BMF) 2/ 2009, S. 10, http://m.bmf.gv.at/Publikationen/Downloads/WorkingPapers/Unifying_EU_Representation_at_the_IMF_A_Voting_Power_Analysis_3.pdf (letzter Zugriff: 5.4.2015).

um mit dem Posten des stellvertretenden Exekutivdirektors in der von der Schweiz angeführten Gruppe seinen Status zu verbessern.[530]

Schließlich hat in Einzelfällen auch das Versprechen einzelner, meist industrialisierter Staaten an Entwicklungsländer, ihnen finanzielle Hilfe und sonstige technische Unterstützung zukommen zu lassen, Einfluss auf die Zusammensetzung einiger Stimmrechtsgruppen gehabt.[531] Ein prominentes Beispiel hierfür bildet die Schweiz, deren Exekutivdirektor seit dem Beitritt 1992 regelmäßig von einer Gruppe ost- und südeuropäischer sowie west- und zentralasiatischer Staaten gewählt wird. Um sie für ihre politische Unterstützung in beiden Bretton Woods-Institutionen „zu entlohnen", wird ihnen im Gegenzug finanzielle „Entwicklungshilfe" gewährt.[532]

Anders als die nach geographisch-regionalen Kriterien zusammengesetzten Stimmrechtsgruppen weisen die zuletzt genannten „gemischten" Gruppen dadurch, dass sie sowohl Entwicklungs- wie Industrieländer, Nehmer- wie Geberstaaten oder Nationen aus verschiedenen Regionen umfassen, eine ökonomisch, kulturell und geographisch sehr heterogene Struktur auf. Zu der Frage, wie sich diese Situation auf die alltägliche Entscheidungsfindung im IWF auswirkt, finden sich in der Literatur unterschiedliche, teils konträre Auffassungen. Einige weisen darauf hin, dass gerade heterogene Stimmrechtsgruppen für einen schnelleren Konsens zwischen Industrie-, Schwellen- und Entwicklungsländern sorgen, vor allem, wenn es darum geht, die Zahlungsbilanz- und Verschuldungsproblematik in einigen dieser Staaten zu lösen.[533] Andere dagegen betonen, dass die Interessen und Präferenzen dieser wirtschaftlich ungleichen Mitglieder häufig nicht miteinander kompatibel sind und sie daher in ihrem Verhalten eher zu (Abstim-

---

[530] Zum Ganzen *N. Woods/ D. Lombardi*, Uneven patterns of governance: how developing countries are represented in the IMF, Review of International Political Economy 13 (2006), 480 (483-484).

[531] Vgl. *M. Portugal*, Improving IMF Governance and Increasing the Influence of Developing Countries in IMF-Decision-Making, in: Buira (Hrsg.), Reforming the Governance of the IMF and the World Bank, 2006, S. 97.

[532] Zu Einzelheiten siehe auch *J.R. Vreeland*, Foreign aid and global governance: Buying Bretton Woods – the Swiss-bloc case, Rev Int Organ 6 (2011), 369 ff. Siehe hierzu auch die kritische Stellungnahme bei *P. Niggli*, Helvetistan: Das Arabien der Schweiz?, in: GLOBAL+ 42 (2011), 6 f.

[533] In diesem Sinne z.B. *L. Van Houtven*, Governance of the IMF, 2002, S. 21.

mungs-)Konflikten neigen.[534] Schließlich findet sich auch die Auffassung, der zufolge gemischte Stimmrechtsgruppen vereinzelt dazu tendieren, nur die Standpunkte der Industrienation(en) einzunehmen und es für Entwicklungs- und Schwellenländer daher besser wäre, wenn sie sich zu homogeneren Gruppen zusammenschließen.[535] Aus Sicht der 28 EU-Mitgliedstaaten, die derzeit auf insgesamt sieben Stimmrechtsgruppen verteilt sind, stellt sich diese Problematik vor allem für Spanien und Irland, die in ihrer jeweiligen Stimmrechtsgruppe die einzigen EU-Staaten sind. Zu den daraus folgenden Rückwirkungen auf den Einfluss der EU im IWF sei an dieser Stelle zunächst nur hingewiesen.[536]

Wie die Zusammensetzung der Stimmrechtsgruppen sind auch die Kriterien für die Auswahl der Exekutivdirektoren formal nicht geregelt.[537] Stattdessen legt jede Gruppe ihren *modus operandi* selbst fest.[538] In einigen Gruppen, die von einem „inneren Kreis" von Mitgliedern dominiert und geführt werden, ist ein Rotationssystem vorherrschend. Dies ist beispielsweise in der malaysischen Stimmrechtsgruppe der Fall, in der der Vorsitz zwischen Indonesien und Malaysia alle vier und zwischen Singapur und Thailand alle zwei Jahre wechselt. Ähnliches gilt auch für die spanisch-lateinamerikanische und die baltisch-nordeuropäische Stimmrechtsgruppe, in denen der Vorsitz alle zwei Jahre – bei der ersteren zwischen Mexiko, Spanien und Venezuela und bei der

---

[534] So *L. Martinez-Diaz*, Executive Boards in International Organizations, in: Lamdany/ Martinez-Diaz (Hrsg.), Studies of IMF Governance – A Compendium, 2009, S. 82 (100).

[535] Vgl. *R. Gerster*, Proposals for Voting reform within the International Monetary Fund, JWT 27 (1993), 121 (124); ähnlich auch *M. Portugal*, Improving IMF Governance and Increasing the Influence of Developing Countries in IMF-Decision-Making, in: Buira (Hrsg.), Reforming the Governance of the IMF and the World Bank, 2006, S. 95 m. w. Nw.

[536] Ausführlich hierzu Teil 5.B.-C.

[537] Auch hinsichtlich der Anforderungen an die Qualifikationen der Exekutivdirektoren enthalten die *Articles of Agreement* keine Vorgaben. Derartige Regelungen bleiben insofern allein den Mitgliedstaaten vorbehalten. In der Regel üben Exekutivdirektoren sowohl vor Beginn wie auch nach Beendigung ihrer Tätigkeit hohe Positionen in den Finanzministerien oder Notenbanken ihrer Heimatstaaten aus. Näheres im Hinblick auf den deutschen Exekutivdirektor regelt das IWFG. Es sieht in Art. 5 Abs. 3 IWFG vor, dass die Zuständigkeit hierfür diesmal beim Bundesfinanzministerium liegt, das allerdings auch hier im Benehmen mit der Deutschen Bundesbank zu handeln hat.

[538] Vgl. *IEO*, Governance of the IMF – An Evaluation, 2008, S. 24, 30.

zweiten sogar zwischen allen Mitgliedern – rotiert.[539] In den auf strenger Gleichheit bedachten Stimmrechtsgruppen, wie der 23 Mitglieder umfassenden afrikanischen Gruppe, wechselt der Posten des Exekutivdirektors ebenfalls nach jeder Wahlperiode, so dass hier jedes Mitglied abwechselnd den Vorsitz führt.[540] Dagegen wird in den von einem einzelnen Staat dominierten Gruppen, wie der brasilianischen, italienischen, indischen, kanadischen[541] oder schweizerischen, der Exekutivdirektor – trotz der dortigen Nord-Süd- bzw. inzwischen auch Ost-West-Verbindungen – regelmäßig vom Mitglied mit der größten Quote ausgewählt.[542]

In der Gesamtschau zeigt sich somit, dass die wirtschaftliche Stärke eines Mitglieds sowie seine Bereitschaft zu finanziellem Engagement sich direkt in formalen Kompetenzen im Exekutivdirektorium niederschlagen. Trotz ihrer zum Teil unterschiedlichen Zusammensetzung aus Industrie- und Schwellenländern werden die Stimmrechtsgruppen und damit das Exekutivdirektorium insgesamt von den industrialisierten Staaten dominiert. Diese Dominanz der Industrieländer innerhalb des IWF stand seit Jahren in der Kritik.[543] Als Antwort hierauf und um sei-

---

539 Vgl. *IWF*, Jahresbericht 2013, S. 61. Zu Einzelheiten siehe auch *N. Woods/ D. Lombardi*, Uneven patterns of governance: how developing countries are represented in the IMF, Review of International Political Economy 13 (2006), 480 (484 ff.).

540 Vgl. *Africa Group I Constituency*, Working Rules and Procedures for Africa Group I Constituency in the IMF and World Bank, 2003, S. 3, http://siteresources.worldbank.org/INTEDS14/Resources/WORKINGRULES.pdf (letzter Zugriff: 6.4.2015).

541 Ausf. *B. Momani*, Canada's IMF executive director, Canadian Public Administration 53 (2010), 163 (167).

542 Vgl. *D. Leech*, Voting Power in the Governance of the International Monetary Fund, Annals of Operations Research 109 (2002), 375 (380 f.); *N. Woods/ D. Lombardi*, Uneven patterns of governance: how developing countries are represented in the IMF, Review of International Political Economy 13 (2006), 480 (484); *M. Portugal*, Improving IMF Governance and Increasing the Influence of Developing Countries in IMF-Decision-Making, in: Buira (Hrsg.), Reforming the Governance of the IMF and the World Bank, 2006, S. 95 f. Üblicherweise haben die stellvertretenden Exekutivdirektoren aber eine andere Staatsangehörigkeit als die Exekutivdirektoren.

543 Vgl. hierzu exemplarisch die Beiträge von *N. Woods*, Making the IMF and the World Bank more Accountable, International Affairs 77 (2001), 83 (85 ff.); *V. Kelkar/ V. Yadav/ P. Chaudhry*, Reforming the Governance of the International Monetary Fund, The World Economy 27 (2004), 727 (728 ff.); *M. Portu-*

ne Effektivität und Legitimität insbesondere innerhalb der Gruppe der Entwicklungs- und Schwellenländer zu stärken, hat der IWF 2008 nach langen Verhandlungen und Vorarbeiten die erste von zwei Quoten- und Governance-Reformen auf den Weg gebracht.[544] Sie ist im März 2011 in Kraft getreten und sieht neben der bereits erläuterten *ad hoc*-Quotenerhöhung zugunsten von 54 Mitgliedern[545] und einer Neuregelung des Stimmrechts[546] auch eine bessere Beteiligung im Exekutivdirektorium vor. Danach dürfen einzelne Exekutivdirektoren, die von einer besonders großen Stimmrechtsgruppe gewählt wurden, seit der ordentlichen Direktoriumswahl 2012 einen zweiten stellvertretenden Exekutivdirektor ernennen.[547] Der Beschluss des Gouverneursrats zur Billigung der Änderung legte diese Zahl zunächst auf 19 Mitglieder fest, senkte sie dann 2010 auf „sieben oder mehr".[548] In diesem Zusammenhang billigte der Gouverneursrat im November 2010 auch die zweite *Quota and Governance Reform.*[549] Sie ist nach der Ratifizierung durch

---

gal, Improving IMF Governance and Increasing the Influence of Developing Countries in IMF-Decision-Making, in: Buira (Hrsg.), Reforming the Governance of the IMF and the World Bank, 2006, S. 75 ff.; *B. Momani*, Proposing IMF Reforms for Low-Income Countries, F & D 2009, 247 (251 ff.).

544 Siehe Gouverneursrats-Resolution Nr. 63-2 v. 28.4.2008, abgedr. in: *IMF*, Selected Decisions and Selected Documents of the IMF, 37. Aufl. 2013, S. 3 ff.

545 Siehe oben Teil 3.A.III.2.

546 Hierzu sogleich näher in Teil 3.B.III.

547 Vgl. Art. XII Abschn. 3 lit. e) IWFÜ. Zu ihrer Unterstützung sind ihnen zusätzlich je nach Anzahl der Mitglieder einer Stimmrechtsgruppe unterschiedlich viele Berater zugeordnet. Diesen obliegt es, insbesondere Exekutivdirektoren aus schwächer entwickelten Staaten, die im Hinblick auf die tatsächliche Wahrnehmung ihrer Mitgliedschaft nicht nur vor einem finanziellen, sondern häufig auch vor einem personellen Problem stehen, zu beraten und zu informieren. Dies gilt besonders für die beiden afrikanischen Stimmrechtsgruppen, in denen die Arbeitsbelastung für die beiden Exekutivdirektoren und ihre Stellvertreter aufgrund der langfristigen Kreditbeziehungen der jeweils 23 Mitglieder zum IWF vergleichsweise extrem hoch ist. Vgl. *M. Portugal*, Improving IMF Governance and Increasing the Influence of Developing Countries in IMF-Decision-Making, in: Buira (Hrsg.), Reforming the Governance of the IMF and the World Bank, 2006, S. 96.

548 Vgl. Gouverneursrats-Resolution Nr. 66-2 v. 15.12.2010, abgedr. in: *IMF*, Selected Decisions and Selected Documents of the IMF, 37th Issue 2013, S. 11.

549 Siehe *ebd.*

die USA Mitte Dezember 2015[550] am 26. Januar 2016 in Kraft getreten und hat neben der bereits aufgezeigten Umstellung auf ein ausschließlich gewähltes Exekutivdirektorium und der Quotenverdoppelung und -verlagerung auf unterrepräsentierte Mitglieder und dynamische Entwicklungs- und Schwellenländer zur Folge, dass in Reaktion auf die Kritik an der zahlenmäßigen Überrepräsentation der europäischen Staaten im Exekutivdirektorium ihre gemeinsame Vertretung bei der nächsten ordentlichen Wahl um zwei Sitze verringert wird.[551] Dem sind Belgien und Luxemburg, die bisher gemeinsam mit anderen Mitgliedern eine Stimmrechtsgruppe bildeten, sowie die Mitglieder der früheren niederländischen Stimmrechtsgruppe bereits im Rahmen der Direktoriumswahl im November 2012 nachgekommen. Seitdem setzen sich diese Staaten zu einer gemeinsamen Stimmrechtsgruppe unter dem aktuellen Vorsitz der Niederlande zusammen. Der so freigewordene Sitz wird aktuell von einigen zentraleuropäischen Staaten, Österreich und der Türkei, die derzeit auch den Vorsitz führt, wahrgenommen.[552]

bb) Rechtliche Stellung der Exekutivdirektoren

Während die Vertreter im *Board of Governors* unstreitig als *weisungsgebundene* Repräsentanten der sie entsendenden Mitgliedstaaten anzusehen sind,[553] lässt sich die rechtliche Stellung der Exekutivdirektoren wesentlich schwerer bestimmen.

---

550 Vgl. *IMF*, IMF Managing Director Christine Lagarde Welcomes U.S. Congressional Approval of the 2010 Quota and Governance Reforms, Press Release No. 15/573, December 18, 2015. Zur bis dahin ausgeübten Blockadehaltung im US-Kongress s. die Kritik bei *E. Truman*, The Congress should Support IMF Governance Reform to Help Stabilize the World Economy, Peterson Institute for International Economics, Policy Brief PB 13-7, March 2013; *ders.*, IMF Reform is Waiting on the United States, Peterson Institute for International Economics, Policy Brief PB 14-9, March 2014; *ders.*, What Next for the IMF?, Peterson Institute for International Economics, Policy Brief PB 15-1, January 2015, alle abrufbar unter http://www.iie.com (letzter Zugriff: 6.3.2016).

551 Krit. hierzu allerdings *Deutsche Bundesbank*, Finanzierung und Repräsentanz im IWF, Monatsbericht März 2010, 53 (629).

552 Vgl. *IWF*, Jahresbericht 2013, S. 61.

553 Dem Recht der Mitglieder, die Zusammensetzung ihrer Vertreter zu bestimmen, entspricht damit ihrer Befugnis, ihnen auch Weisungen für die Mitarbeit und Abstimmung im *Board of Governors* erteilen zu können. Hinsichtlich der Vertretung Deutschlands durch den Präsidenten der Deutsche Bundesbank

Diese weitgehende Unsicherheit im Hinblick auf den Status der Exekutivdirektoren hat ihre Wurzeln zum Teil auch in der Zurückhaltung der *Articles of Agreement*, die hierzu keine oder nur beiläufig Stellung beziehen. Lediglich im Hinblick auf den Status des Geschäftsführenden Direktors und des IWF-Personals enthalten die *Articles of Agreement* in Art. XII Abschn. 4 lit. c) eine nähere Bestimmung. Der erste Satz der Norm regelt die Verantwortung der beiden Personenkreise im Hinblick auf die sich aus ihren Ämtern ergebenden Aufgaben, indem er bestimmt, dass sowohl der Geschäftsführende Direktor als auch das IWF-Personal keiner anderen Stelle gegenüber verpflichtet sein sollen als dem IWF.[554] Die Bestimmung ergänzt der erste Teil des Satzes 2, nach dem die Mitgliedstaaten den internationalen Charakter dieser Verpflichtung zu achten haben. Abschließend begründet der zweite Teil eine weitere unmittelbar für die Mitgliedstaaten geltende rechtliche Verpflichtung, alle Versuche zu unterlassen, das IWF-Personal bei der Erfüllung seiner Aufgaben zu beeinflussen.[555] Daraus folgt, dass sowohl der Geschäftsführende Direktor als auch der Verwaltungsstab nicht die Vertreter der Mitgliedstaaten, sondern allein dem IWF und seinen Interessen verpflichtet sind.[556]

Vereinzelt werden auch die Exekutivdirektoren, die bei der Wahrnehmung ihrer Aufgaben ebenfalls den IWF-Zielen verpflichtet sind, als Beamte des IWF bezeichnet.[557] Zwar spricht für diese Annahmen nicht

---

gelten gleichwohl die aufgezeigten Einschränkungen. Vgl. *L. Gramlich*, Internationale Finanzordnung (IMF und IBRD) – Legitimität, Effektivität, Reform, in: Giegerich (Hrsg.), Internationales Wirtschafts- und Finanzrecht in der Krise, 2011, S. 101. Vgl. insoweit auch allgemein bereits *E. P. Hexner*, Das Verfassungs- und Rechtssystem des Internationalen Währungsfonds, 1960, S.48; ferner *D. Carreau*, Le Fonds monétaire international, 2009, S. 36.

[554] Vgl. auch Regel N-3 IMF Rules and Regulations.

[555] Eine Einflussnahme auf die Willensbildung des Geschäftsführenden Direktors ist dagegen nicht, zumindest nicht ausdrücklich, ausgeschlossen.

[556] So auch bereits *J. Gold*, Legal and Institutional Aspects of the International Monetary System, Bd. II, 1984, S. 390.

[557] So auch die Bewertung bei *R. Smits*, The European Central Bank, 1997, S. 440. Ähnlich *F. Gianviti*, Decision Making in the International Monetary Fund, in: IMF (Hrsg.), Current Developments in Monetary and Financial Law, Bd. 1, 1999, S. 31 (48.): "[A]n Executive Director of the IMF is an official of the organization, legally accountable of the IMF for the discharge of his duties".

nur, dass sie ihr Gehalt[558] vom IWF erhalten, sondern auch der Umstand, dass er die Quelle ihrer Immunität ist (vgl. Art. IX Abschn. 8 IWFÜ).[559] Gleichwohl verkennt eine solche Betrachtungsweise, dass Exekutivdirektoren bei der Wahrnehmung ihrer Aufgaben – anders als dies beim Geschäftsführenden Direktor und dem Personal der Fall ist – nicht dem IWF verpflichtet sind.[560] Auch darf nicht übersehen werden, dass vor allem diejenigen unter ihnen, die bis zur Reform 2010 von einzelnen Mitgliedern ernannt wurden, Weisungen ihrer Mitgliedstaaten entgegennehmen durften[561] und vereinzelt sogar dazu verpflichtet waren, ihr Abstimmungsverhalten im Direktorium vorab mit den nationa-

558 Anders ist die Situation bei den Gouverneuren und ihren Stellvertretern. Sie erhalten für ihre Tätigkeit vom IWF kein Entgelt, sondern lediglich eine Aufwandsentschädigung für ihre Teilnahme an den IWF-Sitzungen (vgl. Abschn. 14 lit. (a) IMF By-laws).

559 Vgl. *F. Gianviti*, Decision Making in the International Monetary Fund, in: IMF (Hrsg.), Current Developments in Monetary and Financial Law, Bd. 1, 1999, 31 (46 f.); *R. Martha*, The Financial Obligation in International Law, 2015, S. 555.

560 Hierzu bereits *E. P. Hexner*, The Executive Board of the International Monetary Fund: A Decision-Making Instrument, International Organization 18 (64), 74 (85). Diesen Aspekt betonen auch *J. Gold*, Die Struktur des IWF, F & E 79, 11 (12); *L. Martinez-Diaz*, Executive Boards in International Organizations, in: Lamdany/ Martinez-Diaz (Hrsg.), Studies of IMF Governance – A Compendium, 2009, S. 82 (96).

561 Näheres im Hinblick auf den deutschen Exekutivdirektor und seinen Stellvertreter regelt erneut das IWFG. Es sieht in Art. 6 Abs. 2 weiterhin vor, dass beide im Rahmen ihrer Amtstätigkeit den Weisungen des Bundesfinanzministers unterliegen. Die Deutsche Bundesbank ist aber auch hier insofern an der Meinungsbildung beteiligt, als sie aufgrund eines Verwaltungsabkommens mit der Bundesregierung in bestimmten Einzelfällen, insbesondere wenn es um die von ihr wahrzunehmenden finanziellen Rechte und Pflichten gegenüber dem IWF geht, vorher anzuhören ist. Vgl. hierzu auch *Deutsche Bundesbank*, Die Beziehungen Deutschlands zum Internationalen Währungsfonds nach Einführung des Euro, Monatsbericht 09/ 1999, 15 (17); *H. J. Hahn*, Währungsrecht, 1990, § 15, Rn. 10. Eine ähnliche Regelung enthält auch das US-amerikanische Zustimmungsgesetz zum IWFÜ. Vgl. 22 USC 286b: Executive Order 11269 (National Advisory Council on International Monetary and Financial Policies), Sec. 3 (1). Darin wird dem Finanzministerium die Befugnis übertragen, "to instruct representatives of the United States to international financial organizations".

len Parlamenten abzuklären.[562] In diesem Kontext hat das Aufkommen moderner Kommunikationsmittel die Möglichkeit nationaler Regierungen und Parlamente, die Tätigkeit „ihrer" Exekutivdirektoren zu überwachen und zu steuern, zusätzlich verstärkt und dadurch deren Spielraum zu autonomen Handeln weiter reduziert.[563] Im ungünstigsten Fall durften ernannte Direktoren von ihrem Entsendestaat durch die Ernennung eines Nachfolgers auch sofort abberufen werden.[564] Dieses Szenario ist – wenn auch mit gewissen, indes nur theoretischen, Einschränkungen – auch bei der künftigen Wahl einzelner Exekutivdirektoren durch einige quotenstarke Mitglieder denkbar.[565] Selbst die an der Spitze der 16 *multiple-state constituencies* stehenden Direktoren unterliegen bestimmten Kontrollen und Anreizen, die sie zu einem loyalen Verhalten gegenüber den finanz- und wirtschaftspolitischen Vorstellungen der Regierungen der Mitgliedstaaten anhalten sollen.[566] Dazu ge-

---

[562] So *J. Stark/D. Hartenstein*, Die Stärkung des internationalen Finanzsystems, 2002, S.12. Vgl. in diesem Zusammenhang auch die Nachweise bei *E. M. Truman*, A Strategy for IMF Reform, 2006, S. 74, Fn. 23 sowie die Reformvorschläge von *V. L. Kelkar/ P. K. Chaudhry/ M. Vanduzer-Snow*, Time for Change at the IMF, F & D 03/ 2005, 46 (48).

[563] Hierzu *L. Martinez-Diaz*, Executive Boards in International Organizations, in: Lamdany/ Martinez-Diaz (Hrsg.), Studies of IMF Governance – A Compendium, 2009, S. 82 (97).

[564] Zu dieser Option siehe Art. XII Abschn. 3 lit. f) S.1 IWFÜ a.F. Vgl. hierzu auch *E.P. Hexner*, Interpretation by Public International Organizations of their Basic Instruments, AJIL 53 (1959), 341 (369); *R. Gerster*, Accountability of Executive Directors in the Bretton Woods Institutions, JWTL 27 (1993), 87 (92); *M. Portugal*, Improving IMF Governance and Increasing the Influence of Developing Countries in IMF-Decision-Making, in: Buira (Hrsg.), Reforming the Governance of the IMF and the World Bank, 2006, S. 78; *K. Campbell*, Managing Conflicts of Interest and Other Ethics Issues at the IMF, in: Lamdany/ Martinez-Diaz (Hrsg.), Studies of IMF Governance – A Compendium, 2009, S. 254 (256).

[565] Dies würde für die USA, Japan, China, Deutschland, Frankreich und Großbritannien, aber auch für Russland und Saudi-Arabien, gelten. Eine Einschränkung existiert allerdings insofern, als gewählte Exekutivdirektoren gem. Art. XII Abschn. 3 lit. f) IWFÜ grundsätzlich nicht zwischen den Wahlen abberufen werden können.

[566] Hierzu bereits *E. P. Hexner*, The Executive Board of the International Monetary Fund: A Decision-Making Instrument, International Organization 18 (1964), 74 (86); vgl. ferner *IEO*, Governance of the IMF – An Evaluation, 2008, S.16.

hört insbesondere die Aussicht, nach der nur zweijährigen Amtszeit wiedergewählt zu werden[567].[568]

Angesichts dieser Einwände käme eine Qualifizierung der Exekutivdirektoren als Interessenvertreter ihrer jeweiligen Mitgliedstaaten bzw. der Mitglieder ihrer Stimmrechtsgruppe in Betracht.[569] Eine genaue Analyse der *Articles of Agreement* stützt aber auch diese Deutung nicht. So kann ein gewählter Exekutivdirektor gem. Art. XII Abschn. 3 lit. i) (iv) S. 2 IWFÜ die Stimmen, zu deren Abgabe er nach Art. XII Abschn. 3 lit. i) (i) IWFÜ berechtigt ist, nur einheitlich abgeben, darf sie also nicht entsprechend der widerstreitenden Ansichten innerhalb seiner Stimmrechtsgruppe splitten.[570] Gelingt es den Mitgliedern insofern nicht, sich untereinander auf eine gemeinsame Position zu einigen, so

---

[567] Die Beschäftigungsdauer der einzelnen Exekutivdirektoren betrug im Zeitraum 1990 bis 2007 durchschnittlich „nur" 23 Monate. Da einige unter ihnen aber zuvor auch als stellvertretende Exekutivdirektoren tätig waren, würde sich die durchschnittliche Beschäftigungsdauer unter Berücksichtigung dieser Amtszeit im Board auf 54 Monate erhöhen. Zu weiteren Einzelheiten s. *L. Martinez-Diaz*, Executive Boards in International Organizations, in: Lamdany/ Martinez-Diaz (Hrsg.), Studies of IMF Governance – A Compendium, 2009, S. 82 (98).

[568] Die Bestimmungen in den *Articles of Agreement* sehen insoweit auch keine institutionellen Vorkehrungen vor, die einzelne Exekutivdirektoren vor derartigen Beeinflussungen durch ihre Mitgliedstaaten schützen. Diesen Aspekt unterstreicht auch *M. Portugal*, Improving IMF Governance and Increasing the Influence of Developing Countries in IMF-Decision-Making, in: Buira (Hrsg.), Reforming the Governance of the IMF and the World Bank, 2006, S. 78-80, der daher vorschlägt, die Amtsdauer auf sechs Jahre festzulegen, wobei alle zwei Jahre ein Drittel des Boards gewählt werden und eine Wiederwahl ausgeschlossen sein soll. Auf diese Weise soll ein ausreichender Schutz ihrer personellen Unabhängigkeit gewährleistet und zugleich die Handlungsfähigkeit des Boards gesteigert werden. Ähnlich bereits auch *V. L. Kelkar/ P. K. Chaudhry/ M. Vanduzer-Snow*, Time for Change at the IMF, F & D 03/ 2005, 46 (48).

[569] So *H.G. Schermers/ N.M. Blokker*, International Institutional Law, 5. Aufl. 2011, § 290.

[570] Dies betonen auch *R. Gerster*, Accountability of Executive Directors in the Bretton Woods Institutions, JWTL 27 (1993), 87 (91) und *F. Gianviti*, Decision Making in the International Monetary Fund, in: IMF (Hrsg.), Current Developments in Monetary and Financial Law, Bd. 1, 1999, 31 (46). Zu den besonderen Umständen in der kanadischen Stimmrechtsgruppe *B. Momani*, Canada's IMF executive director, Canadian Public Administration 53 (2010), 163 (167 ff.).

ist der betreffende Exekutivdirektor aufgrund dieser Verpflichtung gezwungen, unabhängig von den verschiedenen an ihn gerichteten Weisungen der Mitglieder einen eigenen Standpunkt einzunehmen und entsprechend zu agieren.[571] Zudem lässt sich die Beurteilung auch im Hinblick auf die Bestimmung des Art. XII Abschn. 3 lit. j) IWFÜ nicht gänzlich aufrechterhalten.[572] Diese erlaubt es gerade jedem Mitglied zu Sitzungen des Direktoriums einen Vertreter zu entsenden, wenn ein von dem Mitglied gestellter Antrag oder eine dieses Mitglied besonders berührende Angelegenheit behandelt wird.[573] Schließlich zeigt auch eine Zusammenschau der *Articles of Agreement*, die – anders als andere Satzungen internationaler Organisationen, wie die UN-Charta oder das WTO-Übereinkommen – bei der Bezugnahme auf Exekutivdirektoren nicht die Bezeichnung „Vertreter" verwenden, dass es sich bei ihnen nicht in jeder Hinsicht um Interessenvertreter ihrer jeweiligen Mitgliedstaaten bzw. der Mitglieder ihrer Stimmrechtsgruppe handelt.[574]

Im Ergebnis sprechen die besseren Argumente dafür, dass die Rechtsstellung der Exekutivdirektoren doppelter Natur ist:[575] Als Fondsorgan

---

[571] Diese insoweit problematische Situation, in der sich ein von mehreren Mitgliedern gewählter Exekutivdirektor befindet, verdeutlicht das Zitat des früheren australischen Exekutivdirektors *Melville*, der von Australien und der Südafrikanischen Union gewählt worden war: "As a South African I am, of course, in favour of premium sales of gold. As an Australian I must add that my instructions are to oppose them", zitiert nach *M. H. Gumbart*, Gold Transactions at Premium Prices, in: Horsefield (Hrsg.), The International Monetary Fund 1945-1965, Bd. II: Analysis, 1969, S. 174 (196-197).

[572] Zu diesem Argument vgl. auch *J. Gold*, Die Struktur des IWF, F & E 79, 11 (12).

[573] Näheres zum Verfahren regelt Abschn. 19 IMF By-Laws.

[574] Dies betonte auch das IWF-Sekretariat in einem zur Aussprache an das Exekutivdirektorium adressierte "paper on preparations for economic and monetary union (EMU)". Vgl. *IMF*, Preparations for Economic and Monetary Union, SM/97/87, March 26, 1997, S. 41, Fn. 53: "Although Executive Directors may communicate the views of their constituents to Fund organs, they are not, when acting in their official capacity, representatives of members, but officials of the Fund. In this respect, their status is different from that, for instance, of ambassadors accredited to the United Nations." Siehe auch *F. Gianviti*, Decision Making in the International Monetary Fund, in: IMF (Hrsg.), Current Developments in Monetary and Financial Law, Bd. 1, 1999, S. 31 (46).

[575] Im Ergebnis wie hier *E. S. Fawcett*, The Place of Law in an International Organization, BYIL 36 (1960), 321 (369: "The truth of the matter is perhaps that they represent both"); *J. K. Horsefield*, The International Monetary Fund

sind sie den Interessen des IWF, der Wahrung der gemeinsamen Interessen aller Mitgliedstaaten und der Erreichung der in Art. I IWFÜ niedergelegten Ziele verpflichtet. Zugleich sind sie aber auch Vertreter der Einzelinteressen ihrer Mitgliedstaaten bzw. der Mitglieder ihrer Stimmrechtsgruppe. In ihnen vollzieht sich insofern der Ausgleich des Fondsinteresses und der mitgliedstaatlichen Einzelinteressen, so dass sie im institutionellen Gefüge des IWF als zwischen den Gouverneuren und dem Personal stehend eingeordnet werden können.[576]

b) Aufgaben und Befugnisse

Die zentrale Norm für die Zuweisung der Aufgaben an das Exekutivdirektorium stellt Art. XII Abschn. 2 lit. b) und Abschn. 3 lit. a) IWFÜ dar.[577] Danach nimmt das Exekutivdirektorium neben den ihm vom IWFÜ zugewiesenen Aufgaben auch solche Befugnisse wahr, die ihm der Gouverneursrat übertragen hat, so dass zwischen ursprünglichen und zusätzlichen Aufgaben unterschieden werden kann.[578] Bei der Wahrnehmung dieser Aufgaben muss sich das Direktorium stets im

---

1945-1965, Bd. I: Chronicle, 1969, S. 133 unter Verweis auf *Harry Dexter White*: "However, while the Executive Director would continue to be a representative of his country on the Board, he would also be a representative of the Board in conveying the Fund's views to his Government"; *J. Gold*, Legal and Institutional Aspects of the International Monetary System, Bd. II, 1984, S. 390: "The implication of this silence [of the Articles] is that Executive Directors can owe their duty to the members that appoint or elect them as well as to the Fund". Vgl. auch die Bewertung von *E. M. Truman*, A strategy for IMF reform, 2006, S. 74: "As such, their roles are somewhat ambiguous".

576 Zu Recht weist *M. Portugal*, Improving IMF Governance and Increasing the Influence of Developing Countries in IMF-Decision-Making, in: Buira (Hrsg.), Reforming the Governance of the IMF and the World Bank, 2006, S. 79 jedoch darauf hin, dass im Falle eines Interessenkonfliktes zwischen einem Mitglied und dem Fonds, "the Executive Director has to be able to exercise balanced judgement and to act as an *international official* while taking into due consideration the long term national interests of the countries they represent" [eigene Hervorhebung].

577 Siehe auch Abschn. 15 IMF By-Laws.

578 Dazu ausführlich *J. Gold*, Legal and Institutional Aspects of the International Monetary System, Bd. II, 1984, S. 389 f. und *F. Gianviti*, Decision Making in the International Monetary Fund, in: IMF (Hrsg.), Current Developments in Monetary and Financial Law, Bd. 1, 1999, S. 31 (40-43).

Einklang mit den in Art. I IWFÜ niedergelegten Zielen des IWF befinden.

Da der Gouverneursrat in der Praxis bereits früh alle delegierbaren Befugnisse auf das Exekutivdirektorium übertragen hat, eröffnet die eingangs erwähnte Vorschrift dem Direktorium ein breites Betätigungsfeld, das sich auf fast alle Aktivitäten des IWF, einschließlich seiner regelsetzenden, überwachenden und finanziellen Tätigkeiten, bezieht. Schon mit Blick auf diesen weiten Zuständigkeitsbereich des Exekutivdirektoriums zeigt sich, dass es das zentrale operative Organ des IWF ist.[579] Zu seinen Aufgaben gehören neben den Entscheidungen über die Vergabe von IWF-Finanzhilfen und den Kontrollen der damit verbundenen wirtschaftspolitischen Auflagen (Art. I (v) und V IWFÜ) auch die bilaterale Überwachung (*surveillance*) der Währungs-, Wirtschafts- und Finanzpolitik der Mitglieder im Rahmen der regelmäßig stattfindenden Konsultationen sowie die multilaterale Überwachung des internationalen Währungssystems (Art. IV Abschn. 3 IWFÜ). Ferner berät und entscheidet es über den Abschluss von Kooperationsabkommen mit anderen, auf verwandten Gebieten arbeitenden internationalen Organisationen (Art. X IWFÜ). Außerdem obliegen ihm das Recht zur autoritativen Auslegung der *Articles of Agreement* und damit die Sicherstellung ihrer einheitlichen Anwendung (Art. XXIX lit. a) IWFÜ) sowie eine Reihe von Entscheidungen in rein administrativen Angelegenheiten. Hierzu zählen insbesondere die Genehmigung des Haushaltsplans,[580] die Festlegung einer eigenen Verfahrens- und Finanzordnung zur ordnungsgemäßen Führung der Geschäfte des IWF,[581] die Vorbereitung und Vorlage des Jahresberichts über die Politik und Gesamttätigkeit des IWF an den Gouverneursrat,[582] sowie die Personalpolitik. Schließlich wählt und entlässt das Exekutivdirektorium auch den Geschäftsführenden Direktor (Art. XII Abschn. 4 lit. a IWFÜ).

---

[579] Dies unterstreicht auch *D. Carreau*, Le Fonds monétaire international, 2009, S. 40: « Le Conseil d'administration est la véritable cheville ouvrière du Fonds monétaire ». Ähnlich *A. Mountford*, Governance of the International Monetary Fund, in: Lamdany/ Martinez-Diaz (Hrsg.), Studies of IMF Governance – A Compendium, 2009, S. 15 (26): "[...] a statement that "the Fund has decided" almost always means that "the Executive Board has decided"."

[580] Abschn. 20 lit. (a) IMF By-Laws.

[581] Abschn. 16 IMF By-Laws.

[582] Abschn. 10 IMF By-Laws.

Insgesamt lässt dieser Überblick erkennen, dass die Aufgabenzuweisung an das Exekutivdirektorium – ebenso wie die an den Gouverneursrat – nicht in jeder Hinsicht das klassische, aus den nationalen Rechtsordnungen bekannte Prinzip der Gewaltenteilung zwischen Legislative, Exekutive und Judikative beachtet. Gleichwohl können die Funktionen der beiden Fondsorgane – trotz der ihnen in Art. XXI lit. c) und XXIX lit. a), b) IWFÜ zugewiesenen Auslegungskompetenz – im Wesentlichen den Exekutivfunktionen zugeordnet werden.

3. Der Geschäftsführende Direktor und das Personal

Die Stellung des Geschäftsführenden Direktors und des Personals sowie ihre Aufgaben sind in Art. XII Abschn. 4 IWFÜ geregelt. Danach wird der Geschäftsführende Direktor vom Exekutivdirektorium mit einfacher Mehrheit gewählt (Art. XII Abschn. 4 lit. a) IWFÜ).[583] Eine weitergehende Regelung zum Wahlverfahren findet sich in den *Articles of Agreement* nicht, was insoweit die Gefahr einer politischen Einflussnahme durch Regierungen enorm erhöht. Die Praxis weicht von dieser formalen Regelung jedenfalls insofern ab, als nach dieser die europäischen Mitgliedstaaten aufgrund eines *gentlemen's agreement* mit den USA ein Vorschlagrecht für den Geschäftsführenden Direktor haben, während die USA im Gegenzug den Präsidenten der Weltbank nominieren dürfen.[584] Dieses Vorschlagrecht der Europäer wurde bereits sehr früh dazu benutzt, um ausschließlich westeuropäische Staatsbürger zu nominieren[585].[586] Angesichts der wachsenden wirtschaftlichen und

---

[583] Dazu *D. Peretz*, The Process for Selecting and Appointing the Managing Director and First Deputy Managing Director of the IMF, in: Lamdany/ Martinez-Diaz (Hrsg.), Studies of IMF Governance – A Compendium, 2009, S. 276 (277).

[584] Vgl. hierzu *M. Kahler*, Leadership Selection in the Major Multilaterals, 2001, S. 19 ff.; Siehe auch *J. K. Cogan*, Representation and Power in International Organization: The Operational Constitution and its Critics, AJIL 103 (2009), 209 (209-212); *D. Carreau*, Le Fonds monétaire international, 2009, S. 42. Eine ähnliche Praxis hat sich auch in einigen regionalen Entwicklungsbanken durchgesetzt. So kommen der Präsident der Interamerikanischen Entwicklungsbank regelmäßig aus Lateinamerika und der Präsident der Asiatischen Entwicklungsbank aus Japan.

[585] Das Amt des Geschäftsführenden Direktors hatten bis heute folgende Personen inne: *Camille Gutt* (Belgien) 1946 bis 1951, *Ivar Rooth* (Schweden) 1951 bis 1956, *Per Jacobsson* (Schweden) 1956 bis 1963, *Pierre-Paul Schweitzer* (Frankreich) 1963 bis 1973, *H. Johannes Witteveen* (Niederlande) 1973 bis 1978,

auch politischen Bedeutung einiger aufstrebender Schwellenländer – insbesondere der sog. BRIC-Staaten – gerät diese politische Absprache jedoch zunehmend in Kritik.[587] Die Auseinandersetzung über die Ernennung von *Christine Lagarde* als Nachfolgerin von *Dominique Strauss-Kahn* und die anschließenden Streitigkeiten über seine Nachfolge haben dies in aller Deutlichkeit gezeigt. Einer der Kernpunkte dieser Kritik ist, dass das aktuelle Auswahlverfahren zu wenig transparent und leistungsbezogen und darüber hinaus Ausdruck der wirtschaftspolitischen Situation nach dem zweiten Weltkrieg und damit veraltet sei und daher die Legitimität und Effektivität des IWF gefährde.[588] Diesen

---

Jacques de Larosière (Frankreich) 1978 bis 1987, *Michel Camdessus* (Frankreich) 1987 bis 2000, *Horst Köhler* (Deutschland) 2000 bis 2004, *Rodrigo de Rato* (Spanien) 2004 bis 2007, *Dominique Strauss-Kahn* (Frankreich) 2007 bis 2011, *Christine Lagarde* (Frankreich) seit 2011.

[586] Inzwischen steht den USA *de facto* ein Vetorecht hinsichtlich des zuerst genannten Kandidaten zu, was die europäischen Staaten zur Benennung eines zweiten Kandidaten zwingt. Vgl. *D. Peretz*, The Process for Selecting and Appointing the Managing Director and First Deputy Managing Director of the IMF, in: Lamdany/ Martinez-Diaz (Hrsg.), Studies of IMF Governance – A Compendium, 2009, S. 276 (277).

[587] Besonders scharf fällt die Kritik von *Ariel Buira*, dem früheren Direktor des Sekretariats der G 24, aus: "Since IMF operations are entirely with developing countries and transition economies, it is neocolonial to assume that only a European is capable of becoming managing director". Vgl. *A. Buira*, The Governance of the IMF, 2003, http://www.g24.org/TGM/imfgover.pdf (letzter Zugriff: 6.4.2015). Siehe hierzu auch *M. Kahler*, Internal Governance and IMF Performance, in: Truman (Hrsg.), Reforming the IMF for the 21st Century, 2006, 257 (263-265); die Änderungsvorschläge bei *D. Peretz*, The Process for Selecting and Appointing the Managing Director and First Deputy Managing Director of the IMF, in: Lamdany/ Martinez-Diaz (Hrsg.), Studies of IMF Governance – A Compendium, 2009, S. 276 (284 ff.) sowie das *policy paper* von *R. Moghadam/ S. Hagan*, IMF Governance – Summary of Issues and Reform Options, 2009, S.18-19 unter anderem unter Hinweis auf *IMF and the World Bank*, The Bank Working Group to Review the Process for Selection of the President and the Fund Working Group to Review the Process for Selection of the Managing Director – Draft Joint Report, April 25, 2001, http://www.imf.org/external/spring/2001/imfc/select.htm (letzter Zugriff: 6.4.2015).

[588] Vgl. *IMF*, Statement by the G-11 Executive Directors of the IMF on the Selection Procedures for Appointing the IMF Managing Director, March 31, 2004, http://www.imf.org/external/np/sec/pr/2004/pr0464.htm.

Einwänden stehen die Interessen der europäischen Vertreter gegenüber, die im Zusammenhang mit der Ernennung von *Lagarde* stets darauf verwiesen haben, dass gerade die derzeit starke Beteiligung des IWF bei der Bewältigung der Finanzkrise in den peripheren europäischen Volkswirtschaften einen europäischen Geschäftsführenden Direktor erfordere, um die Bedeutung und Legitimität des Fonds aufrecht zu erhalten.[589] Die aus dieser unterschiedlichen Interessenlage resultierende Gefahr einer Verhärtung und Radikalisierung der unterschiedlichen Positionen konnte – wenn auch nur wohl kurzfristig – durch das an die Schwellenländer geäußerte Versprechen, ihnen künftig auf andere Weise mehr Einfluss im IWF zu verschaffen, und durch die kürzliche Ernennung des Chinesen *Min Zhu* als weiteren stellvertretenden Geschäftsführenden Direktor (*Deputy Managing Director*) gebannt werden.[590]

Organisatorisch ist der Geschäftsführende Direktor, der weder Gouverneur noch Exekutivdirektor sein darf, Vorsitzender des Exekutivdirektoriums und gleichzeitig höchster Verwaltungsbeamter des IWF (Art. XII Abschn. 4 lit. a), b) IWFÜ). Ihm stehen mittlerweile vier stellvertretende Geschäftsführende Direktoren zur Seite, die von ihm bestellt bzw. weiterbestellt werden.[591] 1949 wurde erstmals ein *Deputy Managing Director* ernannt, um den Geschäftsführenden Direktor bei der Wahrnehmung seiner umfangreichen Aufgaben zu entlasten.[592] 1994 und 2011 kamen schließlich drei weitere hinzu. Zwar sind auch diese Positionen entsprechend den für die Einstellung des Personals sonst auch geltenden Rekrutierungsprinzipien der Eignung („*highest standards of efficiency and of technical competence*") und der breiten geographischen Verteilung („*as wide a geographical basis as possible*") auszusuchen.[593] Gleichwohl ist auch hier eine klare Tendenz zu Kandi-

---

[589] Siehe hierzu auch die Aussprache im Europäischen Parlament v. 6.6.2011 hinsichtlich des Auswahlverfahrens „für einen neuen Geschäftsführenden Direktor des IWF und der Vertretung des Euro nach außen", S. 20 ff., http://www.europarl.europa.eu/sides/getDoc.do?pubRef=-//EP//NONSGML+CRE+20110606+SIT+DOC+PDF+V0//DE&language=DE (letzter Zugriff: 6.4.2015).

[590] Vgl. *B. Momani*, China at the International Monetary Fund, Journal of Chinese Economics 2013, 125 (145).

[591] Vgl. Regel C-5 lit. b) IMF Rules and Regulations.

[592] *L. Van Houtven*, Governance of the IMF, 2002, S. 16; *A. Mountford*, Governance of the International Monetary Fund, in: Lamdany/ Martinez-Diaz (Hrsg.), Studies of IMF Governance – A Compendium, 2009, S. 15 (33).

[593] Vgl. Art. XII Abschn. 4 lit. d) IWFÜ.

daten aus bestimmten Nationen festzustellen. So wird der *First Deputy Managing Director* seit 1949 stets von den USA gestellt[594].[595]

Ebenso wie für das Wahlverfahren lassen sich auch für die Amtszeit des Geschäftsführenden Direktors keine Anhaltspunkte aus den *Articles of Agreement* ableiten. Lediglich auf sekundärrechtlicher Ebene heißt es hierzu in Abschn. 14 lit. (c) IMF By-Laws: "[T]he contract of the Managing Director shall be for a term of five years and may be renewed for the same term or for a shorter term at the discretion of the Executive Board". Auch enthält der Übereinkommenstext keine explizite Regelung, die die Voraussetzungen, die an die Person des Geschäftsführenden Direktors zu stellen sind, näher bestimmt. Insoweit fordert erneut lediglich Abschn. 14 lit. (c) IMF By-Laws, "that no person shall be initially appointed to the post of Managing Director after he has reached his sixty-fifth birthday and that no Managing Director shall hold such post beyond his seventieth birthday". Einen Anhaltspunkt in der IWF-Satzung liefert zwar Art. XII Abschn. 4 lit. c). Doch betrifft dieser nicht unmittelbar die Voraussetzungen für das Amt, sondern die unabhängige Amtsführung. Aus dem Umstand, dass der Geschäftsführende Direktor bei der Wahrnehmung seiner Aufgaben keiner anderen Stelle außerhalb des IWF verantwortlich sein darf, lässt sich aber zumindest ableiten, dass die Person des Geschäftsführenden Direktors von einer weitgehenden politischen Unabhängigkeit, insbesondere gegenüber seinem Heimatstaat bzw. -region gekennzeichnet sein muss. Nur so kann gewährleistet werden, dass er die sich in seinem Amt stellenden Aufgaben ohne Präferenzen für seinen eigenen Herkunftsbereich angehen kann und dass er das Vertrauen nicht nur der europäischen Mitgliedstaaten, sondern auch der Mehrzahl der Mitglieder und der internationalen Öffentlichkeit erfährt. Der Geschäftsführende Direktor hat insofern ein Vertrauter vieler Mitglieder bzw. ein „unparteiischer Dritter" zu sein, was bedeutet, dass er ein Höchstmaß an Vertrauenswürdigkeit, Leistungsfähigkeit und fachlicher Eignung in der Bekleidung früherer nationaler oder internationaler Ämter unter Beweis gestellt haben muss.

---

594 Kritisch insoweit der Bericht des *IEO*, Governance of the IMF – An Evaluation, 2008, S.17; siehe auch *D. Peretz*, The Process for Selecting and Appointing the Managing Director and First Deputy Managing Director of the IMF, in: Lamdany/ Martinez-Diaz (Hrsg.), Studies of IMF Governance – A Compendium, 2009, S. 276 (277, 280).

595 Heute haben dieses Amt die folgenden Personen inne: *David Lipton* (USA), *Carla Grasso* (Brasilien/Italien), *Mitsuhiro Furusawa* (Japan) und *Min Zhu* (China).

Gleichzeitig bedeutet dies auch die unbedingte Inkompatibilität des Amtes mit der Wahrnehmung nationaler Aufgaben während der Amtszeit. Schließlich wird die Regelung auch so zu verstehen sein, dass neben dem Amt keiner sonstigen privaten Nebenbeschäftigung entgeltlicher oder unentgeltlicher Art nachgegangen werden darf.[596]

Die Aufgaben des Geschäftsführenden Direktors ergeben sich aus den *Articles of Agreement* und dem Sekundärrecht. Sie resultieren im Wesentlichen aus seiner Position als Leiter des diensttuenden Personals und Vorsitzender des Exekutivdirektoriums. In Ausübung der erstgenannten Funktion obliegt ihm gem. Art. XII Abschn. 4 lit. b) IWFÜ „nach Weisung des Exekutivdirektoriums die Führung der gewöhnlichen Geschäfte des Fonds". Darüber hinaus überträgt ihm die Vorschrift – wenn auch nur erneut unter der allgemeinen Kontrolle des Direktoriums[597] – die Verantwortung „für den Einsatz, die Einstellung und die Entlassung des Personals".[598] Als Vorsitzender des Exekutivdirektoriums ist er gem. Art. XII Abschn. 4 lit. a) IWFÜ naturgemäß zur Teilnahme an dessen Sitzungen berechtigt, verfügt dort allerdings – außer bei Stimmengleichheit – über kein Stimmrecht. Schließlich sieht Art. XVIII Abschn. 4 lit. a) bis c) IWFÜ noch ein Vorschlagrecht hinsichtlich der Zuteilung und Einziehung von Sonderziehungsrechten vor. Darüber hinaus gehende spezielle Aufgabenzuweisungsnormen sind in den *Articles of Agreement* nicht enthalten.[599] Dafür sind die in den IMF By-Laws und IMF Rules and Regulations beschriebenen Aufgaben umso umfangreicher ausgestaltet. Sie reichen von organisatorischen bis hin

---

596 Vgl. in diesem Zusammenhang auch die Anstellungsbedingungen für *Christine Lagarde* als Geschäftsführende Direktorin des IWF, abrufbar unter http://www.imf.org/external/np/sec/pr/2011/pr11270.htm#term (letzter Zugriff: 6.4.2015). Siehe auch *K. Campbell*, Managing Conflicts of Interest and Other Ethics Issues at the IMF, in: Lamdany/ Martinez-Diaz (Hrsg.), Studies of IMF Governance – A Compendium, 2009, S. 254 (265-266); ferner den Überblick im IMF-Factsheet: Managing Director Selection Process (Stand: März 2015), http://www.imf.org/external/np/exr/facts/pdf/mdsp.pdf (letzter Zugriff: 6.4.2015).

597 Vgl. hierzu den kritischen Bericht des *IEO*, Governance of the IMF – An Evaluation, 2008, S.17.

598 Siehe auch Regel N-1 IMF Rules and Regulations.

599 Im Gegensatz zum Exekutivdirektorium übt der Geschäftsführende Direktor keine delegierten Befugnisse aus. Vgl. *F. Gianviti*, Decision Making in the International Monetary Fund, in: IMF (Hrsg.), Current Developments in Monetary and Financial Law, Bd. 1, 1999, S. 31 (48).

zu inhaltlichen Tätigkeiten. In organisatorischer Hinsicht ist der Geschäftsführende Direktor gem. den Regeln C-1 bis C-7 IMF Rules and Regulations für die Vorbereitung und Anberaumung der Direktoriumssitzungen, sowie die konkrete Einberufung und Leitung derselben verantwortlich. Ferner obliegt ihm die Erstellung der Tagesordnung,[600] die Vorbereitung des Jahreshaushaltsplans,[601] diverse Übermittlungstätigkeiten[602] sowie die Vorbereitung des Jahresberichts an den Gouverneursrat[603].[604] Daneben regeln weitere Bestimmungen der IMF By-Laws auch eine Reihe konkreter Rechte und Pflichten des Geschäftsführenden Direktors im Zusammenhang mit der Vorbereitung und Durchführung von Sitzungen des *Board of Governors*,[605] an denen dieser gem. Art. XII Abschn. 4 lit. a) IWFÜ – allerdings auch hier ohne Stimmrecht – ebenfalls teilnehmen kann. Hierzu gehören erneut vor allem das Erstellen der Tagesordnung[606] und die Mitteilung des Tagungszeitpunktes an alle Mitgliedstaaten[607] und unter Umständen auch an sonstige Akteure.[608] Im Zusammenhang mit der Erstellung der (vorläufigen) Tagesordnung ist der Geschäftsführende Direktor unter der Kontrolle des Exekutivdirektoriums in Einzelfällen auch befugt, von sich aus bestimmte Punkte auf die Tagesordnung zu setzen und auf diese Weise auf die Entscheidungen des Gouverneursrats inhaltlich einzuwirken.[609] Überhaupt kommt ihm im Rahmen der Entscheidungsfindung sowohl im Exekutivdirektorium wie auch in den Ausschüssen und Unterausschüssen insofern eine zentrale Rolle zu, als er gem. Regel C-10 und C-11 IMF Rules and Regulations durch entsprechende Konsultationen und Vorschläge dafür zu sorgen hat, dass sich möglichst eine gemeinsame Haltung der Mitglieder herausbildet und Entscheidungen

[600] Regel C-6 IMF Rules and Regulations.

[601] Abschn. 20 lit. (a) IMF By-Laws; Regel J-4 IMF Rules and Regulations.

[602] Abschn. 17 und 18 lit. (a), (c) IMF By-Laws.

[603] Regel J-5 IMF Rules and Regulations.

[604] Darüber hinaus weisen ihm die IMF Rules and Regulations in den Regeln K-1 und S-1 die Aufgabe zu, dem Exekutivdirektorium über alle Vertragsverletzungen durch Fondsmitglieder Bericht zu erstatten.

[605] Vgl. Abschn. 3 lit. (b); 4; 6 lit. (a), (b), (d) und 13 lit. (e) IMF By-Laws.

[606] Abschn. 6 lit. (a) IMF By-Laws.

[607] Abschn. 3 lit. (b) und 4 IMF By-Laws.

[608] Vgl. Abschn. 5 lit. (b), (c), (e) IMF By-Laws.

[609] Abschn. 6 lit. (b) IMF By-Laws.

nicht zur Abstimmung gebracht, sondern im Konsensusverfahren angenommen werden.[610]

Neben diesen explizit vorgesehenen Aufgaben nimmt der Geschäftsführende Direktor in der Praxis in immer stärkerem Maße auch eine Repräsentativfunktion wahr. Dementsprechend vertritt er den Fonds etwa bei der Aushandlung und Abschluss von Übereinkommen und sonstiger Abmachungen mit Staaten, anderen internationalen Organisationen und informellen Foren – wie den G7/ 8, G10 und G20 – sowie auf anderen Gebieten der Öffentlichkeitsarbeit. Diese Tätigkeiten, die er zum Teil in eigener Initiative, d.h. nicht unmittelbar auf der Grundlage der *Articles of Agreement* oder der IMF By-Laws wahrnimmt,[611] unterstreichen zugleich den politischen Charakter, den das Amt heute neben den zahlreichen administrativen Funktionen angenommen hat.[612]

Eine effektive Wahrnehmung dieser Zuständigkeiten durch den Geschäftsführenden Direktor und der Aufgabenzuwachs erfordern schließlich die nötigen Ressourcen an Personal. Zum April 2015 unterstanden ihm insgesamt 2611 Bedienstete aus 147 Mitgliedstaaten, davon 2.156 Fach- und Führungskräfte sowie 455 Stabsmitarbeiter auf Verwaltungsebene.[613] Dieser Mitarbeiterstab, dessen Aufbau einer straff strukturierten und hierarchischen Struktur folgt,[614] ist derzeit nach verschiedenen Büros (*offices*) und Hauptabteilungen (*departments*) organisiert.[615] Seine Aufgabe konzentriert sich hautsächlich darauf, unter der

---

610 Ausführlich zum Konsensusprinzip im IWF unten Teil 3.B.III.

611 Eine entsprechende Vertretungsbefugnis des Geschäftsführenden Direktors lässt sich aber entweder auf eine generelle Ermächtigung durch den Gouverneursrat bzw. das Exekutivdirektorium oder auf einen Auftrag im Einzelfall zurückführen. Eine entsprechende Grundlage sieht Regel N-16 lit. d) IMF Rules and Regulations für die Außentätigkeit des Personals vor.

612 Dies betonen auch *L. Van Houtven*, Governance of the IMF, 2002, S. 16; *A. Mountford*, Governance of the International Monetary Fund, in: Lamdany/ Martinez-Diaz (Hrsg.), Studies of IMF Governance – A Compendium, 2009, S. 15 (32). Diese Entwicklung wird nicht zuletzt auch daran erkennbar, dass seit 1994 ein weiterer *Deputy Managing Director* hinzugekommen ist, dem hauptsächlich die Ausführung von Verwaltungsaufgaben zukommt.

613 Vgl. *IWF*, Jahresbericht 2015, S. 77-78.

614 Dazu *L. Van Houtven*, Governance of the IMF, 2002, S. 18.

615 Vgl. *B. Fritz-Krockow/ P. Ramlogan*, International Monetary Fund Handbook, 2007, S. 78-85. Ein aktueller Organisationsplan des IWF findet sich bei *IWF*, Jahresbericht 2015, S. 68.

Leitung mehrerer Direktoren die Arbeit der anderen Fondsorgane zu unterstützen und ihre Beschlüsse durchzuführen. Dies umfasst neben den klassischen Tätigkeitsbereichen des IWF zunehmend auch die systematische und operative Forschungstätigkeit.[616] Wie auch im ersten Teil der Arbeit über die historische Entwicklung der Zusammenarbeit zwischen der EG und dem IWF zwischen 1992 und 1999 deutlich wurde, ist die Anpassungs- und Wandlungsfähigkeit des IWF nicht selten auch auf den Weitblick seines Personals zurückzuführen.[617]

4. *Das Ausschusssystem*

Die Arbeit der Hauptorgane des IWF wird ergänzt und unterstützt von einer Vielzahl von Ausschüssen (*committees*). Wie in fast jeder internationalen Organisation erfolgte ihre Einrichtung zum größten Teil auf sekundärrechtlicher Grundlage, nämlich nach Art. XII Abschn. 2 lit. j) IWFÜ. Danach können der Gouverneursrat und das Exekutivdirektorium[618] Ausschüsse einsetzen, „wie sie es für ratsam halten".[619]

Die Entscheidung über die Notwendigkeit der Einrichtung eines Ausschusses überlässt Art. XII Abschn. 2 lit. j) IWFÜ insofern den beiden Fondsorganen, so dass die Rechtmäßigkeit ihrer Einsetzung bzw. Nichteinsetzung grundsätzlich nicht in Frage gestellt werden kann. Weitere Hinweise, insbesondere im Hinblick auf die Aufgaben und Befugnisse sowie die innere Struktur und den institutionellen Standort der einzurichtenden Ausschüsse, lassen sich aus der Norm nicht entnehmen. Lediglich Satz 2 sieht noch vor, dass ihre Besetzung „nicht auf Gouverneure oder Exekutivdirektoren oder deren Stellvertreter be-

---

[616] Vgl. *B. Fritz-Krockow/ P. Ramlogan*, International Monetary Fund Handbook, 2007, S. 78-85.

[617] Dies betont auch *A. Broome*, The politics of IMF–EU co-operation: institutional change from the Maastricht Treaty to the launch of the euro, JEPP 2013, 589 (596 f.).

[618] Aufgrund seiner begrenzten Mitgliederzahl und häufigen Zusammenkünfte verfügt das Exekutivdirektorium zwar über effizientere Handlungsmöglichkeiten als der Gouverneursrat. Dennoch zeigt die Einbeziehung des Direktoriums in die Organisationsermächtigung des Art. XII Abschn. 2 lit. j) IWFÜ, dass auch das Direktorium im Rahmen der Wahrnehmung seiner umfangreichen Aufgaben auf die Unterstützung durch Ausschüsse angewiesen sein kann.

[619] Im Falle seiner Einrichtung würde diese Befugnis zur Einsetzung von Ausschüssen nach Nr. 5 a) des Anhangs D zum IWFÜ i.V.m. Art. XII Abschn. 2 lit. j) IWFÜ auch dem Rat auf Ministerebene zustehen.

schränkt zu sein" braucht. Dieses Vorgehen der Satzungsgeber hat den beiden Fondsorganen einen weiten Gestaltungsspielraum überlassen, was insoweit aber gerechtfertigt ist, da der Gouverneursrat und das Exekutivdirektorium diesen aufgrund ihrer Sachnähe besser zu nutzen in der Lage sind als die Mitgliedstaaten.[620] Eine Grenze dieser Organisationskompetenz dürfte sich allerdings aus dem Aufgabenbereich der beiden Fondsorgane und aus einer Abgrenzung zu dem anderen Hauptorgan des IWF, dem Geschäftsführenden Direktor einschließlich des Personals, und insbesondere in vertikaler Hinsicht zu den Mitgliedstaaten ergeben.[621]

Im Folgenden sollen die in der bisherigen Fondspraxis geschaffenen Ausschüsse, die in ihrer Zusammensetzung, ihren Funktionen und dem Umfang ihrer Kompetenzen sowie in der Befristung ihrer Einsetzung enorme Unterschiede aufweisen, im Überblick dargestellt werden.

---

620 Letztlich dürfte die in Art. XII Abschn. 2 lit. j) IWFÜ enthaltene Ermächtigung zur Schaffung von Ausschüssen die Befugnis einschließen, auch die Zusammensetzung, die Art und den Umfang der Zuständigkeiten sowie das Maß der Autonomie des einzusetzenden Ausschusses zu bestimmen und zu ändern. Auch ergibt sich hieraus die Befugnis, die Errichtung durch einen *actus contrarius* rückgängig zu machen, mithin den Ausschuss wieder zu beseitigen, wenn sich seine Aufgabe erledigt hat. Zur Konstruktion der Beseitigung als *actus contrarius* der Errichtung siehe allgemein *I. Seidl-Hohenveldern/ G. Loibl*, Das Recht der internationalen Organisationen einschließlich der Supranationalen Gemeinschaft, 7. Aufl. 2000, § 9, Rn. 1404; *C. F. Amerasinghe*, Principles of the Institutional Law of International Organizations, 2. Aufl. 2005, S. 141.

621 Im Ergebnis bedeutet dies, dass die Ermächtigung nur die Übertragung von solchen Aufgaben auf Ausschüsse erlaubt, die den beiden Fondsorganen auch selbst zustehen und die auf den Bereich des IWF beschränkt sind. Da Art. XII IWFÜ dem Gouverneursrat einen praktisch allumfassenden Kompetenzbereich zuweist, fällt diese Grenze – zumindest in horizontaler Hinsicht – nicht sehr eng aus. Die Abgrenzung zu dem Zuständigkeitsbereich des Geschäftsführenden Direktors ist insofern unproblematisch, da dieser seine Hauptaufgaben ohnehin nur „nach Weisung [und] unter der allgemeinen Kontrolle des Exekutivdirektoriums" wahrnehmen darf (vgl. Art. XII Abschn. 3 lit. b)). Insofern kann das Exekutivdirektorium in den Organisationsbereich des Geschäftsführenden Direktors eingreifen, so dass letztlich auch die Gefahr einer Störung des institutionellen Gleichgewichts nicht gegeben ist.

a) Internationaler Währungs- und Finanzausschuss

Zunächst ist der Internationale Währungs- und Finanzausschuss (*International Monetary and Financial Committee*, IMFC) zu nennen. Seine Einsetzung erfolgte durch eine Resolution des Gouverneursrats vom 30. September 1999,[622] um den bis dahin bestehenden Interimsausschuss des Gouverneursrats (*Interim Committee*, IC)[623] abzulösen.[624]

Historisch-funktional reichen die Ursprünge des IMFC sogar noch weiter zurück bis zur Errichtung des sog. Zwanzigerausschusses (*Committee of Twenty*)[625] im Juli 1972.[626] Die Aufgabe dieses *ad-hoc-*

---

[622] Vgl. Gouverneursrats-Resolution Nr. 54-9 v. 30.9.1999: Transformation of the Interim Committee of the Board of Governors on the International Monetary System into the International Monetary and Financial Committee of the Board of Governors, abgedr. in: *IMF*, Selected Decisions and Selected Documents of the IMF, 37 Issue 2013, 943 ff.

[623] Vgl. Gouverneursrats-Resolution Nr. 29-8 v. 2.10.1974: Establishment of an Interim Committee of the Board of Governors on the International Monetary System, abgedr. in: *M. G. de Vries*, The International Monetary Fund 1972-1978, Bd. III: Documents, 1985, S. 213 ff.

[624] *L. Van Houtven*, Governance of the IMF, 2002, S. 35 f.

[625] Vgl. Gouverneursrats-Resolution Nr. 27-10 v. 26.7.1972 on Ad Hoc Committee for the Reform of the International Monetary System and Related Issues, abgedr. in: *M. G. de Vries*, The International Monetary Fund 1972-1978, Bd. III: Documents, 1985, S. 151 ff. Siehe hierzu auch *J. Surr*, Der Zwanzigerausschuß: Ursprung, Entwicklung und Arbeitsweise, F&E 1974, 24 ff.

[626] Vor der Errichtung des Zwanzigerausschusses hatte auch die bereits seit Anfang der 1960er Jahre außerhalb des IWF tagende Zehnergruppe (G10), die sich bis heute aus den zehn wichtigsten westlichen Industrieländern Belgien, Deutschland, Frankreich, Großbritannien, Holland, Italien, Japan, Kanada, Schweden und USA zusammensetzt, eine gewisse Institutionalisierung erreicht. Angesichts der Stimmenmehrheit ihrer Mitglieder besaß die G10 einen enormen Einfluss auf die Entscheidungsfindung im IWF. Da dies nicht selten den Interessen der Entwicklungsländer zuwiderlief, schlossen auch diese sich wenig später zur sog. Gruppe der 24 (G24) zusammen. Aus historischer Sicht zeigt dies, dass das aktuell diskutierte Konkurrenzverhältnis zwischen dem IWF und den beiden informellen Kooperationsgremien G7/8 und G20 auch bereits damals in Gestalt der G10 und G24 bestand. Zur damaligen Situation siehe *M. G. de Vries*, The Process of Policymaking, in: Horsefield (Hrsg.), The International Monetary Fund 1945-1965, Bd. II: Analysis, 1969, S. 3 (17-18); ferner *F. E. Aschinger*, Das Währungssystem des Westens, 1971, S. 241; *H. J. Hahn*, Elemente einer neuen Weltwährungsordnung, in: Kewenig (Hrsg.), Völkerrecht und internationale wirtschaftliche Zusammenarbeit, 1978, S. 215 (236).

Ausschusses, der sich aus insgesamt zwanzig Direktoren entsprechend der damaligen Zusammensetzung im Exekutivdirektorium sowie aus weiteren Stellvertretern, Mitarbeitern und einer Reihe von Beratern zusammensetzte, war es, angesichts der verheerenden währungspolitischen Lage in den 1970er Jahren eine umfassende Reform des internationalen Währungssystems vorzubereiten.[627] Das von ihm im Januar 1974 vorgelegte Rom-Kommuniqué (*Rome Communiqué*) und der darauf folgende Entwurf zur Reform des internationalen Währungssystems (*Outline of Reform*) vom 13. Juni 1974 enthielten neben zahlreichen materiell-rechtlichen Vorschlägen bezüglich einer neuen Weltwährungsordnung als Kernpunkt auch die Empfehlung, einen Rat auf Ministerebene (*Council*) als ständiges und vor allem politisches[628] Fonds-

---

[627] Hierzu bereits oben Teil 2.C.II.

[628] Zu diesem Aspekt ausführlich *J. Gold*, "Political" Bodies in the International Monetary Fund, Journal of Int'l L. & Econ. 11 (1976-1977), 237 ff. Diese politische Funktion fällt zwar bereits in den Aufgabenbereich des Gouverneursrats. Jedoch ist dieser aufgrund seiner Zusammensetzung aus inzwischen fast allen Staaten der Welt häufig zu schwerfällig und damit nicht in der Lage, effizient zu reagieren. Daher hatte bereits *J. M. Keynes* auf der Gründungskonferenz von Bretton Woods ein solches mitgliedschaftsbeschränktes Exekutivorgan mit politischem Charakter vorgeschlagen, was jedoch von amerikanischer Seite (zunächst) abgelehnt wurde. Einer der damals erzielten Kompromisse bestand darin, dem Gouverneursrat Einsprüche gegen Entscheidungen des Exekutivdirektoriums, die – so zumindest die Erwartungen – primär Probleme wirtschaftlicher und finanzieller Art betreffen sollten, zu erleichtern, um damit zügig die aus politischer Sicht notwendigen Korrekturen an diesen Entscheidungen vornehmen zu können. Angesichts der Entwicklungen in den internationalen Finanz- und Währungsbeziehungen in den 1970er Jahren erkannten dann aber auch die USA, dass ein zusätzliches ständiges Organ, das sich aus politischen Vertretern der einzelnen Mitgliedstaaten zusammensetzen und institutionell zwischen dem Gouverneursrat und dem Exekutivdirektorium anzusiedeln sein sollte, erforderlich ist, um zum einen nicht ausschließlich wirtschaftlichen oder finanziellen Problemen besser begegnen zu können und um zum anderen die Kommunikation zwischen den Mitgliedern zu verbessern.

Das Politische des Rats bezieht sich nicht allein auf die Qualifikation der in ihm vertretenen Mitglieder, sondern auch und vor allem auf die Art der zu behandelnden Fragen (siehe insoweit auch Anhang D zum IWFÜ). S. zum Ganzen auch *D. Carreau/ T. Flory/ P. Juillard*, Chronique de Droit International Économique, AFDI 22 (1976), 589 (624 f.); *J. Gold*, Die Struktur des IWF, F & E 79, 11 (13-15); *R. W. Edwards*, International Monetary Collaboration, 1985, S. 26-28; *A. Abrams*, The IMF Council of Governors, in: Lamdany/ Martinez-Diaz (Hrsg.), Studies of IMF Governance – A Compendium, 2009, S. 43 (44).

organ einzusetzen.[629] Als „Übergangseinrichtung" schlug der Zwanzigerausschuss die Errichtung eines Interimsausschusses (*Interim Committee*) vor, sobald sich sein Auftrag erledigt hat.[630] Dem folgend beauftragte der Gouverneursrat noch auf der Jahrestagung im Oktober 1974 das Exekutivdirektorium mit der Vorbereitung einer entsprechenden Satzungsänderung. Angesichts des anhaltenden Widerstands einiger Mitgliedstaaten, die eine Schmälerung der Autorität des Exekutivdirektoriums sowie die Gefahr einer Doppelarbeit und sich überschneidender Befugnisse zwischen dem Direktorium und dem Ministerrat befürchteten,[631] trat dieser nicht – wie vom Zwanzigerausschuss empfohlen – bereits mit dem Inkrafttreten der zweiten Satzungsänderung am 1. April 1978 in Funktion. Stattdessen wurde vereinbart, dass der Rat nur nach einem entsprechenden Beschluss des Gouverneursrats mit einer Mehrheit von 85 Prozent aller Stimmen konstituiert werden soll.[632] Diese Verschiebung erwies sich zunächst als nicht besonders schwerwiegend, da das inzwischen an die Stelle des Zwanzigerausschusses eingesetzte IC vielen Mitgliedern als eine effektive Alternative zum Rat er-

---

[629] Eine Wiedergabe der einzelnen Kommuniqués des Zwanzigerausschusses findet sich bei *M. G. de Vries*, The International Monetary Fund 1972-1978, Bd. III: Documents, 1985, S. 197 ff.

[630] Zu Einzelheiten siehe *J. Boorman/A. Shakow*, The Bank-Fund Ministerial Committees, in: Bradford/Linn (Hrsg.), Global Governance Reform: Breaking the Stalemate, 2007, S. 87 (89); *A. Abrams*, The IMF Council of Governors, in: Lamdany/ Martinez-Diaz (Hrsg.), Studies of IMF Governance – A Compendium, 2009, S. 43 (51-52).

[631] Diese Befürchtungen waren bzw. sind insofern berechtigt, als die dem Rat auf Ministerebene im Falle seiner Einrichtung in Abs. 2 und Abs. 5 lit. a) des Anhangs D zum IWFÜ zugewiesenen Aufgaben sich zum Teil mit denen des Exekutivdirektoriums überschneiden und wohl auch eine Delegation von weiteren Befugnissen durch den Gouverneursrat notwendig machen würden (vgl. insoweit die entsprechende Ermächtigung des Gouverneursrats zur Delegation von Befugnissen an den Rat in Abs. 3 lit. a) des Anhangs D zum IWFÜ). Eine unvermeidliche Folge dieses Vorgangs wäre letztlich auch eine Reduzierung bzw. Rückübertragung der (bereits) delegierten Befugnisse des Exekutivdirektoriums. Zu dieser Problematik bereits *J. Gold*, Die Struktur des IWF, F & E 79, 11 (15); Aus jüngerer Zeit *A. Abrams*, The IMF Council of Governors, in: Lamdany/ Martinez-Diaz (Hrsg.), Studies of IMF Governance – A Compendium, 2009, S. 43 (44).

[632] Vgl. Art. XII Abschn. 1 IWFÜ.

schien.[633] Erst die Finanzkrise Anfang der 1990er Jahre verstärkte erneut das Bewusstsein für die Notwendigkeit "[to] transform the IMF's advisory ministerial committee into a decision-making council for the major strategic orientations of the world economy".[634] Die in diesem Zusammenhang insbesondere vom damaligen *Managing Director Michel Camdessus* unternommenen Anstrengungen blieben am Ende jedoch erneut ohne Erfolg. Allerdings gelang es, den IC in den ständigen IMFC umzuwandeln.[635]

Im Rahmen der aktuellen Diskussion um eine Reform der Organisationsstruktur des IWF ist diese Frage nach einer stärkeren Einbindung der politisch verantwortlichen Ebene in die Entscheidungsprozesse und strategische Führung des IWF wieder aktuell geworden. Der Anlass hierfür ist u.a., dass wichtige IWF-relevante Themen im Zuge der Wirtschafts- und Finanzkrise seit 2008 aufgrund der nur beratenden[636] Funktion des IMFC immer häufiger in informellen Kooperationsgremien außerhalb des IWF, wie den G7/8 und insbesondere den G20, (vor-)entschieden werden.[637] Die Ansichten darüber, wie die Einbindung der ministeriellen Ebene am besten erreicht werden könnte, gehen jedoch weiterhin auseinander. Als Reformoption werden neben einer

---

[633] Dies erklärt auch, warum der *Interims*ausschuss nicht nur für eine kurze Übergangszeit, sondern immerhin für 25 Jahre tätig blieb. Eine prägnante Übersicht zu den Arbeitserfolgen des IC findet sich bei *J. Boorman/ A. Shakow*, The Bank-Fund Ministerial Committees, in: Bradford/ Linn (Hrsg.), Global Governance Reform: Breaking the Stalemate, 2007, S. 87 (90). Vgl. auch die Wiedergabe der einzelnen Kommuniqués des IC bei *M. G. de Vries*, The International Monetary Fund 1972-1978, Bd. III: Documents, 1985, S. 217 ff.

[634] *IMF*, An Agenda for the IMF at the Start of the 21st Century: Remarks by Michel Camdessus, Managing Director of the International Monetary Fund, at the Council on Foreign Relations, New York, February 1, 2000, abrufbar unter http://www.imf.org/external/np/speeches/2000/020100.HTM (letzter Zugriff: 6.4.2015).

[635] Hierzu anschaulich der geschichtliche Überblick bei *L. Van Houtven*, Governance of the IMF, 2002, S. 35 f.; *J. Boorman/ A. Shakow*, The Bank-Fund Ministerial Committees, in: Bradford/ Linn (Hrsg.), Global Governance Reform: Breaking the Stalemate, 2007, S. 87 (90-91).

[636] Hierzu sogleich näher.

[637] Hierzu z.B. *K. Gnath/C. Schmucker*, G20 und IWF: Kerninstitutionen des globalen Krisenmanagements, in: Braml/Mair/Sandschneider (Hrsg.), Außenpolitik in der Wirtschafts- und Finanzkrise, 2012, 267 ff.

Aufwertung des IMFC zu einem *International Monetary and Financial Board* (IMFB) mit entsprechenden verbindlichen Entscheidungsbefugnissen die Einsetzung des in den *Articles of Agreements* vorgesehenen Ministerrats durch den Gouverneursrat sowie eine Verlagerung politischer Fragen auf die G20 und damit auf ein fondsexternes Gremium vorgeschlagen.[638] Wie schon in der Vergangenheit hat sich das Exekutivdirektorium auch diesmal aus Furcht vor einer Schwächung seines Einflusses innerhalb des IWF gegen die Einsetzung des Ministerrats und für eine Reform des IMFC ausgesprochen.[639] Außerhalb des IWF finden sich dagegen auch Stimmen, die sich dafür aussprechen, die G20 als *governing council* in den IWF zu integrieren und ein entsprechendes Abstimmungsverfahren festzulegen.[640] Auf diese Weise soll gleichzeitig die Führungsrolle und Legitimität der G20 ausgebaut werden.[641]

Die gegenwärtige Zusammensetzung des IMFC entspricht der des IC und des Rats auf Ministerebene, da auch hier jedes Mitglied oder jede Gruppe von Mitgliedern, die einen Exekutivdirektor wählt, ein Ausschussmitglied bestimmen kann.[642] Damit ist das IMFC analog zum Exekutivdirektorium organisiert. In Anbetracht der zu erfüllenden Aufgaben hat das ausgesuchte Mitglied aber ein Gouverneur des IWF, ein Minister oder eine Persönlichkeit von vergleichbarem Rang zu sein. Zu jedem dieser somit gegenwärtig 24 Finanzminister bzw. Noten-

---

[638] Zu den beiden erstgenannten Vorschlägen s. *IEO*, Governance of the IMF – An Evaluation, 2008, S. 19-20; Committee on IMF Governance Reform, Final Report (*Manuel*-Report), 2009, S. 21, http://www.imf.org/external/np/omd/2009/govref/032409.pdf (letzter Zugriff: 6.4.2015). Vgl. auch *S. Cafaro*, The International Financial Crisis and the Evolution of the Bretton Woods Institutions, in: R. Virzo/I. Ingravallo (Hrsg.), Evolutions in the Law of International Organizations, 2015, 192 (206 ff).

[639] Siehe *IMF*, IMF Executive Board Discusses Governance Reform, Public Information Notice (PIN) Nr. 09/98, https://www.imf.org/external/np/sec/pn/2009/pn0998.htm (letzter Zugriff: 2.3.2016).

[640] So *Mervyn King*, Gouverneur der Bank of England, in einer Rede an der University of Exeter v. 19. 1.2010, S. 8, http://www.bankofengland.co.uk/archive/Documents/historicpubs/speeches/2010/speech419.pdf (letzter Zugriff: 7.4.2015).

[641] Hierzu z.B. *M. Zobl/D. Thürer/K. Alexander*, Die Legitimation der G-20, AVR 51 (2013), 143 (161-163).

[642] Vgl. die fast wortgleiche Regelung in Ziff. 1 (a) der Gouverneursrats-Resolution Nr. 54-9 v. 30.9.1999; Ziff.1 Resolution Nr. 29-8 v. 2.10.1974; sowie Ziff. 1 a) des Anhangs D zum IWFÜ.

bankpräsidenten kommen noch jeweils sieben Beigeordnete hinzu.[643] An den Sitzungen des IMFC nehmen regelmäßig auch die Exekutivdirektoren oder in ihrer Abwesenheit ihre Stellvertreter sowie der Geschäftsführende Direktor[644] und zwei Bedienstete teil.[645] Darüber hinaus sieht die Einsetzungsresolution wegen der zu erwartenden kompetenziellen Berührungspunkte mit den Tätigkeitsfeldern anderer Finanz- und Währungsinstitutionen in Ziff. 3 vor, dass das IMFC "shall take account of the work of other bodies having specialized responsibilities in related fields". Die zur Erfüllung dieser Verpflichtung erforderlichen Kontakte zu diesen Einrichtungen, bei denen es sich dem Wortlaut zufolge sowohl um zwischenstaatliche Organisationen als auch um informelle Gruppierungen wie der G20 handeln kann,[646] reichen in der Praxis von bloßem Informationsaustausch über die gegenseitige Sitzungsteilnahme bis hin zum Beobachterstatus. Für den letzteren Fall enthält die Resolution in Ziff. 4 (f) auch eine spezielle Grundlage, die das IMFC ausdrücklich zur Einladung von Beobachtern ermächtigt.[647]

---

[643] Vgl. Ziff. 1 der Gouverneursrats-Resolution Nr. 54-9. Zur derzeitigen Zusammensetzung des IMFC siehe *IMF*, A Guide to Committees, Groups, and Clubs, S. 2, http://www.imf.org/external/np/exr/facts/pdf/groups.pdf (letzter Zugriff: 6.4.2015).

[644] Dem IMFC steht, anders als im Exekutivdirektorium, nicht der Geschäftsführende Direktor vor, sondern wählt einen Vorsitzenden aus den eigenen Reihen (vgl. Ziff. 1 (c) Resolution Nr. 54-9). Derzeit führt der Gouverneur des Banco de México, *Agustín Carstens*, den Vorsitz im IMFC, vgl. *IWF*, Jahresbericht 2015, S. 79.

[645] Vgl. im Einzelnen Ziff. 1 (b), (d) der Gouverneursrats-Resolution Nr. 54-9.

[646] Hierzu m.w.Nw. *A. Shakow*, The Role of the International Monetary and Financial Committee in IMF Governance, in: Lamdany/ Martinez-Diaz (Hrsg.), Studies of IMF Governance – A Compendium, 2009, S. 58 (68).

[647] Derzeit nehmen beispielsweise die Bank für Internationalen Zahlungsausgleich (*Bank for International Settlements* [BIS]), einzelne EU-Organe, der Finanzstabilitätsrat (*Financial Stability Board*, FSB), die OECD, die WTO und schließlich die informellen Gruppierungen der G7/8 und G20 den Status eines Beobachters im IMFC ein. Siehe auch den Überblick bei *A. Shakow*, The Role of the International Monetary and Financial Committee in IMF Governance, in: Lamdany/ Martinez-Diaz (Hrsg.), Studies of IMF Governance – A Compendium, 2009, S. 58 (68-71). Eingehend zur Ausgestaltung des Beobachterstatus der EU im IMFC siehe Teil 5.B.II.1.b).

Anders als das IC, dessen Einsetzungsresolution vorsah, “the Committee shall meet ordinarily three or four times a year”,[648] kommt das IMFC nur zweimal im Jahr zusammen, im Frühjahr und kurz vor den jährlichen Treffen des *Board of Governors* im Herbst.[649] Die Funktion des IMFC im Gesamtzusammenhang der Organisationsstruktur des IWF und seine Aufgaben, wie sie im Einzelnen der Einsetzungsresolution in Ziff. 3 zu entnehmen sind, entsprechen dagegen im Wesentlichen denen des IC und auch des Rats auf Ministerebene. Das IMFC soll danach den Gouverneursrat bei der Überwachung des internationalen Währungssystems einschließlich der Anpassungsprozesse und in diesem Zusammenhang bei der Überprüfung der weltweiten Liquiditätsentwicklung und des realen Ressourcentransfers in die Entwicklungsländer unterstützen. Zudem zählt auch die Prüfung von Vorschlägen des Exekutivdirektoriums zur Änderung des Übereinkommens nach Art. XXVIII IWFÜ sowie von Maßnahmen gegen plötzlich systembedrohende Störungen, die das internationale Währungssystem bedrohen könnten, zu seinem Aufgabenbereich.[650] Diese großen finanz- und währungspolitischen Probleme können allerdings nur „beraten“ werden. Über eine formelle Entscheidungsbefugnis verfügt das IMFC nicht.[651] Dennoch kommt ihm aufgrund seiner hochrangigen Besetzung und seines Aufgabenkatalogs eine zentrale Stellung im Organisationsgefüge des IWF zu. Es kann daher trotz des im Zuge der aktuellen Krise gewachsenen Einflusses der G20 auf den IWF nach wie vor als der „verlängerte Arm“[652] des *Board of Governors* bezeichnet werden, über den dieser die aus politischer Sicht notwendigen Korrekturen an den Entscheidungen des Exekutivdirektoriums vornimmt.[653]

---

648 Siehe hierzu auch den geschichtlichen Überblick bei *J. Gold*, Der Interimsausschuss des IWF – eine Bestandsaufnahme, F & E 79, 32 (33).

649 *A. Mountford*, Governance of the International Monetary Fund, in: Lamdany/ Martinez-Diaz (Hrsg.), Studies of IMF Governance – A Compendium, 2009, S. 15 (20).

650 Vgl. Ziff. 3 der Gouverneursrats-Resolution Nr. 54-9.

651 Vgl. bereits *J. Gold*, “Political” Bodies in the International Monetary Fund, Journal of Int’l L. & Econ. 11 (1976-1977), 237 (270). Zu den diskutierten Reformoptionen seit dem Ausbruch der Wirtschafts- und Finanzkrise 2008 siehe oben.

652 *M. Selmayr*, Das Recht der Wirtschafts- und Währungsunion, 2002, S. 76.

653 So bereits die Bewertung bei *F. Gianviti*, Decision Making in the International Monetary Fund, in: IMF (Hrsg.), Current Developments in Monetary and Financial Law, Bd. 1, 1999, S. 31 (39); aus jüngerer Zeit *A. Mountford*,

b) Gemeinsamer Entwicklungsausschuss von IWF und Weltbank und sonstige Fondsausschüsse

In einigen Fällen haben der IWF und seine Schwesterorganisation, die Weltbank, in übereinstimmenden Entschließungen gemeinsame Ausschüsse eingesetzt. Der erste Fall dieser Art war die Errichtung des sog. Entwicklungsausschusses von IWF und Weltbank (*Joint Ministerial Committee of the Boards of Governors of the Bank and the Fund on the Transfer of Real Resources to Developing Countries*; sog. *Development Committee*, DC), die zeitgleich mit der Einsetzung des IC im Oktober 1974 erfolgte[654].[655]

Die Zusammensetzung des DC entspricht, bis auf die Anzahl seiner Mitglieder, weitgehend dem IMFC. Dementsprechend verfügt es entsprechend der derzeitigen Anzahl von Exekutivdirektoren in der Weltbank über 25 Mitglieder, meist Finanz-, Wirtschafts- oder Entwicklungshilfeminister.[656] Diese werden abwechselnd für die Dauer von

---

Governance of the International Monetary Fund, in: Lamdany/ Martinez-Diaz (Hrsg.), Studies of IMF Governance – A Compendium, 2009, S. 15 (21); siehe auch *H. J. Hahn/ U. Häde*, Währungsrecht, 2. Aufl. 2010, § 28, Rn. 51.

[654] Vgl. Gouverneursrats-Resolution Nr. 29-9 v. 2.10.1974: Establishment of Joint Ministerial Committee of the Boards of Governors of the Bank and the Fund on the Transfer of Real Resources to Developing Countries, abgedr. in: *M. G. de Vries*, The International Monetary Fund 1972-1978, Bd. III: Documents, 1985, S. 575 ff.

[655] Ein weiteres Beispiel ist das *Joint Committee on Remuneration of Executive Directors of the Fund and Bank*, dessen Aufgabe einmal im Jahr darin besteht, die Tätigkeit der Exekutivdirektoren und ihrer Stellvertreter zu überprüfen und Empfehlungen für ihre Gehälter und sonstigen Bezüge an die Gouverneure abzugeben. Zu Einzelheiten siehe *A. Mountford*, Governance of the International Monetary Fund, in: Lamdany/ Martinez-Diaz (Hrsg.), Studies of IMF Governance – A Compendium, 2009, S. 15 (22). Als Teil der Organisationsstruktur des IWF sollte schließlich das vom Exekutivdirektorium im Juli 2001 errichtete *Independent Evaluation Office* (IEO) erwähnt werden, das sich als Gremium unabhängiger Experten mit allen den IWF betreffenden Fragen auseinandersetzt und hierzu in regelmäßigen Abständen Publikationen veröffentlicht. Näheres findet sich auch auf der Homepage des IEO, http://www.ieo-imf.org/ieo/pages/ieohome.aspx (letzter Zugriff: 6.4.2015).

[656] *J. Boorman/ A. Shakow*, The Bank-Fund Ministerial Committees, in: Bradford/ Linn (Hrsg.), Global Governance Reform: Breaking the Stalemate, 2007, S. 87 (93); ferner die Übersicht bei *IMF*, Factsheet: A Guide to Committees, Groups, and Clubs, March 2015, http://www.imf.org/external/np/exr/facts/pdf/groups.pdf (letzter Zugriff: 6.4.2015).

zwei Jahren von einzelnen bzw. einer Gruppe von Mitgliedern des IWF und der Weltbank bestimmt.[657] An den Sitzungen des DC nehmen auch Vertreter zahlreicher internationaler Organisationen regelmäßig oder auf *ad-hoc*-Basis als Beobachter teil.[658] Den Vorsitz innerhalb dieser Sitzungen – die in der Praxis zweimal im Jahr, meist nach denen des IMFC, stattfinden –[659] führt derzeit der indonesische Finanzminister *Bambang P. S. Brodjonegoro.*[660]

Schließlich ist noch der mit dem Inkrafttreten der ersten Satzungsänderung am 28. Juli 1969 neu eingeführte Auslegungsausschuss des Gouverneursrats (*Committee on Interpretation of the Board of Governors*) zu nennen,[661] der in mehrfacher Hinsicht eine Besonderheit im Ausschusssystem des IWF darstellt. Zum einen wird er in den *Articles of Agreement* ausdrücklich genannt. Zum anderen ist vorgesehen, dass seinen Entscheidungen, die anders als sonst im Fonds üblich, nicht auf dem System des *weighted voting*, sondern auf dem Prinzip "*one member - one vote*" beruhen sollen,[662] auch eine formelle Bindungswirkung zukommt, da ein Widerspruch des Auslegungsausschusses gegen eine Entscheidung des Exekutivdirektoriums über die Auslegung der *Articles of Agreement* zu einer Entscheidung des Gouverneursrats wird, wenn letzterer sich nicht mit einer Mehrheit von 85 Prozent aller Stimmen über diesen Beschluss hinwegsetzt.[663] Diese bewusste Hervorhe-

---

[657] Vgl. Ziff. 1 (c), (d) der Gouverneursrats-Resolution Nr. 29-9 v. 2.10.1974.

[658] Vgl. auch die entsprechende Ermächtigung in Ziff. 3 (c) der Gouverneursrats-Resolution Nr. 29-9 v. 2.10.1974.

[659] Die Einsetzungsresolution sieht dagegen in Ziff. 5 (a) vor, "the Development Committee shall meet at the time of the annual meetings of the Boards of the Governors of the Bank and the Fund and, in addition, as often as required".

[660] Der Vorsitzende des DC, der dieses Amt gewöhnlich für die Dauer von zwei Jahren nach einem Rotationsprinzip ausübt, ist meist ein Vertreter aus einem Entwicklungsland.

[661] Näher zur Entstehungsgeschichte des Auslegungsausschusses siehe bereits oben Teil 3.A.III.3.b).

[662] Vgl. *J. Gold*, The Reform of the Fund, IMF Pamphlet Series No. 12, 1969, S. 60; *ders.*, Weighted Voting Power: Some Limits and Some Problems, AJIL 68 (1974), 687 (698-699); *T. Treves*, Les décisions d'interprétation des statuts du Fonds Monétaire International, RGDIP 79 (1975), 5 (18); *D. Simon*, L'interprétation judiciaire des traités d'organisations internationales, 1981, S. 37.

[663] *G. Malinverni*, Le Règlement des Différends dans les Organisations Internationales Économiques, 1974, 173-174.

bung des Auslegungsausschusses gegenüber den zuvor genannten Ausschüssen wirft, trotz seiner offiziellen Bezeichnung als "*Committee*"/ "*Comité*", die Frage nach seinem institutionellen Standort auf. Systematisch wird er – anders als etwa der Rat auf Ministerebene, der ebenfalls ausdrücklich im IWFÜ vorgesehen ist – zwar nicht in Art. XII Abschn. 1 IWFÜ unmittelbar neben den Hauptorganen genannt, sondern abgesetzt erst in Art. XXIX lit. b) IWFÜ. Dennoch erreicht der Rat im Vergleich nicht annähernd die Stellung im institutionellen Gefüge des IWF, die dem Auslegungsausschuss zugeschrieben wird. Während es für die Einsetzung des Rats und damit für dessen Existenz als Fondsorgan noch einer Entscheidung des Gouverneursrats bedarf, existiert der sich bisher allerdings noch nicht konstituierte Auslegungsausschuss zwar nicht *de facto*, aber bereits *de jure*.[664] Für sein Tätigwerden im Falle eines Berufungsverfahrens bedarf es lediglich noch einer Einigung des Gouverneursrats über seine Zusammensetzung, seine Verfahrensregeln und seine Abstimmungsmehrheiten.[665] Die Bezeichnung "*Committee*" spiegelt insofern den institutionellen Standort des Auslegungsausschusses nicht hinreichend wider. Eine Einordnung als Hauptorgan erscheint dagegen nur konsequent und entspricht auch seinen Befugnissen.[666]

III. Das Stimmrecht des IWF und die Praxis des Konsensusprinzips

Die Eigenschaft des IWF als monetäre Institution spiegelt sich nicht nur in seinem Mandat, sondern auch und vor allem in seiner Willensbildungs- und Entscheidungsstruktur wider. Insoweit ist zwischen den Regelungen in den *Articles of Agreement* und der Praxis des IWF zu unterscheiden.

Nach den *Articles of Agreement* erfolgen die Entscheidungen grundsätzlich nicht auf der Grundlage des sonst im institutionalisierten Völkerrecht üblichen Grundsatzes "*one member - one vote*", sondern nach

[664] So auch *J. Gold*, Legal and Institutional Aspects of the International Monetary System, Bd. II, 1984, S. 393.

[665] Vgl. auch *T. Treves*, Les décisions d'interprétation des statuts du Fonds Monétaire International, RGDIP 79 (1975), 5 (22).

[666] S. auch *J. Gold*, Legal and Institutional Aspects of the International Monetary System, Bd. II, 1984, S. 393.

dem Prinzip des "*weighted voting*".[667] Im Einzelnen ergibt sich das Gewicht bzw. die Anzahl der Stimmen gem. dem mit der *Quota and Governance Reform* von 2008 neu gefassten Art. XII Abschn. 5 lit. a) IWFÜ, der gegenüber seiner Vorläuferbestimmung insofern modifiziert wurde, als er nicht mehr einen Grundstock von 250 Stimmen, sondern einen festen prozentualen Anteil der Grund- oder Basisstimmen an den Gesamtstimmen festschreibt, aus der Addition der jedem Mitglied in gleicher Höhe zukommenden Grundstimmen und der variablen Höhe der sog. Quote.[668] Insoweit legt die Bestimmung fest, dass jedes Mitglied aktuell über 750 Stimmen verfügt zuzüglich einer weiteren Stimme für jeden Teil seiner Quote, der 100.000 SZR entspricht.[669] Der Einfluss jedes Mitglieds an der Entscheidungsfindung richtet sich insofern nach wie vor maßgeblich nach der Höhe seiner Quote, der damit eine besondere „Rechts- und Interessensicherungsfunktion"[670] zugunsten der einlagenstärksten Mitglieder zukommt. Die Basisstimmen sind dagegen von nachrangiger Bedeutung. Ihre Einführung, die interessanterweise nicht auf einen Vorschlag der auf der Bretton Woods Konferenz zahlreich vertretenen Entwicklungsländer,[671] sondern auf die Forde-

---

[667] Siehe hierzu vor allem *J. Gold*, Voting and Decisions in the IMF, 1972, S. 17 ff.; *J. Kranz*, Le vote pondéré dans les organisations internationales, Revue Générale de Droit International Public 85 (1981), 313 ff.; *F. Lister*, Decision-Making Strategies for International Organizations: The IMF Model, 1984, S. 43 ff.; *W. Gianaris*, Weighted Voting in the IMF and the World Bank, Fordham Int'l L. J. 14 (1990-1991), 910 ff. Dieser Methode folgen neben der Weltbankgruppe beispielsweise auch die meisten regionalen Entwicklungsbanken, der Internationale Fonds für landwirtschaftliche Entwicklung sowie mehrere internationale Rohstoffabkommen, soweit sie über eine Organisation verfügen. Hierzu auch der Überblick bei *H.G. Schermers/ N.M. Blokker*, International Institutional Law, 5. Aufl. 2011, §§ 799-812.

[668] Näher zum Inhalt und Funktion der Quote oben Teil. 3.A.III.2.

[669] Dieses Äquivalent zu 100.000 SZR gilt erst seit der zweiten Satzungsänderung. Davor wurde die Quote in US-Dollar ausgedrückt. Dementsprechend entsprach jeder Teil einer Quote dem Äquivalent zu 100.000 US-Dollar.

[670] *R. Wolfrum*, Neue Elemente im Willensbildungsprozess internationaler Wirtschaftsorganisationen, VN 1981, 50 (51 ff.); vgl. auch *R. Bernhardt*, Betrachtungen zur Stimmverteilung und Stimmwägung in internationalen Organisationen, in: Weber u.a. (Hrsg.), Währung und Wirtschaft, FS H. J. Hahn, 1997, 531 (531).

[671] Von den 45 Konferenzteilnehmern waren 30 Entwicklungsländer. Die Forderung nach einer gleichberechtigten Beteiligung im IWF wurde von Ent-

rung der USA zurückgeht, sollte dem Zweck dienen, einkommensschwachen Mitgliedern eine Stimme im Willensbildungs- und Entscheidungsprozess des IWF zu geben, um so eine Kontrolle der Organisation durch ein oder zwei Mitglieder zu verhindern.[672] In ihrer Gesamtheit ist die Regelung des Art. XII Abschn. 5 lit. a) IWFÜ daher als Kompromisslösung zu verstehen, indem sie versucht, sowohl dem allgemeinen völkerrechtlichen Prinzip der souveränen Gleichheit der Staaten und dem daraus folgenden Postulat nach einer gleichberechtigten Beteiligung aller Mitglieder am Entscheidungsfindungsprozess als auch der gebotenen Berücksichtigung ihrer unterschiedlichen finanziellen Beiträge an den IWF Rechnung zu tragen.[673]

Allerdings ist hierbei zu beachten, dass in der Praxis die Bedeutung des egalitären Elements der Grundstimmen, deren Anzahl bis zur Modifizierung des Art. XII Abschn. 5 lit. a) (i) IWFÜ im Vergleich zu den Quoten konstant bei 250 Stimmen pro Mitglied lag, durch die regelmäßigen Quotenerhöhungen noch weiter an Bedeutung verloren hat. Ihr Anteil an den Gesamtstimmen ist zwischenzeitlich von ursprünglich 11,3 Prozent auf etwa 2 Prozent im Jahr 2010 gesunken. Dadurch hat sich vor allem der Einfluss der sog. *low-income countries* (LICs) – also derjenigen Staatengruppe im IWF, die aufgrund ihrer niedrigen Quote besonders auf die Basisstimmen angewiesen ist[674] und lange Zeit zu den größten Kreditnehmern und damit „Schuldnern" des IWF zählte – an den Entscheidungen des IWF kontinuierlich verringert. Diese Entwick-

---

wicklungsländern erstmals 1972 auf der UNCTAD III in Santiago geäußert. Dazu näher *T. Ferguson*, The Third World and Decision Making in the IMF, 1988, S. 25 ff., 55 ff. Siehe auch *W. R. Cline*, International Monetary Reform and the Developing Countries, 1976, S. 6.

[672] Hierzu auch die Nachweise bei *J. K. Horsefield* (Hrsg.), The International Monetary Fund 1945-1965, Bd. III: Documents, 1969, 77; vgl. ferner *F. Lister*, Decision-Making Strategies for International Organizations: The IMF Model, 1984, S. 38-39.

[673] Vgl. *J. Gold*, Weighted Voting Power: Some Limits and Some Problems, AJIL 68 (1974), 687 (688); *ders.*, Der Ursprung des gewichteten Stimmrechts im IWF, F & E 03/ 1981, 25 (26-27).

[674] Die Quote einiger LICs fällt aufgrund ihrer geringen wirtschaftlichen Leistungskraft häufig so gering aus, dass ihr (minimaler) Einfluss an der Entscheidungsfindung allein durch die Grundstimmen sichergestellt ist. So verfügt bspw. Tonga bei einem Stimmenanteil von 0,03 % gerade mal eine Quote in Höhe von 0,003 %.

lung stieß in Wissenschaft[675] und Praxis[676] zunehmend auf Kritik und hat schließlich zu der Forderung geführt, nicht nur die institutionelle Struktur, sondern auch und vor allem das Quoten- und Stimmrecht des IWF zu reformieren. Die Auswirkungen der hierzu vom Gouverneursrat am 28. April 2008 gebilligten sechsten Satzungsänderung auf den Einfluss der LICs am Entscheidungsfindungsprozess des IWF sind jedoch gering.[677] Statt der geforderten Anhebung der Basisstimmen auf ihren Ausgangsanteil von 11,3 Prozent[678] sieht die Reform lediglich eine Verdreifachung auf 750 Stimmen und damit eine Erhöhung ihres Anteils an den Gesamtstimmen auf 5,502 Prozent vor. Dagegen ist die Forderung nach der Errichtung eines Mechanismus zur Verhinderung eines erneuten Absinkens der Grundstimmen bei künftigen Quotenerhöhungen insofern umgesetzt worden, als Art. XII Abschn. 5 lit. a) (i) IWFÜ dieses Verhältnis zu den Gesamtstimmen jetzt ausdrücklich als feste Untergrenze festschreibt.

Das Stimmrecht im IWF richtet sich bei einem Anteil der quotenabhängigen Stimmen an den Gesamtstimmen von über 94 Prozent somit weiterhin maßgeblich nach der Quote und damit nach der wirtschaftlichen Leistungsfähigkeit der Mitglieder.[679] Derzeit verfügen allein die G 7-

---

[675] Vgl. exemplarisch die Beiträge von *R. M. Jeker*, Voting Rights of Less Developed Countries in the IMF, JWT 12 (1978), 218 (222 ff.); *T. Ferguson*, The Third World and Decision Making in the IMF, 1988, S. 62 ff. und 84 ff.; *R. Gerster*, Proposals for Voting Reform within the IMF, JWT 27 (1993), 121 (122 ff.); *D. P. Rapkin/ J. R. Strand*, Reforming the IMF's Weighted Voting System, The World Economy 29 (2006), 305 (306 ff.; 314 ff.); *A. Mirakhor/ I. Zaidi*, Rethinking the Governance of the IMF, in: Boughton/ Lombardi (Hrsg.), Finance, Development, and the IMF, 2009, 265 (290-292).

[676] S. hierzu v.a. die für die G 24 publizierten Beiträge unter http://www.g24.org/Publications/publications.html (letzter Zugriff: 6.4.2015).

[677] Ähnlich kritisch auch *B. Momani*, Proposing IMF Reforms for Low Income Countries, in: Boughton/ Lombardi (Hrsg.), Finance, development, and the IMF, 2009, 247 ff.: "[T]he net gain accrued to LICs might be minimal and lean heavily toward being more symbolic".

[678] Siehe z.B. *R. Gerster*, Proposals for Voting Reform within the IMF, JWT 27 (1993), 121 (126).

[679] Dies bedeutet weiterhin ein deutliches Stimmenübergewicht der Industriestaaten, denen aktuell ein Stimmenanteil von 57,6 % zukommt, gegenüber den zahlenmäßig in der Mehrheit stehenden Entwicklungs- und Schwellenländer, die über 42,4 % der Gesamtstimmen verfügen. Vgl. *IMF*, Quota and Voting Shares Before and After Implementation of Reforms Agreed in 2008 and 2010,

Staaten – USA (16,81 %), Japan (6,26 %), Deutschland (5,41 %), Großbritannien (4,10 %), Frankreich (4,10 %), Italien (3,08 %) und Kanada (2,26 %) – zusammen mit China (6,19 %), Russland (2,64 %) und Saudi-Arabien (2,05 %) über mehr als die Hälfte der Gesamtstimmen. Da Entscheidungen im IWF grundsätzlich mit einfacher Mehrheit getroffen werden, sind diese Staaten damit theoretisch in der Lage, den Willensbildungs- und Entscheidungsprozess innerhalb des IWF zu steuern. Mit einem Stimmenanteil von 29,57 Prozent und 21,69 Prozent kommt auch den EU-Mitgliedstaaten bzw. den 19 Euro-Staaten, soweit sie geschlossen agieren, insofern ein ähnlicher Einfluss zu, als sie bei allen wichtigen Entscheidungen, für die stets eine qualifizierte Mehrheit von 85 Prozent der Gesamtstimmen erforderlich ist, über eine Sperrminorität verfügen.[680] Aufgrund der unterschiedlichen nationalen Präferenzen der EU-Mitgliedstaaten entspricht die aktuelle Vertretung der Union und selbst die des Euroraums im IWF jedoch bei weitem nicht ihrem tatsächlichen wirtschaftlichen Gewicht. Aus diesem Grund trifft die Auffassung dritter Staaten, die europäischen Staaten seien im IWF sowohl was die Zahl der Sitze im Exekutivdirektorium als auch was die Stimmrechte anbelangt überrepräsentiert, nur zum Teil zu.

Wie oben bereits angedeutet, kommt es allerdings nicht in allen IWF-Organen zu einer Stimmenwägung. Während die Entscheidungsfindung in den beiden zentralen Entscheidungsgremien, dem Gouverneursrat und dem Exekutivdirektorium, auf diesem Prinzip, das im Übrigen auch für den Ministerrat gelten würde,[681] beruht, hat im Auslegungsausschuss jedes Mitglied nur eine Stimme.[682] Dasselbe gilt natürlich auch für den Geschäftsführenden Direktor. Aufgrund der in den *Articles of Agreement* festgelegten Aufgabenzuweisung ändert sich dadurch gleichwohl nichts an den realen Kräfteverhältnissen. So hat eine Ent-

---

abrufbar unter http://www.imf.org/external/np/sec/pr/2011/pdfs/quota_tbl.pdf (letzter Zugriff: 7.3.2016).

[680] Dasselbe gilt auch für die USA, die aktuell als einziges Mitglied über mehr als 15 % der Gesamtstimmen verfügen. Der hohe Anteil der EU-Staaten gegenüber den USA ist vor allem darauf zurückzuführen, dass der EU-Intra-Handel bei der Berechnung der Quote als internationaler Handel angerechnet wird, während der US-Intra-Handel als nationaler Handel aufgefasst wird. Zu den sich hieraus ergebenden Folgeproblemen im Hinblick auf eine Mitgliedschaft der EU im IWF siehe unten Teil 5.C.IV.1.

[681] Vgl. Abschn. 3 lit. b) des Anhangs D zum IWFÜ.

[682] Vgl. Art. XXIX lit. b) S. 3 IWFÜ. Dazu ausführlich *J. Gold*, Voting and Decisions in the IMF, 1972, S. 206.

scheidung des Auslegungsausschusses ohne die Zustimmung des Gouverneursrats, dem, wie gezeigt, in Auslegungsfragen eine Letztentscheidungsbefugnis zukommt, keine Aussicht auf Erfolg.

Hinsichtlich der Mehrheitserfordernisse für die Beschlussfassung im Gouverneursrat und Exekutivdirektorium existieren je nach zu regelnder Materie unterschiedliche Regelungen.[683] Als Regelfall ist in Art. XII Abschn. 5 lit. c) IWFÜ die einfache Mehrheit vorgesehen. Sie soll immer dann zur Anwendung kommen, wenn die *Articles of Agreement* in ihren Einzelbestimmungen keine andere Mehrheit ausdrücklich vorschreiben. Durch die ersten beiden Satzungsänderungen hat sich dieses Regel-Ausnahmeprinzip jedoch sowohl quantitativ wie auch qualitativ insofern verschoben, als mittlerweile die meisten Vorschriften eine Beschlussfassung mit qualifizierter Mehrheit von 70 Prozent[684] oder 85 Prozent[685] der berechtigten Stimmen vorsehen.[686] Diese Entwicklung zusammen mit dem gewichteten Stimmrecht bewirkt – wie auch die obigen Zahlen verdeutlichen – somit eine extreme Form des Interessenschutzes zugunsten der wirtschaftlich starken Mitgliedstaaten.[687] Die entsprechenden Regelungen stehen daher aktuell ebenfalls auf der Reformagenda.

Die Praxis weicht von diesen formalen Vorgaben indes insofern ab, als Entscheidungen in der Regel nicht zur Abstimmung gebracht, sondern

---

[683] Ausnahmsweise gilt gem. Art. XXVIII lit. b) IWFÜ bei der Änderung der dort genannten Satzungsbestimmungen (Art. XXVI Abschn. 1, III Abschn. 2 lit. d) IWFÜ und Anhang C Abs. 6 zum IWFÜ) das Einstimmigkeitsprinzip. Da hier jedes Mitglied – egal ob Industrie- oder Entwicklungsland – einen Beschluss mit seiner Stimme verhindern kann und die Stimmengewichtung damit bedeutungslos bleibt, ist die Vorschrift als große Ausnahme und besondere Reverenz an die Souveränität der Mitglieder zu verstehen.

[684] Die Stimmenmehrheiten von 70 % sind hauptsächlich für operationelle Entscheidungen vorgesehen. Siehe z.B. Art. III Abschn. 3 lit. d); Art, V Abschn. 7 lit. e), g), 8 lit. d), 9 lit. a), 12 lit. j); Art. XV Abschn. 2 IWFÜ.

[685] Die 85 %-Mehrheiten sind meistens für politisch bedeutsamere Fragen erforderlich. Siehe z.B. Art. III Abschn. 2 lit. c); Art. IV Abschn. 2 lit. c), 4; Art. V Abschn. 7 lit. c), 12 lit. b); Art. XII Abschn. 1; Art. XVIII Abschn. 4 lit. d); Art. XXIX lit. b) IWFÜ.

[686] Ausführlich zu dieser Entwicklung *J. Gold*, Voting Majorities in the Fund. Effects of Second Amendment of the Articles, Pamphlet Series No. 20, 1977, S. 6 ff.

[687] Kritisch auch *E. Osieke*, Majority Voting Systems in the ILO and the IMF, ICLQ 33 (1984), 381 (397-400).

im Konsensusverfahren angenommen werden.[688] Der Konsensus ist in den *Articles of Agreement* zwar nicht vorgesehen,[689] wird jedoch sekundärrechtlich in Abschn. 11 IMF By-Laws und Regel C-10 IMF Rules and Regulations in der Weise umschrieben, als der Gouverneursrat und das Exekutivdirektorium Entscheidungen auch ohne formelle Abstimmung entsprechend dem „Geist der Sitzung" (“*sense of the meeting*”) treffen können, wenn keines ihrer Mitglieder eine Abstimmung verlangt. Trotz dieser nur subsidiären Regelung[690] dominierte das Konsensusverfahren den Entscheidungsprozess im IWF von Anfang an.[691]

---

688 Dazu ausführlich *J. Gold*, Voting and Decisions in the IMF, 1972, S. 195-201; *R. M. Besteliu*, The Procedure of Consensus in the Adoption of Decisions by the International Monetary Fund and the International Bank for Reconstruction and Development, Revue Roumaine d'études Internationales 11 (1977), 517 (518 ff.). Siehe auch *C. Tietje*, Willensbildung und Entscheidungsfindung in internationalen Wirtschaftsorganisationen, in: Dicke/Fröhlich (Hrsg.), Wege multilateraler Diplomatie, 2005, 12 (16-17); ferner *S. Schlemmer-Schulte*, in: Tietje (Hrsg.), Internationales Wirtschaftsrecht. 2. Aufl. 2015, S. 452.

Nach allgemeiner völkerrechtlicher Terminologie bezeichnet der Konsensus sowohl ein Verfahren der Beschlussfassung wie auch das hieraus resultierende Ergebnis, den Beschluss. Der erstere Aspekt zeichnet sich dadurch aus, dass eine Entscheidung nicht in förmlicher Abstimmung unter Registrierung aller Handlungsvarianten angenommen wird, sondern in der Weise, dass keiner der am Entscheidungsprozess Beteiligten ihr formal widerspricht. Vom Ergebnis her definiert, meint Konsensus – im Gegensatz zum Konsens – daher einen Rechtsakt, der nicht allgemein gebilligt worden sein muss, sondern den keiner rundweg abgelehnt hat. Zu der Definition im Einzelnen siehe *C. Tomuschat*, Tyrannei der Minderheit? Betrachtungen zur Verfassungsstruktur der Vereinten Nationen, GYIL 19 (1976), 278 (292); *R. Wolfrum*, Konsens im Völkerrecht, in: Hattenhauer/ Kaltefleiter (Hrsg.), Mehrheitsprinzip, Konsens und Verfassung, 1986, 79 (83-84); *ders./J. Pichon*, Consensus, in: Wolfrum (Hrsg.), MPEPIL, Rn. 3-4 (Stand: Oktober 2010).

689 Eine primärrechtliche Regelung, die den Konsensus als grundsätzliche Entscheidungsregel für die Beschlussfassung vorsieht, findet sich dagegen im WTO-Recht in Art. IX Abschn. 1 WTOÜ.

690 Wohl anders ist die Situation in den Ausschüssen und Unterausschüssen des IWF zu beurteilen. Die Formulierung der Regel C-11 IMF Rules and Regulations im Indikativ (“There shall be no formal voting in committees and subcommittees”) zeigt, dass hier die Beschlussfassung mittels Konsensus die Regel sein soll.

691 Dessen ungeachtet haben die im Konsensusverfahren getroffenen Entscheidungen die gleiche rechtliche Wirkung wie die in einer Abstimmung gefassten Beschlüsse.

So kam es im Exekutivdirektorium bereits in den ersten 25 Jahren seiner Tätigkeit bei insgesamt 7909 Entscheidungen in nur 30 Fällen zu einer Abstimmung.[692] Heute gehören einen Konsensus vorbereitende Diskussionen und Verhandlungen und hieraus resultierende Beschlüsse zur Standardmethode im IWF.[693]

IV. Rechtsformen der Beteiligung im IWF

Die Untersuchung der Mitwirkung der EU am Rechtssystem des IWF verlangt eine eingehende Analyse der Beteiligungs- bzw. Teilnahmeformen an den verschiedenen Rechtsinstrumenten oder Aktivitäten des IWF. Die Aufgabe der nachfolgenden Ausführungen ist es daher, dieses Partizipationssystem im Einzelnen darzustellen und auf seine Besonderheiten einzugehen.

1. Mitgliedschaftsordnung des IWF

a) Allgemeine Vorbemerkungen

Die grundlegenden Vorschriften, die die Mitgliedschaft im IWF regeln, finden sich in Art. II und XXVI IWFÜ.[694] Während die letztere Bestimmung die Möglichkeit der Beendigung der Mitgliedschaft – also den Austritt und Ausschluss – sowie einzelne Sanktionsmöglichkeiten des IWF zum Inhalt hat, trifft Art. II IWFÜ Aussagen über den Erwerb der Mitgliedschaft. Dabei unterscheidet Art. II IWFÜ – wie die Gründungsverträge der meisten anderen internationalen Organisationen –[695] zwischen zwei Gruppen von Mitgliedern, den in Art. II Abschn. 1 IWFÜ bezeichneten „ursprünglichen Mitgliedern" und den gem. Art. II Abschn. 2 IWFÜ beigetretenen bzw. „anderen Mitgliedern". Zu

---

692 Weitere Einzelheiten bei *J. Gold*, Voting and Decisions in the IMF, 1972, S. 191-195.

693 Vgl. *L. van Houtven*, Governance of the IMF, 2002, S. 25; *B. Fritz-Krockow/ P. Ramlogan*, International Monetary Fund Handbook, 2007, S. 74.

694 Siehe aber auch die ergänzenden Bestimmungen in Art. XXXI Abschn. 2 lit. a) und g) IWFÜ sowie Anhang A zum IWFÜ.

695 Vgl. etwa Art. 3 und 4 UN-Charta, Art. XI und XII WTOÜ.

den 40 Gründungsmitgliedern des IWF[696] zählen diejenigen „Länder“,[697] die 1944 in Bretton Woods an der Währungs- und Finanzkonferenz der Vereinten Nationen teilgenommen[698] und entweder durch Zeichnung und Hinterlegung der erforderlichen Vertragsurkunden die Mitgliedschaft bereits bis zum 31. Dezember 1945 erworben haben[699] oder dem IWFÜ entsprechend der *Resolution Nr. IM-9* des Gouverneursrats,[700] die eine Verlängerung dieser anfänglichen Frist um ein Jahr bewirkte, bis spätestens 31. Dezember 1946 beigetreten sind.[701] Alle

---

[696] Es sind dies zunächst Ägypten, Äthiopien, Belgien, Bolivien, Chile, China, Dominikanische Republik, Ecuador, Frankreich, Griechenland, Guatemala, Honduras, Irak, Iran, Island, Indien, Jugoslawien, Kanada, Kolumbien, Luxemburg, Mexiko, Niederlande, Norwegen, Paraguay, Peru, Philippinen, Südafrika, Tschechoslowakei, die Vereinigten Staaten und das Vereinigte Königreich. Zu diesen 30 Staaten stießen später noch Brasilien, Costa Rica, El Salvador, Nicaragua, Panama, Polen, Uruguay, Venezuela, Dänemark und das wenig später aus dem IWF wieder ausgetretene Kuba hinzu. Die Beteiligung Polens und der Tschechoslowakei am IWF beschränkte sich zunächst auf einen Zeitraum von fast zehn Jahren bis zum Austritt Polens im Jahr 1950 und dem Ausschluss der Tschechoslowakei im Jahr 1954. Inzwischen sind aber sowohl Polen wie auch Tschechien sowie die Slowakei wieder Mitglieder des IWF. Vgl. hierzu auch den Überblick bei *J. R. Vreeland*, The International Monetary Fund, 2007, S. 12.

[697] Zur Auslegung dieses im Recht internationaler Organisationen eher ungewöhnlichen Begriffs siehe Teil.5.C.III.2.

[698] Diese sind im Anhang A zum IWFÜ aufgelistet.

[699] Ihre Mitgliedschaft begann mit der Hinterlegung dieser Urkunde, nicht jedoch vor dem 1. Mai 1945 und nicht bevor das Übereinkommen von Regierungen, die über fünfundsechzig Prozent der Summe der in Anhang A zum IWFÜ aufgeführten Quoten verfügten, unterzeichnet worden war und dieses damit in Kraft trat. Vgl. Art. XXXI Abschn.1, 2 lit. a), b), e) IWFÜ (= Art. XX Abschn. 1, 2 lit. a), b), e) IWFÜ a.F.) i.V.m. Anhang A zum IWFÜ.

[700] Gouverneursrats-Resolution Nr. IM-9 v. 14.3.1946, abgedr. in: *IMF*, Selected Documents: Board of Governors Inaugural Meeting (Savannah, Ga. March 8 to 18, 1946), S. 21.

[701] Vgl. auch die Einzelheiten bei *H. Aufricht*, The International Monetary Fund, 1964, S. 19 ff.; *J. K. Horsefield*, The International Monetary Fund 1945-1965, Bd. I: Chronicle, 1969, S. 113 ff. S. ferner die Bewertung bei *J. Gold*, Membership and Nonmembership in the International Monetary Fund, 1974, S. 17-18; sowie den Überblick bei *J. M. Boughton*, Tearing Down Walls: The International Monetary Fund 1990-1999, 2012, S. 49.

anderen „Länder“ können nur nichtursprüngliche bzw. in den Worten des IWFÜ nur „andere Mitglieder“ des Fonds sein oder werden.[702]

Die durch die verlängerte Ratifikationsfrist bewirkte Unterscheidung zwischen “*original members*” im Sinne des Art. II Abschn. 1 IWFÜ und im Sinne der Gouverneursratsresolution ist zumindest aus einer allein rechtlichen Perspektive nicht weiter von Bedeutung.[703] Sie hat jedenfalls keine unterschiedlichen Rechte und Pflichten im Fonds zur Folge. Diese beurteilen sich, wie gezeigt, insbesondere nach der Quote eines Mitglieds, die gerade unabhängig vom Beitrittszeitpunkt bestimmt wird.[704]

---

702 Bei Ablauf auch dieser verlängerten Ratifikationsfrist waren fünf Bretton Woods-Teilnehmer, die Sowjetunion, Australien, Haiti, Liberia und Neuseeland, dem IWF nicht beigetreten.

703 So auch *J. Gold*, Uniformity as a Legal Principle of the IMF, Law & Pol’y Int’l Bus. 7 (1975), 765 (776-778); ebenso *D. Carreau*, Le Fonds monétaire international, 2009, S. 23.

704 Auch lässt sich hieraus wohl kein „psychologisches Gewicht“ und keine „politische Bedeutung“ dergestalt ableiten, dass den ersten Signatarstaaten, die dem IWF bis zum 31. Dezember 1945 beigetreten sind, „psychologisch [...] immer [ein] höhere[r] Nimbus, eine größere Würde“ zukommen wird und sie den nachfolgenden Gründungsmitgliedern „nur ein weniger großes politisches Gewicht zuzugestehen bereit sein“ werden (so aber *F. Klein*, Die Mitgliedschaft in den Vereinten Nationen, AVR 1 (1948/ 49), 147 (152) im Hinblick auf die Mitgliedschaft in den Vereinten Nationen). Hierfür spricht, dass der eigentliche Grund für die Verlängerung der anfänglichen Frist, dem IWF als ursprüngliches Mitglied beizutreten, gerade darin bestand, die Sowjetunion, deren Mitwirkung „man die allergrößte politische Bedeutung“ zumaß und sogar „als Voraussetzung für [eine] erfolgreiche Tätigkeit“ des IWF betrachtete, noch als “*original member*” zu gewinnen. Auf diese Weise sollte die Sowjetunion in die Lage versetzt werden, sich die in Bretton Woods ausgehandelte hohe Quote zu sichern und damit eines der fünf Mitglieder zu werden. Insofern kann von einem „höheren Nimbus“, einer „größeren Würde“ der ersten Unterzeichnergruppe gegenüber den nachfolgenden Gründungsmitgliedern nicht gesprochen werden. Dies unterstreichen auch *E. P. Hexner*, The Soviet Union and the International Monetary Fund, AJIL 40 (1946), 637 (639-640); *R. F. Mikesell*, Verhandlungen in Bretton Woods. Errichtung eines internationalen Währungsfonds und einer internationalen Bank, in: Dennet/ Johnson (Hrsg.), Mit den Russen am Verhandlungstisch, 1953, 124 ff.; *U. Andersen*, Das internationale Währungssystem zwischen nationaler Souveränität und supranationaler Integration, 1977, S. 98, 106 ff. Siehe auch *H. Hamel*, Zur Frage der Mitgliedschaft der RGW-Länder im Internationalen Währungsfonds (IWF), in: Schüller/ Wagner (Hrsg.), Außenwirtschaftspolitik und Stabilisierung von Wirtschaftssystemen, 1980, 177

Dies gilt auch für die Aufteilung zwischen ursprünglichen und anderen Mitgliedern in Art. II Abschn. 1 und 2 IWFÜ. Auch sie hat keine rechtlich hervorgehobene Position der Gründungsmitglieder zur Folge.[705] Die Unterscheidung wurde allein aus rechtstechnischen Gründen vorgenommen, da das IWFÜ das Gründungsverfahren und vor allem das Inkrafttreten des Übereinkommens regeln musste.[706] Schließlich kann in der ursprünglichen Mitgliedschaft wegen der flexiblen Anwendung der Aufnahmebedingungen[707] auch kein „praktisch-politischer Vorteil" gesehen werden.[708] Die Aufteilung dürfte aber bis zu einem gewissen Grad rechtssystematisch und rechtshistorisch aufschlussreich sein. So lässt sich feststellen, dass sich unter den 40 ursprünglichen Mitgliedern neun westeuropäische, zwei nordamerikanische, achtzehn zentral- und lateinamerikanische Staaten, sowie drei arabische (Ägypten, Irak, Iran),

---

(181 ff.); *J. Kranz*, Les pays socialistes, le Fonds monétaire international et la Banque mondiale, AVR 23 (1985), 270 (272); *E. A. Koch*, Sowjetunion und Internationaler Währungsfonds, 1986, S. 185 ff., 210 ff.

705 Hierzu ausführlich *J. Gold*, Uniformity as a Legal Principle of the International Monetary Fund, Law & Pol'y Int'l Bus. 7 (1975), 765 (773, 776-778); *ders.*, Membership and Nonmembership in the International Monetary Fund, 1974, S. 217-221. Diese Feststellung wird auch durch die Fondspraxis bestätigt, denn mit Japan und Deutschland sind im Laufe der Zeit zwei Staaten hinzugekommen, die heute zu den fünf quotenstärksten Mitgliedern gehören. Allg. zur Differenzierung zwischen ursprünglichen und später hinzugekommenen Mitgliedern einer internationalen Organisation s. bereits *H. Mosler*, Die Aufnahme in internationalen Organisationen, ZaöRV 19 (1958), 275 (278, 307).

706 Vgl. Art. XXXI IWFÜ. Siehe hierzu auch allgemein den Überblick bei *M. Ruffert/ C. Walter*, Institutionalisiertes Völkerrecht, 2. Aufl. 2015, § 8, Rn. 238; *H.G. Schermers/ N.M. Blokker*, International Institutional Law, 5. Aufl. 2011, § 85, die zutreffend darauf hinweisen, dass ein Gründungsvertrag einer internationalen Organisation ohne Gründungsmitglieder rechtstechnisch nicht möglich ist.

707 Dazu sogleich näher.

708 *J. Gold*, Uniformity as a Legal Principle of the International Monetary Fund, Law & Pol'y Int'l Bus. 7 (1975), 765 (777). Zu Recht weisen aber *E. Kein/ S. Schmahl*, in: Graf Vitzthum (Hrsg.), Völkerrecht, 5. Aufl. 2010, S. 292 darauf hin, dass Gründungsmitgliedern durch ihre Teilnahme an den Vertragsverhandlungen ihre Vorstellung unmittelbar einbringen können, „während spätere Mitglieder auf das meist schwierige Änderungsverfahren verwiesen sind". Insofern lassen sich gewisse Vorteile einer ursprünglichen Mitgliedschaft im Fonds nicht leugnen, da dieser für eine Änderung seines Gründungsvertrages in Art. XXVIII IWFÜ besonders hohe Hürden aufstellt.

drei asiatische (China, Indien, Philippinen), drei osteuropäische (Jugoslawien, Polen, Tschechoslowakei) und zwei afrikanische (Äthiopien, Südafrika) Staaten befanden. Daraus lässt sich zum einen die Erkenntnis ziehen, dass die „Europäer“ zusammen mit den zentral- und lateinamerikanischen Staaten gleich von Beginn an stark vertreten waren. Zum anderen zeigt dies auch, dass seitdem dem IWF zunächst ausschließlich die im Zuge der Dekolonisation unabhängig gewordenen Entwicklungsländer sowie später – in den 1990er Jahren – die früher planwirtschaftlich orientierten Staaten Osteuropas beigetreten sind.[709] Die Integration dieser beiden Staatengruppen hatte – wie eben dargelegt – neben der quantitativen Erweiterung der Mitgliederzahl des IWF auch bedeutende qualitative Folgen, beispielsweise in Form eines Verlustes an Homogenität der Mitglieder- und damit verbunden auch der Interessenstruktur im IWF.[710]

b) Aufnahme neuer Mitglieder

aa) Rechtsanspruch auf Beitritt?

Mit heute 188 Mitgliedern, darunter alle EU-Mitgliedstaaten, hat der IWF nahezu Universalität erreicht.[711] Mit Ausnahme der beiden kommunistischen Staaten Kuba und Nordkorea, den Mikrostaaten Andorra, Lichtenstein und Monaco sowie den kleinen Inselstaat Nauru, der inzwischen aber einen Antrag auf Aufnahme in den IWF gestellt hat,[712] umfasst der IWF die gesamte Staatengemeinschaft. Gleichwohl hat das Universalitätsprinzip in seiner strengen bzw. absoluten Bedeutung in den *Articles of Agreement* keine Aufnahme gefunden. Art. II Abschn. 2 IWFÜ geht vielmehr davon aus, dass die Verwirklichung des in Art. I IWFÜ niedergelegten Zielkatalogs effektiver unter einem Konzept der

---

[709] Siehe hierzu ausführlich den geschichtlichen Rückblick bei *J. M. Boughton*, Silent Revolution: The International Monetary Fund, 1979-1989, 2001, S. 963 ff.; sowie *ders.*, Tearing Down Walls: The International Monetary Fund 1990-1999, 2012, S. 49 ff.

[710] Zu den dadurch hervorgerufenen Veränderungen innerhalb des IWF siehe bereits oben Teil 3.B.II.2.a). Zu den damit verbundenen Rückwirkungen auf die Vertretung der europäischen Staaten im Exekutivdirektorium siehe Teil 5.B.II.

[711] Er liegt damit nur knapp hinter den Vereinten Nationen, die gegenwärtig 193 Mitglieder zählen.

[712] Vgl. *IMF*, Nauru Applies for IMF Membership, Press Release No. 14/216, May 9, 2014.

bedingten Universalität[713] gewährleistet werden kann und macht daher die Aufnahme in die Organisation von der Erfüllung bestimmter Voraussetzungen abhängig.[714] Entsprechend lässt sich der IWF als beschränkt offene internationale Organisation qualifizieren.[715]

Einen Anspruch auf Beitritt vermittelt Art. II Abschn. 2 IWFÜ damit jedoch nicht. So hat ein beitrittswilliger Kandidat selbst dann keinen Beitrittsanspruch, wenn der Gouverneursrat als das für die Aufnahme zuständige Organ alle Aufnahmevoraussetzungen bejaht.[716] Ihm kommt damit ein weiter Ermessensspielraum zu.[717] Obgleich dieser von den Satzungsgebern ausweislich der weiten Formulierung in Art. II Abschn. 2 IWFÜ ("*Membership shall be open [...] at such times and in accordance with such terms as may be prescribed by the Board of Governors*") bewusst weit ausgestaltet worden ist, hält *Joseph Gold* dennoch eine einschränkende Konkretisierung, wie sie seitdem dann auch in der Praxis zum Ausdruck kommt,[718] für erforderlich. Hierzu zieht er das Rechtsgutachten des IGH über *Conditions of Admission of*

---

[713] Eine gewisse Unterstützung erfährt diese Auffassung durch den Hinweis auf die Bestimmungen des IWFÜ über den Austritt (Art. XXVI Abschn. 1 IWFÜ) und den Ausschluss (Art. XXVI Abschn. 2 IWFÜ) aus dem IWF.

[714] Eine – wenn auch bedingt – universelle Ausrichtung des IWF ergibt sich auch aus der Natur seines Regelungsgegenstandes, des internationalen Währungs- und Finanzsystems. Die Effektivität und Stabilität dieses Systems hängt nicht zuletzt davon ab, inwieweit sich eine universelle Befolgung allgemeiner und gleicher Regeln durchsetzen lässt.

[715] Hierzu allgemein *I. Seidl-Hohenveldern/ G. Loibl*, Das Recht der Internationalen Organisationen einschließlich der Supranationalen Gemeinschaften, 7. Aufl. 2000, Rn. 505; *H. F. Köck/ P. Fischer*, Das Recht der Internationalen Organisationen, 3. Aufl. 1997, S. 542, die *offene* von *beschränkt offenen* und *geschlossenen* internationalen Organisationen unterscheiden.

[716] Hierzu näher *G. Stratmann*, Der Internationale Währungsfonds: Seine Aufsichts- und Lenkungsbefugnisse, 1972, S. 73-76; *J. Gold*, Membership and Nonmembership in the International Monetary Fund, 1974, S. 165-168.

[717] Es ist daher grundsätzlich möglich, die Aufnahme in den IWF in analoger Weise zur internationalen Anerkennung von der Einhaltung bestimmter im Allgemeininteresse liegender Bedingungen abhängig zu machen.

[718] So wurden etwa in der Dekolonisierung zahlreiche Neustaaten nahezu diskussionslos und zum Teil auch ohne eine genauere Prüfung der Aufnahmevoraussetzung aufgenommen. Hierzu auch sogleich näher.

a State to Membership in the United Nations[719] heran und gelangt bei der Übertragung der darin getroffenen Feststellungen auf den IWF schließlich zu der Schlussfolgerung,

> "*that the Fund must be prepared to permit membership at some time that it considers appropriate and to prescribe bona fide terms, i.e., terms that are not designed solely for the purpose of preventing membership. The difficulty with this argument is that there are no obvious principles for determining what would be an arbitrary rejection*".[720]

Damit lässt sich jedenfalls eine Verpflichtung des IWF zu *bona fide*-Beitrittsverhandlungen, also nicht nur eine Pflicht zur Einleitung eines Beitrittsverfahrens und zur Festlegung von Beitrittsbedingungen, sondern auch zu *bona-fide*-Verhandlungen über diese Bedingungen, begründen. Darüber hinaus ist aus der *bona fides* wie auch ohnehin aus dem speziell für den IWF geltenden Uniformitätsprinzip eine grundsätzliche Pflicht des IWF zur Prüfung des Aufnahmeantrags nicht nur auf der Grundlage seines Satzungsrechts, sondern auch am Maßstab der bisherigen Zulassungspraxis abzuleiten.[721]

Eine rechtliche Durchsetzungsmöglichkeit des so begründeten Rechts gegenüber dem IWF besteht freilich nicht. Da es sich hierbei um eine Frage der Auslegung der *Articles of Agreement* handelt, die, wie gezeigt, aufgrund der Ausschließlichkeit des IWF-Auslegungssystems nicht unter die sachliche Zuständigkeit einer externen Gerichtsbarkeit fällt, hat ihre Klärung allein auf der Grundlage des Art. XXIX lit. a), b) IWFÜ zu erfolgen. Dieser sieht eine Parteifähigkeit jedoch nur für Mitglieder, nicht aber für Beitrittskandidaten vor, so dass diese vor dem Erwerb der Mitgliedschaft keine Auslegungsentscheidung des IWF hierüber erlangen können.

---

[719] *IGH*, Conditions of Admission of a State to Membership in the United Nations (Article 4 of the Charter), Advisory Opinion, ICJ Rep. 1948, 56.

[720] *J. Gold*, Membership and Nonmembership in the International Monetary Fund, 1974, S. 167.

[721] Vgl. auch Art. II Abschn. 2 S. 2 IWFÜ. Wie hier auch schon *G. Stratmann*, Der Internationale Währungsfonds: Seine Aufsichts- und Lenkungsbefugnisse, 1972, S. 77-78.

bb) Beitrittsverfahren und -bedingungen

Das Zulassungsverfahren wie auch die Bedingungen für einen Beitritt zum IWF sind primärrechtlich nur recht vage und in mancher Hinsicht auch mehrdeutig umschrieben.[722] In verfahrensrechtlicher Hinsicht legt Art. II Abschn. 2 IWFÜ lediglich den Gouverneursrat als das zur Letztentscheidung befugte Organ fest. Aufgrund der politischen Dimension des Aufnahmeverfahrens ist eine Delegation dieser Befugnis an das Exekutivdirektorium ausgeschlossen.[723] Darüber hinaus enthalten die *Articles of Agreement* weder konkrete Vorgaben über den Ablauf des Verfahrens noch verpflichten sie die Organe, sich inhaltlich in einer bestimmten Weise zu verhalten. Ergänzt wird die Regelung des Art. II Abschn. 2 IWFÜ auf sekundärrechtlicher Ebene einmal durch Abschn. 21 IMF By-Laws und Regel D-1 IMF Rules and Regulations und zum anderen durch die Praxis der Fondsorgane. Hierdurch ist es inzwischen zu einer Verlagerung der Verhandlungsführung mit dem beitrittswilligen Kandidaten vom Gouverneursrat auf das Exekutivdirektorium gekommen. Im Einzelnen lassen sich heute drei Abschnitte des Beitrittsverfahrens – die Antragsphase, die Verhandlungsphase und die Abschlussphase – unterscheiden. In jeder dieser drei Phasen ist jeweils ein anderes Fondsorgan – zunächst der Geschäftsführende Direktor, anschließend das Exekutivdirektorium und schließlich der Gouverneursrat – beteiligt. Das Aufnahmegesuch des Bewerbers ist zunächst in schriftlicher Form an den Geschäftsführenden Direktor zu richten. Dieser leitet daraufhin den Antrag an das Exekutivdirektorium weiter, das wiederum zu dessen Prüfung und zur Verhandlung über die Aufnahmebedingungen eigens ein Spezialkomitee bestehend aus fünf bis sechs Direktoren einsetzt. Im Falle einer positiven Beschlussfassung des Direktoriums, die in aller Regel der Stellungnahme des Komitees entspricht, empfiehlt es dem Gouverneursrat den Bewerber als Mitglied aufzunehmen. Dieser erörtert den Aufnahmeantrag und entscheidet schließlich mit einfacher Mehrheit über die Zulassung des Bewerbers.[724]

---

[722] So auch *J. Gold*, Membership and Nonmembership in the International Monetary Fund, 1974, S. 41-43; *D. Carreau*, Le Fonds monétaire international, 2009, S. 22-23.

[723] Vgl. Art. XII Abschn. 2 lit. b) IWFÜ. Dazu näher *J. Gold*, Membership and Nonmembership in the International Monetary Fund, 1974, S. 19-20; *M. Primorac*, How does a Country join the IMF?, F & D 1991, 34 (35).

[724] Da in den *Articles of Agreement* für den Aufnahmebeschluss kein spezielles Mehrheitserfordernis vorgeschrieben ist, ist die einfache Mehrheit der von den Gouverneuren abgegebenen Stimmen ausreichend. Eine Blockade durch

Verfahrens- und kompetenzrechtlich stellen Abschn. 21 IMF By-Laws und Regel D-1 IMF Rules and Regulations damit eine Konkretisierung des Art. II Abschn. 2 IWFÜ dar. Allerdings ist auch ihr Wortlaut in dieser Hinsicht nicht ganz klar und hat dementsprechend Interpretationsspielräume eröffnet. Die Regelungen scheinen bereits den Exekutivdirektoren eine ablehnende Entscheidung ohne sofortige Konsultation des Gouverneursrats und damit eine erhebliche Verfahrensverzögerung zu erlauben. Auch geht aus ihrer Formulierung nicht eindeutig hervor, wie der Gouverneursrat auf ein solches Verhalten reagieren kann. Mit der herrschenden Auffassung ist aber wohl eine primärrechtskonforme Auslegung dahingehend angezeigt, dem Plenarorgan einen unbeschränkten Einfluss auf das Beitrittsverfahren und seinen Ablauf zu belassen. Allein dies scheint mit der eindeutigen Zuständigkeitsübertragung in Art. II Abschn. 2 IWFÜ und dem Delegationsverbot in Art. XII Abschn. 2 lit. b) IWFÜ vereinbar zu sein.[725]

Zur Konkretisierung der ebenfalls nur kursorischen Regelung der Beitrittsbedingungen durch Art. II Abschn. 2 IWFÜ ist ergänzend auf Art. XXXI Abschn. 2 lit. a), g) IWFÜ zurückzugreifen.[726] Insgesamt lassen sich so vier Bedingungen für die Aufnahme in den IWF unterscheiden: Der Beitrittskandidat muss (1.) ein „Land“, (2.) wenigstens formale Kontrolle über seine Außenbeziehungen haben, (3.) in der Lage und schließlich (4.) auch willens sein, die aus der Mitgliedschaft folgenden Verpflichtungen zu erfüllen.[727] Darüber hinaus gehende unge-

---

einzelne wirtschaftlich und politisch mächtige Fondsmitglieder ist daher anders als im Sicherheitsrat der Vereinten Nationen nicht möglich. So konnte der IWF beispielsweise das wieder vereinigte Vietnam 1976 als Mitglied aufnehmen, während zum gleichen Zeitpunkt die Aufnahme in die Vereinten Nationen am Veto der USA scheiterte. Dazu auch *R. W. Edwards*, International Monetary Collaboration, 1985, S. 24, Fn. 93.

[725] Zum Ganzen auch *J. Gold*, Membership and Nonmembership in the International Monetary Fund, 1974, S. 19 ff. Siehe auch *G. Stratmann*, Der Internationale Währungsfonds: Seine Aufsichts- und Lenkungsbefugnisse, 1972, S. 69 ff. und *L. Gramlich*, Die UdSSR als neues Mitglied von IWF und Weltbank-Gruppe?, Recht in Ost und West 34 (1990), 25.

[726] *R. W. Edwards*, International Monetary Collaboration, 1985, S. 24; *L. Gramlich*, Die UdSSR als neues Mitglied von IWF und Weltbank-Gruppe?, Recht in Ost und West 34 (1990), 22 (25 ff.).

[727] Drei Aufnahmebedingungen unterscheidet *J. Gold*, Membership and Nonmembership in the International Monetary Fund, 1974, S. 41-43. Davon abweichend werden hier das objektive Kriterium der Fähigkeit und die subjek-

schriebene Aufnahmeanforderungen, etwa an das politische und wirtschaftliche System des Antragstellers, bestehen nicht.[728] Wie im Folgenden zu zeigen sein wird, hat sich in der Praxis eine flexible Auslegung dieser Aufnahmekriterien, vor allem hinsichtlich der letzten beiden Bedingungen, durchgesetzt, wohl auch um das Ziel einer möglichst universalen Ausrichtung der Organisation nicht zu gefährden.

(1) Eigenschaft des Antragstellers als "country"

Nach Art. II Abschn. 2 S. 1 IWFÜ können einen Antrag auf Beitritt nur "*countries*" stellen. In der im Bundesgesetzblatt abgedruckten inoffiziellen deutschen Fassung der *Articles of Agreement* ist der Terminus mit „*Länder*" übersetzt.[729] Die ebenfalls nicht offizielle französische Übersetzung verwendet die Bezeichnung "*pays*".[730] Diese auf den ersten Blick klare Aussage zur ersten Aufnahmebedingung wirft bei näherem Hinsehen nicht unerhebliche Auslegungsprobleme auf,[731] die sich wiederholt auch in der Praxis des IWF gestellt haben.[732] Die Schwierigkeiten rühren in erster Linie daher, dass das IWFÜ den auch an anderer Stelle ohne nähere Erläuterung[733] verwendeten Begriff "*countries*" trotz seiner zentralen Bedeutung nicht definiert.[734] Eine offizielle Auslegung des Exekutivdirektoriums nach Art. XXIX lit. a) IWFÜ liegt ebenfalls nicht vor. Erschwerend kommt hinzu, dass die *Articles of Agreement* kein mehrsprachiges Übereinkommen sind. Die offizielle Sprache ist allein Englisch. Zur Klärung von Zweifelsfragen kann daher auf die völ-

---

tive Bedingungen des Willens, die Verpflichtungen aus den *Articles of Agreement* zu erfüllen, getrennt behandelt.

[728] Vgl. *M. Primorac*, How does a Country join the IMF?, F & D 1991, 34 (34).

[729] BGBl. 1978 II, 13 (20).

[730] Abrufbar auf der Homepage des IWF unter http://www.imf.org/external/french/pubs/ft/aa/aa.pdf (letzter Zugriff: 6.4.2015).

[731] So auch *J. Fawcett*, The Place of Law in an International Organization, BYIL 36 (1960), 321 (340); *E. Denters*, Representation of the EC in the IMF, in: Giovanoli (Hrsg.), International Monetary Law, 2000 (Neudruck 2005), S. 211 (219 ff.).

[732] Vgl. hierzu die Nachweise bei *J. Gold*, Membership and Nonmembership in the International Monetary Fund, 1974, S. 43 ff.

[733] Vgl. Art. XXXI Abschn. 2 lit. b), c), e), f) IWFÜ.

[734] Siehe Art. XXX IWFÜ.

kergewohnheitsrechtlich anerkannte Methode eines Vergleichs der verschiedenen Sprachfassungen, wie sie auch in Art. 33 Abs. 3 und 4 WVK niedergelegt ist,[735] nicht oder nur begrenzt zurückgegriffen werden.[736]

Allein vom gewöhnlichen Sprachgebrauch ausgehend ist es naheliegend, diesen Terminus in der Weise zu verstehen, dass nur alle Antragenden, die die Merkmale eines Staates, wie sie die Allgemeine Staats- und Völkerrechtslehre in der gängigen *Jellinekschen Drei-Elemente-Lehre* (Staatsgebiet – Staatsvolk – Staatsgewalt) verlangen,[737] erfüllen, zur Aufnahme in den IWF zuzulassen. Über diesen Schluss herrscht weitgehend Einigkeit.[738] Ihm liegt die Vorstellung des klassischen Völker-

---

[735] Dazu *O. Dörr*, in: Dörr/ Schmalenbach (Hrsg.), Vienna Convention on the Law of Treaties, 2012, Art. 33.

[736] Wohl anders aber *J. Gold*, Legal and Institutional Aspects of the International Monetary System: Selected Essays, Bd. II, 1984, S. 6: "[A] second language can contribute to a compromise even when there is only one authentic language".

[737] *G. Jellinek*, Allgemeine Staatslehre, 3. Aufl. 1914 (Neudruck 1960), S. 396 ff. Siehe dazu auch *C.-E. Bärsch*, Der Staatsbegriff in der neueren deutschen Staatslehre, 1974, 54 ff.; *D. Kettler*, Die Drei-Elemente-Lehre: Ein Beitrag zu Jellineks Staatsbegriff, seiner Fortführung und Kritik, 1995.

Vgl. auch die Staatsdefinition von Art. 1 der Montevideo-Konvention über die Rechte und Pflichten der Staaten v. 26.12.1933 zwischen den USA und den meisten mittel- und südamerikanischen Staaten, LNTS Bd. CLXV, 25: "The State as a person of international law should possess the following qualifications: a) a permanent population; b) a defined territory; c) government, and d) capacity to enter into relations with other States." Dazu näher *J. Crawford*, The Creation of States in International Law, 2. Aufl. 2006, S. 45 ff.

[738] So auch das *IMF Legal Department* in seinem "paper on institutional aspects of the European Economic and Monetary Union and the Fund". *IMF*, The European Economic and Monetary Union and the Fund – Institutional Aspects, SM/97/261, October 20, 1997, S. 4, Fn. 6: "The word "countries" in Article II, Section 2 is understood as referring to independent states, i.e., those states that have a permanent population, defined territory and effective government and are in control of their external relations". Siehe auch die Entschließung des Europäischen Rats v. Luxemburg, Schlussfolgerungen des Vorsitzes, Bull.-EU 12-1997, S. 8 ff, Anlage I, Ziff. 10: „[D]ie Satzungsvorschriften des Fonds [sind] maßgeblich, nach denen nur Staaten Mitglieder dieser Einrichtung sein können"; sowie einige Jahre zuvor die Antwort der Kommission auf eine schriftliche Anfrage des Europäischen Parlaments vom 10.05.1983, ABl. 1983 C 212/34: „Die EWG als solche kann nicht Mitglied des Internationalen Währungsfonds werden, da gemäß Artikel 2 des geltenden IWF-Statuts lediglich Staaten Mitglied sein können".

rechts (westfälischen Systems)[739] zugrunde, in dem als wesentliche Akteure auf der internationalen Bühne ausschließlich souveräne Staaten agierten. Gleichwohl ist ein solches staatenzentriertes Verständnis nicht zwingend, da zum einen der Ausdruck "*countries*" in der staats- und völkerrechtlichen Terminologie allgemein nicht gebräuchlich ist und dementsprechend weder in der Literatur noch in den Satzungen anderer internationaler (zwischenstaatlicher) Organisationen Anwendung findet.[740] Zum anderen wird dabei nicht immer hinreichend berücksichtigt, dass das Recht des IWF in den vergangenen Jahrzehnten parallel zu den Entwicklungen im internationalen Währungs- und Finanzsystem eine rasante Weiterentwicklung bzw. Veränderung erfahren hat. So lässt sich neben der im ersten Abschnitt skizzierten Anpassung der *Articles of Agreement* an die veränderte Praxis der meisten Fondsmitglieder in den 1970er Jahren beobachten, dass etwa mit dem vermehrten Aufkommen von Währungsunionen auf fast allen Kontinenten neue Akteure erschienen sind, sich damit der „Kreis der Völkerrechtssubjekte"[741]

Aus der Literatur vgl. insbesondere die ausführliche Analyse bei *J. Gold*, Membership and Nonmembership in the International Monetary Fund, 1974, S. 43-52. Siehe auch *W. Bergthaler*, The Relationship Between International Monetary Fund Law and European Union Law, in: Wessel/Blockmans (Hrsg.), Between Autonomy and Dependence, 2013, 159 (162); *R. Lastra*, International Financial and Monetary Law, 2. Aufl. 2015, S. 352 u. 434; *F. Gianviti*, Evolving Role and Challenges for the International Monetary Fund, Int'l L. 35 (2001), 1371 (1397-1398); *J.-M. Sorel*, L'Euro vu de l'extérieur: une monnaie entre puissances et incertitudes, JDI 127 (2000), 7 (23f.); *B. Kempen*, Die Zukunft des Internationalen Währungsfonds, ZEuS 2000, 13 (23); *C. Zilioli/ M. Selmayr*, The external relations of the euro area, CMLRev. 36 (1999), 273 (339); *H. Elizalde*, The Economic and Monetary Union and the International Monetary Fund, in: IMF (Hrsg.), Current Developments in Monetary and Financial law, Bd. 1, 1999, 303 (305); *J. Lebullenger*, La projection externe de la zone euro, RTDE 1998, 459 (469).

739 Hierzu die Kritik bei *E.-U. Petersmann*, International Economic Law in the 21st Century, 2012, S. 5 ff.

740 Allgemein gebräuchlich ist der Terminus Staat (*state; état*). Vgl. z.B. Art. 3, 4 UN-Charta. Hierzu z.B. *F. Chen*, The Meaning of „States" in the Membership Provisions of the United Nations Charter, Ind. Int'l & Comp. L. Rev. 12 (2001-02), 25 ff. Vgl. auch Art. 49 EUV, Art. 4 Europarat-Satzung. Außer dem IWF gebrauchen auch die folgenden Gründungsdokumente internationaler Organisationen den Terminus "*country*": Art. XI Abschn. 2 lit. c), e) und f) IBRD-Satzung sowie Art. IX Abschn. 2 lit. c) und d) IFC-Satzung.

741 Hierzu bereits *H. Mosler*, Die Erweiterung des Kreises der Völkerrechtssubjekte, ZaöRV 22 (1962), 1 ff.

auch in diesem Bereich des Völkerrechts erweitert hat.[742] Mit Blick auf diese Entwicklung und Veränderung wird daher seit kurzem zunehmend die Frage aufgeworfen, ob der Terminus entsprechend dieses dynamischen Prozesses der Weltwährungsordnung nicht auch andere Wirkungseinheiten, die zwar nicht die Merkmale eines Staates im Sinne des klassischen Völkerrechts erfüllen, dafür jedoch über eine eigene Währung und damit korrespondierende Zuständigkeiten, mithin über die für eine Beteiligung im IWF erforderliche Währungssouveränität, verfügen, erfassen soll.[743] Die Beantwortung dieser Frage hängt entscheidend davon ab, ob die Auslegung der *Articles of Agreement* auch eine mitgliedschaftliche Beteiligung solcher nichtstaatlicher Gebilde zulässt, oder ob eine Abweichung vom Vertragstext in solchem Maße vorliegt, dass sie nicht mehr von einer Vertragsauslegung gedeckt ist, sondern eines formellen Vertragsänderungsverfahrens, wie es in Art. XXVIII IWFÜ vorgesehen ist, bedarf.[744] Darauf wird im Zusammenhang mit der noch zu erörternden Frage einer mitgliedschaftlichen Beteiligung der EU im IWF zurückzukommen sein.

---

[742] Vgl. auch *A. Viterbo*, Monetary Regionalism: A Challenge to the IMF, IYIL 26 (2006), 139 ff. Aus ökonomischer Perspektive *B. J. Cohen*, Monetary Governance in a World of Regional Currencies, in: ders., Global Monetary Governance, 2008, 225 ff.; *R. Dornbusch*, Fewer Monies, Better Monies, American Economic Review 91 (2001), 238 ff.

[743] Diese Forderung erheben bspw. *D. Carreau*, Le Fonds monétaire international, 2009, S. 22; *E. Denters*, Representation of the EC in the IMF, in: Giovanoli (Hrsg.), International Monetary Law, 2000 (Neudruck 2005), 211 (219-224); *R. Smits*, The European Central Bank – Institutional Aspects, 1997, S. 442-444; vgl. ferner *L. Gramlich*, Internationale Finanzordnung (IMF und IBRD) – Legitimität, Effektivität, Reform, in: Giegerich (Hrsg.), Internationales Wirtschafts- und Finanzrecht in der Krise, 2011, 71 (121); *W. Bergthaler*, The Relationship Between International Monetary Fund Law and European Union Law: Influence, Impact, Effect, and Interaction, in: Wessel/Blockmans (Hrsg.), Between Autonomy and Dependence, 2013, 159 (196); *C. R. Henning*, Regional Arrangements and the International Monetary Fund, in: Truman (Hrsg.), Reforming the IMF for the 21st Century, 171 (174). Aus ökonomischer Perspektive *A. Belke/K. Geisslreither*, Europa als Akteur auf der Währungsebene: Dominiert der Dollar den Euro?, in: Müller-Graff (Hrsg.), Die Rolle der erweiterten Europäischen Union in der Welt, 2006, 133 (142). Zu weiteren Nw. siehe Teil 5.C.III.

[744] Zum prekären Verhältnis zwischen Vertragsauslegung und Vertragsänderung im Völkerrecht siehe allgemein *J. Delbrück*, in: Dahm/ Delbrück/ Wolfrum, Völkerrecht, Band I/ 3, 2. Aufl. 2002, S. 641. Weiterführend *W. Karl*, Vertrag und spätere Praxis im Völkerrecht, 1983, S. 9-108.

(2) Formale Kontrolle über Außenbeziehungen

Als weitere Beitrittsvoraussetzung wird vom Bewerber eine zumindest formale Kontrolle über seine Außenbeziehungen verlangt. In formeller Hinsicht setzt dies zunächst eine entsprechende Erklärung des Beitrittskandidaten bei der Hinterlegung der Ratifikationsurkunde voraus. Diese muss unbedingt und vorbehaltlos formuliert sein, da das IWFÜ keine Mitgliedschaft unter Vorbehalt erlaubt.[745] In materieller Hinsicht fällt auf, dass dieses sich nur implizit aus Art. XXXI Abschn. 2 lit. g) IWFÜ ergebende Aufnahmekriterium bisher sehr flexibel gehandhabt wurde. So lässt es der IWF bereits genügen, wenn es sich bei dem Bewerber nur formal um einen unabhängigen Staat handelt. Eine mitgliedschaftliche Beteiligung ist dementsprechend selbst dann nicht abgelehnt worden, wenn der Antragsteller zum Zeitpunkt der Antragstellung bei der Durchführung seiner Außenbeziehungen einem enormen Einfluss eines anderen Staates ausgesetzt war.[746]

(3) Fähigkeit und Wille zur Erfüllung der Mitgliedschaftsverpflichtungen

Auch hinsichtlich des objektiven Kriteriums der Fähigkeit, die satzungsgemäßen Pflichten erfüllen zu können, womit im Einzelnen nicht nur die in den *Articles of Agreement* genannten Pflichten, sondern darüber hinaus auch das Sekundärrecht des IWF gemeint ist, wird von den Fondsorganen nicht im Detail geprüft, ob der Bewerber zur Erfüllung jeder Verpflichtung in der Lage ist.[747] Dementsprechend stellte sich bisher das Problem der Mitgliedschaft von sog. Mikrostaaten, das für viele andere internationale Organisationen und besonders für die Vereinten Nationen lange Zeit aktuell war,[748] nur bedingt.[749] Dafür war aber zwi-

---

[745] *J. Gold*, Membership and Nonmembership in the International Monetary Fund, 1974, S. 468.

[746] Als ein Beispiel hierfür lässt sich die Aufnahme Ungarns in den IWF nennen. Trotz des enormen Einflusses der Sowjetunion auf seine Außenpolitik wurde Ungarn dennoch als Mitglied aufgenommen. Dazu *E. A. Koch*, Sowjetunion und Internationaler Währungsfonds, 1986, S. 367.

[747] *J. Gold*, Membership and Nonmembership in the International Monetary Fund, 1974, S. 157 ff.

[748] Näher zu diesem Problemkreis z.B. *H.-J. Schütz*, Membership, in: Wolfrum (Hrsg.), United Nations: Law, Policies and Practice, Bd. II, 2. Aufl. 1995, Rn. 6-8.

schenzeitlich überlegt worden, entsprechend des Prinzips "*one state – one money*" jene Staaten von der Mitgliedschaft im IWF auszuschließen, die nicht über eine eigene Währung als gesetzliches Zahlungsmittel verfügen.[750] Allerdings fand am Ende auch dieser Ansatz keine breite Unterstützung und wurde daher nicht weiter verfolgt. Die Währung eines Mitglieds muss insofern nicht zwingend seine eigene, sondern kann auch eine von einem anderen Staat ausgegebene und von ihm kontrollierte oder eine Gemeinschaftswährung sein. Das Kriterium, die satzungsgemäßen Pflichten erfüllen zu können, kann somit auch dann als erfüllt gelten, wenn der Bewerber zu seiner Einhaltung auf die Kooperation anderer Mitglieder angewiesen ist. In der Praxis jedenfalls findet sich eine Vielzahl unterschiedlichster Vereinbarungen, die von einer *de facto*- über eine *de jure*-Übernahme einer Fremdwährung als gesetzliches Zahlungsmittel[751] bis hin zur Errichtung einer Währungsunion reichen.[752]

---

[749] Ein Hauptgrund hierfür dürfte sicherlich darin zu sehen sein, dass der Einfluss von Mikrostaaten im IWF aufgrund des hier geltenden Stimmrechtssystems des *weighted voting* nur sehr gering ist. Daneben dürfte aber auch die Tatsache eine Rolle spielen, dass ein Ausschluss dieser Staaten, die meist zu den Ärmsten gehören, zugleich ihre Mitgliedschaft in der Weltbankgruppe verhindern würde, womit ihnen auch die dringend benötigte Entwicklungshilfe dieser Institutionen versagt bliebe.

[750] Auf der Bretton Woods-Konferenz selbst wurde diese Frage aber nicht thematisiert. Dazu näher *J. Gold*, Membership and Nonmembership in the International Monetary Fund, 1974, S. 90-124, 471-472; sowie *F. Gianviti*, Use of a Foreign Currency under the IMF's Articles of Agreement, in: IMF (Hrsg.), Current Developments in Monetary and Financial Law, Bd. 3, 2005, S. 817 ff.

[751] Ein solches Vorgehen wird meist als *Dollarisierung* bzw. *Euroisierung* bezeichnet und findet häufig in Entwicklungs- und Schwellenländern statt. Es kann entweder auf einem einseitigen Verhalten des die Fremdwährung annehmenden Staates oder auf einem völkerrechtlichen Vertrag mit dem Staat, dessen Währung angenommen wird (sog. *offizielle* oder *formelle Dollarisierung* bzw. *Euroisierung*), beruhen. Siehe hierzu auch ausführlich und m.w.Nw. *M. Gruson*, Dollarization and Euroization, in: IMF (Hrsg.), Current Developments in Monetary and Financial law, Bd. 2, 2003, 629 ff.; sowie den Überblick bei *C. Proctor*, Mann on the Legal Aspect of Money, 7. Aufl. 2012, S. 868-870.

Von den 188 Mitgliedern des IWF verfügten im Oktober 2014 13 Staaten über keine eigene Währung, sondern haben entweder den US-Dollar (Ecuador, El Salvador, Marshallinseln, Mikronesien, Osttimor, Palau, Panama und Simbabwe), den Euro (so Kosovo, Montenegro und San Marino) oder den Australischen Dollar (Kiribati und Tuvalu) als gesetzliches Zahlungsmittel eingeführt. Vgl. dazu die Übersicht in *IMF*, Annual Report on Exchange Arrangements

Im Hinblick auf das subjektive Kriterium des Willens, die Verpflichtungen aus den *Articles of Agreement* zu erfüllen, geht es dem IWF zum Zeitpunkt der Aufnahmeentscheidung darum sicherzustellen, mit dem künftigen Mitglied auch zusammenarbeiten und ihn in der Wahl seiner währungs- und finanzpolitischen Maßnahmen beeinflussen zu können. Auch in diesem Zusammenhang sind – wie im Folgenden noch ausführlich am Beispiel der Mitgliedschaft der EU-Staaten aufzuzeigen sein wird – nach der Aufnahme entstandene Probleme meist pragmatisch gelöst worden.

c) Assoziierte oder sonstige abgestufte Form der (mitgliedschaftlichen) Beteiligung

Anders als die meisten Satzungen internationaler Organisationen[753] kennen die *Articles of Agreement* mit der in Art. II IWFÜ geregelten Vollmitgliedschaft nur eine Kategorie der Mitgliedschaft und damit vergleichsweise begrenzte Mitwirkungsmöglichkeiten.[754] Dementsprechend gibt es im IWF grundsätzlich keine assoziierte oder sonstige abgestufte Form der (mitgliedschaftlichen) Beteiligung.[755] Eine Ausnahme hiervon wurde bisher nur zugunsten der Schweiz und der Sowjetunion gemacht, denen ein solcher „Zwischenstatus" aufgrund des finanziellen Engagements der Schweiz bzw. im Falle der Sowjetunion aufgrund

---

and Exchange Restrictions 2014, S. 6. Ausführlich zur Zulässigkeit der Übernahme einer Fremdwährung nach dem IWFÜ *F. Gianviti*, Use of a Foreign Currency Under the IMF's Articles of Agreement, in: IMF (Hrsg.), Current Developments in Monetary and Financial Law, Bd. 3, 2005, 817 (819 ff.). Vgl. auch *J.-V. Louis*, Common Currencies, Single Currency, and Other Forms of Currency Arrangements, in: IMF (Hrsg.), Current Developments in Monetary and Financial law, Bd. 2, 2003, 657 ff.

[752] Siehe hierzu auch das Rechtsgutachten des *IMF Legal Department* "on the European Economic and Monetary Union and the International Monetary Fund – Main Legal issues Relating to Rights and Obligations of EMU Members in the Fund", SM/98/131, June 8, 1998, S. 4-6.

[753] Vgl. beispielsweise Art. 5 Europarat-Satzung; Art. 2 UNESCO-Satzung; Art. 8 WHO-Satzung; Art. 2 FAO-Satzung, Art. 9 IMO-Satzung.

[754] Ausführlich zu den Teilnahmeformen in internationalen Organisationen *H.G. Schermers/ N.M. Blokker*, International Institutional Law, 5. Aufl. 2011, §§ 66 ff.

[755] *J. Gold*, Membership and Nonmembership in the International Monetary Fund, 1974, S. 478.

wirtschaftspolitischer Erwägungen implizit zuerkannt wurde. So beteiligte sich die Schweiz vor ihrem 1992 erfolgten Beitritt bereits 1964 in assoziierter Form an den Allgemeinen Kreditvereinbarungen (*General Agreements to Borrow*), steuerte ferner 1975 zunächst 250 Millionen SZR zur zweiten Ölfazilität und zwei Jahre später rund 650 Millionen SZR zur sog. *Witteveen*-Fazilität des IWF bei.[756] Aufgrund dieser Maßnahmen, die ihr innerhalb des IWF inoffiziell die Bezeichnung eines „konstruktiven Nichtmitglieds“[757] einbrachten, wurde der Präsident der Schweizerischen Nationalbank von 1975 bis 1992 regelmäßig als Beobachter zu den Sitzungen des Interimsausschusses, dem heutigen Internationalen Währungs- und Finanzausschuss, und von 1977 bis 1980 dann auch als Beobachter zu den Jahresversammlungen des Gouverneursrats eingeladen.[758]

Die Besonderheit dieser Zusammenarbeit mit der Schweiz, die 1991 in ähnlicher Form auch mit der Sowjetunion auf der Grundlage eines Sonderassoziierungsabkommens (*special association agreement*) praktiziert wurde,[759] besteht darin, dass die Möglichkeit der Beteiligung von Nichtmitgliedstaaten in den *Articles of Agreement* bis heute nicht vorgesehen ist. Art. XI IWFÜ, der lediglich den Wirkungsbereich des IWF über seine Mitglieder mittelbar auf Nichtmitgliedstaaten ausdehnt und damit gerade nicht deren (beschränkte) Teilnahme zum Gegenstand hat,[760] lässt sich nicht als Rechtsgrundlage heranziehen.[761] Ebenso we-

---

[756] S. hierzu auch den Überblick bei *J.M. Boughton*, Tearing Down Walls: The International Monetary Fund 1990-1999, 2012, S. 56. Zur rechtlichen Zulässigkeit siehe die Ausführungen bei *J. Gold*, Borrowing by the Fund: *Ultra Vires* and Other Problems, in: Frenkel/Goldstein (Hrsg.), International Financial Policy. Essays in Honour of Jacques J. Polak, 1991, 173 (222), der insoweit Art. V Abschn. 2 lit. b) IWFÜ (analog) heranzieht.

[757] Dazu *R. Gerster*, Fallstricke der Verschuldung: Der Internationale Währungsfonds und die Entwicklungsländer, 1982, S. 212.

[758] Zum Ganzen siehe auch *R. Gerster*, Fallstricke der Verschuldung: Der Internationale Währungsfonds und die Entwicklungsländer, 1982, S. 211 ff.

[759] Der Text des Abkommens ist abgedruckt in *IMF*, Special Association Agreement with the Soviet Union, Press Release No. 91/ 60 v. 8.10.1991. Siehe hierzu auch *K. Blöcker*, Die rechtlichen Aspekte der Zusammenarbeit des IWF mit der Russischen Föderation, 2000, S. 70 ff.; sowie *J.M. Boughton*, Tearing Down Walls: The International Monetary Fund 1990-1999, 2012, S. 61-66.

[760] Siehe im Einzelnen auch Rule M-1 bis M-6 IMF Rules and Regulations.

[761] Vgl. bereits die frühen Erwägungen bei *J. Gold*, The Fund and Non-Member States. Some Legal Effects, Pamphlet Series No.7, 1966, S. 5 ff.

nig kommt Art. X IWFÜ in Betracht. Die Zuerkennung eines Beobachterstatus an Nichtmitgliedstaaten ist insofern einmal mehr ein Beweis für den Pragmatismus des IWF und seine Toleranz gegenüber faktischen Entwicklungen. Zugleich kann sie auch als eine Umsetzung seines Postulats der Universalität und – wie die in der Vergangenheit mit der Schweiz abgeschlossenen Kreditverträge zeigen – als Antwort auf praktische Bedürfnisse des IWF verstanden werden.[762] Die Befugnis des IWF, mit Nichtmitgliedstaaten Abkommen abzuschließen, ergibt sich dagegen zweifellos aus seiner Völkerrechtsfähigkeit.

d) Beendigung der Mitgliedschaft

Die Bedingungen für eine Beendigung der Mitgliedschaft im IWF sind in Art. XXVI und XXVII Abschn. 2 IWFÜ geregelt und vergleichsweise einfach gehalten. Danach endet die Mitgliedschaft aller Fondsmitglieder entweder durch den freiwilligen Austritt (Art. XXVI Abschn. 1) und den Ausschluss (Art. XXVI Abschn. 2) eines Mitglieds oder durch die Liquidation des IWF (Art. XXVII Abschn. 2). Daneben kommt als vierter Beendigungstatbestand noch der Untergang eines Mitgliedstaates in Betracht. Diese Möglichkeit der Beendigung der Fondsmitgliedschaft ist in den *Articles of Agreement* zwar nicht ausdrücklich vorgesehen, versteht sich aber von selbst.

In der Regel werden internationale Organisationen auf Dauer gegründet. Insofern stellt eine Regelung über ihre Auflösung, wie sie in Art. XXVII Abschn. 2 IWFÜ i.V.m. Anhang K zum IWFÜ vorgesehen ist, eine Besonderheit dar.[763] Im Hinblick auf den IWF wie auch für die Weltbankgruppe erfährt dieser Beendigungstatbestand seine Rechtfertigung jedoch durch das bei ihnen vorhandene große Vermögen, dessen

---

762 So wohl auch die Einordnung bei *J.M. Boughton*, Tearing Down Walls: The International Monetary Fund 1990-1999, 2012, S. 49 ff., 61-66.

763 Vgl. *D. Carreau*, Le Fonds monétaire international, 2009, S. 58-59. Eine ähnliche Bestimmung findet sich aber auch in der Satzung der Weltbank (Art. VI Abschn. 5 IBRDÜ) und den Gründungsverträgen ihrer Tochterorganisationen (Art. 5 Abschn. 5 IFCÜ; Art. 7 Abschn. 5 IWFÜ; Art. 55 MIGA) sowie in den Gründungsdokumenten einiger regionaler Entwicklungsbanken. Siehe hierzu m.w.Nw. *H.G. Schermers/ N.M. Blokker*, International Institutional Law, 5. Aufl. 2011, § 1629.

Behandlung im Falle einer Liquidation nach dem Willen der Satzungsgeber nicht ungeregelt bleiben sollte.[764]

Der vom austrittswilligen Mitgliedstaat nach Art. XXVI Abschn. 1 IWFÜ gefasste Beschluss, aus dem IWF auszutreten, beginnt in Übereinstimmung mit der bisherigen Praxis mit einer entsprechenden schriftlichen Mitteilung an die Zentrale des IWF in Washington D.C. Mit ihrem Eingang wird der Austritt wirksam. Daneben ist die Ausübung dieses Austrittsrechts, das nach dem eindeutigen Wortlaut der Bestimmung als einseitiges Optionsrecht jedes Mitglieds ausgestaltet ist, an keine weiteren Voraussetzungen geknüpft. Der betreffende Mitgliedstaat ist daher weder gegenüber den Fondsorganen noch gegenüber den übrigen Mitgliedstaaten zur Erläuterung seiner Beweggründe verpflichtet. Bisher gab es drei Fälle eines Austritts, nämlich Polen (1950), Kuba (1964) und Indonesien (1965).[765]

Die in Art. XXVI Abschn. 2 IWFÜ vorgesehene Möglichkeit des IWF, den Ausschluss eines Mitglieds zu erzwingen, wenn dieser seine mitgliedschaftlichen Verpflichtungen wiederholt nicht erfüllt, entspricht grundsätzlich der allgemeinen völkervertraglichen Regelung des Art. 60 Abs. 2 lit. a) (i) WVK. Im Gegensatz zu dieser Bestimmung, die den Ausschluss als Folge einer erheblichen Verletzung einer aus einem mehrseitigen Vertrag entspringenden Verpflichtung ermöglicht, auch wenn sich die Verletzung nicht wiederholt,[766] lässt Art. XXVI Abschn. 2 IWFÜ den Ausschluss als *ultima ratio* nur zu, wenn ein Mitgliedstaat die Verpflichtungen aus den *Articles of Agreement* wiederholt verletzt, es also nach mehrmaligen Vertragsbrüchen zu einem grundsätzlichen Konflikt zwischen dem IWF und dem betreffenden Mitglied kommt. Daher sehen die *Articles of Agreement* bei einem nur einmaligen Verstoß in Art. XXVI Abschn. 2 lit. a) keinen sofortigen Ausschluss, sondern als mildere Sanktionsmaßnahmen[767] zunächst den

---

[764] Vgl. *M. Ruffert/ C. Walter*, Institutionalisiertes Völkerrecht, 2. Aufl. 2015, § 8, Rn. 273.

[765] Vgl. zu diesen Fällen die Nachweise bei *J. Gold*, Membership and Nonmembership in the International Monetary Fund, 1974, S. 342-344 und *F. Zeidler*, Der Austritt und Ausschluss von Mitgliedern aus den Sonderorganisationen der Vereinten Nationen, 1990, S.79-80.

[766] Vgl. dazu *R. Wolfrum*, in: Dahm/ Delbrück/ Wolfrum, Völkerrecht, Band I/ 3, 2. Aufl. 2002, S. 735-736; siehe auch *T. Giegerich*, in: Dörr/ Schmalenbach (Hrsg.), Vienna Convention on the Law of Treaties, 2012, Art. 60, Rn. 19-23.

[767] Eingehend zum IWF-Sanktionsregime *J. Gold*, The "Sanctions" of the IMF, AJIL 66 (1972), 737 ff.; *E. Osieke*, Sanctions in International Law: The

Entzug seiner Berechtigung zur Inanspruchnahme der allgemeinen Fondsmittel (lit. a)) vor. Dies gilt auch dann, wenn das Mitglied das beanstandete Verhalten nicht abstellt. In diesem Fall schreibt der durch die dritte Änderung der IWF-Satzung neu eingeführte Art. XXVI Abschn. 2 lit. b) IWFÜ die Aussetzung seiner Stimmrechte als Sanktionsmaßnahme vor.[768] Wenn das vertragsbrüchige Mitglied nach Ablauf einer angemessenen Frist seinen Mitgliedschaftsverpflichtungen weiterhin nicht nachkommt, kann es schließlich durch einen Beschluss des Gouverneursrats, der einer 85 Prozent aller Stimmen umfassenden Mehrheit der Gouverneure bedarf, zum Austritt aus dem IWF veranlasst werden. Vorher soll die Angelegenheit vom Exekutivdirektorium erörtert werden.[769] Bisher ist das Ausschlussrecht nur gegenüber der Tschechoslowakei 1954 ausgeübt worden. Das auch gegen Kuba eingeleitete Austrittsverfahren wurde aufgrund seines freiwilligen Austritts nicht zu Ende geführt.[770]

Die rechtlichen Konsequenzen des (freiwilligen oder zwangsweisen) Ausscheidens eines Mitglieds beschreibt Art. XXVI Abschn. 3 IWFÜ damit, dass die normalen Operationen und Transaktionen in der Währung des ausgeschiedenen Mitglieds aufhören und es nach Vereinbarung mit dem Fonds in angemessener Frist alle Konten auszugleichen hat.[771]

Contribution of International Organizations, NILR 31 (1984), 183 (189 ff.); *B. M. Steinhauer*, Die Auslegung, Kontrolle und Durchsetzung mitgliedstaatlicher Pflichten im Recht des Internationalen Währungsfonds und der Europäischen Gemeinschaft, 1997, S. 77-87.

[768] Hierzu einführend und m.w.Nw. *G. Burdeau*, Du deuxième au troisième amendement aux statuts du FMI : Le problème des arriérés, JDI 1992, 71 (76-79); sowie *F. Gianviti*, The Third Amendment to the IMF's Articles of Agreement, in: Effros (Hrsg.), Current Legal Issues Affecting Central Banks, 1995, 14 (16 f.).

[769] Vgl. Abschn. 22 IMF By-Laws. In diesem Kontext sei darauf hingewiesen, dass der Fonds dem Interesse des auszuschließenden Mitglieds auf rechtliches Gehör ausdrücklich Rechnung trägt (vgl. Art. XXVI Abschn. 2 lit. d) IWFÜ; Abschn. 22 IMF By-Laws).

[770] Dazu m.w.Nw. *J. Gold*, Membership and Nonmembership in the International Monetary Fund, 1974, S. 345 ff.; *F. Zeidler*, Der Austritt und Ausschluss von Mitgliedern aus den Sonderorganisationen der Vereinten Nationen, 1990, S. 220-225.

[771] Kommt ein solches Einvernehmen nicht alsbald zustande, so erfolgt die Abrechnung der Konten nach Art. XXVI Abschn. 3 S. 2 IWFÜ i.V.m. Anhang J zum IWFÜ.

In dieser Phase wie auch während der Liquidation des Fonds entstehende Meinungsverschiedenheiten können nach Art. XXIX lit. c) IWFÜ einem Schiedsgericht zur Entscheidung unterbreitet werden. Daneben hat eine Beendigung der Mitgliedschaft im IWF aufgrund der engen institutionellen Verknüpfung zwischen ihm und der Weltbankgruppe auch Folgen für die Weltbank und ihre Tochterorganisationen. So beendet das Ausscheiden eines Staates aus dem IWF nach Ablauf von drei Monaten grundsätzlich auch dessen Mitgliedschaft in der Weltbank, sofern nicht ihr Gouverneursrat gem. Art. V Abschn. 2 lit. b) (iii) i.V.m. Art. VI Abschn. 3 IBRDÜ mit Dreiviertelmehrheit der gesamten Stimmenzahl das Verbleiben des betreffenden Staates beschließt. Insofern ist das Ausscheiden eines Mitglieds – und hier insbesondere sein Ausschluss – nicht nur vor dem Hintergrund des Universalitätsanspruchs des IWF, sondern auch und vor allem im Hinblick auf das Kooperationsverhältnis zwischen ihm und der Weltbankgruppe problematisch.

2. *Sonstige Partizipationsformen*

Die Zusammenarbeit des IWF mit anderen internationalen und regionalen Akteuren im Sinne stärkerer Kohärenz und Koordination ist vergleichsweise sehr intensiv ausgestaltet. Dieser faktische Befund ist durch Art. X IWFÜ allerdings auch rechtlich gedeckt. Art. X S. 1 IWFÜ schreibt insoweit vor,

> *"[t]he Fund shall cooperate within the terms of this Agreement with any general international organization and with public international organizations having specialized responsibilities in related fields."*

Auf den ersten Blick scheint die Regelung alle Formen von Kontakten zu den genannten Organisationen zu umfassen. Bei näherem Hinsehen wird jedoch deutlich, dass die Ermächtigung zumindest nicht auf die Begründung eines Mitgliedschaftsverhältnisses zielen soll. Sowohl Art. II IWFÜ, der den Erwerb der Mitgliedschaft im IWF zum Gegenstand hat, als auch der in Art. X S. 2 IWFÜ enthaltene Hinweis darauf, dass soweit eine Beziehungsaufnahme nach Art. X S. 1 IWFÜ eine Änderung einer IWF-Bestimmung zur Folge hat, diese erst nach Änderung des Übereinkommens nach Artikel XXVIII IWFÜ getroffen werden kann, bestätigen diese Auslegung. "*Relations with other International Organizations*" nach Art. X S. 1 IWFÜ können insofern nur bilaterale Beziehungen unterschiedlicher Art und Intensität unterhalb der Schwelle einer formellen Mitgliedschaft sein, insbesondere Arbeitskontakte und die Einräumung von Beobachterstatus.

Für die konkrete Ausgestaltung der Kooperationsbeziehungen, also hinsichtlich des „Wie", steht dem Exekutivdirektorium, als das für die Verhandlungsführung zuständige Organ, ein weiter Ermessensspielraum zu. Hinsichtlich des „Ob" der Zusammenarbeit dürfte Art. X Satz 1 IWFÜ dagegen aufgrund seiner Formulierung im Indikativ ("*shall cooperate*") eine unmittelbare Pflicht des Direktoriums zur Verhandlungsführung begründen, sofern die in Art. I IWFÜ genannten Ziele und Aufgaben einen hinreichenden Bezug zu dem Tätigkeitsfeld der betreffenden Organisation aufweisen.[772]

Aktuell basieren auf der Grundlage dieser Bestimmung u.a. die Beziehungen zu den Vereinten Nationen, der WTO und der Weltbank. Während die Zusammenarbeit mit den beiden zuerst genannten internationalen Organisationen in einem zum Teil umfassenden formellrechtlichen Rahmen eingebettet ist, beruht die Kooperation zwischen dem IWF und der Weltbank trotz mehrfacher Annäherungsversuche sowie ihrer organisatorischen und geographischen Nähe bislang nur auf zum Teil rechtlich unverbindlichen und flexiblen Vereinbarungen, insbesondere auf dem 1989 vereinbarten "*IMF-World Bank Concordat*"[773].[774] Ähnliches gilt – wie im Einzelnen noch aufzuzeigen sein wird – auch in Bezug auf die EU, mit der der IWF bislang kein formel-

---

[772] Wie hier auch *F. Gianviti*, Evolving Role and Challenges for the International Monetary Fund, Int'l L. 35 (2001), 1371 (1399), der insoweit von "*qualified requirement*" spricht.

[773] Abgedr. in: *IMF*, Selected Decisions and Selected Documents of the IMF, 37th Issue 2013, S. 759 ff.

[774] Die erste und grundlegende Vereinbarung wurde 1966 getroffen. Alle nachfolgenden Vereinbarungen bauen bis heute darauf auf. Vgl. hierzu auch ausführlich und m.w.Nw. *J. Gold*, The Relationship between the International Monetary Fund and the World Bank, Creighton L. Rev. 15 (1981-1982), 499 (511 ff.); *I. Shihata*, The World Bank and the IMF Relationship – Quo Vadis?, Int'l L. 35 (2001), 1349 ff.; *W. E. Holder*, The IMF's Relationship with the World bank: The Cooperative Framework, in: IMF (Hrsg.), Current Developments in Monetary and Financial law, Bd. 2, 2003, 51 ff. Siehe auch den Überblick bei *B. Fritz-Krockow/ P. Ramlogan*, International Monetary Fund Handbook, 2007, S. 66-68; *A. Viterbo*, in: Denters/Viterbo, International Monetary Fund (IMF), 2013, S. 87-89.

Nicht unerwähnt bleiben soll, dass im *Development Committee* der beiden Organisationen eine verstärkte Zusammenarbeit stattfindet. Siehe dazu bereits oben Teil 3.B.II.4.b).

les Kooperationsabkommen nach Art. X S. 1 IWFÜ geschlossen hat.[775] Im Hinblick auf die WTO wird der IWF in Art. III Abschn. 5 WTOÜ sogar primärrechtlich explizit als Kooperationspartner genannt. Dies erklärt sich damit, dass die Funktionen der WTO – und hier sind insbesondere die zahlungsbilanzbezogenen Bestimmungen des GATT und GATS ein Musterbeispiel –[776] in weiten Bereichen auch dem IWF zuzuordnen sind.[777] Die institutionelle Zusammenarbeit basiert hier auf einem Kooperationsabkommen aus dem Jahr 1996.[778] Es ermöglicht neben Konsultationen über Vertragskollisionen[779] und den Austausch von Informationen über erlassene Maßnahmen, Dokumente[780] und Tagesordnungen[781] der Organe sowie den Zugang zu den Datenbanken[782] die gegenseitige Entsendungen von Beobachtern[783] zu den Sitzungen der jeweils anderen Organisation.[784] Auf einem noch früheren Koope-

---

[775] Vgl. *W. Bergthaler*, The Relationship between International Monetary Fund Law and European Union Law, in: Wessel/Blockmans (Hrsg.), Between Autonomy and Dependence, 2013, 159 (179).

[776] Vgl. hierzu *D. E. Siegel*, Legal Aspects of the IMF/ WTO Relationship: The Fund's Articles of Agreement and the WTO Agreements, AJIL 96 (2002), 561(568 ff.); *C. Ohler*, in: Herrmann/ Weiß/ Ohler, Welthandelsrecht, 2. Aufl. 2007, § 15, Rn. 728-738a; *T. G. Riedel*, Rechtsbeziehungen zwischen dem Internationalen Währungsfonds und der Welthandelsorganisation, 2008, S. 173 ff.

[777] Dasselbe gilt auch für das Tätigkeitsfeld der EU. Ausführlich hierzu Teil 4.B.III.

[778] Agreement between the International Monetary Fund and the World Trade Organization v. 25.11.1996, abgedr. in: *IMF*, Selected Decisions and Selected Documents of the IMF, 37th Issue 2013, S. 994 ff.

[779] Vgl. Absätze 2, 8 und 10 des IWF-WTO-Abkommens.

[780] Vgl. Absätze 3, 11 und 12 des IWF-WTO-Abkommens.

[781] Vgl. Absatz 7 des IWF-WTO-Abkommens.

[782] Vgl. Absatz 9 des IWF-WTO-Abkommens.

[783] Vgl. Absätze 5 und 6 des IWF-WTO-Abkommens.

[784] Hierzu auch der Überblick bei *IMF*, Factsheet: The IMF and the World Trade Organization (Stand: Sep. 2014), http://www.imf.org/external/np/exr/facts/pdf/imfwto.pdf (letzter Zugriff: 6.4.2015). Eine ausführlich Untersuchung aus der Perspektive der WTO findet sich z.B. bei *D. Vines*, The WTO in Relation to the Fund and the Bank: Competencies, Agendas, and Linkages, in: Krueger (Hrsg.), The WTO as an International Organization, 1998, 59 (77 ff.); *D. Ahn*, Linkages between international Financial and Trade Institutions, JWT 34 (2000), 1 (13 ff.). Aus Sicht des IWF siehe z.B. *IEO*, IMF Involvement in International Trade Policy Issues, 2009, S. 58 ff.; *B. Fritz-Krockow/ P. Ramlogan*,

rations- bzw. Beziehungsabkommen (*relationship agreement*), das bereits 1947 in Kraft trat, beruhen die Beziehungen zwischen dem IWF und den Vereinten Nationen.[785] Neben der darin vorgesehenen Zusammenarbeit und der dadurch erfolgten Integration des IWF in die „UN-Familie“,[786] hat das Abkommen zur Folge, dass dem IWF als eine der UN-Sonderorganisationen sowie seinen Bediensteten und den Mitgliedern der einzelnen Fondsorgane bestimmte Vorrechte und Befreiungen nach der *Convention on the Privileges and Immunities of the Specialized Agencies* vom 21. November 1947[787] zustehen.[788] Allerdings folgen hieraus nicht unbedingt speziellere Rechte, als sie dem IWF ohnehin nach den *Articles of Agreement* zustehen. Im Gegenteil, nach Art IX IWFÜ kommen ihm teilweise sogar präzisere und umfassendere Vorrechte und Befreiungen zu[789].[790] Diese detaillierte Regelung des

---

International Monetary Fund Handbook, 2007, S. 68-69; *D. E. Siegel*, Legal Aspects of the IMF/ WTO Relationship: The Fund's Articles of Agreement and the WTO Agreements, AJIL 96 (2002), 561(567 ff.).Vgl. ferner die Übersicht bei *M. Michaelis/T. Salomon*, in: Hilf/Oeter (Hrsg.), WTO-Recht, 2. Aufl. 2010, § 16.); *A. Viterbo*, in: Denters/Viterbo, International Monetary Fund (IMF), 2013, S. 90-92.

785 Hierzu im Einzelnen Teil 5.C.V.

786 Zu diesem Ausdruck vgl. *W. Meng*, in: Simma/Khan/Nolte/Paulus (Hrsg.), The Charter of the United Nations. A Commentary, 3. Aufl. 2012, Art. 57, Rn. 35.

787 Convention on the Privileges and Immunities of the Specialized Agencies, UNTS 33, S. 261 ff.

788 Hierzu *K. Ahluwalia*, The legal status, privileges and immunities of the specialized agencies of the United Nations and certain other international organizations, 1964, S. 51; *I. Seidl-Hohenfeldern*, Specialized Agencies, in: Wolfrum (Hrsg.), United Nations: Law, Policies and Practice, Bd. II, 1995, S. 1202 (1206).

789 Eine detaillierte Aufzählung der dem IWF nach Art. IX IWFÜ zukommenden Privilegien und Immunitäten würde hier zu weit führen. Daher soll ein kursorischer Überblick an dieser Stelle genügen. Die Bestimmung regelt in Abschn. 4 und 5 hinsichtlich des Fonds die Unverletzlichkeit der Räumlichkeiten und Gebäude sowie der Archive. Zudem stehen die Vermögenswerte des Fonds unter besonderem Schutz: Ein Zugriff durch mitgliedstaatliche Gerichte auf dieses Vermögen ist grundsätzlich nicht zulässig (Art. IX Abschn. 3 IWFÜ). Auch sind Zugriffe und andere Beschränkungen durch Behörden und Parlamente der Mitgliedstaaten untersagt (Art. IX Abschn. 4 und 6 IWFÜ). Ferner gewährleistet Art. IX Abschn. 7 IWFÜ eine dem „amtlichen Nachrichtenverkehr anderer Mitglieder“ entsprechende Behandlung der Übermittlung von

Art. IX IWFÜ ist im Übrigen auch der Grund dafür, dass beim IWF im Gegensatz zu vielen anderen internationalen Organisationen darauf verzichtet wurde, mit dem Sitzstaat USA[791] ein besonderes Amtssitzabkommen über die einzelnen Vorrechte und Immunitäten abzuschließen.[792] Derzeit maßgebend für das Amtssitzverhältnis sind allein das amerikanische Beitrittsgesetz zum IWFÜ, der *Bretton Woods Agreements Act* von 1945, durch den die Regelung des Art. IX Abschn. 2 bis 9 IWFÜ ausdrücklich zu innerstaatlichem Recht der USA gemacht wurde, und die allgemeinen Bestimmungen des *International Organizations Immunities Act* von 1945.[793]

Ebenfalls hinzuweisen ist auf die Kooperation mit der Bank für Internationalen Zahlungsausgleich (BIZ),[794] der Internationalen Arbeitsor-

---

amtlichen Nachrichten des Fonds. Zudem genießen der Fonds, seine sonstigen Vermögensgegenstände und Guthaben Befreiung von jeder Art von Besteuerung und von allen Zollabgaben (Art. IX Abschn. 9). Schließlich räumt Abschn. 8 den Bediensteten des IWF und den ständigen Vertretungen der Fondsmitglieder bestimmte aufenthaltsrechtliche Privilegien und die klassischen Vorrechte der Ein- und Ausreisefreiheit sowie der gerichtlichen Immunität ein.

[790] Zum Teil diente Art. IX IWFÜ auch als Vorbild für die Konvention. Vgl. *E. P. Hexner*, Das Verfassungs- und Rechtssystem des Internationalen Währungsfonds, 1960, S. 42; *K. Ahluwalia*, The legal status, privileges and immunities of the specialized agencies of the United Nations and certain other international organizations, 1964, S. 52, 54.

[791] Nach Art. XIII Abschn. 1 IWFÜ hat der Fonds seine Zentrale stets im Hoheitsgebiet des Mitglieds mit der größten Quote. Gegenwärtig sind es mit einer Quote von 17,69 % die Vereinigten Staaten von Amerika, vgl. *IMF*, IMF Members' Quotas and Voting Power, and IMF Board of Governors, http://www.imf.org/external/np/sec/memdir/members.aspx (letzter Zugriff: 6.4.2015). Dementsprechend befindet sich der aktuelle Hauptsitz des Fonds in Washington D.C., USA (Art. XIII Abschn. 1 IWFÜ i.V.m. Sec. 1 IMF By-Laws).

[792] *E. P. Hexner*, Das Verfassungs- und Rechtssystem des Internationalen Währungsfonds, 1960, S. 43-44; *K. Ahluwalia*, The legal status, privileges and immunities of the specialized agencies of the United Nations and certain other international organizations, 1964, S. 53.

[793] Dazu *K. Ahluwalia*, The legal status, privileges and immunities of the specialized agencies of the United Nations and certain other international organizations, 1964, S. 53.

[794] *J. M. Boughton*, Silent Revolution. The International Monetary Fund 1979-1989, 2001, S. 1013-1014.

ganisation (ILO),[795] der Organisation für wirtschaftliche Zusammenarbeit und Entwicklung (OECD)[796] und den regionalen Entwicklungsbanken[797].[798] Schließlich arbeitet der IWF auf informeller Ebene auch mit zivilgesellschaftlichen Organisationen (*Civil Society Organizations*, CSOs)[799] und informellen Zusammenschlüssen wie den G7/8 und G20[800] sowie dem Pariser Club[801] zusammen.[802] Allerdings hat sich der IWF entsprechend seines Charakters als eine auf Regierungsvertreter beschränkte, technische Organisation gegenüber der Zivilgesellschaft nicht immer offen gezeigt. Vielmehr dominierte auch aus Gründen der Diskretion lange Zeit die Haltung, vor allem mächtigen *pressure groups* keinen Zugang zur Organisation zu gewähren und damit ihren Einfluss möglichst gering zu halten. Dies änderte sich erst in den 1980er Jahren, als es zu einer umfassenden Kritik an den konkreten entwicklungs-,

---

[795] Vgl. *IMF*, Factsheet: The IMF's Advice on Labor Market Issues, 02/ 2013, abrufbar unter http://www.imf.org/external/np/exr/facts/pdf/labor.pdf (letzter Zugriff: 6.4.2015); sowie *L. A. Beutler*, The ILO and IMF, Syracuse J. Int'l L. 14 (1987-1988), 455 ff.

[796] *OECD*, OECD Partnerships with international Organisations, 05/ 2006, abrufbar unter http://www.oecd.org/globalrelations/oecdpartnershipswithinternationalorganisations/36618659.pdf (letzter Zugriff: 6.4.2015).

[797] Dazu *IWF*, Jahresbericht 2007, S. 58.

[798] Siehe hierzu auch die umfassende Übersicht bei *IMF*, Summary Proceedings of the Annual Meeting of the Board of Governors 2008, S. 259-265.

[799] Der Terminus der CSOs ist nicht mit einem anderen Schlagwort der zeitgenössischen Politik, nämlich den Nichtregierungsorganisationen (*Non-Governmental Organizations*, NGOs) gleichzusetzen. Mit dem Terminus CSOs sind neben den NGOs auch Gewerkschaften, Wirtschaftsverbände (im Unterschied zu Unternehmen), akademische und politische Forschungseinrichtungen (sog. *think tanks*), Parteien, Bauerngruppen, religiöse Organisationen, ethnische Lobbys usw. gemeint. Vgl. hierzu auch die Nw. bei *J. A. Scholte*, The IMF meets Civil Society, F&D 35 (1998), 42 (42); ferner *IMF*, Factsheet: The IMF and Civil Society Organizations, http://www.imf.org/external/np/exr/facts/pdf/civ.pdf (letzter Zugriff: 6.4.2015).

[800] Hierzu z.B. *P. Hajnal*, The G8 System and the G20, 2007, S. 85 ff.; *ders.*, The G20: Evolution, Interrelationships, Documentation, 2014, S. 54 ff.

[801] Dazu ausführlich *J. M. Boughton*, Silent Revolution. The International Monetary Fund 1979-1989, 2001, S. 1010-1013.

[802] Vgl. auch *S. Schlemmer-Schulte*, Die Rolle der internationalen Finanzinstitutionen im Nord-Süd-Konflikt, in: Meng u.a. (Hrsg.), Das internationale Recht im Nord-Süd-Verhältnis, BDGVR 41 (03), 149 (213-214).

friedens-, sozial- und umweltpolitischen Folgen der Tätigkeit des IWF – vor allem im Rahmen der Strukturanpassungsprogramme in Entwicklungsländern – kam.[803] Heute finden die Kontakte mit CSOs in unterschiedlichster Form – im Einzelnen als Treffen, Seminare und Konsultationen mit der IWF-Geschäftsleitung, dem Direktorium und dem Mitarbeiterstab[804] – statt und haben eine breite Palette von Themen zum Gegenstand. Hierzu gehören unter anderem die sozialen und umweltspezifischen Folgen von IWF-Empfehlungen, die Armutsbekämpfung, das Vorgehen des IWF in Bezug auf die Menschenrechte, Regierungsführung und Transparenz, Programmkonditionalität und schließlich das Problem der Mitsprache und Vertretung der Entwicklungsländer im IWF und in der Weltbank.[805]

Nicht ohne weiteres klar ist jedoch, ob Art. X IWFÜ auch die normative Grundlage dieser Zusammenarbeit bildet.[806] Die grammatikalische

---

[803] Näher *J. A. Scholte*, "In the foothills": Relationship between the IMF and Civil Society, in: Higgott/ Underhill/ Bieler (Hrsg.), Non-State Actors and Authority in the Global System, 2000, 256 (258 ff.).

[804] Die zunehmende Bedeutung, die der IWF dem Dialog mit zivilgesellschaftlichen Organisationen für seine Arbeit beimisst, zeigt sich auch an dem 2003 durch die Geschäftsleitung verteilten *Guide for Staff Relations with Civil Society Organizations*. Dieser ist abrufbar unter http://www.imf.org/external/np/cso/eng/2003/101003.htm (letzter Zugriff: 6.4.2015).

[805] Vgl. *IMF*, Jahresbericht 2012, S. 110-112 und *IMF*, Factsheet: The IMF and Civil Society Organizations, 04/ 2013, abrufbar unter http://www.imf.org/external/np/exr/facts/pdf/civ.pdf (letzter Zugriff: 7.4.2015). Speziell zur Zusammenarbeit mit NGOs siehe etwa *N. Woods*, Accountability, governance and the reform of the IMF, in: Vines/ Gilbert (Hrsg.), The IMF and its Critics, 2004, 396 (400-403). Zu einer darüber hinausgehenden institutionellen Einbindung von CSOs in den Entscheidungsfindungsprozess des IWF ist es bisher allerdings trotz der immer lauter werdenden Forderungen in diese Richtung nicht gekommen. CSOs äußern daher die Bedenken, dass der aktuelle Dialog wohl eher der Beruhigung kritischer Stimmen als dem Wunsch nach einer verstärkten Zusammenarbeit dient. Zu dieser Kritik ausführlich *J. A. Scholte*, The IMF meets Civil Society, F&D 35 (1998), 42 ff. Speziell bezogen auf die Situation von NGOs *S. Mohr*, Raum für neue Mitspieler: Über den Umgang von Weltbank, IWF und WTO mit NGOs, in: Brunnengräber/ Klein/ Walk (Hrsg.), NGOs im Prozess der Globalisierung, 2005, 298 (316-317).

[806] Konsultationsbeziehungen mit nichtstaatlichen Organisationen sehen dagegen ausdrücklich die UN-Charta und die Satzungen viele ihrer Sonderorganisationen sowie das WTOÜ vor. Vgl. Art. 71 UN-Charta, Art 12 Abs.3 ILO-Satzung, Art. 12 Abs.4 UNESCO-Satzung, Art. 13 Abs. 3 FAO-Satzung, Art. 71 WHO-Satzung und Art. V Abschn.2 WTOÜ.

Auslegung deutet – zumindest auf den ersten Blick – eher darauf hin, dass die Bestimmung allein die Kooperation mit internationalen zwischenstaatlichen Organisationen thematisiert.[807] So verstanden wäre auf der Basis von Art. X IWFÜ keine Beziehung zu CSOs, internationalen Konferenzen und anderen informellen Zusammenschlüssen möglich. Im Gegensatz zu dieser Auffassung steht aber, dass die Bedeutung nichtstaatlicher Organisationen, vor allem der Einfluss der Gx-Formationen auf den IWF stetig steigt,[808] und auch die NGOs in den vergangenen Jahren nicht nur für den internationalen Menschenrechts- und Umweltschutz, sondern auch für die internationalen Wirtschafts- und Finanzbeziehungen an Bedeutung hinzugewonnen haben.[809] Letzteren wird inzwischen auch eine partielle Völkerrechtssubjektivität zugestanden.[810] Vor diesem Hintergrund wird die Zulässigkeit von Beziehungen des IWF mit nichtstaatlichen Organisationen teilweise unter Rückgriff auf die *implied powers*-Lehre oder die Regeln des Völkervertragsrechts zur dynamischen Entwicklungsoffenheit völkerrechtlicher Verträge infolge späterer Übereinkunft oder Übung (Art. 31 Abs. 3 lit. a-b WVK) begründet.[811] Die Formulierung des Art. X IWFÜ, der insoweit anders als etwa Art. V Abschn. 1 WTOÜ nicht von internationalen zwischenstaatlichen Organisationen, sondern neutral von "*general international organization and* [...] *public international organizations*" spricht, lässt

[807] Vgl. *S. Schlemmer-Schulte*, The Impact of Civil Society on the World Bank, the International Monetary Fund and the World Trade Organization: The Case of the World Bank, ILSA J. Int'l & Comp. L. 7 (2000-2001), 399 (402) zu dem insoweit identischen Art. V Abschn. 8 IBRDÜ.

[808] Vgl. *K. Gnath/C. Schmucker*, G20 und IWF: Kerninstitutionen des globalen Krisenmanagements, in: Braml/Mair/Sandschneider (Hrsg.), Außenpolitik in der Wirtschafts- und Finanzkrise, 2012, 267 ff.

[809] Vgl. dazu *S. Mohr*, Raum für neue Mitspieler: Über den Umgang von Weltbank, IWF und WTO mit NGOs, in: Brunnengräber/ Klein/ Walk (Hrsg.), NGOs im Prozess der Globalisierung, 2005, 298 (298-299, 310-312).

[810] Dazu ausführlich und m.w.Nw. *R. Hofmann* (Hrsg.), Non-state actors as new subjects of international law, 1999; *M. Hempel*, Die Völkerrechtssubjektivität internationaler nichtstaatlicher Organisationen, 1999; *S. Hobe*, Der Rechtsstatus der Nichtregierungsorganisationen nach gegenwärtigem Völkerrecht, AVR 37 (1999), 152 ff.

[811] So *K. Blöcker*, Die rechtlichen Aspekte der Zusammenarbeit des IWF mit der Russischen Föderation, 2000, S. 63; *T. G. Riedel*, Rechtsbeziehungen zwischen dem Internationalen Währungsfonds und der Welthandelsorganisation, 2008, S. 57-58.

aber auch durchaus den Schluss zu, unter diesen „Sammelbegriff" zumindest die Kooperationspraxis des IWF mit den Gx-Formationen und den NGOs zu subsumieren.

Vierter Teil: Unionsrechtliche Rahmenbedingungen für eine EU-Beteiligung im IWF

Die Beziehungen der EU zu anderen internationalen Organisationen bewegen sich regelmäßig im Schnittbereich von Europa- und Völkerrecht. Dementsprechend bedarf es neben den Rechtsgrundlagen in den *Articles of Agreement*, die ihr die Beziehungsaufnahme erlauben müssen, auch entsprechender europarechtlicher Grundlagen in den EU-Verträgen. Die Aufgabe der nachfolgenden Ausführungen ist es daher, zunächst in allgemeiner Form einen Überblick über die für die EU-Außenpolitik relevanten Vorschriften zu geben (B.I-B.II), bevor in einem nächsten Schritt der Kompetenzumfang der Union im Bereich des IWF-Rechts (B.III) und die unionsrechtlichen Grundlagen für eine Beteiligung im IWF (C.) geklärt und die sich hieraus ergebenden Konsequenzen umrissen (D.) werden. Den Ausgangspunkt hierfür bildet aber zunächst die Frage nach der Völkerrechtspersönlichkeit der EU (A.).

A. Völkerrechtliche Rechtspersönlichkeit der EU

Voraussetzung für eine völkerrechtliche Beteiligung der EU im IWF ist zunächst die allgemeine Fähigkeit der Union, Trägerin völkerrechtlicher Rechte und Pflichten zu sein, mithin ihre Völkerrechtsfähigkeit. Inzwischen ist diese in der Vergangenheit noch umstrittene Frage durch den Vertrag von Lissabon eindeutig geregelt worden.[812] Art. 47 EUV bestimmt, „[d]ie Union besitzt Rechtspersönlichkeit" und meint damit

---

812 Vgl. zur alten Rechtslage z.B. die Diskussion bei *O. Dörr*, Zur Rechtsnatur der EU, EuR 95, 334 ff.; *A. von Bogdandy/M. Nettesheim*, Die Verschmelzung der Europäischen Gemeinschaften in der Europäischen Union, NJW 95, 2324 ff.; *M. Pechstein*, Rechtssubjektivität für die Europäische Union, EuR 96, 137 ff.; *J. Klabbers*, Presumptive Personality: The European Union in International Law, in: Koskenniemi (Hrsg.), International Law Aspects of the European Union, 1998, 231 ff.; *R. A. Wessel*, Revisiting the International Legal Status of the EU, EFARev. 5 (2000), 507 ff.; *C. Hilmes*, Die Europäische Union als Partei völkerrechtlicher Verträge, 2006, S. 30 ff.

M. Assakkali, *Europäische Union und Internationaler Währungsfonds*, Beiträge zum ausländischen öffentlichen Recht und Völkerrecht, DOI 10.1007/978-3-662-54363-4_4

nicht etwa ihre Rechtsfähigkeit in den 28 Mitgliedstaaten, sondern die völkerrechtliche Rechtspersönlichkeit.[813] Das ergibt sich aus einem systematischen Vergleich mit Art. 335 AEUV, der unmissverständlich die Rechts- und Geschäftsfähigkeit der EU innerhalb der mitgliedstaatlichen Rechtsordnungen regelt.[814] Insofern wollten die Vertragsgeber der Union bewusst die Möglichkeit einräumen, am völkerrechtlichen Rechtsverkehr teilzunehmen. Dies kommt auch an anderer Stelle zum Ausdruck, vor allem im fünften Teil des AEUV über das auswärtige Handeln der Union. Mit Blick auf die dortigen Art. 205 ff. AEUV wäre allerdings aus Sicht des Völkerrechts die Regelung des Art. 47 EUV entbehrlich gewesen, da in Praxis und Lehre Konsens darüber besteht, dass einer internationalen Organisation implizit Völkerrechtspersönlichkeit zukommt, wenn ihr ausdrücklich völkerrechtliche Rechte und Pflichten, insbesondere das Recht, völkerrechtliche Verträge zu schließen (vgl. Art. 216 AEUV), übertragen worden sind.[815] Dennoch kann Art. 47 EUV mehr als nur eine klarstellende Funktion zugeschrieben werden. Die Bestimmung sorgt in der EU-Außenpolitik für die erforderliche Klarheit und Transparenz und trägt auf diese Weise zu mehr Effizienz und Rechtssicherheit in den EU-Außenbeziehungen bei.[816] So hat die vor dem Reformvertrag von Lissabon bestehende Unsicherheit über die rechtliche Struktur der EU nicht selten dazu geführt, dass diese etwa bei der Aushandlung völkerrechtlicher Verträge taktisch entsprechend gegen sie verwendet und dadurch die Position der Union insge-

---

[813] Statt vieler *J. Kokott*, in: Streinz, EUV/AEUV, 2. Aufl. 2012, Art. 47 EUV, Rn. 1; *W. Schröder*, Die Europäische Union als Völkerrechtssubjekt, EuR-Beiheft 2/2012, 9 ff.

[814] Dieser systematisch gebotene Umkehrschluss war allerdings deutlicher, als die beiden Normen in ihrer Fassung von Nizza noch unmittelbar hintereinander standen (vgl. Art. 281, 282 EGV).

[815] So bereits der *IGH* in seinem grundlegenden Rechtsgutachten über "Reparation for Injuries Suffered in the Service of the United Nations", Advisory Opinion, ICJ Rep. 1949, 174 (180 f.); vgl. ferner *IGH*, Effect of Awards of Compensation made by the UN Administrative Tribunal, Advisory Opinion, ICJ Rep. 1954, 47 (54); Certain Expenses of the United Nations, Advisory Opinion, ICJ Rep. 1962, 151 (167 f.). Zum Meinungsspektrum in der Literatur siehe Teil 3.B.I.

[816] Dies hat auch bereits das Europäische Parlament in seiner Entschließung zu der Rechtspersönlichkeit der EU (2001/2021 (INI)), ABl. 2003 C 47 E, 594, hervorgehoben.

samt geschwächt wurde.[817] Dessen war sich wohl auch der Europäische Konvent bewusst. In dem Schlussbericht der Gruppe III „Rechtspersönlichkeit" wird die gleichlautende Bestimmung in Art. I-7 EVV jedenfalls damit begründet, dass die bisherige Lage „in mehrfacher Hinsicht unklar [war] und die Behauptung der Identität der Union auf internationaler Ebene und die Rechtssicherheit, die in den internationalen Beziehungen zu Drittstaaten und internationalen Organisationen unerlässlich sind, beeinträchtigen könnte."[818]

Demgegenüber wurde in der politischen Praxis gelegentlich die Befürchtung geäußert, die Union würde durch die explizite Verleihung der Völkerrechtssubjektivität zu einer internationalen Supermacht, die die Mitgliedstaaten auf internationaler Ebene verdrängt.[819] Dem ist jedoch entgegenzuhalten, dass die Völkerrechtsfähigkeit der EU – wie bei anderen internationalen Organisationen – keine allumfassende Sachkompetenz impliziert.[820] Vielmehr gilt auch für ihr auswärtiges Handeln – wenn auch nur intern, d.h. zwischen der Union und ihren Mitgliedstaaten –[821] das in Art. 5 Abs. 1 S. 1, Abs. 2 EUV verankerte Prinzip der

---

[817] Hierauf weisen auch *F. Erlbacher*, Rechtspersönlichkeit und Rechtsnachfolge, in: Hummer/Obwexer (Hrsg.), Der Vertrag von Lissabon, 2009, 123 (127) und *W. Schröder*, Die Europäische Union als Völkerrechtssubjekt, EuR-Beiheft 2/ 2012, 9 (17-18) hin. Siehe auch *M. Cremona*, Defining competence in EU external relations, in: Dashwood/Maresceau (Hrsg.), Law and Practice of EU External Relations, 2008, 34 (37).

[818] Schlussbericht der Gruppe III „Rechtspersönlichkeit" des Europäischen Konvents v. 1.10.2002, Dok. CONV 305/02 DE, Teil II, Rn. 8.

[819] Vgl. *F. Erlbacher*, Rechtspersönlichkeit und Rechtsnachfolge, in: Hummer/Obwexer (Hrsg.), Der Vertrag von Lissabon, 2009, 123 (128).

[820] Vgl. näher die Darstellung bei *C. F. Amerasinghe*, Principles of the Institutional Law of International Organizations, 2. Aufl. 2005, S. 92 ff.; *H. G. Schermers/N.M. Blokker*, International Institutional Law, 5. Aufl. 2011, § 1570.

[821] Auf völkerrechtlicher Ebene gegenüber Drittstaaten und anderen internationalen Organisationen gilt dagegen die völkergewohnheitsrechtlich anerkannte und seit 1986 in Art. 46 Abs. 2 WVKIO niedergelegte, bislang allerdings noch nicht in Kraft getretene Regel, dass ein internes kompetenzüberschreitendes (*ultra vires*) Handeln einer internationalen Organisation Dritten nur dann entgegengehalten werden kann, wenn der Kompetenzverstoß offensichtlich und die gebrochene Kompetenznorm von fundamentaler Bedeutung ist. Hierzu z.B. *M. Bothe*, Art. 46, 1986 Vienna Convention, in: Corten/Klein (Hrsg.), The Vienna Conventions on the Law of Treaties. A Commentary, Bd. II, 2011, S. 1100.

begrenzten Einzelermächtigung[822].[823] Danach ist die Union im Rahmen ihres Tätigwerdens funktional auf die ihr durch die Verträge eingeräumten Aufgaben und Kompetenzen beschränkt.[824] Dies wurde von den Mitgliedstaaten auch noch einmal in der Erklärung Nr. 24 zum Vertrag von Lissabon ausdrücklich hervorgehoben und so bestätigt, dass Art. 47 EUV selbst keine Kompetenznorm ist und damit keine Befugnisse zu auswärtigem Handeln begründet[825].[826]

Als von den Mitgliedstaaten gekorenes Völkerrechtssubjekt ist die EU zudem zunächst einmal nur im Verhältnis zu ihren Mitgliedstaaten völ-

---

[822] Siehe auch Art. 13 Abs. 2 EUV, Art. 7 AEUV. Vgl. auch die mit dem Vertrag von Lissabon neu eingeführte Regelung in Art. 216 Abs. 1 Var. 1 AEUV, wonach „die Union [...] eine Übereinkunft schließen kann, wenn dies in den Verträgen vorgesehen ist".

[823] Siehe bspw. *EuGH*, Gutachten 2/94, *EMRK*, Slg. 1996, I-1759, Rn. 24. Vgl. auch *E.-U. Petersmann*, International Activities of the European Union and Sovereignty of Member States, in: Cannizzaro (Hrsg.), The European Union as an Actor in International Relations, 2002, 321 (326); *S. Kadelbach*, Einleitung: Die Außenpolitik im europäischen Mehrebenensystem und ihre rechtliche Basis, in: ders. (Hrsg.), Die Außenbeziehungen der Europäischen Union, 2006, 9 (12); *J. Wouters/D. Coppens/B. De Meester*, The European Union's External Relations after the Lisbon Treaty, in: Griller/Ziller (Hrsg.), The Lisbon Treaty, 2008, 143 (168).

[824] Hierzu z.B. *S. Kadelbach*, in: von der Groeben/Schwarze/Hatje, Europäisches Unionsrecht, 7. Aufl. 2015, Art. 5 EUV, Rn. 4 ff.; *J. Bast*, in: Grabitz/Hilf/Nettesheim, EUV/ AEUV, 51. Erg. Lfg. 2013, Art. 5 EUV, Rn. 13 ff.

[825] Vgl. Erklärung Nr. 24 zur Rechtspersönlichkeit der Europäischen Union, ABl. 2008 C 115/346: „Die Konferenz bestätigt, dass der Umstand, dass die Europäische Union Rechtspersönlichkeit hat, die Union keinesfalls ermächtigt, über die ihr von den Mitgliedstaaten in den Verträgen übertragenen Zuständigkeiten hinaus gesetzgeberisch tätig zu sein oder über diese Zuständigkeiten hinaus zu handeln".

[826] Zu Recht weist allerdings *W. Schröder*, Die Europäische Union als Völkerrechtssubjekt, EuR-Beiheft 2/ 2012, 9 (19) darauf hin, dass diese Erklärung im Grunde überflüssig ist, da im Unionsrecht intern allein der EuGH – und nicht die Mitgliedstaaten oder ein externes internationales Streitschlichtungsgremium – die Kompetenzen der EU letztendlich definiert und über *ultra vires*-Akte der Union entscheidet (vgl. Art. 263 AEUV und Art. 267 AEUV).

kerrechtsfähig.[827] Im Verhältnis zu Drittstaaten und anderen internationalen Organisationen ist sie auf deren ausdrückliche oder stillschweigende Anerkennung angewiesen. Eine objektive Völkerrechtspersönlichkeit, die seit dem *Bernadotte*-Gutachten des IGH den Vereinten Nationen zuerkannt wird, und die sich, wie hier vertreten, auch für den IWF als internationale Organisation mit universellem Charakter begründen lässt, kann für die Union als regionale Organisation mit einem bewusst begrenzten Mitgliederkreis nicht angenommen werden.[828] In der Praxis spielt diese Streitfrage, die im Übrigen vor allem für den Bereich der völkerrechtlichen Verantwortlichkeit, weniger jedoch im Hinblick auf die Problematik der Stellung der EU in anderen internationalen Organisationen, relevant ist,[829] durch die tatsächliche Entwicklung jedoch kaum eine Rolle mehr. Nach Angaben des Europäischen Auswärtigen Diensts (EAD) unterhält die Union derzeit in Drittstaaten und bei internationalen Organisationen ein Netzwerk von 139 Delegationen, von denen 28 jeweils für zwei oder mehrere Drittstaaten zuständig sind.[830] Insofern lässt sich heute durchaus von einer *„quasi universellen Völkerrechtspersönlichkeit"*[831] der EU sprechen.

---

[827] *O. Dörr*, in: Grabitz/Hilf/Nettesheim, EUV/ AEUV, 46. Erg. Lfg. 2011, Art. 47 EUV, Rn. 29. Zu der Gegenansicht von *F. Seyerstedt* vgl. die Ausführungen oben in Teil 3.B.I.

[828] So etwa *C. Tomuschat*, in: von der Groeben/Schwarze, EUV/EGV, 6. Aufl. 2003, Art. 281 EGV, Rn. 26; Anders dagegen *M. Ruffert*, in: Calliess/Ruffert, EUV/AEUV, 4. Aufl. 2011, Art. 47 EUV, Rn. 6, wo er unter Berufung auf das *Bernadotte*-Gutachten des IGH von einer objektiven Völkerrechtspersönlichkeit der EU ausgeht.

[829] Selbst wenn man der EU eine objektive Völkerrechtspersönlichkeit zuerkennen wollte, folgt daraus nicht das Recht der Union, einen bestimmten Status im IWF oder in einer anderen internationalen Organisation einzunehmen. Dies beurteilt sich vielmehr nach dem Recht der Zielorganisation. Vollzieht diese einen entsprechenden Willensakt zur Aufnahme von Beziehungen mit der Union, so liegt darin zugleich eine konkludente Anerkennung ihrer Völkerrechtssubjektivität.

[830] Vgl. die Angaben auf der Homepage des EAD, abrufbar unter http://eeas.europa.eu/delegations/index_de.htm (letzter Zugriff: 7.4.2015). Hierzu auch *K. Schmalenbach*, Die Delegationen der Europäischen Union in Drittländern und bei internationalen Organisationen, EuR-Beiheft 2/ 2012, 205 ff.

[831] *J. Kokott*, in: Streinz, EUV/AEUV, 2. Aufl. 2012, Art. 47 EUV, Rn. 6. So auch schon *M. Bothe*, Die Stellung der Europäischen Gemeinschaften im Völkerrecht, ZaöRV 37 (1977), 122 (125 f.) und *R. Bernhardt*, Die Europäische

Als Rechtsnachfolgerin der EG, die, wie sich aus Art. 1 Abs. 3 S. 3 EUV ergibt, bis zum 30. November 2009 bestand, übernimmt die EU neben den von ihr selbst begründeten völkerrechtlichen Rechten und Pflichten auch jene vertraglichen und nichtvertraglichen Rechte und Pflichten, einschließlich solcher, die sich aus der Mitgliedschaft oder dem Beobachterstatus der EG in anderen internationalen Organisationen ergeben.[832] Auf die in diesem Zusammenhang vereinzelt geäußerten Bedenken, dass es sich bei mitgliedschaftlichen Rechten in internationalen Organisationen um höchstpersönliche Rechte handelt und eine Nachfolge in diesen Organisationen daher nicht ohne weiteres möglich ist, soll hier zunächst nur hingewiesen und erst im letzten Teil der Arbeit näher behandelt werden. Schließlich sei auch darauf hingewiesen, dass die Regelung des Art. 1 Abs. 3 S. 3 EUV, die – wie die des Art. 47 EUV – für Dritte zunächst eine *res inter alios acta* darstellt und daher nur im Innenverhältnis zwischen der Union und ihren Mitgliedstaaten gilt, im Außenverhältnis erst durch die ausdrückliche bzw. konkludente Anerkennung der jeweiligen Vertragspartner wirksam wird.

B. Die Gemengelage der Unions- und Mitgliedstaatskompetenzen auf dem Gebiet des IWF

I. Mitgliedschaft der EU in internationalen Organisationen

Gemäß dem eben dargestellten Zusammenhang zwischen der abstrakten Fähigkeit der EU, Trägerin völkerrechtlicher Rechte und Pflichten zu sein, und ihrer völkerrechtlichen Handlungsbefugnis bleibt erste also aufgrund des Prinzips der begrenzten Einzelermächtigung, das den Handlungsrahmen der Union von der Allzuständigkeit ihrer Mitgliedstaaten abgrenzt und ihre Eigenschaft als inter- bzw. supranationale Organisation unterstreicht, mit *Hermann Mosler* solange eine „leere rechtstechnische Hülse",[833] bis sie mit entsprechenden Kompetenzen

---

Gemeinschaft als neuer Rechtsträger im Geflecht der traditionellen zwischenstaatlichen Rechtsbeziehungen, EuR 1983, 199 (202 f.) in Bezug auf die EG.

[832] Hierzu ausführlich *C. Beaucillon/F. Erlbacher*, „Comme une lettre à la poste". Rechtliche und praktische Aspekte der Rechtsnachfolge von der Europäischen Gemeinschaft zur Europäischen Union, in: Eilmansberger u.a. (Hrsg.), Rechtsfragen der Implementierung des Vertrags von Lissabon, 2013, 101 ff.

[833] *H. Mosler*, Die Erweiterung des Kreises der Völkerrechtssubjekte, ZaöRV 22 (1962), S. 1 (19).

ausgefüllt ist. Die Übertragung von Zuständigkeiten auf die Union im Kompetenzbereich des IWF bildet damit neben ihrer Völkerrechtsfähigkeit eine weitere unabdingbare Voraussetzung und zugleich zwingende inhaltliche Grenze einer Beteiligung im IWF.

Hierzu ist allerdings zunächst festzustellen, dass in den Verträgen nach wie vor eine ausdrückliche Ermächtigung der Union für den Beitritt zu einer internationalen Organisation fehlt.[834] Zwar sind durch den Vertrag von Lissabon in dem dem auswärtigen Handeln der Union gewidmeten fünften Teil des AEUV die Beziehungen zu internationalen Organisationen und Drittländern sowie die Delegationen der Union in Titel VI mit Art. 220 und 221 AEUV als eigene Materie geregelt. Inhaltlich ist die hier relevante Regelung des Art. 220 Abs. 1 AEUV jedoch mit ihren Vorgängernormen der Art. 302 bis 304 EGV identisch.[835] In diesem Sinne führte der Lissabonner Vertrag nicht zu einer Ausweitung des kompetenzrechtlichen Gehalts der Vorschrift, sondern konzentrier-

---

[834] Vgl. ohne Anspruch auf Vollständigkeit *E. Grabitz*, Die Stellung der Gemeinschaft und ihrer Organe in internationalen Organisationen, in: KSE 25 (1975), 47 (78); *J. Sack*, Die Europäische Gemeinschaft als Mitglied internationaler Organisationen, in: Randelzhofer u.a. (Hrsg.), Gedächtnisschrift f. Eberhard Grabitz, 1995, 631 (633); *ders.*, CMLRev. 32 (1995), 1227 (1228); *R. Frid*, The Relations between the EC and International Organizations, 1995, S. 119 ff., 158 ff.; *L. Sermet*, AFDI 43 (1997), 671 (698); *I. Govaere/J. Capiau/A. Vermeersch*, In-Between Seats: The Participation of the European Union in International Organizations, EFARev. 9 (2004), 155 (157); *I. Govaere*, The External Relations of the EU, in: Mahncke/Ambos/Reynolds (Hrsg.), European Foreign Policy, 2004, 97 (102); *F. Hoffmeister*, Outsider or Frontrunner?, CMLRev. 44 (2007), 41 (58-60); *S. Sattler*, Gemischte Abkommen und gemischte Mitgliedschaften der EG und ihrer Mitgliedstaaten, 2007, S. 105; *B. Martenczuk*, The External Representation of the European Union: From Fragmentation to a Single European Voice?, in: Fischer-Lescano u.a. (Hrsg.), Frieden in Freiheit, FS f. M. Bothe, 2008, 941 (943, 955); *J. Wouters/D. Coppens/B. De Meester*, The European Union's External Relations after the Lisbon Treaty, in: Griller/Ziller (Hrsg.), The Lisbon Treaty, 2008, 143 (167-68); *P. Eeckhout*, EU External Relations Law, 2. Aufl. 2011, S. 222; *C. Kaddous*, Introduction: The European Union in International Organisations, in: dies. (Hrsg.), The European Union in International Organisations and Global Governance, 2015, 1 (8).

[835] Dagegen stellt Art. 221 AEUV die Delegationen erstmalig auf eine primärrechtliche Grundlage. Hierzu etwa *K. Schmalenbach*, Die Delegationen der Europäischen Union in Drittländern und bei internationalen Organisationen, EuR-Beiheft 2/ 2012, 205 ff.

te sich auf ihre redaktionelle Straffung.[836] Der erste Unterabsatz bestimmt, die Union betreibt „jede zweckdienliche Zusammenarbeit" mit den Organen der Vereinten Nationen und ihren Sonderorganisationen (ex-Art. 302 Abs. 1 EGV), dem Europarat (ex-Art. 303 EGV), der OECD (ex-Art. 304 EGV) und der OSZE.[837] Der zweite Unterabsatz ermächtigt die EU – wie auch schon die Vorgängernorm des Art. 302 Abs. 2 EGV die EG – zu „zweckdienlich[en] Beziehungen" mit allen anderen internationalen Organisationen. Die Begriffe „Zusammenarbeit" und „Beziehungen" scheinen zwar auf den ersten Blick den Hohen Vertreter für Außen- und Sicherheitspolitik und die Kommission als die insoweit zuständigen Organe zu allen Formen von Beziehungen zu internationalen Organisationen zu ermächtigen, also insbesondere zur Wahrnehmung eines Beobachterstatus und selbst zur mitgliedschaftlichen Beteiligung.[838] Bei genauer Betrachtung zeigt sich jedoch, dass die Regelung jedenfalls nicht auf die Begründung mitgliedschaftlicher Verhältnisse, die wie Art. 216 Abs. 2 AEUV vorsieht, auch gegenüber den Mitgliedstaaten wirksam würden, zielt. Die Formulierung, die „Union betreibt jede zweckdienliche Zusammenarbeit mit den *Organen*"[839] der in UAbs. 1 genannten internationalen Organisationen und nicht mit den internationalen Organisationen selbst, lässt vielmehr erkennen, dass die Reichweite der Norm insofern begrenzt ist, als sie nur zu solchen Formen bilateraler Beziehungen zu internationalen Organisationen ermächtigt, die unterhalb des förmlichen Beitritts liegen.[840]

[836] Der neu eingefügte Abs. 2 des Art. 220 AEUV legt jedoch erstmalig die Organkompetenz in diesem Bereich fest. Hierzu z.B. *C. Tietje*, in: Grabitz/Hilf/Nettesheim, EUV/ AEUV, 50. Erg. Lfg. 2013, Art. 220, Rn. 1, 46-47; *K. Stöger*, in: Mayer/Stöger, EUV/AEUV, 2011, Art. 220, Rn. 10-13.

[837] Die OSZE wird in Art. 220 Abs. 1 AEUV erstmals hervorgehoben.

[838] Vgl. auch bereits *J. Raux*, Les Relations Extérieures de la Communauté Économique Européenne, 1966, S. 203; ferner *C. Vedder*, Die auswärtige Gewalt des Europa der Neun, 1980, 166-167.

[839] Eigene Hervorhebung.

[840] Dieses Ergebnis ist in der Literatur unumstritten, vgl. etwa *E. Grabitz*, Die Stellung der Gemeinschaft und ihrer Organe in internationalen Organisationen, in: KSE 25 (1975), 47 (74-75); *B. Schloh*, Die Stellung der Gemeinschaft und ihrer Organe in internationalen Organisationen, in: KSE 25 (1975), 83 (85); *R. Frid*, The Relations Between the EC and International Organizations, 1995, S. 129; *W. Hummer*, Enge und Weite der „Treaty Making Power" der Kommission der EG nach dem EWG-Vertrag, in: Randelzhofer u.a. (Hrsg.), Gedächtnisschrift f. Eberhard Grabitz, 1995, 195 (218); *B. Dutzler*, The Representation of the EU and the Member States in International Organisations, in: Gril-

Das Mitgliedschaftsverhältnis besteht nämlich zur internationalen Organisation als Verband, nicht aber zu einzelnen ihrer Organe. Diese Auslegung wird auch nicht durch den Wortlaut des UAbs. 2 widerlegt. Dieser ermächtigt zwar nicht nur zu Beziehungen zu den *Organen* der „anderen internationalen Organisationen“, sondern zu den Organisationen selbst. Dennoch ist nicht anzunehmen, dass die Vertragsgeber der Kommission die Begründung der Mitgliedschaft etwa in einer UN-Sonderorganisation wie dem IWF, dessen Aufgabenbereich – wie zu zeigen sein wird – seit dem Übergang in die dritte Stufe der WWU zum großen Teil in die Zuständigkeit der Union fällt, versagen, ihr dafür in UAbs. 2 erlauben wollten, eine Mitgliedschaft der EU zu „anderen internationalen Organisationen“, deren Aufgaben nicht oder nur am Rande mit denen der Union verbunden sind, zu begründen. Dieses Ergebnis wird auch durch die innere Systematik des fünften Teils des AEUV und durch einen Vergleich der dort einzuhaltenden Verfahren, die je nach Politikbereich auch der Mitwirkung anderer Unionsorgane, vor allem des Rats, verlangen, bestätigt.

Im Ergebnis kann Art. 220 Abs. 1 AEUV daher sinnvoll nur dahingehend interpretiert werden, dass die materielle Teilnahme an der Arbeit internationaler Organisationen, wie sie der Mitgliedstatus vorsieht, nicht von seinem Regelungsgehalt erfasst ist.

Aus Unionssicht dürfte diese Regelungslücke historisch darauf zurückzuführen sein, dass die Zahl und Bedeutung internationaler Organisationen zu Beginn der europäischen Integration noch gering war und daher die Gefahr einer Aushöhlung der im Primärrecht vorgesehenen vertikalen Kompetenzverteilung durch völkerrechtliches Handeln der Mitgliedstaaten nicht bestand.[841] Später, im Zuge der sukzessiven Ver-

ler/Weidel (Hrsg.), External Economic Relations and Foreign Policy in the European Union, 2002, 151 (153); *C. Flaesch-Mougin*, in : Louis/Dony (Hrsg.), Commentaire J. Megret, Bd. XII : Relations Extérieures, 2. Aufl. 2005, Rn. 299; *P. Eeckhout*, EU External Relations Law, 2. Aufl. 2011, S. 222. Aus der Kommentarliteratur z.B. *K. Osteneck*, in: Schwarze (Hrsg.), EU-Kommentar, 3. Aufl. 2012, Art. 220, Rn. 10; *C. Tietje*, in: Grabitz/Hilf/Nettesheim, EUV/AEUV, 50. Erg. Lfg. 2013, Art. 220, Rn. 12; *M. Schröder*, in: von der Groeben/Schwarze/Hatje, Europäisches Unionsrecht, 7. Aufl. 2015, Art. 220, Rn. 4.

841 Vgl. *J. Sack*, Die Europäische Gemeinschaft als Mitglied internationaler Organisationen, in: Randelzhofer u.a. (Hrsg.), Gedächtnisschrift f. Eberhard Grabitz, 1995, 631 (633, Fn.10); ferner *F. Dehousse/K. Ghemar*, Le traité de Maastricht et les relations extérieures de la Communauté européenne, EJIL 5 (1994), 151 (152); *P. Gilsdorf*, Die Außenkompetenzen der EG im Wandel, EuR 1996, 145 ff.

tragsänderungen seit der Einheitlichen Europäischen Akte (EEA) ist diese Frage dann bewusst der Praxis und insbesondere der Rechtsprechung des EuGH überlassen worden.[842] So hat dieser – bereits vor der EEA – in seinem richtungsweisenden Gutachten vom 26. April 1977 zur *Errichtung eines Europäischen Stilllegungsfonds für die Binnenschifffahrt* hierzu festgestellt, dass die EU im Rahmen der ihr übertragenen Zuständigkeiten zum Abschluss internationaler Übereinkünfte (sog. Vertragsschluss- oder Außenkompetenzen)[843] auch völkerrechtliche Verträge zur Gründung internationaler Organisationen schließen kann.[844] Dem hat sich die überwiegende Meinung in der Literatur[845] angeschlossen und aus den Vertragsschlusskompetenzen zugleich die Befugnis der Union abgeleitet, bereits bestehenden internationalen Organisationen beizutreten,[846] und zwar auch dann, wenn der eigentliche Beitrittsakt durch eine lediglich einseitige Rechtshandlung der EU erfolgt.[847] Soweit die Mitgliedschaft der Union begründet ist, sollen auch

---

[842] *C. Vedder*, Die EU und Internationale Organisationen, in: Benedek u.a. (Hrsg.), Essays in Honour of Konrad Ginther, 1999, 501(502).

[843] Vgl. *P. Gilsdorf*, Die Außenkompetenzen der EG im Wandel, EuR 1996, 145 (145).

[844] *EuGH*, Gutachten 1/76, *Europäischer Stilllegungsfonds für die Binnenschifffahrt*, Slg. 1977, 741, Rn. 5; s. auch *EuGH*, Gutachten 1/94, *WTO*, Slg. 1994, I-5267. So auch bereits *E. Grabitz*, Die Stellung der Gemeinschaft und ihrer Organe in internationalen Organisationen, in: KSE 25 (1975), 47 (75 ff.); *R. Kovar*, La participation des Communautés européennes au conventions multilatérales, AFDI 21 (1975), 903 (912 ff.); *J.-P. Jacqué*, La participation de la Communautés européenne aux organisations internationales universelles, AFDI 21 (1975), 924 (933). Vgl. nunmehr auch Art. 218 Abs. 6 UAbs. 2 lit. a) iii) AEUV.

[845] Vgl. *C. Vedder*, Die auswärtige Gewalt des Europa der Neun, 1980, S. 154 ff.; *R. Frid*, The Relations Between the EC and International Organizations, 1995, S. 130-131; S. *Marchisio*, EU's Membership in International Organizations, in: Cannizzaro (Hrsg.), The European Union as an Actor in International Relations, 2002, 231 (233-234); *C. Flaesch-Mougin*, in: Louis/Dony (Hrsg.), Commentaire J. Megret, Bd. XII: Relations Extérieures, 2. Aufl. 2005, Rn. 296; *S. Sattler*, Gemischte Abkommen und gemischte Mitgliedschaften der EG und ihrer Mitgliedstaaten, 2007, S. 107-108; *P. Eeckhout*, EU External Relations Law, 2. Aufl. 2011, S. 222.

[846] Das ergibt sich inzident auch aus der Entscheidung des *EuGH* in der Rs. C-25/94, *FAO*, Slg. 1996, I-1469, Rn. 43.

[847] So ausdrücklich *J. Sack*, Die Europäische Union in den Internationalen Organisationen, ZEuS 2001, 267 (280). Für den EAGV siehe den Beitritt des

die sich hieraus ergebenden Rechte, etwa zur (verbindlichen) Beschlussfassung oder Kündigung der eingegangenen Bindung,[848] von der Vertragsschlusskompetenz umfasst sein.[849] Schließlich wird aus den Außenkompetenzen der Union, und hier bilden die Regelungsbefugnisse der Internationalen Meeresbodenbehörde gegenüber privaten Lizenznehmern ein Musterbeispiel,[850] auch eine sog. „Integrationskompetenz"[851] abgeleitet, also die Befugnis, einer internationalen Organisation, der die EU angehört, Durchgriffsbefugnisse mit unmittelbarer Wirkung in der Unionsrechtsordnung zu verleihen.[852]

Zusammenfassend lässt sich damit festhalten, dass die Unionsverträge die Mitgliedschaft der EU in internationalen Organisationen zwar auch nach Lissabon nicht ausdrücklich vorsehen, sich dies jedoch auch weiterhin aus den auf die EU übertragenen Außenkompetenzen ableiten lässt. Die diesbezüglich relevanten Bestimmungen sind allerdings nicht an einer einheitlichen Stelle in den Verträgen geregelt, sondern über das Primärrecht verstreut.[853] Insofern erscheint es zweckmäßig, auf die spezifische Frage nach der vertikalen Kompetenzverteilung zwischen der Union und ihren Mitgliedstaaten im Aufgabenbereich des IWF erst nach einer Analyse der Grundlagen der vertikalen Kompetenzordnung im Kontext der auswärtigen Beziehungen der Union einzugehen.

Euratom zum Übereinkommen über nukleare Sicherheit, *EuGH*, Rs. C-29/99, *Kommission/Rat*, Slg. 2002, I-11221. Vgl. in diesem Zusammenhang auch Art. 2 Abs. 1 lit. b) WVK.

848 Vgl. auch *EuGH*, Gutachten 1/08, *GATS*, Slg. 2009, I-11129, Rn.129.

849 Die *policy making power* folgt damit der *treaty making power*. Hierzu bereits *E.-U. Petersmann*, ZaöRV 25 (1975), 213 (231 f.).

850 Vgl. *C. Tomuschat*, in: von der Groeben/Schwarze, EUV/EGV, 6. Aufl. 2003, Art. 281 EGV, Rn. 10.

851 *C. Vedder*, Die Integrationskompetenz der EG in der Rechtsprechung des EuGH, in: Randelzhofer u.a. (Hrsg.), Gedächtnisschrift f. Eberhard Grabitz, 1995, 795.

852 Zu den Grenzen der Integrationskompetenz *C. Vedder*, Die EU und Internationale Organisationen, in: Benedek u.a. (Hrsg.), Essays in Honour of Konrad Ginther, 1999, 501 (512); vgl. auch *J. Scheffler*, Die Europäische Union als rechtlich-institutioneller Akteur im System der Vereinten Nationen, 2011, S. 104 ff.

853 Gleichwohl hat der Vertrag von Lissabon zu einer besseren Übersichtlichkeit der EU-Außenkompetenzen insofern beigetragen, als er den Großteil der für die Außenpolitik der Union relevanten Bestimmungen im fünften Teil des AEUV zusammengefasst hat.

II. Grundlagen der vertikalen Kompetenzordnung im Bereich des auswärtigen Handelns

Der Streit um die Reichweite der Kompetenzen der EWG, später EG im Bereich der Außenbeziehungen prägte über viele Jahre die Gestaltung der Beziehungen zu Drittstaaten und internationalen Organisationen und führte in der Folge zu zahlreichen Entscheidungen und Gutachten des EuGH. Mittlerweile sind die wesentlichen Fragen zu dieser Thematik durch die inzwischen immer mehr ausdifferenzierte Rechtsprechung[854] und durch die Diskussion in der Literatur[855] geklärt bzw. durch den Lissabonner Vertrag weitgehend eindeutig geregelt worden. Gleichzeitig hat der Vertrag jedoch neue Fragen aufgeworfen, auf die im Rahmen der nachfolgenden Ausführungen eingegangen werden soll. Nach Klärung der Frage, inwieweit die Union überhaupt die Befugnis zum Abschluss völkerrechtlicher Verträge besitzt, folgen einige kurze Ausführungen zur sog. Flexibilitätsklausel des Art. 352 AEUV, bevor in jenen Bereichen, in denen eine solche Kompetenz der Union besteht, deren Verhältnis zu den mitgliedstaatlichen Zuständigkeiten geklärt wird.

---

[854] Vgl. neben den eben aufgeführten Entscheidungen und Gutachten vor allem *EuGH*, Rs. 22/70, *AETR*, Slg. 1971, 263 ff.; *EuGH*, verb. Rs. 3/76, 4/76, 6/76, *Kramer*, Slg. 1976, 1279 ff.; *EuGH*, Gutachten 2/91, *ILO*, Slg. 1993, I-1061; *EuGH*, Gutachten 2/92, *OECD*, Slg. 1995, I-521; *EuGH*, Gutachten 2/00, *Protokoll von Cartagena*, Slg. 2001, I-9713; *EuGH*, verb. Rs. C-466/98 u.a., *"Open-Skies"-Abkommen*, Slg. 2002, I-9427. Siehe hierzu auch m.w.Nw. *S. Kadelbach*, ERTA Case, in: Wolfrum (Hrsg.), MPEPIL (Stand: Dezember 2006).

[855] Vgl. statt vieler nur *A. Bleckmann*, Die Kompetenz der Europäischen Gemeinschaften zum Abschluss völkerrechtlicher Verträge, EuR 1977, 109 ff.; *R. Geiger*, Vertragsschlusskompetenzen der Europäischen Gemeinschaft und auswärtige Gewalt der Mitgliedstaaten, JZ 95, 973 ff.; *O. Dörr*, Die Entwicklung der ungeschriebenen Außenkompetenzen der EG, EuZW 1996, 39 ff.; *L. Grard*, La Cour de Justice des Communautés Européennes et la Dimension Externe du Marché Unique des Transports Aériens, CDE 2002, 695 ff.; *C. Vedder*, Die Außenbeziehungen der EU und die Mitgliedstaaten, EuR-Beiheft 03/2007, 57 ff.; *E. Neframi*, Vertical Division of Competences and the Objectives of the European Union's External Action, in: Cremona/Thies (Hrsg.), The European Court of Justice and External Relations Law, 2014, 73 ff.

1. Zum Bestehen einer EU-Außenkompetenz

Im Gegensatz zum bisherigen EGV finden sich aktuell im AEUV, wie auch schon im Verfassungsvertrag (vgl. Art. I-12 ff. und Art. III-323 Abs. 1 EVV),[856] in den Art. 2 ff. und Art. 216 Abs. 1 erstmals Bestimmungen grundsätzlicher Natur über die Kompetenz der Union zum Abschluss völkerrechtlicher Verträge.[857] Während die letztere Bestimmung, die den Titel V („Internationale Übereinkünfte") des fünften Teils über das „auswärtige Handeln der Union" eröffnet, eine abschließende Auflistung der Konstellationen enthält, in denen die EU zum Abschluss von „Übereinkünften" mit Drittstaaten und internationalen Organisationen befugt ist, äußern sich erstere zu der Frage, inwieweit daneben die Mitgliedstaaten zuständig bleiben, in den jeweiligen Politikbereichen eigene völkervertragliche Verpflichtungen einzugehen.[858] Wie schon der Verfassungsvertrag behandeln also auch die jetzigen EU-Verträge die vorgelagerte Frage nach der Existenz einer Vertragsschlusskompetenz für die Union und die dann entstehende Problematik der Natur und Abgrenzung dieser Zuständigkeit in getrennten Vorschriften und erkennen damit erstmals an, dass beide Fragen grundsätzlich von unterschiedlichen Voraussetzungen abhängen.[859] Diese Neuerung dient zunächst der Verbesserung der Transparenz und Klarheit. Allerdings ist der Gewinn, der sich mit ihr verbindet, deshalb begrenzt, weil es – so viel sei vorweggenommen – insbesondere zwischen dem Wortlaut der letzten drei Varianten des Art. 216 Abs. 1 AEUV und der Formulierung zur ausschließlichen Vertragsschlusskompetenz in Art. 3 Abs. 2 AEUV Parallelen gibt, und die Trennung damit nicht vollständig vollzogen wurde.

---

[856] Siehe hierzu etwa *B. Fassbender*, Die Völkerrechtssubjektivität der EU nach dem Entwurf des Verfassungsvertrages, AVR 42 (2004), 26 ff.; *A. Metz*, Die Außenbeziehungen der Europäischen Union nach dem Vertrag über eine Verfassung für Europa, 2007, S. 332 ff.

[857] *J. Wouters/D. Coppens/B. De Meester*, The European Union's External Relations after the Lisbon Treaty, in: Griller/Ziller (Hrsg.), The Lisbon Treaty, 2008, 143 (167).

[858] Vgl. *S. Vöneky/B. Beylage-Haarmann*, in: Grabitz/Hilf/Nettesheim, EUV/ AEUV, 50. Erg. Lfg. 2013, Art. 216 AEUV, Rn. 3, 20; *J. P. Terhechte*, in: Schwarze (Hrsg.), EU-Kommentar, 3. Aufl. 2012, Art. 216 AEUV, Rn. 4.

[859] Die bisherige Rechtsprechung des EuGH hat dagegen die Frage nach der Natur der Kompetenz oft nicht getrennt von der vorgelagerten und strikt davon zu trennenden Frage nach dem Bestehen einer EU-Vertragsschlusskompetenz behandelt.

Insgesamt nennt Art. 216 Abs. 1 AEUV – ohne selbst jedoch eine Kompetenznorm zu sein –[860] fünf alternative Konstellationen, in denen die EU als Verband zum Abschluss völkerrechtlicher Verträge zuständig ist. Die erste Variante weist ihr eine solche Kompetenz zu, „wenn dies in den Verträgen vorgesehen ist". Gemeint sind damit alle im EUV und AEUV (vgl. Art. 1 Abs. 3 S. 1 EUV) ausdrücklich aufgeführten Rechtsgrundlagen. Während es sich dabei ursprünglich nur um zwei Bereiche handelte, nämlich die gemeinsame Handelspolitik (Art. 113 EWGV, später 133 EGV) und die Assoziierung mit Drittstaaten und internationalen Organisationen (Art. 238 EWGV, später 310 EGV),[861] ist die Zahl nach dem Lissabonner Vertrag auf insgesamt 17 angestiegen. Ausdrückliche Vertragsschlusskompetenzen der EU finden sich heute z.B. in Art. 6 Abs. 2 S. 1 EUV (Beitritt zur EMRK), Art. 8 Abs. 2 EUV (Übereinkünfte mit Nachbarstaaten), Art. 37 EUV (Verträge im Rahmen der GASP), Art. 79 Abs. 3 AEUV (Rückübernahmeabkommen), Art. 186 UAbs. 2 AEUV (Abkommen auf dem Gebiet der Forschung, technologischen Entwicklung und Demonstration), Art. 191 Abs. 4 UAbs. 1 S. 2 AEUV (Umweltabkommen), Art. 207 Abs. 3 bis Abs. 5 AEUV (Abkommen in der Gemeinsamen Handelspolitik), Art. 209 Abs. 2 AEUV (Entwicklungshilfeabkommen), Art. 212 Abs. 3 S. 2 AEUV (wirtschaftliche, finanzielle und technische Zusammenarbeit mit Drittstaaten), Art. 214 Abs. 4 AEUV (Abkommen zur humanitären Hilfe), Art. 217 (Assoziierungsabkommen) und Art. 219 Abs. 1 und Abs. 3 AEUV (Währungs- und Devisenabkommen).

Neben diesem Verweis auf die expliziten EU-Außenkompetenzen enthält Art. 216 Abs. 1 AEUV nachfolgend vier Varianten impliziter Vertragsschlusskompetenzen der Union. Darin wird – ebenso wie in Art. 3 Abs. 2 AEUV – für die EU im Wesentlichen die über mehrere Jahrzehnte hinweg entwickelte Judikatur des EuGH zu den Außenkompetenzen der EG kodifiziert.[862] Ihre Grundaussagen sind deshalb für die richtige Auslegung der beiden Bestimmungen unerlässlich. Art. 216 Abs. 1 Var. 2 AEUV, wonach der Union eine Vertragsschlusskompetenz erwächst, wenn dies „im Rahmen der Politik der Union [...] zur Ver-

[860] *R. Mögele*, in: Streinz, EUV/AEUV, 2. Aufl. 2012, Art. 216 AEUV, Rn. 12.

[861] Hierzu der Überblick bei *P. Gilsdorf*, Die Außenkompetenzen der EG im Wandel, EuR 1996, 145 (147).

[862] *P. Eeckhout*, EU External Relations Law, 2. Aufl. 2011, S. 112; *S. Kadelbach*, in: von Arnauld (Hrsg.), Europäische Außenbeziehungen, EnzEuR, Bd. 10, 2014, § 4, Rn. 47.

wirklichung eines der in den Verträgen festgesetzten Ziele erforderlich" ist, spiegelt im Wesentlichen die Rechtsprechung im Gutachten zum *„Stilllegungsfonds"* wider.[863] Darin hatte der EuGH unter Berücksichtigung seiner Rechtsprechung im sog. *Kramer*-Urteil[864] u.a. festgestellt, „wenn das Gemeinschaftsrecht den Gemeinschaftsorganen im Hinblick auf ein bestimmtes Ziel im Innenverhältnis eine Zuständigkeit verleiht, die Gemeinschaft [dann] befugt ist, die zur Erreichung dieses Zieles erforderlichen völkerrechtlichen Verpflichtungen einzugehen, auch wenn eine ausdrückliche diesbezügliche Bestimmung fehlt".[865] Die hieraus resultierende *„Parallelität von Innen- und Außenkompetenzen"*[866] der EU kommt nach den Ausführungen des EuGH einmal in Betracht, wenn von der internen Zuständigkeit bereits Gebrauch gemacht wurde, zum anderen aber auch dann, wenn diese erst „anläßlich des Abschlusses und der Inkraftsetzung der völkerrechtlichen Vereinbarung ergriffen" wird und „die Beteiligung der Gemeinschaft an der völkerrechtlichen Vereinbarung […] notwendig ist, um eines der Ziele der Gemeinschaft zu erreichen".[867]

Seinem Wortlaut nach scheint Art. 216 Abs. 1 Var. 2 AEUV jedoch über diesen Grundsatz der Parallelität von internen und externen Zuständigkeiten, der in jüngerer Zeit etwa in dem Gutachten des EuGH zum *Übereinkommen von Lugano*[868] bestätigt wurde, hinauszugehen, da auf die Erforderlichkeit der Verwirklichung von Unionszielen abgestellt wird, ohne dies mit dem Vorliegen einer Binnenkompetenz zu verknüp-

---

863 *EuGH*, Gutachten 1/76, *Europäischer Stilllegungsfonds für die Binnenschifffahrt*, Slg. 1977, 741.

864 *EuGH*, verb. Rs. 3/76, 4/76, 6/76, *Kramer*, Slg. 1976, 1279 ff.

865 *EuGH*, Gutachten 1/76, *Europäischer Stilllegungsfonds für die Binnenschifffahrt*, Slg. 1977, 741, Rn. 3.

866 So z.B. *P. Gilsdorf*, Die Außenkompetenzen der EG im Wandel, EuR 1996, 145 (148); *J. Wouters/D. Coppens/B. De Meester*, The European Union's External Relations after the Lisbon Treaty, in: Griller/Ziller (Hrsg.), The Lisbon Treaty, 2008, 143 (168): "principle of "parallelism" (*in foro interno*, *in foro externo*)".

867 *EuGH*, Gutachten 1/76, *Europäischer Stilllegungsfonds für die Binnenschifffahrt*, Slg. 1977, 741, Rn. 4.

868 *EuGH*, Gutachten 1/03, *Übereinkommen von Lugano*, Slg. 2006, I-1145, Rn. 114 ff. Siehe auch das nachfolgende Urteil des EuGH in der Rs. C-431/05, *Merck Genéricos*, Slg. 2007, I-7001, Rn. 34 ff.

fen.[869] Dem folgend wäre die Union angesichts der sehr weitgehenden Ziele – wie sie z.B. in Art. 3 und Art. 21 f. EUV genannt sind und über Art. 205 AEUV auch für das auswärtige Handeln der Union gelten – grundsätzlich in allen ihr zugewiesenen Politikbereichen zum Abschluss völkerrechtlicher Verträge befugt. Dem stehen jedoch bei genauer Betrachtung erhebliche, vor allem systematische Bedenken entgegen. Zum einen wäre bei diesem Verständnis eine gesonderte Erwähnung der ausdrücklichen Vertragsschlusskompetenzen der Union in Var. 1 überflüssig.[870] Zum anderen wäre die so begründete Parallelität von Außenkompetenzen und Unionszielen mit der in Art. 5 Abs. 1 S. 1, Abs. 2 EUV vorgenommenen Differenzierung von Zielen und Befugnissen nicht vereinbar[871].[872] Dieser Einwand wird auch durch Abs. 6 der allgemeinen Zielbestimmung des Art. 3 EUV bestätigt, dessen Neuformulierung gegenüber Art. 6 Abs. 4 EUV i.d.F. des Vertrages von Nizza gerade diesen Aspekt des Prinzips der begrenzten Einzelermächtigung bekräftigen will.[873] Schließlich ist die Regelung auch im Hinblick auf die Flexibilitätsklausel des Art. 352 AEUV systemwidrig. Obgleich beide Normen das Handeln der Union an die Zielerreichung koppeln und damit gewisse strukturelle Ähnlichkeiten aufweisen, erfordert letztere für ein Handeln der Union stets Einstimmigkeit, während im Rahmen des allgemeinen Vertragsschlussverfahrens nach Art. 218

---

[869] So auch *J. Wouters/D. Coppens/B. De Meester*, The European Union's External Relations after the Lisbon Treaty, in: Griller/Ziller (Hrsg.), The Lisbon Treaty, 2008, 143 (178); *M. Cremona*, in: Craig/De Búrca, The Evolution of EU Law, 2. Aufl. 2011, 217 (225).

[870] So auch *R. Mögele*, in: Streinz, EUV/AEUV, 2. Aufl. 2012, Art. 216 AEUV, Rn. 31.

[871] Hierzu bereits *M. Zuleeg*, Der Verfassungsgrundsatz der Demokratie und die Europäischen Gemeinschaften, Der Staat 17 (1978), 27 (40); *ders.*, in: von der Groeben/Schwarze, EUV/EGV, 6. Aufl. 2003, Art. 2 EGV, Rn. 6. Siehe auch *S. Kadelbach*, in: von der Groeben/Schwarze/Hatje, Europäisches Unionsrecht, 7. Aufl. 2015, Art. 5 EUV, Rn. 11.

[872] Ebenso *A. Epiney*, Zu den Implikationen der EU-Mitgliedschaft für die Stellung und Anwendung des Völkerrechts im innerstaatlichen Bereich, in: FS Rüdiger Wolfrum, 2012, 1909 (1912); *S. Vöneky/B. Beylage-Haarmann*, in: Grabitz/Hilf/Nettesheim, EUV/ AEUV, 50. Erg. Lfg. 2013, Art. 216 AEUV, Rn. 9.

[873] Vgl. *J. Bast*, in: Grabitz/Hilf/Nettesheim, EUV/ AEUV, 51. Erg. Lfg. 2013, Art. 5 EUV, Rn. 21; *J. P. Terhechte*, in: Grabitz/Hilf/Nettesheim, EUV/ AEUV, 41. Erg. Lfg. 2010, Art. 3 EUV, Rn. 26.

AEUV in der Regel eine qualifizierte Mehrheit ausreicht.[874] Vor diesem Hintergrund ist es trotz des Wortlauts der Regelung sinnvoll, ihre Anwendung im Einklang mit der bisherigen Rechtsprechung des EuGH auf diejenigen Kompetenzen zu beschränken, die der Union nach den Verträgen zustehen.[875] Im Sinne der EuGH-Rechtsprechung ist auch das in der Bestimmung nicht näher definierte Merkmal der Erforderlichkeit auszulegen. Dementsprechend kommt es unter Zugrundelegung des *effet utile*-Prinzips darauf an, ob die Vertragsschlusskompetenz notwendig ist, um eine bestehende Innenkompetenz effektiv auszuüben und somit eine primärrechtlich vorgesehene Zielsetzung zu erreichen.[876]

Nach der dritten Regelungsvariante kommt der EU eine implizite Vertragsschlusskompetenz zu, wenn der Abschluss einer Übereinkunft „in einem verbindlichen Rechtsakt der Union vorgesehen ist". Diese Variante lehnt sich an die WTO-Rechtsprechung des EuGH an, nach der eine „ausschließliche externe Zuständigkeit" der Gemeinschaft zu bejahen ist, wenn „sie ihren Organen ausdrücklich eine Zuständigkeit zu Verhandlungen mit Drittstaaten übertragen"[877] hat. Mit einem „verbindlichen Rechtsakt der Union" sind grundsätzlich Verordnungen, Richtlinien und Beschlüsse i.S.v. Art. 288 AEUV gemeint, ohne dass es weiter darauf ankommt, ob es sich um Akte der legislativen (Art. 289 Abs. 3 AEUV) oder der exekutiven Rechtsetzung (Art. 290, 291 AEUV) handelt.[878] Da die Bestimmung darüber hinaus keine weiteren – insbesondere einschränkenden – Tatbestandsmerkmale normiert, als die durch ihren Wortlaut nahegelegte Selbstermächtigung der Union zum Abschluss völkerrechtlicher Verträge, wäre allerdings auch diese Variante unter Zugrundelegung allein ihres Wortlauts mit

---

874 Siehe auch *K. Schmalenbach*, in: Calliess/Ruffert, EUV/AEUV, 4. Aufl. 2011, Art. 216 AEUV, Rn. 12.

875 Im Ergebnis wie hier *S. Vöneky/B. Beylage-Haarmann*, in: Grabitz/Hilf/Nettesheim, EUV/ AEUV, 50. Erg. Lfg. 2013, Art. 216 AEUV, Rn. 9-10; *R. Mögele*, in: Streinz, EUV/AEUV, 2. Aufl. 2012, Art. 216, Rn. 31; *J. Heuck*, Jura 2013, 199 (201); offengelassen bei *K. Schmalenbach*, in: Calliess/Ruffert, EUV/AEUV, 4. Aufl. 2011, Art. 216 AEUV, Rn. 12.

876 Vgl. *EuGH*, Gutachten 1/03, *Übereinkommen von Lugano*, Slg. 2006, I-1145, Rn. 114-115. Siehe auch *M. Cremona*, in: Craig/De Búrca, The Evolution of EU Law, 2. Aufl. 2011, 217 (221).

877 *EuGH*, Gutachten 1/94, *WTO*, Slg. 1994, I-5267, Rn. 95.

878 *R. Mögele*, in: Streinz, EUV/AEUV, 2. Aufl. 2012, Art. 216 AEUV, Rn.34; *W. Obwexer*, EuR-Beiheft 2/2012, 49 (58).

Art. 5 Abs. 2 EUV nicht vereinbar.[879] Daher ist auch hier eine restriktive Anwendung insofern erforderlich, als die Bestimmung nur auf diejenigen Fälle zu begrenzen ist, in denen die Vertragsschlussbefugnis zunächst auf der Ebene des Primärrechts vorgesehen ist und sich die sekundärrechtliche Ermächtigung auf eine Ergänzung dieser primärrechtlichen Handlungsbefugnis, möglicherweise aber auch nur auf eine Konkretisierung der Modalitäten ihrer Durchführung beschränkt.[880]

Als letzte Möglichkeit, eine implizite Vertragsschlusskompetenz der Union zu begründen, nennt Art. 216 Abs. 1 AEUV die Gefahr der Beeinträchtigung (Var. 4) oder der Änderung des Anwendungsbereichs (Var. 5)[881] der „gemeinsamen Vorschriften".[882] Diese beiden Varianten knüpfen an die *AETR*-Rechtsprechung des EuGH an, wonach „in den Bereichen, in denen die Gemeinschaft zur Verwirklichung einer vom Vertrag vorgesehenen gemeinsamen Politik Vorschriften erlassen hat, die in irgendeiner Form gemeinsame Rechtsnormen vorsehen, die Mitgliedstaaten weder einzeln noch selbst gemeinsam handelnd berechtigt [sind], mit dritten Staaten Verpflichtungen einzugehen, die diese Normen beeinträchtigen"[883].[884] Im Lichte dieser Rechtsprechung ist die in Art. 216 Abs. 1 Var. 4 und 5 AEUV gewählte Formulierung allerdings insofern „missglückt", als nicht Übereinkünfte der EU, sondern solche

---

[879] Zu Recht kritisch daher *O. Dörr*, in: Grabitz/Hilf/Nettesheim, EUV/AEUV, 44. Erg. Lfg. 2011, Art. 47 EUV, Rn. 45: „Art. 216 Abs. 1 AEUV ist darüber hinaus mit dem Grundsatz der begrenzten Ermächtigung [...] insoweit unvereinbar, als er [...] *die Union scheinbar ermächtigt, sich selbst eine Vertragsschlussbefugnis zu verschaffen*" [eigene Hervorhebung].

[880] *EuGH*, Rs. C-475/98, *Open Skies*, Slg. 2002, I-9797, Rn. 65. So auch *M. Nettesheim*, Grabitz/Hilf/Nettesheim, EUV/ AEUV, 50. Erg. Lfg. 2013, Art. 3 AEUV, Rn. 22; ihm folgend *S. Vöneky/B. Beylage-Haarmann*, in: Grabitz/Hilf/Nettesheim, EUV/ AEUV, 50. Erg. Lfg. 2013, Art. 216 AEUV, Rn. 12.

[881] Die fünfte Variante hat gegenüber der vierten Variante allerdings keine eigenständige Bedeutung, da in der Gefahr der Änderung des Anwendungsbereichs einer Norm immer zugleich auch die Gefahr der Beeinträchtigung liegt.

[882] Zu den Konstellationen, in denen eine solche Beeinträchtigung der sekundärrechtlichen Vorschriften anzunehmen ist *K. Schmalenbach*, in: Calliess/Ruffert, EUV/AEUV, 4. Aufl. 2011, Art. 216 AEUV, Rn. 17.

[883] *EuGH*, Rs. 22/70, *AETR*, Slg. 1971, 263, Rn. 15/19.

[884] *J. Wouters/D. Coppens/B. De Meester*, The European Union's External Relations after the Lisbon Treaty, in: Griller/Ziller (Hrsg.), The Lisbon Treaty, 2008, 143 (174 f.).

der Mitgliedstaaten gemeint sind, durch die sekundärrechtliche Vorschriften beeinträchtigt werden könnten. Insofern ist auch hier eine korrigierende Auslegung der Regelung im Sinne ihrer *ratio* notwendig.[885]

2. *Ergänzende Vertragsschlusskompetenz – Art. 352 AEUV*

Die Zuständigkeit der Union zum Vertragsschluss kann sich darüber hinaus auf der Grundlage der sog. Flexibilitätsklausel des Art. 352 AEUV ergeben.[886] Daran hat auch der durch den Vertrag von Lissabon neu eingeführte Abs. 4 des Art. 352 AEUV nichts geändert, da dieser ausweislich seines Wortlauts nur die Ziele der GASP aus dem Anwendungsbereich der Norm herausnimmt, nicht jedoch auch die Ziele für das sonstige auswärtige Handeln der Union nach Art. 205 AEUV i.V.m. Art. 3 Abs. 5 und Art. 21 EUV.

Die Bestimmung soll ein Handeln der EU auch in den Fällen ermöglichen, in denen die in den Verträgen ausdrücklich oder implizit verliehenen Befugnisse ihrer Organe zur Verwirklichung der Vertragsziele nicht ausreichen.[887] Damit hat Art. 352 AEUV die Funktion, als Kompetenznorm Lücken im Wege der vertragsimmanenten Fortentwicklung des Unionsrechts zu schließen, ohne freilich die Kompetenzen der Union zu erweitern.[888] Seine Funktion hat sich insofern im Vergleich zu der Vorgängerregelung in Art. 235 E(W)GV und Art. 308 EGV nicht geändert.[889] Dagegen ist es hinsichtlich seiner Bedeutung zu einer doch er-

---

885 Dies betonen auch *C. Vedder*, Außenbeziehungen und Außenvertretung, in: Hummer/Obwexer (Hrsg.), Der Vertrag von Lissabon, 2009, 267 (276); *R. Mögele*, in: Streinz, EUV/AEUV, 2. Aufl. 2012, Art. 216, Rn. 36.

886 Zur Anwendbarkeit der Bestimmung in den EU-Außenbeziehungen siehe *EuGH*, Rs. 22/70, *AETR*, Slg. 1971, 263, Rn. 95. Aus der Literatur statt vieler nur *R. Frid*, The Relations Between the EC and International Organizations, 1995, S. 83 ff.; *D. Verwey*, The European Community, the European Union and the International Law of Treaties, 2004, S. 42 ff.

887 So deutlich auch der *EuGH*, Gutachten 2/94, *EMRK*, Slg. 1996, I-1759, Rn. 29.

888 Vgl. nur *M. Rossi*, in: Calliess/Ruffert, EUV/AEUV, 4. Aufl. 2011, Art. 352 AEUV, Rn. 10 ff.; *R. Streinz*, in: ders., EUV/AEUV, 2. Aufl. 2012, Art. 352, Rn. 1 ff.

889 Zu diesen etwa *U. Everling*, Die allgemeine Ermächtigung der Europäischen Gemeinschaft zur Zielverwirklichung nach Art. 235 EWGV, EuR-

heblichen Wandlung gekommen.[890] Während die Vorgängerbestimmungen vor allem in den Anfangsjahren der Integration, in denen die Kompetenzen der E(W)G noch nicht sehr weitreichend waren, eine bedeutende Rolle gespielt hatten, ist es auch und gerade im Kontext des auswärtigen Handelns der Union aufgrund des vom EuGH begründeten und in diversen seiner nachfolgenden Gutachten und Urteilen weiterentwickelten Grundsatzes der Parallelität von Innen- und Außenkompetenz und wegen der seit der EEA, insbesondere aber seit dem Vertrag von Maastricht, deutlich erweiterten Kompetenzausstattung der Union zu einem erheblichen Bedeutungsverlust der Bestimmung gekommen. Dies setzt sich nun mit dem Vertrag von Lissabon, der im Bereich des auswärtigen Handelns der Union nicht nur zur Kodifizierung der Rechtsprechung des EuGH in Art. 3 Abs. 2 und 216 Abs. 1 AEUV, sondern auch zu einer – wenn auch nur punktuellen – Kompetenzerweiterung der Union führte, fort.[891]

Vor diesem Hintergrund ist davon auszugehen, dass von der Flexibilitätsklausel in den Außenbeziehungen der EU kaum Gebrauch gemacht werden wird.[892]

3. Das Verhältnis der EU-Außenkompetenzen zu denen der Mitgliedstaaten

Ähnlich wie in der bundesstaatlichen Aufgabenteilung stellt sich auch bei der vertikalen Kompetenzverteilung im Außenbereich die Frage, in welchem Verhältnis die unionalen auswärtigen Befugnisse zu denen der Mitgliedstaaten stehen. Während die bisherigen Verträge hierzu eine strikt eindimensionale Kompetenzzuweisung nur an die Gemeinschaft bzw. Union, nicht jedoch an die Mitgliedstaaten vorsahen,[893] findet sich nun in der mit dem Vertrag von Lissabon eingeführten Kompetenzkata-

---

Sonderheft 1976, 2 ff.; *M. Bungenberg*, Dynamische Integration, Art. 308 und die Forderung nach dem Kompetenzkatalog, EuR 2000, 879 ff.

[890] Hierzu ausführlich und m.w.Nw. *M. Bungenberg*, Art. 235 EGV nach Maastricht, 1999, S. 60 ff.

[891] Vgl. auch *D. Winkler*, in: Grabitz/Hilf/Nettesheim, EUV/ AEUV, 46. Erg. Lfg. 2013, Art. 352 AEUV, Rn. 81.

[892] Im Ergebnis wie hier *S. Kadelbach*, in: von Arnauld (Hrsg.), Europäische Außenbeziehungen, EnzEuR, Bd. 10, 2014, § 4, Rn. 47.

[893] Vgl. *M. Nettesheim*, in: von Bogdandy/Bast (Hrsg.), Europäisches Verfassungsrecht, 2. Aufl. 2009, 389 (410).

logisierung in den Art. 2 bis 6 AEUV eine „dual angelegte Kompetenzzuweisung".[894] Dies ist am deutlichsten sichtbar im Katalog der geteilten Zuständigkeiten in Art. 4 AEUV sowie in der allgemeinen Kompetenzklausel des Art. 2 Abs. 2 AEUV. Im Einzelnen sind die Befugnisse der Union in ausschließliche (Art. 2 Abs. 1, Art. 3 AEUV) und geteilte (Art. 2 Abs. 2, Art. 4 AEUV) Zuständigkeiten sowie in Zuständigkeiten für Unterstützungs-, Koordinierungs- und Ergänzungsmaßnahmen (Art. 2 Abs. 5, Art. 6 AEUV) gegliedert. Neben diesen drei Kompetenzkategorien enthalten die Art. 2 Abs. 3 und Art. 5 AEUV sowie Art. 2 Abs. 4 AEUV noch die sogenannte Koordinierungszuständigkeit sowie spezielle Unionskompetenzen, die sich dieser Kategorisierung entziehen.[895] Damit ergibt sich eine Zuordnung der unionalen Politikbereiche bzw. einer Vertragsmaterie nach den Merkmalen ausdrückliche/ implizite Kompetenzen auf der einen Seite sowie ausschließliche/ nicht-ausschließliche Zuständigkeiten auf der anderen Seite. Auf völkerrechtlicher Ebene ist damit nun auch für Drittstaaten und internationale Organisationen einfacher erkennbar, wann die Union und wann ihre Mitgliedstaaten zur völkervertraglichen Regelung einer Materie befugt sind. Insofern tragen die Bestimmungen der Art. 2 ff. AEUV in Verbindung mit der Regelung des Art. 216 Abs. 1 AEUV auch und vor allem gegenüber Dritten zu einer besseren Transparenz der EU-Kompetenzordnung bei.

Zu den Außenkompetenzen der Union, die ihr ausschließlich übertragen sind, gehören insbesondere die in Art. 3 Abs. 1 AEUV ausdrücklich aufgeführten Zuständigkeiten zum Abschluss handelspolitischer Abkommen, zur Erhebung von Außenzöllen, zur Festlegung des Wechselkurses des Euro und zur Erhaltung der biologischen Meeresschätze im

---

894 So *M. Schröder*, Vertikale Kompetenzverteilung und Subsidiarität im Konventsentwurf für eine Europäische Verfassung, JZ 2004, 8 (9) im Hinblick auf die gleichlautenden Regelungen im Verfassungsvertrag. Ähnlich auch *T. Oppermann*, Eine Verfassung für die EU, DVBl. 2003, 1165 (1170), der von einem *„Einstieg in eine bundesstaatsähnliche Aufteilung der Zuständigkeiten* zwischen der Union und ihren Mitgliedstaaten" spricht. Weitergehend *A. Weber*, The Distribution of Competences Between the Union and the Member States, in: Blanke/Mangiameli (Hrsg.), The European Union after Lisbon, 2012, 311 (312): *"dual model"*.

895 Diese Einteilung der Unionskompetenzen sagt, wie auch ausdrücklich in Art. 2 Abs. 6 AEUV klargestellt wird, jedoch noch nichts über ihren Umfang aus. Dieser ergibt sich vielmehr aus den einschlägigen, die spezifischen Politiken regelnden Bestimmungen in den Verträgen.

Rahmen der gemeinsamen Fischereipolitik.[896] Von ihnen umfassen die gemeinsame Handelspolitik und die Währungspolitik ausdrückliche Vertragsschlusskompetenzen. Die Befugnis der Union zum Abschluss von Verträgen zur Erhaltung der Fischereiressourcen entspringt dagegen aus Art. 216 Abs. 1 Var. 2 AEUV und damit einer impliziten Außenkompetenz[897].[898]

Darüber hinaus weist der mit dem Vertrag von Lissabon neu eingeführte Art. 3 Abs. 2 AEUV der Union eine ausschließliche Vertragsschlusskompetenz zu, wenn der Abschluss in einem Gesetzgebungsakt der Union vorgesehen ist (Var. 1), wenn der Abschluss notwendig ist, damit die EU ihre interne Zuständigkeit ausüben kann (Var. 2), oder soweit das Abkommen gemeinsame Regeln beeinträchtigen (Var. 3) oder deren Tragweite verändern könnte (Var. 4). Die erste Variante des Art. 3 Abs. 2 AEUV ähnelt der dritten des Art. 216 Abs. 1 AEUV. Sie unterscheiden sich jedoch darin, dass Art. 3 Abs. 2 AEUV einen Rechtsakt fordert, der aus einem ordentlichen (Art. 289 Abs. 1 AEUV) oder be-

---

[896] Vgl. hierzu auch den Überblick bei *A. Lukaschek/B. Weidel*, Exclusive External Competence of the EC, in: Griller/Weidel (Hrsg.), External Economic Relations and Foreign Policy in the European Union, 2002, 113 ff. Eine in dieser Hinsicht unklare Bestimmung ist Art. 217 AEUV über Assoziierungsabkommen. Während teilweise vertreten wird, dass die hier begründete Unionszuständigkeit eine ausschließliche darstellt (so etwa *C. Vedder*, Außenbeziehungen und Außenvertretung, in: Hummer/Obwexer (Hrsg.), Der Vertrag von Lissabon, 2009, 267 (286); *R. Mögele*, in: Streinz, EUV/AEUV, 2. Aufl. 2012, Art. 3 AEUV, Rn. 19), lässt sich mit der derzeit wohl überwiegenden Meinung in der Literatur auch argumentieren, dass Assoziierungsabkommen aufgrund ihres oft sehr weiten inhaltlichen Anwendungsbereichs unter Umständen auch auf mitgliedstaatliche Zuständigkeiten gestützt werden können, mit der Folge, dass sie als gemischte Abkommen abgeschlossen werden müssen. Vgl. nur *S. Griller/K. Gamharter*, External Trade, in: Griller/Weidel (Hrsg.), External Economic Relations and Foreign Policy in the European Union, 2002, 65 (89-90). Ähnliches gilt auch für die EU-Zuständigkeit in der Nachbarschaftspolitik (Art. 8 Abs. 2 EUV). Siehe hierzu etwa *D. Thym*, in: Grabitz/Hilf/Nettesheim, EUV/ AEUV, 41. Erg. Lfg. 2013, Art. 8 EUV, Rn. 17-18.

[897] Vgl. *EuGH*, verb. Rs. 3/76, 4/76, 6/76, *Kramer*, Slg. 1976, 1279, 1311, Rn. 30/33. Siehe hierzu auch *R. Hofmann*, Zur Rechtsprechung des EuGH in Fischereifragen, ZaöRV 41 (1981), 808 ff.

[898] Dies bedeutet also, dass die Ausschließlichkeit impliziter Außenkompetenzen nicht zwingend aus Art. 3 Abs. 2 AEUV folgen muss, sondern sich vielmehr auch aus Art. 3 Abs. 1 AEUV ergeben kann. Siehe auch *S. Kadelbach*, in: von Arnauld (Hrsg.), Europäische Außenbeziehungen, EnzEuR, Bd. 10, 2014, § 4, Rn. 44.

sonderen Gesetzgebungsverfahren (Art. 289 Abs. 2 AEUV) hervorgegangen sein muss, während es bei Art. 216 Abs. 1 Var. 3 AEUV darauf nicht ankommt. Daher lässt sich eine ausschließliche implizite Vertragsschlusskompetenz aus dem Zusammenspiel der beiden Vorschriften grundsätzlich nur für die Fälle annehmen, in denen der verbindliche Rechtsakt als Gesetzgebungsakt erlassen wurde.[899] Praktische Auswirkungen sind damit aber nicht verbunden, da in der Regel bereits völkerrechtliche Verträge, deren Abschluss auch in einem Rechtsakt ohne Gesetzescharakter vorgesehen ist, zu einer ausschließlichen impliziten Vertragsschlusskompetenz der Union führen, sofern die Gefahr der Beeinträchtigung des betreffenden, eine primärrechtliche Norm konkretisierenden Sekundärrechtsakts oder der Änderung seines Anwendungsbereichs besteht (vgl. Art. 3 Abs. 2 Var. 3 und 4 AEUV).[900] Diese in Art. 3 Abs. 2 Var. 3 und 4 AEUV genannten Kriterien zur ausschließlichen Zuständigkeit finden sich ebenfalls in Art. 216 Abs. 1 Var. 4 und 5 AEUV, so dass davon auszugehen ist, dass beide Bestimmungen als parallel laufend angelegt sind. Demgegenüber sind die Anforderungen der zweiten Variante des Art. 3 Abs. 2 AEUV, zu denen der EuGH bereits in mehreren Gutachten Stellung bezogen hat,[901] gegenüber Art. 216 Abs. 1 Var. 2 AEUV deutlich restriktiver ausgestaltet. Während die letztere Bestimmung den Abschluss eines völkerrechtlichen Vertrages bereits zulässt, wenn dies „zur Verwirklichung eines der in den Verträgen festgesetzten Ziele erforderlich" ist, setzt Art. 3 Abs. 2 AEUV eine „untrennbare Verbindung"[902] zwischen der Innen- und Außenkompetenz in der Weise voraus, dass die erstere Zuständigkeit nicht ohne die letztere ausgeübt werden kann. Nicht ausreichend ist daher der Abschluss ei-

---

[899] So *J. Wouters/D. Coppens/B. De Meester*, The European Union's External Relations after the Lisbon Treaty, in: Griller/Ziller (Hrsg.), The Lisbon Treaty, 2008, 143 (176).

[900] Darauf weist zu Recht auch *W. Obwexer*, Die Vertragsschlusskompetenzen und die vertragsschlussbefugten Organe der EU, EuR-Beiheft 2/2012, 49 (59) hin.

[901] Vgl. exemplarisch *EuGH*, Gutachten 1/76, *Europäischer Stilllegungsfonds für die Binnenschifffahrt*, Slg. 1977, 741, Rn. 2; *EuGH*, Gutachten 2/92, *OECD*, Slg. 1995, I-521, Rn. 8; *EuGH*, Gutachten 1/94, *WTO*, Slg. 1994, I-5267, Rn. 85 ff.

[902] Vgl. *EuGH*, Gutachten 1/94, *WTO*, Slg. 1994, I-5267, Rn. 86.

nes Abkommens mit der Begründung, dass sich dadurch ein primärrechtlich festgesetztes Ziel einfacher erreichen lässt.[903]

In diesen Bereichen ausschließlicher Unionskompetenzen ist den Mitgliedstaaten, wie sich nun auch ausdrücklich aus Art. 2 Abs. 1 AEUV ergibt, der Abschluss völkerrechtlicher Verträge untersagt. Das gilt selbst dann, wenn die Union aus politischen oder völkerrechtlichen Gründen nicht in der Lage ist, die betreffende Zuständigkeit auszuüben. Die Mitgliedstaaten können allerdings in diesen Fällen gem. Art. 2 Abs. 1 Hs. 2 AEUV mit Ermächtigung der EU[904] oder nur vorläufig als „Sachwalter des gemeinsamen Interesses"[905] tätig werden.[906] Andererseits verfügen die Mitgliedstaaten über ausschließliche Zuständigkeiten in all jenen Bereichen, in denen (noch) keine Kompetenzübertragung auf die EU stattgefunden hat.[907]

Zwischen diesen beiden Kategorien liegt der Typus der zwischen Union und Mitgliedstaaten geteilten Zuständigkeiten. Er bildet nach Art. 4 Abs. 1 AEUV den Regelfall.[908] Völkervertraglich relevant ist hier insbesondere die in Art. 4 Abs. 2 lit. e) AEUV genannte Umweltpolitik (Art. 191 Abs. 4, Art. 192 Abs. 1, 2 AEUV).[909] In diesen Bereichen kommt der EU nach Art. 2 Abs. 2 S. 2, 3 AEUV insofern ein Vorrang zu, als die Mitgliedstaaten nur zuständig sind bzw. erneut zuständig

---

903 Vgl. *R. Mögele*, in: Streinz, EUV/AEUV, 2. Aufl. 2012, Art. 3 AEUV, Rn. 14; *R. A. Lorz/V. Meurers*, in: von Arnauld (Hrsg.), Europäische Außenbeziehungen, EnzEuR, Bd. 10, 2014, § 2, Rn. 25.

904 Siehe hierzu auch die Diskussion bei *C. Schaefer*, Die Ermächtigung von Mitgliedstaaten bei ausschließlicher Gemeinschaftszuständigkeit, EuR 2008, 721 ff.

905 Vgl. *EuGH*, Rs. 804/79, *Seefischerei – Erhaltungsmaßnahmen*, Slg. 1981, 1045, Rn. 30. Ausführlich hierzu *M. Pechstein*, Die Mitgliedstaaten der EG als „Sachwalter des gemeinsamen Interesses", 1987, S. 75 ff.

906 Vgl. *M. Cremona*, Member States as Trustees of the Union Interest, in: Arnull u.a. (Hrsg.), A Constitutional Order of States? Essays in EU Law in Honour of Alan Dashwood, 2011, 435 ff. Siehe auch *R. Frid*, The Relations Between the EC and International Organizations, 1995, S. 217: "*Member States [...] as mandate holders*"; *M. Nettesheim*, in: von Bogdandy/Bast (Hrsg.), Europäisches Verfassungsrecht, 2. Aufl. 2009, 389 (434): "*actio pro unionem*".

907 Vgl. Art. 4 Abs. 1 i.V.m. Art. 5 Abs. 1, 2 EUV.

908 Vgl. *P. Craig*, The Lisbon Treaty, 2013, S. 166.

909 Hierzu z.B. *A. Epiney*, Landmann/Rohmer, Umweltrecht, 64. Erg. Lfg. 2012, Art. 191, Rn. 71 ff.

werden, sofern und soweit die Union ihre Zuständigkeit nicht ausgeübt hat bzw. nicht mehr ausübt. Wird die EU jedoch tätig, ist sie zur abschließenden Regelung der Materie befugt, mit der Folge, dass gegenüber den Mitgliedstaaten eine „Sperrwirkung“[910] für jegliches Handeln, einschließlich des Abschlusses völkerrechtlicher Verträge, eintritt.[911] Die Ausübung einer geteilten Zuständigkeit hat insofern unionsrechtlich dieselben Auswirkungen auf die Handlungsbefugnis der Mitgliedstaaten wie die in Art. 2 Abs. 1 AEUV genannte Kategorie der ausschließlichen Kompetenzen. Zu dieser Schlussfolgerung kommt auch der EuGH in seinem *ILO*-Gutachten. Darin führt er aus, dass sich die Ausschließlichkeit einer Vertragsschlusskompetenz nicht nur aus den Verträgen selbst, sondern auch daraus ergeben kann, „in welchem Umfang die Gemeinschaftsorgane zur Durchführung des EWG-Vertrages Maßnahmen getroffen haben; aufgrund solcher Maßnahmen können die Mitgliedstaaten Zuständigkeiten verlieren, die sie zuvor übergangsweise ausüben konnten“.[912]

Die Rechtsfolge des Art. 2 Abs. 2 S. 2, 3 AEUV ist allerdings nicht auf die gesamte Regelung des Art. 4 AEUV anwendbar. Art. 4 Abs. 3 und 4 nehmen insofern eine Sonderstellung ein, als sie der Union lediglich die Befugnis einräumen, Maßnahmen zu treffen, „ohne dass die Ausübung dieser Zuständigkeit die Mitgliedstaaten hindert, ihre Zuständigkeit auszuüben“. Dies bedeutet also, dass die Ausübung der hier genannten Kompetenzen durch die Union in den Bereichen Forschung, technologische Entwicklung und Raumfahrt sowie auf dem Gebiet der Entwicklungszusammenarbeit und der humanitären Hilfe für die Mitgliedstaa-

---

910 In Anlehnung an das US-amerikanische Verfassungsrecht findet sich hierfür auch die Bezeichnung *"pre-emption"*. Zu dieser Doktrin und ihren Folgen für die vertikale Kompetenzordnung der Gemeinschaft/ Union siehe *M. Waelbroeck*, The Emergent Doctrine of Community pre-emption, in: Sandalow/Stein (Hrsg.), Courts and Free Markets: Perspectives from the United States and Europe, Bd. II, 1982, 548 ff.; ferner *R. Schütze*, Supremacy without Pre-emption?, CMLRev. 43 (2006), 1023 ff.

911 In seiner Grundkonzeption ähnelt dieser Kompetenztyp damit der *konkurrierenden Zuständigkeit* nach Art. 72 Abs. 1 GG. Entsprechend wird in der deutschen Europarechtsliteratur im Bereich des Art. 4 AEUV zwischen konkurrierenden (Abs. 1, 2) und parallelen Zuständigkeiten (Abs. 3, 4) differenziert. So etwa *J. Bast*, in: Grabitz/Hilf/Nettesheim, EUV/ AEUV, 51. Erg. Lfg. 2013, Art. 5 EUV, Rn. 41.

912 *EuGH*, Gutachten 2/91, *ILO*, Slg. 1993, I-1061, Rn. 9.

ten keine „Sperrwirkung“ nach Art. 2 Abs. 2 S. 2, 3 AEUV entfaltet.[913] Insofern ist es rechtsdogmatisch auch überzeugender, hier nicht von einer geteilten Zuständigkeit zu sprechen, sondern diese Kategorie vielmehr als parallele, also nebeneinander existierende Kompetenz auszuweisen.[914]

Diesem Kompetenztyp lässt sich streng genommen auch die in Art. 6 AEUV genannte Kategorie der unterstützenden, koordinierenden und ergänzenden Unionszuständigkeiten zuordnen.[915] Die hierzu gehörenden ausdrücklichen Außenkompetenzen der Union eröffnen ihr allerdings nur sehr begrenzte Handlungsmöglichkeiten,[916] so dass die primäre Regelungsbefugnis in diesen Bereichen bei den Mitgliedstaaten liegt und auch bleibt. Dies unterstreicht auch die Regelung des Art. 2 Abs. 5 UAbs. 1 AEUV, wonach die Zuständigkeit der Union nicht an die Stelle der mitgliedstaatlichen Zuständigkeit treten darf.

Abschließend sei nur am Rande noch auf die Regelung des Art. 2 Abs. 4 AEUV hingewiesen, in der die Zuständigkeit der EU für die Gemeinsame Außen- und Sicherheitspolitik als besonderer Bereich außerhalb der regulären Kompetenzkategorien herausgehoben wird.[917]

III. Umfang und Grenzen der Unionskompetenzen im Aufgabenbereich des IWF

Wendet man diese Grundsätze auf die Vertragsschlusskompetenzen der EU und ihrer Mitgliedstaaten im Aufgaben- und Regelungsbereich des IWF an, so ist festzustellen, dass der AEUV bereits mehrere explizite EU-Außenkompetenzen auf dem Gebiet des IWF kennt. Ihre genaue

---

[913] Vgl. *P. Craig*, The Lisbon Treaty, 2013, S. 172.

[914] Siehe auch *R. A. Lorz/V. Meurers*, in: von Arnauld (Hrsg.), Europäische Außenbeziehungen, EnzEuR, Bd. 10, 2014, § 2, Rn. 30, 36.

[915] Vgl. auch *A. Weber*, The Distribution of Competences Between the Union and the Member States, in: Blanke/Mangiameli (Hrsg.), The European Union after Lisbon, 2012, 311 (320). Anders dagegen *B. Braams*, Die Kompetenzordnung im Vertrag von Lissabon, in: Pernice (Hrsg.), Der Vertrag von Lissabon, 2007, 115 (126).

[916] Vgl. Art. 165 Abs. 3, Art. 166 Abs. 3, Art. 167 Abs. 3, Art. 168 Abs. 3 AEUV.

[917] Dazu statt vieler nur *C. Vedder*, in: Vedder/Heintschel von Heinegg, Europäisches Unionsrecht, Art. 2 AEUV, Rn. 23.

Ermittlung richtete sich nach den dem IWF übertragenen Aufgaben und Zuständigkeiten, ergänzend nach dessen Zielen, sowie nach den mit dem Beitritt verbundenen Rechten und Pflichten. Davon hängt auch maßgeblich die genaue rechtliche Konstruktion der von der Union letztlich wahrzunehmenden Beteiligungsform ab.

1. EU-Kompetenz im Bereich der IWF-Surveillance

a) Überwachung der Wechselkurspolitik

Das erste wichtige Aufgabenfeld des IWF ist die in Art. IV Abschn. 1 und 3 IWFÜ vorgesehene bilaterale Überwachung der Wechselkurspolitik seiner Mitglieder. Im Rahmen dieser sog. Art. IV-Konsultationen soll der IWF die Mitgliedstaaten vor allem in dem Bemühen unterstützen, eine adäquate Währungspolitik zu betreiben. Ihrerseits sind die Mitglieder verpflichtet, den IWF hierbei mit allen „notwendigen Informationen“ zu unterstützen und ihn auf dessen Ersuchen über die eigene Wechselkurspolitik zu konsultieren. Diese Aufgabe des IWF und die damit verbundenen mitgliedschaftlichen Verpflichtungen sind unionsrechtlich vor allem im Lichte des Art. 219 Abs. 1 und 2 AEUV zu sehen, der es der EU erlaubt, unter bestimmten Voraussetzungen „förmliche Vereinbarungen über ein Wechselkurssystem“ für den Euro gegenüber Drittstaatswährungen zu treffen beziehungsweise innerhalb eines solchen Systems Euro-Leitkurse festzulegen, zu ändern oder aufzugeben (Abs. 1) sowie „allgemeine Orientierungen für die Wechselkurspolitik“ hinsichtlich solcher Währungen von Drittstaaten aufzustellen, denen gegenüber keine förmliche Wechselkursvereinbarung nach Abs. 1 getroffen wurde (Abs. 2).[918] Damit fallen die Wechselkurspolitik und die mit ihr zusammenhängenden Fragen in die Zuständigkeit der Union. Art. 3 Abs. 1 lit. c) AEUV stellt klar, dass es sich bei der Kompetenz für die Währungspolitik insgesamt um eine ausschließliche Zuständigkeit handelt, so dass die Mitgliedstaaten insofern grundsätzlich nicht mehr tätig werden dürfen.[919]

---

[918] Zur Regelung des Art. 219 AEUV ausführlich *S. Kadelbach*, in: Siekmann (Hrsg.), EWU, 2013, Art. 219 AEUV; *R. Smits*, in: von der Groeben/Schwarze/Hatje, Europäisches Unionsrecht, 7. Aufl. 2015, Art. 219 AEUV.

[919] Daran ändert auch die Bestimmung des Art. 219 IV AEUV, wonach die Mitgliedstaaten das Recht haben, unbeschadet der Unionszuständigkeit und der Unionsvereinbarungen über die WWU in internationalen Gremien Verhand-

In kompetenzieller Hinsicht ist damit allein die EU in der Position mit dem IWF und anderen seiner Mitglieder zusammenzuarbeiten, „um geordnete Wechselkursregelungen zu gewährleisten und ein stabiles Wechselkurssystem" zu fördern (Art. IV Abschn. 1 IWFÜ).[920] Diese Aufgabe kommt unionsintern entsprechend der horizontalen Zuständigkeitsverteilung in Art. 219 Abs. 1 und 2 AEUV vorrangig dem Rat der Wirtschafts- und Finanzminister (ECOFIN-Rat) zu.[921] Daneben bleibt trotz der darin auch der Kommission zugewiesenen Initiativrechte das ESZB und damit, als dessen Beschlussorgan,[922] die EZB der maßgebliche Akteur in der Wechselkurspolitik und damit auch in den Beziehungen zum IWF.[923] Ihre gegenüber der Kommission stärkere Stellung rechtfertigt sich vor dem Hintergrund der ihr in Art. 127 Abs. 2, 2. Spiegelstr. AEUV und Art. 3.1, 2. Spiegelstr. ESZB-Satzung übertragenen Zuständigkeit für die Durchführung von Devisengeschäften. Diese vermittelt ihr unabhängig von der Existenz einer förmlichen Vereinbarung über ein Wechselkurssystem oder dem Vorliegen einer allgemeinen Orientierung für die Wechselkurspolitik i.S.d. Art. 219 Abs. 1, 2

---

lungen zu führen und internationale Vereinbarungen zu treffen, nichts. Vgl. *S. Kadelbach*, in: Siekmann (Hrsg.), EWU, 2013, Art. 219 AEUV, Rn. 66-67.

920 So auch *B. Steinki*, Competencies of the European Community on International Monetary Fund Matters, in: IMF (Hrsg.), Current Developments in Monetary and Financial law, Bd. 2, 2003, 109 (127); *W. Bergthaler*, The Relationship between International Monetary Fund Law and European Union Law, in: Wessel/Blockmans (Hrsg.), Between Autonomy and Dependence, 2013, 159 (166-167, 173-174).

921 Vgl. *R. Smits*, The European Central Bank, 1997, S. 431; *B. Dutzler*, EMU and the Representation of the Community in International Organisations, in: Griller/Weidel (Hrsg.), External Economic Relations and Foreign Policy in the European Union, 2002, 445 (470); *B. Steinki*, Competencies of the European Community on International Monetary Fund Matters, in: IMF (Hrsg.), Current Developments in Monetary and Financial law, Bd. 2, 2003, 109 (132-133).

922 Vgl. Art. 129 Abs. 1, Art. 282 Abs. 2, S. 1 AEUV, Art. 8 ESZB-Satzung. Hierzu auch *B. Dutzler*, The European System of Central Banks: An Autonomous Actor?, 2003, S. 3 ff.

923 Die Beteiligungs- und Gestaltungsmöglichkeiten der Kommission sind hier somit deutlich eingeschränkter als dies in den anderen supranationalen Politikfeldern, insbesondere im Bereich der gemeinsamen Handelspolitik, der Entwicklungszusammenarbeit und der humanitären Hilfe, der Fall ist. Zur horizontalen Kompetenzverteilung in der Geld und Wechselkurspolitik siehe z.B. *W. Weiß*, Kompetenzverteilung in der Währungspolitik und Außenvertretung des Euro, EuR 2002, 165 (183 ff.).

AEUV die alleinige Verantwortlichkeit für die im Rahmen der Wechselkurspolitik vorzunehmenden laufenden Operationen und Interventionen am Devisenmarkt gegenüber Drittstaatswährungen und damit für die Ausführung der laufenden Wechselkurspolitik.[924] Das hierzu erforderliche Instrumentarium weist ihr im Einzelnen Art. 23 ESZB-Satzung zu.[925] Allerdings ist die EZB hierbei an die Festlegungen durch den Rat nach Art. 219 Abs. 1, 2 AEUV, auf den Art. 127 Abs. 2 AEUV verweist, gebunden, so dass ihr Beurteilungsspielraum entsprechend begrenzt ausfallen dürfte.[926] Solange jedoch, wie dies aktuell noch der Fall ist, flexible Wechselkurse gelten und die EZB daher keine Bandbreiten beachten muss, und der Rat auch keine allgemeinen Orientierungen aufgestellt hat, steht ihr ein inhaltlich weiter Handlungsspielraum zu.[927] Deshalb ist auch nicht zu erwarten, dass die EZB bereits in nächster Zeit von ihrem Initiativrecht aus Art. 219 Abs. 1, 2 AEUV Gebrauch machen wird, da sich hierdurch nur ihr eigener Einfluss vermindern würde.[928]

Als Zwischenergebnis ist damit festzuhalten, dass die EZB in der aktuellen Situation aufgrund ihrer Kompetenz für die Durchführung von Devisengeschäften die Wechselkurspolitik wesentlich mitbestimmt und

---

924 So auch bereits *R. Stadler*, Der rechtliche Handlungsspielraum des ESZB, 1996, S.172 ff.; *T. Oppermann*, Die internationale Vertretung von Euroland, in: FS Klaus Vogel, 2000, 529 (531 f.); vgl. ferner *M. Escudero*, La politique de change de l'Euro, CDE 47 (2011), 369 (406-407); *R. Lastra/ J.-V. Louis*, European Economic and Monetary Union: History, Trends and Prospects, YEL 32 (2013), 1 (137).

925 Vgl. *P. Athanassiou/G. Zagouras*, in: von der Groeben/Schwarze/Hatje, Europäisches Unionsrecht, 7. Aufl. 2015, Art. 23 ESZB-Satzung, Rn. 12 ff.; *C. Keller*, in: Siekmann (Hrsg.), EWU, 2013, Art. 23 ESZB-Satzung, Rn. 34 ff.

926 Siehe auch die hierzu im Hinblick auf die Unabhängigkeit der EZB geführte Diskussion bei *C. Gaitanides*, Das Recht der Europäischen Zentralbank, 2005, S. 137 ff.

927 Allerdings ist die EZB auch in diesem Fall nur insoweit frei, als ihre Maßnahmen dem „vorrangige[n]" Ziel der Preisstabilität nicht entgegenstehen. Siehe hierzu etwa *U. Häde*, in: Calliess/Ruffert, EUV/AEUV, 4. Aufl. 2011, Art. 127 AEUV, Rn. 2 ff.

928 Dies betont zu Recht auch *S. Griller*, in: Grabitz/Hilf/Nettesheim, EUV/ AEUV, 48. Erg. Lfg. 2012, Art. 127 AEUV, Rn. 37.

daher auf dem Gebiet der Art. IV-Konsultationen mit dem IWF der maßgeblich zuständige EU-Akteur ist.[929]

Dies gilt allerdings nur für diejenigen Mitgliedstaaten, „deren Währung der Euro" ist (vgl. Art. 139 Abs. 2 UAbs. 2 AEUV). Demgegenüber bleiben die aus tatsächlichen oder politischen Gründen nicht an der dritten Stufe der WWU teilnehmenden Staaten[930] bis zur späteren Aufhebung der Ausnahmeregelung gem. Art. 140 Abs. 2 AEUV für ihre Wechselkurspolitik zuständig.[931] Ihnen steht es insofern grundsätzlich frei, ihre Wechselkurspolitik, insbesondere den nach Art. IV Abschn. 2 lit. b) IWFÜ eingeräumten Gestaltungsspielraum bei der Wahl des zu praktizierenden Wechselkurssystems, nach individuellen Maßstäben auszuüben.[932] Dies stellt auch noch einmal Art. 42.2 ESZB-Satzung fest, indem er klarstellt, dass die Zentralbanken der „Mitgliedstaaten mit Ausnahmeregelung" ihre „währungspolitischen Befugnisse nach innerstaatlichem Recht" behalten.[933] Für das Verhältnis der Union zum IWF hat dies insofern besondere Relevanz, als damit immer noch neun

---

[929] Wie hier auch *R. Smits*, The European Central Bank, 1997, S. 431; *B. Steinki*, Competencies of the European Community on International Monetary Fund Matters, in: IMF (Hrsg.), Current Developments in Monetary and Financial law, Bd. 2, 2003, 109 (132).

[930] Während Bulgarien, Polen, Rumänien, Schweden, Tschechien und Ungarn mangels Erfüllung der Konvergenzkriterien an der Währungsunion nicht teilnehmen können, bleiben Dänemark und das Vereinigte Königreich der Währungsunion bisher aus politischen Gründen fern. Um den Vertrag von Maastricht, der wie jede Vertragsänderung der Einstimmigkeit bedurfte (vgl. Art. 48 EUV), und die WWU überhaupt zu ermöglichen, wurden beiden Mitgliedstaaten in den Protokollen Nr. 25 und Nr. 26 zum Vertrag von Maastricht, jetzt Protokolle Nr. 15 und 16 zum Vertrag von Lissabon (ABl. 2010 C 83/ 284 bzw. 287) ein *Opting-out* eingeräumt. Hierzu z.B. *C. Herrmann*, in: Siekmann (Hrsg.), EWU, 2013, Protokoll (Nr.15); *H. Siekmann*, ebd., Protokoll (Nr. 16).

[931] Für dieses Phänomen der flexiblen Integration der Mitgliedstaaten finden sich in der politischen und wissenschaftlichen Diskussion verschiedene Begrifflichkeiten: differenzierte oder abgestufte Integration, variable Geometrie, Europa der verschiedenen Geschwindigkeiten, Ungleichzeitigkeit oder Europa à la carte. Zu diesen Begriffen und ihren teils abweichenden Inhalten *R. Hofmann*, Wieviel Flexibilität für welches Europa?, EuR 1999, 713 ff.

[932] Vgl. auch Art. 139 Abs. 2 lit. c), g) AEUV und Art. 282 Abs. 4 S. 2 AEUV.

[933] Bis auf Dänemark und das Vereinigte Königreich sind diese Mitgliedstaaten unionsrechtlich (vgl. Art. 3 Abs. 4 EUV, 119 Abs. 2, 139 Abs. 1 S. 1 AEUV) allerdings verpflichtet, die Konvergenzkriterien nach Art. 140 AEUV und Protokoll Nr. 13 zu erfüllen, um so den Euro ebenfalls einführen zu können.

Mitgliedstaaten über ihre monetäre Souveränität verfügen und so die Identifikation eines einheitlichen Akteurs EU im IWF erschweren. Allerdings bedeutet dieser Integrationsunterschied zwischen den an der Währungsunion teilnehmenden und nicht-teilnehmenden Staaten nicht, dass für letztere insoweit überhaupt keine unionsrechtlichen Pflichten bestehen, durch die ihre monetäre Souveränität dennoch berührt wird. So sind sie nach Art. 142 AEUV verpflichtet,[934] ihre Wechselkurspolitik als eine „Angelegenheit von gemeinsamem Interesse" zu behandeln, woraus sich insbesondere eine Pflicht zur Rücksichtnahme ergibt.[935] Dies erfordert die Information und den Meinungsaustausch über alle wechselpolitischen Entscheidungen im Rat oder anderen Unionsgremien sowie die Rücksichtnahme auf die Interessen der Eurozone und der anderen Mitgliedstaaten mit Ausnahmeregelung.[936] Diese unionsrechtlichen Vorgaben sind auch und vor allem bei den wechselpolitischen Beziehungen zum IWF zu beachten.

Darüber hinaus ist zu berücksichtigen, dass einige Mitgliedstaaten überseeische Hoheitsgebiete i.S.d. Art. XXXI Abschn. 2 lit. g) IWFÜ zu ihrem Territorium zählen, für die die Bestimmungen über die WWU wie das Unionsrecht insgesamt nicht gelten.[937] Das betrifft mit Frankreich und den Niederlanden auch zwei Euroländer. Diese beiden Mitgliedstaaten, besonders Frankreich, das sich im Protokoll (Nr. 18) weitrei-

---

[934] Ausweislich Ziff. 5 des Protokolls Nr. 15 bleibt auch das Vereinigte Königreich, dem gegenüber Dänemark eine weitreichendere Sonderstellung zukommt, Adressat dieser Verpflichtung.

[935] Insofern stellt Art. 142 AEUV eine spezielle Ausprägung des allgemeinen Loyalitätsgebots aus Art. 4 Abs. 3 AEUV dar. Vgl. auch *U. Palm*, in: Grabitz/Hilf/Nettesheim, EUV/ AEUV, 50. Erg. Lfg. 2013, Art. 142, Rn. 1.

[936] Siehe hierzu vertiefend *J. Beutel*, Differenzierte Integration in der Europäischen Wirtschafts- und Währungsunion, 2006, S. 200 ff.; ferner *C. Herrmann*, in: Siekmann (Hrsg.), EWU, 2013, Art. 142 AEUV, Rn. 14.

[937] Vgl. die Sonderregeln in Art. 355 AEUV. Zu den hieraus folgenden Modifizierungen im Währungsbereich vertiefend *B. Krauskopf/ C. Steven*, Einführung des Euro in außereuropäischen Territorien und währungsrechtliche Regelungen im Verhältnis zu Drittstaaten, EuZW 1999, 650 ff.; *H.C. Hafke*, Rechtliche Aspekte der Währungsbeziehungen zwischen Mitgliedstaaten der Europäischen Währungsunion und Territorien außerhalb des Geltungsbereichs des EGV, ZEuS 2000, 25 ff.; *C. Stumpf*, The introduction of the euro to States and territories outside the European Union, ELR 28 (2003), 283 ff.

chende monetäre Rechte vorbehalten hat,[938] behalten insoweit trotz ihrer Beteiligung an der Währungsunion ihre geld- und wechselkurspolitischen Befugnisse. Soweit sie daher für ihre überseeischen Gebiete handeln, nehmen sie nach der Rechtsprechung des EuGH gegenüber der Union eine Drittstaaten vergleichbare Stellung ein.[939] In Bezug auf ihre Beteiligung im IWF folgt hieraus, dass sie in dieser Eigenschaft weiterhin befugt bleiben, den aus den *Articles of Agreement* folgenden wechselkurspolitischen Rechten und Pflichten autonom, d.h. unabhängig von der Union, nachzukommen.[940]

b) Überwachung der Wirtschafts-, Finanz- und Haushaltspolitik

Die Befugnisse der EU in der Wirtschaftspolitik sind trotz der zeitlichen Parallelität der Entwicklung der beiden Pfeiler der WWU seit jeher begrenzt. Daran hat auch der Vertrag von Lissabon – trotz der Proklamation einer „Wirtschafts- und Währungsunion" bereits im achten Erwägungsgrund der Präambel zum EUV sowie in der allgemeinen Zielbestimmung des Art. 3 Abs. 4 EUV –[941] nichts geändert.[942] Während die Zuständigkeit für die Währungspolitik vollständig von den an der dritten Stufe der WWU teilnehmenden Mitgliedstaaten auf die Union übergegangen ist (vgl. Art. 3 Abs. 1 lit. c) AEUV), ist die Wirtschaftspolitik einschließlich der Finanz- und Haushaltspolitik nach dem Prinzip der begrenzten Einzelermächtigung in der Zuständigkeit der Mitgliedstaaten verblieben. Insoweit sind diese nur verpflichtet, ihre jeweilige Politik „als eine Angelegenheit von gemeinsamem Interesse"

---

[938] Ausführlich *H. Siekmann*, in: Siekmann (Hrsg.), EWU, 2013, Protokoll (Nr. 18).

[939] *EuGH*, Gutachten 1/78, *Internationales Naturkautschukübereinkommen*, Slg. 1979, 2871, Rn. 62; bestätigt in Gutachten 1/94, *WTO*, Slg. 1994, I-5267, Rn. 17.

[940] So auch die allgemeine Schlussfolgerung des *EuGH*, Gutachten 1/78, *Internationales Naturkautschukübereinkommen*, Slg. 1979, 2871, Rn. 62: „In dieser Eigenschaft, und nur in dieser, ist dieser [Mitgliedstaat] neben der Gemeinschaft an dem Übereinkommen beteiligt". Wie hier auch *R.S.J. Martha*, The Fund Agreement and the Surrender of Monetary Sovereignty to the European Community, CMLRev. 30 (1993), 749 (758-759); *R. Smits*, The European Central Bank, 1997, S. 382-383, ferner 445-446.

[941] Siehe auch Art. 121 Abs. 4 S. 1, Art. 136 Abs. 1, Art. 138 Abs. 1 S. 1, Art. 139 Abs. 2 lit. i) AEUV.

[942] Zur geschichtlichen Entwicklung der WWU siehe oben Teil. 2.B.II.

zu betrachten und sie im Rat nach Maßgabe des Art. 120 AEUV zu koordinieren (Art. 121 Abs. 1, Art. 136 Abs. 1 AEUV).[943]

Die Rolle der EU ist im Wesentlichen darauf beschränkt, den politischen und rechtlichen Rahmen für diese Koordinierung zu liefern, ohne jedoch selbst gestaltend tätig zu werden. Deshalb ist es auch verfehlt, diese allgemein in Art. 2 Abs. 3 und Art. 5 AEUV angesprochene Kompetenz der Union der geteilten Zuständigkeit zuzuordnen.[944] Stattdessen liegt eine Zuordnung zu den Unterstützungs-, Koordinierungs- und Ergänzungskompetenzen i.S.d. Art. 2 Abs. 5 und Art. 6 AEUV als Unterfall der parallelen Kompetenz näher.[945] Dafür streitet zunächst die in Art. 2 AEUV erfolgte Abgrenzung zu den zwei in Abs. 1 und 2 zuvor behandelten Kompetenzen, der ausschließlichen und geteilten Zuständigkeit, die je für sich ausdrücklich festhalten, dass die Union „gesetzgeberisch tätig werden und verbindliche Rechtsakte erlassen" kann. In Art. 2 Abs. 3 AEUV wird eine entsprechende Festlegung gerade nicht getroffen. Daraus folgt, dass Art. 2 Abs. 3 und Art. 5 AEUV wie Art. 2 Abs. 5 und Art. 6 AEUV dadurch gekennzeichnet sind, dass sie der Union zwar Handlungsmöglichkeiten eröffnen, sie jedoch von regulativer Politikgestaltung ausschließen, so dass es bei der primären Rechtsetzungszuständigkeit der Mitgliedstaaten bleibt. Deshalb bedarf es – anders als bei der geteilten Zuständigkeit – auch nicht der *pre-emption*-Doktrin als Instrument zur Lösung von Kompetenzkonflikten.[946] Für diese Charakterisierung als Koordinierungskompe-

---

[943] Darüber hinaus wird die wirtschaftspolitische Eigenverantwortlichkeit der Mitgliedstaaten aber auch dadurch relativiert, dass die nationalen Politiken an den gemeinsamen Zielen des Art. 3 EUV sowie am Grundsatz der offenen Marktwirtschaft mit freiem Wettbewerb i.S.d. Art. 120 und 121 AEUV auszurichten sind. Vgl. *J. P. Terhechte*, in: Grabitz/Hilf/Nettesheim, EUV/ AEUV, 41. Erg. Lfg. 2010, Art. 3 EUV, Rn. 59.

[944] So aber *R. Smits*, The European Constitution and EMU, CMLRev. 42 (2005), 425 (431).

[945] Wie hier auch *M. Nettesheim*, in: Grabitz/Hilf/Nettesheim, EUV/ AEUV, 46. Erg. Lfg. 2011, Art. 2 AEUV, Rn. 42; *J. Bast/F. Rödl*, Jenseits der Koordinierung?, EuGRZ 2012, 269 (274). Vgl. auch *M. Kotzur*, in: Geiger/Khan/Kotzur, EUV/AEUV, 5. Aufl. 2010, Art. 5 AEUV, Rn. 1; *C. Vedder*, in: Vedder/Heintschel von Heinegg, Europäisches Unionsrecht, Art. 5 AEUV, Rn. 2.

[946] Die besondere Hervorhebung der Koordinierungskompetenz in Art. 5 AEUV unmittelbar nach der Kategorie der geteilten Zuständigkeiten hat vor allem politische Gründe, erklärt sich aber auch durch die besondere Bedeutung

tenz spricht auch ihr konkreter Gehalt in den Art. 120 ff. AEUV, auf die Art. 2 Abs. 6 AEUV verweist. Die hier der Union zur Verfügung stehenden Instrumente und Verfahren und deren sekundärrechtliche Ergänzung im 2011 reformierten Stabilitäts- und Wachstumspakt (SWP)[947] sind weder geeignet, eine Sperrwirkung gegenüber dem Handeln der Mitgliedstaaten nach Art. 2 Abs. 2 S. 2 und 3 AEUV auszulösen, noch zielen sie darauf ab.[948] Selbst im Falle eines vom Rat festgestellten öffentlichen Defizits nach Art. 126 AEUV und Protokoll (Nr. 12) stehen weder der Kommission noch dem Rat Instrumente zur Verfügung, mit denen sie unmittelbar in die Politik des betreffenden Mitgliedstaates eingreifen oder diesen zum Ergreifen bestimmter wirtschaftspolitischer Maßnahmen zwingen könnten.[949]

---

der Wirtschaftspolitik und ihres engen Zusammenhangs mit der Währungspolitik. Dazu etwa *P. Craig*, The Lisbon Treaty, 2013, S. 179 ff.

[947] Der 1997 beschlossene und zunächst zwei Verordnungen und eine Entschließung des Europäischen Rats umfassende SWP (dazu etwa *H. J. Hahn*, JZ 1997, 1136 ff.) wurde in einem ersten Schritt durch das sog. Six-Pack, ein am 13.12.2011 in Kraft getretenes und aus fünf Verordnungen (VO (EG) 1173 bis 1177/2011, ABl. 2011 L 306/1) und einer Richtlinie (RL 2011/85/EU) bestehendes Legislativpaket, reformiert, indem es die haushaltspolitische Überwachung zeitlich vorverlagert und die Sanktionsmöglichkeiten gegenüber Mitgliedstaaten der Eurozone erhöht. Näher zum Inhalt des Pakets *S. Pilz/ H. Dittmann*, Perspektiven des Stabilitäts- und Wachstumspakts, ZEuS 2012, 53 ff.; *C. Antpöhler*, Emergenz der europäischen Wirtschaftsregierung, ZaöRV 72 (2012), 353 ff. In einem zweiten Schritt wurde die haushaltspolitische Überwachung der Eurostaaten durch das im Mai 2013 in Kraft getretene sog. Two-Pack, das sich aus zwei Verordnungen zusammensetzt (VO (EU) 472/ 2013 u. VO (EU) 473/2013, ABl. 2013 L 140/1 u. 11), nochmals vertieft. Es sieht vor, dass sowohl Staaten, gegen die ein Defizitverfahren i.S.d. Art. 126 AEUV läuft, als auch potenzielle Empfänger von Finanzhilfen einer intensivierten Haushaltsüberwachung durch Kommission und Rat unterzogen werden können. Dazu näher *M. Ioannidis*, EU Financial Assistance Conditionality after "Two Pack", ZaöRV 74 (2014), 61 ff. Beide Maßnahmenpakete wurden auf Art. 136, 121 Abs. 6, 126 Abs. 14 AEUV gestützt.

[948] Dies betont auch *B. Braams*, Die Kompetenzordnung im Vertrag von Lissabon, in: Pernice (Hrsg.), Der Vertrag von Lissabon, 2007, 115 (131). Ihr folgend *R. Bandilla*, in: Grabitz/Hilf/Nettesheim, EUV/ AEUV, 51. Erg. Lfg. 2013, Art. 5 AEUV, Rn. 10.

[949] Daran ändern auch die verschärften Sanktionsmöglichkeiten, die nunmehr die VO (EG) 1173 u. 1174/2011 gegenüber Eurostaaten erlauben, nichts. Kritisch zu den verschärften Sanktionen *U. Häde*, Art. 136 AEUV – eine neue Generalklausel für die Wirtschafts- und Währungsunion?, JZ 2011, 333 ff.;

Die WWU kennzeichnet insofern eine tiefgreifende Asymmetrie, die sich nicht nur auf die Binnenebene, sondern schon fast traditionell auch auf die Außenbeziehungen der EU auswirkt. Ihre besondere IWF-rechtliche Relevanz erklärt sich damit, dass dem IWF, wie sich auch bereits aus dem in Art. I IWFÜ niedergelegten Zielkatalog ergibt, nicht nur – wenn auch schwerpunktmäßig – monetäre, sondern auch allgemein wirtschaftspolitische Zuständigkeiten übertragen wurden. Dies zeigt sich besonders deutlich an seinem Überwachungsmandat, das sich, wie dargestellt, in zunehmendem Maße auch auf die innerstaatliche Wirtschafts-, Finanz- und Konjunkturpolitik bezieht.[950] Vor diesem Hintergrund fehlt es an einer Kompetenz der Union, die auch diesen Tätigkeitsbereich des IWF erfasst.

Dieses Kompetenzdefizit der EU ließe sich – zumindest größtenteils – nur dann überwinden, würde man dem über die bislang geschürten Maßnahmenpakete der Union und ihrer Mitgliedstaaten hinausgehenden – und jüngst auch vom IWF in einer *Staff Discussion Note* geäußerten –[951] Vorschlag einer Intensivierung der Haushaltskontrolle durch Einräumung von Durchgriffsrechten an die EU folgen. Dem stehen jedoch bei genauer Betrachtung enorme, aktuell kaum zu überwindende,

---

J. Bast/F. Rödl, Jenseits der Koordinierung?, EuGRZ 2012, 269 ff.; *C. Callies/C. Schoenfleisch*, Auf dem Weg in die europäische „Fiskalunion"?, JZ 2012, 477 (480-481). Auch die in Art. 5 des Vertrages über Stabilität, Koordinierung und Steuerung, sog. Fiskalpakt, vorgesehenen und der Kommission vorzulegenden Haushalts- und Wirtschaftspartnerschaftsprogramme gehen aufgrund der zahlreichen Kohärenzklauseln, die zur Beachtung des Vorrang des Unionsrechts und der Unionsziele zwingen, nicht über den unionalen Rahmen hinaus.

[950] Vgl. Art. IV Abschn. 3 lit. a) a.E. i.V.m. Abschn. 1 S. 2 i) – ii) IWFÜ.

[951] *IMF*, Toward a Fiscal Union for the Euro Area, September 2013, S. 18, abrufbar unter https://www.imf.org/external/pubs/ft/sdn/2013/sdn1309.pdf (letzter Zugriff: 7.3.2016): "The "Two Pack" envisages that national authorities may be requested to revise their budget if plans are not deemed to be in accord with common principles for the euro area. Yet, this does not give the center the power to enforce compliance. Consideration should be given to stronger powers for the center, either to set national spending and/or borrowing plans or to veto national fiscal decisions, when they breach commonly agreed rules. While very intrusive, such an arrangement would have the benefit to provide timely and pre-emptive intervention when budget plans are clearly inconsistent with the targets derived from fiscal rules." So auch bereits die Forderung des früheren Geschäftsführenden Direktors des IWF *D. Strauss-Kahn*, F.A.Z. v. 10.5.2010, Nr. 109, S. 12: „IWF drängt auf europäische Wirtschaftsregierung".

europa-[952] und – aus deutscher Sicht im Hinblick auf das Budgetrecht des Deutschen Bundestages – vor allem verfassungsrechtliche[953] Grenzen entgegen, so dass es hierzu nicht allzu schnell kommen wird.[954]

---

952 Entsprechend kritisch daher *M. Ruffert*, Verfassungsrechtliche Überlegungen zur Finanzmarktkrise, NJW 2009, 2093 (2097); *W. Frenz/C. Ehlenz*, Schuldenkrise und Grenzen der europäischen Wirtschaftspolitik, EWS 2010, 211 (214-215).

953 Schon im Lissabon-Urteil (BVerfGE 123, 267 (351, 361)) hat das *BVerfG* festgestellt, dass „die Hoheit über den Haushalt der Ort konzeptioneller politischer Entscheidungen über den Zusammenhang von wirtschaftlichen Belastungen und staatlich gewährten Vergünstigungen" ist und eine „Blankettermächtigung" in diesem Bereich nicht erteilt werden darf. Noch schärfer fällt die Formulierung in der BVerfGE 129, 124 (179) – *Griechenland-Hilfe und Euro-Rettungsschirm* – aus: „[D]er Deutsche Bundestag [darf] seine Budgetverantwortung nicht durch unbestimmte haushaltspolitische Ermächtigungen auf andere Akteure übertragen. Insbesondere darf er sich, auch durch Gesetz, keinen finanzwirksamen Mechanismen ausliefern, die [...] zu nicht überschaubaren haushaltsbedeutsamen Belastungen ohne vorherige konstitutive Zustimmung führen können, seien es Ausgaben oder Einnahmeausfälle".

954 Siehe gleichwohl den im Herbst 2012 mit den sog. „Vier-Präsidenten-Berichten" (zunächst noch ohne den Präsidenten des Europäischen Parlaments) und der Mitteilung der Kommission eingeleiteten Reformprozess, der in diese Richtung geht. Vgl. Präsident des Europäischen Rats, *Herman Van Rompuy*, Erster Bericht v. 26.6.2012: „Auf dem Weg zu einer echten Wirtschafts- und Währungsunion", EUCO120/12, abrufbar unter http://www.consilium.europa.eu/uedocs/cms_data/docs/pressdata/de/ec/131294.pdf; „Auf dem Weg zu einer echten Wirtschafts- und Währungsunion", Zwischenbericht v. 12.10.2012, abrufbar unter http://www.consilium.europa.eu/uedocs/cms_data/docs/pressdata/de/ec/13288 1.pdf; „Auf dem Weg zu einer echten Wirtschafts- und Währungsunion", Schlussbericht v. 5.12.2012, abrufbar unter http://www.consilium.europa.eu/uedocs/cms_Data/docs/pressdata/en/ec/134069.pdf (jeweils letzter Zugriff: 7.3.2016); sowie die Mitteilung der *Kommission* v. 28.11.2012, „Ein Konzept für eine vertiefte und echte Wirtschafts- und Währungsunion: Auftakt für eine europäische Diskussion, COM(2012) 777 final/2. Vgl auch den daran anknüpfenden Bericht der fünf Präsidenten zur Vollendung der Wirtschafts- und Währungsunion v. 22.6.2015, abrufbar unter http://ec.europa.eu/priorities/sites/beta-political/files/5-presidents-report_de_0.pdf (letzter Zugriff: 7.3.2016). Darin ist u.a. vorgesehen, die WWU in drei Stufen bis spätestens 2025 zu vollenden, wobei die erste Stufe („Vertiefung durch Handeln") bereits am 1.7.2015 angelaufen ist. Siehe hierzu auch die Mitteilung der *Kommission*, Schritte zur Vollendung der Wirtschafts- und Währungsunion, COM(2015) 600 final. Darin kündigt die Kommission an, Mitte 2016 eine Expertengruppe einzurichten, die „die rechtlichen, wirtschaftlichen und politischen Vorbedingungen" für die im Fünf-Präsidenten-Bericht enthaltenen längerfristigen Vorschläge prüfen soll.

Vorerst bleiben daher die Mitgliedstaaten bei der Überwachung ihrer Wirtschaftspolitik durch den IWF weiterhin die nach den Verträgen richtigen Ansprechpartner.[955]

c) Aufsichtsfunktion über den laufenden internationalen Zahlungsverkehr und den Finanzsektor

Die dem IWF gem. Art. VIII Abschn. 2 lit. a) IWFÜ auch im Hinblick auf den laufenden internationalen Zahlungsverkehr zukommende Aufsichtsfunktion ist im Zusammenhang zu den unionsrechtlichen Regelungen über die auch im Verhältnis zu Drittstaaten[956] geltende Zahlungsverkehrsfreiheit zu sehen (Art. 63 bis 66 AEUV). Damit fallen dieses Aufgabenfeld des IWF und die mit ihm korrespondierenden mitgliedschaftlichen Verpflichtungen in den Bereich der Grundfreiheiten. Diese bilden neben der Zollunion, der Wettbewerbspolitik und der Gemeinsamen Handelspolitik den Kern des Konzepts eines Binnenmarktes, einem Hauptziel der Union (vgl. Art. 3 Abs. 3 S. 1 EUV).[957] Während vor dem Inkrafttreten des Vertrags von Lissabon die Zuordnung der Kompetenz für den Binnenmarkt zu einer der in Art. 2 AEUV genannten Kategorien noch weitgehend ungeklärt und

---

Zudem ist geplant, im Frühjahr 2017 in Abstimmung mit den Präsidenten der anderen EU-Institutionen ein Weißbuch vorzulegen, um den Übergang von Stufe 1 zu Stufe 2 vorzubereiten.

[955] Ebenso *B. Steinki*, Competencies of the European Community on International Monetary Fund Matters, in: IMF (Hrsg.), Current Developments in Monetary and Financial law, Bd. 2, 2003, 109 (128); *S. Hagan*, 10 Years of the Euro: A Perspective from the IMF, 01/ 2009, http://www.imf.org/external/np/speeches/2009/012909.htm (letzter Zugriff: 7.3.2016). Zur entsprechenden Praxis siehe die Ausführungen in Teil 5.B.III.1.

[956] Zur *erga omnes*-Wirkung der Kapital- und Zahlungsverkehrsfreiheit ausführlich und m.w.Nw. *S. Hindelang*, The Free Movement of Capital and Foreign Direct Investment, 2009, S. 24 ff.

[957] Vgl. die Legaldefinition des Art. 26 Abs. 2 AEUV. Danach umfasst der Binnenmarkt „einen Raum ohne Binnengrenzen, in dem der freie Verkehr von Waren, Personen, Dienstleistungen und Kapital gemäß den Bestimmungen der Verträge gewährleistet ist". Vgl. hierzu auch den prägnanten Überblick bei *E. Pache*, in: Schulze/Zuleeg/Kadelbach (Hrsg.), Europarecht, 3. Aufl. 2015, § 10, Rn. 1-2.

dementsprechend umstritten war,[958] stellen Art. 3 Abs. 1 und Art. 4 Abs. 2 lit. a) AEUV nunmehr klar, dass die Realisierung des Binnenmarktes hinsichtlich der in Art. 3 Abs. 1 AEUV genannten Elemente, insbesondere in Bezug auf die Zollunion (lit. a), die Wettbewerbspolitik (lit. b) und die Gemeinsame Handelspolitik (lit. e), in die ausschließliche Zuständigkeit der Union fällt, die übrigen Bereiche der Binnenmarktpolitik, einschließlich der Grundfreiheiten, jedoch eine geteilte Kompetenz darstellen.[959] Die Gegenansicht, die unter Rückgriff auf die in Art. 3 Abs. 2 AEUV kodifizierte *AETR*-Rechtsprechung des EuGH zu den *implied powers* eine ausschließliche Unionszuständigkeit auch für den externen Zahlungsverkehr begründen will, mit der Folge, dass die Mitgliedstaaten gehindert wären, den Zahlungsverkehr im Verhältnis zu Drittstaaten zu regeln oder in multilateralen Organisationen mit einem devisenpolitischen Mandat teilzunehmen,[960] überzeugt deshalb nicht, weil die Mitgliedstaaten temporär (bis zu einer unionsrechtlichen Harmonisierung) befugt bleiben, den Zahlungsverkehr auch an den Außengrenzen der EU einzuschränken, wenn dies etwa „aus Gründen der öffentlichen Ordnung oder Sicherheit" gerechtfertigt ist (vgl. Art. 65 Abs. 1 lit. b) AEUV).[961] Insofern bezieht sich Art. VIII Abschn. 2 IWFÜ richtigerweise auf Zuständigkeitsbereiche sowohl der Union als auch ihrer Mitgliedstaaten.[962]

---

[958] Vgl. zum Streitstand etwa *C. Calliess*, in: Calliess/Ruffert, EUV/AEUV, 4. Aufl. 2011, Art. 4 AEUV, Rn. 4 ff.

[959] *E. Lenski*, Lenz/Borchardt, EU-Verträge, Art. 4 AEUV, Rn. 7 f.; *J. Bast*, in: Grabitz/Hilf/Nettesheim, EUV/ AEUV, 42. Erg. Lfg. 2010, Art. 26 AEUV, Rn. 10. Vgl. auch die SchlA v. GA *Poiares Maduro* zu der Rs. C-205/06, *Kommission/Österreich*, Slg. 2009, I-1301 und Rs. C-249/06, *Kommission/Schweden*, Slg. 2009, I-1335, Rn. 28-29.

[960] So z.B. *R. Martha*, The Fund Agreement and the Surrender of Monetary Sovereignty to the European Community, CMLRev. 30 (1993), 749 (772-773).

[961] Hierzu etwa *M. Sedlaczek/M. Züger*, in: Streinz, EUV/AEUV, 2. Aufl. 2012, Art. 65 AEUV, Rn. 25 ff.

[962] So auch *Z. Bognar*, Europäische Währungsintegration und Außenwirtschaftsbeziehungen, 1997, S. 237 ff., 391; *B. Dutzler*, EMU and the Representation of the Community in International Organisations, in: Griller/Weidel (Hrsg.), External Economic Relations and Foreign Policy in the European Union, 2002, 445 (470-471) *B. Steinki*, Competencies of the European Community on International Monetary Fund Matters, in: IMF (Hrsg.), Current Developments in Monetary and Financial law, Bd. 2, 2003, 109 (133); *S. Kadelbach*, in: Siekmann (Hrsg.), EWU, 2013, Art. 138 AEUV, Rn. 17; *W. Bergthaler*, The Re-

Im Hinblick auf die vom IWF in Kooperation mit den G20, dem FSB, der Weltbank und anderen Institutionen übernommene Aufgabe, durch Beobachtung, Erfassung und Bewertung statistischer Daten zur Stabilität der Finanzmärkte beizutragen,[963] hat die Union ihren Beitrag hierzu zunächst auf die Harmonisierungskompetenz für den Binnenmarkt nach Art. 114 AEUV[964] und damit auf eine ebenfalls geteilte Zuständigkeit gestützt.[965] Art. 114 AEUV sieht zudem – trotz seines weit ge-

---

lationship between International Monetary Fund Law and European Union Law, in: Wessel/Blockmans (Hrsg.), Between Autonomy and Dependence, 2013, 159 (168-169, 194).

963 Vgl. z.B. *FSB/IMF/BIS*, Macroprudential Policy Tools and Frameworks, Progress Report to the G20, 27 October 2011, abrufbar unter https://www.imf.org/external/np/g20/pdf/102711.pdf (letzter Zugriff: 27.2.2015). Aus der Literatur siehe u.a. *M. Giovanoli*, The International Financial Architecture and its Reform after the Global Crisis, in: Giovanoli/Devos (Hrsg.), International Monetary and Financial law, 2010, 3 ff.; *D. Ruddigkeit*, Das Mandat des IWF, 2013, S. 176 ff.; *R. Schäfer*, Die internationale Finanzarchitektur nach der Finanz- und Wirtschaftskrise, in: Hilpold/Steinmaier (Hrsg.), Neue europäische Finanzarchitektur, 2014, 205 ff.

964 Vgl. VO (EU) 1092/2010 des Europäischen Parlaments und des Rats v. 24.11.2010 über die Finanzaufsicht der Europäischen Union auf Makroebene und zur Errichtung eines Europäischen Ausschusses für Systemrisiken (*European Systemic Risk Board*, ESRB), ABl. 2010 L 331/1. Auch die zur besseren Koordinierung der für die Mikroaufsicht über die Finanzmarktteilnehmer zuständigen nationalen Behörden erlassenen Verordnungen zur Errichtung der drei Europäischen Finanzaufsichtsbehörden (*European Supervisory Authorities,* ESA) – die Europäische Bankenaufsichtsbehörde (*European Banking Authority*, EBA) (VO (EU) 1093/2010 v. 24. 11. 2010, ABl. 2010 L 331/12; geänd. im Zusammenhang mit dem Erlass der SSM-VO durch VO (EU) 1022/2013 v. 22.10.2013, ABl. L 287/5), die Europäische Aufsichtsbehörde für das Versicherungswesen und die betriebliche Altersversorgung (*European Insurance and Occupational Pensions Authority*, EIOPA) (VO (EU) 1094/2010 v. 24. 11. 2010, ABl. 2010 331/48) und die Europäische Wertpapier- und Marktaufsichtsbehörde (*European Securities and Market Authority,* ESMA) (VO (EU) 1095/2010 v. 24. 11. 2010, ABl. 2010 331/84; geänd. durch RL 201161/EU des Europäischen Parlaments und des Rats v. 8.6.2011, ABl. L 174/1, ber. ABl. 115/35) – beruhen allesamt auf Art. 114 AEUV.

965 Die infolge der zunehmenden Banken- und Schuldenkrise in einigen EU-Mitgliedstaaten – insbesondere in Irland, Portugal und Spanien, aber auch in Italien – erlassene VO (EU) 1024/2013 des Rats v. 15.10.2013 zur Übertragung von Bankenaufsichtszuständigkeiten auf die EZB, sog. SSM (*Single Supervisory Mechanism*)-Verordnung, (ABl. 2013 L 287/63) wurde dagegen ausdrücklich auf Art. 127 Abs. 6 AEUV gestützt.

fassten Wortlauts in Abs. 1, der insoweit allgemein den Erlass von „Maßnahmen“ erlaubt – ein Tätigwerden von Parlament und Rat allein im Inneren der Union vor. Dafür spricht neben dem von der Vorschrift verfolgten Zweck, der in der Verwirklichung der Ziele des Art. 26 AEUV liegt, auch und vor allem ihre systematische Stellung im dritten Teil des AEUV über die „internen Politiken und Maßnahmen der Union“. Dennoch ist nicht ausgeschlossen, dass sich künftig auch für diesen Bereich eine Außenkompetenz der Union entwickelt. Wie gezeigt, kann der EU auch im Zusammenhang mit ihren internen Politiken punktuell eine Außenkompetenz zuwachsen, wenn dies etwa „zur Verwirklichung eines der in den Verträgen festgesetzten Ziele erforderlich“ ist (Art. 216 Abs. 1 Var. 2 AEUV).[966] Im Sinne einer weiten, sich am Prinzip des *effet utile* orientierenden Auslegung wäre dies hier eben in der Verwirklichung und Gewährleistung des Funktionierens des Binnenmarkts im Sinne von Art. 26 Abs. 1 AEUV zu sehen. Im Hinblick auf die Natur, also die Frage nach der Ausschließlichkeit der so begründeten Außenkompetenz wäre zu prüfen, ob es sich bei der Finanzmarktaufsicht in der EU nach Maßgabe der hier allein in Betracht kommenden dritten und vierten Variante von Art. 3 Abs. 2 AEUV, wonach der Union eine ausschließliche Außenkompetenz zukommt, soweit eine entsprechende völkerrechtliche Bindung der Mitgliedstaaten „gemeinsame Regeln beeinträchtigen oder deren Tragweite verändern könnte“, um ein Gebiet handelt, das bereits weitgehend von Unionsvorschriften erfasst ist. Dabei muss sich die Analyse nach der Rechtsprechung des EuGH nicht nur auf den Umfang der betreffenden Vorschriften, sondern auch auf ihre Natur und ihren Inhalt stützen. Zudem sind neben dem aktuellen Stand des Unionsrechts auch dessen Entwicklungsperspektiven zu berücksichtigen, wenn sie zum Zeitpunkt der Analyse absehbar sind.[967] Während die Bankenregulierung, also die Entwicklung verbindlicher Vorschriften für das Verhalten der Kreditinstitute auf EU-Ebene, bereits seit längerem intensiv harmonisiert ist,[968] ist im Bereich der Finanzmarktaufsicht[969] unter dem Dach des Europäischen Finanz-

---

[966] Siehe hierzu auch GA *J. Kokott*, SchlA v. 27.6.2013, Rs. C-137/12, *Kommission/Rat*, ECLI:EU:C:2013:441, Rn. 43 ff., 99 ff., 114 ff.

[967] *EuGH*, Gutachten 1/03, *Übereinkommen von Lugano*, Slg. 2006, I-1145, Rn. 126.

[968] Vgl. hierzu nur *D. Kolassa*, in: Schimansky/Bunte/Lwowski, Bankrechts-Handbuch, 4. Aufl. 2011, § 135.

[969] Die Finanzmarktaufsicht schließt neben der Bankenaufsicht auch die Aufsicht über Wertpapierdienstleistungsunternehmen und den Wertpapierhan-

aufsichtssystems (*European System of Financial Supervision*, ESFS) ein zwar großer Schritt zu einer europäisch agierenden Finanzmarktaufsicht gemacht worden. Eine – auch in inhaltlicher Hinsicht – umfassende Regelung seitens der EU, die durch mitgliedstaatliche Bindungen auf völkerrechtlicher Ebene gefährdet werden könnte, wurde damit jedoch nicht geschaffen.[970] Ob es hierzu noch kommt, wird erst die Zukunft zeigen.[971]

---

del (Wertpapieraufsicht), sowie die Aufsicht über Pensionsfonds und Versicherungsunternehmen (Versicherungsaufsicht) ein.

[970] Vgl. z.B. den 8. Erwägungsgrund zur VO (EU) 1094/2010 v. 24. 11. 2010 zur Errichtung der EIOPA: „Beim ESFS sollte es sich um ein integriertes Netz nationaler Aufsichtsbehörden und Aufsichtsbehörden der Union handeln, in dem die laufende Beaufsichtigung auf nationaler Ebene verbleibt“. Siehe auch *A. Thiele*, Finanzaufsicht, 2014, S. 529: „In der Europäischen Union bleiben die Mitgliedstaaten und damit die nationalen Aufsichtsbehörden weiterhin die zentralen Akteure im Bereich der Finanzaufsicht. [...] Von einer wahrhaft europäischen Aufsicht über multinationale bzw. sogar über sämtliche systemrelevante Finanzinstitute kann damit weiterhin keine Rede sein“.

[971] Der Fahrplan zumindest einer europäischen Bankenunion sieht langfristig in materieller Hinsicht auf der Grundlage eines zunächst allein auf Art. 114 AEUV gestützten Verordnungsvorschlags der Kommission vor, den europäischen Bankenaufsichtsmechanismus durch einen Einheitlichen Bankenabwicklungsmechanismus (*Single Resolution Mechanism*, SRM) zu ergänzen (vgl. KOM(2013), 520 endg.). Zum SRM soll danach auch ein Einheitlicher Bankenabwicklungsfonds (*Single Resolution Fund*, SRF) gehören (Art. 64 ff. SRM-Verordnungsvorschlag). Im Frühjahr 2014 haben sich das Europäische Parlament, der Rat und die Mitgliedstaaten auf entsprechende Regelungen verständigt (vgl. die auf Art. 114 AEUV gestützte VO (EU) 806/2014 des Europäischen Parlaments und des Rats v. 15.7.2014, ABl. L 225/1, und die dazu erlassenen Durchführungs-VO (EU) 2015/81 des Rats v. 19.12.2014, ABl. L 15/1; sowie das zwischen den Euro-Mitgliedstaaten und den übrigen am SSM und SRM teilnehmenden Mitgliedstaaten ausgehandelte und am 21.5.2014 von 26 der 28 Mitgliedstaaten (außer Schweden und Großbritannien) unterzeichnete Übereinkommen über die Übertragung von Beiträgen auf den einheitlichen Abwicklungsfonds und über die gemeinsame Nutzung dieser Beiträge [*Agreement on the transfer and mutualisation of contributions to the Single Resolution fund*, sog. SRF-Übereinkommen]. Das nach Vorbild des ESM-Vertrages und des VSKS als völkerrechtlicher Vertrag außerhalb des Unionsrechts angesiedelte SRF-Übereinkommen ist abrufbar unter http://register.consilium.europa.eu/doc/srv?l=DE&f=ST%208457%202014%20INIT (letzter Zugriff: 4.3.2016). Als weiteren Schritt zur Vollendung der Bankenunion hat die Kommission am 24.11.2015 einen – ebenfalls auf Art. 114 AEUV gestützten – Verordnungsvorschlag für ein europäisches Einlagenversicherungssystem (*European Deposit In-*

2. *EU-Kompetenz im Bereich der IWF-Finanzhilfen*

Bei der Analyse des Finanzierungsmandats des IWF wurde deutlich, dass dessen Organisationsrecht für die verschiedenen Nehmerländer entsprechend ihrer Wirtschaftsleistung unterschiedliche Finanzierungsinstrumente und Konditionen vorsieht. So stehen z.B. den sog. LICs neben den regulären, meist kurzfristigen Zahlungsbilanzhilfen mit einer am Markt orientierten Verzinsung auch längerfristige Finanzhilfen zu besonders günstigen Bedingungen offen. Bei dieser konzessionären Mittelvergabe tritt der IWF treuhänderisch als Intermediär auf, indem er auf bilateraler Grundlage von reicheren Mitgliedern Finanzmittel aufnimmt und diese zu günstigen Konditionen an ärmere Mitglieder vergibt. Zur Bestimmung des Umfangs der Unionszuständigkeit in diesem Aufgabenbereich des IWF empfiehlt es sich daher, zwischen den Empfängern der Finanzhilfen zu differenzieren, da je nachdem wer auf Empfängerseite steht, unterschiedliche Politikbereiche der EU betroffen sind.

a) Reguläre Zahlungsbilanzhilfen des IWF

Hinsichtlich der regulären Zahlungsbilanzhilfen des IWF, also derjenigen aus dem Allgemeinen Konto, ist demnach zwischen „entwickelten“ Drittstaaten und EU-Mitgliedstaaten einerseits und zwischen Euroländern und Nicht-Euroländern andererseits zu differenzieren.

aa) Drittstaaten und die Verwendung von IWF-Finanzmitteln

Die Zurverfügungstellung regulärer Finanzhilfen an entwickelte Drittstaaten durch den IWF weist zunächst einen Bezug zur unionalen Kooperationspolitik nach Art. 212 und 213 AEUV auf. Dieses Politikfeld der EU nimmt – wie die Bereiche der Entwicklungszusammenarbeit und der humanitären Hilfe – im System der Außenbeziehungen der EU insofern eine Sonderrolle ein, als es sich hierbei zum einen um einen unionisierten Bereich handelt, der – anders als die GASP einschließlich der GSVP – nicht lediglich auf einer intergouvernementalen Zusam-

---

surance Scheme, EDIS), COM(2015), 586 final, vorgelegt und weitere Maßnahmen zum Abbau noch verbleibender Risiken im Bankensektor vorgestellt, COM(2015), 587 final. Krit. gegenüber alledem *M. Seidel*, Die Bankenunion als verdeckte Umwandlung der EU zu einem – partiellen – Bundesstaat, EuZW 2013, 841.

menarbeit beruht. Zum anderen ist dieses Politikfeld deshalb speziell, weil hier die Kompetenzen der EU und ihrer Mitgliedstaaten trotz des Fehlens einer entsprechenden Regelung in Art. 4 Abs. 4 AEUV nebeneinander bestehen.[972] Die Mitgliedstaaten verlieren insofern ihre Regelungskompetenz in diesem Bereich selbst dann nicht, wenn die EU gesetzgeberisch oder völkerrechtlich tätig wird.[973] Hierfür streitet, dass Art. 212 AEUV in Abs. 1 S. 3 dieselbe Formulierung wählt wie Art. 208 Abs. 1 S. 2 und Art. 214 Abs. 1 S. 3 AEUV, indem er für autonome Maßnahmen davon spricht, dass sich „die Maßnahmen der Union und die Maßnahmen der Mitgliedstaaten [gegenseitig] ergänzen und verstärken", also gerade nicht ausschließen, und für völkerrechtliche Verträge der EU in Abs. 3 UAbs. 2 – wie Art. 209 Abs. 2 UAbs. 2 und Art. 214 Abs. 4 UAbs. 2 AEUV – dasselbe Ergebnis betont.[974]

Damit stehen sowohl die bisherige Teilfinanzierung der regulären Zahlungsbilanzhilfen des IWF mit Hilfe von bi- und multilateralen Kreditverträgen mit EU-Mitgliedstaaten als auch die mitgliedstaatlichen Ausleihungen an den IWF gem. Art. VII Abschn. 1 (i) IWFÜ zu der vertikalen Kompetenzverteilung zwischen der Union und ihren Mitgliedstaaten nicht im Widerspruch. Da aber zugleich eine Zuständigkeit der Union berührt ist, ist in Zukunft auch eine Parteistellung der EU denkbar.[975] Dies umso mehr, als vom Anwendungsbereich des Art. 212 AEUV nunmehr auch makroökonomische Finanzhilfen erfasst sind,[976]

---

[972] So die verbreitete Ansicht in der Literatur. Vgl. statt vieler *F. Hoffmeister*, Grabitz/Hilf/Nettesheim, EUV/ AEUV, 44. Erg. Lfg. 2011, Art. 212, Rn. 12.

[973] Vgl. Art. 2 Abs. 2 S. 2, 3 AEUV.

[974] Hierzu auch der Überblick bei *P. Dann/ M. Wortmann*, in: von Arnauld (Hrsg.), Europäische Außenbeziehungen, EnzEuR, Bd. 10, 2014, § 8, Rn. 19. Der fehlende Verweis auf Kapitel 2 in Art. 4 Abs. 4 AEUV neben den explizit genannten Kapiteln 1 und 3 ist daher wohl eher als redaktionelles Versehen zu werten. Ebenso *B. Martenczuk*, Die Kooperation der Europäischen Union mit Entwicklungsländern und Drittstaaten und der Vertrag von Lissabon, EuR-Beiheft 2/ 2008, 36 (42).

[975] Aktuell findet eine Zusammenarbeit nur insofern statt, als die Zahlungsbilanzhilfen der EU die Finanzhilfen des IWF ergänzen. Vgl. Art. 2 des Beschlusses Nr. 388/2010/EU des Europäischen Parlaments und des Rats v. 7.7.2010 über eine Makrofinanzhilfe für die Ukraine, ABl. 2010 L 179/1.

[976] Die Erklärung Nr. 10 der Mitgliedstaaten zum Vertrag von Nizza (ABl. 2001 C 80/ 78), gemäß der Zahlungsbilanzhilfen für Drittstaaten nicht in den Anwendungsbereich der Vorgängernorm des 212 AEUV (ex-Art. 181 a EGV) fallen sollen, spielt insoweit keine Rolle mehr. Vgl. aus der

und die Regelung auch die indirekte Finanzhilfe über eine internationale Organisation erlaubt.[977] In diesem Fall sind aber sowohl die Union als auch ihre Mitgliedstaaten verpflichtet, ihre Politik zu koordinieren und ihre Maßnahmen abzustimmen. Dieses Gebot ergibt sich zwar – anders als bei Art. 210 AEUV bezüglich der Entwicklungspolitik – nicht explizit aus Art. 212 und 213 AEUV, stellt aber eine spezielle Ausformung des allgemeinen – bereits in Art. 4 Abs. 3 EUV enthaltenen – Gebotes der Unionstreue dar[978] und gilt daher auch in diesem Kontext.

Soweit reguläre Zahlungsbilanzhilfen des IWF an Drittländer an den Außengrenzen der EU vergeben werden, berührt dies verschiedene Politikfelder der EU, die vor allem geographischen Kriterien folgen.[979] Die Unionspraxis und ihre Kompetenzstruktur haben hier zu einer Unterteilung der Drittstaaten in zwei Untergruppen geführt: in Beitrittskandidaten und Nachbarstaaten. Die Annährung der Beitrittskandidaten an die EU erfolgt fast immer auf der Grundlage von Assoziierungsabkommen (sog. Beitrittsassoziierung),[980] die nach Art. 217 AEUV abgeschlossen werden und auch finanzielle Heranführungshilfen umfassen.[981] In der Praxis werden diese Verträge in der Regel als sog. gemischte Abkommen abgeschlossen. Dies trägt dem Umstand Rechnung, dass die Assoziierungspolitik aufgrund ihres oft sehr weiten inhaltlichen Anwendungsbereichs keiner speziellen EU-Außenkompetenz unterfällt, sondern auf unterschiedlich ausgestalteten Einzelkompetenzen gestützt werden muss.[982] Um eine ebenfalls nicht-aus-

---

Praxis exemplarisch Beschluss Nr. 388/2010/EU des Europäischen Parlaments und des Rats v. 7.7.2010 über eine Makrofinanzhilfe für die Ukraine, ABl. 2010 L 179/1 und Beschluss Nr. 938/2010/EU des Europäischen Parlaments und des Rats v. 20.10.2010 über eine Makrofinanzhilfe für die Republik Moldau, ABl. 2010 L 277/1, beide gestützt auf Art. 212 AEUV.

[977] Vgl. *A. Zimmermann*, in: von der Groeben/Schwarze/Hatje, Europäisches Unionsrecht, 7. Aufl. 2015, Art. 212 AEUV, Rn. 12 ff.

[978] Vgl. *K. Schmalenbach*, in: Calliess/Ruffert, EUV/AEUV, 4. Aufl. 2011, Art. 212, Rn. 11.

[979] Dies betrifft z.B. die Zahlungsbilanzhilfen des IWF für die Türkei, Island, Marokko, Bosnien-Herzegowina, Weißrussland oder Serbien.

[980] Hierzu der Überblick bei *K. Schmalenbach*, in: von Arnauld (Hrsg.), Europäische Außenbeziehungen, EnzEuR, Bd. 10, 2014, § 6, Rn. 35.

[981] Vgl. z.B. VO (EG) 1085/2006 des Rats v. 17.7.2006 zur Schaffung eines Instruments für Heranführungshilfe, ABl. 2006 L 210/82.

[982] Vgl. *S. Kadelbach*, in: von Arnauld (Hrsg.), Europäische Außenbeziehungen, EnzEuR, Bd. 10, 2014, § 4, Rn. 57.

schließliche Zuständigkeit handelt es sich auch bei der in Art. 8 EUV verankerten EU-Nachbarschaftspolitik (ENP).[983] Zu ihrer Ausgestaltung existieren in der Praxis neben den in Abs. 2 explizit vorgesehenen völkerrechtlichen Verträgen auch verschiedene Binneninstrumente.[984] Im Zusammenhang mit dem Finanzierungsmandat des IWF von Bedeutung ist vor allem das durch VO (EG) 1638/2006 neu geschaffene Europäische Nachbarschafts- und Partnerschaftsinstrument (*European Neighbourhood and Partnership Instrument*, ENPI).[985]

Damit ist festzuhalten, dass durch die Zahlungsbilanzhilfen des IWF an „entwickelte" Drittstaaten verschiedene Politikbereiche der EU berührt werden, für die sie sich jedoch die Zuständigkeit mit ihren Mitgliedstaaten teilen muss, so dass man hier insgesamt von gemischten Zuständigkeiten sprechen kann. Zu einem anderen Ergebnis käme man allerdings, wenn man Zahlungsbilanzhilfen als eine Form der Wechselkurspolitik im weiteren Sinne verstehen würde.[986] Die ausschließliche Zuständigkeit der Union für die Wechselkurspolitik hätte zur Folge, dass die Mitgliedstaaten gehindert wären, Zahlungsbilanzhilfen an Drittstaaten zu vergeben. Für diese Überlegung findet sich jedoch in den Verträgen kein Anhaltspunkt. Sie würde im Gegenteil die durch den Vertrag von Lissabon sehr fein vorgenommene Differenzierung der EU-Außenhilfe nach verschiedenen Politikbereichen – Nachbarschaftshilfe, Entwicklungspolitik, Kooperationspolitik, humanitäre Hilfe, Heranführungshilfe der Beitrittsassoziierung – unterlaufen und die darin vorgenommene Kompetenzverteilung zwischen der Union und ihren Mitgliedstaaten umgehen, was wiederum mit dem Prinzip der begrenzten Einzelermächtigung kaum zu vereinbaren wäre. Zudem waren diese Um-

---

983 Hierzu etwa *D. Thym*, in: Grabitz/Hilf/Nettesheim, EUV/ AEUV, 41. Erg. Lfg. 2013, Art. 8 EUV, Rn. 17-18.

984 Siehe hierzu auch ausführlich *M. Cremona*, The European Neighbourhood Policy: More than a Partnership?, in: *dies.* (Hrsg.), Developments in EU External Relations Law, 2008, S. 263 ff.; ferner *C. Nowak*, Multilaterale und bilaterale Elemente der EU-Assoziations-, Partnerschafts- und Nachbarschaftspolitik, EuR 2010, 746 ff.

985 VO (EG) 1638/ 2006 des Europäischen Parlaments und des Rats v. 24.10.2006 zur Festlegung allgemeiner Bestimmungen zur Schaffung eines Europäischen Nachbarschafts- und Partnerschaftsinstruments, ABl. 2006 L 310/1.

986 Vgl. zu diesem Ansatz *B. Steinki*, Competencies of the European Community on International Monetary Fund Matters, in: IMF (Hrsg.), Current Developments in Monetary and Financial law, Bd. 2, 2003, 109 (126, 129).

stände den Mitgliedstaaten bereits bei den Verhandlungen der Verträge von Maastricht und Nizza bekannt. Daher wäre es ein Leichtes gewesen, in ex-Art. 109 EGV (Maastricht) bzw. ex-Art. 111 EGV (Nizza) oder auch in der Erklärung Nr. 10 der Mitgliedstaaten zum Vertrag von Nizza den Zusatz hinzuzufügen, dass Zahlungsbilanzhilfen in die ausschließliche Zuständigkeit der Union für die Wechselkurspolitik fallen.

bb) EU-Mitgliedstaaten und die Verwendung von IWF-Finanzmitteln

Hinsichtlich der Inanspruchnahme von IWF-Finanzhilfen durch EU-Mitgliedstaaten außerhalb der Währungsunion ist zunächst festzustellen, dass die Verträge dem nicht ausdrücklich entgegenstehen. Der teilweise vorgebrachte Einwand, die Zurverfügungstellung von IWF-Darlehen an EU-Staaten stelle eine Umgehung des von Art. 123 Abs. 1 AEUV statuierten Verbots der monetären Finanzierung von öffentlichen Defiziten dar, lässt sich nicht überzeugend begründen. Er beruht auf der Annahme, dass die nationalen Zentralbanken durch ihre Quoteneinzahlungen in den IWF mittelbar über diesen zur Finanzierung von Defiziten der Mitgliedstaaten beitragen.[987] Dem ist bei genauer Betrachtung entgegenzuhalten, dass die Finanzhilfe durch den IWF nicht automatisch mit der Unterstützung durch die EZB oder die nationalen Zentralbanken gleichzusetzen ist.[988] Dies stellt auf Unionsebene auch noch einmal Art. 7 der VO (EG) 3603/93[989] klar, indem er gerade die „Finanzierung von Verpflichtungen des öffentlichen Sektors gegenüber dem Internationalen Währungsfonds" durch die EZB oder die nationalen Zentralbanken vom Anwendungsbereich des Art. 123 Abs. 1 AEUV ausnimmt.

Die Vergabe von IWF-Zahlungsbilanzhilfen an EU-Mitgliedstaaten mit Ausnahmeregelung ist demnach *prima facie* nicht verboten. Vielmehr sieht Art. 143 Abs. 2 S. 2 lit. a) AEUV für Mitgliedstaaten, die den Euro

---

987 Siehe hierzu das Rechtsgutachten des *IMF Legal Department* "on the European Economic and Monetary Union and the International Monetary Fund – Main Legal issues Relating to Rights and Obligations of EMU Members in the Fund", SM/98/131, June 8, 1998, S. 24.

988 *Ebd.* Siehe auch *B. Steinki*, Competencies of the European Community on International Monetary Fund Matters, in: IMF (Hrsg.), Current Developments in Monetary and Financial law, Bd. 2, 2003, 109 (130).

989 VO (EG) 3603/93 des Rats zur Festlegung der Begriffsbestimmungen für die Anwendung der in Artikel 104 und Artikel 104 b Abs. 1 des Vertrages vorgesehenen Verbote, ABl. 1993 L 332/1.

(noch) nicht als gemeinsame Währung eingeführt haben, und die von Zahlungsbilanzschwierigkeiten bedroht sind oder sich bereits in solchen befinden, ausdrücklich die Möglichkeit eines „abgestimmte[n] Vorgehen[s] bei anderen internationalen Organisationen“ vor. Hierzu zählt eben auch und vor allem der IWF im Hinblick auf seine Zahlungsbilanzhilfen.[990] Derartige Mittel wurden zuletzt Ungarn,[991] Lettland,[992] Rumänien[993] und Polen[994] gewährt. Gleichzeitig erhielten einige dieser Staaten Hilfen auch aus der durch VO (EG) 332/2002 eingeführten Fazilität des mittelfristigen finanziellen Beistands zur Stützung der Zahlungsbilanzen der Mitgliedstaaten[995].[996] Polen dagegen beschränkte sich auf die Finanzhilfe durch den IWF, was zeigt, dass das Unionsrecht Zahlungsbilanzhilfen „anderer internationaler Organisationen“ nicht nur als zusätzliche Option vorsieht, sondern sie sogar als alleinige Maßnahme zur Behebung der aufgetretenen oder drohenden Zahlungsbilanzschwierigkeiten zulässt. Diese Feststellung bedeutet allerdings nicht, dass die Mitgliedstaaten mit Ausnahmeregelung damit gänzlich außerhalb des vom Unionsrecht gesetzten institutionellen

---

[990] In Betracht kommen aber auch die WTO oder die OECD.

[991] *IMF*, Country Report No. 08/361, Hungary, https://www.imf.org/external/pubs/ft/scr/2008/cr08361.pdf (zuletzt besucht am 23.2.2014).

[992] *IMF*, Country Report No. 09/3, Latvia, https://www.imf.org/external/pubs/ft/scr/2009/cr0903.pdf.

[993] *IMF*, Country Report No. 09/183, Romania, http://www.imf.org/external/pubs/ft/scr/2009/cr09183.pdf; und Country Report No. 11/80, Romania, https://www.imf.org/external/pubs/ft/scr/2011/cr1180.pdf.

[994] *IMF*, Country Report No. 11/24, Poland, http://www.imf.org/external/pubs/ft/scr/2011/cr1124.pdf; zuletzt Country Report No. 14/8, Poland, http:// www.imf.org/external/pubs/ft/scr/2014/cr1408.pdf.

[995] ABl. 2002 L 53/1. Zur Verwaltung der Mittel siehe den Beschluss der EZB vom 7.11.2003, ABl. 2003 L 297/35. Art. 7 der VO (EG) 3603/93 nimmt auch die Aktivierung des mittelfristigen finanziellen Beistands vom Anwendungsbereich des Art. 123 Abs. 1 AEUV aus. Der Finanzrahmen dieser Fazilität ist im Verlauf der Finanzkrise von ursprünglich 12 Mrd. Euro auf 50 Mrd. Euro angehoben worden, VO (EG) 431/2009 des Rats v. 18.5.2009 zur Änderung der VO (EG) 332/2002, ABl. 2009 L 128/1.

[996] Ungarn: Entscheidung des Rats vom 4.11.2008 (2009/103/EG), ABl. 2009 L 37/7; Lettland: Entscheidung des Rats vom 20.1.2009 (2009/290/EG), ABl. 2009 L 79/39; Rumänien: Entscheidung des Rats vom 6.5.2009 (2009/459/EG), ABl. 2009 L 150/8; und Beschluss des Rats vom 12.5.2009 (2011/288/EU), ABl. 2011 L 132/15.

Rahmens handeln dürften. Da die regelmäßig mit den Finanzhilfen verbundene Konditionalität des IWF mit ihren zum Teil strengen Auflagen für die nationale Wirtschafts- und Finanzpolitik auch die (koordinierende) Zuständigkeit der Kommission für die Überwachung der nationalen Wirtschaftspolitiken und damit auch die Zahlungsbilanzen der Mitgliedstaaten mit Ausnahmeregelung berührt,[997] sieht Art. 2 der VO (EG) 332/2002 vor, dass der betreffende Mitgliedstaat vor einem Antrag an den IWF und der Abgabe eines *letter of intent*, in dem der Staat gegenüber dem IWF seine Verpflichtung zu konkreten wirtschaftspolitischen Reformen erklärt, die Kommission und die anderen Mitgliedstaaten im Wirtschafts- und Finanzausschuss zu konsultieren hat.[998] Gegen diese Verpflichtung hatte zuletzt Lettland verstoßen, als es ohne die Kommission zu informieren beim IWF um Finanzhilfen anfragte.[999]

Im Vergleich dazu ist der EU-Rechtsrahmen für IWF-Finanzhilfen an Mitgliedstaaten, deren Währung der Euro ist, deutlich strikter gefasst. Art. 143 AEUV lässt sich ohne Zweifel nicht heranziehen. Auch an anderer Stelle der Verträge findet sich keine explizite Anerkennung des aus der Mitgliedschaft im IWF folgenden Rechts aus Art. V Abschn. 3 IWFÜ. Der das Verhältnis von mitgliedstaatlichen Altverträgen zum EUV und AEUV regelnde Art. 351 AEUV bezweckt bereits nach seiner Zielsetzung lediglich die Wahrung der Rechte dritter Staaten in Übereinstimmung mit dem Völkerrecht, nicht jedoch die der Mitgliedstaaten gegenüber der Union.[1000] Aus der Ablehnung einer expliziten Erlaubnis folgt jedoch nicht zwingend, dass den Mitgliedstaaten, die der Währungsunion angehören, die Inanspruchnahme von IWF-Darlehen untersagt ist. Das wäre es nur dann, wenn dem ein explizites Verbot o-

---

[997] Vgl. *S. Kadelbach*, in: Siekmann (Hrsg.), EWU, 2013, Art. 138 AEUV, Rn. 18.

[998] Siehe hierzu exemplarisch die Erklärung der Präsidentin des Ministerrats für Wirtschaft und Finanzen und der Kommission zur Situation in Ungarn v. 13.10.2008, IP/08/1485: „Wir stehen in engem Kontakt mit den ungarischen Behörden und dem IWF, um sicherzustellen, dass mit einer möglichen IWF-Finanzierung verbundene Bedingungen mit den strategischen EU-Empfehlungen im Rahmen des EG-Vertrags im Einklang stehen und ihre Wirkungen sich gegenseitig verstärken".

[999] Dazu ausführlich in Teil 5.B.III.2.a).

[1000] Vgl. bereits *EuGH*, Rs. 10/61, Kommission/Italien, Slg. 1962, 23. Bestätigt in zahlreichen späteren Entscheidungen wie z.B. *EuGH*, Rs. C-124/95, *Centro-Com*, Slg. 1997, I-81, Rn. 55.

der der "*effet utile*" des EU-Rechts entgegenstünde.[1001] In der rechtswissenschaftlichen Diskussion wird für die Herleitung eines diesbezüglichen Verbots teilweise auf Art. 125 Abs. 1 AEUV abgestellt.[1002] Nach dieser Bestimmung, die allgemein als „*No-Bail-Out*-Klausel" bezeichnet wird, haften weder die Union noch einzelne Mitgliedstaaten für die Verbindlichkeiten hoheitlicher Stellen anderer Mitgliedstaaten und treten auch „nicht für derartige Verbindlichkeiten ein". Bereits der Wortlaut des Art. 125 AEUV deutet allerdings darauf hin, dass zu den Verpflichtungsadressaten der Norm nur die EU und ihre Mitgliedstaaten sowie deren Untergliederungen gehören, nicht jedoch Drittstaaten und andere internationale Organisationen. Sofern eingewandt wird, dass die Quoteneinzahlungen in den IWF oder die mit ihm abgeschlossenen bi- und multilateralen Kreditverträge einiger Mitgliedstaaten eine ähnliche, den Wortlaut des Art. 125 AEUV umgehende Konstruktionen darstellen, so kann dem aus demselben Grund wie im Zusammenhang mit Art. 123 Abs. 1 AEUV entgegengehalten werden, dass die Finanzhilfen durch den IWF nicht automatisch mit der Unterstützung durch die Mitgliedstaaten gleichzusetzen sind. Im Ergebnis folgt hieraus, dass auch die Mitgliedstaaten mit Eurowährung berechtigt bleiben, von ihrem aus Art. V Abschn. 3 IWFÜ folgenden Recht Gebrauch zu machen.[1003]

[1001] Vgl. auch *EuGH*, C-324/93, *Evans Medical und Macfarlan Smith*, Slg. 1995, I-563, Rn. 32: Der EuGH weist darin darauf hin, „daß, wenn eine internationale Übereinkunft es einem Mitgliedstaat gestattet, eine Maßnahme zu treffen, die mit dem Gemeinschaftsrecht unvereinbar erscheint, ohne ihn jedoch dazu zu verpflichten, der Mitgliedstaat vom Erlaß einer solchen Maßnahme absehen muß".

[1002] Von einem Verbot geht etwa *M. Seidel*, Der Euro – Schutzschild oder Falle?, ZEI Working Paper B 01/ 2010, S. 7-8 aus.

[1003] Im Ergebnis wie hier auch *R. Bandilla*, in: Grabitz/Hilf/Nettesheim, EUV/ AEUV, 44. Erg. Lfg. 2011, Art. 125, Rn. 32; *C. Ohler*, in: Siekmann (Hrsg.), EWU, 2013, Art. 125 AEUV, Rn. 8. Siehe auch *W. Bergthaler*, The Relationship between International Monetary Fund Law and European Union Law, in: Wessel/Blockmans (Hrsg.), Between Autonomy and Dependence, 2013, 159 (181, 183 u. Fn. 103); *K. Nitze*, Finanzhilfen für Euro-Staaten in der Krise, 2015, S. 215-216.

Ebenfalls zu widersprechen ist der Ansicht, dass die Beteiligung des IWF an den finanziellen Unterstützungsmaßnahmen für einzelne Euroländer mit dessen Mandat unvereinbar sei. So aber z.B. *C. Gaitanides*, NVwZ 2011, 848 ff.; *dies.*, Ein Solidaritätsprinzip in der Krise?, in: Kadelbach (Hrsg.), Solidarität als Europäisches Rechtsprinzip?, 2014, S. 33 (38-39); *H. Siekmann*, Missachtung

Hiervon gehen offensichtlich auch der infolge der Staatsschuldenkrise einiger EU-Staaten durch VO (EU) 407/ 2010 geschaffene Europäische Finanzstabilisierungsmechanismus (EFSM)[1004] und der – allerdings außerhalb des Unionsrechts – [1005] mit dem Vertrag zur Einrichtung des Europäischen Stabilitätsmechanismus vom 2. Februar 2012[1006] als eigenständige internationale Organisation an Stelle der zuvor von den EU-Mitgliedstaaten als Aktiengesellschaft luxemburgischen Rechts errichteten Europäischen Finanzstabilitätsfazilität (EFSF) geschaffene Europäische Stabilitätsmechanismus (ESM) aus. Während Art. 3 Abs. 8 der VO (EU) 407/ 2010 das Recht der Mitgliedstaaten zur Inanspruchnahme von Zahlungsbilanzhilfen des IWF aber nur mittelbar zum Ausdruck bringt, indem er eine vorherige Konsultationspflicht des betreffenden Mitgliedstaates mit der Kommission vorschreibt,[1007] bekennt

---

rechtlicher Vorgaben des AEUV durch die Mitgliedstaaten und die EZB in der Schuldenkrise, in: Möllers/Zeitler (Hrsg.), Europa als Rechtsgemeinschaft, 2013, S. 101 (117-118). Siehe hierzu ausführlich unten in Teil 5.B.III.2.c).

[1004] VO (EU) 407/2010 des Rats zur Einführung eines europäischen Finanzstabilisierungsmechanismus, ABl. 2010 L 118/1. Die VO wurde auf Art. 122 Abs. 2 AEUV gestützt. Vgl. hierzu kritisch *K. Hentschelmann*, Finanzhilfen im Lichte der No Bailout-Klausel, EuR 2011, 282 (296 ff.); verteidigend *M. Nettesheim*, Staatshilfen aus der Sicht des Europarechts und der Verfassung, in: Kadelbach (Hrsg.), Nach der Finanzkrise, 2012, 31 (37 ff.).

[1005] Hierzu *R. Uerpmann-Wittzack*, Völkerrecht als Ausweichordnung, EuR-Beiheft 02/2013, 49 ff.; *R. Repasi*, Völkervertragliche Freiräume für EU-Mitgliedstaaten, EuR 2013, 45 ff.; kritisch *D. Thym*, Flexible Integration, EuR-Beiheft 02/2013, 23 (32 f.).

[1006] BGBl. 2012 II, S. 981. Um dem ESM eine eindeutige Grundlage auch im Unionsrecht zu geben und Art. 125 AEUV entsprechend einzuschränken, wurde Art. 136 AEUV im Vertragsänderungsverfahren nach Art. 48 Abs. 6 EUV um einen dritten Absatz ergänzt. Die Bestimmung ist am 1.5.2013 in Kraft getreten, BGB 2013 II, S. 1047. Dazu etwa *U. Häde*, Art. 136 AEUV - eine neue Generalklausel für die Wirtschafts- und Währungsunion?, JZ 2011, 333 (339); *H. Rathke*, Von der Stabilitäts- zur Stabilisierungsunion, DÖV 2011, 753 ff.; kritisch *A. Weber*, Die Reform der Wirtschafts- und Währungsunion in der Finanzkrise, EuZW 2011, 935 (937-938).

[1007] Vgl. aber auch den fünften Erwägungsgrund der VO (EU) 407/2010, in dem von einer „gemeinsamen EU/ Internationaler Währungsfonds (IWF)-Unterstützung“ die Rede ist. Vgl. ferner den ersten Erwägungsgrund der Präambel des EFSF Framework Agreements: “It is envisaged that financial support to euro-area Member States shall be provided by EFSF *in conjunction with the IMF*” [eigene Hervorhebung].

sich der ESM bereits im 8. Erwägungsgrund des ESMV zur „engen Zusammenarbeit“ mit dem IWF. Zudem wird darin der kreditsuchende Mitgliedstaat explizit aufgefordert, sein Ersuchen um eine Finanzhilfe durch den ESM möglichst mit einem „ähnliche[n] Ersuchen an den IWF“ zu verbinden.

Da, wie eben dargelegt, die Vergabe von IWF-Darlehen aufgrund der mit ihnen verbundenen wirtschaftspolitischen Auflagen die Wirtschafts- und Haushaltspolitik berührt, stellt auch Art. 3 Abs. 8 der VO (EU) 407/2010 sicher, dass die hierfür bestehende Koordinierungszuständigkeit der Union gewahrt und damit der Einfluss des IWF durch die Unionsebene kontrollierbar bleibt, indem er den kreditsuchenden Mitgliedstaat verpflichtet, vor einem Antrag an den IWF die Kommission zu konsultieren. Zudem können hierdurch auch der Wechselkurs des Euro gegenüber Drittwährungen und die Preisstabilität und damit eine ausschließliche Unionszuständigkeit betroffen sein. Insofern lässt sich auch hier von gemischten Zuständigkeiten sprechen.[1008]

b) Konzessionäre Finanzierungsaktivitäten des IWF

Die konzessionäre Finanzierungsaktivität des IWF ist einmal in Zusammenhang zu den Bestimmungen über die Entwicklungszusammenarbeit (Art. 208 bis 211 AEUV) und humanitäre Hilfe (Art. 214 AEUV) der Union zu sehen. Dabei weisen die längerfristigen konzessionären Zahlungsbilanzhilfen des IWF und die mit ihnen in der Regel verbundenen strukturpolitischen Reform- und Anpassungsprogramme einen Bezug zur EU-Entwicklungszusammenarbeit auf, während die schnellen Finanzhilfen des IWF, die im Anschluss an eine Naturkatastrophe oder einen bewaffneten Konflikt auch Nicht-Entwicklungsländern[1009] zur Verfügung stehen, eher dem Bereich der humanitären Hilfe der Union zuzuordnen sind. In kompetenzieller Hinsicht ist eine genaue Differenzierung allerdings ohne Belang, da es sich – wie oben dargelegt – bei der Zuständigkeit der Union sowohl auf dem Gebiet der Entwicklungszusammenarbeit wie auch der humanitären Hilfe um eine parallele

---

[1008] Ebenso *S. Kadelbach*, in: Siekmann (Hrsg.), EWU, 2013, Art. 138 AEUV, Rn. 18. Vgl. auch *B. Steinki*, Competencies of the European Community on International Monetary Fund Matters, in: IMF (Hrsg.), Current Developments in Monetary and Financial law, Bd. 2, 2003, 109 (135).

[1009] Dies gilt allerdings nicht für die *Rapid Credit Facility* und den Finanzhilfen aus dem *Post-Catastrophe Debt Relief Trust*. Diese stehen ausnahmslos nur LICs zur Verfügung.

Kompetenz handelt, die die Zuständigkeit der Mitgliedstaaten in diesen Bereichen nicht tangiert. Zudem ist durch die Nothilfen des IWF auch die Kooperationspolitik nach Art. 213 AEUV betroffen,[1010] für die die Union ebenfalls eine parallele Zuständigkeit besitzt. Insofern bleiben die Mitgliedstaaten auch auf dem Gebiet der konzessionären Finanzhilfen des IWF weiterhin befugt, sich über bilaterale Kredite an diesen zu beteiligen. Allerdings sind beide, also die EU und ihre Mitgliedstaaten, verpflichtet, ihre Politik zu koordinieren und ihre Maßnahmen abzustimmen.

Sofern Mitgliedstaaten der EU auf der Empfängerseite von Nothilfen des IWF stehen, ist dies einerseits im Lichte des Art. 222 AEUV zu sehen, der neben Terroranschlägen auch Fälle „einer Naturkatastrophe oder einer vom Menschen verursachten Katastrophe" (Art. 222 Abs. 1 S. 1 AEUV) umfasst, sowie in Zusammenhang zu Art. 196 AEUV, der erstmals eine ausdrückliche Grundlage für Katastrophenhilfe enthält.[1011] Beide Bestimmungen zum Katastrophenschutz umfassen unter anderem auch finanzielle Unterstützungsmaßnahmen,[1012] reichen aber nicht so weit, dass sie der Union die Befugnis verleihen, die Mitgliedstaaten aus ihrer primär verantwortlichen Rolle zu verdrängen. Die EU ist insoweit allein auf akzessorische Maßnahmen beschränkt.[1013]

3. EU-Kompetenzen im Bereich der technischen Hilfe

Der dritte Kernbereich der IWF-Aktivitäten, die technische Hilfe, steht unionsrechtlich einerseits in Zusammenhang zur Geld- und Währungspolitik, für die die EU – wie oben dargelegt – ausschließlich zuständig

---

[1010] Art. 213 AEUV ermöglicht in Abgrenzung zu Art. 212 AEUV nur „umgehende" Finanzhilfen (*urgent financial assistance*) und ist daher auf längerfristige IWF-Darlehen nicht anwendbar.

[1011] Zum Europäischen Katastrophenschutz ausführlich und m.w.Nw. *M. Gestri*, EU Disaster Response Law, in: de Guttry/Gestri/Venturini (Hrsg.), International Disaster Response Law, 2012, 105 ff.

[1012] Vgl. bspw. VO (EG) 2012/2002 des Rats v. 11.11.2002 zur Errichtung des Solidaritätsfonds der Europäischen Union, ABl. 2002 L 311/3.

[1013] Vgl. *A. Walus*, Europäischer Katastrophenschutz, EuR 2010, 564 (566 ff.). Aus der Kommentarliteratur exemplarisch *M. Nettesheim*, in: Grabitz/Hilf/Nettesheim, EUV/ AEUV, 44. Erg. Lfg. 2011, Art. 196, Rn. 25-28; *D. Thym*, in: Grabitz/Hilf/Nettesheim, EUV/ AEUV, 46. Erg. Lfg. 2011, Art. 222, Rn. 23.

ist. Andererseits weist sie aber auch entwicklungspolitische Bezüge auf, da sie – obwohl *de jure* alle IWF-Mitglieder einen entsprechenden Bedarf anmelden können – bis heute grundsätzlich nur von Entwicklungs- und Schwellenländern angefragt wird. Insofern lässt sich auch auf diesem Gebiet des IWF von gemischten Zuständigkeiten sprechen.

4. Zwischenfazit: Die Articles of Agreement als gemischtes Abkommen

Im Aufgaben- und Regelungsbereich des IWF sind somit Kompetenzen der Union insgesamt, solche der EU als WWU und solche der Mitgliedstaaten berührt. Versucht man, vorläufige Schlussfolgerungen hieraus mit Blick auf die hier interessierende Frage nach den Möglichkeiten einer besseren Einbindung der EU in den IWF zu ziehen, so lässt sich festhalten, dass die Mitgliedstaaten, wäre der IWF heute zu gründen, dies allein, also ohne die EU, nicht tun könnten. Vielmehr müssten die *Articles of Agreement* als sog. gemischtes Abkommen[1014] abgeschlossen werden.

C. Rechtliche Grundlagen für die Aufnahme und Gestaltung der Beziehungen zum IWF

I. Allgemeine Grundsätze und Ziele der EU-Währungsaußenpolitik

Während die Grundsätze und Ziele der EU im Bereich der WWU auf der Binnenebene, insbesondere durch den „Grundsatz einer offenen Marktwirtschaft mit freiem Wettbewerb"[1015] und die Verpflichtung auf

---

1014 Hierunter werden völkerrechtliche Verträge der EU und aller oder einiger ihrer Mitgliedstaaten mit einem dritten Völkerrechtssubjekt verstanden. Aus rechtlicher Perspektive werden gemischte Abkommen abgeschlossen, wenn die Regelungsmaterien eines Abkommens nicht ausschließlich in den Zuständigkeitsbereich der EU fallen, sondern auch Kompetenzen der Mitgliedstaaten betreffen oder Finanzierungsverpflichtungen der Mitgliedstaaten begründet werden, die nicht allein der Deckung der im Rahmen des Abkommens entstehenden Verwaltungskosten dienen. Zum Begriff und Anwendungsbereich gemischter Abkommen s. statt vieler den Überblick bei *S. Kadelbach*, in: von Arnauld (Hrsg.), Europäische Außenbeziehungen, EnzEuR, Bd. 10, 2014, § 4, Rn. 55 ff. Zu den sich hieraus ergebenden Folgen im Falle eines Beitritts der EU zum IWF siehe ausführlich unten Teil 5.C.IV.

1015 Vgl. Art. 119 Abs. 1, 120 S. 2, 127 Abs. 1 S. 3 AEUV.

die Preisstabilität als vorrangiges Ziel der Währungspolitik[1016] klar festgelegt sind,[1017] fehlt es für die Währungsaußenpolitik an vergleichbar spezifischen Grundsätzen und Zielbindungen.[1018] Das Unionsrecht enthält zwar in Art. 138 und 219 AEUV sowie in Art. 5, 6 und 23 ESZB-Satzung eine Reihe von Bestimmungen über die Außenbeziehungen der Währungsunion, jedoch werden darin – anders als etwa für die Gemeinsame Handelspolitik in Art. 206 und 207 AEUV – keine spezifisch die Währungsaußenpolitik betreffenden Ziele genannt, zu deren Erreichung die vorgesehenen Handlungsformen eingesetzt werden können.[1019]

Durch die Aufnahme in den fünften Teil des AEUV ist nunmehr aber zumindest die Bestimmung des Art. 219 AEUV in das auswärtige Handeln der EU eingebettet, so dass hierfür über Art. 205 AEUV auch die in Art. 21 f. EUV niedergelegten allgemeinen Grundsätze, Ziele und Bestimmungen des auswärtigen Handelns der EU gelten.[1020] Daneben können sich weitere Zielbindungen etwa aus den Präambeln der Verträge und aus Art. 3 Abs. 5 EUV ergeben.[1021] Die besonderen Regeln über

---

[1016] Vgl. Art. 3 Abs. 3 S. 2 EUV, Art. 119 Abs. 2, 127 Abs. 1 AEUV. Allerdings ist auch die Wechselkurspolitik der EU gem. Art. 219 Abs.1, 2 i.V.m. Art. 119 Abs. 2 AEUV dem vorrangigen Ziel der Preisstabilität verpflichtet. Hierzu eingehend *U. Palm*, Preisstabilität in der Europäischen Wirtschafts- und Währungsunion, 2000. Zu möglichen Einschränkungen infolge der Neuzuordnung in den fünften Teil des AEUV über das auswärtige Handeln der EU siehe *S. Kadelbach*, in: Siekmann (Hrsg.), EWU, 2013, Art. 219 AEUV, Rn. 20-21.

[1017] Art. 3 Abs. 3 UAbs. 3 EUV verlangt zudem die Förderung des wirtschaftlichen, sozialen und territorialen Zusammenhalts und die Solidarität zwischen den Mitgliedstaaten, die für die Ausgestaltung der WWU ebenfalls von Bedeutung ist.

[1018] Vgl. auch *C. Herrmann*, Währungshoheit, Währungsverfassung und subjektive Rechte, 2010, S. 237 ff.

[1019] *M. Selmayr*, in: Müller-Graff (Hrsg.), Europäisches Wirtschaftsordnungsrecht, EnzEuR, Bd. 4, 2015, § 23, Rn. 94, 280 spricht daher zu Recht von der *„rechtlichen Introvertiertheit der Währungsunion"*. Zu möglichen Reformvorschlägen siehe etwa den Ansatz bei *J.-V. Louis*, The Economic and Monetary Union: Law and Institutions, CMLRev. 41 (2004), 575 (585), der vorschlägt, Sitz und Stimme der Eurozone in den internationalen Finanzinstitutionen als Vertragsziel auszugeben.

[1020] Hierzu allgemein z.B. *J. P. Terhechte*, in: Grabitz/Hilf/Nettesheim, EUV/ AEUV, 50. Erg. Lfg. 2013, Art. 205 AEUV, Rn. 13.

[1021] Bei Art. 3 Abs. 5 EUV insbesondere durch das Bekenntnis zu einem „freien und gerechten Handel". Zu den Zielvorstellungen in den Präambeln sie-

die GASP in Art. 23 ff. EUV sind nur insofern relevant, als auch dafür über Art. 23 EUV die allgemeinen Zielbestimmungen nach Art. 21 EUV gelten, und die GASP sich nach Art. 24 Abs. 1 EUV auf „alle Bereiche der Außenpolitik sowie auf sämtliche Fragen im Zusammenhang mit der Sicherheit der Union" erstreckt. Diese Verbindung zwischen der GASP und den übrigen auswärtigen Politikfeldern wird besonders in Art. 215 AEUV deutlich. Durch die darin der Union zugewiesene Ermächtigung zur „Aussetzung, Einschränkung oder vollständigen Einstellung der Wirtschafts- und Finanzbeziehungen" gegen Drittländer und Privatpersonen können auch die unmittelbar im Rahmen des Art. 219 Abs. 3 AEUV geschlossenen Abkommen und hieraus resultierende Verpflichtungen berührt werden. Die damit einhergehende Politisierung der Währungsaußenpolitik stellt gleichwohl kein durch den Vertrag von Lissabon geschaffenes Novum dar. Vielmehr ist das währungspolitische Handeln im Rahmen der EU bzw. EG auch bereits in der Vergangenheit häufig mit anderen als genuin monetären Zielen verknüpft worden.[1022] Dabei hat der IWF den EU-Mitgliedstaaten hinsichtlich der Vereinbarkeit solcher außen- und sicherheitspolitischer Belange mit ihrer Verpflichtung aus Art. VIII Abschn. 2 lit. a) IWFÜ seit jeher einen großen Spielraum belassen.[1023]

---

he *S. Kadelbach*, in: von der Groeben/Schwarze/Hatje, Europäisches Unionsrecht, 7. Aufl. 2015, Präambel-EUV, Rn. 7 ff.

[1022] Siehe hierzu auch den historischen Abriss in Teil 2.

[1023] Das Exekutivdirektorium hatte sich bereits Anfang der 1950er Jahre mit der Frage der Vereinbarkeit von Beschränkungen des laufenden internationalen Zahlungsverkehrs aus Gründen der nationalen oder internationalen Sicherheit mit Art. VIII Abschn. 2 lit. a) IWFÜ zu befassen. Siehe insoweit die bis heute maßgebliche Entscheidung des Exekutivdirektoriums Nr. 144-(52/51) v. 14.8.1952, abgedr. in: *IMF*, Selected Decisions and Selected Documents of the International Monetary Fund, 2012, S. 585-586. Darin hob das Direktorium hervor, dass Art. VIII Abschn. 2 lit. a) IWFÜ Beschränkungen des laufenden internationalen Zahlungsverkehrs unabhängig davon erfasst, ob sie wirtschaftlich oder mehr politisch motiviert sind. Zugleich stellte es aber fest: "The Fund does not, however, provide a suitable forum for discussion of the political and military considerations leading to actions of this kind". Aus diesem Grund entwickelte es darin ein bis heute gültiges vereinfachtes Zustimmungsverfahren, das die Mitgliedstaaten dazu anhält, dem IWF die betreffenden Maßnahmen soweit möglich vor ihrem Erlass, andernfalls 30 Tage nach ihrem Erlass mitzuteilen. Erhebt der IWF innerhalb von 30 Tagen keine Einwände, gelten die Beschränkungen *ex tunc* als genehmigt. Siehe hierzu auch mit einem knappen Überblick über die jüngere Praxis *A. Viterbo*, International Economic Law and Monetary Measures, 2012, S. 172-174.

Art. 21 Abs. 1 EUV macht deutlich, dass die Außenbeziehungen der EU ganz im Zeichen derjenigen Grundsätze stehen sollen, die bereits „für ihre eigene Entstehung, Entwicklung und Erweiterung maßgebend waren". Konkret werden darin die Grundsätze der Demokratie und Rechtsstaatlichkeit, die universelle Gültigkeit und Unteilbarkeit der Menschenrechte und Grundfreiheiten, die Achtung der Menschenwürde, der Grundsatz der Gleichheit und der Grundsatz der Solidarität sowie die Achtung der Grundsätze der UN-Charta und des Völkerrechts genannt. Diese Prinzipien finden sich in teilweise modifizierter Formulierung bereits auch in Art. 3 Abs. 5 EUV. Das auswärtige Handeln der EU ist damit gewissermaßen auch als Mission zu verstehen, die eigenen Werte nach außen gegenüber Drittstaaten und im Rahmen internationaler Organisationen zu verbreiten.[1024]

Zusätzlich zu diesen Wertvorstellungen enthalten die in Art. 21 Abs. 2 EUV genannten Ziele auch einen deutlichen Wirtschaftsbezug, wie insbesondere die Aufnahme der nachhaltigen Entwicklung der Wirtschaft und der Integration aller Länder in die Weltwirtschaft durch einen schrittweisen Abbau internationaler Handelshemmnisse in Art. 21 Abs. 2 lit. d) und e) EUV zeigt.

Das in Art. 21 Abs. 3 UAbs. 2 S. 1 EUV als Ausprägung des allgemeinen unionalen Kohärenzprinzips (Art. 7 AEUV) statuierte Kohärenzgebot bezieht sich hier allein auf die sog. horizontale Kohärenz, d.h. auf eine Abstimmung zwischen den einzelnen Bereichen des auswärtigen Handelns der Union sowie zwischen ihrem auswärtigen Handeln und den übrigen Politikbereichen. Insoweit ist im geltenden institutionellen System der WWU besonders problematisch, dass mit der EZB, der Kommission, dem ECOFIN-Rat bzw. der Euro-Gruppe und dem Europäischen Rat bzw. den Staats- und Regierungschefs der Eurozone verschiedene Akteure existieren, die die monetäre Außenpolitik repräsentieren können.[1025] Wie noch zu zeigen sein wird, ist dies auch und vor allem im Verhältnis zum IWF besonders problematisch. Darüber hinaus haben die obigen Ausführungen zu den Kompetenzbestimmungen im Regelungsbereich des IWF gezeigt, dass auf dessen Feld eine

---

[1024] Zu dieser Wirkungsdimension siehe auch *M. Cremona*, Values in EU Foreign Policy, in: Evans/Koutrakos (Hrsg.), Beyond the Established Legal Orders, 2011, 275 (277-278, 292 ff.). Vgl. auch *J.-C. Gaedtke*, Europäische Außenpolitik, 2009, S. 50-51.

[1025] *C. Herrmann*, in: Ehlers/Fehling/Pünder (Hrsg.), Besonderes Verwaltungsrecht, 3. Aufl. 2012, § 10, Rn. 45 spricht insoweit zu Recht von einem „institutionellen Flickenteppich".

trennscharfe Abgrenzung der Außenkompetenzen in vertikaler Hinsicht kaum möglich bzw. nicht praktikabel ist. Daher ist es auch insoweit wichtig zu vermeiden, dass es hierdurch zu Inkohärenzen in der Außenpolitik der EU und ihrer Mitgliedstaaten gegenüber dem IWF kommt. Diesem Ziel dient insbesondere der in Art. 4 Abs. 3 EUV festgelegte Grundsatz der loyalen Zusammenarbeit.[1026] Der EuGH hat hieraus im Laufe seiner inzwischen immer mehr ausdifferenzierten Rechtsprechung eine Reihe von Verpflichtungen zwischen der EU und ihren Mitgliedstaaten in ihren Außenbeziehungen abgeleitet,[1027] die hier nicht im Einzelnen aufgezeigt werden können.[1028] Herausgegriffen sei allein die im Zusammenhang mit dem IWF besonders interessierende Pflicht zu gemeinschaftlichem und abgestimmtem Vorgehen nicht nur bei der Aushandlung und dem Abschluss gemischter völkerrechtlicher Verträge, sondern auch bei der Durchführung des Abkommens und insbe-

---

[1026] *W. Kaufmann-Bühler*, in: Grabitz/Hilf/Nettesheim, EUV/ AEUV, 41. Erg. Lfg. 2010, Art. 21 EUV, Rn. 18.

[1027] Siehe u.a. *EuGH*, Beschluss 1/78, *IAEA*, Slg. 1978, 2151, Rn. 34 ff.; Gutachten 2/91, *ILO*, Slg. 1993, I-1061, Rn. 36; Gutachten 1/94, *WTO*, Slg. 1994, I-5267, Rn. 108; Rs. C-25/94, *Kommission/ Rat*, Slg. 1996, I-1469, Rn. 48; Rs. C-266/03, *Kommission/ Luxemburg*, Slg. 2005, I-4805, Rn. 57 ff.; Rs. C-433/03, *Kommission/ Deutschland*, Slg. 2005, I-6985, Rn. 63 ff.; Rs. C-459/03, *Kommission/ Irland*, Slg. 2006, I-4635, Rn. 169; Rs. C-45/07, *Kommission/ Griechenland*, Slg. 2009, I-701, Rn. 16 ff.; Rs. C-246/07, *Kommission/ Schweden*, Slg. 2010, I-3317, Rn. 71 ff.

[1028] Insoweit sei auf die umfangreichen Arbeiten in der Literatur verwiesen. Vgl. etwa *A. Hatje*, Loyalität als Rechtsprinzip in der Europäischen Union, 2001, S. 61 ff.; *A. Epiney*, Zur Tragweite des Art. 10 EGV im Bereich der Außenbeziehungen, in: Bröhmer u.a. (Hrsg.), FS f. Georg Ress, 2005, 441 ff.; *C. Hillion*, Tous pour un, un pour tous! Coherence in the External Relations of the European Union, in: Cremona (Hrsg.), Developments in EU External Relations Law, 2008, 10 ff.; *E. Neframi*, The Duty of Loyalty: Rethinking its Scope through its Application in the Field of the EU External Relations, CMLRev. 47 (2010), 323 ff.; *F. Casolari*, The principle of loyal co-operation: A 'master key' for EU external representation?, in: Blockmans/ Wessel (Hrsg.), Principles and practices of EU external representation, CLEER Working Papers 2012/5, S. 11 ff.; *S. Engbrink*, Die Kohärenz des auswärtigen Handelns der EU, 2014. Speziell zur europäischen Entwicklungszusammenarbeit *L. Müller*, Das Kohärenzgebot im Entwicklungsrecht der Europäischen Union, 2015, S. 134 ff.

sondere bei der Beteiligung der EU und ihrer Mitgliedstaaten im Rahmen der durch das Abkommen konstituierten Organe.[1029]

II. Die rechtlichen Grundlagen im Überblick

Weder der ursprüngliche Vertrag über die Gründung der Europäischen Wirtschaftsgemeinschaft noch die späteren Änderungsverträge bis zum Vertrag von Lissabon und damit die heutigen EU-Verträge enthalten eine ausdrückliche Bezugnahme auf den IWF. Eine Ausnahme bildet allein Art. 30.5 ESZB-Satzung, der der EZB bestimmte Handlungsoptionen in Bezug auf IWF-Reservepositionen und SZRe einräumt. Während die Nichtaufnahme einer entsprechenden Bestimmung im EWGV angesichts fehlender monetärer Zuständigkeiten der Gemeinschaft noch nachvollziehbar war, ist es dafür umso erstaunlicher, dass im Zusammenhang mit der Realisierung der WWU kein über Art. 302 EGV i.d.F. des Vertrags von Amsterdam (ex-Art. 229 E(W)GV i.d.F. des Vertrags von Maastricht; heute Art. 220 Abs. 1 AEUV) hinausgehender, expliziter Hinweis auf eine Zusammenarbeit mit dem IWF aufgenommen wurde.[1030] Stattdessen findet sich heute in den Verträgen eine Reihe von Bestimmungen allgemeiner Art über die Außenbeziehungen der Währungsunion. Art. 219 Abs. 3 AEUV enthält abweichend vom sonst einzuhaltenden Vertragsschlussverfahren nach Art. 218 AEUV eine allgemeine, in Abgrenzung zu Art. 219 Abs. 1 AEUV nicht auf Wechselkurssysteme beschränkte Bestimmung für den Abschluss völkerrechtlicher Verträge über Währungsfragen und Devisenregelungen. Demgegenüber regelt Art. 138 AEUV das Auftreten der EU in „internationalen Einrichtungen und Konferenzen im Finanzbereich“, soweit es nicht

---

[1029] Siehe insoweit auch m.w.Nw. *J. Heliskoski*, Mixed Agreements as a Technique for Organizing the International Relations of the European Community and its Member States, 2001, S. 71 ff.

[1030] Für *Willy Kiekens*, dem langjährigen belgischen Exekutivdirektor und aktuellen ersten stellvertretenden Direktor in der von den Niederlanden geführten Stimmrechtsgruppe, ist der maßgebliche Grund für das Fehlen einer ausdrücklichen Beitrittsoption der EU zum IWF sowohl im Maastrichter-Vertrag als auch in allen nachfolgenden EU-Verträgen in der bis heute vorherrschenden Meinung zu sehen, dass der IWF eine "*country-based institution*" sei. *W. Kiekens*, What kind of External Representation for the Euro?, 2003, S. 3, http://www2.oenb.at/tagung/eu_konvent/index_p.htm (letzter Zugriff: 7.4.2015). Zur Auslegung des Begriffs "countries" siehe ausführlich Teil 5.C.III.2.

um internationale, auf die Aushandlung von Vereinbarungen gerichtete Kontakte geht. Art. 5, 6 und 23 ESZB-Satzung gewähren schließlich speziell der EZB als Beschlussorgan des ESZB eine Außenvertretungskompetenz in den internationalen Währungsbeziehungen.[1031]

Diese auf den ersten Blick klare Regelung der Außenvertretung der EU in Fragen der WWU stellt sich bei näherem Hinsehen als ein überaus komplexes System heraus.[1032] Diese Komplexität folgt einerseits aus der aufgezeigten vertikalen Kompetenzverteilung zwischen der Union und ihren Mitgliedstaaten in Wirtschafts- und Währungsfragen, andererseits drückt sich hier auch die komplexe institutionelle Struktur der WWU aus, die neben den Mitgliedstaaten und ihren Zentralbanken auch die bereits erwähnte Vielzahl unionaler Akteure aufweist. Erschwerend kommt das internationale, mit Ausnahme der BIZ staatenzentrierte Umfeld hinzu, das sich ebenfalls auf die unionsrechtliche Ausgestaltung der Außenvertretung der WWU auswirkt.[1033] Das Ziel der nachfolgenden Ausführungen ist es nicht, eine umfassende Kommentierung dieser Bestimmungen zu versuchen, sondern sie für die Zwecke der nachfolgenden Schritte allein im Hinblick auf eine Beteiligung und Vertretung der EU im IWF zu diskutieren.

1. Art. 219 Abs. 3 AEUV als Grundlage für einen Beitritt der Union zum IWF

Wie eingangs erwähnt, weichen die Kompetenzen und das Verfahren beim Abschluss völkerrechtlicher Verträge im Zusammenhang mit Währungsfragen oder Devisenregelungen nach Art. 219 Abs. 3 AEUV

[1031] Alle diese Bestimmungen finden – bis auf Art. 5 ESZB-Satzung – allein auf die Mitgliedstaaten und ihre Zentralbanken Anwendung, die der Währungsunion angehören und deren Zentralbanken daher Teil des Eurosystems sind. Vgl. Art. 139 Abs. 1, 2 lit. g), i), j), 3 AEUV und Art. 42.1, 42.2 ESZB-Satzung.

[1032] Vgl. *R. Stadler*, Der rechtliche Handlungsspielraum des ESZB, 1996, S. 172: *„Regelungsungetüm"*. Ähnlich in der Bewertung auch *R. Smits*, The European Central Bank, 1997, S. 375: *"monstrous arrangements"*. Siehe auch *J. Lebullenger*, La projection externe de la zone euro, RTDE 1998, 459 (478), der die Bestimmungen als « *dispositif juridique complexe et parfois obscur* » beschreibt; sowie *T. Oppermann*, Die internationale Vertretung von Euroland, in: FS Klaus Vogel, 2000, 529 (537), der von einem *„rettungslose[n] Zuständigkeitswirrwarr"* spricht.

[1033] Vgl. Art. 219 Abs. 4 AEUV und Art. 31.1 i.V.m. Art. 23 ESZB-Satzung.

in wesentlichen Punkten von der allgemeinen Bestimmung des Art. 218 AEUV ab. Die wichtigste Abweichung sieht Art. 219 Abs. 3 AEUV im Hinblick auf die horizontale Verteilung der Zuständigkeiten bei der Aushandlung völkerrechtlicher Verträge vor. Während es gem. Art. 218 Abs. 2 bis 4 AEUV zur Aufnahme von Verhandlungen über allgemeine, nicht die GASP betreffende völkerrechtliche Verträge einer Empfehlung der Kommission bedarf, die dann auch die Verhandlungen nach Maßgabe der ihr vom Rat erteilten Richtlinien führt,[1034] kommt ihr eine solche politikgestaltende Rolle auf dem Gebiet der Währungspolitik nicht zu.[1035] Nach Art. 219 Abs. 3 AEUV ist es hier vielmehr der Rat selbst, der mit qualifizierter Mehrheit[1036] auf Empfehlung der Kommission und nach Anhörung der EZB über die Modalitäten für die Aushandlung und den Abschluss völkerrechtlicher Verträge beschließt.[1037] Damit hat die Kommission zwar ein alleiniges Empfehlungsrecht, aber kein Verhandlungsmonopol wie im Rahmen des Art. 218 AEUV. Zudem gilt für die Abänderung einer Kommissionsempfehlung nicht das erschwerte Erfordernis der Einstimmigkeit (vgl. Art. 293 Abs. 1 AEUV), sondern es genügt gleichfalls die qualifizierte Mehrheit.[1038] Die hier auch gegenüber der EZB dominierende Rolle des Rats ist jedoch keineswegs atypisch, sondern entspricht der weit üblichen Praxis, die

---

[1034] Hierzu im Einzelnen *S. Lorenzmeier*, in: Grabitz/Hilf/Nettesheim, EUV/ AEUV, 43. Erg. Lfg. 2011, Art. 218, Rn. 24 ff.

[1035] Vgl. allgemein auch Art. 17 Abs. 1 S. 6 EUV, der bestimmt, dass die Kommission grundsätzlich die Vertretung der Union nach außen wahrnimmt. Hiervon umfasst ist auch die Aushandlung völkerrechtlicher Verträge. Hierzu z.B. *B. Martenczuk*, in: Grabitz/Hilf/Nettesheim, EUV/ AEUV, 41. Erg. Lfg. 2010, Art. 17 EUV, Rn. 40-46.

[1036] Vgl. Art. 16 Abs. 3 EUV. Missverständlich daher *M. Rodi*, in: Vedder/Heintschel von Heinegg, Europäisches Unionsrecht, Art. 219 AEUV, Rn. 8, der insoweit eine Abstimmung mit einfacher Mehrheit genügen lassen will.

[1037] Im Rat ist die Formation „Wirtschaft und Finanzen“ (ECOFIN, einschließlich Haushalt) zuständig (vgl. Art. 16 Abs. 6 EUV und Art. 236 lit. a) AEUV i.V.m. Art. 2 Abs. 5 und Anhang I der Geschäftsordnung des Rats).

[1038] Da Art. 219 AEUV nicht für die Mitgliedstaaten mit Ausnahmeregelung gilt, sind ihre Vertreter bei Entscheidungen im Rat nicht stimmberechtigt (vgl. Art. 139 Abs. 4 AEUV).

Außenvertretung in Währungsfragen der Regierung zuzuweisen, wenn auch unter Einbeziehung der Zentralbank.[1039]

Die Beteiligungs- und Gestaltungsmöglichkeiten der Kommission sind insofern im Rahmen des Art. 219 Abs. 3 AEUV zugunsten einer verstärkten Rolle des Rats deutlich eingeschränkt ausgestaltet worden.[1040] Immerhin ist sie nach Art. 219 Abs. 3 S. 3 AEUV an den Verhandlungen des Rats „in vollem Umfang" zu beteiligen, was auch die Möglichkeit des Rats einschließt, ihr die Verhandlungsführerschaft ganz oder teilweise zu übertragen.[1041] Über den Abschluss des so verhandelten Abkommens entscheidet in der Regel wiederum der Rat selbst. Daneben ist aber auch eine Ermächtigung beispielsweise erneut der Kommission zur Unterzeichnung des Abkommens möglich, da Art. 219 Abs. 3 an der Delegationskompetenz des Rats auch in dieser Phase erkennbar nichts ändern will.[1042]

Zu den von Art. 219 Abs. 3 AEUV erfassten „Vereinbarungen im Zusammenhang mit Währungsfragen oder Devisenregelungen" gehören neben den in der Praxis bislang meist durch einzelne Mitgliedstaaten in Zusammenarbeit mit der Kommission verhandelten und auch abgeschlossenen Abkommen mit Drittstaaten über die Einführung des Euro

---

[1039] Diesem Muster entspricht beispielsweise die derzeitige Ausgestaltung der Vertretung Deutschlands im IWF (vgl. Art. 5 und 6 IWFG).

[1040] Vgl. *S. Kadelbach*, in: Siekmann (Hrsg.), EWU, 2013, Art. 219 AEUV, Rn. 10.

[1041] Möglich ist auch eine Verhandlungsführung durch den Ratsvorsitz, sofern der von ihm vertretene Mitgliedstaat der Währungsunion angehört, ferner durch den Vorsitzenden der Euro-Gruppe, die EZB und – wie zuletzt häufig geschehen – durch die Mitgliedstaaten selbst.

[1042] Vgl. bspw. Art. 3 und 4 des Ratsbeschlusses (2011/190/EU) v. 25.12.2011 zu den Modalitäten für die Neuverhandlung der Währungsvereinbarung zwischen der Regierung der Französischen Republik – im Namen der Europäischen Gemeinschaft und der Regierung Seiner Durchlaucht des Fürsten von Monaco, ABl. 2011 L 81/3. Danach sind die Verhandlungen mit Monaco von Frankreich und der Kommission im Namen der Union zu führen und die EZB in vollem Umfang an den Verhandlungen zu beteiligen und ihre Zustimmung bei Angelegenheiten, die in ihren Zuständigkeitsbereich fallen, einzuholen. Frankreich und die Kommission haben den Entwurf der neu ausgehandelten Vereinbarung dem Wirtschafts- und Finanzausschuss (WFA) zur Stellungnahme vorzulegen (Art. 3). Art. 4 bestimmt, dass Frankreich und die Kommission berechtigt sind, die neu ausgehandelte Vereinbarung im Namen der Union zu schließen, es sei denn der WFA oder die EZB sind der Ansicht, dass die neu ausgehandelte Vereinbarung dem Rat vorgelegt werden sollte.

anstelle einer eigenen Währung und unter Aufgabe der geldpolitischen Autonomie (sog. *formelle Euroisierung*)[1043] auch Vereinbarungen über eine Beteiligung und Vertretung der EU in internationalen Währungsorganisationen wie dem IWF.[1044] Insoweit, also für die horizontale Kompetenzabgrenzung, hat der EuGH in ständiger Rechtsprechung festgestellt, dass es hinsichtlich der Wahl der richtigen Rechtsgrundlage für den Abschluss eines Abkommens und damit auch für den Beitritt zu einer internationalen Organisation darauf ankommt, dass der Rat seine Rechtsgrundlagenentscheidung auf objektive und gerichtlich nachprüfbare Umstände gestützt hat. Hierzu gehören insbesondere das Ziel und der Inhalt des Abkommens. Umfasst das Abkommen mehrere Zielsetzungen oder Komponenten, so ist sein Abschluss auf diejenige Rechtsgrundlage zu stützen, die der wesentlichen oder überwiegenden Zielsetzung des Abkommens entspricht.[1045] Im Hinblick auf den IWF liegt der Schwerpunkt der *Articles of Agreement* – wie gezeigt – im monetären Bereich, so dass die richtige Rechtsgrundlage für einen EU-Beitritt zum IWF allein Art. 219 Abs. 3 AEUV darstellt. Allerdings ist damit nicht auch gesagt, dass die *Articles of Agreement* wegen dieses Schwerpunktes insgesamt in den ausschließlichen Kompetenzbereich der EU fallen. Insoweit, also für die vertikale Kompetenzabgrenzung zwischen der EU und ihren Mitgliedstaaten, kommt es aufgrund des Grundsatzes der begrenzten Einzelermächtigung (Art. 5 Abs. 1 S. 1, Abs. 2 EUV) nicht auf den Schwerpunkt des völkerrechtlichen Vertrages an. Vielmehr gilt, dass schon einzelne Bestimmungen eines völkerrechtlichen Vertrages, die nicht in die Zuständigkeit der Union fallen, die Notwendigkeit eines gemischten Abkommens auslösen, selbst wenn sie im Verhältnis zur Gesamtheit der Bestimmungen des Abkommens von unter-

---

[1043] Siehe z.B. die Währungsvereinbarungen mit dem Staat Vatikanstadt (ABl. 2010 C 28/13), der Republik San Marino (ABl. 2012 C 121/5) und dem Fürstentum Monaco (ABl. 2012 C 310/1). Hierzu z.B. *M. Escudero*, La politique de change de l'Euro, CDE 47 (2011), 369 (380 ff.); *M. Selmayr*, in: Müller-Graff (Hrsg.), Europäisches Wirtschaftsordnungsrecht, EnzEuR, Bd. 4, 2015, § 23, Rn. 281-287.

[1044] Allg. zum Anwendungsbereich der Norm siehe *M. Escudero*, La politique de change de l'Euro, CDE 47 (2011), 369 (377 ff.); ferner *R. Smits*, in: von der Groeben/Schwarze/Hatje, Europäisches Unionsrecht, 7. Aufl. 2015, Art. 219 AEUV, Rn. 111 ff.

[1045] Vgl. z.B. *EuGH*, Gutachten 2/00, *Protokoll von Cartagena*, Slg. 2001, I-9713, Rn. 22-23; zuletzt bestätigt in *EuGH*, Rs. C-137/12, Kommission/Rat, ECLI:EU:C:2013:675, Rn. 52-53.

geordneter Bedeutung sind. In der Praxis wird dieser Zusammenhang anschaulich als „Pastis-Prinzip" beschrieben:

> *„So wie ein kleiner Tropfen Pastis ein Glas Wasser trüben kann, können auch einzelne, noch so untergeordnete Bestimmungen in einem auf Art. 133 Abs. 5 Unterabs. 1 EG [jetzt: Art. 207 AEUV] gestützten internationalen Vertragswerk den Zwang zum Abschluss eines gemischten Abkommens auslösen."*[1046]

Danach ist also für die Einordnung eines völkerrechtlichen Vertrages als gemischtes Abkommen nicht eine quantitative Betrachtung maßgeblich, sondern einzig und allein das Vorliegen einer Kompetenzlücke der EU im Hinblick auf auch nur einen Teilaspekt des Vertrages.[1047]

Bei Anwendung des Vertragsschlussverfahrens nach Art. 219 Abs. 3 AEUV ist im Hinblick auf den IWF zudem zu berücksichtigen, dass der Beitritt nicht durch den Abschluss eines völkerrechtlichen Vertrages in Form eines Beitrittsabkommens erfolgt, sondern durch die Abgabe von zwei einseitigen Willenserklärungen, dem Antrag auf Aufnahme und der positiven Entscheidungen darüber durch den Gouverneursrat als das zur Letztentscheidung befugte Organ.[1048] Insofern dürfte das Vertragsschlussverfahren nach Art. 219 Abs. 3 AEUV zumindest nicht unmittelbar zur Anwendung kommen. Das schließt freilich eine analoge Anwendung der Bestimmung, wie es auch im Falle des Beitritts der EWG zur FAO im Hinblick auf Art. 228 EWGV, dem heutigen Art. 218 AEUV, geschehen ist, nicht aus. Da auch der Beitritt zur FAO nicht durch einen Beitrittsvertrag erfolgt (vgl. Art. II FAO-Satzung), hatte man sich auch dort mit einer analogen Anwendung des Art. 228 EWGV beholfen, ohne dies jedoch in klarer Form irgendwo festzulegen.[1049] Dementsprechend hatte zunächst der Rat die Kommission er-

---

[1046] GA *J. Kokott*, SchlA v. 26.3.2009, Rs. C-13/07, *Kommission/Rat*, ECLI:EU:C:2009:190, Rn.121.

[1047] In der Praxis werden gemischte Abkommen aus Furcht vor einem Identitäts- und Statusverlust der Mitgliedstaaten auf internationaler Ebene nicht selten auch aus politischen Gründen abgeschlossen. Entsprechend unterscheidet *A. Rosas*, The European Union and Mixed Agreements, in: Dashwood/Hillion (Hrsg.), The General Law of E.C. External Relations, 2000, 200 (206) zwischen *facultative mixity* und *obligatory mixity*.

[1048] Siehe oben Teil 3.B.IV.1.b).bb).

[1049] Vgl. *W. Hummer*, Enge und Weite der "Treaty Making Power" der Kommission der EG nach dem EWG-Vertrag, in: Randelzhofer u.a. (Hrsg.), GS Eberhard Grabitz, 1995, 195 (220); *J. Sack*, Die Europäische Gemeinschaft als Mitglied internationaler Organisationen, in: *ebd.*, 631 (654).

mächtigt, in Verhandlungen mit der FAO über eine Änderung ihrer Satzung zum Zweck eines Beitritts der EWG zu treten,[1050] und dafür Verhandlungsrichtlinien erlassen.[1051] Nach Billigung der Verhandlungsergebnisse beschloss der Rat auf Vorschlag der Kommission am 25. November 1991 formell einen Antrag auf Beitritt zur FAO zu stellen,[1052] dem die Konferenz der FAO bereits einen Tag später am 26. 11.1991 mit der nach Art. II Abschn. 3 FAO-Satzung notwendigen Zweidrittelmehrheit stattgab.[1053] Vor diesem Hintergrund wäre auch im Falle eines Beitritts der EU zum IWF auf der Grundlage einer analogen Anwendung des Art. 219 Abs. 3 AEUV nach vorheriger Empfehlung der Kommission und Anhörung der EZB der für den Beitritt relevante unionsrechtliche Akt durch den Rat, dem freilich auch hier die Möglichkeit der Delegation an die Kommission oder EZB offenstünde, zu setzen.[1054] Vorab, also noch vor Beginn der offiziellen Beitrittsverhandlungen, wären allerdings, ähnlich wie es bei der FAO geschehen ist, umfangreiche Sondierungsgespräche mit dem IWF notwendig, in deren Rahmen die mit dem Beitritt verbundenen Vorfragen in materieller und

---

[1050] Siehe die hierzu ergangene FAO-Resolution 7/91 v. 18.11.1991, Amendments to the Constitution and the General Rules of the Organization to Allow for Membership of FAO by Regional Economic Integration Organizations, in: Report of the Conference of the FAO, 26th Session, Rome 9-27 November 1991, § 302, abrufbar unter http://www.fao.org/unfao/govbodies/gsbhome/conference/resolutions/1991/en/ (letzter Zugriff: 9.4.2014).

[1051] Dem gingen mit Billigung des Rats bereits vorher mehrere Sondierungsgespräche der Kommission mit dem Sekretariat der FAO und ihren Mitgliedstaaten voraus. Vgl. *Kommission*, Vorschlag für einen Beschluss des Rates über den Beitritt der Europäischen Gemeinschaft zur FAO anlässlich der 26. Tagung der Konferenz der FAO, KOM (91) 387 endg., ferner ABl. 1991 C 292/8. Zur Genese der Beziehungen zwischen der EG und der FAO ausführlich *A. Tavares de Pinho*, RMCUE 1993, 656 ff; *B. Corbach*, Die Europäische Gemeinschaft, ihre Mitgliedstaaten und ihre Stellung in ausgewählten internationalen Organisationen, 2005, S. 146 ff.

[1052] Vgl. KOM (91) 387 endg. Der nur geringfügig abgeänderte Beschluss des Rats ist nicht veröffentlicht.

[1053] Vgl. FAO-Resolution 17/91 v. 26.11.1991, in: Report of the Conference of the FAO, 26th Session, Rome 9-27 November 1991, § 376 ff.

[1054] In diesem Fall wäre allerdings nicht ganz klar, ob der auf die Aufnahme in den IWF gerichtete Beschluss des Rats vorab, also vor Annahme durch den IWF-Gouverneursrats, vom EuGH auf dessen Vereinbarkeit mit den Verträgen überprüft werden könnte. Zu dieser Frage siehe unten Teil 5.C.IV.2.b).dd).

institutioneller Hinsicht zu klären wären.[1055] Die eigentlichen Beitrittsverhandlungen könnten dann vom Rat selbst oder von der EZB in Zusammenarbeit mit der Kommission geführt werden, nachdem der Rat eine entsprechende Ermächtigung erteilt und einen gemeinsamen Standpunkt festgelegt hat, wie die Verhandlungen zu führen sind. Die Verhandlungsführerschaft der EZB liegt deshalb nahe, da sie aufgrund ihres Beobachterstatus unter anderem im Exekutivdirektorium bereits mit den institutionellen und materiellen Vorgaben der *Articles of Agreement* vertraut ist und auch darüber hinaus über eine bessere Kenntnis der Besonderheiten der IWF-Rechtsordnung verfügt als der Rat. Die Beteiligung der Kommission, die wie dargelegt ohnehin „an den Verhandlungen in vollem Umfang" zu beteiligen ist, rechtfertigt sich daraus, dass auf diese Weise die Kontinuität der außenpolitischen Standpunkte der Union auch im Währungsbereich gewahrt bleibt.[1056]

2. Außenvertretung unterhalb der Schwelle von Vertragsverhandlungen, Art. 138 AEUV

Während der dem Titel V „Internationale Übereinkünfte" des fünften Teils des AEUV über das „auswärtige Handeln der Union" zugeordnete Art. 219 Abs. 3 AEUV somit die Aushandlung und den Abschluss völkerrechtlicher Verträge, auch in Form eines Beitrittsabkommens, regelt und über eine Analogie auch auf einseitige, auf den Beitritt der EU in internationale Organisationen zielende Unionsakte ausgedehnt werden kann, ist der Regelungsgehalt des Art. 138 AEUV allein auf die Wahrnehmung unterhalb der Schwelle der Aushandlung von Vereinbarungen liegender Beziehungen der EU zu „internationalen Einrichtungen und Konferenzen im Finanzbereich" beschränkt.[1057] Damit wird bereits aus systematischen Gesichtspunkten deutlich, dass Art. 138 AEUV, der bis zum Vertrag von Lissabon als Art. 111 Abs. 4 EGV noch unmittelbar hinter der Vorgängerregelung des Art. 219 Abs. 3

[1055] Zu diesen siehe Teil 5.C.IV.

[1056] Vgl. insoweit Art. 13 Abs. 1 UAbs. 1 EUV.

[1057] Vgl. *B. Dutzler*, EMU and the Representation of the Community in International Organisations, in: Griller/Weidel (Hrsg.), External Economic Relations and Foreign Policy in the European Union, 2002, 445 (458). So bereits auch *Z. Bognar*, Europäische Währungsintegration und Außenwirtschaftsbeziehungen, 1997, S. 366.

AEUV (ex-Art. 111 Abs. 3 EGV) stand,[1058] keine eigene Sachkompetenz zum Abschluss von Beitrittsabkommen mit anderen internationalen Organisationen bzw. zur Abgabe von Beitrittserklärungen begründet. Insoweit geht es allein um internationale Kontakte unterhalb des Vertragsschlusses, die im Einzelnen aber verschiedene Formen einnehmen können.[1059] Damit steht Art. 138 AEUV auch in einem Spezialitätsverhältnis nicht nur zu den die Außenvertretung durch die EZB betreffenden Bestimmungen in Art. 6 und 23 ESZB-Satzung, sondern auch zur allgemeinen Regelung des Art. 220 Abs. 1 AEUV über die Beziehungen der EU unter anderem zu den UN-Sonderorganisationen einschließlich des IWF.[1060]

Konkret ermächtigt zunächst Art. 138 Abs. 1 AEUV den Rat auf Vorschlag der Kommission[1061] und nach Anhörung der EZB mit qualifizierter Mehrheit den gemeinsamen Standpunkt festzulegen, den alle Akteure aus der Union, also neben den EU-Organen auch die Mitgliedstaaten der Eurozone einschließlich ihrer Zentralbanken, in internationalen Organisationen und Konferenzen zu „Fragen, die von besonderer Bedeutung für die Wirtschafts- und Währungsunion sind", einzunehmen haben. Damit soll insgesamt sichergestellt werden, dass gemeinsame Positionen übereinstimmend nach außen vertreten werden, die Union und ihre Mitgliedstaaten mithin tatsächlich „mit nur einer Stimme sprechen"[1062].[1063] Die so, in Übereinstimmung mit der Einstufung als

---

[1058] Zur Genese der beiden Bestimmungen siehe *S. Kadelbach*, in: Siekmann (Hrsg.), EWU, 2013, Art. 138 AEUV, Rn. 1-3, Art. 219 AEUV, Rn. 1-4.

[1059] Daraus folgt, dass Art. 138 AEUV, insbesondere dessen Abs. 2, seinen Anwendungsbereich gänzlich verlieren dürfte, soweit die Mitgliedschaft der Union in einer internationalen Organisation ausgehandelt und nach Art. 219 Abs. 3 AEUV vereinbart wird. Grundsätzlich kann nämlich davon ausgegangen werden, dass zusammen mit der Mitgliedschaft auch eine entsprechende Regelung hinsichtlich der Vertretungsbefugnis getroffen wird.

[1060] Ebenso mit Blick auf die alte Rechtslage *B. Martenczuk*, Die Außenvertretung der Europäischen Gemeinschaft auf dem Gebiet der Währungspolitik, ZaöRV 59 (1999), 93 (100).

[1061] Dies hat zur Folge, dass der Rat anders als bei Art. 219 Abs. 3 AEUV, der insoweit die weniger strengere Form der Empfehlung genügen lässt, den Vorschlag der Kommission nur mit Einstimmigkeit abändern kann (vgl. Art. 293 Abs. 1 AEUV).

[1062] Vgl. Europäische Rat von Wien v. 11/12.12.1998, Schlussfolgerungen des Vorsitzes, Bull. EU 12-1998, Ziff. 15.

Beschluss i.S.d. Art. 288 Abs. 4 AEUV, begründete rechtliche Bindungswirkung eines gemeinsamen Standpunktes hat zur Folge, dass ein Mitgliedstaat der Währungsunion rechtswidrig handelt, wenn er diesen missachtet, also insbesondere nicht auf internationaler Ebene, sei es individuell oder im Kollektiv, vertritt. Dagegen dürfte die Bindungswirkung nicht so weit gehen, dass hieraus auch ein Vorrangverhältnis in dem Sinne folgt, dass entgegenstehende Weisungen beispielsweise eines Mitgliedstaates der Eurozone an „seinen" Exekutivdirektor im IWF, wie es etwa Art. 6 Abs. 2 IWFG in Bezug auf den deutschen Exekutivdirektor vorsieht, unangewendet bleiben müssen. Auch erstreckt sich die Bindungswirkung der gemeinsamen Standpunkte nur auf Bereiche, die im Zuständigkeitsbereich der Union liegen. Sie bezieht sich insofern nicht auf die Wirtschaftspolitik, für die die EU wie dargelegt nur eine koordinierende und in gewissen Grenzen auch disziplinierende Zuständigkeit besitzt. Die Mitgliedstaaten sind hier jedoch zur loyalen Zusammenarbeit mit der Union gem. Art. 4 Abs. 3 EUV verpflichtet.[1064] Hieraus ergeben sich neben wechselseitigen Informations- und Konsultationspflichten auch Förderpflichten und vor allem ein Beeinträchtigungsverbot. Die Mitgliedstaaten, auch diejenigen mit Ausnahmeregelung,[1065] sind daher gehalten, alle Maßnahmen zu unterlassen, die die Festlegung und Verwirklichung gemeinsamer Standpunkte nach Art. 138 Abs. 1 AEUV gefährden könnten. Schließlich ergeben sich gewisse Einschränkungen für den Rat auch aus der horizontalen Kompetenzverteilung in den Bereichen, die der EZB zugewiesen sind. Dies betrifft einmal das in Art. 119 Abs. 2 und Art. 127 AEUV bekräftigte Primat der Preisstabilität sowie die in Art. 130 AEUV garantierte Unabhängigkeit der EZB.[1066]

In demselben Verfahren wie nach Art. 138 Abs. 1 AEUV „kann"[1067] der Rat gem. Abs. 2 dann auch über die Vertretung der EU auf völkerrecht-

---

1063 Vgl. auch *S. Kadelbach*, in: Siekmann (Hrsg.), EWU, 2013, Art. 138 AEUV, Rn. 8 ff.

1064 *U. Häde*, in: Calliess/Ruffert, EUV/AEUV, 4. Aufl. 2011, Art. 138 AEUV, Rn. 8.

1065 Ausführlich hierzu *R. Smits*, in: von der Groeben/Schwarze/Hatje, Europäisches Unionsrecht, 7. Aufl. 2015, Art. 138, Rn. 24-30.

1066 Vgl. auch *U. Palm*, Grabitz/Hilf/Nettesheim, EUV/ AEUV, 51. Erg. Lfg. 2013, Art. 138 AEUV, Rn. 13-14; *C. Herrmann*, in: Siekmann (Hrsg.), EWU, 2013, Art. 6 ESZB-Satzung, Rn. 5.

1067 Der Wortlaut der Bestimmung geht hier – anders als die Vorgängerregelung in Art. 111 Abs. 4 EGV („befindet der Rat") – nicht mehr von einer als

licher Ebene entscheiden, muss dabei allerdings infolge der asymmetrischen Konstruktion der WWU erneut die Binnenabgrenzung zwischen der Wirtschafts- und Währungspolitik beachten. Das hat zur Folge, dass den Mitgliedstaaten bei Fragen über die Außenvertretung der Union in Finanz- und Währungsorganisationen mit einem auch wirtschaftspolitischen Mandat, wie es beispielsweise beim IWF der Fall ist, zumindest dann eine bestimmende Rolle einzuräumen ist, wenn es um die Behandlung von Fragen der Wirtschaftspolitik geht. Dadurch wird der dem Rat zunächst zugebilligte weite Ermessensspielraum wieder eingeschränkt. Ansonsten ist der Rat aber weitgehend frei zu bestimmen, wer die EU in den in Abs. 1 genannten Zielorganisationen und -einrichtungen vertritt und dabei den gemeinsamen Standpunkt, der nicht notwendigerweise nach Abs. 1 gebildet worden sein muss,[1068] vorträgt. Dies bestätigt auch Art. 6.3 ESZB-Satzung.

3. Außenvertretungskompetenz der EZB

Die Außenvertretung der Union in internationalen Organisationen und Konferenzen nach Art. 138 Abs. 2 AEUV kann der Rat insofern erneut an die EZB delegieren, genauso wie er ihr im Rahmen des Art. 219 Abs. 3 AEUV auch die Aushandlung und den Abschluss von völkerrechtlichen Verträgen übertragen kann. Daneben sieht die ESZB-Satzung an verschiedenen Stellen ein Handeln der EZB auf internationaler Ebene auch ausdrücklich vor. Dies zeigt die große Bedeutung, die der Vertragsgeber der internationalen Zusammenarbeit der EZB im Währungsbereich beigemessen hat. So wird gleich an vorderster Stelle der ESZB-Satzung im Kapitel II über die „Ziele und Aufgaben des ESZB“ in den Art. 5 und 6 die Zusammenarbeit mit internationalen Organisationen und die Beteiligung an internationalen Währungseinrichtungen betont.

Im Bereich der internationalen Zusammenarbeit, die die dem ESZB übertragenen Aufgaben nach Art. 127 Abs. 2 und Abs. 4 bis 6 AEUV betrifft, bestimmt gem. Art. 12.5 i.V.m. Art. 6.1 ESZB-Satzung der EZB-Rat mit einfacher Mehrheit,[1069] wie (nicht ob)[1070] das ESZB ver-

---

Pflicht interpretierbaren Befugnis des Rats, sondern nunmehr von einem weiten Ermessen aus.

[1068] *S. Kadelbach*, in: Siekmann (Hrsg.), EWU, 2013, Art. 138 AEUV, Rn. 35.

[1069] Vgl. insoweit die Regelanordnung des Art. 10.2 UAbs. 4 ESZB-Satzung.

treten wird. Auf diese Weise soll gewährleistet werden, dass auch das ESZB nach außen einheitlich auftritt bzw. einheitlich wahrgenommen wird. Allerdings muss der EZB-Rat dabei genauso wie der Rat die Binnenabgrenzung zwischen der Wirtschafts- und Währungspolitik beachten. So zählen beispielsweise Fragen, die die Zahlungsbilanzstatistik betreffen, zu den dem ESZB übertragenen Aufgaben. Da sie jedoch nicht zur Währungspolitik im engeren Sinne gehören, bleiben die nationalen Zentralbanken befugt, auf diesem Gebiet mit internationalen Organisationen zu kooperieren. Dem trägt auch Art. 5.1 ESZB-Satzung Rechnung, indem er im Bereich der statistischen Aufgabenerfüllung eine Kooperation der EZB unter anderem mit den Behörden der Mitgliedstaaten und/ oder ihren Zentralbanken fordert.[1071]

Art. 6.2 ESZB-Satzung sieht zudem vor, dass sowohl die EZB als auch die nationalen Zentralbanken des Eurosystems sich an internationalen Währungseinrichtungen beteiligen können. Die nationalen Zentralbanken bedürfen hierfür allerdings der Zustimmung des EZB-Rats. Die Vorschrift trägt insoweit wie ihre Parallelbestimmung in Art. 219 Abs. 4 AEUV der völkerrechtlichen Rechtslage vor Übergang in die dritte Stufe der WWU Rechnung, indem sie den nationalen Zentralbanken – vorbehaltlich der Zustimmung des EZB-Rats – erlaubt, weiterhin in internationalen Währungseinrichtungen mitzuwirken. Hierzu zählen allerdings allein Einrichtungen wie die BIZ, der mittlerweile neben den nationalen Zentralbanken auch die EZB angehört, nicht dagegen klassische zwischenstaatliche Organisationen wie der IWF oder die OECD.[1072] Insoweit sind Art. 138 Abs. 2 und Art. 219 Art. 4 AEUV

1070 Die Entscheidung über das „Ob“ steht wie eben dargelegt allein dem Rat zu. Siehe hierzu auch *B. Dutzler*, EMU and the Representation of the Community in International Organisations, in: Griller/Weidel (Hrsg.), External Economic Relations and Foreign Policy in the European Union, 2002, 445 (450-451).

1071 Diese Kooperationspflicht gilt auch in umgekehrter Richtung für die Mitgliedstaaten und ihre Behörden. Vgl. Art. 4 der VO (EG) 2533/98 des Rats vom 23.11.1998 über die Erfassung statistischer Daten durch die Europäische Zentralbank, ABl. 1998 L 318/8: „Die Mitgliedstaaten nehmen die organisatorischen Aufgaben im Bereich der Statistik wahr und arbeiten eng mit dem ESZB zusammen, um die Erfüllung der sich aus Artikel 5 der [ESZB-]Satzung ergebenden Pflichten sicherzustellen“.

1072 Dieses Ergebnis ergibt sich klar aus dem systematischen Zusammenspiel zunächst mit Art. 23 1. Spiegelstr. ESZB-Satzung, der die EZB und die nationalen Zentralbanken des Eurosystems u.a. ermächtigt, „mit Zentralbanken und Finanzinstituten in dritten Ländern und, soweit zweckdienlich, mit *internatio-*

spezieller. Zudem besteht die in Art. 6.1 und 6.2 ESZB-Satzung begründete Außenvertretungskompetenz der EZB gem. Art. 6.3 ESZB-Satzung ohnehin nur „unbeschadet des Art. 138“ AEUV und der darin dem Rat verliehenen Kompetenz, für einen gemeinsamen Standpunkt und eine einheitliche Vertretung (mit Bindungswirkung auch gegenüber der EZB) zu sorgen.

Dagegen erlaubt Art. 23 1. Spiegelstr. ESZB-Satzung der EZB und den nationalen Zentralbanken des Eurosystems, „soweit zweckdienlich“, die Zusammenarbeit auch mit internationalen Organisationen[1073].[1074] Der unbestimmte Rechtsbegriff der Zweckdienlichkeit ist hier vor allem funktionsbezogen zu verstehen. Es kommt insoweit darauf an, ob die angestrebten Beziehungen einen hinreichenden Bezug zu den vom Eurosystem verfolgten Zielen und Aufgaben haben.[1075] Als internationale Organisationen in diesem Sinne ist daher auch und vor allem der IWF anzusehen.[1076]

---

nalen Organisationen Beziehungen aufzunehmen“ [eigene Hervorhebung], sowie aus Art. 31.1 ESZB-Satzung, der den nationalen Zentralbanken (ohne Zustimmung) der EZB erlaubt, „zur Erfüllung ihrer Verpflichtungen gegenüber *internationalen Organisationen*“ Geschäfte nach Art. 23 ESZB-Satzung abzuschließen. [Eigene Hervorhebung]. In diesem Sinne bereits auch *B. Dutzler*, EMU and the Representation of the Community in International Organisations, in: Griller/Weidel (Hrsg.), External Economic Relations and Foreign Policy in the European Union, 2002, 445 (451-452). Anders aber *C. Zilioli/ M. Selmayr*, CMLRev. 36 (1999), 273 (336); *R. Smits*, in: von der Groeben/Schwarze/Hatje, Europäisches Unionsrecht, 7. Aufl. 2014, Art. 6 ESZB-Satzung, Rn. 13.

[1073] Daneben erlaubt Art. 23 1. Spiegelstr. ESZB-Satzung auch die Aufnahme bilateraler Beziehungen zu Zentralbanken und Finanzinstituten in Drittstaaten. Insoweit ist die Bestimmung gegenüber Art. 138 Abs. 2 und, sofern kein Vertragsschluss angestrebt wird, auch gegenüber Art. 219 Abs. 3 AEUV die speziellere Norm.

[1074] Siehe hierzu im Zusammenhang mit dem ESM auch *EuGH*, Rs. C-370/12, *Pringle*, ECLI:EU:C:2012:756, Rn. 165.

[1075] *P. Athanassiou/G. Zagouras*, in: von der Groeben/Schwarze/Hatje, Europäisches Unionsrecht, 7. Aufl. 2015, Art. 23 ESZB-Satzung, Rn. 3.

[1076] Vgl. auch Anhang IV, Rn. 22 der Richtlinie 2006/48 des Europäischen Parlaments und des Rats v. 14.6.2006 über die Aufnahme und Ausübung der Tätigkeit der Kreditinstitute, ABl. 2006 L 177/1, in der u.a. auch der IWF explizit genannt wird.

D. Fazit

Als Fazit der vorstehenden Ausführungen lässt sich festhalten, dass die unionsrechtlichen Rahmenbedingungen der EU eine intensive Ausgestaltung der Beziehung zum IWF, auch und vor allem in Form einer mitgliedschaftlichen Beteiligung, erlauben. Dies folgt nicht nur aus der ihr mit dem Vertrag von Lissabon explizit verliehenen völkerrechtlichen Rechtspersönlichkeit, sondern vor allem aus den ihr übertragenen Kompetenzen im Aufgaben- und Regelungsbereich des IWF, die ihr insofern ein eigenständiges Handeln gegenüber den Mitgliedstaaten ermöglichen. Dies bedeutet jedoch nicht, dass die Mitgliedstaaten den IWF verlassen müssten. Zum einen tritt eine solche Folge nicht *ipso iure* ein. Zum anderen besteht aus unionsrechtlicher Perspektive auch keine Verpflichtung zum Austritt, da sowohl die Mitgliedstaaten mit Ausnahmeregelung als auch die Euro-Mitgliedstaaten im Bereich des IWF-Rechts – vor allem auf dem Gebiet der Wirtschaftspolitik – noch Zuständigkeiten besitzen, die ihre Beteiligung und den Fortbestand ihrer eigenständigen Mitgliedschaft im IWF notwendig machen. Davon gehen offensichtlich auch Art. 219 Abs. 4 AEUV und Art. 31.1 i.V.m. Art. 23 ESZB-Satzung aus, die den Mitgliedstaaten und ihren nationalen Zentralbanken das Recht belassen, „in internationalen Gremien Verhandlungen zu führen und internationale Vereinbarungen zu treffen“ bzw. „zur Erfüllung ihrer Verpflichtungen gegenüber internationalen Organisationen nach Artikel 23 [ESZB-Satzung] Geschäfte abzuschließen“. Die IWF-Mitgliedschaft der EU-Mitgliedstaaten genießt insofern nach wie vor „Bestandschutz“, befreit aber natürlich nicht von der Einhaltung der EU-Kompetenzordnung bei der Ausübung und Erfüllung der sich aus den *Articles of Agreement* ergebenden Mitgliedschaftsrechte und -pflichten. Dies wirft die Frage nach dem (künftigen) Status und der Rolle der EU und ihrer Mitgliedstaaten im IWF und ihrer rechtlichen Einordnung auf, der nun im letzten Teil der Arbeit nachgegangen werden soll.

Fünfter Teil: Der Status der EU im IWF

Im Folgenden soll vor dem Hintergrund der in den ersten drei Teilen der Arbeit gewonnenen Erkenntnisse *de lege lata* und *de lege ferenda* das durch den Kompetenztransfer auf die Union hervorgerufene „Konfliktverhältnis" zwischen der EU und dem IWF in Bezug auf die IWF-Vertragsrechte und -pflichten der EU-Mitgliedstaaten und die Währungshoheit der Union untersucht und einer Lösung zugeführt werden. Dabei steht vor allem die Frage nach dem (möglichen) institutionellen Status der Union im IWF und dessen Folgen für das UN-System im Zentrum der Ausführungen. Hierzu soll in einem ersten Schritt die gegenwärtige Ausgestaltung der Kooperation zwischen der EU und dem IWF nachvollzogen und bewertet werden (B.), um sodann verschiedene Modelle einer Beteiligung der Union im IWF auf ihre Realisierbarkeit vor dem Hintergrund des geltenden Völkervertragsrechts und der Interessenlage der IWF-Mitglieder zu diskutieren (C.). Angesichts der gegenüber anderen regionalen Währungskooperationen hervorgehobenen ökonomischen Bedeutung der WWU und ihrer besonderen rechtlichen Struktur stellt sich allerdings zuvor die Frage nach ihrer grundsätzlichen Vereinbarkeit mit den *Articles of Agreement* (A.).

A. Zulässigkeit der WWU nach den *Articles of Agreement*

I. Zur grundsätzlichen Anerkennung regionaler Zusammenarbeit in Form von Währungsunionen

Auf der Gründungskonferenz in Bretton Woods verfügten alle Teilnehmerstaaten noch über eine eigene Währung, die innerhalb ihres Hoheitsgebiets als ausschließliches[1077] Zahlungsmittel diente.[1078] Die zu

[1077] Eine Ausnahme stellten zu diesem Zeitpunkt nur die Dominikanische Republik, Liberia und Panama dar, die neben ihrer einheimischen Währung zusätzlich den US-Dollar als Zahlungsmittel zuließen.

[1078] Siehe hierzu m.w.Nw. *J. Gold*, Membership and Nonmembership in the International Monetary Fund, 1974, S. 90 ff., S. 471; vgl. auch *F. Gianviti*, Use of a Foreign Currency under the IMF's Articles of Agreement, in: IMF (Hrsg.), Current Developments in Monetary and Financial Law, Bd. 3, 2005, S. 817.

M. Assakkali, *Europäische Union und Internationaler Währungsfonds*, Beiträge zum ausländischen öffentlichen Recht und Völkerrecht, DOI 10.1007/978-3-662-54363-4_5

dieser Zeit existierenden Währungsvereinbarungen, mit denen ein Teil der Gründungsmitglieder versuchte, den eigenen monetären Einfluss auf Dritte auszuweiten, betrafen in der Regel nur die eigenen Kolonien und Protektorate, nicht jedoch andere souveräne Staaten.[1079] Dieser Realität lag das Verständnis von der eigenen nationalen Währung nicht nur als gesetzliches Zahlungsmittel, sondern darüber hinaus als Symbol der eigenen Souveränität zugrunde.[1080] Dies spiegelt sich auch in der oft zitierten Entscheidung des StIGH aus dem Jahr 1929 wider, in der dieser in einem *obiter dictum* festgestellt hat, "*it is indeed a generally accepted principle of public international law that a State is entitled to regulate its own currency*".[1081] Dementsprechend erschien es den Gründungsvätern des IWF auch eher unwahrscheinlich, dass sich einige Mitglieder auf eine gemeinsame Verwaltung ihrer Währungen einigen oder sogar ihre monetären Befugnisse ganz auf Dritte übertragen. Obgleich der Nachweis einer eigenen Währung in den *Articles of Agreement* nicht als Bedingung für einen Beitritt zum IWF aufgenommen wurde, hat dieser Standpunkt satzungsrechtlich dennoch seinen Niederschlag gefunden:[1082] Anders als etwa die Havanna Charta in Art. 44 oder das GATT in Art. XXIV in Bezug auf Zollunionen und Freihandelszonen[1083] enthalten die *Articles of Agreement* keine Bestimmung über die Grundsätze und Verfahren für die Anerkennung regionaler Zusammenschlüsse in Form von Währungsunionen.[1084] Im Gegenteil, die IWF-Mitglieder waren bis zum Zusammenbruch des Bretton Woods-Systems nicht einmal berechtigt, ihr eigenes Wechselkursregime zu wählen. Wie ge-

---

1079 Vgl. *D. Carreau*, Les zones monétaires en droit international, in: Flume u.a. (Hrsg.), Internationales Recht und Wirtschaftsordnung, FS F.A. Mann, 1977, 673 (673).

1080 Zum Begriff und Inhalt der Währungshoheit ausführlich *C. Herrmann*, Währungshoheit, Währungsverfassung und subjektive Rechte, 2010, S. 97 ff.

1081 PCIJ, *Case Concerning the Payment of Various Serbian Loans Issued in France*, Entscheidung vom 12. Juli 1929, Series A, Nos. 20/ 1, S.44.

1082 Vgl. hierzu auch *J. Gold*, Membership and Nonmembership in the International Monetary Fund, 1974, S. 90-91.

1083 Dazu näher *K. Chase*, Multilateralism Compromised: The Mysterious Origins of GATT Article XXIV, World Trade Review 5 (2006), 1 ff.

1084 Vgl. *D. Carreau*, Les zones monétaires en droit international, in: Flume u.a. (Hrsg.), Internationales Recht und Wirtschaftsordnung, FS F.A. Mann, 1977, 673 (681); *A. Viterbo*, Monetary Regionalism: A Challenge to the IMF, IYIL 26 (2006), 139 (144).

zeigt, änderte sich dies satzungsrechtlich erst mit dem Inkrafttreten der zweiten IWF-Reform 1978.

Der dadurch modifizierte Art. IV IWFÜ lässt seitdem den Mitgliedern bei der Wahl ihres Wechselkursregimes einen weiten Ermessensspielraum. Dies verdeutlicht insbesondere die weit gefasste Regelung des Art. IV Abschn. 2 lit. b) (iii) IWFÜ, wonach "other exchange arrangements of a member's choice" zulässig sind. Hierunter sind unstreitig unter anderem Kooperationen in Form von Wechselkurs- und Parallelwährungsunionen oder auch vertraglich vereinbarte Währungsübernahmen zu subsumieren.[1085] Streitig ist aber seit jeher, ob auch kooperative Zusammenschlüsse in Form von Währungsunionen in den Anwendungsbereich des Art. IV Abschn. 2 lit. b) IWFÜ fallen.[1086] Dies wird von einem Teil der Literatur abgelehnt. Stattdessen wird die grundsätzliche Anerkennung von Währungsunionen implizit aus Art. VII Abschn. 5 und Art. VIII Abschn. 6 IWFÜ, die beide das Verhältnis zu kollidierenden mitgliedstaatlichen Alt-Vereinbarungen regeln, hergeleitet.[1087] Definiert man allerdings mit *Frederick A. Mann* eine Währungsunion als "a monetary system common to several independent States and characterized by a single currency issued by or on behalf of a single central bank and being legal tender in the member States of the union",[1088] so wird deutlich, dass sich eine Währungsunion

---

1085 Hierzu der Überblick bei *J.-V. Louis*, Common Currencies, Single Currency, and Other Forms of Currency Arrangements, in: IMF (Hrsg.), Current Developments in Monetary and Financial Law, Bd. 2, 2004, 657 ff. Siehe auch *A. Viterbo*, Monetary Regionalism: A Challenge to the IMF, IYIL 26 (2006), 139 (146 ff.). Zur Vereinbarkeit des Europäischen Wechselkursverbundes, der sog. Schlange, und des Europäischen Währungssystems mit den *Articles of Agreement* siehe oben Teil 2.C.I.-III.

1086 Vgl. *D. Carreau*, Les zones monétaires en droit international, in: Flume u.a. (Hrsg.), Internationales Recht und Wirtschaftsordnung, FS F.A. Mann, 1977, 673 (677 ff.).

1087 So z.B. *M. Lô Diatta*, Les Unions monétaires en droit international, 2007, S. 160 ff., insb. S. 169.

1088 *F. A. Mann*, The Legal Aspect of Money, 5. Aufl. 1992, S. 505 unter Rückgriff auf *J. Gold*, Monetary Unions and Monetary Zones, in: Bernhardt (Hrsg.), EPIL, Bd. III, 1997 (Stand: 1985), 454 (454), der eine Währungsunion wie folgt definiert: "as an arrangement by which the members, in order to promote an economic objective, have agreed to establish and control a common central bank that issues a common currency as the only currency in circulation and that holds the pooled monetary reserves of members to support the currency".

von einer Wechselkursunion im Prinzip allein durch die Verwendung einer einzigen Unionswährung und durch die Existenz einer Unionszentralbank unterscheidet und damit letztlich eine Fortführung der letzteren darstellt.[1089] Hält man sich zudem die in Art. IV Abschn. 2 lit. b) IWFÜ garantierte umfassende Wahlfreiheit der Mitglieder bei der Festlegung ihres Wechselkursregimes vor Augen, lässt sich mit guten Gründen vertreten, auch regionale Zusammenschlüsse in Form von Währungsunionen als eine nach Art. IV Abschn. 2 lit. b) (iii) IWFÜ grundsätzlich zulässige Wechselkursregelung zu qualifizieren.[1090] Hierfür streitet auch, dass der IWF in seinen Annual Reports on Exchange Arrangements and Exchange Restrictions Währungsunionen als "*exchange arrangements* of countries [...] in which the same legal tender is shared by the members of the union"[1091] einordnet.

Als ein erstes Zwischenergebnis ist daher – in Übereinstimmung mit dem im ersten Teil der Arbeit zum Europäischen Währungssystem Gesagten – festzuhalten, dass eine monetäre Zusammenarbeit auf regionaler Ebene nach den *Articles of Agreement* grundsätzlich zulässig ist. Mit dieser Feststellung ist zugleich positiv gesagt, dass sich die Mitglieder des IWF durch den Abschluss des IWFÜ bzw. ihren Betritt zum IWF nicht ihrer Freiheit begeben haben, im engeren regionalen Rahmen zusammenzuarbeiten.[1092] Vielmehr steht es ihnen nach wie vor frei, sich auch in Form einer Währungsunion mit denselben Fragen zu befassen, die auch in den Aufgaben- und Regelungsbereich des IWF fallen.

[1089] Siehe *C. Muth*, Währungsdesintegration – Das Ende von Währungsunionen, 1997, S. 7.

[1090] Im Ergebnis wie hier auch *A. Viterbo*, Monetary Regionalism: A Challenge to the IMF, IYIL 26 (2006), 139 (154); *L. Gramlich*, Internationale Finanzordnung (IMF und IBRD) – Legitimität, Effektivität, Reform, in: Giegerich (Hrsg.), Internationales Wirtschafts- und Finanzrecht in der Krise, 2011, 71 (112); *L. Puccio*, The EU and the IMF: The Financial Crisis as a Catalyst for a Stronger Union Representation?, in: de Waele/Kuipers (Hrsg.), The European Union's Emerging International Identity, 2013, 211 (220-221). Siehe auch *C. R. Henning*, Regional Arrangements and the International Monetary Fund, in: Truman (Hrsg.), Reforming the IMF for the 21st Century, 2006, 171 ff.

[1091] Vgl. *IMF*, Annual Report on Exchange Arrangements and Exchange Restrictions 2013, S. 77 [eigene Hervorhebung].

[1092] Vgl. auch *F. Gianviti*, Current Legal Aspects of Monetary Sovereignty, in: IMF (Hrsg.), Current Developments in Monetary and Financial Law, Bd. 4, 2006, 3 (4).

II. Zur Vereinbarkeit der WWU mit den *Articles of Agreement*

Allerdings darf eine Währungsunion der Mitglieder nicht den grundlegenden Prinzipien und Zielsetzungen des IWF entgegenstehen. Insoweit stehen an praktischer Bedeutung im Vordergrund die Verpflichtungen auf dem Gebiet der Wechselkurspolitik nach Art. IV IWFÜ, die in Art. VIII Abschn. 2 bis 4 IWFÜ normierten Verpflichtungen – zunächst die Vermeidung von Beschränkungen des laufenden internationalen Zahlungsverkehrs (Abs. 2), ferner die Vermeidung diskriminierender Währungspraktiken (Abs. 3), sowie die Aufrechterhaltung der Konvertibilität von Guthaben des Auslands (Abs. 4). Schließlich ist auch die Einhaltung der in Art. I IWFÜ genannten generellen Zielvorgaben des IWF zu nennen, also u.a. die Verpflichtung zur Förderung des Wachstums des Welthandels und bei der Beseitigung von Devisenverkehrsbeschränkungen mitzuwirken sowie Währungsabwertungen aus Wettbewerbsgründen zu vermeiden.

Wie bereits im dritten Teil der Arbeit an verschiedenen Stellen ausgeführt, begegnet die WWU insoweit keinen rechtlichen Bedenken. Im Gegenteil, sie trägt diesen Erfordernissen in vollem Umfang Rechnung. Zum Teil geht sie – wie das Beispiel der auch im Verhältnis zu Drittstaaten wirkenden Liberalisierung des Kapitalverkehrs zeigt – über die Anforderungen der *Articles of Agreement* hinaus. Generell umfasst die WWU als ihren zentralen Pfeiler und zugleich grundlegende Voraussetzung einen Wirtschaftsraum ohne Binnengrenzen, in dem neben der Kapital- und Zahlungsverkehrsfreiheit auch der freie Verkehr von Waren, Personen und Dienstleistungen gewährleistet wird.[1093] Diese Gewährleistungen sorgen zumindest auf der Binnenebene für eine Erweiterung des Austausches von Waren sowie des Personen-, Dienstleistungs- und Kapitalverkehrs und tragen damit zur Verwirklichung des „eigentlichen Zwecks" des IWF, „Rahmenbedingungen zur Erleichterung des Waren-, Dienstleistungs- und Kapitalverkehrs"[1094] zu schaffen, in vollem Umfang bei. Ob und inwieweit die mit der Binnenliberalisierung erreichten handelsfördernden Wirkungen die damit einhergehenden handelsverzerrenden Wirkungen im Außenverhältnis überragen, ist streitig, kann hier aber nicht weiter vertieft werden. Insoweit sei auf den umfangreichen Bestand an weiterführenden Arbeiten verwie-

---

1093 Vgl. Art. 26 Abs. 2 AEUV.

1094 Vgl. Art. IV Abschn. 1 IWFÜ.

sen, die sich ausführlich dem Spannungsverhältnis zwischen „Regionalismus und Multilateralismus" angenommen haben.[1095]

Insgesamt ist somit festzuhalten, dass es sich bei der WWU um eine nach Art. IV Abschn. 2 lit. b) (iii) IWFÜ zulässige Wechselkursregelung handelt, die auch sonst den Anforderungen der *Articles of Agreement* in vollem Umfang genügt.

B. Primat des Pragmatismus: Status quo der EU-IWF-Kooperation

Die rechtliche Konstruktion der gegenwärtigen Kooperation zwischen der EU und dem IWF beruht auf unions- und IWF-rechtlichen Grundlagen. Das Ziel der nachfolgenden Ausführungen ist es, diese aufzuzeigen und je für sich zu bewerten, bevor in einem nächsten Schritt ihre Umsetzung in der Praxis dargelegt und gewürdigt wird.

I. Rechtliche Grundlagen der gegenwärtigen EU-IWF-Kooperation

1. Unionsrechtliche Grundlagen

Wie oben in Teil drei der Arbeit dargelegt, umschreibt das Unionsrecht in Art. 138 und 219 AEUV die Voraussetzungen für die Aufnahme und Wahrnehmung von Beziehungen der EU zum IWF nur in allgemeiner Form. Deshalb käme es entscheidend darauf an, wie der Rat als das insoweit zuständige Organ die Rückwirkungen der WWU auf den IWF im Einzelnen bestimmt. Die bis dato gültige Vereinbarung beruht indes nicht auf einem Beschluss des Rats, sondern lediglich auf einer Schlussfolgerung des Europäischen Rats von Wien vom Dezember 1998, in der dieser aufbauend auf einer Entschließung des Europäischen Rats von Luxemburg vom Dezember 1997[1096] einige Leitlinien zur Außenvertre-

---

[1095] Zur Debatte allgemein etwa *R. Zimmermann*, Regionale Integration und multilaterale Handelsordnung, 1999; speziell in Bezug auf den IWF vgl. *G. Albertin*, Regionalism or Multilateralism? A Political Economy Choice, WP/08/65, March 2008, abrufbar unter https://www.imf.org/external/pubs/ft/wp/2008/wp0865.pdf (letzter Zugriff: 7.4.2015).

[1096] *Europäischer Rat* v. Luxemburg, Schlussfolgerungen des Vorsitzes, Bull.-EU 12-1997, S. 8 ff., Anlage I.

tung der EG/ WWU festlegt und einen entsprechenden Bericht des Rats annimmt.[1097] Dabei hatte die Kommission ebenfalls vor Eintritt in die dritte Stufe der WWU in Reaktion auf die Entschließung des Europäischen Rats von Luxemburg auf der Grundlage des Art. 109 Abs. 4 EGV i.d.F. des Vertrages von Maastricht (ex-Art. 111 Abs. 4 EGV (Amsterdam/ Nizza), heute: Art. 138 AEUV) einen Vorschlag für einen Ratsbeschluss über die Vertretung und Festlegung von Standpunkten der Eurozone auf internationaler Ebene, einschließlich ihrer Vertretung im IWF, unterbreitet.[1098] Dieser Vorschlag, für dessen Annahme damals Einstimmigkeit vorgeschrieben war,[1099] wurde zwar im Europäischen Parlament beraten,[1100] sonst aber nicht weiter verfolgt. Inzwischen ist er von der Kommission wieder zurückgezogen[1101] und durch einen neuen Vorschlag für einen Beschluss des Rats über Maßnahmen zur schrittweisen Einrichtung einer einheitlichen Vertretung des Euro-Währungsgebiets im IWF[1102] ersetzt worden.[1103]

[1097] Vgl. *Europäischer Rat* v. Wien, Schlussfolgerungen des Vorsitzes, Bull.-EU 12-1998, S. 8 ff.

[1098] Vgl. *Kommission*, Vorschlag für einen Beschluß des Rates über die Vertretung und die Festlegung von Standpunkten der Gemeinschaft auf internationaler Ebene im Zusammenhang mit der Wirtschafts- und Währungsunion, KOM (1998) 637 endg.

[1099] Vgl. Art. 109 Abs. 4 EGV-Maastricht.

[1100] Vgl. *Europäisches Parlament*, Entschließung zum Vorschlag der Kommission für einen Beschluss des Rates (KOM(98)0637 – C4-0638/98) vom 21.12.1998, ABl. 1998 C 398/ 61.

[1101] *Kommission*, Beschluss zur Rücknahme des Vorschlags der Kommission für einen Beschluss des Rates über die Vertretung und die Festlegung von Standpunkten der Gemeinschaft auf internationaler Ebene im Zusammenhang mit der Wirtschafts- und Währungsunion (KOM (1998) 637 endg.), C(2015) 8001 final.

[1102] *Kommission*, Vorschlag für einen Beschluss des Rates über Maßnahmen zur schrittweisen Einrichtung einer einheitlichen Vertretung des Euro-Währungsgebiets im Internationalen Währungsfonds, COM(2015) 603 final.

[1103] Zum Regelungsinhalt des neuen Vorschlags siehe unten Fünfter Teil.C.I.

a) Schlussfolgerungen des Europäischen Rats von Luxemburg (Dezember 1997)

In den Schlussfolgerungen des Europäischen Rats von Luxemburg vom 12. und 13. Dezember 1997 heißt es zunächst in Ziff. 46 unter der Überschrift „Wirtschafts- und Währungsunion", dass der Rat und die EZB „ihre Aufgaben bei der Vertretung der Gemeinschaft auf internationaler Ebene effizient und unter Einhaltung der im Vertrag vorgesehenen Zuständigkeitsverteilung" wahrnehmen sollen. Die Kommission soll demgegenüber nur „in dem Maß an der Vertretung nach außen beteiligt [werden], wie dies notwendig ist, damit sie die ihr durch die einschlägigen Bestimmungen des Vertrags zugewiesenen Aufgaben wahrnehmen kann".[1104] Diese allgemeinen Aussagen werden sodann in einer Entschließung des Europäischen Rats über die wirtschaftspolitische Koordinierung in der dritten Stufe der WWU und zu den Art. 109 und 109 b EGV (heute Art. 138, 219 und 284 AEUV) in Anlage I zu den Schlussfolgerungen näher begründet:

> „9. Gemäß Artikel 109 Absatz 4 befindet der Rat über den Standpunkt der Gemeinschaft auf internationaler Ebene zu Fragen, die von besonderer Bedeutung für die Wirtschafts- und Währungsunion sind. *Dies bezieht sich sowohl auf die bilateralen Beziehungen zwischen der EU und einzelnen Drittstaaten als auch auf Verhandlungen in internationalen Organisationen oder informellen internationalen Gremien.* Der Geltungsbereich dieser Bestimmung ist notwendigerweise beschränkt, da nur die Mitgliedstaaten des Euro-Währungsgebietes ein Stimmrecht in bezug auf Artikel 109 haben.
>
> 10. *Der Rat und die Europäische Zentralbank werden ihre Aufgaben bei der Vertretung der Gemeinschaft auf internationaler Ebene wirksam und unter Beachtung der im Vertrag vorgesehenen Kompetenzverteilung erfüllen.* Abgesehen von der Geld- und der Wechselkurspolitik haben *die Mitgliedstaaten ihre Wirtschaftspolitik außerhalb der Gemeinschaft weiterhin selbst zu vertreten, wobei sie allerdings dem Interesse der Gemeinschaft voll Rechnung tragen müssen. Die Kommission wird an der Vertretung nach außen in dem Umfang beteiligt, der notwendig ist, damit sie die ihr nach dem Vertrag obliegenden Aufgaben wahrnehmen kann.*
>
> Bei der Vertretung in internationalen Organisationen ist den Regeln der jeweiligen Organisation Rechnung zu tragen. *Was insbesondere*

[1104] *Europäischer Rat* v. Luxemburg, Schlussfolgerungen des Vorsitzes, Bull.-EU 12-1997, S. 8 ff., Ziff. 46.

die Beziehungen der Gemeinschaft zum Internationalen Währungsfonds betrifft, so sind die Satzungsvorschriften des Fonds maßgeblich, nach denen nur Staaten Mitglieder dieser Einrichtung sein können. Die Mitgliedstaaten sollten sich in ihrer Eigenschaft als Mitglieder des IWF darum bemühen, zu pragmatischen Vereinbarungen zu gelangen, die die Durchführung der IWF-Überwachung und die Darlegung des Gemeinschaftsstandpunktes, einschließlich des ESZB-Standpunkts, in den IWF-Gremien erleichtern.“[1105]

b) Vorschlag der Kommission für einen Ratsbeschluss über die Vertretung und Festlegung von Standpunkten der Eurozone auf internationaler Ebene (November 1998)

Als Reaktion hierauf schlug die Kommission Ende November 1998 auf der Grundlage des Art. 109 Abs. 4 EGV einen, in seinen zentralen Punkten von der Entschließung des Europäischen Rats deutlich abweichenden Ratsbeschluss über „die Vertretung und die Festlegung von Standpunkten der Gemeinschaft auf internationaler Ebene im Zusammenhang mit der Wirtschafts- und Währungsunion“ vor. Darin hob sie gleich an vorderster Stelle in den Erwägungsgründen sowie in Art. 1 hervor, dass sie an der Vertretung der Gemeinschaft in den internationalen Währungsbeziehungen gleichberechtigt neben dem Rat und der EZB beteiligt sein sollte.[1106] Hinsichtlich der Vertretung im IWF-Exekutivdirektorium sah der Vorschlag vor, dem Rat ein Rederecht über den Euro-Mitgliedstaat, der den Vorsitz im Rat innehat, zu ermöglichen. Sofern ein Mitgliedstaat den Ratsvorsitz führte, „der nicht den Euro als seine Währung eingeführt hat, [... sollte] der Rat an der Vertretung der Gemeinschaft über den Mitgliedstaat beteiligt [sein], der als nächstes den Ratsvorsitz innehat und den Euro als seine Währung eingeführt hat“.[1107] Ferner sollten an den Sitzungen des Exekutivdirektoriums auch die EZB und die Kommission teilnehmen, sofern dort „Fragen von Bedeutung für die WWU erörtert werden“.[1108] In Bezug auf die Vertretung im Interimsausschuss des IWF, dem heutigen Internationalen Währungs- und Finanzausschuss, ging der vorgeschlagene Ratsbeschluss in Art. 4, 2. Gedankenstr. sogar über den empfohlenen Status

1105 *Ebd.*, Anlage I, Ziff. 9 u.10 [eigene Hervorhebungen].

1106 Vgl. *Kommission*, KOM (1998) 637 endg., Art. 1.

1107 *Ebd.*, Art. 4, 1. Gedankenstr. i.V.m. Art. 2.

1108 *Ebd.*, Art. 4, 1. Gedankenstr.

im Exekutivdirektorium hinaus. Hier sollten der Rat (über den Euro-Mitgliedstaat mit Ratsvorsitz), die Kommission und die EZB den „Sitzungen durchgängig beiwohnen und [...] in ihrem jeweiligen Zuständigkeitsbereich das Wort ergreifen“ können. Das übergeordnete Ziel dieser dreigliedrigen Vertretung im IWF sollte es insgesamt sein, dort „mit einer Stimme“ zu sprechen.[1109] Im Gegensatz zu der Entschließung des Europäischen Rats sollte es sich hierbei jedoch nur um eine bloße „Übergangsregelung“ handeln, bis die „Regeln“ des IWF eine effizientere Vertretung der Gemeinschaft ermöglichen.

Obwohl Art. 109 Abs. 4 EGV, wie auch der heutige Art. 138 AEUV, eine Beteiligung des Europäischen Parlaments nicht vorsehen, hat es in einer Resolution vom 21. Dezember 1998 zum Kommissionsvorschlag Stellung genommen. Darin hat es diesen grundsätzlich begrüßt. Hinsichtlich der Vertretung im IWF drängte es allerdings auf ein Informationsrecht gegenüber der Kommission. Demnach sollte das Parlament „über die Ergebnisse einer solchen Sitzung oder der laufenden Tätigkeit“ umfassend informiert werden.[1110] Als weiteren Änderungsvorschlag sah die Resolution eine Pflicht der „Beobachtungsstelle“ [im IWF] vor, [einmal jährlich] vor dem zuständigen Ausschuß des Europäischen Parlaments eine Erklärung abzugeben und Fragen der Mitglieder zu beantworten“.[1111] In verfahrensrechtlicher Hinsicht drängte das Parlament darauf, als „einzig akzeptables Verfahren für einen Beschluß über die Ausführung von Artikel 109 Absatz 4 [...] einen Beschluß des Rates“ zuzulassen. In zeitlicher Hinsicht sollte dieser zudem „bis zum 1. Januar 1999 gefasst“ werden.[1112]

c) Vorschlag des belgischen Finanzministers, *Jean-Jacques Viseur*, auf dem Meeting der erweiterten Euro-11-Gruppe in Wien (September 1998)

Bereits zwei Monate vor der Veröffentlichung des Kommissionsvorschlags hatte auch der belgische Finanzminister, *Jean-Jacques Viseur*, auf dem Treffen der erweiterten Euro-11-Gruppe in Wien im Septem-

---

[1109] *Ebd.*, Art. 1 und Art. 5 Abs. 1.

[1110] *Europäisches Parlament*, Entschließung zum Vorschlag der Kommission für einen Beschluss des Rates (KOM(98)0637 – C4-0638/98) vom 21.12.1998, ABl. 1998 C 398/ 63, Änderungsvorschlag 11.

[1111] *Ebd.*, Änderungsvorschlag 12.

[1112] *Ebd.*, Änderungsvorschläge 6 und 8.

ber 1998 einen separaten Vorschlag über die Außenvertretung der Eurozone vorgelegt.[1113] Dieser sieht eine ebenso ambitionierte Lösung hinsichtlich der Vertretung der Eurozone im IWF vor, wie die spätere Vorlage der Kommission. Insoweit hebt der Vorschlag zunächst hervor, dass zwischen kurzfristigen Anforderungen und möglichen mittelfristigen Zielen für die Vertretung der Eurozone zu unterscheiden sei.[1114] Im Exekutivdirektorium soll die Eurozone durch einen EZB-Beobachter und den Vorsitzenden der Euro-11-Gruppe vertreten werden. Dabei sei letzterer für einen längeren Zeitraum zu ernennen, um auf diese Weise für eine bessere Sichtbarkeit und Kontinuität der Eurozone in ihren Außenbeziehungen zu sorgen.[1115] Zuvor sollten die im Direktorium zu vertretenden Konzeptionen und Positionen der WWU im Währungs- und Finanzausschuss auf der Grundlage eines Vorschlags der Kommission vorbereitet werden. Hinsichtlich der Vertretung im Interimsausschuss sieht der Vorschlag – wie der Ratsbeschluss der Kommission – schließlich eine dreigliedrige Vertretung der Währungsunion vor, bestehend aus dem Präsidenten der Euro-11-Gruppe, dem EZB-Präsidenten und einem Kommissionsvertreter.[1116]

d) Schlussfolgerungen des Rats von Wien (Dezember 1998)

In seinen Schlussfolgerungen auf der Tagung in Wien vom 11. und 12. Dezember 1998 nahm der Europäische Rat zu der Frage der Vertretung der Gemeinschaft in den internationalen Währungsbeziehungen erneut und bis dato abschließend Stellung. Darin stützt er sich gänzlich auf den von ihm gebilligten Bericht des Rats „hinsichtlich der Vertretung der Gemeinschaft nach außen".[1117] Der Ratsbericht weicht nicht nur in verfahrensrechtlicher Hinsicht vom Vorschlag der Kommission ab, die insoweit – wie auch explizit vom Europäischen Parlament gefordert – die in Art. 109 Abs. 4 EGV vorgesehene Handlungsform des

---

1113 External Representation of the Euro-Zone, Proposals by Jean-Jacques Viseur, Minister of Finance of Belgium, Meeting of the enlarged Euro-11-group Vienna, Saturday – 26 September 1998, abgedr. in: *P. Coffey*, The Euro. An essential guide, 2001, S. 222.

1114 *Ebd.*, S. 223, Ziff. 10.

1115 *Ebd.*, S. 223, Ziff. 6.

1116 *Ebd.*, S. 224, Ziff. 13.

1117 Vgl. *Europäischer Rat* v. Wien, Schlussfolgerungen des Vorsitzes, Bull.-EU 12-1998, S. 8 ff., Ziff. 14.

Beschlusses verlangte, sondern hebt sich auch inhaltlich teils erheblich von den Vorschlägen der Kommission und *Viseurs* ab. Zunächst aber wird darin übereinstimmend betont, dass in Fragen der Vertretung der Gemeinschaft nach außen eine Lösung gefunden werden müsse, die „die Rolle des Euro gebührend anerkennt“.[1118] Dabei sei „zwischen der Vertretung der Gemeinschaft auf internationaler Ebene in Fragen, die von besonderer Bedeutung für die Wirtschafts- und Währungsunion sind (Artikel 109 Absatz 4) und in Fragen, die nicht in die Zuständigkeit der Gemeinschaft fallen, bei denen es jedoch angezeigt sein kann, daß die Mitgliedstaaten gemeinsame Positionen zum Ausdruck bringen“,[1119] zu unterscheiden. Hinsichtlich der Vertretung in WWU-bezogenen Fragen stellt der Bericht zwar grundsätzlich auch auf dieselben Grundsätze wie der Vorschlag der Kommission ab, nämlich die Notwendigkeit „mit einer Stimme zu sprechen“, sowie die dreigliedrige Vertretung der Eurozone durch den Rat, die EZB und die Kommission. Allerdings weist er dabei der Kommission ein Beteiligungsrecht nur in dem Umfang zu, „der notwendig ist, damit sie die ihr nach dem Vertrag obliegenden Aufgaben wahrnehmen kann“.[1120] Insoweit folgt er gänzlich den Schlussfolgerungen des Europäischen Rats von Luxemburg. Auch bei seiner Antwort auf dessen Forderung nach pragmatischen Lösungen hinsichtlich der Vertretung im IWF folgte der Rat mit seinem Vorschlag, einen Ansatz zu wählen, der „keine Änderung der IWF-Satzung erforderlich“ macht, gänzlich der Linie des Europäischen Rats von Luxemburg. Auf dieser Grundlage entschied der Europäische Rat von Wien schließlich,

> der *EZB* soll „als Einrichtung der Gemeinschaft, die für die Währungspolitik zuständig ist, *im Direktorium des IWF ein Beobachterstatus eingeräumt werden. Die Standpunkte der Europäischen Gemeinschaft bzw. der Wirtschafts- und Währungsunion zu anderen Fragen von besonderer Bedeutung für die Wirtschafts- und Währungsunion würden im Direktorium des IWF durch das zuständige Mitglied des Exekutivdirektoriums jenes Mitgliedstaates vorgetragen, der gerade die Präsidentschaft in der Euro-11-Gruppe innehat;*

[1118] *Ebd.*, Anlage II, Ziff. 3.

[1119] *Ebd.*, Anlage II, Ziff. 4.

[1120] *Ebd.*, Anlage II, Ziff. 5.

dieses Mitglied würde von einem Vertreter der Kommission unterstützt."[1121]

e) Bewertung

Eine inhaltliche Bewertung der Schlussfolgerungen des Europäischen Rats ergibt ein geteiltes Bild: Uneingeschränkte Zustimmung verdient zunächst ihr rechtspolitisches Anliegen in den internationalen Währungsbeziehungen „effizient" vorzugehen und „mit einer Stimme zu sprechen". Dies entspricht dem generellen Ziel des Reformvertrages von Lissabon, die Handlungsfähigkeit und Sichtbarkeit der Union auf der internationalen Ebene zu verbessern.[1122] Auch überzeugt der der Kommission zugewiesene Status, der ihr auf horizontaler Ebene gegenüber dem Rat und der EZB eine nur untergeordnete Rolle vermittelt und ihr eine Beteiligung nur in dem Umfang ermöglicht, „der notwendig ist, damit sie die ihr nach dem Vertrag obliegenden Aufgaben wahrnehmen kann". Diese liegen, wie oben dargelegt, weniger auf dem Gebiet der Währungspolitik, als vielmehr im Bereich der Wirtschaftspolitik, für die sie allerdings auch nur eine koordinierende und in gewissen Grenzen disziplinierende Zuständigkeit besitzt.[1123] Der Forderung des Europäischen Parlaments, ihm ein Informations- und Fragerecht über die Tätigkeit im IWF einzuräumen, wurde dagegen gänzlich widersprochen. Dies ist insofern nachvollziehbar, als dies der üblichen nationalstaatlichen Praxis entspricht, der zufolge die Währungsaußenbeziehungen und der Abschluss von Währungsabkommen Aufgabe der Exekutive ist.[1124] Das spiegelt sich weitgehend auch im heutigen Recht der WWU wider. Danach erfolgt etwa die Koordinierung der Wirtschaftspolitik nahezu ohne das Europäische Parlament. Der Rat ist erst dann verpflichtet, es zu unterrichten, wenn er die Empfehlung über die Grundzüge der Wirtschaftspolitik bereits erlassen hat.[1125] Auch wirkt das Parlament nicht bei der multilateralen Überwachung mit. Insoweit ist in Art. 121 Abs. 5 AEUV nur eine Unterrichtung durch den Rat und

---

1121 *Europäischer Rat* v. Wien, Schlussfolgerungen des Vorsitzes, Bull.-EU 12-1998, S. 8 ff., Ziff. 14.

1122 Siehe hierzu z.B. *T. Voncina*, Speaking with One Voice, EFARev. 16 (2011), 169 ff.

1123 Siehe oben Teil 4.B.III.1.b).

1124 In der Regel allerdings unter Einbeziehungen der Zentralbanken.

1125 Vgl. Art. 121 Abs. 2 UAbs. 3 S. 2 AEUV.

die Kommission über deren Ergebnisse vorgesehen, nicht jedoch über die vorbereitenden Akte oder den vollen Inhalt der Beratungen im Rat. Wird die Empfehlung des Rats auf der Grundlage des Art. 121 Abs. 4 UAbs. 1 S. 3 AEUV allerdings veröffentlicht, hat der Präsident des Rats auf Ersuchen „vor dem zuständigen Ausschuss des Europäischen Parlaments zu erscheinen", um dort Rede und Antwort zu stehen. Zudem verlangt Art. 126 Abs. 11 UAbs. 2 AEUV im Rahmen des Defizitverfahrens, dass der Präsident des Rats das Europäische Parlament informiert, wenn Sanktionen gegen einen Mitgliedstaat verhängt wurden. Im Zusammenhang mit der Währungsunion enthält das Primärrecht zwar auch einige Mitwirkungsbefugnisse des Europäischen Parlaments, jedoch sind diese marginal und grundsätzlich nur auf die Binnenebene beschränkt.[1126]

Ebenso Zustimmung verdient die auf vertikaler Ebene festgestellte Koordinierungspflicht der Mitgliedstaaten auch in Angelegenheiten eigener Außenkompetenzen. Das entspricht ebenfalls den primärrechtlichen Vorgaben sowohl im damaligen EGV wie auch im heutigen EUV und AEUV.[1127]

Dagegen überrascht das uneingeschränkte Bekenntnis zum Vorrang der „Satzungsvorschriften des Fonds" und die in diesem Zusammenhang vom Europäischen Rat von Luxemburg an die Mitgliedstaaten gerichtete Aufforderung, sich „in ihrer Eigenschaft als Mitglieder des IWF darum [zu] bemühen, zu *pragmatischen Vereinbarungen* zu gelangen". Das zeigt zum einen, wie auch schon die Aussprache im IWF-Exekutivdirektorium nach der Unterzeichnung des Maastrichter Vertrages verdeutlicht hat,[1128] dass die Mitgliedstaaten auch kurz vor dem Übergang in die Endstufe der WWU nicht bereit waren, auf eine stärkere Mitwirkung der Union im IWF in ihrer Gesamtheit oder als WWU hinzuwirken. Zum anderen zeigt dies auch, dass sich offensichtlich auch die Gemeinschaft bereits in dieser Phase mit der Haltung ihrer Mitgliedstaaten abgefunden hatte, obwohl dies in klarem Widerspruch zu den gemeinschaftsrechtlichen Verpflichtungen der Mitgliedstaaten

---

[1126] Auf dem Gebiet der Währungsaußenpolitik sieht allein Art. 219 Abs. 1 AEUV eine Anhörung und Unterrichtung des Parlaments vor.

[1127] Vgl. etwa Art. 5 E(W)GV, später Art. 10 EGV, heute Art. 4 Abs. 3 EUV zum Grundsatz der loyalen Zusammenarbeit. Hierzu auch bereits oben Teil 4.C.I.

[1128] Vgl. oben Teil 2.D.II.

stand, wie sie der EuGH zuvor etwa in der *Kramer*-Entscheidung festgestellt hat[1129].[1130]

Bei näherem Hinsehen erweist sich die vom Europäischen Rat von Wien favorisierte, seinem Anspruch nach die *Articles of Agreement* am besten berücksichtigende Lösung hinsichtlich der Vertretung der EG/WWU im IWF zudem weitaus weniger praxistauglich, als es auf den ersten Blick den Anschein hat. Das zeigt sich besonders deutlich daran, dass sie gerade die institutionelle Struktur des Exekutivdirektoriums nicht hinreichend berücksichtigt. Dort stellen mit Deutschland und Frankreich nur zwei Euro-Mitgliedstaaten einen eigenen Exekutivdirektor.[1131] Alle anderen Mitgliedstaaten des Euro-Währungsgebiets müssen sich dagegen zusammen mit anderen IWF-Mitgliedern zu einer Stimmrechtsgruppe zusammenschließen, um aus ihrer Mitte heraus einen Exekutivdirektor zu wählen. Insofern können diese Euro-Mitgliedstaaten nicht sicherstellen, dass sie immer einen Exekutivdirektor stellen, wenn sie den Euro-Gruppen-Vorsitz[1132] führen. Vor diesem Hintergrund ist vermutlich die etwas unklare Formulierung in dem Bericht des Rats an den Europäischen Rat von Wien zu verstehen, der zufolge „die Auffassungen der Europäischen Gemeinschaft/ WWU im IWF-Direktorium durch das […] entsprechende *Mitglied des Amtes des Exekutivdirektors des Mitgliedstaates* [erfolgen soll], der den Euro-11-Vorsitz führt“.[1133] Damit würde die EG allerdings nicht durch einen ei-

---

1129 *EuGH*, verb. Rs. 3/76, 4/76, 6/76, *Kramer*, Slg. 1976, 1279 ff., Rn. 44/45.

1130 Ähnlich die Kritik auch bei *L. Bini-Smaghi*, Powerless Europe: Why is the Euro Area Still a Political Dwarf?, International Finance 9 (2006), 261 (277): “While there has been ample time since the ratification of the Maastricht Treaty in 1993 to establish an efficient external representation, little action has been taken”.

1131 Obgleich die siebte Satzungsreform des IWF zu einem ausschließlich gewählten Exekutivdirektorium geführt hat, ist dennoch zu erwarten, dass Deutschland und Frankreich angesichts ihres Stimmengewichts weiterhin einen eigenen Exekutivdirektor stellen können.

1132 Zu diesem Zeitpunkt führte noch der Minister aus dem Mitgliedstaat, der die rotierende Ratspräsidentschaft innehatte, den Vorsitz der Euro-Gruppe. Kam dieser aus einem Mitgliedstaat außerhalb der Währungsunion, fiel der Vorsitz dem Minister der darauffolgenden Präsidentschaft zu. Seit dem 1.1.2005 steht der Euro-Gruppe nun ein eigener Präsident vor. Vgl. Art. 2 des Protokolls (Nr. 14) betreffend die Euro-Gruppe.

1133 *Europäischer Rat* v. Wien, Schlussfolgerungen des Vorsitzes, Bull.-EU 12-1998, S. 8 ff., Anlage II, Ziff. 13 [eigene Hervorhebung].

genen Exekutivdirektor vertreten, sondern durch einen Vertreter desjenigen Euro-Mitgliedstaats mit Euro-Gruppen-Vorsitz, der dem Amt des Exekutivdirektors seiner Stimmrechtsgruppe angehört. Da diesem selbst aber kein Rede- und Stimmrecht im Exekutivdirektorium zusteht, sondern nur dem von seiner Stimmrechtsgruppe gewählten Exekutivdirektor, würde die EG bzw. die Eurozone im Direktorium durch eine Art internationalen Beamten ohne Rede- und Stimmrecht vertreten.[1134]

Aber selbst für den Fall, dass ein Euro-Mitgliedstaat einen gewählten Exekutivdirektor stellt, wäre damit immer noch nicht sichergestellt, dass dieser ausschließlich die gemeinsame Position der Währungsunion vertritt. Zwar ist der Exekutivdirektor einer gemischten Stimmrechtsgruppe infolge der in Art. XII Abschn. 3 lit. i) (ii) S. 2 IWFÜ statuierten Pflicht zur einheitlichen Abgabe seiner Stimmen im Ausnahmefall berechtigt, einen eigenen Standpunkt – und damit auch den der Eurozone – einzunehmen und entsprechend im Direktorium zu handeln. Allerdings ist dieser Ausnahmefall allein auf die Situation beschränkt, dass es innerhalb der Stimmrechtsgruppe nicht gelingt, sich auf eine gemeinsame Position zu einigen. Insofern müsste es die Eurozone bzw. „ihr" Exekutivdirektor stets auf eine Konfrontation innerhalb der betreffenden Gruppe ankommen lassen, um die Positionen des Euro-Währungsgebiets durchzusetzen. Das entspricht jedoch gerade nicht der Arbeitsweise im Exekutivdirektorium, das seine Entscheidungen grundsätzlich im Konsensus trifft. Aber selbst für den Fall eines Dissenses innerhalb der Stimmrechtsgruppe ist nicht zu erwarten, dass der einen Euro-Staat „repräsentierende" Exekutivdirektor sich gänzlich über die Interessen der nicht zur Eurozone gehörenden Mitglieder seiner Stimmrechtsgruppe hinwegsetzen wird. In der Regel zeichnet die Gruppen, vor allem solche, die nicht von einem oder zwei Mitgliedern dominiert werden, eine große Solidarität aus.[1135] Dies trifft aus europäi-

---

[1134] Entsprechend kritisch auch *J. Dutheil de la Rochère*, EMU: Constitutional Aspects and External Representation, YEL 19 (1999/2000), 427 (445): "It is an unsatisfactory minimum solution: the euro area has no proper spokesman able to express its common position in the various domains of competence of the Fund". Vgl. ferner *W. Meng*, Das Verhältnis der Vereinten Nationen und ihrer Sonderorganisationen zur EU im Bereich der Wirtschaft, in: Hobe (Hrsg.), Kooperation oder Konkurrenz internationaler Organisationen, 2001, 39 (68-69).

[1135] Dies betont nunmehr auch die Kommission in ihrer zusammen mit dem Legislativvorschlag für Maßnahmen zur Einrichtung einer einheitlichen Vertretung der Eurozone im IWF (COM(2015) 603 final) vorgelegten Mitteilung

scher Sicht aktuell vor allem auf die lateinamerikanisch-spanische Stimmrechtsgruppe zu, in der Spanien zudem als einziger EU-Staat vertreten ist. Es ist daher kaum vorstellbar, dass Spanien, das sich den Vorsitz mit Mexiko und Venezuela teilt, versuchen wird, eine Position der Eurozone gegen die Interessen der anderen Mitglieder und damit zulasten des Gruppenfriedens durchzusetzen. Dieser faktische Befund spiegelt sich, wie oben dargelegt, auch in den *Articles of Agreement* wider. Darin wird der Exekutivdirektor einer Stimmrechtsgruppe nicht etwa als Vertreter seines Mitgliedstaates oder seiner Region, sondern als Interessenvertreter des IWF und aller Mitglieder seiner Stimmrechtsgruppe eingeordnet.

Die tatsächliche Berücksichtigung der Standpunkte der EG/ WWU im Exekutivdirektorium hängt damit von einer Reihe von Unwägbarkeiten ab, denen der Europäische Rat von Wien nicht hinreichend Rechnung getragen hat. Diese Unwägbarkeiten lassen sich auch nicht durch den Hinweis darauf auffangen, dass im Extremfall die Exekutivdirektoren Deutschlands und Frankreichs die Position der Währungsunion vertreten könnten. Zwar spricht hierfür, dass Entscheidungen im Direktorium in der Regel nicht zur Abstimmung gebracht, sondern im Konsensusverfahren angenommen werden, so dass der deutsche und französische Exekutivdirektor die Position der Eurozone durch ihr „faktisches Veto" durchsetzen könnten. Allerdings kommt es gelegentlich auch zu Mehrheitsabstimmungen, bei denen der deutsche und französische Exekutivdirektor dann nicht in der Lage wären, die Standpunkte der Währungsunion durch ihr „Veto" zur Geltung zu bringen. Zudem ist fraglich, ob eine solche Vorgehensweise dann auch die Zustimmung aller Euro-Mitgliedstaaten finden würde.

Schließlich ist in verfahrensrechtlicher Hinsicht zu kritisieren, dass die Vorgaben für die Vertretung der EG/ WWU nicht in Form eines Beschlusses des Rats ergangen sind, obwohl Art. 109 Abs. 4 EGV (Maastricht) wie auch seine Nachfolgeregelung Art. 111 Abs. 4 EGV (Amsterdam/ Nizza) die Anwendung dieser Bestimmung nicht in das Ermessen von Kommission und Rat gestellt haben, sondern insoweit eine Rechtspflicht bestand („... befindet der Rat ..."). Darauf hat auch das Europäische Parlament in seiner Entschließung zum Vorschlag der Kommission hingewiesen. Die Untätigkeit des Rats trotz des bestehenden Regelungsbedarfs ist daher in der Literatur zu Recht als vertrags-

v. 21.10.2015: Ein Fahrplan für die Schaffung einer kohärenteren Außenvertretung des Euro-Währungsgebiets in internationalen Foren, COM(2015) 602 final, S. 5.

widrig kritisiert worden.[1136] Nach heutiger Rechtslage liegt die Entscheidung hierüber allerdings in seinem Ermessen.[1137] Insofern bleibt abzuwarten, ob der neue Vorschlag der Kommission für „Maßnahmen zur schrittweisen Einrichtung einer einheitlichen Vertretung des Euro-Währungsgebiets im IWF" vom Rat innerhalb des darin genannten Zeitplans bis spätestens 2025[1138] beschlossen wird.[1139]

2. *IWF-rechtliche Grundlagen*

Die institutionellen und operativen Rückwirkungen der WWU auf den IWF sind im Exekutivdirektorium nach der Aussprache im Anschluss an die Unterzeichnung des Maastrichter-Vertrages noch mehrmals diskutiert worden,[1140] bevor schließlich am 21. Dezember 1998, und damit praktisch am Vorabend des Übergangs in die Endstufe der WWU, die rechtliche Grundlage für den heutigen Status der Union im IWF geschaffen wurde.[1141] Den Anstoß hierzu gab der Interimsausschuss – wohl auch in Reaktion auf die Schlussfolgerungen des Europäischen Rats von Luxemburg – auf seiner Tagung im April 1998.[1142] Bereits

---

[1136] So etwa *R. Bandilla,* in: Grabitz/Hilf, EUV/ EGV, 30. Erg. Lfg. 2006, Art. 111 EGV, Rn. 67. Dabei hatte auch der Europäische Rat von Wien den Rat ersucht, auf der Grundlage eines Kommissionsvorschlags tätig zu werden. Vgl. *Europäischer Rat* v. Wien, Schlussfolgerungen des Vorsitzes, Bull.-EU 12-1998, S. 8 ff., Ziff. 14.

[1137] Vgl. Art. 138 Abs. 2 AEUV: „Der Rat kann […] erlassen".

[1138] Vgl. *Kommission*, COM(2015) 603 final, Art. 3. Zum Regelungsinhalt des Vorschlags s. unten Teil 5.C.I.

[1139] Als Grundlage für eine Konsensfindung im Rat soll ein von der Kommission vorgelegter „Fahrplan für die Schaffung einer kohärenteren Außenvertretung des Euro-Währungsgebiets in internationalen Foren", COM(2015) 602 final, dienen.

[1140] Siehe vor allem *IMF*, Minutes of Executive Board Seminar, EBS 96/3: Progress Toward Economic and Monetary Union – Developments and Selected Issues, March 6, 1996, S. 3 ff.

[1141] Vgl. vor allem Decision No. 11875-(99/1) des Exekutivdirektoriums v. 21.12.1998, geändert durch Decision Nos. 12925-(03/1) v. 27.12.2002, 13414-(05/01) v. 23. 12. 2004, 13612-(05/108) v. 22.12.2005 und 14517-(10/1) v. 5.1.2010, abgedr. in: *IMF*, Selected Decisions and Selected Documents of the International Monetary Fund, 36. Aufl. 2012, S. 731-732.

[1142] Vgl. *IMF*, Communiqué of the Interim Committee of the Board of Governors of the International Monetary Fund, Press Release No. 98/ 14, April 16,

vorher, im Oktober 1997, hatte das *Legal Department* dem Exekutivdirektorium ein abschließendes Rechtsgutachten zu den institutionellen Auswirkungen der WWU auf den IWF vorgelegt.[1143] Später, im Juni 1998, folgte dann auch ein Gutachten "on the main legal issues relating to rights and obligations of European Economic and Monetary Union members in the Fund".[1144] Da diese beiden Rechtsgutachten nicht nur die spätere Entscheidung des Exekutivdirektoriums maßgeblich beeinflussten, sondern auch die nachfolgende Diskussion in der Literatur bis heute prägen,[1145] soll zunächst auf ihren Inhalt näher eingegangen werden, bevor in einem nächsten Schritt die eigentliche Entscheidung des Exekutivdirektoriums über den Status der Union im IWF dargestellt und bewertet wird.

a) Rechtsauffassung des *Legal Departments*

aa) Gutachten "on institutional aspects of the European Economic and Monetary Union and the Fund"

Als Grundlage des ersten Rechtsgutachtens des *Legal Departments* "on institutional aspects of the European Economic and Monetary Union and the Fund" vom 20. Oktober 1997 diente ein bereits vorher ausgearbeitetes *paper* des IWF-Mitarbeiterstabs "on Preparations for Economic and Monetary Union".[1146] Obgleich dort neben institutionellen

---

1998, S. 2: "The Committee requested the Executive Board to examine further the implications of EMU for Fund operations and for the conduct of Fund surveillance, and to report its findings in time for the next meeting of the Committee".

[1143] *IMF*, The European Economic and Monetary Union and the Fund – Institutional Aspects, SM/97/261, October 20, 1997.

[1144] *IMF*, The European Economic and Monetary Union and the International Monetary Fund – Main Legal Issues Relating to Rights and Obligations of EMU Members in the Fund, SM/98/131, June 8, 1998.

[1145] Die Durchsicht der einschlägigen Publikationen zeigt allerdings, dass darin – bis auf wenige Ausnahmen – nicht unmittelbar auf die Gutachten des Legal Departments Bezug genommen wird, sondern nur auf die späteren privaten Veröffentlichungen verschiedener Mitarbeiter des IWF, allen voran auf die Beiträge von *François Gianviti* und *Sean Hagan*. Das ist eben darauf zurückzuführen, dass bis vor kurzem die Dokumente des IWF nur dem eigenen Personal zur Verfügung standen, nicht dagegen der breiten Öffentlichkeit.

[1146] Vgl. *IMF*, Preparations for Economic and Monetary Union, SM/97/87, March 26, 1997, S. 40 ff.

Fragen auch materiell-rechtliche Themen diskutiert wurden, beschränkte sich das *Legal Department* in seiner ersten Untersuchung allein auf die rechtlichen Rückwirkungen der WWU auf die institutionelle Struktur des IWF. Materiell-rechtliche Fragen wurden bewusst ausgeklammert und erst in einem späteren Gutachten behandelt.

Von der Einleitung abgesehen ist das erste Gutachten in zwei Hauptteile gegliedert. Während der erste Teil die Auswirkungen der WWU im Hinblick auf die Mitgliedschaftsordnung des IWF und die Beteiligung in den Fondsorganen diskutiert, hat der zweite Teil Fragen über die Zuständigkeit zur Bestimmung eines Fiskalagenten und einer Hinterlegungsstelle im IWF zum Gegenstand. Die Einleitung führt zunächst allgemein in die Problematik ein und stellt sodann fest,

> "*that the implementation of the [EC] Treaty, in particular, the introduction of the euro as the single currency of euro-area members of the Fund, and the shift of powers in the economic and monetary field from individual members participating in EMU to EMU institutions, may affect the manner in which those members will exercise their rights, or comply with their obligations, under the Fund's Articles, but it does not affect those rights and obligations as such. Membership in the Fund, participation in Fund organs and all membership rights and obligations are determined by the Fund's Articles. The Articles may be amended, but an agreement among certain Fund members does not constitute an amendment. Moreover, even if such an agreement contained provisions incompatible with those of the Fund's Articles, it could not exempt the parties to the agreement of their obligations or deprive them of their rights vis-a-vis the Fund and other Fund members? Nor could it transfer their membership in the Fund or their membership rights and obligations to a designated entity. The only way such an agreement could affect those countries' membership or membership rights and obligations would be by creating a situation that is itself relevant for the application of the Articles, such as a merger of two Fund members that gives rise to a successor state. As explained below, this is not the case with EMU: the adoption of a common currency and other provisions of the Treaty do not by themselves create a situation affecting membership or membership rights and obligations under the Articles*".[1147]

[1147] *IMF*, The European Economic and Monetary Union and the Fund – Institutional Aspects, SM/97/261, October 20, 1997, S. 2-3.

In den beiden darauffolgenden Teilen wird diese Feststellung sodann näher begründet. Unter der Überschrift "Effects of EMU with Respect to Membership and Participation in Fund Organs" wird zunächst der Erwerb der Mitgliedschaft im IWF nach Art. II Abschn. 2 IWFÜ thematisiert. Insoweit betont das Gutachten unter Hinweis darauf, dass "membership is open only to individual countries", nicht aber für "two or more countries that remain political entities as countries", die mitgliedschaftliche Beteiligung "of EMU in the Fund could only be considered if the Fund were to determine that EMU is a "country" in the sense of Article II, Section 2".[1148] Dabei definiert das *Legal Department* den Terminus "*countries*" ganz im Sinne des klassischen, staatszentrierten Völkerrechts, "referring to independent states, i.e., those states that have a permanent population, defined territory and effective government and are in control of their external relations".[1149] Diese Voraussetzungen erfülle, so das *Legal Department*, die WWU bislang nicht, da "[s]uch determination would imply, of necessity, that participants in EMU have ceased to be "countries" in the same sense, since EMU and its constituent parts could not both co-exist as members of the Fund". Als Begründung wird angeführt,

> "*[a]lthough the transfer of certain powers by Fund member countries participating in the euro-area to the EMU institutions relates to areas of particular relevance to the Fund's mandate (currency, definition, and conduct of monetary and exchange rate policies), such a transfer will neither affect their status as independent "countries" under international law nor result in the creation of a new one*".[1150]

In den nachfolgenden Ausführungen werden sodann die sich hieraus ergebenden Folgen für das Quotensystem sowie für die Beteiligung im Gouverneursrat und im Exekutivdirektorium dargelegt. Im Hinblick auf die Verteilung der Quoten hält das Gutachten fest,

> "*each individual euro-area member of the Fund will retain its quota in the Fund, since Article III, Section 1 of the Fund's Articles requires that each member be assigned a quota. It also follows that quotas of euro-area members in the Fund could not be amalgamated or pooled*

[1148] *Ebd.*, S. 4.

[1149] *Ebd.*, S. 4, Fn. 6.

[1150] *Ebd.*, S. 4.

since they serve as the basis for the determination of a series of individual rights of a member".[1151]

Hinsichtlich der Vertretung der Euro-Mitgliedstaaten in den beiden Fondsorganen stellt das Gutachten sodann klar, "that they could not decide to appoint a single Governor or Alternate for *the group as a whole* in the Board of Governors". Dies folge bereits zwingend aus dem Wortlaut des Art. XII Abschn. 2 lit. a) S. 2 IWFÜ,[1152] wonach "each member must appoint one Governor and one Alternate".[1153] Dabei stehe es allerdings den IWF-Mitgliedern offen, zu bestimmen, wen sie zum Gouverneur bestellen und auf welche Weise dies erfolgt. Dementsprechend, so das *Legal Department*,

> "*it would be open to euro-area members to agree on which officials to appoint, or to agree among themselves that the appointments be made in consultation with, or with the consent of, EMU institutions, provided that the actual appointment is made by each member. [...] It will also be open to the Governors appointed by euro-area members to coordinate their votes and present common views at the Board of Governors through formal or informal arrangements of their own choosing*".[1154]

Im Ergebnis wird dasselbe dann auch für die vor dem Inkrafttreten der siebten Satzungsreform von den fünf quotenstärksten Mitgliedern des IWF ernannten Exekutivdirektoren betont:

> "*Member countries participating in EMU that are among those having one of the five largest quotas in the Fund would have to continue appointing their respective Executive Directors; from the language of Art. XII, Section 3 (b),*[1155] *it appears that the appointment of an Ex-*

[1151] *Ebd.*, S. 5.

[1152] Art. XII Abschn. 2 lit. a) S. 2 IWFÜ lautet wie folgt: "The Board of Governors shall consist of one Governor and one Alternate appointed by each member in such manner as it may determine".

[1153] *IMF*, The European Economic and Monetary Union and the Fund – Institutional Aspects, SM/97/261, October 20, 1997, S. 5-6.

[1154] *Ebd.*, S. 6.

[1155] Art. XII Abschn. 3 lit. b. (i) IWFÜ lautet wie folgt: "Of the Executive Directors five shall be appointed by the five members having the largest quotas".

> *ecutive Director by each country having one of the five largest quotas is not a right that may be waived but an obligation".*[1156]

In Bezug auf die von mehreren Mitgliedern gewählten Exekutivdirektoren stellt der Bericht unter Hinweis auf die Bestimmung des Anhangs E zum IWFÜ a.F.[1157] fest,

> "*unless there was a substantial increase in the maximum number of votes that can be cast for the election of one Executive Director, it would not be possible for euro-area members of the Fund participating in the election of Executive Directors to elect only one Executive Director*".[1158]

Dagegen betont das Gutachten, stehe es den Euro-Mitgliedstaaten frei,

> "*to organize as few or as many constituencies of their own as permitted by the regulations for the election of Executive Directors. For example, all euro-area members, except those entitled to appoint an Executive Director, could form one or two constituencies for the election of Executive Directors. Within each constituency, the views of the other euro-area members and of the common institutions of EMU may be taken into account in the selection process of Executive Directors*".[1159]

Schließlich weist das Gutachten auf zwei Alternativen hin, die es den EU-Institutionen erlauben, sich unmittelbar an der Arbeit im Exekutivdirektorium zu beteiligen. Einmal die Möglichkeit,

> "*to appoint […] an official of one of these institutions to the Executive Board, e.g., as Alternate Executive Director.*[1160] […] *In this context, it would be possible for euro-area members of the Fund to agree on a system under which, on a rational basis or otherwise, one of the Executive Directors appointed or elected by them would appoint as*

[1156] *IMF*, The European Economic and Monetary Union and the Fund – Institutional Aspects, SM/97/261, October 20, 1997, S. 7.

[1157] Gemäß Anhang E zum IWFÜ a.F. konnte eine Person nicht mit weniger als vier Prozent und nicht mehr als neun Prozent aller abgegebenen Stimmen gewählt werden, es sei denn der Gouverneursrat bestimmte gem. Art. XII Abschn. 3 lit. d) IWFÜ etwas anderes.

[1158] *IMF*, The European Economic and Monetary Union and the Fund – Institutional Aspects, SM/97/261, October 20, 1997, S. 7 [eigene Hervorhebung].

[1159] *Ebd.*, S. 8.

[1160] Vgl. Art. XII Abschn. 3 lit. e) IWFÜ.

> *his Alternate an official of the ECB or of other EMU institutions".*[1161]

Zum zweiten die Aussicht, verschiedenen Gemeinschaftsorganen, wie etwa der EZB und der Kommission, den Status eines Beobachters im Gouverneursrat, im Exekutivdirektorium und im Interimsausschuss einzuräumen. Zusätzlich wird auf die Möglichkeit verwiesen, einzelne Mitglieder dieser Organe auf *ad hoc*-Basis zu den Sitzungen des Exekutivdirektoriums einzuladen, sofern ihr Zuständigkeitsbereich mit dem des IWF übereinstimmt.

Schließlich verweist das Gutachten in seinem letzten Teil in kompakter Form noch auf die Möglichkeit der Euro-Mitgliedstaaten, "to designate either its national central bank or the ECB as its depository [... and/ or] fiscal agency".[1162]

bb) Gutachten "on the main legal issues relating to rights and obligations of European Economic and Monetary Union members in the Fund"

In seinem zweiten Gutachten "on the main legal issues relating to rights and obligations of European Economic and Monetary Union members in the Fund"[1163] befasste sich das *Legal Department* als Erstes mit den rechtlichen Wirkungen der Einführung des Euro als gemeinsame Währung auf die sich aus den *Articles of Agreement* ergebenden materiellen Rechte und Pflichten der Euro-Mitglieder. Hierzu stellte es zunächst in allgemeiner Form fest,

> *"[a]lthough the Fund's Articles of Agreement contain numerous references to the currencies of members, and members undertake a series of obligations with respect to their currencies, there is no obligation under the Articles requiring that each member issue its own currency, or that the currency used by a member for its operations and transactions with the Fund be a currency issued by that member".*[1164]

[1161] *IMF*, The European Economic and Monetary Union and the Fund – Institutional Aspects, SM/97/261, October 20, 1997, S. 8-9.

[1162] *Ebd.*, S. 9-10.

[1163] *IMF*, The European Economic and Monetary Union and the International Monetary Fund – Main Legal issues Relating to Rights and Obligations of EMU Members in the Fund, SM/98/131, June 8, 1998.

[1164] *Ebd.*, S. 4.

Zugleich stellte es erneut einschränkend klar, dass die Entscheidung mehrerer Mitglieder über die Einführung einer gemeinsamen Währung und ihre Verwendung

> "*will have no effect on their membership in the Fund: they will remain separate members of the Fund. Nor can there be an amalgamation of their accounts with the Fund. Therefore, each Fund member adopting the euro as its currency will have to replace the Fund's holdings of its former currency with euros, which will be held by the Fund with the member's designated depository in accordance with Article XIII, Section 2*".[1165]

Im Anschluss daran unterstrich es die aus Art. IV IWFÜ folgenden Pflichten der Euro-Mitglieder auf dem Gebiet der Wechselkursregelungen, indem es hierzu ausführte:

> "*This transfer of economic and monetary powers by Fund members of the euro-area to the ECB and to the other institutions of the Community does not exempt each euro-area member of its obligations vis-à-vis the Fund. Thus, it will continue to be incumbent upon each member of the euro-area to collaborate with the Fund and other members in fulfilling its obligations under Article IV, Section 1 […], Article IV, Section 2 (a) […], and Article IV, Section 3 […]. Euro-area members may fulfil these obligations by ensuring that the institutions of EMU act consistently with the obligations of members of the Fund under the Articles*".[1166]

Im Ergebnis wird dasselbe dann auch im Hinblick auf die allgemeinen Verpflichtungen der Mitglieder aus Art. VIII IWFÜ festgestellt und insoweit betont, "Fund members of the euro-area will need to continue to furnish information to the Fund".[1167]

Nach einem Überblick über die Bestimmungen der *Articles of Agreement* und des Gemeinschaftsrechts über Währungsreserven, einschließlich der SZRe, und ihre Verwendung wendet sich das Gutachten schließlich der Frage zu, ob und inwieweit es den Mitgliedern der Eurozone weiterhin zusteht, von ihrem Recht, "to use the Fund's general resources in accordance with Article V, Section 3", Gebrauch zu machen. Bei seiner Antwort hierauf beschränkt es sich weitgehend auf die Feststellung: "*Participation in a monetary union does not by itself alter*

[1165] *Ebd.*, S. 5.

[1166] *Ebd.*, S. 7.

[1167] *Ebd.*, S. 8-9.

the member's right to use the Fund's resources, even if the member's balance of payments deficit is only vis-à-vis other member of the union". Daher sei jedes Mitglied der Eurozone einzeln berechtigt, "to request to use the Fund's general resources".[1168]

b) Aussprache im Exekutivdirektorium: Kein Rechtsverlust der Euro-Mitglieder

Auf dieser Grundlage und der des Gutachtens des Mitarbeiterstabs fand im Exekutivdirektorium am 21. September 1998 eine weitere Aussprache über die institutionellen und operativen Rückwirkungen der WWU auf den IWF statt. In ihrem Verlauf wurde übereinstimmend festgehalten, dass der Übergang in die Endstufe der WWU die in den *Articles of Agreement* geregelten Beziehungen zum IWF weitgehend unberührt lässt. Zur Begründung wurden im Wesentlichen die Erkenntnisse in den Gutachten des *Legal Departments* wiedergegeben und entsprechend darauf verwiesen, dass der IWF eine "*country-based institution*" sei.[1169] Daher, so das Direktorium, stehe es fest, "that euro-area Fund members will continue to be members of the Fund in their own individual capacity as countries".[1170] Hinsichtlich der operativen Aspekte der WWU konnte Einigkeit insoweit erzielt werden, als – teilweise unter Hinweis auf das im IWF allgemein geltende Prinzip der Uniformität –[1171] betont wurde, dass für alle EU-Mitglieder, einschließlich der des Eurogebiets, weiterhin die gleichen Rechte und Pflichten aus dem IWFÜ gelten. Gleichzeitig war man sich allerdings darüber bewusst, dass die WWU wichtige Folgen vor allem für die Überwachungstätigkeit des IWF haben wird und dass insoweit eine Intensivierung des Dialogs mit einzelnen Gemeinschaftsinstitutionen zwingend notwendig sein wird. Daher kam das Direktorium überein, "to establish an observer status for the ECB for selected meetings".[1172] Vereinzelt wurde auch eine Kooperati-

---

[1168] *Ebd.*, S. 23.

[1169] *IMF*, Minutes of Executive Board Meeting 98/101, EBM/98/101, September 21, 1998, S. 3 ff. Eine Zusammenfassung der Aussprache findet sich bei *IMF*, Concluding Remarks by the Acting Chairman: Operational and Legal Aspects of EMU for the Fund (EBM 98/101, September 21, 1998), BUFF/98/93, September 24, 1998.

[1170] *Ebd.*, S. 13.

[1171] *Ebd.*, S. 10, 13.

[1172] *Ebd.*, S. 12.

on mit weiteren Gemeinschaftsinstitutionen angeregt. Allerdings konnte darüber kein allgemeiner Konsens erzielt werden. Selbst über die Ausgestaltung des Beobachterstatus der EZB herrschten zu diesem Zeitpunkt noch keine genauen Vorstellungen. Die Details wurden erst in einem späteren *paper* des *Legal and Secretary's Departments* vom 17. Dezember 1998 ausgearbeitet und dem Direktorium dann zur Zustimmung vorgelegt.[1173] Von einzelnen Direktoren wurde insoweit, teilweise auch unter Abweichung von den Gutachten *des Legal Departments* – angemerkt, "that a bit less legalistic and more *pragmatic approach* [...] – as exercised by the Fund on other occasions – would [...] help [the] search for common ground".[1174] Dieser Lösungsansatz, der nicht nur bereits in früheren Direktoriumsaussprachen favorisiert, sondern, wie eben dargelegt, auch in den Schlussfolgerungen des Europäischen Rats von Luxemburg und Wien zum Ausdruck kommt, ist – wie der nachfolgende Überblick über die aktuelle Vertretung der Union im IWF zeigen wird – in der Praxis dann letztlich auch umgesetzt worden.

c) Bewertung

Als Schlussfolgerung lässt sich festhalten, dass aus fondsinterner Sicht die bereits kurz nach der Unterzeichnung des Maastrichter Vertrages kontrovers diskutierte Frage nach den rechtlichen Rückwirkungen der WWU auf den IWF, jedenfalls in Zusammenhang mit der Mitwirkung der EU im IWF, nicht in dem Maße umstritten war, wie es vorher noch den Anschein hatte. Für den Fonds war und ist das Kriterium der Staatlichkeit *conditio sine qua non* für die Aufnahme in die Organisation. Allerdings fällt insoweit auf, dass das *Legal Department* zu dieser Feststellung weitgehend auf der Grundlage der Vorarbeiten seines früheren Leiters und *General Counsel*, *Joseph Gold*, gelangte. Andere, teilweise auch dem IWF nahestehende Autoren, die vor dem Hintergrund der neueren Entwicklung im internationalen Währungs- und Finanzsystem eine extensive Auslegung des Tatbestandsmerkmals "countries" in Art. II Abschn. 2 IWFÜ befürworten, sind dagegen nicht herangezogen und auch bei der Aussprache im Exekutivdirektorium nicht berücksich-

---

[1173] Siehe *IMF*, European Central Bank – Observer Status, December 17, 1998, EBD/98/135. Das Direktorium ist dem mit der Decision No. 11875-(99/1) v. 21.12.1998 uneingeschränkt gefolgt.

[1174] *IMF*, Minutes of Executive Board Meeting 98/101, EBM/98/101, September 21, 1998, S. 17 [eigene Hervorhebung].

tigt worden. Zudem fällt bei näherem Hinsehen auf, dass das *Legal Department* davon ausgeht, die Währungshoheit sei auf die EZB, an anderer Stelle auf die Eurozone übergegangen. Dementsprechend hat es auch nicht die Möglichkeit einer mitgliedschaftlichen Beteiligung der Gemeinschaft als Verband diskutiert, sondern sich stattdessen mit der Frage einer Mitgliedschaft der WWU auseinandergesetzt.[1175] Insofern muss bei einer rein rechtlichen Betrachtung das Ergebnis der Direktoriumssitzung mit einer gewissen Zurückhaltung bewertet werden. Ebenfalls unberührt bleiben aus Sicht des IWF die sich aus der IWF-Mitgliedschaft der Euro-Staaten ergebenden Rechte und Pflichten. Lediglich in einigen Aufgabenbereichen des IWF wurde eine Intensivierung des Dialogs mit einzelnen Gemeinschaftsorganen für erforderlich gehalten.

II. Institutionelle Beziehungen

1. Die EU in den IWF-Organen: Umfang und Form der Teilnahme

Vor diesem Hintergrund überrascht es nicht, dass die EU bis heute nicht nur kein Mitglied des IWF ist, sondern auch als Verband über keinen sonstigen Status verfügt. Allein einigen ihrer Organe wurde die Stellung eines Beobachters zuerkannt. Allerdings ist auch diese im Gegensatz zur Vollmitgliedschaft nicht auf den IWF als Ganzes, sondern mit unterschiedlicher Intensität nur auf einzelne seiner Organe und Ausschüsse bezogen.

a) Die EU im Exekutivdirektorium

Aus nachvollziehbaren Gründen konzentriert sich das Interesse der in der Praxis und Literatur geführten Diskussion[1176] über die Vertretung der EU im IWF vor allem auf das Exekutivdirektorium als dem zentralen operativen Organ des IWF. Die Union ist hier allein durch den

---

[1175] Siehe *IMF*, The European Economic and Monetary Union and the Fund – Institutional Aspects, SM/97/261, October 20, 1997, S. 4.

[1176] Vgl. z.B. *Kommission*, Ein Fahrplan für die Schaffung einer kohärenteren Außenvertretung des Euro-Währungsgebiets in internationalen Foren, COM(2015) 602 final; *W. Bergthaler*, The Relationship between International Monetary Fund Law and European Union Law, in: Wessel/Blockmans (Hrsg.), Between Autonomy and Dependence, 2013, 159 (175).

ständigen Beobachterstatus der EZB vertreten.[1177] Er wurde ihr mit der Entscheidung Nr. 11875 (99/1) des Exekutivdirektoriums vom 21. Dezember 1998 mit Wirkung zum 1. Januar 1999 verliehen.[1178] Damit erhielt sie das Recht auf Teilnahme an dessen Sitzungen zu den für sie unmittelbar relevanten Themen sowie Zugang zu den Dokumenten und Informationen (Ziff. 1 und 4). Bei diesen für die EZB relevanten Themen handelt es sich vor allem um solche genuin die Geld- und Währungspolitik betreffenden Fragen: einmal die Art. IV-Konsultationen mit den Mitgliedstaaten über das Euro-Währungsgebiet insgesamt betreffende Politikbereiche,[1179] ferner die IWF-Überwachung nach Art. IV IWFÜ über die Politiken der einzelnen Mitglieder des Euroraums, die Rolle des Euro im internationalen Währungssystem und schließlich die Diskussion über den Weltwirtschaftsausblick (World Economic Outlook)[1180], den globalen Finanzstabilitätsbericht (Global Financial Stability Report) und die weltweiten Wirtschafts- und Marktentwicklungen. Darüber hinaus wird der EZB-Beobachter *ad hoc* zu solchen Tagesordnungspunkten des Direktoriums eingeladen, die von der EZB und dem IWF als für die Erfüllung ihrer Mandate von beiderseitigem Interesse angesehen werden (Ziff. 2). Hiervon umfasst sind in der Regel zum einen die Art. IV-Konsultationen mit den EU-Mitgliedstaaten mit Ausnahmeregelung, den EU-Beitrittskandidaten sowie mit den USA und Japan. Zum zweiten steht der EZB-Vertreter regelmäßig auf der Einladungsliste, wenn über den Zugang der EU-Mitgliedstaaten mit Ausnahmeregelung und der EU-Beitrittskandidaten

---

[1177] Vgl. *IMF*, IMF Grants Observer Status to the European Central Bank, December 22, 1998, Press Release No. 98/64.

[1178] Decision No. 11875-(99/1) des Exekutivdirektoriums v. 21.12.1998, geändert durch Decision Nos. 12925-(03/1) v. 27.12.2002, 13414-(05/01) v. 23.12. 2004, 13612-(05/108) v. 22.12.2005 und 14517-(10/1) v. 5.1.2010, abgedr. in: *IMF*, Selected Decisions and Selected Documents of the International Monetary Fund, 36. Aufl. 2012, S. 731-732.

[1179] S. hierzu auch Decision No. 12899-(02/119) des Exekutivdirektoriums v. 4.12.2002 über "modalities for surveillance over euro-area policies in context of Art. IV Consultations with member countries", geändert durch Decision No. 14062-(08/15) v. 12.2.2008, *IMF*, Selected Decisions and Selected Documents of the International Monetary Fund, 36. Aufl. 2012, S. 92-93.

[1180] Hierbei handelt es sich um die wichtigste Publikation des IWF, in der die weltweite Wirtschafts-, Finanz- und Wechselkursentwicklung erörtert wird. Siehe zuletzt *IMF*, World Economic Outlook, 2014, abrufbar unter http://www.imf.org/external/Pubs/ft/weo/2014/01/pdf/text.pdf (letzter Zugriff: 7.4.2015).

zu den Finanzhilfen des IWF beraten wird. Die Teilnahme der EZB an diesen Beratungen setzt allerdings stets die vorherige Zustimmung der betroffenen Staaten voraus.

Ein Rederecht wurde der EZB dagegen nicht – zumindest nicht ausdrücklich – zugestanden. Gleichwohl ist nicht davon auszugehen, dass ihr ein solches nicht zusteht. Ziff. 1 und 2 der Direktoriumsentscheidung sind vielmehr so auszulegen, dass sie notwendigerweise auch die Berechtigung der EZB umfassen, in den Sitzungen das Wort zu ergreifen. Ansonsten würde ihr Teilnahmerecht weitgehend leerlaufen, dürfte sie ihren Standpunkt nicht aktiv vertreten. Dieses Auslegungsergebnis wird durch die Aussprache im Exekutivdirektorium vom September 1998 eindeutig bestätigt. Dort hat man sich ausdrücklich auch für ein Rederecht der EZB ausgesprochen.[1181] Allerdings bleibt auch unter Berücksichtigung des Sinn und Zwecks der Regelungen in Ziff. 1 und 2 der Entscheidung sowie unter Rückgriff auf die *travaux préparatoires* unklar, wann sie dieses in Anspruch nehmen darf, mithin, ob sie erst abwarten muss bis sich alle Mitglieder des Direktoriums zu einem Tagesordnungspunkt geäußert haben, oder ob sie auch bereits vorher das Wort ergreifen darf. Im ersteren Fall dürfte es für die EZB in der Regel kaum möglich sein, auf den Verlauf und das Ergebnis einer Beratung noch Einfluss zu nehmen. Daher wäre es aus ihrer Sicht günstiger von einem allgemeinen Rederecht auszugehen. Eine dahingehende Erweiterung ihres Beobachterstatus stößt allerdings im Hinblick auf die besondere Rechtsstellung der Exekutivdirektoren auf satzungsrechtliche Bedenken. Insofern ist wohl von einem nur nachgeordneten Rederecht der EZB auszugehen.[1182] Die damit verbundene Einbuße an Intensität der Mitwirkungsmöglichkeit wird durch das ihr in Ziff. 3 der Entscheidung explizit zugestandene Vorschlagsrecht allerdings wieder ausgeglichen. Danach ist der jeweilige EZB-Beobachter befugt, "to address the Board with the permission of the Chairman on matters within the responsibility of the ECB". Damit verbunden ist auch das Recht, "[to] circulate written statements in advance of Board meetings". Dieses besondere Privileg der EZB erlaubt es ihr damit, zu aktuellen, besonders dringen-

---

[1181] *IMF*, Minutes of Executive Board Meeting 98/101, EBM/98/101, September 21, 1998, S. 20.

[1182] Dieses steht ihr auch nur auf Einladung durch den Vorsitzenden des Exekutivdirektoriums zu. Siehe *IMF*, The European Economic and Monetary Union and the Fund – Institutional Aspects, SM/97/261, October 20, 1997, S. 9; *Deutsche Bundesbank*, Die Beziehungen Deutschlands zum IWF nach Einführung des Euro, Monatsbericht 09/ 1999, S. 20.

den Fragen Stellung zu beziehen und über direkten Zugang zu den Mitgliedern des Direktoriums aktiv auf den Meinungsbildungsprozess Einfluss zu nehmen. Ein Recht, an Abstimmungen teilzunehmen, ist damit zwar nicht verbunden, da dieses nach Art. XII Abschn. 3 und 4 IWFÜ ausschließlich den Exekutivdirektoren bzw. bei Stimmengleichheit auch dem Geschäftsführenden Direktor in seiner Funktion als Vorsitzender des Direktoriums zusteht. Jedoch kommt die EZB einem Stimmrecht aufgrund der besonderen Situation im Exekutivdirektorium, Entscheidungen in der Regel nicht zur Abstimmung zu bringen, sondern im Konsensus zu fassen, durchaus nahe. Über ihr Recht, Vorschläge und Anträge zu unterbreiten, ist sie nämlich – zumindest in den sie betreffenden Themenpunkten – regelmäßig in die einen Konsensus vorbereitenden Diskussionen und Verhandlungen und damit letztlich in die Entscheidungsfindung miteinbezogen.

Dagegen wurde den anderen Unionsorganen, einschließlich der Kommission, kein offizieller Beobachter- oder sonstiger Status im Exekutivdirektorium zuerkannt. Als Begründung wurde auf die damit verbundene Gefährdung der Arbeits- und Funktionsfähigkeit des Exekutivdirektoriums und die im Aufgaben-und Regelungsbereich des IWF nur unzureichend vorhandene Kompetenzausstattung der anderen EU-Organe verwiesen.[1183]

b) Die EU im Entwicklungs- und Internationalen Währungs- und Finanzausschuss

Dafür nimmt der für Wirtschafts- und Währungsfragen zuständige Kommissar die Rolle eines Beobachters im Internationalen Währungs- und Finanzausschuss (IMFC) sowie im Entwicklungsausschuss von IWF und Weltbank (DC) ein.[1184] Zu den halbjährlichen Treffen des DC

1183 Vgl. *IMF*, Minutes of Executive Board Meeting 98/101, EBM/98/101, September 21, 1998, S. 33: "[T]aking into consideration factors such as the size of the Board, caution should be exercised when considering granting similar status to other relevant EU institutions, especially given that at the current stage, these institutions have no power regarding individual members' domestic policies, such as fiscal and labour market policies".

1184 Vgl. *Kommission*, Ein Fahrplan für die Schaffung einer kohärenteren Außenvertretung des Euro-Währungsgebiets in internationalen Foren, COM(2015) 602 final, S. 13; *C. Garnier/D. Daco/F. Di Mauro*, UN-EU Cooperation on Financial issues, in: Wouters/Hoffmeister/Ruys (Hrsg.), The United Nations and the European Union, 2006, 115 (117); *J. Wouters/S. Van*

werden regelmäßig auch der Entwicklungskommissar und der Präsident der Europäischen Investitionsbank eingeladen.[1185] Darüber hinaus steht im Augenblick auch *Jeroen Dijsselbloem* in seiner Funktion als Vorsitzender der Euro-Gruppe auf der Einladungsliste des IMFC.[1186] Mangels eines eigenständigen Status ist er allerdings stets darauf angewiesen, dass ihm ein Exekutivdirektor aus der Eurozone seinen Sitz vorübergehend überlässt.[1187] Schließlich erhalten auch der Ratsvorsitzende und der EZB-Präsident als ständiger Beobachter regelmäßig Einladungen zu den Treffen des IMFC.[1188] Mittlerweile ist es gängige Praxis, dass letzterer dort unmittelbar nach dem Präsidenten der US-Notenbank zu den wirtschaftlichen Entwicklungen in der Eurozone spricht.[1189] Aufgrund ihres Beobachterstatus unterhält die EZB derzeit ein eigenes, von der EU-Delegation unabhängiges Verbindungsbüro in Washington D.C., während die Kommission zur Wahrnehmung ihrer Aufgaben auf die in

---

Kerckhoven, The International Monetary Fund, in: Jorgensen/Laatikainen (Hrsg.), Routledge Handbook on the European Union and International Institutions, 2013, 221 (224).

[1185] Vgl. *Development Committee*, List of Members and Observers of the Development Committee, S. 4, abrufbar unter http://siteresources.worldbank.org/DEVCOMMINT/Resources/DCMembers.pdf (letzter Zugriff: 7.3.2016). Zur Situation in der Weltbank ausf. *E. Baroncelli*, The World Bank, in: Jorgensen/Laatikainen (Hrsg.), Routledge Handbook on the European Union and International Institutions, 2013, 205 (208 ff.); *dies.*, The European Union, the World Bank and the Policymaking of Aid: Cooperation Among Developers, 2013.

[1186] *EZB*, Monatsbericht 01/ 2010, S. 85; *J. Aubrechtová/W. Coussens/G. Pineau*, How to reconcile EU integration with the governance of the International Monetary Fund?, in: Banking Journal 18 (2010), 5 (6).

[1187] *L. Bini Smaghi*, Powerless Europe: Why is the Euro Area Still a Political Dwarf, International Finance 9 (2006), 261 (266).

[1188] *EZB*, Monatsbericht 05/ 2011, S. 101; *A. Hervé*, The Participation of the European Union in Global Economic Governance Fora, ELJ 18 (2012), 143 (159).

[1189] Vgl. Statement by Mario Draghi, President of the European Central Bank at the Twenty-Ninth meeting of the IMFC, Washington, D.C., 12.4. 2014, https://www.imf.org/External/spring/2014/imfc/statement/eng/ECB.pdf (letzter Zugriff: 7.4.2015).

Washington D.C. angesiedelte EU-Delegation für die bilateralen Beziehungen zu den USA zurückgreifen muss.[1190]

c) Die EU im Gouverneursrat

Im Gegensatz zum Exekutivdirektorium und den beiden Ausschüssen verfügt im Gouverneursrat keines der EU-Organe über einen offiziellen Status. Eine Beteiligung der Union findet hier nur indirekt über den Gouverneur desjenigen Mitgliedstaates statt, der im Rat den Vorsitz führt. Dieser gibt seit inzwischen mehr als 30 Jahren zunächst eine Erklärung im Namen der EU ab, bevor er in seiner nationalen Rolle als Vertreter seiner Regierung fortfährt.[1191] Daneben nehmen gelegentlich auch die Kommission und die EZB an den Jahrestagungen teil.[1192] Diese Möglichkeit, auch ohne offiziellen Status präsent zu sein, ergibt sich aus Abschn. 5 lit. b) IMF By-Laws. Danach kann der Vorsitzende des Gouverneursrats in Absprache mit dem Exekutivdirektorium Beobachter zu den Sitzungen des Gouverneursrats einladen.

2. Sonstige institutionelle Zusammenarbeit

Von besonderer Bedeutung im Vorfeld der Einführung des Euro war auch die Frage, ob und wie die EU speziell bei den finanziellen Transaktionen zu beteiligen ist. Dies betraf zum einen die Zusammensetzung der SZRe und zum anderen die auf unionaler Ebene in Art. 30.5 ESZB-Satzung vorgesehene Möglichkeit, die Finanzbeziehungen der Euro-Staaten mit dem IWF bei der EZB zu zentralisieren. Im Hinblick auf letzteres sieht zum einen Art. XIII Abschn. 2 lit. a) IWFÜ vor, dass „jedes Mitglied seine Zentralbank oder, wenn es keine Zentralbank hat, eine andere dem Fonds genehme Institution als Hinterlegungsstelle für alle Fondsbestände in seiner Währung“ bestimmt. Die Regelung erfasst

---

[1190] Vgl. *J. Scheffler*, Die Europäische Union als rechtlich-institutioneller Akteur im System der Vereinten Nationen, 2011, S. 569.

[1191] *L. Puccio*, The EU and the IMF: The Financial Crisis as a Catalyst for a Stronger Union Representation?, in: de Waele/Kuipers (Hrsg.), The European Union's Emerging International Identity, 2013, 211 (217).

[1192] So geschehen auf der Herbsttagung in Tokio im Oktober 2012: "Key European Commission figures to attend IMF/World Bank annual meetings", http://www.euinjapan.jp/en/media/news/news2012/20121002/140013/ (letzter Zugriff: 7.4.2015).

damit allerdings nur den Fall, dass ein Mitglied keine Zentralbank hat. Insoweit wird es jedem Mitglied freigestellt, ersatzweise eine andere seiner Institutionen als Hinterlegungsstelle zu benennen. Nicht ausdrücklich geregelt ist dagegen die in der WWU vorzufindende Situation, dass ein Mitglied gleich über zwei Institutionen verfügt, die zur Ausführung dieser Funktion einer Zentralbank in der Lage sind. Das *Legal Department* des IWF hat in seinem Gutachten "on institutional aspects of the European Economic and Monetary Union and the Fund" insoweit ausgeführt, dass in diesen Fällen den Mitgliedern der Eurozone eine Wahlmöglichkeit zusteht, "to designate either its national central bank or the ECB as its depository".[1193] Im Gegensatz dazu normiert Art. V Abschn. 1 IWFÜ keine Präferenz oder Priorität zugunsten einer bestimmten Institution, die Mitglieder als ihren Fiskalagenten bestellen können. Stattdessen wird darin sehr weitläufig bestimmt, dass „[j]edes Mitglied seine Geschäfte mit dem Fonds nur über sein Schatzamt, seine Zentralbank, seinen Stabilisierungsfonds oder eine ähnliche Währungsbehörde“ abwickelt. Dementsprechend ergibt sich hier eine Wahlmöglichkeit zwischen den jeweiligen nationalen Währungsbehörden und der EZB bereits aus dem IWFÜ.[1194] In der Praxis jedoch treten mangels einer politischen Entscheidung der Euro-Staaten, ihre Finanzbeziehungen künftig von der EZB abwickeln zu lassen, weiterhin die nationalen Zentralenbanken in der Regel sowohl als Fiskalagent und Hinterlegungsstelle auf.[1195] So bestimmt etwa das deutsche IWF-Gesetz, dass die Deutsche Bundesbank als Fiskalagent und Hinterlegungsstelle agiert.[1196] Das heißt allerdings nicht, dass die EZB an den Finanzbeziehungen mit dem IWF gänzlich unbeteiligt ist. Die Wahrnehmung der finanziellen Rechte und Pflichten der Euro-Mitgliedstaaten aus den *Articles of Agreement* impliziert nämlich gewisse Überschneidungen mit den geldpolitischen Befugnissen der EZB, die ihre Mitwirkung in irgendeiner Form zwingend notwendig machen. Dementsprechend wird die EZB über alle Zahlungsvorgänge, einschließlich der Quoteneinzahlungen und sonstiger Routinetransaktionen, zwischen den nationalen

---

1193 *IMF*, The European Economic and Monetary Union and the Fund – Institutional Aspects, SM/97/261, October 20, 1997, S. 9.

1194 Siehe *ebd.*, S. 10.

1195 Zur unionsrechtlichen Zulässigkeit dieser Praxis vgl. Art. 31.1. i.V.m. Art. 23 ESZB-Satzung.

1196 Vgl. Art. 4 IWF-Gesetz.

Zentralbanken und dem IWF umfassend informiert[1197].[1198] Bei größeren Transaktionen findet teilweise eine vorherige Abstimmung mit der EZB statt; zum Teil bedarf es auch ihrer Zustimmung.[1199]

Im Übrigen steht es ihr nach Art. 30.5 ESZB-Satzung zu, Reservepositionen des IWF und SZRe zu halten und zu verwalten. Da sie jedoch nicht Mitglied des IWF ist, konnte sie letztere nur erwerben, indem sie als Nichtmitglied beim IWF beantragte, als sonstiger Inhaber von SZRen nach Art. XVII Abschn. 3 Ziff. i) IWFÜ[1200] anerkannt zu werden.[1201] Diesen Antrag hatte der IWF am 15. November 2000 angenommen.[1202] Seitdem ist die EZB berechtigt, SZRe bei allen Transaktionen und Operationen entsprechend den in der Entscheidung des Exekutivdirektoriums Nr. 6467-(80/71) S vom 14. April 1980[1203] näher

---

[1197] Vgl. insoweit z.B. die Stellungnahme der EZB über die Beiträge der Österreichischen Nationalbank an den Treuhandfonds für Armutsbekämpfung und Wachstum des Internationalen Währungsfonds und einen bilateralen Kreditvertrag zwischen dem Internationalen Währungsfonds und der Österreichischen Nationalbank v. 4.3.2013, (CON/2013/16); Stellungnahme der EZB zur Zahlung der Erhöhung der Quote Portugals beim Internationalen Währungsfonds durch die Banco de Portugal v. 9.11.2011, (CON/2011/89); Stellungnahme der EZB zur Erhöhung der Quote Ungarns beim Internationalen Währungsfonds v. 1.6.2012, (CON/2012/45).

[1198] Hierzu auch *Deutsche Bundesbank*, Die Beziehungen Deutschlands zum Internationalen Währungsfonds nach Einführung des Euro, Monatsbericht September 1999, 15 (24).

[1199] Vgl. Art. 31.2. ESZB-Satzung.

[1200] Danach kann der IWF bestimmen, dass u.a. „Institutionen, die Zentralbankaufgaben für mehr als ein Mitglied erfüllen", Inhaber von SZR sein dürfen. Vor der EZB wurde ein solcher Status nur der BIZ, der Banque Centrale des Etats de l'Afrique de l'Ouest (BCEAO), der Banque des Etats de l'Afrique Centrale (BEAC) und der Eastern Caribbean Central Bank (ECCB) zuerkannt.

[1201] Einen entsprechenden Antrag hatte die EZB am 17.10.2000 gestellt. Er ist als Anlage abgedruckt in: *IMF*, European Central Bank – Application to Become a Holder of SDRs, EBS/00/222, November 8, 2000, S. 4.

[1202] Dem ging ebenfalls ein umfassendes Rechtsgutachten des *Legal Departments* voraus. Siehe *IMF*, The European Economic and Monetary Union and the International Monetary Fund – Main Legal issues Relating to Rights and Obligations of EMU Members in the Fund, SM/98/131, June 8, 1998, S. 15 ff.

[1203] Decision No. 6467-(80/71) S des Exekutivdirektoriums v. 14.4.1980 (Terms and Conditions for the Acceptance, Holding, and Use of Special Drawing Rights by Other Holders Prescribed under Article XVII, Section 3),

festgelegten Bedingungen zu verwenden.[1204] Danach ist sie unter anderem befugt, in freiwilligen Transaktionen mit den IWF-Mitgliedern und anderen zugelassenen Inhabern SZRe gegen frei verwendbare Währungen – US-Dollar, Euro, japanischer Yen und Pfund Sterling – zu tauschen.

Was die Bewertung der SZRe angeht, mussten die Modalitäten hierfür mit der Einführung des Euro neu geregelt werden.[1205] Davor wurde der Wert der SZRe seit 1981 am Marktwert des US-Dollars, dem japanischen Yen, der Deutschen Mark, dem französischen Franc und dem britischen Pfund Sterling berechnet. Jede dieser Währungen nahm mit jeweils bestimmten Mengen an dem Währungskorb teil. Mit der Einführung des Euro war klar, dass die Deutsche Mark und der Franc jeweils durch den Euro ersetzt werden.[1206] Insoweit musste nur noch die Frage geklärt werden, ob der Euro als eine Währung der zwei europäischen Exportnationen oder als Gemeinschaftswährung betrachtet werden soll. Diese Frage lief letztlich darauf hinaus, ob es sich beim SZR um einen "country-based" oder "currency-based" Korb handelt. Die Praxis folgt bekanntlich dem ersten Modell, obwohl sie den Euro damit hinsichtlich seiner Bedeutung im internationalen Handel nur unvollkommen berücksichtigt. Zu ihren Gunsten spricht aber, dass nur auf diese Weise dem Status quo der IWF-Mitgliedschaft entsprochen werden konnte. Im Übrigen wäre mit der währungsbezogenen Lösung zu klären gewesen, ob zur Bewertung der SZRe weiterhin ein Korb aus fünf Währun-

---

abgedruckt in: *IMF*, Selected Decisions and Selected Documents of the International Monetary Fund, 36. Aufl. 2012, S. 795-798.

[1204] Vgl. Decision No. 12329-(00/113) des Exekutivdirektoriums v. 15.11.2000 (European Central Bank – Prescription as Holder of SDRs).

[1205] Zu den hierfür notwendigen Verfahrensmodalitäten siehe Art. XV Abschn. 2 IWFÜ.

[1206] Dies geschah auf der Basis der festen Umrechnungsraten zwischen Euro und DM bzw. französischem Franc, die der Europäische Rat am 31. Dezember 1998 verkündet hat. Wegen des gleichen Gegenwerts blieb der Wert des SZR durch den Austausch unverändert. Damit gehört der Euro auch zu den frei verwendbaren Währungen i.S.d. Art. XXX lit. f) IWFÜ. Darunter ist „die Währung eines Mitglieds zu verstehen, die nach Feststellung des Fonds i) bei Zahlungen für internationale Geschäfte verbreitet Verwendung findet und ii) auf den wichtigsten Devisenmärkten stark gehandelt wird". Hierzu Decision No. 11857-(98/130) des Exekutivdirektoriums v. 17.12.1998 (Freely Usable Currencies), abgedr. in: *IMF*, Selected Decisions and Selected Documents of the International Monetary Fund, 36. Aufl. 2012, S. 856.

gen herangezogen werden sollte, oder ob die Anzahl mit der Einführung des Euro nicht reduziert werden muss.[1207]

3. Zwischenfazit: Koordinierungsbedarf im europäischen Mehrebenensystem

Die EU ist damit in den institutionellen Abläufen des IWF mit der EZB, der Kommission, dem jeweiligen Vorsitzenden des Rats und der Euro-Gruppe sowie ihren 28 Mitgliedstaaten, die ihrerseits aktuell auf sieben Stimmrechtsgruppen und drei Einzelsitze verteilt sind und sieben bzw. die Euro-Staaten fünf der insgesamt 24 Exekutivdirektoren und sechs der stellvertretenden Direktoren stellen,[1208] durch eine Vielzahl von Akteuren eingebunden. Es steht außer Frage, dass sich eine Einigung über einheitliche unionale Positionen im IWF aufgrund dieser fragmentierten Präsenz der EU nur sehr schwer erzielen lässt. Aus diesem Grund hat bereits der Europäische Rat von Wien 1998 deutlich gemacht, dass es „für die Kohärenz und Effizienz der Gemeinschaft [...] erforderlich [ist], daß sie in der Lage ist, in Fragen von besonderer Bedeutung für die Wirtschafts- und Währungsunion mit einer Stimme zu sprechen"[1209].[1210] Insoweit ist das in Art. 4 Abs. 3 und Art. 21 Abs. 3 UAbs. 2 EUV niedergelegte Gebot der „äußeren Kohärenz" von zentraler Bedeutung. Es zielt negativ verstanden darauf ab, Widersprüche einmal in vertikaler Hinsicht zwischen der mitgliedstaatlichen und unionalen Außenpolitik und zum anderen in horizontaler Hinsicht „zwischen den einzelnen Bereichen [des] auswärtigen Handelns der [EU] sowie zwischen diesen und ihren übrigen Politikbereichen" (Art. 21

[1207] Zum Ganzen siehe auch *P. Maystadt*, Implications of EMU for the IMF, in: Masson/Krueger/Turtelboom (Hrsg.), EMU and the International Monetary System, 1997, 146 (148).

[1208] Vgl. *IWF*, IMF Executive Directors and Voting Power, http://www.imf.org/external/np/sec/memdir/eds.aspx (letzter Zugriff: 7.3.2016).

[1209] *Europäischer Rat* v. Wien, Schlussfolgerungen des Vorsitzes, Bull.-EU 12-1998, S. 8 ff., Ziff. 15.

[1210] Dieses Bekenntnis der Unionsorgane zu einer kohärenten und effizienten Gestaltung der EU-Beziehungen zum IWF wird seitdem in regelmäßigen Abständen wiederholt. Siehe zuletzt etwa *Kommission*, Ein Konzept für eine vertiefte und echte Wirtschafts- und Währungsunion: Auftakt für eine europäische Diskussion, COM (2012) 777 final/2, S. 29-30, sowie Anhang 2; *dies.*, Ein Fahrplan für die Schaffung einer kohärenteren Außenvertretung des Euro-Währungsgebiets in internationalen Foren, COM(2015) 602 final.

Abs. 3 UAbs. 2 S. 1 EUV) zu vermeiden.[1211] Für die Situation im IWF folgen hieraus in positiver Hinsicht in erster Linie Pflichten zu wechselseitiger Information, Kooperation und Konsultation, denen seit einiger Zeit – allerdings mit unterschiedlichem Nachdruck – in Brüssel und Washington D.C. nachgegangen wird.

Auf Brüsseler Ebene koordinieren die Mitgliedstaaten ihre nationalen Positionen seit 2003 in einem speziell mit IWF-Angelegenheiten befassten Unterausschuss des Wirtschafts- und Finanzausschusses (*Sub-Committee on IMF-related issues* [SCIMF]).[1212] Das SCIMF geht ursprünglich zurück auf eine vom Wirtschafts- und Finanzausschuss (WFA) im Jahr 2001 speziell zur Behandlung von IWF-Fragen eingesetzte Arbeitsgruppe, welche dann zwei Jahre später mit dem SCIMF als ständigem Unterausschuss institutionalisiert wurde[1213].[1214] Es setzt sich aus Delegierten der Finanzministerien und Zentralbanken der Mitgliedstaaten sowie jeweils zwei Repräsentanten der EZB und der Kommission zusammen. Letztere leitet auch das Sekretariat des SCIMF, das zugleich das Sekretariat des WFA und des Ausschusses für Wirtschaftspolitik bildet.[1215] Obgleich die Kommission das Sekretariat stellt, ist es ihm gegenüber nicht weisungsbefugt. Überhaupt ist sie nicht die treibende Kraft im SCIMF.[1216] Dessen Aufgaben und Befug-

---

[1211] Siehe hierzu ausführlich oben Teil 4.C.I.

[1212] Vgl. *Eurodad*, European Coordination at the World Bank and International Monetary Fund: A Question of Harmony, 2006, 8 ff.; *J. Aubrechtová/W. Coussens/G. Pineau*, How to reconcile EU integration with the governance of the International Monetary Fund?, in: Banking Journal 18 (2010), 5 (7-8); ferner *S. Keukeleire/T. Delreux*, The Foreign Policy of the European Union, 2. Aufl. 2014, S. 312.

[1213] Zu dieser Befugnis des Wirtschafts- und Finanzausschusses siehe Art. 9 WFA-Satzung, abgedr. in: ABl. 2003 L 158/ 58.

[1214] *A. Ahearne/B. Eichengreen*, External monetary and financial policy: a review and a proposal, in: Sapir (Hrsg.), Fragmented Power, 2007, 128 (135); *L. Bini Smaghi*, A single EU seat in the International Monetary Fund?, in: Jorgensen (Hrsg.), The European union and International Organizations, 2009, 61 (66).

[1215] *Eurodad*, European Coordination at the World Bank and International Monetary Fund: A Question of Harmony, 2006, S. 11. Das Sekretariat unterstützt zudem die Euro-Gruppe. Vgl. *F. Becker*, in: Siekmann (Hrsg.), EWU, 2013, Art. 134 AEUV, Rn. 43.

[1216] Vgl. *Eurodad*, European Coordination at the World Bank and International Monetary Fund: A Question of Harmony, 2006, S. 11; *A. Giovannini/*

nisse beziehen sich auf das gesamte Tätigkeitsfeld des IWF und gehen damit über den Zuständigkeitskatalog der Kommission, die im Übrigen auch über kein Stimmrecht verfügt, hinaus. Die Sitzungen des SCIMF werden auf Initiative seines Präsidenten, der nach Art. 9 S. 2 WFA-Satzung von den Mitgliedern des WFA ernannt wird, einberufen und von ihm auch geleitet.[1217] In Ausübung seiner Vorsitzfunktion ist er jedoch nicht allein auf das organisatorische Sitzungsmanagement beschränkt. Zu seinen Aufgaben und Befugnissen gehört es ausdrücklich auch, den Arbeiten des SCIMF Impulse zu geben, womit ihm ein inhaltliches Vorschlags- und Einflussrecht zukommt.[1218] Für gewöhnlich tritt das SCIMF acht bis zehn Mal im Jahr zusammen.[1219] Als ein im Hintergrund arbeitendes Expertengremium nimmt es dabei Berichts- und Beratungsaufgaben wahr, indem es für den WFA und damit letztlich auch für den ECOFIN-Rat zu allen mit dem IWF in Zusammenhang stehenden Angelegenheiten vorbereitende Arbeiten durchführt. Damit kommt ihm in inhaltlicher Hinsicht ein weites Aufgabenfeld zu, das neben den Art. IV-Konsultationen des IWF mit den Mitgliedern des Euroraums und dessen Kreditvergabetätigkeit zunehmend auch den IWF betreffende Governancefragen umfasst.[1220] Die zu diesen Fragen erarbeiteten und vom WFA gebilligten Positionen dienen letztlich den Exekutivdirektoren der EU-Mitgliedstaaten als Leitlinien bei der gemeinsamen Wahrnehmung der Interessen und Standpunkte der EU.[1221]

D. Gros/P. Ivan/P. M. Kaczynski/D. Valiante, External Representation of the Euro Area, IP/A/ECON/FWC/2010_19, May 2012, S. 36.

1217 Zum ersten Präsidenten des SCIMF wurde der Italiener *Lorenzo Bini Smaghi* ernannt.

1218 Allein schon aus den vom Präsidenten des SCIMF bei der Vorbereitung der Treffen angestellten inhaltlichen Überlegungen und den während der konkreten Beratungen geleisteten Impulsen wird deutlich, dass die Substanz der Arbeiten und die konkreten Ergebnisse des SCIMF nicht nur auf die Beiträge der einzelnen Mitglieder beschränkt sind, sondern dass insoweit auch die Beiträge des Präsidenten einen ganz bedeutenden Teil davon ausmachen. Vgl. *Eurodad*, European Coordination at the World Bank and International Monetary Fund: A Question of Harmony, 2006, S. 11.

1219 Die Beratungen sind vertraulich, vgl. Art. 12 S. 2 WFA-Satzung.

1220 Vgl. *L. Bini Smaghi*, A single EU seat in the International Monetary Fund?, in: Jorgensen (Hrsg.), The European union and International Organizations, 2009, 61 (67).

1221 Vgl. *A. Ahearne/B. Eichengreen*, External monetary and financial policy: a review and a proposal, in: Sapir (Hrsg.), Fragmented Power, 2007, 128 (135);

Gelegentlich werden diese Positionen auch an den Mitarbeiterstab des IWF direkt übermittelt und auf diese Weise versucht, auf Entscheidungs- und Reformprozesse im IWF Einfluss zu nehmen. Darüber hinaus kommt dem SCIMF in Kooperation mit dem WFA die Aufgabe zu, die Rede des Ratsvorsitzenden im IMFC wie auch im Gouverneursrat vorzubereiten[1222].[1223]

Die hier getroffenen Entscheidungen dienen schließlich auch als Orientierungshilfe für das zweite wichtige Koordinationsgremium – die EURIMF-Gruppe in Washington D.C. Ihr gehören die Exekutivdirektoren, Stellvertreter und Berater der EU-Mitgliedstaaten sowie auf Unionsseite der in Washington D.C. stationierte Beobachter der EZB und ein Vertreter der Kommission an.[1224] Der Teilnehmerkreis der EURIMF-Gruppe variiert damit entsprechend den Positionen der EU-Mitgliedstaaten im Exekutivdirektorium. In jedem Fall ist er aber kleiner als bei den Sitzungen des SCIMF, das sich aus insgesamt mehr als 60 Vertretern zusammensetzt. Die Gruppe trifft sich bereits seit 1998 mindestens wöchentlich, um sich im Voraus zu fast allen Themen auf der Tagesordnung des Exekutivdirektoriums auszutauschen und soweit wie möglich eine entsprechende EU-Position festzulegen.[1225] Hierzu erstellt – wie im Exekutivdirektorium allgemein üblich – zunächst jeder EU-Mitgliedstaat, der im Direktorium durch einen Exekutivdirektor oder Stellvertreter „vertreten“ ist, ein sog. “*grey paper*”, das die Stand-

---

J. Wouters/S. Van Kerckhoven, The International Monetary Fund, in: Jorgensen/Laatikainen (Hrsg.), Routledge Handbook on the European Union and International Institutions, 2013, 221 (225-226).

1222 *Eurodad*, European Coordination at the World Bank and International Monetary Fund: A Question of Harmony, 2006, S 12; *L. Bini Smaghi*, A single EU seat in the International Monetary Fund?, in: Jorgensen (Hrsg.), The European union and International Organizations, 2009, 61 (66-67). Zur Rolle des WFA bei der Repräsentation des Euro nach außen vgl. *F. Becker*, in: Siekmann (Hrsg.), EWU, 2013, Art. 134 AEUV, Rn. 59.

1223 Davor kam die letztere Aufgabe dem Währungsausschuss, dem Vorgänger des WFA, zu. Siehe hierzu auch oben Teil 2.C.III.2.

1224 *Eurodad*, European Coordination at the World Bank and International Monetary Fund: A Question of Harmony, 2006, S. 8; *S. Mildner/C. Schmucker*, Die EU im globalen Governance-Prozess, IP 2007, 52 (56).

1225 *Eurodad*, European Coordination at the World Bank and International Monetary Fund: A Question of Harmony, 2006, S. 9; *A. Ahearne/B. Eichengreen*, External monetary and financial policy: a review and a proposal, in: Sapir (Hrsg.), Fragmented Power, 2007, 128 (135).

punkte innerhalb seiner Stimmrechtsgruppe zu den auf der Tagesordnung stehenden Punkten zusammenfasst.[1226] Auf den Treffen der EURIMF-Gruppe werden diese "*grey paper*" dann beraten und auf dieser Grundlage versucht, zu den die EU unmittelbar betreffenden Fragen eine gemeinsame Position zu erarbeiten.[1227] In den Fällen, in denen es gelingt, sich auf einen gemeinsamen Standpunkt zu einigen, wird dieser darauf im Direktorium vom Vorsitzenden der EURIMF-Gruppe, der entsprechend der Wahlperiode im Exekutivdirektorium aus den Reihen der Exekutivdirektoren der EU-Mitgliedstaaten für eine Amtszeit von zwei Jahren gewählt wird,[1228] vorgestellt.[1229] Allerdings sind die anderen EU-Exekutivdirektoren bei der anschließenden Aussprache im Direktorium nicht ohne weiteres an dessen Statement gebunden. Vielmehr müssen sie dem erneut zustimmen.[1230] Dies folgt bereits aus ihrer doppelten Rechtsstellung als Interessenvertreter des IWF und der Mitglieder ihrer Stimmrechtsgruppe. Zugleich zeigt sich daran auch der informelle Charakter der EURIMF-Gruppe, die als reines Diskussions- und Vorbereitungsgremium keinerlei verbindliche Entscheidungen fassen kann bzw. darf. Allerdings werden mit der informellen Arbeitsweise der EURIMF-Gruppe auch Vorteile verbunden. So wird darauf verwiesen, dass auf diese Weise die im Exekutivdirektorium zu treffenden Entscheidungen offener vorberaten werden können und dass damit eine engere Abstimmung zwischen den

---

[1226] *Eurodad*, European Coordination at the World Bank and International Monetary Fund: A Question of Harmony, 2006, S. 9.

[1227] *A. Ahearne/B. Eichengreen*, External monetary and financial policy: a review and a proposal, in: Sapir (Hrsg.), Fragmented Power, 2007, 128 (135); *J. Wouters/S. Van Kerckhoven*, The International Monetary Fund, in: Jorgensen/Laatikainen (Hrsg.), Routledge Handbook on the European Union and International Institutions, 2013, 221 (225).

[1228] Hierzu *Kommission*, Ein Fahrplan für die Schaffung einer kohärenteren Außenvertretung des Euro-Währungsgebiets in internationalen Foren, COM(2015) 602 final, S. 6, Fn. 9; ferner *D. Hodson*, Governing the Euro Area in Good Times and Bad, 2011, S. 103.

[1229] Vgl. *S. Hagan*, 10 Years of the Euro: A Perspective from the IMF, 2009, abrufbar unter http://www.imf.org/external/np/speeches/2009/012909.htm (letzter Zugriff: 7.4.2015).

[1230] *Eurodad*, European Coordination at the World Bank and International Monetary Fund: A Question of Harmony, 2006, S. 9.

Mitgliedern leichter möglich ist.[1231] Schließlich sei noch darauf hingewiesen, dass die EURIMF-Gruppe mit ihrem Vorsitzenden einen weiteren Repräsentanten der EU sowohl nach außen gegenüber dem IWF als auch nach innen gegenüber dem SCIMF, zu dessen Sitzungen er im Interesse einer besseren Abstimmung zwischen den beiden Gremien regelmäßig eingeladen wird, hervorgebracht hat.

Daneben spielen auf Brüsseler Ebene die *Eurogroup Working Group* und in Frankfurt das *International Relations Committee* eine wichtige Rolle bei der Erarbeitung einer gemeinsamen Position zu IWF-Fragen.[1232] Hinzu tritt die sog. Mini-EURIMF-Gruppe in Washington D.C., die auf *ad hoc*-Basis ebenfalls vorbereitende Arbeiten leistet. Sie setzt sich allein aus den im IWF-Exekutivdirektorium vertretenen EU-Mitgliedstaaten zusammen und stellt damit ein gegenüber der EURIMF-Gruppe deutlich verkleinertes Gremium dar.[1233]

III. Operative Beziehungen

Die operative Zusammenarbeit zwischen dem IWF und der EU ist ebenfalls vor dem Hintergrund der in dem Gutachten des *Legal Departments* "on the main legal issues relating to rights and obligations of European Economic and Monetary Union members in the Fund" getroffenen Feststellungen zu sehen, wonach "the creation of a monetary union with common organs does not create collective rights and obligations in the members' relations with the Fund or transfer membership rights and obligations to the common organs of the union".[1234] Vor diesem Hintergrund findet die derzeitige EU-IWF-Kooperation auf allen Tätigkeitsfeldern des IWF grundsätzlich nur über die 28 EU-Mitgliedstaaten statt. Eine Ausnahme bildet insoweit die Art. IV-

---

[1231] So *Eurodad*, European Coordination at the World Bank and International Monetary Fund: A Question of Harmony, 2006, S. 10.

[1232] Vgl. *J. Aubrechtová/W. Coussens/G. Pineau*, How to reconcile EU integration with the governance of the International Monetary Fund?, in: Banking Journal 18 (2010), 5 (7-8).

[1233] Hierzu *Eurodad*, European Coordination at the World Bank and International Monetary Fund: A Question of Harmony, 2006, S. 9.

[1234] *IMF*, The European Economic and Monetary Union and the International Monetary Fund – Main Legal issues Relating to Rights and Obligations of EMU Members in the Fund, SM/98/131, June 8, 1998, S. 3.

Überwachung des Euro-Währungsgebiets, an der seit der Einführung des Euro auch einzelne Unionsorgane – wenn auch mit unterschiedlicher Intensität – beteiligt sind. Zudem haben sich im Zuge der seit 2008 andauernden globalen Finanz- und Wirtschaftskrise und der darauf folgenden Staatsschuldenkrise in einigen EU-Mitgliedstaaten parallel hierzu Kooperationsformen zwischen der EU und dem IWF entwickelt, wenn es darum geht, EU-Staaten mit stark defizitärer Haushaltslage mit Krediten zu versorgen. Eine umfassende Darstellung dieser operativen Zusammenarbeit zwischen der EU und dem IWF in all ihren Einzelheiten würde damit notwendig den Rahmen der Arbeit sprengen, zumal es sich dabei ohnehin nur um eine Momentaufnahme eines sich auch weiterhin im Fluss befindlichen Arrangements zwischen der Union und dem IWF handeln könnte. Um die grundsätzliche Notwendigkeit einer engeren Einbindung der EU in den IWF zu beleuchten, ist eine solche auch nicht erforderlich. Dazu genügt es, sich auf eine Beschreibung der grundlegenden Strukturen der Kooperation zu beschränken.

1. WWU und IWF-Surveillance

Die Modalitäten für regionale Diskussionen im Rahmen der Art. IV-Konsultationen mit den Mitgliedern des Euroraums wurden erstmals im Jahr 1998 formalisiert.[1235] Davor hatten zwar auch Gespräche des IWF-Mitarbeiterstabs vor allem mit der Kommission zu den Entwicklungen und wirtschaftspolitischen Maßnahmen in der EG stattgefunden. Jedoch wurden diese nicht als Teil der Art. IV-Konsultationen betrachtet und die hierzu erstellten Berichte des Mitarbeiterstabs dementsprechend auch nicht im Rahmen einer formellen Direktoriumssitzung,

---

[1235] Vgl. Decision No. 11846-(98/125) des Exekutivdirektoriums v. 9.12.1998 über "Surveillance over Monetary and Exchange Rate Policies: Members of Euro Area". Siehe hierzu auch die der Entscheidung vorausgegangene Analyse des IMF-European I, Legal und Policy Development and Review Departments über "Surveillance over the Monetary and Exchange Rate Policies of the Members of the Euro Area" in: *IMF*, Surveillance over the Monetary and Exchange Rate Policies of the Members of the Euro Area, SM/98/257, November 25, 1998. Siehe auch die in der Folge ergangene Decision No. 12899-(02/119) des Exekutivdirektoriums v. 4.12.2002 über "Modalities for Surveillance over Euro-Area Policies in Context of Article IV Consultations with Member Countries", geändert durch Decision No. 14062-(08/15) v. 12.2.2008, alle Entscheidungen abgedruckt in: *IMF*, Selected Decisions and Selected Documents of the International Monetary Fund, 36. Aufl. 2012, S. 90-93.

sondern nur in informellen Seminaren besprochen.[1236] Erst kurz vor dem Übergang in die dritte Stufe der WWU wurde beschlossen, dass insbesondere in Fragen zur Geld- und Wechselkurspolitik Gespräche mit den Vertretern der zuständigen EG-Organe stattfinden müssten.[1237] Als rechtliche Grundlage hierfür kam allerdings die zu diesem Zeitpunkt noch maßgebliche und bereits im Jahr 1977 im Anschluss an den Zusammenbruch des Bretton-Woods-Systems ergangene Entscheidung des Exekutivdirektoriums über die Überwachung der Wechselkurspolitik[1238] von vornherein nicht in Betracht. Diese bezog sich, wie bereits ihr Name vermuten lässt, ausschließlich auf die Überwachung der Wechselkurspolitik der IWF-Mitglieder, nicht dagegen auch auf Währungsunionen. Demgegenüber erörterte die an ihrer Stelle erlassene Entscheidung von 2007 zwar auch den Umfang der bilateralen Überwachung im Rahmen von Währungsunionen.[1239] Für die Durchführung der in diesem Rahmen zu führenden Art. IV-Missionen stellte sie jedoch keine Richtlinien auf.[1240] Entsprechende Angaben fehlen auch in der aktuellen Integrated Surveillance Decision (ISD) aus dem Jahr 2013.[1241] Sie sind andererseits auch nicht nötig, da zu diesem Zeitpunkt bereits mehrere, auf die einzelnen Währungsunionen individuell zuge-

---

[1236] Zu diesen Anfängen siehe bereits oben Teil 2.D.II.

[1237] Siehe *IMF*, Concluding Remarks by the Acting Chairman: Operational and Legal Aspects of EMU for the Fund (EBM 98/101, September 21, 1998), BUFF/98/93, September 24, 1998; *IMF*, Surveillance over the Monetary and Exchange Rate Policies of the Members of the Euro Area, November 25, 1998, SM/98/257.

[1238] Decision No. 5392-(77/63) des Exekutivdirektoriums v. 29.4.1977 über "Surveillance over Exchange Rate Policies", abgedruckt in: *J.M. Boughton*, Silent Revolution: The International Monetary Fund, 1979-1989, 2001, S. 125 ff.

[1239] Vgl. Ziff. 7 der Decision No. 13919-(07/51) des Exekutivdirektoriums v. 15.6.2007 über "Bilateral Surveillance over Members' Policies – 2007 Decision", geändert durch Decision No. 14766-(10/115) v. 29.11.2010, abgedruckt in: *IMF*, Selected Decisions and Selected Documents of the International Monetary Fund, 36. Aufl. 2012, S. 33 ff.

[1240] Vgl. auch *A. Viterbo/F. Costamagna*, Multiregionalism in the Context of the EU Sovereign Debt Crisis, EYIEL 5 (2014), 17 (20-24).

[1241] Vgl. Ziff. 8 und 32 der ISD, abgedruckt in: *IMF*, Modernizing the Legal Framework for Surveillance – An Integrated Surveillance Decision, July 17, 2012, http://www.imf.org/external/np/pp/eng/2012/071712.pdf (letzter Zugriff: 7.4.2015).

schnittene Entscheidungen des Exekutivdirektoriums über den Ablauf der Art. IV-Konsultationsverfahren bestanden.[1242]

In der im Dezember 1998 ergangenen Entscheidung des Exekutivdirektoriums über die Überwachung der Geld- und Wechselkurspolitik der Euro-Mitgliedstaaten hat es das Art. IV-Überwachungsverfahren gemäß der Kompetenzverteilung in der WWU und unter Beachtung der Vorgaben des *Legal Departments* modifiziert und entsprechend festgelegt, "[t]here would be twice-yearly staff discussions with EU institutions responsible for common policies in the euro area".[1243] Dabei hat es diese regionalen Diskussionen jedoch formal nicht als eigenständige, d.h. von den bilateralen Art. IV-Verfahren mit den einzelnen Euro-Mitgliedstaaten losgelöste Konsultationen, sondern vielmehr als deren integraler Bestandteil ausgestaltet. Diese rechtliche Konstruktion wurde deshalb gewählt, weil zum einen die EU kein Mitglied des IWF ist und als solches daher auch nicht aus den *Articles of Agreement* verpflichtet werden kann und zum anderen die Mitgliedstaaten in ihrer Eigenschaft als IWF-Mitglieder gem. Art. IV IWFÜ verpflichtet bleiben, gegenüber dem IWF sicherzustellen, dass er sein Überwachungsmandat trotz des Übergangs ihrer monetären Kompetenzen auf die EU vollständig erfül-

---

[1242] Vgl. neben der Decision No. 11846-(98/125) des Exekutivdirektoriums v. 9.12.1998 über "Surveillance over Monetary and Exchange Rate Policies: Members of Euro Area" und der Decision No. 12899-(02/119) des Exekutivdirektoriums v. 4.12.2002 über "Modalities for Surveillance over Euro-Area Policies in Context of Article IV Consultations with Member Countries", geändert durch Decision No. 14062-(08/15) v. 12.2.2008 etwa Decision No. 13654-(06/1) v. 6.1.2006 über "Modalities for Surveillance over Central African Economic and Monetary Union Policies in Context of Article IV Consultations with Member Countries", geändert durch Decision No. 14059-(08/15) v. 12.2.2008; Decision No. 13655-(06/1) v. 6.1.2006 über "Modalities for Surveillance over Eastern Caribbean Currency Union Policies in Context of Article IV Consultations with Member Countries", geändert durch Decision No. 14060-(08/15) v. 12.2.2008; Decision No. 13656-(06/1) v. 6.1.2006 über "Modalities for Surveillance over West African Economic and Monetary Union Policies in Context of Article IV Consultations with Member Countries", geändert durch Decision No. 14061-(08/15) v. 12.2.2008, alle abgedruckt in: *IMF*, Selected Decisions and Selected Documents of the International Monetary Fund, 36. Aufl. 2012, S. 90-98.

[1243] Decision No. 11846-(98/125) des Exekutivdirektoriums v. 9.12.1998.

len kann.[1244] Insofern bildet die Entscheidung des Exekutivdirektoriums ein weiteres Beispiel für den Pragmatismus des IWF im Umgang mit neuen Entwicklungen. Diese Vorgehensweise hat das Direktorium 2002 in einer weiteren Entscheidung bestätigt, in dem es darin klarstellte, "[t]here will be twice-yearly staff discussions with EU institutions responsible for common policies in the euro area. These discussions will be held separately from the discussions with individual euro-area countries, but are considered an integral part of the Article IV process for each member".[1245]

Auf dieser Grundlage ist in der Praxis das Überwachungsverfahren in zwei Teile aufgeteilt. Während es im ersten Teil weiterhin um die einzelnen Euro-Mitglieder und deren Wirtschafts-, Finanz- und Konjunkturpolitik geht, umfasst der zweite Teil vor allem Fragen zur Geld- und Wechselkurspolitik des Euro-Währungsgebiets als Ganzes.[1246] Dabei pflegt der IWF im ersten länderbezogenen Teil den Dialog mit den einzelnen Euro-Mitgliedstaaten nach demselben Verfahren wie vor dem Übergang in die Endstufe der WWU. Danach reisen die Mitarbeiterteams aus vier bis sechs Personen in der Regel jährlich in die Mitgliedstaaten, um mit Regierungs- und Zentralbankmitarbeitern und anderen Interessenvertretern – wie Parlamentariern, Gewerkschafts- und Wirtschaftsvertretern oder auch Wissenschaftlern – die seit der vorausgegangenen Konsultation eingetretenen wirtschaftlichen Entwicklungen sowie die Fiskal-, Finanzsektor- und Strukturpolitik des betreffenden Mitglieds zu erörtern und entsprechende Wirtschafts- und Finanzdaten zu sammeln. Auf dieser Grundlage werden schließlich noch vor Ort eine Zusammenfassung der Erkenntnisse und wirtschaftspolitische Empfehlungen für die nationalen Behörden erstellt und an diese übergeben.[1247] Nach der Rückkehr in die Zentrale des IWF konzipiert das

---

[1244] Siehe hierzu auch *IMF*, Fund Surveillance Over Members of Currency Unions, December 21, 2005, abrufbar unter http://www.imf.org/external/np/pp/eng/2005/122105.pdf (letzter Zugriff: 7.4.2015).

[1245] Decision No. 12899-(02/119) des Exekutivdirektoriums v. 4.12.2002 über "Modalities for Surveillance over Euro-Area Policies in Context of Article IV Consultations with Member Countries", geändert durch Decision No. 14062-(08/15) v. 12.2.2008.

[1246] Vgl. *EZB*, Monatsbericht 01/2001, S. 68; ferner *J. Pisani-Ferry/A. Sapir/G. B. Wolff*, An evaluation of IMF surveillance of the euro area, Bruegel Blueprint Series, Bd. XIV, 2011, S. 11.

[1247] Unter anderem auch für diesen Zweck unterhält der IWF jeweils ein Regionalbüro in Paris und Brüssel.

Mitarbeiterteam dann einen weiteren Bericht, in dem die wirtschaftliche Situation und der Inhalt der Diskussionen mit den Behörden beschrieben und eine Bewertung der Wirtschaftspolitik des Mitglieds vorgenommen werden. Der Bericht wird anschließend vom Exekutivdirektorium erörtert und eine Zusammenfassung der Aussprache erstellt.[1248] Inzwischen werden mit der Zustimmung des betroffenen Mitglieds die vollständigen Art. IV-Berichte oder – wie es häufiger der Fall ist – nur die ihnen beigefügten Öffentlichen Informationsmitteilungen (*Public Information Notice* – PIN), die Hintergrundinformationen und eine Zusammenfassung der Direktoriumsaussprache enthalten, veröffentlicht.[1249]

Der zweite Teil der Art. IV-Konsultationen, der sich vorwiegend mit der Geld- und Wechselkurspolitik des Euro-Währungsgebiets beschäftigt, umfasst halbjährliche Gespräche des Mitarbeiterstabs mit einzelnen Unionsorganen, insbesondere mit der EZB und der Kommission, sowie einen Stabsbericht und eine anschließende Direktoriumsaussprache, auf der – wie eben dargelegt – zur Vertretung des Standpunktes der Eurozone auch der EZB-Beobachter anwesend ist.[1250] Zum Teil werden in diesem Rahmen auch sonstige wirtschafts- und finanzpolitische Aspekte – wie die Inflationsentwicklung und die Integration der Finanzmärkte sowie Bankenaufsichts-, Handels- und Wettbewerbsfragen – erörtert, soweit sie für die Geld- und Währungspolitik von Bedeutung sind.[1251]

[1248] Siehe zum Ablauf der Missionen auch den Überblick bei *J. Pisani-Ferry/A. Sapir/G. B. Wolff*, An evaluation of IMF surveillance of the euro area, Bruegel Blueprint Series, Bd. XIV, 2011, S. 8-10.

[1249] Die *Article IV Staff Reports* finden sich unter http://www.imf.org/external/ns/cs.aspx?id=51; die PINs sind abrufbar unter http://www.imf.org/external/news/default.aspx?pn; siehe auch die Mission Concluding Statements, abrufbar unter http://www.imf.org/external/news/default.aspx?ms (jeweils letzter Zugriff: 7.4.2015).

[1250] Inzwischen wird auch der in diesem Rahmen erstellte Bericht veröffentlicht. S. zuletzt *IMF*, Euro Area Policies – 2014 Article IV Consultation, abrufbar unter http://www.imf.org/external/pubs/ft/scr/2014/cr14198.pdf (letzter Zugriff: 7.4.2015).

[1251] Dies ist explizit in der Fn. 3 zur Decision No. 11846-(98/125) des Exekutivdirektoriums v. 9.12.1998 festgehalten. Zur Praxis vgl. auch *J. Aubrechtová/W. Coussens/G. Pineau*, How to reconcile EU integration with the governance of the International Monetary Fund?, in: Banking Journal 18 (2010), 5 (7-8); sowie *IMF*, Factsheet: The IMF and Europe, Stand: April 2014, abrufbar unter http://www.imf.org/external/np/exr/facts/pdf/europe.pdf (letzter Zugriff: 7.4.2015).

Eine besondere Aufmerksamkeit wurde im Zuge der Schuldenkrise in einigen Euro-Staaten zudem der Beurteilung der Haushaltslage der Eurozone als Ganzes gewidmet. Insoweit stand bzw. steht weiterhin vor allem die Durchsetzung der in den EU-Verträgen geforderten Haushaltsdisziplin der EU-Mitgliedstaaten und in diesem Rahmen die Einhaltung und Stärkung des zuletzt reformierten Stabilitäts- und Wachstumspakts im Mittelpunkt der Gespräche.[1252] Darüber hinausgehende Auswirkungen auf die Praxis des IWF bei der Überwachung des Eurogebiets hat die europäische Staatsschuldenkrise bislang aber nicht zur Folge gehabt. Im Gegenteil, die Anfang 2013 anstelle der 2007 Surveillance-Decision in Kraft getretene ISD hat insoweit lediglich die bereits durch die Entscheidung von 2007 verankerten allgemeinen Grundsätze bekräftigt.[1253]

Die Informationsbeschaffung für die Überwachung des EU-Gebiets erfolgt nicht nur – wenn auch zum großen Teil – über die vor Ort geführten Missionen, sondern auch durch die Übermittlung nationaler und regionaler Daten und Informationen an den IWF. Für die Mitgliedstaaten und ihre nationalen Einrichtungen folgt die Pflicht hierzu bereits unmittelbar aus Art. IV Abschn. 3 lit. b) und Art. VIII Abschn. 5 IWFÜ, sowie auf sekundärrechtlicher Ebene aufgrund der Entscheidung des Exekutivdirektoriums Nr. 13183-(04/10).[1254] Demgegenüber wurde in den Entscheidungen Nr. 11846-(98/125) und 12899-(02/119) des Direktoriums vom Dezember 1998 und 2002 eine entsprechende Verpflichtung auch der europäischen Institutionen nicht aufgenommen, obwohl die Direktoren die Bedeutung dieses Aspekts bereits im Rahmen ihrer Aussprache vom September 1998 ausdrücklich betonten.[1255]

[1252] Vgl. *A. Viterbo/F. Costamagna*, Multiregionalism in the Context of the EU Sovereign Debt Crisis, EYIEL 5 (2014), 17 (20-24).

[1253] Inhaltlich stimmt die insoweit relevante Ziff. 8 der *ISD* mit Ziff. 7 der Entscheidung von 2007 vollständig überein. Siehe hierzu die anschauliche Darstellung des IMF-Legal and Strategy, Policy and Review Departments in: *IMF*, Modernizing the Legal Framework for Surveillance – An Integrated Surveillance Decision, July 17, 2012, S. 17-18.

[1254] Decision No. 13183-(04/10) des Exekutivdirektoriums v. 30.1.2004, zuletzt geändert durch Decision No. 14354-(09/79) v. 23.7. 2009.

[1255] *IMF*, Concluding Remarks by the Acting Chairman: Operational and Legal Aspects of EMU for the Fund (EBM 98/101, September 21, 1998), BUFF/98/93, September 24, 1998, S. 3: "They [the Directors] directed the staff to make the necessary arrangements, particularly with the ECB and EUROSTAT, on the transfer of a set of data on a regular and timely basis".

Dessenungeachtet findet in der Praxis auch eine entsprechende Kooperation des IWF-Mitarbeiterstabs mit der EZB und der Kommission statt, wobei letztere im Wesentlichen über das Statistische Amt der Europäischen Union, dem Eurostat,[1256] agiert. Im Bereich der Statistik arbeitet die EZB mit dem IWF auch darüber hinaus eng zusammen. So ist der IWF im statistischen Ausschuss der EZB (*Statistics Committee*, STC) durch einen Beobachter vertreten.[1257] Die EZB ihrerseits wirkt inhaltlich bei der Aktualisierung des IMF's Balance of Payments and International Investment Position Manual[1258] mit und setzt dessen Standards für die Zahlungsbilanzstatistik der Eurozone um, soweit diese für die Eurozone angemessen sind.[1259]

2. *Der IWF in der europäischen Staatsschuldenkrise*

Die Beteiligung des IWF an der finanziellen und technischen Hilfe für einzelne EU-Mitglieder im Zuge der seit 2008 anhaltenden globalen Finanz- und Wirtschaftskrise und der darauf folgenden Schuldenkrise in einigen EU-Mitgliedstaaten führte darüber hinaus zu einer Ausweitung der Kooperation mit einzelnen EU-Institutionen, zunächst insbesondere mit der Kommission und im späteren Verlauf der Krise dann auch mit der EZB. Im Fokus des wissenschaftlichen Diskurses und der medialen Aufarbeitung stand dabei vor allem die später als Troika bekannte Zusammenarbeit zwischen dem IWF, der Kommission und der EZB in verschiedenen Euro-Mitgliedstaaten. Im Folgenden soll zunächst die Beteiligung des IWF sowohl an den finanziellen wie auch technischen Unterstützungsmaßnahmen und den wirtschaftspolitischen Anpassungsprogrammen für einzelne EU-Staaten überblicksmäßig dargestellt und im Hinblick auf ihre Rechtsnatur analysiert werden, bevor in einem nächsten Schritt gesondert der Frage nachgegangen wird, ob und

---

[1256] Zum Eurostat siehe den Überblick bei *C. Grupp*, Stichwort: Eurostat, in: Bergmann (Hrsg.), Handlexikon der EU, 5. Auflage 2015.

[1257] *ECB*, European Statistics provided by the ESCB – The Governance Structure –, April 2010, S. 4, Ziff. 18.

[1258] *IMF*, Balance of Payments and International Investment Position Manual, 6. Aufl. 2009.

[1259] Siehe hierzu auch *EZB*, Monatsbericht, Januar 2001, S. 69; sowie *K. Muscheler-Lorange*, in: Siekmann (Hrsg.), EWU, 2013, Art. 5 ESZB-Satzung, Rn. 44.

inwieweit der IWF – wie vereinzelt vorgetragen wird – durch seine Beteiligung an den Euro-Rettungspaketen sein Mandat überschritten hat.

a) Finanzielle Krisenbewältigung des IWF in EU-Mitgliedstaaten außerhalb der WWU

Nach dem Zusammenbruch der US-amerikanischen Großbank Lehmann Brothers im September 2008 und dem dadurch erreichten vorläufigen Höhepunkt der Finanzkrise sahen sich eine Reihe von EU-Mitgliedstaaten gezwungen, zur Überwindung ihrer fiskalischen und außenwirtschaftlichen Ungleichgewichte auch beim IWF um finanzielle Unterstützungsmaßnahmen anzufragen. Dies stellt insofern eine besondere Entwicklung in den EU-IWF-Beziehungen dar, als damit erstmals wieder EU-Mitgliedstaaten seit den IWF-Hilfsmaßnahmen für Großbritannien und Italien in den siebziger Jahren auf Finanzhilfen des IWF zurückgegriffen haben.[1260] Davor ist der IWF von den Mitgliedstaaten der E(W)G bewusst nicht angerufen worden, obwohl es in der Gemeinschaft auch nach 1977 immer wieder zu krisenhaften Erscheinungen kam. Der Grund hierfür ist darin zu sehen, dass die Hilfen für Großbritannien und Italien in der Gemeinschaft insgesamt als "a politically painful experience" empfunden wurde.[1261] Dies führte dazu, dass sich die E(W)G-Mitgliedstaaten in Reaktion auf die immer wieder einsetzenden Währungskrisen und Wechselkursschwankungen, darunter etwa die EWS-Krise in der ersten Hälfte der 1990er-Jahre, nur an die Gemeinschaft oder auch an den privaten Kapitalmarkt wandten, nicht mehr jedoch an den IWF.[1262] Mit Übergang in die Endstufe der WWU entstand zudem aus der Überzeugung heraus, dass ein gemeinsamer Währungsraum Finanzierungsengpässe einzelner Eurostaaten ohnehin verhindern würde, der „Mythos“,[1263] dass ein Ziehungsbedarf für diese

---

[1260] Vgl. auch *M. Breen*, The Politics of IMF Lending, 2013, S. 105.

[1261] *E. M. Truman*, Unraveling the Euro Crisis, Peterson Institute for International Economics, January 26, 2012, http://www.iie.com/publications/papers/print.cfm?ResearchId=2035&doc=pub (letzter Zugriff: 6.4.2015).

[1262] Vgl. *J. P. Joyce*, The IMF and Global Financial Crisis, 2013, S. 89 ff.; *A. Broome*, The politics of IMF–EU co-operation: institutional change from the Maastricht Treaty to the launch of the euro, JEPP 2013, 589 (594).

[1263] Vgl. *E. M. Truman*, The Role of International Financial Institutions in Addressing the Financial Crisis of the 21st Century, July 13, 2011, S. 4, abrufbar unter http://www.iie.com/publications/papers/truman20120713.pdf (letzter Zugriff: 7.4.2015).

Staatengruppe ohnehin wenig wahrscheinlich ist.[1264] Diese Sichtweise, die implizit auch dem Unionsrecht durch die Fokussierung auf die präventive Wahrung der WWU zugrunde lag,[1265] hat sich bekanntlich als Trugschluss erwiesen. Der IWF ist durch sein finanzielles und technisches Engagement in Europa so aktiv wie lange nicht mehr. Zwischenzeitlich beliefen sich die insoweit gemachten Zusagen des IWF auf insgesamt 107 Mrd. Euro, was zum Ende des Geschäftsjahres 2012/ 2013 rund 62 Prozent seiner gesamten Auszahlungen und vorsorglichen Zusagen ausmachte.[1266]

Die erste Welle an IWF-Finanzhilfen ging zunächst an einige Staaten außerhalb der Währungsunion (Ungarn, Lettland, Rumänien und Polen).[1267] Im Oktober 2008 beantragte als erstes Ungarn, das in existentielle Zahlungsschwierigkeiten zu geraten drohte,[1268] den Abschluss einer Bereitschaftskreditvereinbarung (*Stand-By Arrangement*, SBA) mit dem IWF,[1269] nachdem es bereits zuvor auch die EU konsultiert hatte. Diese entschied am 4. November 2008, der ungarischen Regierung auf der Grundlage des Art. 119 EGV (jetzt Art. 143 AEUV) und der Verordnung (EG) Nr. 332/ 2002 einen mittelfristigen finanziellen Beistand in Höhe von maximal 6,5 Mrd. Euro zu gewähren.[1270] Zwei Tage später billigte dann auch der IWF eine 17-monatige SBA über 12,3 Mrd. Eu-

---

[1264] So noch *Deutsche Bundesbank*, Die Beziehungen Deutschlands zum Internationalen Währungsfonds nach Einführung des Euro, Monatsbericht September 1999, 15 (23); siehe aber nunmehr *dies.*, Finanzkrise und Zahlungsbilanzentwicklungen in der Europäischen Währungsunion, Monatsbericht 2012, 13 ff. Diese Einschätzung fand sich auch in der Literatur wieder, vgl. etwa *P. Maystadt*, Implications of EMU for the IMF, in: Masson/Krueger/Turtelboom (Hrsg.), EMU and the International Monetary System, 1997, 146 (151).

[1265] Diese Lücke im Recht der WWU ist inzwischen durch den ESM geschlossen. Hierzu auch sogleich näher.

[1266] Vgl. *IWF*, Jahresbericht 2013, S. 22.

[1267] Der Euro-Raum erwies sich in den ersten beiden Jahren der Krise, also bis Mitte 2009, u.a. aufgrund der Gegenmaßnahmen der EZB noch als sicherer Hafen.

[1268] Siehe hierzu die Entscheidung des Rates vom 4.11.2008 über einen gegenseitigen Beistand für Ungarn, ABl. 2009 L 37/7.

[1269] Vgl. *IMF*, Hungary – Request for Stand By Arrangement, IMF Country Report No. 08/ 361.

[1270] Vgl. Entscheidung des Rates vom 4.11.2008 über einen mittelfristigen finanziellen Beistand der Gemeinschaft für Ungarn, ABl. 2009 L 37/5. Zu den unionsrechtlichen Voraussetzungen ausführlich siehe oben Teil 4.B.III.2.a)bb).

ro.[1271] Die Mittelbereitstellung und das ihr nachfolgende Anpassungsprogramm erfolgten dabei in enger Kooperation mit der Kommission,[1272] obwohl in der Verordnung (EG) Nr. 332/ 2002 eine entsprechende Zusammenarbeit mit dem IWF nicht vorgesehen ist.[1273] Dennoch entwickelte sich diese Form der Kooperation zwischen dem IWF und der Kommission in der Folge zu einem wichtigen Präzedenzfall für alle anschließenden finanziellen Hilfsmaßnahmen in den Mitgliedstaaten außerhalb der Währungsunion. Bereits nur einen Monat später, Ende Dezember 2008, genehmigte der IWF nach einem ähnlichen Muster eine weitere SBA mit Lettland in Verbindung mit einem Anpassungsprogramm, das erneut gemeinsam mit der Kommission und unter Beteiligung der EZB und Vertretern verschiedener nordischer Staaten ausgearbeitet wurde.[1274] Hierbei zeigten sich allerdings erstmals Unterschiede in der wirtschaftspolitischen Strategie zwischen dem IWF und der EU, als ersterer die Abwertung der lettischen Währung als Voraussetzung für den finanziellen Beistand forderte. Dies stieß auf Widerstand sowohl der EU als auch der lettischen Regierung und der nordischen Staaten, da eine Abwertung des Lats aus unionsrechtlicher Sicht zur Folge gehabt hätte, dass die in Lettland seit 2005 angesteuerte Einführung des Euros mangels Erfüllung der in Art. 140 Abs. 1 UAbs. 1 S. 3 AEUV festgelegten Konvergenzkriterien in weite Ferne gerückt wäre.[1275] Zudem wurde vor allem von Seiten der nordischen Staaten befürchtet, dass die vielen von Letten aufgenommenen Fremdwährungs-

---

1271 *IMF*, IMF Executive Board Approves € 12.3 Billion Stand-By Arrangement for Hungary, November 6, 2008, Press Release No. 08/275.

1272 Daneben steuerte auch die Weltbank eine weitere Mrd. Euro hinzu. S. hierzu die Übersicht in *IMF*, Hungary – Request for Stand By Arrangement, November 4, 2008, IMF Country Report No. 08/ 361, S. 7.

1273 Darin werden in Art. 2 lediglich die kreditsuchenden EU-Mitgliedstaaten verpflichtet, vor einem Antrag an den IWF und der Abgabe eines *letter of intent* die Kommission und die anderen Mitgliedstaaten im Wirtschafts- und Finanzausschuss zu konsultieren.

1274 *IMF*, Republic of Latvia: Request for Stand-By Arrangement, IMF Country Report No. 09/3; *IMF*, IMF Executive Board Approves € 1.68 Billion (US $ 2.35 Billion) Stand-By Arrangement for Latvia, Press Release No. 08/345.

1275 Das dritte Konvergenzkriterium verlangt die „Einhaltung der normalen Bandbreiten des Wechselkursmechanismus des Europäischen Währungssystems seit mindestens zwei Jahren ohne Abwertung gegenüber dem Euro". Lettland hat den Euro am 1.1.2014 eingeführt, vgl. Beschluss des Rates v. 9.7.2013 über die Einführung des Euro in Lettland am 1. Januar 2014, ABl. 2013 L 195/ 24.

kredite danach unbezahlbar würden.[1276] Daraufhin schlug der IWF als Kompromiss vor, nicht mehr auf die Abwertung zu bestehen, sofern sich die EU am Gesamtpaket mit einem größeren Anteil beteiligt.[1277] Dem gab die EU nach langen Verhandlungen schließlich nach und steuerte bei einer Gesamtsumme der Finanzhilfen von 7,5 Mrd. Euro mit 3,1 Mrd. Euro den größten Beitrag bei.[1278]

Diesem Rettungsprogramm folgte wenig später im Mai 2009 eine weitere SBA des IWF mit Rumänien über 12,9 Mrd. Euro, zu der neben der EU (5 Mrd. Euro) auch die Weltbank, die Europäische Bank für Wiederaufbau und Entwicklung, die Europäische Investitionsbank und die Internationale Finanzkooperation einen Beitrag leisteten.[1279] Damit war Rumänien binnen kurzer Zeit bereits der dritte Mitgliedstaat, der unter einen gemeinsamen „Rettungsschirm" schlüpfen musste.[1280] Als Reaktion darauf hat die Kommission wenig später gemeinsam mit dem IWF interne Richtlinien erlassen, um im Falle eines Zahlungsbilanzbedarfs eines EU-Mitglieds durch frühzeitige Konsultationen und laufenden

---

1276 Zu den Folgewirkungen ausführlich *A. Aslund*, The Last shall be the First. The East European Financial Crisis, 2010, S. 35-36.

1277 Vgl. zum Ablauf der Verhandlungen auch *C. R. Henning*, Coordinating Regional and Multilateral Financial Institutions, Working Paper, March 2011, S. 4-5, abrufbar unter http://papers.ssrn.com/sol3/papers.cfm?abstract_id=1793242 (letzter Zugriff: 7.4.2015); *B. Eichengreen*, Regional Financial Arrangements and the International Monetary Fund, ADBI Working Paper Series, November 2012, S. 10. Fn. 25, http://www.adbi.org/files/2012.11.06.wp394.regional.financial.arrangements.imf.pdf (letzter Zugriff: 7.4.2015).

1278 Der vom IWF genehmigte Kredit betrug 1,68 Mrd. Euro. Siehe hierzu auch die Übersicht über die einzelnen Posten bei *J. Pisani-Ferry/A. Sapir/G. B. Wolff*, EU-IMF assistance to euro-area countries: an early assessment, 2013, S. 17.

1279 Siehe *IMF*, Romania: Request for Stand-By Arrangement, IMF Country Report No. 09/183, S. 81 ff. mit einem Überblick über die jeweils bewilligten Hilfen.

1280 Dem folgten zunächst 2011 eine weitere vorsorgliche Kreditlinie der EU i.H.v. 1,4 Mrd. Euro (ABl. L 132/15) und eine SBA mit dem IWF i.H.v. 3,6 Mrd. Euro (außerdem Weltbank: 750 Mio. Euro) sowie 2013 erneut ein vorsorglicher finanzieller Beistand der EU i.H.v. 2 Mrd. Euro (ABl. L 286/1) und eine SBA mit dem IWF i.H.v. ebenfalls 2 Mrd. Euro (außerdem Weltbank: 1 Mrd. Euro). Vgl. auch *IMF*, Country Report No. 13/307, Romania, http://www.imf.org/external/pubs/ft/scr/2013/cr13307.pdf; *ders.*, Country Report No. 14/88, Romania, https://www.imf.org/external/pubs/ft/scr/2014/cr1488.pdf (jeweils letzter Zugriff: 7.4.2015).

Informationsaustausch gleichlaufende Auszahlungen und Programmbewertungen sowie konsequente wirtschaftspolitische Beratungen zu gewährleisten.[1281] Eine Verpflichtung zur Zusammenarbeit wurde damit allerdings nicht begründet. Das stellt auch die Richtlinie selbst klar, indem sie hervorhebt, dass die in ihr festgelegten Verfahrensabläufe "remain independent for the EU and the Fund". Im Oktober 2011 hat dann auch die G20 bei ihrem Treffen auf der Ebene der Finanzminister und Notenbankgouverneure in Cannes ein Dokument mit dem Titel "*G20 Principles for Cooperation between the IMF and Regional Financing Arrangements*" auf den Weg gebracht.[1282] Darin wird die Bedeutung der Zusammenarbeit zwischen dem IWF und regionalen Finanzabkommen (*Regional Financing Arrangements*, RFAs) zur Förderung der regionalen und globalen Finanz- und Währungsstabilität hervorgehoben. Allerdings handelt es sich auch bei diesem Dokument lediglich um ein *soft law*-Instrument, das somit über unzureichende Durchsetzungsmechanismen bei Verstößen gegen die darin festgelegten Regelungen verfügt.[1283] Zudem wird durch die Konzentration auf die Zusammenarbeit allein mit RFAs ein nur kleiner Bereich des Tätigkeitsfeldes des IWF erfasst. Damit wird insbesondere die EU, die gerade über umfangreiche Kompetenzen im Aufgaben- und Regelungsbereich des IWF verfügt, unzureichend berücksichtigt.

b) Finanzielle Krisenbewältigung des IWF in Mitgliedstaaten des Euro-Raums

Angesichts der relativ erfolgreichen Zusammenarbeit der EU mit dem IWF in Ungarn, Lettland und Rumänien lag es zunächst nahe, dass beide in derselben Weise auch im Falle Griechenlands vorgehen, als es Ende 2009/ Anfang 2010 zunehmend nicht mehr in der Lage war, seinen Finanzierungsbedarf an den Kapitalmärkten zu nachhaltigen Zinssätzen

[1281] EU Guidelines on EU-Fund Coordination, ECFIN/G/C ARES (2009)365646 (REV) (bislang unveröffentlicht). Eine Zusammenfassung findet sich aber bei *IMF*, Hungary: Ex Post Evaluation of Exceptional Access Under the 2008 Stand-By Arrangement, IMF Country Report No. 11/145, Appendix I, S. 35.

[1282] Abrufbar unter https://g20.org/about-g20/past-summits/2011-cannes/ (letzter Zugriff: 7.4.2015).

[1283] Hierzu auch *A. Viterbo/F. Costamagna*, Multiregionalism in the Context of the EU Sovereign Debt Crisis, EYIEL 5 (2014), 17 (29 ff.).

zu decken.[1284] Abgesehen davon, dass die EZB diesmal gewichtiger als bei den vorherigen Verhandlungen beteiligt werden musste, sprach dagegen auf Seiten der EU, dass Art. 143 AEUV und die Verordnung (EG) Nr. 332/ 2002 als Rechtsgrundlage hierfür nicht in Betracht kamen.[1285] Eine vergleichbare Fazilität zur finanziellen Stützung der Mitgliedstaaten der Eurozone existierte zu diesem Zeitpunkt ebenfalls nicht. Diese Lücke im Recht der WWU wurde anfänglich teils dahingehend interpretiert, dass Griechenland sich nur an Drittstaaten und andere internationale Organisationen – wie den IWF – wenden könne, nicht aber an die EU oder ihre Mitglieder.[1286] Dem stand jedoch zumindest hinsichtlich einer Beteiligung des IWF entgegen, dass angesichts des hohen Kapitalbedarfs Griechenlands und dessen vergleichsweise geringer Einlagenquote im IWF von vornherein nur ein untergeordnetes und erst Recht kein alleiniges Engagement des IWF möglich ist.[1287] Vor diesem Hintergrund ist es wenig überraschend, dass zu Beginn des Übergreifens der Finanz- und Wirtschaftskrise auf die Eurozone innerhalb der Union ebenfalls die Auffassung vorherrschte, die Krise innerhalb der EU oder auch nur innerhalb der Eurozone jedenfalls ohne externe Hilfe und damit ohne Beteiligung des IWF zu lösen.[1288] Zu den größten Gegnern einer Einbeziehung des IWF zählten vor allem die EZB und *Jean Claude Juncker* in seiner damaligen Funk-

---

1284 Zur Entwicklung ausführlich *IMF*, Greece: Staff Report on Request for Stand-By Arrangement, IMF Country Report No. 10/110, S. 4 ff., http://www.imf.org/external/pubs/ft/scr/2010/cr10110.pdf (letzter Zugriff: 19.11.2014).

1285 Hierzu *C. Herrmann*, Griechische Tragödie – der währungsverfassungsrechtliche Rahmen für die Rettung, den Austritt oder Ausschluss von überschuldeten Staaten aus der Eurozone, EuZW 2010, 413 (414 f.).

1286 So *A. Broome*, The politics of IMF–EU co-operation: institutional change from the Maastricht Treaty to the launch of the euro, JEPP 2013, 589 (594).

1287 Vgl. *J. Pisani-Ferry/A. Sapir/G. B. Wolff*, EU-IMF assistance to euro-area countries: an early assessment, 2013, S. 103.

1288 Vgl. *W. Buiter/E. Rahbari*, Greece and the fiscal crisis in the Eurozone, CEPR Policy Insight No. 51, October 2010, S. 7, http://dev3.cepr.org/pubs/PolicyInsights/PolicyInsight51.pdf; *C. R. Henning*, Coordinating Regional and Multilateral Financial Institutions, Working Paper, 03/ 2011, S. 5; *F. Seitz/ T. Jost*, The Role of the IMF in the European Debt Crisis, HAW-Diskussionspapier Nr. 32, Januar 2012, S. 9, http://www.oth-aw.de/fileadmin/user_upload/Aktuelles/Veroeffentlichungen/WENDiskussionspapier/wen_diskussionspapier32.pdf (jeweils letzter Zugriff: 7.4.2015).

tion als Vorsitzender der Euro-Gruppe.[1289] Beide befürchteten, dass eine Anfrage beim IWF wie ein Eingeständnis der eigenen Unfähigkeit, die eigenen Probleme nachhaltig in den Griff zu bekommen, gesehen werden könnte.[1290] Der Ausschlag, der letztlich doch noch eine rein „europäische Lösung" zugunsten eines kooperativen Vorgehens von EU und IWF verhinderte, war die langjährige Erfahrung des IWF bei der Vereinbarung und Durchführung von Anpassungs- und Reformprogrammen. Man erhoffte sich, dass die Union und speziell die Kommission, der insoweit fehlende Sachkenntnis und eine institutionelle Durchsetzungsschwäche gegenüber ihren Mitgliedstaaten vorgehalten wurde, hierdurch schärfere Mittel zur künftigen Durchsetzung der Haushaltsdisziplin gegenüber stark verschuldeten Euro-Staaten an die Hand bekommt als durch die bekannten Regeln in den Unionsverträgen und im EU-Sekundärrecht.[1291] Anfang 2010 haben daher die Staats-

---

[1289] Ablehnend auch der frühere Bundesbankpräsident *Axel Weber*: „Wir brauchen den IWF nicht". Zitiert nach: Der Spiegel 53/ 2009, http://www.spiegel.de/spiegel/print/d-68425647.html (letzter Zugriff: 7.4.2015)

[1290] Siehe hierzu exemplarisch die Antwort des damaligen EZB-Präsidenten, *Jean-Claude Trichet*, auf die Frage, ob Griechenland beim IWF anklopfen sollte: "I do not want to enter into some kind of fantasy scenario. Let me just say that belonging to the euro area is something which helps you considerably. When you are in the euro area, you have a kind of automatic financing of your current account. And when you have a current account deficit, as has been the case for Greece for a long period of time, you get the financing of your current account deficit, because the other economies of the euro area take care of that. So we are, in a way, in a system which is very different from the usual environment. When you are inside the euro area, you are helped by the very fact of belonging to the euro area, and you are helped considerably. Adding up the current account deficits year after year, for instance gives a considerable proportion of GDP. On the other hand, you also have to respect the rules – the Stability and Growth Pact in particular. And you know the determination which with the ECB defended the Stability and Growth Pact at a time when it was regarded as "stupid". We can see now that it is not stupid; it is a fundamental pillar of the euro area. The fact is you have to respect the rules in advance. You have to permanently respect the rules of the Stability and Growth Pact. So, being in the euro area obviously means being in a situation which is very special. I would always insist very much on that". ECB, Introductory statement with Q&A, Press Conference, 4 March 2010, http://www.ecb.europa.eu/press/pressconf/2010/html/is100304.en.html (letzter Zugriff: 7.4.2015).

[1291] Vgl. *F. Seitz/ T. Jost*, The Role of the IMF in the European Debt Crisis, HAW-Diskussionspapier Nr. 32, Januar 2012, S. 10; *J. Pisani-Ferry/A. Sapir/*

und Regierungschefs der EU bzw. der Euro-Staaten, zum Teil auch auf Drängen der deutschen Bundeskanzlerin *Angela Merkel*, in veröffentlichten Erklärungen ihre Bereitschaft bekundet, „unter Rückgriff auf die Sachkenntnis des IWF“ „entschieden und koordiniert zu handeln, um die finanzielle Stabilität im gesamten Euro-Währungsgebiet zu sichern“.[1292]

Diesen Ankündigungen folgte wenig später, Anfang Mai 2010, das erste griechische Stabilisierungsprogramm in Form abgestimmter bilateraler Kredite der Euro-Mitgliedstaaten[1293] mit einem Gesamtvolumen von 80 Mrd. Euro und einer SBA mit dem IWF in Höhe von 30 Mrd. Euro.[1294] Als Bedingung hierfür erklärte sich Griechenland in einem Memorandum of Understanding und dem darauf Bezug nehmenden Loan Facility Agreement mit den kreditgebenden Euro-Staaten zu einer Reihe von Sparmaßnahmen und Reformen bereit, die bis heute darauf abzielen, die

---

G. B. Wolff, EU-IMF assistance to euro-area countries: an early assessment, 2013, S. 103.

1292 Erklärung der Staats- und Regierungschefs der Europäischen Union vom 11.2.2010 und Erklärung der Staats- und Regierungschefs der Mitgliedstaaten des Euro-Währungsgebiets vom 25.3.2010; beide abrufbar unter http://www.consilium.europa.eu (letzter Zugriff: 7.4.2015).

1293 Das europäische Hilfspaket für Griechenland gründet sich rechtlich auf zwei Vereinbarungen: Einmal auf ein *Loan Facility Agreement*, in welchem die Euro-Mitgliedstaaten – mit Ausnahme der Slowakei, die beschloss, sich nicht an dem Programm zu beteiligen – Griechenland gegen Auflagen bilaterale Kreditzusagen machen. Dabei richtet sich die Höhe der bilateralen Kredite nach dem Anteil, den der jeweilige Euro-Mitgliedstaat am Kapital der EZB hält. Zum zweiten auf ein *Intercreditor Agreement* zwischen den Euro-Mitgliedstaaten, in dem sie ihre Rechte und Pflichten untereinander regeln. Die deutsche Kreditzusage ist dabei von der Kreditanstalt für Wiederaufbau (KfW) gezeichnet worden. Auf EU-Ebene werden diese bilateralen Kredite von der Kommission koordiniert und verwaltet und über Konten der EZB, die hierbei als Fiskalagent gem. Art. 21.2 ESZB-Satzung tätig ist, an Griechenland in Tranchen ausgezahlt. Siehe zu letzterem auch den entsprechenden Beschluss EZB/2010/4 der EZB v. 10.5.2010 über die Verwaltung von der Griechischen Republik gewährten zusammengelegten bilateralen Krediten und zur Änderung des Beschlusses EZB/2007/7, ABl. L 119/24.

1294 *IMF*, IMF Reaches Staff-level Agreement with Greece on € 30 Billion Stand-By Arrangement, Press Release No. 10/176, May 2, 2010. Zur Entstehungsgeschichte des ersten Griechenlandpakets siehe auch *M. Nettesheim*, Der Umbau der europäischen Währungsunion: Politische Aktion und rechtliche Grenzen, in: Kadelbach (Hrsg.), Nach der Finanzkrise, 2012, 31 (35 ff.).

Staatsschulden zu verringern und die Kreditwürdigkeit auf den Kapitalmärkten wiederherzustellen.[1295] Die Umsetzung des Programms wird seitdem in vierteljährlichen Abständen von der Kommission, der EZB und dem IWF überwacht. Diese Form der Zusammenarbeit, die als „Troika" bekannt ist,[1296] führte zwar zu einer weiteren Intensivierung der EU-IWF-Beziehungen, ist jedoch bislang hinsichtlich der jeweiligen Rollen und Verantwortlichkeiten noch nicht so klar definiert und formalisiert, als dass man von einer Institutionalisierung der Kooperation oder gar von der Troika als einem "new institutional body"[1297] sprechen könnte.[1298] Aus diesem Grund ist es – wie zuletzt auch die Studie von *Jean Pisani-Ferry* u.a. gezeigt hat – auch sehr schwer, klare Aussagen über die Arbeitsteilung innerhalb der Troika zu machen. Aus der bisherigen Praxis lässt sich aber immerhin entnehmen, dass der IWF insoweit zwar nach dem üblichen Muster vorgegangen ist, sich aber vor allem mit seiner technischen Expertise und seinem Know-How eingebracht hat.[1299] Die Rolle der Kommission war dementsprechend zunächst darauf beschränkt, sich mit der "programme technology" des IWF vertraut zu machen. Mittlerweile gilt ihre Aufmerksamkeit vor allem der Überprüfung der Vereinbarkeit der ausgearbeiteten wirtschaftspolitischen Bedingungen mit den Verpflichtungen der betroffenen Euro-Mitgliedstaaten aus Art. 121, 126 und 136 des AEUV und den auf ihrer Grundlage ergangenen Empfehlungen und Beschlüsse des

---

[1295] Die wirtschaftspolitischen Bedingungen und Auflagen finden sich auch in dem Beschluss des Rates Nr. 2010/320/EU vom 8.6.2010 gerichtet an Griechenland zwecks Ausweitung und Intensivierung der haushaltspolitischen Überwachung und zur Inverzugsetzung Griechenlands mit der Maßgabe, die zur Beendigung des übermäßigen Defizits als notwendig erachteten Maßnahmen zu treffen, Abl. 2010 L 145/ 6, geändert durch Beschluss Nr. 2011/57/EU vom 20.12.2010, ABl. 2011 L 26/15.

[1296] Die Mitwirkung der EZB in der Troika stand nach den SchlA des GA *Pedro Cruz Villalón* v. 14.1.2015 zwischenzeitlich in Frage, vgl. GA *Cruz Villalón*, SchlA v. 14.1.2015, Rs. C-62/14, *Gauweiler u.a.*, ECLI:EU:C:2015:7, Rn. 144 ff.

[1297] So aber *F. Seitz/ T. Jost*, The Role of the IMF in the European Debt Crisis, HAW-Diskussionspapier Nr. 32, Januar 2012, S. 18.

[1298] Gleichwohl ist die Troika mittlerweile im ESMV ausdrücklich vorgesehen und so rechtlich anerkannt worden.

[1299] *J. Pisani-Ferry/A. Sapir/G. B. Wolff*, EU-IMF assistance to euro-area countries: an early assessment, 2013, S. 25.

Rats.[1300] Der EZB kam demgegenüber bisher mehr die Rolle eines "quasi-fiscal actor"[1301] zu. Dementsprechend standen vor allem Fragen betreffend den Banken- und Finanzsektor im Mittelpunkt ihres Aufgabenbereichs.[1302] Obwohl alle drei Mitglieder der Troika ihre Arbeit während der Kontroll-Missionen bis heute eng miteinander koordinieren, werden die Entscheidungen zu Mittelvergabe und Politikberatung letzten Endes unabhängig voneinander getroffen und veröffentlicht.[1303]

Eine weitere „institutionelle" Innovation in den EU-IWF Beziehungen brachten die im Verlauf der Krise in ihrer Form und Rechtsnatur nach sehr unterschiedlich ausgestalteten europäischen Krisenbewältigungsmechanismen. Nach den zunächst bilateralen Krediten an Griechenland wurde wenige Tage später auf der Grundlage von Art. 122 Abs. 2 AEUV der Europäische Finanzstabilisierungsmechanismus (EFSM), den der Rat durch die VO Nr. 407/ 2010 vom 11. Mai 2010 errichtete, geschaffen.[1304] Seine Vergabekapazität wurde auf 60 Mrd. Euro beschränkt. Daneben wurde von den Euro-Mitgliedstaaten am 7. Juni 2010 die Europäische Finanzstabilitätsfazilität (EFSF) als *société anonyme* (Aktiengesellschaft) mit Sitz in Luxemburg außerhalb des unionsrechtlichen Rahmens für die Dauer von drei Jahren gegründet, um Mitgliedstaaten mit Refinanzierungsschwierigkeiten an den Finanzmärkten zusätzlich konditionierte Darlehen mit einem effektiven Kreditvolumen von bis zu 440 Mrd. Euro zu gewähren.[1305] Erweitert wurde dieses Kreditvolumen um nochmals 250 Mrd. Euro des IWF im Rahmen sei-

---

1300 Vgl. insoweit auch Art. 13 Abs. 3 UAbs. 2 ESMV.

1301 *W. H. Buiter/E. Rahbari*, The ECB as Lender of Last Resort for Sovereigns in the Euro Area', CEPR Discussion Paper No. 8974, May 2012, abrufbar unter http://willembuiter.com/lolr.pdf (letzter Zugriff: 7.4.2015).

1302 *J. Pisani-Ferry/A. Sapir/G. B. Wolff*, EU-IMF assistance to euro-area countries: an early assessment, 2013, S. 110-113.

1303 Die EZB selbst veröffentlicht keine entsprechenden Berichte, ist allerdings an den Berichten der Kommission insofern beteiligt, als sie an deren Vorbereitung mitwirkt. Siehe *J. Pisani-Ferry/A. Sapir/G. B. Wolff*, EU-IMF assistance to euro-area countries: an early assessment, 2013, S. 21, 25.

1304 VO (EU) 407/2010 des Rates zur Einführung eines europäischen Finanzstabilisierungsmechanismus, ABl. 2010 L 118/1.

1305 Die entsprechenden Rechtstexte sind abrufbar unter http://www.efsf.europa.eu/about/legal-documents/index.htm (letzter Zugriff: 7.4.2015).

ner üblichen Fazilitäten.[1306] Als deutlich wurde, dass es allein mit diesen Maßnahmen nicht gelingen würde, die Krise in der Eurozone zu überwinden und insoweit ein dauerhafter Krisenbewältigungsmechanismus erforderlich war, hat sich der Europäische Rat bereits auf seiner Tagung vom 28. und 29. Oktober 2010 darauf verständigt, die EFSF durch einen dauerhaften Europäischen Stabilitätsmechanismus (ESM) abzulösen.[1307] Der ESM wurde zur Sicherung eines optimalen Ratings mit einem Stammkapital von 700 Mrd. Euro ausgestattet,[1308] von denen 80 Mrd. Euro eingezahlt wurden. Anders als die EFSF und die EFSM wurde er nach Vorbild des IWF als internationale Organisation mit eigener Rechtspersönlichkeit neben der EU errichtet.[1309]

Jeder dieser drei europäischen Krisenbewältigungsmechanismen sieht im Falle eines Antrags eines Mitglieds auf finanzielle Unterstützung eine Kooperation mit dem IWF vor. Die ersten beiden Anwendungsfälle hierfür bildeten die Hilfspakete für Irland und Portugal. Im Dezember 2010 musste zunächst Irland, im Mai 2011 dann auch Portugal die Hilfen sowohl des EFSF[1310] und als auch der EFSM[1311] in Anspruch nehmen. Zusätzlich billigte der IWF jeweils eine erweiterte Kreditvereinbarung mit dreijähriger Laufzeit unter der Erweiterten Fondsfazilität (*Extended Financing Facility*, EFF) in Höhe von 22,5 Mrd. Euro für Irland[1312] und 27,5 Mrd. Euro für Portugal.[1313] Als im Mai 2012 das erste griechische Hilfspaket durch ein zweites Hilfsprogramm abgelöst werden musste, wurden der griechischen Regierung bis Ende 2014 zusätzlich zu den restlichen Raten aus dem ersten Hilfsprogramm in Höhe

---

[1306] *C. Rogers*, The IMF and European Economies. Crisis and Conditionality, 2012, S. 181.

[1307] Zur Übertragung der EFSF-Hilfen auf den ESM vgl. Art. 40 ESMV.

[1308] Vgl. Art. 8 Abs. 1 ESMV.

[1309] Allgemein zum ESM *U. Häde*, in: Hatje/Müller-Graff (Hrsg.), Europäisches Organisations- und Verfassungsrecht, EnzEuR, Bd. 1, 2014, § 17.

[1310] Irland: 17,7 Mrd. Euro; Portugal 26 Mrd. Euro.

[1311] Irland: 22,5 Mrd. Euro; Portugal: 26 Mrd. Euro.

[1312] Weitere 4,8 Mrd. Euro stellten Großbritannien, Schweden und Dänemark in Form bilaterale Kredite bereit. Irland selbst beteiligte sich über den Treasury and National Pension Reserve Fund mit 17,5 Mrd. Euro.

[1313] Siehe hierzu auch den Überblick auf der Internetseite des Bundesfinanzministeriums: http://www.bundesfinanzministerium.de/Content/DE/Standardartikel/Themen/Europa/Stabilisierung_des_Euro/Zahlen_und_Fakten/europaeische-finanzhilfen-efsf-efsm.html (letzter Zugriff: 4.3.2016).

von 34,5 Mrd. Euro weitere 130 Mrd. Euro an neuer Finanzierung über die EFSF und unter der EFF des IWF zugesagt[1314].[1315] Die vorläufig letzten gemeinsamen Finanzhilfen für einen Euro-Mitgliedstaat mit einem Gesamtvolumen von 10 Mrd. Euro gingen im Mai 2013 an Zypern, nachdem die zyprische Regierung im Juni 2012 um finanzielle Hilfe gebeten hatte. Hiervon trägt allein der ESM 9 Mrd. Euro. Der Anteil des IWF in Höhe von nur einer Mrd. Euro wurde wie in den drei vorherigen Fällen aus dem EFF-Programm finanziert.[1316] Jede dieser Kreditvereinbarungen knüpft an umfangreiche makroökonomische Anpassungsprogramme an, die wie bei der ersten Vereinbarung mit Griechenland von der Troika als Auflage ausgehandelt und überwacht werden.

Während diese Form der Zusammenarbeit mit dem IWF in den Gründungsdokumenten der EFSF und des EFSM noch zurückhaltend und nur in allgemeiner Form formuliert ist, indem sie in Aussicht stellen, dass "financial support to euro-area Member States shall be provided by EFSF in conjunction with the IMF"[1317] bzw. im Falle des EFSM von „einer gemeinsamen EU/Internationaler Währungsfonds (IWF)-Unterstützung“[1318] die Rede ist, bekennt sich der ESM bereits im 8. Erwägungsgrund zum ESMV explizit zur „sehr engen Zusammenarbeit mit dem IWF“. Dieses Bekenntnis wird noch einmal in Art. 38 ESMV wiederholt. Darin wird der ESM ermächtigt, „zur Beförderung seiner Zwecke nach Maßgabe der Bestimmungen dieses Vertrages mit dem IWF, mit jedem Staat, der einem ESM-Mitglied auf Ad-hoc-Basis Finanzhilfe bereitstellt, und mit jeder internationalen Organisation oder Einrichtung mit besonderen Zuständigkeiten in damit zusammenhängenden Bereichen zusammenzuarbeiten“. Die besondere Hervorhebung des IWF findet ihre Berechtigung darin, dass eine wirksame Mittelvergabe und vor allem Politikberatung zuvor nur in enger Kooperation

---

[1314] Davon sind allein über die EFSF 144,6 Mrd. Euro bereitgestellt worden. Der Anteil des IWF über die EFF betrug 19,1 Mrd. Euro.

[1315] Das Programm lief im Juni 2015 aus. Ein drittes makroökonomisches Anpassungsprogramm für Griechenland im Rahmen des ESM wurde am 19. August 2015 eingeleitet und soll bis zum 20. August 2018 laufen. Die Entscheidung über eine erneute Beteiligung des IWF steht bislang noch aus.

[1316] Ein Überblick über das Zypern-Programm findet sich ebenfalls auf der Internetseite des Bundesfinanzministeriums.

[1317] Erster Erwägungsgrund der Präambel des EFSF Framework Agreement, abrufbar unter http://www.efsf.europa.eu/attachments/20111019_efsf_framework_agreement_en.pdf (letzter Zugriff: 7.4.2015).

[1318] Fünfter Erwägungsgrund der VO (EU) 407/2010, ABl. 2010 L 118/ 1.

der Union bzw. ihrer Mitgliedstaaten mit dem IWF möglich war. Sie soll nun auch durch den ESM fortgeführt werden, freilich nur soweit zweckförderlich und „nach Maßgabe der Bestimmungen" des ESMV. Angesichts der Reichweite der im 6., 12. und 13. Erwägungsgrund zum ESMV sowie in Art. 3 ESMV genannten Ziele des ESM, dürfte es allerdings kaum ein Tätigkeitsfeld des IWF geben, das nicht zur Aufgabenerfüllung des ESM beiträgt und damit Anlass zur Kooperation gibt. Die insoweit möglichen Kooperationsformen ergeben sich aus dem Zusammenspiel des ESMV mit den *Articles of Agreement*. Der Begriff der Zusammenarbeit erfasst demnach jegliche Form der Kooperation mit dem IWF unterhalb der Schwelle des Beitritts, also insbesondere die Aufnahme von Informations- und Arbeitskontakten oder die Wahrnehmung eines Beobachterstatus. Letzteres sieht Art. 5 Abs. 5 ESMV für den IWF ausdrücklich vor. Zudem ist der IWF in dem Verfahren zur Gewährung von Finanzhilfen auf allen Ebenen involviert. Dieses ist im Einzelnen in Art. 13 ESMV geregelt und wird in Gang gesetzt, sobald ein ESM-Mitglied „an den Vorsitzenden des Gouverneursrats ein Stabilitätshilfeersuchen richte[t]". Als ersten Schritt beauftragt der Gouverneursratsvorsitzende darauf die Kommission, im Benehmen mit der EZB und möglichst unter Beteiligung des IWF die Situation nach den in Art. 13 Abs. 1 S. 3 lit. a) bis c) ESMV genannten Kriterien zu bewerten. Auf dieser Basis überträgt der Gouverneursrat im Falle einer positiven Entscheidung über das Mitgliedsersuchen der Kommission die Aufgabe, „– im Benehmen mit der EZB und nach Möglichkeit zusammen mit dem IWF –" mit dem hilfesuchenden ESM-Mitglied ein Memorandum of Understanding über die mit der Finanzhilfefazilität verbundenen Auflagen auszuhandeln. Zur Prüfung ihrer Einhaltung im späteren Vollzug wird erneut die Kommission zusammen mit der EZB „und nach Möglichkeit" mit dem IWF bestellt. Das vereinbarte Memorandum of Understanding ist allerdings wie die an den IWF gerichteten *letters of intent* rechtlich nicht verbindlich, so dass eine Nichtumsetzung der Auflagen durch das kreditnehmende Mitglied auch keinen Rechtsverstoß begründet. Die Nichtumsetzung der Auflagen wird aber entsprechend der langjährigen Praxis des IWF[1319] letztlich dadurch

---

[1319] Siehe hierzu Decision No. 7925-(85/38) des Exekutivdirektoriums v. 8.3.1995 (Relationship between performance criteria and phasing purchases under IMF arrangements – operational guidelines), geändert durch Decision Nos. 8887-(88/89) v. 6.6. 1988; 14281-(09/29) v. 24.3.2009; 15017-(11/112) v. 21.11.2011, abgedr. in: *IMF*, Selected Decisions and Selected Documents of the International Monetary Fund, 36. Aufl. 2012, S. 384-385.

sanktioniert, dass weitere Tranchen der zugesagten Stabilitätshilfe nicht mehr ausgezahlt werden[1320].[1321]

Die jüngste und zugleich umstrittenste EU-Maßnahme zur Bewältigung der „Euro-Krise“, an der der IWF – wenn auch nur mittelbar über den ESM – beteiligt ist, ist das Programm der EZB zum Ankauf von Staatsanleihen von in Schwierigkeiten geratenen Mitgliedstaaten der Eurozone auf dem Sekundärmarkt (sog. *Outright Monetary Transactions* [OMT]-Programm). Die Eckpunkte dieses Programms hat die EZB in einer Pressemitteilung vom 6. September 2012 angekündigt.[1322] Danach ist die EZB bei Bedarf grundsätzlich bereit, nötigenfalls auch unbegrenzt Staatsanleihen einzelner Mitgliedstaaten der Eurozone aufzukaufen, um deren Integrität zu wahren und das Funktionieren des geldpolitischen Transmissionsmechanismus in der gesamten Eurozone sicherzustellen[1323].[1324] Im Zusammenhang mit einer möglichen Beteili-

---

[1320] Vgl. Art. 13 Abs. 7 ESMV.

[1321] Ebenfalls der langjährigen Praxis des IWF folgend sieht der ESMV im 12. Erwägungsgrund – wenn auch nur „in Ausnahmefällen“ – eine Beteiligung des Privatsektors „in angemessener und verhältnismäßiger Form in Fällen“ vor, „in denen die Stabilitätshilfe in Verbindung mit Auflagen in Form eines makroökonomischen Anpassungsprogramms gewährt wird“.

[1322] Vgl. *ECB, Press Release* v. 6.9.2012, Technical features of Outright Monetary Transactions, http://www.ecb.europa.eu/press/pr/date/2012/html/pr120906_1.en.html (letzter Zugriff: 04.03.2016). Die bloße Ankündigung des OMT-Prgramms in einer Pressemitteilung hatte bereits ausgereicht, um die Finanzmärkte zu beruhigen. Eine Aktivierung des Programms ist bis heute nicht erfolgt. Eingeleitet wurde dieser Schritt der EZB mit einer Rede ihres Präsidenten *Mario Draghi*, der am 26.7.2012 in London sagte: "Within our mandate, the ECB is ready to do whatever it takes to preserve the euro. And believe me, it will be enough"; abrufbar unter https://www.ecb.europa.eu/press/key/date/2012/html/sp120726.en.html (letzter Zugriff: 04.03.2016).

[1323] Zu Einzelheiten siehe *A. Thiele*, Das Mandat der EZB und die Krise des Euro, 2013, S. 12 ff.

[1324] Gegen das OMT-Programm wurden Klagen vor dem BVerfG und dem EUG anhängig gemacht. Die Klage in Luxemburg wies das Gericht mangels unmittelbarer Betroffenheit der Kläger durch das OMT-Programm am 10.12.2013 als unzulässig ab, vgl. *EuG*, Rs. T-492/12, *von Storch u.a./EZB*, ECLI:EU:T:2013:702. In seinem Rechtsmittelbeschluss v. 29.04.2015 (Rs. C-64/14 P, *von Storch u.a./EZB*, ECLI:EU:C:2015:300) wies der EuGH das daraufhin eingelegte Rechtsmittel insgesamt als offensichtlich unbegründet zurück. Das BVerfG beschloss am 14.1.2014 erstmalig in seiner Geschichte, das Verfahren auszusetzen und Fragen zur Rechtsmäßigkeit des OMT-Programms

gung des IWF ist die Konditionalität dieser Maßnahmen wichtig. Jeder Anleihekauf steht unter der Voraussetzung, dass der entsprechende Euro-Mitgliedstaat Finanzhilfen vom ESM erhält. Die Hilfe durch die EZB knüpft damit an die mit den Finanzhilfen verbundenen Auflagen des ESM an,[1325] an deren Aushandlung der IWF – wenn auch nur „nach Möglichkeit" – zu beteiligen ist.[1326]

c) Zwischenfazit: Mandatskonformität der IWF-Finanzhilfen für Euro-Mitglieder

Versucht man, vorläufige Schlussfolgerungen aus dieser Skizzierung der Kooperation des IWF mit einzelnen Unionsorganen zur Bewältigung der Schuldenkrise in einigen EU-Mitgliedstaaten außerhalb der Währungsunion einerseits und in den Euro-Staaten andererseits zu ziehen, so drängen sich drei Bemerkungen auf: Erstens ist festzustellen, dass der IWF, der vor der Finanz- und Wirtschaftskrise unter großen Ak-

---

nach Art. 267 AEUV dem EuGH zur Vorabentscheidung vorzulegen, vgl. *BVerfG*, 14.1.2014, 2 BvR 2728/13 - *OMT-Vorlagebeschluss*. In seinem Urteil v. 16.6.2015 (Rs. C-62/14, *Gauweiler u.a.*, ECLI:EU:C:2015:400) hat der EuGH beide Fragen dahingehend beantwortet, dass Art. 119, 123 Abs. 1 und Art. 127 Abs. 1 und 2 AEUV sowie Art. 17 bis 24 ESZB-Satzung dahin auszulegen sind, dass sie das ESZB dazu ermächtigen, das OMT-Programm zu beschließen.

[1325] In seinen SchlA v. 14.1.2015 kam GA *Cruz Villalón* allerdings zu dem Ergebnis, dass das OMT-Programm zwar mit Art. 119 AEUV und Art. 127 Abs. 1 und 2 AEUV vereinbar ist, jedoch nur unter der Einschränkung, dass die EZB sich ab Aktivierung des Programms jedes unmittelbaren Eingreifens in die Finanzhilfeprogramme enthält. Damit stand zwischenzeitlich ihre Mitwirkung in der Troika in Frage. Vgl. GA *Cruz Villalón*, SchlA v. 14.1.2015, Rs. C-62/14, *Gauweiler u.a.*, ECLI:EU:C:2015:7, Rn. 144 ff. Der EuGH hat hierzu keine Stellung bezogen (vgl. Rs. C-62/14, *Gauweiler u.a.*, ECLI:EU:C:2015:400). Insofern dürfte der Fortbestand der Troika – zumindest rechtlich – als gesichert gelten.

[1326] Vgl. *M. Draghi*, Introductory statement to the press conference (with Q&A), 6 September 2012, abrufbar unter http://www.ecb.europa.eu/press/pressconf/2012/html/is120906.en.html (letzter Zugriff: 7.4.2015): "The involvement of the IMF is sought for the design of the policy conditionality, but we cannot dictate what it should do. It is an independent institution, but if the Board of the IMF, its management and its Managing Director want to participate in the programme, they would be more than welcome. This is definitely the preferred scenario".

zeptanzproblemen litt, mit der Krise deutlich aufgewertet wurde. Er war und ist an der unmittelbaren Krisenbewältigung in den EU-Mitgliedstaaten nicht nur beteiligt, sondern nimmt insoweit sogar eine tragende Rolle ein, indem er neben Liquidität auch und vor allem technisches Know-How zur Verfügung stellt. Hierfür wurden seine Ressourcen im Zuge der Krise mehrmals – zuletzt im April 2012 über bilaterale Kredite mit einem Zusagevolumen von 456 Mrd. US-Dollar –[1327] aufgestockt.

Zweitens haben damit jedoch gleichzeitig – vor allem durch seinen Einsatz in der Eurozone – die mit den Finanzhilfen üblicherweise verbundenen Risiken sowohl in quantitativer als auch in qualitativer Hinsicht deutlich zugenommen. Der Anstieg der qualitativen Komponente erklärt sich damit, dass dem IWF im Rahmen seiner Auflagenpolitik durch das europäische Wirtschafts- und Währungssystem entscheidende Grenzen gezogen sind, die seinen Handlungsspielraum deutlich beschränken. So scheidet etwa eine Währungsabwertung zur Wiedergewinnung der Wettbewerbsfähigkeit der jeweiligen nationalen Wirtschaft als Anpassungsinstrument bei der Krisenbewältigung in den Euro-Staaten und den Teilnehmern des Wechselkursmechanismus II regelmäßig aus. Das hat der Zwischenfall mit Lettland in nachdrücklicher Weise gezeigt. Hinsichtlich der quantitativen Dimension ist weiterhin eine im Vergleich zu anderen Regionen der Welt extrem hohe Kreditkonzentration in Europa und insbesondere in der Eurozone zu verzeichnen. So machten etwa die Finanzhilfen für Irland und Portugal jeweils rund 2.300 Prozent ihrer Einlagequote im IWF aus.[1328] Damit wurde die grundsätzliche Obergrenze für Kreditausleihungen von 600 Prozent der Quote kumuliert über drei Jahre um mehr als das Dreifache überschritten. Das mit Griechenland im Jahr 2010 vereinbarte Programm mit außergewöhnlich hohem Zugang in Höhe von 3.212 Prozent der Quote ging sogar darüber hinaus. Es stellte, gemessen an der griechischen Quote, sogar den größten bisher vergebenen Kredit in der Geschichte des IWF dar.[1329] Mit einem Zugang zu IWF-Mitteln in Höhe von 2.158

1327 Siehe *IMF*, IMF Managing Director Christine Lagarde Welcomes Additional Pledges to Increase IMF Resources, Bringing Total Commitments to US$ 456 Billion, Press Release No. 12/ 231, June 19, 2012.

1328 Vgl. *IWF*, Jahresbericht 2012, 24.

1329 Vgl. *IMF*, Greece: Ex Post Evaluation of Exceptional Access under the 2010 Stand-By Arrangement, IMF Country Report No. 13/156, June 2013, S. 9. Den bisherigen Rekord hielt Südkorea, dem 1997 infolge der „Asienkrise" ein SBA-Kredit in Höhe von 2.000 % der Quote eingeräumt wurde.

Prozent der Quote fiel auch das zweite griechische Programm aus dem Jahr 2012 besonders hoch aus. Das so begründete Ausfallrisiko für den IWF wird zwar durch seinen Status als *preferred creditor* begrenzt,[1330] indem die Mitglieder zur vorrangigen Rückzahlung ihrer IWF-Verbindlichkeiten gegenüber allen übrigen Gläubigern, einschließlich des ESM,[1331] angehalten sind. Damit verbunden sind jedoch auch gegenläufige Effekte, die am Ende sogar eines der eigentlichen Ziele eines IWF-Programms, als Katalysator für private Kapitalflüsse zu wirken, zu gefährden drohen. Damit würde dann auch eine erfolgreiche Marktrückkehr des krisenbetroffenen Mitglieds verhindert werden. Die Risikominderung für den IWF wird nämlich im Wesentlichen dadurch bewirkt, dass der IWF die mit dem finanziellen Engagement verbundenen Ausfallrisiken auf andere Gläubiger abwälzt. Das Risiko der im Vergleich zum IWF nachrangigen Forderung vor allem privater Gläubiger steigt damit erheblich. Es ist in der Regel sogar umso größer, je höher der Anteil des IWF am gesamten Finanzierungsbedarf des Schuldnerstaates ist.[1332] Gleichzeitig steigt damit für den IWF selbst das Risiko, im Falle eines weiterhin bestehenden Defizits die Finanzhilfen durch den Abschluss eines Anschlussprogramms erneuern zu müssen. Das ist unter anderem auch deshalb problematisch, weil sich der IWF dadurch insofern auf ein sehr dünnes normatives Fundament bewegt, als er nach seinem Mandat nur „zeitweilige“ (“*temporarily*”) Finanzmittel zur Verfügung stellen darf.[1333]

Insoweit findet sich, drittens, in der wissenschaftlichen Diskussion zum Teil sogar die Auffassung, der IWF handele durch sein finanzielles Engagement in Griechenland und den anderen Euro-Staaten generell

---

[1330] Eine Absicherung durch länderspezifische Zins- und Laufzeitkonditionen, wie es kommerzielle Kreditgeber tun müssen, kennt der IWF dagegen nicht. Genau darin bestand andererseits die Unterstützung des IWF etwa für Griechenland, das sich andernfalls nur zu prohibitiv hohen Marktzinsen am internationalen Kapitalmarkt noch weiter hätte refinanzieren können.

[1331] Vgl. 13. Erwägungsgrund zum ESMV.

[1332] Siehe hierzu *Deutsche Bundesbank*, Potentielle finanzielle Risiken beim Internationalen Währungsfonds, Monatsbericht September 2005, 77 ff.; *dies.*, Der Internationale Währungsfonds in einem veränderten globalen Umfeld, Monatsbericht September 2012, 63 (69). Kritisch auch *S. Schadler*, The IMF's Preferred Creditor Status: Does it still make sense after the Euro Crisis?, CIGI Policy Brief No. 37, March 2014, abrufbar unter http://www.cigionline.org/sites/default/files/cigi_pb_37_1.pdf (letzter Zugriff: 7.4.2015).

[1333] Vgl. Art. I S. 1 (v) IWFÜ.

mandatswidrig.[1334] In vielen dieser Beiträge scheint es allerdings mehr darum zu gehen, alle wie auch immer tragfähigen Argumente gegen die Zulässigkeit von finanziellen Hilfsmaßnahmen des IWF anzuführen. Gegenläufige Argumente werden außer Acht gelassen und so eine Eindeutigkeit des Ergebnisses suggeriert, die das Fondsrecht nicht hergibt.[1335] Dabei erweist sich die Rechtslage, wie sie der IWF im Rahmen einer (informellen) Auslegung zu Art. I S. 1 v) und Art. V Abschn. 3 IWFÜ bereits vor dem Übergang in die Endstufe der WWU dargestellt hat,[1336] als eindeutig: Finanzielle Unterstützungsmaßnahmen für Mitglieder der WWU (in der Mitgliedschaft des IWF) sind nach den *Artic-*

[1334] So *M. Seidel*, Der Euro – Schutzschild oder Falle?, ZEI Working Paper, B 01/2010, S. 7-8, 24; *C. Gaitanides*, Intervention des IWF in der Eurozone – mandatswidrig?, NVwZ 2011, 848 ff.; *dies.*, Ein Solidaritätsprinzip in der Krise?, in: Kadelbach (Hrsg.), Solidarität als Europäisches Rechtsprinzip?, 2014, S. 33 (38-39); *H. Siekmann*, Missachtung rechtlicher Vorgaben des AEUV durch die Mitgliedstaaten und die EZB in der Schuldenkrise, in: Möllers/Zeitler (Hrsg.), Europa als Rechtsgemeinschaft, 2013, S. 101 (117-118). Vgl. ferner *C. Eisenring*, Der IMF missachtet sein Mandat. Fadenscheinige Begründung der Griechenlandhilfe, Neue Züricher Zeitung v. 4.5.2010 (Nr. 101), S. 31. Offen gelassen bei *C. Herrmann*, Griechische Tragödie – der währungsverfassungsrechtliche Rahmen für die Rettung, den Austritt oder den Ausschluss von überschuldeten Staaten aus der Eurozone, EuZW 2010, 413 (416, Fn. 41).

[1335] So wird in keinem der Beiträge die hierzu bereits im Vorfeld der Einführung des Euro explizit geäußerte Rechtsauffassung des IWF gewürdigt, sondern stattdessen weitgehend auf eine inzwischen so nicht mehr vertretene Auffassung der Deutschen Bundesbank (*Deutsche Bundesbank*, Die Beziehungen Deutschlands zum IWF nach Einführung des Euro, Monatsbericht September 1999, 15 (23)) abgestellt; siehe aber nunmehr *dies.*, Finanzkrise und Zahlungsbilanzentwicklungen in der Europäischen Währungsunion, Monatsbericht Oktober 2012, 13 (14 f.).

[1336] *IMF*, Concluding Remarks by the Acting Chairman: Operational and Legal Aspects of EMU for the Fund (EBM 98/101, September 21, 1998), BUFF/98/93, September 24, 1998, S. 3. Siehe hierzu auch das grundlegende Gutachten des *IMF Legal Department*, The European Economic and monetary union and the International Monetary Fund – Main Legal Issues Relating to Rights and Obligations of EMU Members in the Fund, SM/98/131, June 8, 1998, 23-25; sowie *IMF*, EMU and the Fund – Use of Fund Resources and Use of Euros in the Fund's Operational Budget – Preliminary Considerations, EBS/98/132, August 4, 1998. Vgl. auch den prägnanten Überblick bei *IMF*, The Fund's Mandate – The Legal Framework, February 22, 2010, S. 17, 19.

les of Agreement zulässig.[1337] Die These der Mandatswidrigkeit der IWF-Hilfsmaßnahmen wird zunächst darauf gestützt, dass dem IWF nach seiner Satzung die Gewährung von Finanzhilfen nur zur Überwindung von Zahlungsbilanzschwierigkeiten erlaubt sei. Da die Finanzkrisen in den Schuldnerstaaten der Eurozone nicht auf Zahlungsbilanzdefiziten beruhten, welche definitionsgemäß nur im gesamten Eurogebiet auftreten können, sei eine Beteiligung an den Rettungsprogrammen zugunsten dieser Staaten mit dem Ziel der Finanzierung von Budgetdefiziten mandatswidrig.[1338] Zwar ist es zutreffend, dass der IWF nach Art. I S. 1 v) und Art. V Abschn. 3 lit. b) ii) IWFÜ Finanzhilfen unter anderem nur für den Fall bereitstellen darf, dass ein Mitglied darlegt, auf diese „wegen seiner Zahlungsbilanz- oder Reservesituation oder wegen der Entwicklung seiner Reserven" angewiesen zu sein.[1339] Bei genauer Durchsicht der bisherigen Praxis des IWF zeigt sich jedoch, dass selbst unter der – inzwischen allerdings immer mehr bestritte-

---

[1337] Vgl. *J. J. Polak*, The IMF and Its EMU Members, in: Masson/Krueger/Turtelboom (Hrsg.), EMU and the International Monetary System, 1997, 491 (505 ff.); *F. Gianviti*, Comments on Polak and on Thygesen, in: ebd., 539 (540-541); *S. Hagan*, 10 Years of the Euro: A Perspective from the IMF, 01/2009, http://www.imf.org/external/np/speeches/2009/012909.htm (letzter Zugriff: 7.4.2015); *D. Thym*, Euro-Rettungsschirm: zwischenstaatliche Rechtskonstruktion und verfassungsgerichtliche Kontrolle, EuZW 2011, 167 (169); *R. T. Hoffmann/M. Krajewski*, Staatsschuldenkrise im Euro-Raum und die Austeritätsprogramme von IWF und EU, KJ 45 (2012), 2 (9-10); *W. Bergthaler*, The Relationship between International Monetary Fund Law and European Union Law, in: Wessel/Blockmans (Hrsg.), Between Autonomy and Dependence, 2013, 159 (180, 183-184).

[1338] So der Einwand bei *M. Seidel*, Der Euro – Schutzschild oder Falle?, ZEI Working Paper, B 01/2010, S. 7-8, 24; *C. Eisenring*, Der IMF missachtet sein Mandat. Fadenscheinige Begründung der Griechenlandhilfe, Neue Züricher Zeitung v. 4.5.2010 (Nr. 101), S. 31; *C. Gaitanides*, Intervention des IWF in der Eurozone – mandatswidrig?, NVwZ 2011, 848 (850-851); *dies.*, Ein Solidaritätsprinzip in der Krise?, in: Kadelbach (Hrsg.), Solidarität als Europäisches Rechtsprinzip?, 2014, S. 33 (38-39); *H. Siekmann*, Missachtung rechtlicher Vorgaben des AEUV durch die Mitgliedstaaten und die EZB in der Schuldenkrise, in: Möllers/Zeitler (Hrsg.), Europa als Rechtsgemeinschaft, 2013, S. 101 (117-118).

[1339] Dieselben Voraussetzungen stellt auch Art. XIX Abschn. 3 lit. a) IWFÜ für den Fall auf, dass ein Mitglied seine Sonderziehungsrechte verwendet, um hierfür von einem anderen Mitglied Devisen zu erhalten. Siehe hierzu auch bereits oben Teil 3. A.II.2.

nen[1340] –Annahme, dass es sich bei der Schuldenkrise in den von ihr betroffenen Mitgliedstaaten der Eurozone nicht um eine („verdeckte") Zahlungsbilanzkrise handelt, der IWF bereits früh zugunsten seiner außereuropäischen Mitglieder in der Mitgliedschaft einer Währungsunion dazu übergegangen ist,[1341] unter diese Voraussetzung im Wege einer extensiven Auslegung des Tatbestandsmerkmals „Zahlungsbilanzsituation" auch diejenigen Fälle zu fassen, in denen das Defizit des Mitglieds daraus resultiert, die ihm gegenüber bestehenden Auslandsverbindlichkeiten zu begleichen, auch wenn diese Verbindlichkeiten in der gemeinsamen Währung beziffert sind und sich auf die Finanzierung seines Haushaltsdefizits beziehen.[1342] Zweifel an dieser Vorgehensweise wurden nicht geäußert und damit eine einheitliche Praxis des IWF, auch bei Staatsverschuldungen einzelner Mitglieder (in der Mitgliedschaft einer Währungsunion) durch Finanzhilfen einzugreifen, in Gang gesetzt. So

---

[1340] Vgl. *T. Mayer*, Die verborgene Zahlungskrise der Eurozone, EU-Monitor 88 (2011), 1 ff.; sowie die Beiträge in: *H.-W. Sinn*, Die europäische Zahlungsbilanzkrise, ifo Schnelldienst 16/ 2011. Siehe nunmehr auch die *Deutsche Bundesbank*, Finanzkrise und Zahlungsbilanzentwicklungen in der Europäischen Währungsunion, Monatsbericht 10/ 2012, 13 (15): „Es herrschte die Überzeugung vor, dass ein gemeinsamer Währungsraum Zahlungsbilanzkrisen einzelner Mitgliedsländer verhindern würde. Diese Argumentation hat sich als Trugschluss erwiesen. Zahlungsbilanzkrisen können grundsätzlich eintreten unabhängig davon, ob eine Volkswirtschaft Teil eines gemeinsamen Währungsraumes ist oder nicht".

[1341] Siehe hierzu illustrativ *IMF*, Need as a Condition for the Use of Fund Resources, SM/94/299 v. 16.12.1994, S. 35: "[T]he balance (surplus or deficit) in each [monetary union] member's external accounts would occur as a result of the member's recourse to exceptional financing (such as arrears on external debt payments)".

[1342] Speziell zur WWU *IMF*, EMU and the Fund – Use of Fund Resources and Use of Euros in the Fund's Operational Budget – Preliminary Considerations, EBS/98/132, August 4, 1998, S. 2, 7, ferner 19-20.; *ders.*, The Fund's Mandate – The Legal Framework, February 22, 2010, S. 17, 19. Aus der Literatur etwa *W. Bergthaler*, The Relationship between International Monetary Fund Law and European Union Law, in: Wessel/Blockmans (Hrsg.), Between Autonomy and Dependence, 2013, 159 (184); vgl. auch *W. Buiter/E. Rahbari*, Greece and the fiscal crisis in the Eurozone, CEPR Policy Insight No. 51, October 2010, S. 7.

gehen sowohl der IWF[1343] wie auch einzelne (der ihm nahestehenden) Autoren[1344] davon aus, dass aus der nachträglichen Praxis der Mitgliedstaaten bzw. aus der von ihnen gebilligten Praxis des IWF nach den in Art. 31 Abs. 3 lit. b) WVK niedergelegten Grundsätzen eine inzwischen authentische Interpretation des Art. V Abschn. 3 lit. b) ii) IWFÜ hervorgegangen ist. Diese gilt auch gegenüber den Teilnehmern der WWU. Andernfalls würde man sich in Widerspruch setzen zu dem die Rechtsordnung des IWF kennzeichnenden Prinzip der Gleichbehandlung (*principle of uniformity*), das insoweit die IWF-Organe verpflichtet, das Fondsrecht auf alle Mitglieder ungeachtet ihrer wirtschaftlichen, sozialen, politischen oder sonstigen Unterschiede in gleicher Weise, also diskriminierungsfrei, anzuwenden.[1345] Darüber hinaus überzeugt die These der Mandatswidrigkeit deshalb nicht, weil dies faktisch auf eine Verzichtserklärung der Euro-Staaten zu Art. V Abschn. 3 lit. b) IWFÜ hinausliefe, die diese nicht, auch nicht konkludent durch ihren Beitritt in die Währungsunion, erklärt haben.[1346] Das zeigt ganz deutlich die

---

[1343] Vgl. hierzu die Ausführungen bei *S. Hagan*, 10 Years of the Euro: A Perspective from the IMF, 2009, abrufbar unter http://www.imf.org/external/np/speeches/2009/012909.htm (letzter Zugriff: 7.4.2015).

[1344] Vgl. etwa *J.J. Polak*, The IMF and Its EMU Members, in: Masson/Krueger/Turtelboom (Hrsg.), EMU and the International Monetary System, 1997, 491 (507, 509 [Fn. 13]); *F. Gianviti*, Comments on Polak and on Thygesen, in: Masson/Krueger/Turtelboom (Hrsg.), EMU and the International Monetary System, 1997, 539 (541). So auch *D. Thym*, Euro-Rettungsschirm: zwischenstaatliche Rechtskonstruktion und verfassungsgerichtliche Kontrolle, EuZW 2011, 167 (169); *R. T. Hoffmann/M. Krajewski*, Staatsschuldenkrise im Euro-Raum und die Austeritätsprogramme von IWF und EU, KJ 45 (2012), 2 (10).

[1345] Ähnlich *P. Maystadt*, Implications of EMU for the IMF, in: Masson/Krueger/Turtelboom (Hrsg.), EMU and the International Monetary System, 1997, 146 (151); *S. Claber/R. H. Hasse*, Veränderungen im Weltwährungsgefüge als Folge der WWU und der Einführung des Euro, in: Caesar/Scharrer (Hrsg.), Die Europäische Wirtschafts- und Währungsunion, 1998, 446 (459).

[1346] So zu Recht auch der Einwand bei *R. T. Hoffmann/M. Krajewski*, Staatsschuldenkrise im Euro-Raum und die Austeritätsprogramme von IWF und EU, KJ 45 (2012), 2 (10), die es dann im Übrigen aber genügen lassen wollen, dass ein Mitglied von einem Zahlungsbilanzdefizit nur bedroht ist, die Schwierigkeiten also noch nicht eingetreten sind. Dem ist allerdings neben dem insoweit eindeutigen Wortlaut des Art. V Abschn. 2, 3 IWFÜ auch die bisherige Praxis des IWF entgegenzuhalten, der zufolge zum Zeitpunkt des Abschlusses einer Vereinbarung zwischen dem IWF und dem Mitglied zwar noch kein aktueller Bedarf anzumelden ist, dieser jedoch spätestens bei der Auszahlung nachgewie-

Reaktion der griechischen Regierung, als sie Ende April 2010 ihre Anfrage an den IWF mit den folgenden Worten begründete:

> "*Let me make it absolutely clear: Greece, and all other European Union member states, are members of the IMF, so it is not an unnatural situation to ask the IMF to come in in a complementary sense to bring in its experience, its expertise, as well as its financing, to help a broader European solution in the context of the European mechanism*".[1347]

Soweit gegen die Zulässigkeit der Hilfsmaßnahmen argumentiert wird, den Euro-Staaten werde hierdurch keine Währung eines anderen Mitglieds im Sinne des Art. V Abschn. 3 lit. b) IWFÜ „verkauft", sondern vielmehr Kredite in eigener Währung zur Verfügung gestellt,[1348] ist dem mit dem IWF entgegenzuhalten, dass die Bestimmung im Falle von Währungsunionen nicht in der Weise zu verstehen ist, dass Finanzhilfen in der stabilen Gemeinschaftswährung ausgeschlossen sind. Insoweit ist nämlich zu berücksichtigen, dass sich die Gemeinschaftswährung in dieser Situation für die Mitgliedstaaten wie eine Fremdwährung darstellt.[1349] Im Ergebnis spricht somit alles dafür, dass der vom IWF gegenüber den Schuldnerstaaten der Eurozone eingeschlagene Weg nicht mit den *Articles of Agreement* in Widerspruch steht.

---

sen werden muss. Hierzu der prägnante Überblick bei *IMF*, The Fund's Mandate – The Legal Framework, February 22, 2010, S. 19.

[1347] *IMF*, Transcript of a Press Conference by George Papaconstantinou, Finance Minister of Greece, Washington D.C., Sunday, April 25, 2010, abrufbar unter https://www.imf.org/external/np/tr/2010/tr042510.htm (letzter Zugriff: 7.4.2015).

[1348] Diese Bedenken äußert *C. Herrmann*, Griechische Tragödie – der währungsverfassungsrechtliche Rahmen für die Rettung, den Austritt oder den Ausschluss von überschuldeten Staaten aus der Eurozone, EuZW 2010, 413 (416, Fn. 41).

[1349] *IMF*, The European Economic and monetary union and the International Monetary Fund – Main Legal Issues Relating to Rights and Obligations of EMU Members in the Fund, SM/98/131, June 8, 1998, S. 4, 25: "The common currency of a monetary union has a dual nature. For each member of the union, it is both a "national" and "foreign" currency, since each of them is responsible for its issuance and accepts it as legal tender, but none of them has fully control over it". Aus der Literatur etwa *S. Hagan*, 10 Years of the Euro: A Perspective from the IMF, 01/ 2009; *W. Bergthaler*, The Relationship between International Monetary Fund Law and European Union Law, in: Wessel/Blockmans (Hrsg.), Between Autonomy and Dependence, 2013, 159 (184).

3. Technische Hilfe des IWF: Wesentliches Instrument zur Krisenverhütung und -lösung

Obwohl die technische Hilfe des IWF in der medialen und wissenschaftlichen Darstellung bisher nur eine untergeordnete Rolle gespielt hat, ist ihre Bedeutung als Instrument zur Verhütung und Lösung der Krise in Europa nicht zu unterschätzen. Insoweit ist zum einen die zusammen mit anderen Organisationen – wie etwa der BIZ, der EBRD, der OECD und der Weltbank – unmittelbar nach dem Zusammenbruch der Sowjetunion gestartete Initiative zur Aus- und Fortbildung von Mitarbeitern der Zentralbanken in den Transformationsländern in Europa und der ehemaligen Sowjetunion zu nennen.[1350] Im Zuge der aktuellen Krise seit 2007 konnte diese Kooperation, an der inzwischen auch die Kommission und die Europäische Investitionsbank wesentlich beteiligt sind, weiter intensiviert werden. Eines ihrer wichtigsten Elemente stellt dabei die 2009 gestartete Wiener Koordinationsinitiative europäischer Banken (European Bank Coordination "Vienna" Initiative) dar, deren Ziel es ist, für ein koordiniertes Krisenmanagement für den Finanzsektor Mittel- und Osteuropas zu sorgen, um so eine Schwächung der Banken vor Ort durch den Abzug von Kapital durch westliche Mutterkonzerne zu verhindern.[1351] Vor dem Hintergrund der Verschärfung der europäischen Staatsschuldenkrise und der damit verbundenen systemischen Risiken für die Banken in der Region wurde die Initiative im Januar 2012 als "Vienna 2.0" neu aufgelegt.[1352] In ihrem Mittelpunkt steht die bessere Abstimmung und Kooperation zwischen den Bankenaufsichten der Heim- und Gastländer bei grenzüberschreitenden Bankgeschäften. Zu diesem Zweck veröffentlicht die Initiative vierteljährlich den Central, Eastern and South Eastern Europe (CESEE) Deleveraging and Credit Monitor und spricht gegenüber wichtigen europäischen Institutionen Empfehlungen für eine stärkere Koordination der Bankenaufsicht und für eine grenzüberschreitende Abwicklung von Banken aus.

In den von der Krise besonders schwer getroffenen EU-Mitgliedstaaten stellte die technisch-fachliche Hilfe des IWF zudem oftmals eine zwin-

---

[1350] Siehe hierzu auch *IWF*, Jahresbericht 1997, S. 160 ff.

[1351] Für weitere Informationen hierüber siehe *IMF*, IMF Survey: Agreement with Banks Limits Crisis in Emerging Europe, October 28, 2009, https://www.imf.org/external/pubs/ft/survey/so/2009/int102809a.htm; sowie unter http://vienna-initiative.com/ (letzter Zugriff: 7.4.2015).

[1352] Hierzu der Überblick bei *IWF*, Jahresbericht 2014, 29.

gende Voraussetzung dar, um überhaupt die wirtschaftspolitischen Auflagen der Troika umsetzen zu können.[1353] Dies gilt selbst für Spanien, an dessen finanzieller Rettung der IWF zwar nicht beteiligt war, jedoch durch seine fachliche Expertise eine wesentliche Rolle bei der Sanierung des spanischen Finanzsektors gespielt hat. Als sich die Regierung Spaniens aufgrund eines erschwerten Marktzugangs nicht mehr in der Lage sah, die erforderliche Rekapitalisierung ihrer Banken selbständig durchzuführen, entschied sie, allein bei den Mitgliedstaaten des Euroraums um finanzielle Hilfe anzufragen. Die Eurogruppe hat darauf am 20. Juli 2012 ein 18-monatiges Programm im Rahmen der EFSF[1354] mit einem maximalen Programmvolumen von bis zu 100 Mrd. Euro zur Sanierung des spanischen Finanzsektors beschlossen. Nach einer Vereinbarung zwischen dem spanischen Ministerium für Wirtschaft und Wettbewerb, der Banco de España, der Europäischen Kommission und dem IWF vom 20. Juli 2012 sollte die Arbeit der spanischen und europäischen Institutionen durch die fachliche Beratung des Mitarbeiterstabs des IWF unterstützt werden.[1355]

[1353] Intensive technische Hilfe wurde in diesen EU-Staaten auf einer ganzen Reihe von Gebieten geleistet, etwa im Hinblick auf das Bargeldmanagement, die Ausgabenkontrollen und Budgetrahmenwerke, um insoweit Regierungsliquidität zu schützen und bei der Umsetzung glaubwürdiger fiskalischer Anpassungspfade zu helfen (Griechenland, Lettland, Polen, Rumänien), ferner zur Stärkung der Steuerverwaltung als Reaktion auf den durch die Krise verursachten Absturz von öffentlichen Einnahmen (Griechenland, Ungarn, Lettland, Litauen), sowie zur Umstrukturierung von Banken und zur Stärkung der Einlagenversicherung (Ungarn, Lettland). Insoweit sei auch auf die Forderung des IWF nach einer raschen Umsetzung der geplanten Bankenunion hingewiesen. Hierzu *IMF*, IMF Staff Discussion Note: A Banking Union for the Euro Area, SDN/13/01, February 2013, abrufbar unter https://www.imf.org/external/pubs/ft/sdn/2013/sdn1301.pdf (letzter Zugriff: 7.4.2015).

[1354] Wie bereits beim Abschluss des Programms vorgesehen, wurde das Bankenprogramm am 29. November 2012 vollständig von der EFSF in den ESM überführt.

[1355] *IMF*, Terms of Reference for Fund Staff Monitoring in the Context of European Financial Assistance for Bank Recapitalization, July 20, 2012, https://www.imf.org/external/np/country/2012/esp/spaintor.pdf (letzter Zugriff: 7.4.2015). Siehe auch *ders.*, Statement on the First Financial Sector Monitoring Mission to Spain, Press Release No. 12/400, October 26, 2012.

IV. Fazit: Mitgliedstaaten als Sprachrohr der europäischen Außenpolitik im IWF

1. Bewertung des derzeitigen modus vivendi

Obwohl es im Zuge der Finanz- und Wirtschaftskrise seit 2008 zu einer zunehmenden Intensivierung der Zusammenarbeit zwischen der EU und dem IWF gekommen ist, haben die Ausführungen zeigen können, dass sich dadurch gleichwohl nichts an der nur beschränkten Rolle der Union im institutionellen Gefüge des IWF geändert hat. Insofern lässt sich eine ungleiche Entwicklung in der funktionellen und institutionellen Interaktion feststellen. Gleichzeitig ist aber auch hinsichtlich der operativen Zusammenarbeit Zurückhaltung angezeigt. So handelt es sich beim ESM nicht um eine Einrichtung der Union, sondern um eine eigenständige internationale Organisation neben der EU. Daran ändert auch nichts, dass das Bundesverfassungsgericht den ESM trotz dieser Konstruktion zu den Angelegenheiten der EU i.S.v. Art. 23 GG zählt,[1356] und der ESM zur Vorbereitung und Überwachung der Auflagen im Wege der Organleihe auf die Kommission und die EZB zurückgreift.[1357] Zudem ist die Kooperation des ESM mit dem IWF gegenüber der ursprünglich im Juli 2011 unterzeichneten, später aber geänderten Version des ESMV deutlich abgeschwächt worden.[1358] Während es z.B. in der früheren Version des 8. Erwägungsgrundes zum ESMV noch hieß, "in all circumstances, the active participation of the IMF will be sought", ist dort heute nur noch von einer "active participation of the IMF", also ohne den Zusatz "in all circumstances", die Rede. In ähnlicher Weise ist auch die Beteiligung des IWF bei der Beurteilung der Schuldentragfähigkeit eines kreditsuchenden ESM-Mitglieds im Rahmen des Verfahrens für die Gewährung von Stabilitätshilfen nach Art. 13 ESMV eingedämmt worden. Sollte die Bewertung ursprünglich noch zusammen mit dem IWF durchgeführt werden, „wann immer dies

---

[1356] Vgl. BVerfGE 131, 152 (215 ff.) – Unterrichtungspflicht.

[1357] Daneben bindet Art. 37 Abs. 3 ESMV den EuGH als Streitschlichtungsorgan ein. Als Rechtsgrundlage nennt der 16. Erwägungsgrund zum ESMV Art. 273 AEUV, wonach die Mitgliedstaaten den EuGH aufgrund eines Schiedsvertrages mit Streitigkeiten befassen können, die mit dem Unionsrecht in Zusammenhang stehen. Zur Vereinbarkeit einer solchen Organleihe mit dem Unionsrecht siehe *EuGH*, Rs. C-370/12, *Pringle*, ECLI:EU:C:2012:756, Rn. 158 ff., 171 ff.

[1358] Vgl. *A. Leipold*, Making the European Stability Mechanism Work, Lisbon Council Policy Brief Bd. VI, No. 1 (2012), S. 7-8.

möglich ist", ist dies heute nur noch der Fall, „wann immer dies angemessen und möglich ist".[1359]

In den institutionellen Abläufen des IWF wird die EU zwar zur Kenntnis genommen und ist in diesen auch teilweise integriert. Die entsprechenden Mitwirkungsrechte beziehen sich jedoch nahezu ausschließlich auf die Kommission und vor allem die EZB. Der jeweilige Beobachterstatus ist allein auf diese bezogen, nicht jedoch auf die EU als Verband. Dies erklärt auch, warum die Zusammenarbeit nicht auf der Grundlage eines Abkommens nach Art. X IWFÜ beruht, sondern insoweit nur eine Entscheidung des Exekutivdirektoriums die entsprechende Rechtsgrundlage bildet. Aus unionsinterner Sicht folgen hieraus für die Handlungsfähigkeit und Sichtbarkeit der EU als Ganzes erstmal keine unmittelbaren Nachteile, wenngleich in kompetenzrechtlicher Hinsicht zu betonen ist, dass wesentliche Befugnisse im Aufgaben- und Regelungsbereich des IWF, wie etwa die Entscheidung über das Wechselkursregime oder die Regelung des Zahlungsverkehrs, nicht bei der EZB und erst Recht nicht bei der Kommission, sondern vielmehr beim Rat liegen.[1360] Der EU bleibt es überlassen, den Beobachterstatus etwa im Wege interner Koordinierung einheitlich zugunsten der Union insgesamt oder als WWU auszugestalten und so tatsächlich mit einer Stimme zu sprechen. Die bisherigen Reformen in dieser Hinsicht haben allerdings nicht die erwünschte Verbesserung erbracht.[1361] Dies gilt sowohl für das SCIMF als auch für das EURIMF. Sowohl die Kommission als auch die EZB sind hier nicht die treibende Kraft. Während die EZB immerhin berechtigt ist, in den sie betreffenden Angelegenheiten das Wort zu ergreifen, fallen die Teilnahmerechte der Kommission noch bescheidener aus.[1362] Dies, obwohl sie im SCIMF sogar dessen Sekretariat leitet. Für mehr Kohärenz und Kontinuität sowie eine größere Sichtbarkeit der Union gegenüber dem IWF sorgen stattdessen der Vorsitzende des SCIMF und vor allem des EURIMF sowie speziell für die

---

[1359] Vgl. Art. 13 Abs. 1 S. 3 lit. b) ESMV.

[1360] Siehe oben Teil 4.B.III.1.

[1361] Vgl. insoweit *Kommission*, Ein Fahrplan für die Schaffung einer kohärenteren Außenvertretung des Euro-Währungsgebiets in internationalen Foren, COM(2015) 602 final, S. 6 ff. In diesem Sinne bereits auch *L. Bini Smaghi*, Powerless Europe: Why is the Euro Area Still a Political Dwarf, International Finance 9 (2006), 261 (273):"In fact, EA [= Euro Area] coordination usually reacts to IMF [...] agendas rather than the other way around".

[1362] Vgl. *Eurodad*, European Coordination at the World Bank and International Monetary Fund: A Question of Harmony, 2006, S. 10-11.

Eurozone der Vorsitzende der Euro-Gruppe („Mr. Euro"). In kompetenzieller Hinsicht ist dies allerdings nicht unproblematisch, da dadurch ein mögliches Konkurrenzverhältnis zur EZB aufgebaut und damit letztlich der ohnehin in den Beziehungen zum IWF bestehende vertikale Kompetenzkonflikt zwischen der EU und ihren Mitgliedstaaten um eine horizontale Variante zwischen den Institutionen erweitert wird. Hinzu kommt, dass sich das SCIMF im Vergleich zum mindestens wöchentlich tagenden EURIMF nur acht bis zehn Mal im Jahr trifft. Damit kann bestenfalls auch nur für einen Bruchteil des Tagesgeschäfts des IWF ein gemeinsamer Standpunkt entwickelt und einheitlich nach außen transportiert werden. Letztlich sind die gemeinsamen Positionen aber ohnehin nicht bindend. Daran ändert auch nichts, dass die europäischen Exekutivdirektoren grundsätzlich angehalten sind, die gemeinsamen Positionen zu unterstützen.[1363] Die fehlende Bindungswirkung folgt allein schon daraus, dass die Mitgliedstaaten im IWF auf verschiedene Stimmrechtsgruppen verteilt sind. Innerhalb dieser Gruppen wird – wie bereits oben dargelegt – ein gemeinsamer Standpunkt auf konsensualer Basis erarbeitet, so dass dieser durchaus von den EU-Interessen, selbst wenn einer ihrer Mitgliedstaaten seine jeweilige Gruppe anführt, abweichen kann. Auf politischer Ebene kann dies als einer der Hauptgründe dafür ausgemacht werden, dass eine bessere Vertretung der Union oder auch nur des Euro-Währungsgebiets im IWF von den Mitgliedstaaten bisher nicht mit Nachdruck forciert wurde. Insoweit ist zum Teil das Gegenteilige der Fall. Einige Mitgliedstaaten – besonders diejenigen, die regelmäßig einen eigenen Exekutivdirektor stellen und sich insofern in einer einflussreichen Position im IWF befinden – wollen an der gegenwärtigen Situation nichts ändern[1364] und

[1363] So dennoch die Forderung der *Kommission* in ihrem „Fahrplan für die Schaffung einer kohärenteren Außenvertretung des Euro-Währungsgebiets in internationalen Foren", COM(2015) 602 final, S. 8. Vgl. hierzu auch *C. Garnier/D. Daco/F. Di Mauro*, UN-EU Cooperation on Financial issues, in: Wouters/Hoffmeister/Ruys (Hrsg.), The United Nations and the European Union, 2006, 115 (118).

[1364] Vgl. *Deutsche Bundesbank*, Finanzierung und Repräsentanz im Internationalen Währungsfonds, Monatsbericht März 2010, 53 (64); ferner *T. Gehring/S. Oberthür/M. Mühleck*, European Union Actorness in International Institutions, JCMS 51 (2013), 849 (860); *L. Puccio*, The EU and the IMF: The Financial Crisis as a Catalyst for a Stronger Union Representation?, in: de Waele/Kuipers (Hrsg.), The European Union's Emerging International Identity, 2013, 211 (233); *A. Feibelman*, Europe and the Future of International Monetary Law, Transnat'l L. & Contemp. Probs. 22 (2013), 115 (149).

ziehen zum Teil sogar eine Absprache mit den außerhalb der EU stehenden Mitgliedern ihrer Stimmrechtsgruppe vor[1365].[1366] Aus diesen Gründen bleibt die Rolle der EU im IWF bisher auf eine nur mittelbare Beeinflussung der IWF-Aktivitäten durch ihre Mitgliedstaaten, die insoweit als Sprachrohr der europäischen Politik im IWF auftreten, beschränkt.

2. *Dogmatische Begründung der Sprachrohr-Funktion der Mitgliedstaaten*

In dogmatischer Hinsicht lassen sich für dieses Vorgehen der Mitgliedstaaten verschiedene Erklärungsmodelle heranziehen, die hier aus Kapazitätsgründen jedoch nicht im Einzelnen aufgezeigt werden sollen.[1367] Herausgegriffen seien allein drei in Rechtsprechung und Literatur dominierende und für die Zwecke der Untersuchung allein zielführende Lösungsalternativen: Denkbar ist zunächst eine Rückübertragung unionaler Befugnisse im Aufgabenbereich des IWF an die Mitgliedstaaten zur Ausübung im eigenen Namen.[1368] Diese Lösung ist zwar rechtskonstruktiv einleuchtend, jedoch unionsrechtlich bedenklich. Da den Mitgliedstaaten hierdurch ein weiter Handlungsspielraum eingeräumt werden würde, begäbe sich die EU jeder Einflussmöglichkeit sowohl hinsichtlich des „Ob“ als auch des „Wie“ der Ausübung, was einem unzulässigen Verzicht gleichkäme.[1369]

Als zweite Lösungsalternative könnte an eine konkludente Änderung der Unionsverträge aufgrund einheitlichen und einvernehmlichen Vor-

---

[1365] Dies gilt insbesondere für Spanien, das aus früherer kolonialer Verbundenheit mit einer Reihe lateinamerikanischer Staaten eine Stimmrechtsgruppe bildet.

[1366] S. hierzu auch die im Auftrag der Europäischen Kommission herausgegebene Studie von *P. Van den Noord u.a.*, The Evolution of Economic Governance in EMU, Economic Papers 328, 2008, S. 47.

[1367] Zu weiteren, für die Zwecke dieser Arbeit allerdings nicht weiter zielführenden Erklärungsmodellen siehe *M. Pechstein*, Die Mitgliedstaaten der EG als „Sachwalter des gemeinsamen Interesses“, 1987, S. 166 ff.

[1368] Hierzu bereits *M. Dauses*, Die Beteiligung der Europäischen Gemeinschaften an multilateralen Völkerrechtsübereinkommen, EuR 1979, 138 (165).

[1369] Vgl. *EuGH*, Rs. 804/79, *Seefischerei – Erhaltungsmaßnahmen*, Slg. 1981, II-1045, 1073.

gehens der Mitgliedstaaten im IWF gedacht werden.[1370] Während bei der Rückübertragung die Kompetenzverlagerung von der Union ausginge, läge die Initiative einer Vertragsänderung bei den Mitgliedstaaten als den „Herren der Verträge“. Grundsätzlich steht es den Parteien eines völkerrechtlichen Vertrages auch frei, diesen einvernehmlich zu ergänzen oder abzuändern; aufgrund der insoweit grundsätzlich geltenden Formfreiheit kann dies auch in konkludenter Weise erfolgen.[1371] Gleichwohl ist fraglich, ob dieser allgemeine völkervertragliche Grundsatz uneingeschränkt für die Änderung der Gründungsverträge der EU gilt, deren Besonderheit nach dem EuGH gerade darin besteht, dass sie im „Unterschied [zu] gewöhnlichen internationalen Verträgen [...] eine eigene Rechtsordnung geschaffen [haben], die bei [ihrem] Inkrafttreten in die Rechtsordnung der Mitgliedstaaten aufgenommen worden und von ihren Gerichten anzuwenden [sind]. Denn durch die Gründung einer Gemeinschaft für unbegrenzte Zeit, die mit eigenen Organen, mit der Rechts- und Geschäftsfähigkeit, mit internationaler Handlungsfähigkeit und insbesondere mit echten, aus der Beschränkung der Zuständigkeit der Mitgliedstaaten oder der Übertragung von Hoheitsrechten der Mitgliedstaaten auf die Gemeinschaft herrührenden Hoheitsrechten ausgestattet ist, haben die Mitgliedstaaten, wenn auch auf einem begrenzten Gebiet, ihre Souveränitätsrechte beschränkt und so einen Rechtskörper geschaffen, der für ihre Angehörigen und sie selbst verbindlich ist“.[1372] Aus diesen Gründen wird eine konkludente Vertragsänderung unter Umgehung der verfahrensrechtlichen Vorgaben des Art. 48 EUV mehrheitlich abgelehnt.[1373] Sie liefe – so die Begründung – darauf hinaus, jede einvernehmliche Vertragsdurchbrechung als Folge völkerrechtlichen Handelns der Mitgliedstaaten zu legitimieren, die sonst von der Kommission im Vertragsverletzungsverfahren nach

---

[1370] Zu dieser Möglichkeit *C. Koenig/M. Pechstein*, Die EU-Vertragsänderung, EuR 1998, 130 (132 ff.).

[1371] Vgl. *W. Karl*, Vertrag und spätere Praxis im Völkerrecht, 1983, S. 18 ff.

[1372] *EuGH*, Rs. 6/64, *Costa/E.N.E.L.*, Slg. 1964, 1251, 1269; hierzu zuletzt auch *EuGH*, Gutachten 1/09, *Europäisches Patentgericht*, Slg. 2011, I-1137, Rn. 65.

[1373] Vgl. etwa *A. Peters*, The Position of International Law within the European Community Legal Order, GYIL 40 (1997), 9 (24); *C. Ohler*, in: Grabitz/Hilf/Nettesheim, EUV/ AEUV, 45. Erg. Lfg. 2011, Art. 48 EUV, Rn. 26.

Art. 258 AEUV gerügt und vom EuGH überprüft werden könnte.[1374] An diesem Ergebnis ändert sich selbst dann nichts, wenn die Union dem Handeln ihrer Mitgliedstaaten zustimmt.[1375]

Als dritte Möglichkeit kommt schließlich eine Ermächtigung der Mitgliedstaaten in Betracht, im Interesse und für Rechnung der EU treuhänderisch[1376] bzw. als „Sachwalter des gemeinsamen Interesses“[1377] tätig zu werden.[1378] Die treuhänderisch handelnden Mitgliedstaaten, die im eigenen Namen auftreten, sind danach nur im Außenverhältnis frei, im Innenverhältnis gegenüber der Union jedoch gebunden und damit ihr gegenüber weisungsabhängig. Diese Alternative ist insofern am besten geeignet, um das derzeitige Handeln der Mitgliedstaaten für die Union im IWF rechtsdogmatisch zu fassen.[1379] Sie bringt vor allem den

---

1374 Zu diesem Einwand bereits *M. Dauses*, Die Beteiligung der Europäischen Gemeinschaften an multilateralen Völkerrechtsübereinkommen, EuR 1979, 138 (166).

1375 *A. von Bogdandy*, in: von Bogdandy/Bast, Europäisches Verfassungsrecht, 2009, S. 45.

1376 *W. Meng*, Das Verhältnis der Vereinten Nationen und ihrer Sonderorganisationen zur EU im Bereich der Wirtschaft, in: Hobe (Hrsg.), Kooperation oder Konkurrenz internationaler Organisationen, 2001, 39 (66).

1377 Zur Abgrenzung des Begriffs der Treuhandschaft von dem der Sachwalterschaft *M. Pechstein*, Die Mitgliedstaaten der EG als „Sachwalter des gemeinsamen Interesses“, 1987, S. 204 ff., der darin aber zu dem Ergebnis kommt, dass sich „die Sachwalterschaft der Mitgliedstaaten als Treuhänderschaft für die Gemeinschaft“ bezeichnen lässt.

1378 Hierzu bereits *EuGH*, Rs. 22/70, *AETR*, Slg. 1971, 263, Rn. 81/90; sowie *ders.*, Rs. 804/79, *Seefischerei – Erhaltungsmaßnahmen*, Slg. 1981, II-1045, 1073; vgl. ferner *ders.*, Gutachten 2/91, ILO-Übereinkommen Nr. 170, Slg. 1993, I-1061, Rn. 5; *ders.*, Rs. C-45/07, *Kommission/Griechenland*, Slg. 2009, I-701, Rn. 31. Aus der Literatur etwa *M. Pechstein*, Die Mitgliedstaaten der EG als „Sachwalter des gemeinsamen Interesses“, 1987, S. 145 ff.; *M. Cremona*, Member States as Trustees of the Union, in: Arnull u.a. (Hrsg.), A Constitutional Order of States? Essays in EU Law in Honour of Alan Dashwood, 2011, 435 ff. Siehe auch *C. Vedder*, Die auswärtige Gewalt des Europa der Neun, 1980, S. 161, der insoweit von einer „Mandatslösung“ spricht.

1379 Siehe auch *C. Zilioli/M. Selmayr*, The External Relations of the Euro Area: Legal Aspects, CML Rev. 36 (1999), 273 (339); *C. Herrmann*, Monetary Sovereignty over the Euro and External Relations of the Euro Area, EFA Rev. 7 (2002), 1 (23); *N. Weinrichter*, The World Monetary System and External Relations of the EMU, EIoP 4 (2000), S. 21; *S. Kadelbach*, in: von Arnauld (Hrsg.), Europäische Außenbeziehungen, EnzEuR, Bd. 10, 2014, § 4, Rn. 60.

Vorzug mit sich, dass sie die gemeinsame Interessenwahrnehmung durch die Mitgliedstaaten in zeitlicher Hinsicht nur bis zur Herstellung der Akteursfähigkeit der Union begrenzt. Damit bleibt die EU jederzeit berechtigt, bei Vorliegen entsprechender Voraussetzungen für eine genuine Beteiligung auf IWF-Ebene ihre Außenkompetenzen diesem gegenüber auszuüben. Die Sachwalterschaft der Mitgliedstaaten bzw. ihre Treuhänderschaft für die Union stellt sich damit im Grunde als ein vorübergehendes Substitutionsverhältnis dar.[1380]

Aus Sicht der Mitgliedstaaten ist diese Situation allerdings nicht unproblematisch. Einerseits sind sie gegenüber dem IWF zur Einhaltung der aus den *Articles of Agreement* folgenden Pflichten und damit insbesondere zur Gewährleistung einer IWF-konformen Geld- und Währungspolitik verpflichtet (Art. XXXI Abschn. 2 lit. a) IWFÜ), andererseits verfügen sie im Innenverhältnis gegenüber der Union nicht mehr über die hierfür erforderlichen Kompetenzen. In der Literatur wird daher zur Entschärfung dieses Konflikts vereinzelt vertreten, dass bereits *de lege lata* eine Rücksichtnahmepflicht der Union in dem Umfang bestehe, dass sie einer faktischen Bindung der EU an die *Articles of Agreement* kraft Unionsrechts gleichkomme. In diese Richtung argumentieren etwa *Wolfgang Bergthaler* und *Christoph Herrmann*.[1381] Ihnen zufolge habe die EU im Hinblick auf die von den Mitgliedstaaten übertragenen Kompetenzen im Währungsbereich aus unionsrechtlicher Sicht die diesbezüglichen Verpflichtungen aus dem IWFÜ kraft Funktionsnachfolge übernommen und unterliege daher in diesem Umfang auch den IWF-rechtlichen Verpflichtungen. Diesen verschiedenen Ansätzen zur Begründung einer unionsinternen Bindung der EU an die *Articles of Agreement* soll im Folgenden näher nachgegangen werden. Vorab sei allerdings darauf hingewiesen, dass eine Bindung kraft Unionsrechts entscheidende Unterschiede im Vergleich zu einer völkerrechtlichen Bindung aufweist. Während eine Bindung der Union kraft

---

[1380] Kritisch gleichwohl *J.-V. Louis*, The international projection of the euro and the international monetary system, in: Telò (Hrsg.), The European Union and Global Governance, 2009, 64 (80): "second best solution".

[1381] *W. Bergthaler*, The Relationship between International Monetary Fund Law and European Union Law, in: Wessel/Blockmans (Hrsg.), Between Autonomy and Dependence, 2013, 159 (162 ff.); *C. Herrmann*, Währungshoheit, Währungsverfassung und subjektive Rechte, 2010, S. 240. Siehe auch *B. Steinki*, Competencies of the European Community on International Monetary Fund Matters, in: IMF (Hrsg.), Current Developments in Monetary and Financial law, Bd. 2, 2003, 109 (133).

Völkerrechts im Außenverhältnis gegenüber dem IWF bestehen, ihre Missachtung mithin regelmäßig eine Verletzung der sich aus den *Articles of Agreement* ergebenden Pflichten darstellen würde und daher vom IWF im Rahmen seines Überwachungs- und Sanktionsregimes geltend gemacht werden könnte, betrifft eine Bindung kraft Unionsrechts allein das Innenverhältnis zwischen der EU und ihren Mitgliedstaaten. Dies hat zur Folge, dass erstens eine Verletzung unionsrechtlicher Pflichten den IWF allenfalls nur mittelbar berührt, und dass zweitens hieraus resultierende Streitigkeiten zwischen der EU und ihren Mitgliedstaaten allein vor dem EuGH geklärt werden könnten, nicht jedoch auf IWF-Ebene.

3. Bindung der EU an die Articles of Agreement de lege lata

Als Grundlage für die Begründung einer unionsinternen Verbindlichkeit der *Articles of Agreement* gegenüber der EU werden demnach zum einen die Theorie der Funktionsnachfolge und zum anderen Art. 351 AEUV (i.V.m Art. 4 Abs. 3 EUV) angeführt.

Grundsätzlich ist eine unionsinterne Funktionsnachfolge der EU in die Rechtsstellung ihrer Mitgliedstaaten im Rahmen eines völkerrechtlichen Vertrages nicht ausgeschlossen.[1382] Wenn bestimmte Kompetenzen zur ausschließlichen Wahrnehmung auf die EU übergehen und die Mitgliedstaaten so ihre Handlungsmöglichkeit auf völkervertraglicher Ebene verlieren, könnte damit zumindest im Binnenverhältnis zwischen der EU und ihren Mitgliedstaaten eine Verpflichtung der Union einhergehen, die von den Mitgliedstaaten völkervertraglich geschuldeten Handlungen im unionalen Rahmen zu treffen. Eine solche Funktionsnachfolge setzt nach der langjährigen Rechtsprechung des EuGH allerdings nicht nur die bloße Kompetenzübertragung auf die EU voraus.[1383] Es wäre zu weitgehend, anzunehmen, dass die Union allein damit im Binnenverhältnis sämtliche völkervertragliche Bindungen ihrer Mitgliedstaaten übernimmt, die diese infolge des Kompetenztransfers nicht mehr erfüllen können. Für eine funktionelle Rechtsnachfolge bedarf es vielmehr besonderer Anhaltspunkte, die der EuGH bereits in seinem

---

[1382] Vgl. nur *C. Vedder*, in: Grabitz/Hilf, EGV, 2. Grd. Lfg., Art. 234 EGV, Rn. 15-19 m.w.Nw; sowie *R. Uerpmann-Wittzack*, in: von Bogdandy/Bast (Hrsg.), Europäisches Verfassungsrecht, 2. Aufl. 2009, 177 (207-208).

[1383] S. auch GA *Capotorti*, SchlA zu der Rs. 812/79, *Attorney General/Burgoa*, Slg. 1980, 2809, 2815 f.

insoweit grundlegenden Urteil in der verb. Rs. 21-24/72 – *International Fruit Company* – am Beispiel des GATT 1947 dargelegt hat.[1384] Danach setzt eine unionsinterne Funktionsnachfolge allgemein voraus, dass (1.) alle Mitgliedstaaten Parteien des Altvertrages sind, (2.) eine spätere Kompetenzverschiebung im sachlichen Anwendungsbereich des Altvertrages zugunsten der Union stattgefunden hat und (3.) der Wille der Mitgliedstaaten zur Bindung der EU an die Verpflichtungen des Altvertrages gegeben und von der Union zumindest durch faktische Aufnahme entsprechender Tätigkeiten akzeptiert worden ist.[1385] Wie bereits oben im zweiten Teil der Arbeit dargelegt, waren alle Mitgliedstaaten bei Gründung der EWG oder ihrem späteren Beitritt zur Gemeinschaft bzw. Union bereits Mitglieder des IWF. Hinsichtlich des zweiten Kriteriums, der späteren Kompetenzübertragung auf die Union, stellt sich allerdings das Problem, dass die *Articles of Agreement* im Unterschied zum GATT nicht nur solche Bereiche regeln, die der Union zur ausschließlichen Wahrnehmung übertragen worden sind, sondern etwa mit der Wirtschaftspolitik auch Gebiete, die im Zuständigkeitsbereich der Mitgliedstaaten verblieben sind. Insofern käme eine Funktionsnachfolge der Union in die Verpflichtungen ihrer Mitgliedstaaten aus den *Articles of Agreement* allenfalls dann in Betracht, wenn man auch einen nur teilweisen Kompetenzübergang ausreichen ließe. In diesem Fall wäre von einer nur partiellen, d.h. auf den Bereich der Währungspolitik beschränkten Funktionsnachfolge auszugehen.[1386] Diese wäre zudem in

---

[1384] EuGH, Rs. 21-24/72, *International Fruit Company*, Slg. 1972, 1219, Rn. 14/18; bestätigt in verb. Rs. C-267-269/81, *Amministrazione delle finanze dello Stato / SPI und SAMI*, Slg. 1983, 801, Rn. 18; Rs. C-*69/89, Nakajima All Precision/Rat*, Slg. 1991, I-2169, Rn. 29; Rs. 280/93, *Deutschland/Rat*, Slg. 1994, I-5039, Rn. 105.

[1385] Vgl. auch *E. Millarg*, Anmerkung zu EuGH, Rs. 21-24/72, *International Fruit Company*, EuR 1973, 148 (150); *A. Rosas*, The Status in EU Law of International Agreements Concluded by EU Member States, Fordham Int'l L. J. 34 (2010-2011), 1304 (1326). Für eine völkerrechtliche Bindung der Union an die völkerrechtlichen Verpflichtungen der Mitgliedstaaten muss die Übernahme der Befugnisse und ihre Ausübung durch die Organe der EU zudem noch von den anderen Vertragspartnern gebilligt und die EU von ihnen als quasi-Vertragspartner anerkannt werden.

[1386] Weitergehend *W. Bergthaler*, The Relationship between International Monetary Fund Law and European Union Law, in: Wessel/Blockmans (Hrsg.), Between Autonomy and Dependence, 2013, 159 (169), der insoweit auch den Zahlungsverkehr miteinbeziehen will, obgleich es sich hierbei – wie oben dargelegt – um eine geteilte Zuständigkeit handelt. Der Zulässigkeit einer Funktions-

ihrem Umfang allein auf die neunzehn Mitgliedstaaten des Euro-Währungsgebiets beschränkt.[1387] In seinem Urteil in der verb. Rs. 21-24/72 führte der EuGH in diesem Zusammenhang aus, dass die Gemeinschaft „an die Bestimmungen dieses Abkommens [des GATT] gebunden" sei, „*soweit* [... sie] aufgrund des EWG-Vertrages früher von den Mitgliedstaaten im Anwendungsbereich des GATT ausgeübte Befugnisse übernommen" habe.[1388] Dies könnte dafür sprechen, auch eine partielle – je nach Umfang der von den Mitgliedstaaten auf die Gemeinschaft zur ausschließlichen Wahrnehmung übertragenen Kompetenzen – genügen zu lassen. In diese Richtungen weisen auch die Schlussanträge des Generalanwalts *Henri Mayras* zu dieser Rs. hin. Darin führt dieser aus, dass die im GATT den Mitgliedstaaten eingeräumten Rechte und übernommenen Verpflichtungen „zumindest seit dem Ende der Übergangszeit *im wesentlichen* in die Zuständigkeit der Gemeinschaft"[1389] fallen. Dieser Auslegung stehen indes die später in diesem Zusammenhang ergangenen Entscheidungen des EuGH entgegen, in denen dieser unter Rückgriff auf die Entscheidung zum GATT 1947 klarstellte, „dass die Union die zuvor von den Mitgliedstaaten ausgeüb-

---

nachfolge bei einer nur teilweisen Funktionsverlagerung auf die EU hat der EuGH jedoch in der *Intertanko*-Entscheidung vom 3. Juni 2008 eine klare Absage erteilt. Streitgegenstand der Entscheidung war die Vereinbarkeit der Art. 4 und 5 der RL 2005/35/EG über die Meeresverschmutzung durch Schiffe und die Einführung von Sanktionen für Verstöße mit dem MARPOL-Übereinkommen 73/78 und dem Seerechtsübereinkommen der Vereinten Nationen. Gerügt wurde, dass die Richtlinie strengere Haftungsmaßstäbe aufstelle als das MARPOL-Übereinkommen 73/78 und deswegen rechtswidrig sei. Eine Bindung der Gemeinschaft wurde vom EuGH unter dem Gesichtspunkt der Übernahme der früher von den Mitgliedstaaten ausgeübten Befugnisse abgelehnt, weil die Umweltpolitik nur eine konkurrierende Zuständigkeit darstelle. *EuGH*, Rs. C-308/06, *Intertanko,* Slg. 2008, I-4057, Rn. 48-49. Siehe hierzu auch die SchlA der GA *Kokott* vom 20.11.2007 zu der Rs. C-308/06, *Intertanko*, Slg. 2008, I-4057, Rn. 42. Hierzu auch bereits *EuGH*, Rs. C-379/92, *Peralta*, Slg. 1994, I-3453, Rn. 16.

1387 So *C. Herrmann*, Währungshoheit, Währungsverfassung und subjektive Rechte, 2010, S. 240; *W. Bergthaler*, The Relationship between International Monetary Fund Law and European Union Law, in: Wessel/Blockmans (Hrsg.), Between Autonomy and Dependence, 2013, 159 (167).

1388 EuGH, Rs. 21-24/72, *International Fruit Company*, Slg. 1972, 1219, Rn. 14/18 [eigene Hervorhebung].

1389 GA *Mayras* SchlA vom 25.20.1972 zu der Rs. 21-24/72, *International Fruit Company*, Slg. 1972, 1219 (1238 f.) [eigene Hervorhebung].

ten Befugnisse bezüglich der betreffenden Übereinkunft vollständig übernommen [haben muss] und diese somit vollständig auf sie übergegangen"[1390] sein müssen.[1391] Letztlich kann die Frage nach der Zulässigkeit einer nur partiellen Funktionsnachfolge der Union in die altvertraglichen Verpflichtungen ihrer Mitgliedstaaten offen bleiben, da es im Hinblick auf den IWF bislang jedenfalls am artikulierten Willen der Mitgliedstaaten und auch der Union fehlt, die EU an die Verpflichtungen aus den *Articles of Agreement* entsprechend zu binden.[1392]

Auch aus Art. 351 AEUV folgt keine Bindung der EU an das IWFÜ.[1393] Die Bestimmung rechtfertigt allein Abweichungen der Mitgliedstaaten von unionsrechtlichen Verpflichtungen und ordnet deren

---

[1390] *EuGH*, Rs. 366/10, *Air Transport Association of America u.a.*, Slg. 2011, I-13755, Rn. 63-72. Siehe auch die SchlA der GA *Kokott* vom 6.10.2011 zu der Rs. 366/10, *Air Transport Association of America u.a.*, Slg. 2011, I-13755, Rn. 63. Davor bereits auch *EuGH*, Rs. 301/08, *Bogiatzki*, Slg. 2009, I- 10185, Rn. 26-33.

[1391] Siehe auch *C. Eckes*, Annotation to Case C-188/07 and Case C-301/08, CMLRev. 47 (2010), 899 (908-909); *A. Rosas*, The Status in EU Law of International Agreements Concluded by EU Member States, Fordham Int'l L. J. 34 (2010-2011), 1304 (1327); *J. W. van Rossem*, The EU at Crossroads, in: Cannizzaro/Palchetti/Wessel (Hrsg.), International Law as Law of the European Union, 2012, 59 (78). Dementsprechend zu Recht kritisch in Bezug auf den IWF *Z. Bognar*, Europäische Währungsintegration und Außenwirtschaftsbeziehungen, 1997, S. 378 f.

[1392] Ebenso *J. Kokott*, in: Streinz, EUV/AEUV, 2. Aufl. 2012, Art. 351 EUV, Rn. 28. So auch bereits *R.S.J. Martha*, The Fund Agreement and the Surrender of Monetary Sovereignty to the European Community, CMLRev. 30 (1993), 749 (778); ferner *R. Voss*, Die Bindung der EG an vorgemeinschaftliche Verträge ihrer Mitgliedstaaten, SZIER 1996, 161 (180). Krit. gegenüber einer unionsrechtlichen Rechtsnachfolge der EU in die IWF-Rechte und -Pflichten auch *N. Lavranos*, in: von der Groeben/Schwarze/Hatje, Europäisches Unionsrecht, 7. Aufl. 2015, Art. 351, Rn. 21.

[1393] So aber noch die Kommission in der vom EuGH im Oktober 1980 entschiedenen Rs. 812/79, *Attorney General/Burgoa*, Slg. 1980, 2787, 2798. Darin hatte sie sogar die Auffassung vertreten, dass in den Bereichen, in denen die Gemeinschaft über ausschließliche Kompetenzen verfügt, durch ex-Art. 234 EGV „ eine neue Form des völkerrechtlichen Instituts der „Staatennachfolge" geschaffen worden sei, die darin bestehe, daß die Gemeinschaft Rechtsnachfolgerin ihrer Mitgliedstaaten werde, indem sie deren Rechte und Pflichten aus früheren Übereinkünften übernehme". Ähnlich auch *H. G. Schermers*, Community Law and International Law, CML Rev. 12 (1975), 77 (80); *H.-K. Ress*, Das Handelsembargo, 2000, S. 191 f.

Hinnahme durch das Unionsrecht an, wenn und soweit diese Abweichungen aufgrund völkerrechtlicher Altverträge völkerrechtlich zwingend sind.[1394] Damit trägt Art. 351 AEUV dem völkerrechtlichen Grundsatz *pacta sunt servanda* Rechnung[1395] und kann insofern als positiv-rechtliche Ausprägung des Grundsatzes der völkerrechtskonformen Integration auf Unionsebene begriffen werden.[1396] Eine Integration der völkervertraglichen Altverpflichtungen in das Unionsrecht ist damit jedoch nicht verbunden.[1397] Die Begründung einer positiven Bindung der EU an das IWF-Recht kann auch nicht auf Art. 4 Abs. 3 EUV gestützt werden. Zwar enthält die Vorschrift nicht nur eine Verpflichtung der Mitgliedstaaten zur Unionstreue, sondern auch eine entsprechende Loyalitätspflicht der Union. Eine Rechtsbindung der EU an das Recht des IWF folgt daraus aber nicht.[1398]

Das bedeutet gleichwohl nicht, dass das IWF-Recht und das Unionsrecht beziehungslos nebeneinanderstehen. Aus der Vielzahl primärrechtlicher Bestimmungen, die unmittelbar oder mittelbar auf den IWF Bezug nehmen (Art. 220 Abs. 1 UAbs. 1, Art. 219 Abs. 4 AEUV), sowie aus Art. 4 Abs. 3 AEUV lässt sich durchaus eine Relevanz der *Articles of Agreement* für die Union entnehmen, die freilich hinter einer strikten rechtlichen Bindung zurückbleibt. So kann sich etwa der Umstand, dass alle EU-Mitgliedstaaten Vertragsparteien des IWFÜ sind,

---

[1394] Vgl. *EuGH*, Rs. 812/79, *Attorney General/Burgoa*, Slg. 1980, 2787, Rn. 11. Aus der Literatur etwa *E. Pache/J. Bielitz*, Das Verhältnis der EG zu den völkerrechtlichen Verträgen ihrer Mitgliedstaaten, EuR 2006, 316 (328); *J. W. van Rossem*, The EU at Crossroads, in: Cannizzaro/Palchetti/Wessel (Hrsg.), International Law as Law of the European Union, 2012, 59 (75).

[1395] Vgl. hierzu Art. 26 und ergänzend Art. 30 Abs. 4 lit. b) WVK.

[1396] Zum Grundsatz der völkerrechtskonformen Integration *R. Voss*, Die Bindung der EG an vorgemeinschaftliche Verträge ihrer Mitgliedstaaten, SZIER 1996, 161 ((166 f.); *N. Lavranos*, in: von der Groeben/Schwarze/Hatje, Europäisches Unionsrecht, 7. Aufl. 2015, Art. 351, Rn. 1 ff.

[1397] Deutlich insoweit auch GA *Kokott*, *SchlA* vom 6.10.2011 zu der Rs. 366/10, *Air Transport Association of America u.a.*, Slg. 2011, I-13755, Rn. 54-59.

[1398] Vgl. *A. von Bogdandy/ S. Schill*, in: Grabitz/Hilf/Nettesheim, EUV/AEUV, 51. Erg. Lfg. 2013, Art. 4 EUV, Rn. 113; *S. Lorenzmeier*, in: ebd., 45. Erg. Lfg. 2011, Art. 351 AEUV, Rn. 3, 44-47.

bei der Auslegung und Anwendung von Bestimmungen des Unionsrechts auswirken.[1399]

Die mitgliedstaatlichen Pflichten aus Art. 351 Abs. 2 AEUV bleiben hiervon aber unberührt. Dementsprechend sind die Mitgliedstaaten unionsrechtlich weiterhin dazu angehalten, im IWF auf eine Lösung hinzuarbeiten, die der EU die Möglichkeit verschafft, einen ihrem Kompetenzumfang und wirtschaftspolitischen Gewicht entsprechenden Einfluss auf die Gestaltung der Politik im IWF zu sichern.[1400]

C. Vorschläge *de lege ferenda*

Die vorstehenden Ausführungen haben gezeigt, dass erstens die EU im IWF nicht so stark präsent ist, wie sie es nach den ihr eingeräumten Kompetenzen und ihrem wirtschaftspolitischen Gewicht sein könnte und auch bereits sein müsste. Die unionsrechtlichen Rechtsgrundlagen erlauben insoweit eine noch viel intensivere Ausgestaltung der materiellen und formellen Beziehungen als es bislang der Fall ist. Zweitens hat sich gezeigt, dass die sowohl vom IWF als auch von der Union und ihren Mitgliedstaaten favorisierte (pragmatische) Regelung der EU-Außenvertretung im IWF aufgrund ihrer Uneinheitlichkeit und Fragmentierung häufig zu Lasten der Rechtssicherheit und Rechtsklarheit geht.[1401] In einem vom Ausschuss für auswärtige Angelegenheiten des

---

[1399] Vgl. *EuGH*, Rs. C-308/06, *Intertanko*, Slg. 2008, I-4057, Rn. 52; siehe auch GA *Kokott*, SchlA vom 6.10.2011 zu der Rs. 366/10, *Air Transport Association of America u.a.*, Slg. 2011, I-13755, Rn. 66. Aus der Literatur etwa *C. Tietje*, The Status of International Law in the European Legal Order, in: Wouters/Nollkaemper/de Wet (Hrsg.), The Europeanisation of International Law, 2008, 55 (67 ff.); *F. Casolari*, Giving Indirect Effect to International Law within the EU Legal Order: The Doctrine of Consistent Interpretation, in: Cannizzaro/Palchetti/Wessel (Hrsg.), International Law as Law of the European Union, 2012, 395 (409 ff.).

[1400] Vgl. auch *C. Proctor*, Mann on the Legal Aspect of Money, 7. Aufl. 2012, S. 821. Wohl anders aber *U. Palm*, in: Grabitz/Hilf/Nettesheim, EUV/ AEUV, 52. Erg. Lfg. 2014, Art. 219 AEUV, Rn. 62. Allg. hierzu *N. Lavranos*, in: von der Groeben/Schwarze/Hatje, Europäisches Unionsrecht, 7. Aufl. 2015, Art. 351, Rn. 21.

[1401] Vgl. insoweit auch *Kommission* „Ein Fahrplan für die Schaffung einer kohärenteren Außenvertretung des Euro-Währungsgebiets in internationalen Foren", COM(2015) 602 final, S. 3 ff.

Europäischen Parlaments veröffentlichten Bericht über die Rolle der EU in multilateralen Organisationen wird überdies eindringlich darauf hingewiesen, dass „die gegenwärtige Struktur der Außenvertretung [auch] mit hohen Transaktions- und Koordinierungskosten verbunden ist".[1402] Vor diesem Hintergrund sollen im Folgenden verschiedene Reformansätze diskutiert werden, die möglichst eine weitgehende völkerrechtliche Einbeziehung der EU im IWF ermöglichen. Neben einer Fortschreibung des Status quo (I.) kommen hierfür eine Nachfolge der Union in die Stellung ihrer Mitgliedstaaten als Vertragsparteien des IWFÜ (II.) oder ein formeller Beitritt der Union in den IWF (III.) in Betracht. Die Frage der Nachfolge der EU in die Stellung ihrer Mitgliedstaaten als Vertragsparteien des IWFÜ geht über die Frage der unionsrechtlichen Bindung der EU an die *Articles of Agreement* hinaus. Letzteres betrifft allein das Unionsrecht, da es insoweit allein darum geht, ob das IWFÜ als mitgliedstaatlicher Altvertrag gegenüber der Union eine interne Bindungswirkung erzeugt. Die Nachfolge der EU in die Stellung ihrer Mitgliedstaaten als Vertragsparteien betrifft demgegenüber auch das Verhältnis zum IWF. Als dogmatische Begründung für eine solche Nachfolge dienen eine Analogie zur Staatennachfolge, eine „Hypothekentheorie" und die Konstruktion der funktionellen Rechtsnachfolge. Hinsichtlich eines formellen Beitritts der EU in den IWF stehen ebenfalls verschiedene Modelle zur Diskussion. Sie unterscheiden sich konzeptionell vor allem im Hinblick auf den territorialen Geltungsbereich (nur die Eurozone oder die gesamte EU) sowie hinsichtlich der Rolle der EZB. Entsprechend werden eine ausschließliche Mitgliedschaft der EU – teilweise nur im Umfang der an der WWU teilnehmenden Mitgliedstaaten –, eine Mehrebenenmitgliedschaft der EU und ihrer Mitgliedstaaten, sowie eine Mitgliedschaft der EZB vorgeschlagen. Das Ziel ist es, alle Modelle auf ihre Realisierbarkeit vor dem Hintergrund des geltenden Völkervertragsrechts und der Interessenlage sowohl der EU-Mitgliedstaaten als auch der Drittstaaten zu diskutieren.

I. Fortschreibung des *Status quo*

Eine Fortschreibung des *Status quo* könnte in unterschiedlicher Intensität durchgeführt werden. Moderate Konzepte weisen darauf hin, dass

---

[1402] Entwurf eines Berichts des Europäischen Parlaments über die EU als globaler Akteur vom 9.3.2011, 2010/2298(INI), S. 5.

die EU-Mitgliedstaaten – trotz der „Zerrissenheit in unterschiedlichen Stimmrechtsgruppen“[1403] – mit knapp 30 Prozent der Gesamtstimmen ein sehr großes Stimmengewicht und damit ein hohes Potenzial besitzen, um bereits im Wege einer internen Abstimmung die Durchsetzung ihrer Interessen und damit ihre Wahrnehmung als gemeinsame Einheit zu erhöhen und so einen Gegenpol zur Dominanz der USA darzustellen.[1404] Dieser Ansatz hat den Vorteil, dass er zum einen ohne eine Änderung der IWF-Satzung und damit ohne eine formelle Zustimmung der USA auskommt und dass zweitens die Umsetzung bereits durch einige EU-Mitgliedstaaten ausreichen würde, um eine einheitliche EU-Position im IWF zu etablieren. So genügt rein rechnerisch allein die Stimmmacht der drei quotenstärksten EU-Mitgliedstaaten und der aus EU-Sicht homogenen italienischen Stimmrechtsgruppe,[1405] die insgesamt mehr als 17 Prozent der Stimmen auf sich vereinigen, um einer gemeinsamen EU-Position im Exekutivdirektorium Geltung zu verschaffen. Es scheint, dass alles daher nur eine Frage des politischen Willens der Mitgliedstaaten ist. Wie die vorstehenden Ausführungen an verschiedenen Stellen gezeigt haben, ist dies aber gerade das Problem, mit dem sich die EU, trotz aller Bekundungen ihrer Mitgliedstaaten, künftig abgestimmt im IWF vorzugehen,[1406] seit Jahren konfrontiert sieht. Die Errichtung eines weiteren Koordinationsgremiums auf Brüsseler Ebene neben dem SCIMF würde daran wenig ändern. Insoweit hat aber das *Centre for European Policy Studies* (CEPS) auf Anfrage des Europäischen Parlaments in einem Bericht aus dem Jahr 2012 vorge-

---

[1403] *N. Corrales-Díez*, Die EU-Außenvertretung im Internationalen Währungsfonds, Working Papers 3/ 2003, S. 19.

[1404] Hierzu z.B. *J. Wouters/S. Van Kerckhoven/T. Ramopoulos*, The EU and the euro area in international economic governance: the case of the IMF, in: Kochenov/Amtenbrink (Hrsg.), The European Union's Shaping of the International Legal Order, 2014, 306 (311, 313).

[1405] In der Gruppe sind neben Italien, das regelmäßig den Exekutivdirektor stellt, und Griechenland, das aktuell den stellvertretenden Direktorenposten innehat, der EU-Beitrittskandidat Albanien, die EU-Staaten Malta und Portugal, sowie San Marino vertreten.

[1406] Deutschland und Frankreich haben sich hierzu bereits mehrmals bereit erklärt. S. etwa *Europäischer Konvent*, Gemeinsamer Beitrag Frankreichs und Deutschlands zur Ordnungspolitik, CONTRIB 180, CONV 470/02, S. 5: „Was die Vertretung der Euro-Zone nach außen betrifft, so teilen Deutschland und Frankreich die Auffassung, dass eine einheitliche Vertretung in den internationalen Finanzinstitutionen wie dem IWF als Stimme eines integrierten Europas angemessen wäre“.

schlagen, zum Zweck einer "*effective coordination of euro area members in the IMF*" einen weiteren speziellen Unterausschuss der Eurogroup Working Group (*Subcommittee of the Eurogroup Working Group*, SCEWG) einzusetzen.[1407] Anders als im SCIMF sollen ihm nur die Finanzminister der Mitgliedstaaten des Euro-Währungsgebiets und Vertreter ihrer Zentralbanken angehören. Es soll sich damit um ein gegenüber dem SCIMF deutlich kleineres Gremium handeln und zudem mehrmals wöchentlich tagen, um sich im Voraus zu allen Tagesordnungspunkten des Exekutivdirektoriums auszutauschen und gemeinsame Positionen festzulegen. Anders als im SCIMF und auch im EURIMF soll den so getroffenen Entscheidungen auch eine Bindungswirkung zukommen insofern, als alle Euro-Mitgliedstaaten ihnen im Exekutivdirektorium durch „ihre" Exekutivdirektoren zu folgen haben bzw. für den Fall, dass keine übereinstimmende Entscheidung zustande kommt dafür sorgen müssen, dass sich diese einer Abstimmung im Direktorium enthalten. Ähnlich hat sich in einer jüngst veröffentlichten Mitteilung auch die Kommission geäußert. Darin schlägt sie vor, als ersten von insgesamt drei Schritten auf dem Weg zu „einer kohärenteren und wirksameren Außenvertretung des Euro-Währungsgebiets im IWF" die Abstimmung zwischen den Mitgliedstaaten der Eurozone in IWF-Angelegenheiten dadurch zu stärken, indem ein nur aus Vertretern der Euro-Staaten zusammengesetztes Euro-SCIMF, das der Eurogroup Working Group Bericht erstatten soll, eingerichtet wird. Zudem soll zusätzlich zu dem bereits bestehenden EURIMF in Washington D.C. ein ebenfalls nur aus Vertretern des Euro-Währungsgebiets bestehendes EURIMF eingerichtet werden. In beiden Gremien soll das derzeitige Arbeitsverfahren zur gegenseitigen Abstimmung dann so ausgebaut werden, dass sich „eine systematische Abgabe gemeinsamer Erklärungen" im Exekutivdirektorium erzielen lässt. Abgerundet wird der Vorschlag durch die an die Mitgliedstaaten gerichtete Verpflichtung, von der Äußerung gegensätzlicher Standpunkte im Exekutivdirektorium abzusehen.[1408]

[1407] *A. Giovannini/D. Gros/P. Ivan/P. M. Kaczynski/D. Valiante*, External Representation of the Euro Area, IP/A/ECON/FWC/2010_19, May 2012, S. 38-39.

[1408] *Kommission*, Ein Fahrplan für die Schaffung einer kohärenteren Außenvertretung des Euro-Währungsgebiets in internationalen Foren, COM(2015) 602 final, S. 8. Siehe auch *dies.*, Vorschlag für einen Beschluss des Rates über Maßnahmen zur schrittweisen Einrichtung einer einheitlichen Vertretung des

Jenseits der politischen Umsetzbarkeit beider Vorschläge ist fraglich, ob sie sich auch mit der rechtlichen Struktur des Exekutivdirektoriums vereinbaren lassen. Wie gezeigt, stehen mehrere Exekutivdirektoren aus der Eurozone gemischten Stimmrechtsgruppen vor, innerhalb derer regelmäßig auf konsensualer Basis eine gemeinsame Position erarbeitet wird. Diese kann daher durchaus von den Interessen der Eurozone abweichen. Zudem ist unklar, was die unionsrechtlichen Folgen sind, wenn sich ein Exekutivdirektor weigert, sich der Stimme zu enthalten, oder er sogar einen gegensätzlichen Standpunkt äußert. Zudem dürfte die Errichtung eines sog. SCEWG oder des von der Kommission vorgeschlagenen Euro-SCIMF ohnehin wenig erfolgversprechend sein. Die Erfahrungen mit dem SCIMF haben gerade gezeigt, wie schwierig es ist, der Agenda des IWF von Brüssel aus zu folgen.[1409]

Eine weitergehende, mittelfristig wohl auch realistische Möglichkeit könnte daher darin bestehen, die EU-Mitgliedstaaten in kohärenteren Stimmrechtsgruppen innerhalb des Exekutivdirektoriums neu zu organisieren. Dieser Vorschlag wurde schon mehrfach vorgebracht.[1410] *Edwin Truman*, *Alan Ahearne* und *Barry Eichengreen* beispielsweise empfehlen ein zweistufiges Verfahren, in dessen Verlauf die EU-Staaten zunächst in zwei Stimmrechtsgruppen eingeteilt werden sollen – eine "*Non-Euro Area Constituency*", zu der die neun EU-Mitgliedstaaten

---

Euro-Währungsgebiets im Internationalen Währungsfonds, COM(2015) 603 final, S. 7 (17. Erwägungsgrund).

[1409] Krit. zu diesem Ansatz auch *J.-V. Louis*, The Euro Area and Multilateral Financial Institutions and Bodies: An Update, in: Govaere u.a. (Hrsg.), The European Union in the World. Essays in Honour of Marc Maresceau, 2014, 191 (200-201).

[1410] Siehe u.a. *N. Corrales-Díez*, Die EU-Außenvertretung im Internationalen Währungsfonds, Working Papers 3/ 2003, S. 20 ff.; *P. Kenen/J. Shafer/ N. Wicks/Ch. Wyplosz*, International Economic and Financial Cooperation, 2004, S. 93-95; *L. Bini Smaghi*, A single EU Seat in the IMF?, JCMS 42 (2004), 229 (insb. 243 ff.); *G. Mahieu/D. Ooms/S. Rottier*, EU Representation and the Governance of the International Monetary Fund, EUP 6 (2005), 493 (496 ff.); *P. B. Kenen*, Reform of the International Monetary Fund, Council on Foreign Relations, CSR NO. 29, May 2007, S. 22 ff.; *P. Brandner/ H. Grech*, Die EU-Mitgliedstaaten im IWF – Eine Analyse der Stimmmachtverhältnisse, Geldpolitik & Wirtschaft Q 3/09, 103 (119 ff.); *J.-V. Louis*, L'Union européenne et sa monnaie, Commentaire J. Mégret, 3 Aufl. 2009, S. 299; *S. Cafaro*, The International Financial Crisis and the Evolution of the Bretton Woods Institutions, in: R. Virzo/I. Ingravallo (Hrsg.), Evolutions in the Law of International Organizations, 2015, 192 (215).

gehören sollen, die den Euro bislang noch nicht einführen konnten oder wollten, und eine aus den neunzehn Euro-Staaten bestehende "*Euro Area Constituency*" –, bis sie letztlich zu einer einzigen, gemeinsamen EU-Stimmrechtsgruppe zusammengebracht werden können.[1411] Diese Position trifft sich im Wesentlichen mit dem auch von der Kommission im November 2012 vorgebrachten Vorschlag, die Vertretung allerdings speziell des „Euro-Währungsgebietes im IWF [...] in zwei Phasen" auszubauen. „In einer ersten Phase [sollen danach] die Stimmrechtsgruppen so umgestaltet werden, dass sich einzelne Länder des Euro-Währungsgebiets zu Stimmrechtsgruppen zusammenfinden, in die auch künftige Mitglieder des Euro-Währungsgebiets aufgenommen werden" können. Parallel dazu soll für das Euro-Währungsgebiet auf einen Beobachterstatus im Exekutivdirektorium hingearbeitet werden. In einer zweiten Phase soll dann ein einziger Sitz im Exekutivdirektorium und damit auch im IMFC angestrebt werden.[1412] Mit Art. 138 Abs. 2 AEUV stellt das Unionsrecht zumindest hinsichtlich einer "*Euro Area Constituency*" auch eine Kompetenznorm bereit, um eine entsprechende Regelung zu treffen.[1413] Dies ist auch die Ansicht der Kommission, die nach ihrer Ankündigung im November 2012, „zu gegebener Zeit förm-

---

[1411] *E. M. Truman*, Rearranging IMF Chairs and Shares: The Sine Qua Non of IMF Reform, in: ders. (Hrsg.), Reforming the IMF for the 21st Century, 2006, 201 (202-207); *A. Ahearne/B. Eichengreen*, External monetary and financial policy: a review and a proposal, in: Sapir (Hrsg.), Fragmented Power, 2007, 128 (142 f., 149). Siehe auch *J.-V. Louis*, L'Union Européenne et la Régulation de la Finance Internationale, in: Le Barbier-Le Bris (Hrsg.), L'Union Européenne et la Gouvernance Mondiale, 2012, 271 (297 ff.).

[1412] *Kommission*, Ein Konzept für eine vertiefte und echte Wirtschafts- und Währungsunion: Auftakt für eine europäische Diskussion. COM(2012) 777 final/2, S. 29, sowie Anhang 2. Ähnlich bereits auch das *Europäische Parlament*, Entschließung des Europäischen Parlaments zu der strategischen Überprüfung des Internationalen Währungsfonds v. 14.3.2006, P6_TA(2006)0076, Ziff. 9. Darin fordert es, „dass die europäischen Standpunkte in der Vertretung der europäischen Union im IWF besser koordiniert werden müssen" und dass hierzu die Mitgliedstaaten angehalten sind, „auf eine einzige Stimmrechtsgruppe hinzuarbeiten und dabei möglicherweise als Euro-Stimmrechtsgruppe zu beginnen, um längerfristig eine einheitliche europäische Vertretung sicherzustellen."

[1413] Im Hinblick auf die Mitgliedstaaten mit Ausnahmeregelung, einschließlich Großbritannien und Dänemark, könnte ein solches Vorhaben allenfalls auf dem Grundsatz zur loyalen Zusammenarbeit und zur Rücksichtnahme auf Unionsinteressen (Art. 4 Abs. 3 EUV) gestützt werden.

liche Vorschläge nach Artikel 138 Absatz 2 AEUV unterbreiten“[1414] zu wollen, einen Legislativvorschlag für „Maßnahmen zur schrittweisen Einrichtung einer einheitlichen Vertretung des Euro-Währungsgebiets im Internationalen Währungsfonds“[1415] vorgelegt hat. Darin ist bereits an vorderster Stelle in den Erwägungsgründen sowie in der Zielbestimmung des Art. 2 vorgesehen, bis zum Eintritt der im „Fünf-Präsidenten-Bericht“[1416] skizzierten letzten Stufe für die Vollendung einer vertieften und echten WWU – also bis spätestens 2025 – eine „einheitliche Vertretung mit einem gemeinsamen Sitz für das Euro-Währungsgebiet in allen Organen des IWF“ zu errichten, ohne jedoch dadurch etwas an der Mitgliedschaft der einzelnen Euro-Mitgliedstaaten im IWF zu ändern.[1417] Als Fernziel für die Phase ab 2025 wird in Art. 2 eine „Vollmitgliedschaft des Euro-Währungsgebiets“ im IWF angestrebt. Während für die „einheitliche Vertretung“ und die insoweit einzunehmenden gemeinsamen Standpunkte der Vorschlag in den nachfolgenden Art. 3 und 4 konkrete Regelungen enthält, bleibt es hinsichtlich der anzustrebenden Vollmitgliedschaft allein bei der Ankündigung in Art. 2. Nach Art. 3 soll die „Union in Wahrnehmung ihrer für die Mitgliedstaaten des Euro-Währungsgebiets spezifischen Zuständigkeiten“ (Art. 2) im Gouverneursrat und IMFC durch den Vorsitzenden der Euro-Gruppe und im Exekutivdirektorium durch den Exekutivdirektor einer ausschließlich aus Euro-Mitgliedstaaten bestehenden Stimmrechtsgruppe vertreten werden. Als Übergangsregelung bis eine solche „einheitliche Vertretung“ erreicht ist, sollen nach Art. 8 Abs. 3 „eine oder mehrere nur aus Mitgliedstaaten des Euro-Währungsgebiets bestehende Stimmrechtsgruppen“ eingerichtet werden. Insoweit hat die Kommission in ihrer zusammen mit dem vorgeschlagenen Ratsbeschluss vorgelegten Mitteilung den Vorschlag gemacht, nach dem Inkrafttreten der siebten Satzungsreform des IWF die Stimmrechtsgruppen Deutschlands und Frankreichs „für andere europäische Länder [zu] öffnen, verbunden mit einer angemessenen Einbindung in ihre Lenkungsstrukturen“.[1418] Zudem soll im Exekutivdirektorium auf einen Beobachterstatus für die Eurozone hingearbeitet und diese durch „den Repräsentanten eines Mitgliedstaates des Euro-

1414 *Kommission*, COM(2012) 777 final/2, Anhang 2 (S. 55).

1415 *Kommission*, COM(2015) 603 final.

1416 Hierzu oben Teil 4.B.III.1.b).

1417 *Kommission*, COM(2015) 603 final, Erwägungsgründe 9 u. 10, Art. 2.

1418 *Kommission*, COM(2015) 602 final, S. 9.

Währungsgebiets vertreten werden, der bereits Mitglied des Exekutivdirektoriums ist". Im IMFC soll – wie auch schon im Legislativvorschlag von 1998 vorgesehen war – eine dreigliedrige Vertretung, bestehend aus der Kommission, der EZB und jetzt dem Vorsitzenden der Euro-Gruppe, die Interessen der Eurozone wahrnehmen.[1419]

Die Politik steht einer solchen Konsolidierung der EU-Vertretung im IWF allerdings bisher skeptisch gegenüber.[1420] So haben sich in Deutschland sowohl die Deutsche Bundesbank als auch das Bundesfinanzministerium ausdrücklich gegen eine Zusammenführung zu reinen EU- oder Euro-Stimmrechtsgruppen ausgesprochen.[1421] Als Einwand wird auf die wirtschaftlichen Divergenzen zwischen den EU-Mitgliedstaaten und ihren unterschiedlichen wirtschaftspolitischen Interessen im IWF sowie auf den Einflussverlust, der im Zusammenhang mit einer Reduzierung der europäisch besetzten Exekutivdirektorenposten befürchtet wird,[1422] hingewiesen.[1423] Insofern bleibt abzuwarten, ob der Rat den neuen Legislativvorschlag der Kommission innerhalb des darin genannten Zeitplans bis spätestens 2025 beschließen wird. Während die Untätigkeit im Rat hinsichtlich des ersten Vor-

---

[1419] *Kommission*, COM(2015) 603 final, Art. 6, 7.

[1420] Vgl. auch *G. Glöckler/Z. Truchlewski*, From polyphony to harmony? The external representation of EMU, in: Lieb/von Ondarza/Schwarzer (Hrsg.), The European Union in International Fora, 2011, 117 (130); *C. Kaddous*, European Union Participation in International Financial Organizations, in: Govaere/Poli (Hrsg.), EU Management of Global Emergencies, 2014, 277 (291, 294).

[1421] Vgl. *Deutsche Bundesbank*, Finanzierung und Repräsentanz im Internationalen Währungsfonds, Monatsbericht März 2010, 53 (62 ff.). Zur Position des Finanzministeriums siehe *P. Welter/W. Mussler/K. Schwenn*, EU-Kommission fordert eine gemeinsame Euro-Stimme im IWF, FAZ v. 20.11.2011, Nr. 271, S. 11.

[1422] Die Neuordnung zu homogenen EU-Stimmrechtsgruppen wird vor allem für diejenigen EU-Mitgliedstaaten, die gerade einen Exekutivdirektor bzw. stellvertretenden Direktor stellen oder ihre Stimmrechtsgruppen im Hinblick auf den relativen Stimmrechtsanteil beherrschen, eine – mitunter massive – Veränderung bedeuten.

[1423] *G. Mahieu/D. Ooms/S. Rottier*, EU Representation and the Governance of the International Monetary Fund, EUP 6 (2005), 493 (502) kritisieren zudem, dass die Vorteile gemischter Stimmrechtsgruppen, wie die Verbesserung des Verständnisses für andere IWF-Mitglieder und damit verbunden die schnellere Konsensbildung und Vermeidung von Blöcken im Exekutivdirektorium, durch die Errichtung einer EU- und Euro-Stimmrechtsgruppe wegfallen könnten.

schlags der Kommission für einen Ratsbeschluss über die Vertretung und Festlegung von Standpunkten der Eurozone auf internationaler Ebene vom November 1998[1424] noch zu Recht als vertragswidrig kritisiert worden ist,[1425] weil damit dem Wortlaut des Art. 111 Abs. 4 EGV widersprochen wurde („erlässt der Rat"), liegt die Entscheidung über die Außenvertretung des Euro-Währungsgebiets heute ganz in seinem Ermessen.[1426] Daher wäre die Nichtbeachtung bzw. -umsetzung des neuen Kommissionsvorschlags durch den Rat, dessen Mitglieder sich bekanntlich in erster Linie ihren nationalen Interessen verpflichtet sehen,[1427] wohl hinzunehmen.

Bei näherem Hinsehen zeigt sich allerdings, dass die Befürchtungen der EU-Mitgliedstaaten, worauf in der Vergangenheit vor allem *Lorenzo Bini Smaghi* mehrfach hingewiesen hat, zu kurz gedacht sind.[1428] Durch die jetzige starke Fragmentierung der europäischen Vertretung – verteilt auf sieben mitunter stark heterogene Stimmrechtsgruppen – fallen die Einflussmöglichkeiten häufig trotz der prozentualen Überrepräsentation relativ gering aus. Insofern hätte eine gemeinsame Vertretung durch die Zusammenlegung zu europäischen Stimmrechtsgruppen und damit die Bündelung der EU-Stimmanteile – sogar mit weniger Exekutivdirektoren – mehr Einfluss auf die Politik im IWF, als dies momentan der Fall ist.[1429] Außerdem könnte damit der aktuellen Forderung der Entwicklungs- und Schwellenländer nach einer stärkeren Vertretung und

---

[1424] *Kommission*, KOM (1998) 637 endg.

[1425] *R. Bandilla*, in: Grabitz/Hilf/Nettesheim, EUV/ EGV, 30. Erg. Lfg. 2006, Art. 111 EGV, Rn. 67.

[1426] Vgl. Art. 138 Abs. 2 AEUV: „Der Rat kann […] erlassen".

[1427] Allgemein zur Binnenorganisation der EU-Außenpolitik *M. Krajewski*, in: von Arnauld (Hrsg.), Europäische Außenbeziehungen, EnzEuR, Bd. 10, 2014, § 3, Rn. 79-83.

[1428] *L. Bini Smaghi*, IMF Governance and the Political Economy of a Consolidated European Seat, in Truman (Hrsg.), Reforming the IMF for the 21st Century, 2006, 233 (239 ff.); *ders.*, Powerless Europe: Why is the Euro Area Still a Political Dwarf?, International Finance 9 (2006), 261 (267-270); *ders.*, A single EU seat in the International Monetary Fund?, in: Jorgensen (Hrsg.), The European union and International Organizations, 2009, 61 (61).

[1429] Darauf weisen auch *D. Leech/R. Leech*, Power versus Weight in IMF Governance: The Possible Beneficial Implications of a United European Bloc Vote, in: Buira (Hrsg.), Reforming the Governance of the IMF and the World Bank, 2005, 251 (262) hin.

Mitsprache im IWF Rechnung getragen werden.[1430] Durch die Zusammenlegung zu reinen EU-Stimmrechtsgruppen würden mehrere von EU-Staaten besetzte Direktorenposten frei und könnten durch Vertreter dieser Staatengruppe besetzt werden.[1431] Auch könnte das Exekutivdirektorium im Rahmen dieser Umgestaltung auf die in den *Articles of Agreement* in Art. XII Abschn. 3 lit. b) eigentlich vorgesehene Größe von 20 Direktoren verkleinert werden, was die Zusammenarbeit im Exekutivdirektorium insgesamt erleichtern würde.[1432]

Allerdings fragt sich, ob und inwieweit die Zusammenfassung zu zwei europäischen Stimmrechtsgruppen auch mit den *Articles of Agreement* vereinbar ist. Wie oben bereits dargelegt, ist eine Zusammenlegung der Stimmrechtsgruppen nach geographischen oder funktionalen Kriterien im IWFÜ nicht vorgesehen. Andererseits ist sie aber auch nicht verboten. Vielmehr lassen die *Articles of Agreement* den Mitgliedern insoweit eine grundsätzlich große Wahlmöglichkeit (*principle of voluntary constituency formation*), die zu ganz unterschiedlich ausgestalteten Stimmrechtsgruppen geführt hat. Bis zur siebten Satzungsreform 2016 bestand eine Einschränkung nur insoweit, als der an der Spitze einer Stimmrechtsgruppe stehende Exekutivdirektor mit nicht weniger als vier Prozent und nicht mehr als neun Prozent aller Stimmen gewählt werden durfte (Anhang E zum IWFÜ a.F.), es sei denn der Gouverneursrat bestimmte gem. Art. XII Abschn. 3 lit. d) IWFÜ etwas anderes. Auf diese Weise sollte erreicht werden, in ihrer Stimmmacht möglichst gleich

---

[1430] *G. Mahieu/D. Ooms/S. Rottier*, EU Representation and the Governance of the International Monetary Fund, EUP 6 (2005), 493 (499); *A. Ahearne/B. Eichengreen*, External monetary and financial policy: a review and a proposal, in: Sapir (Hrsg.), Fragmented Power, 2007, 128 (143).

[1431] Zu den Bemühungen der Entwicklungs- und Schwellenländer um eine bessere Repräsentation im IWF siehe die Ausführungen oben Teil 3.B.II.

[1432] Vgl. hierzu auch *L. Van Houtven*, Rethinking IMF Governance, F & D 2004, 18 (20); *P. B. Kenen*, Reform of the International Monetary Fund, Council on Foreign Relations, CSR NO. 29, May 2007, S. 23, die beide allerdings der Meinung sind, dass für eine effiziente Geschäftsführung selbst ein Exekutivdirektorium mit 20 Mitgliedern immer noch zu groß sei. Siehe insoweit auch den jüngsten Vorschlag des *IEO*, das 2008 den Vorschlag gemacht hat, die Zahl der Exekutivdirektoren möglichst auf maximal 10 bis 12 Mitglieder und damit auf die ursprüngliche Größe zu reduzieren (*IEO*, Governance of the IMF – An Evaluation, 2008, S.12, http://www.ieo-imf.org/ieo/files/completedevaluations/05212008CG_main.pdf (letzter Zugriff: 6.4.2015), unter Hinweis auf *C. Carter/J. W. Lorsch*, Back to the Drawing Board: Designing Corporate Boards for a Complex World, 2003.

starke Stimmrechtsgruppen hervorzubringen. Dieser Gedanke findet sich in den *Articles of Agreement* auch jetzt noch wieder. Insoweit verpflichtet Art. XII Abschn. 3 lit. d) S. 2 IWFÜ den Gouverneursrat, eine Höchstgrenze für die Gesamtanzahl von Stimmen, die mehrere Mitglieder für denselben Kandidaten abgeben können, zu bestimmen. Der hierfür vom Exekutivdirektorium eingesetzte Wahlausschuss (*election committee*) legte in seiner Empfehlung diese Zahl auf acht Prozent der Gesamtstimmen fest, wobei er als Untergrenze eine Gesamtstimmenanzahl von zwei Prozent empfahl.[1433] Obgleich der Gouverneursrat der Empfehlung des Wahlausschusses uneingeschränkt gefolgt ist,[1434] folgt daraus nicht, dass die Höchstgrenze der Gesamtstimmen der Mitglieder innerhalb einer Stimmrechtsgruppe damit unveränderlich feststeht. Vielmehr gilt – wie auch das Exekutivdirektorium in seinem Bericht an den Gouverneursrat hervorhebt –, dass insoweit eine flexible Anwendung erforderlich ist.[1435] So wird denn auch in einer dem Bericht vorausgegangenen Kommentierung des IWF-Sekretariats zu der Bestimmung herausgestellt:

> "*Any such limit could be modified from time to time and would need to be designed to take into account the objective of [...] allowing for adequate flexibility to enable members to form constituencies on a voluntary basis*".[1436]

Eine einheitliche europäische Vertretung bestehend aus einer Euro- und Nicht-Euro-Stimmrechtsgruppe, von denen erstere knapp über 20 Prozent der Gesamtstimmen auf sich vereinigen würde, wäre insofern nur möglich, wenn der Gouverneursrat gem. Art. XII Abschn. 3 lit. d) IWFÜ zeitgleich mit der Wahl des Exekutivdirektoriums bestimmt, die

---

1433 Siehe *IMF*, Report of the Committee on Rules for the 2012 Regular Election of Executive Directors, EBD/12/34, June 20, 2012, S. 2.

1434 Siehe *IWF*, Jahresbericht 2015, S. 86.

1435 Vgl. insoweit den Draft of the Report of the Executive Board to the Board of Governors, abgedr. in: *IMF*, Report of the Committee on Rules for the 2012 Regular Election of Executive Directors, EBD/12/34, June 20, 2012, S. 3.

1436 *IMF*, IMF Quota and Governance Reform – Elements of an Agreement, SM/10/293, Revision 1, Nov. 2010, Annex II, III.: Commentary on Proposed Amendment on Reform of the Executive Board, Rn. 19.

zulässige Höchstgrenze für die Gesamtzahl von Stimmen zur Wahl eines Exekutivdirektors auf über 20 Prozent anzuheben.[1437]

Bis zur Umstellung auf ein ausschließlich gewähltes Direktorium stellte sich darüber hinaus das Problem, dass die *Articles of Agreement* in Art. XII Abschn. 3 lit. b) S. 2 (i) vorsahen, dass fünf Exekutivdirektoren zwingend von den fünf quotenstärksten Mitgliedern ernannt werden müssen. Deutschland und Frankreich, die exklusiv einen Direktor stellten und damit über einen eigenen Sitz im Exekutivdirektorium verfügten, waren insofern verpflichtet, ihre jeweiligen Direktoren zu ernennen, und konnten sich daher an einer einheitlichen Euro-Stimmrechtsgruppe nicht beteiligen. Gleiches galt für Großbritannien im Hinblick auf die Bildung einer “*Non-Euro Area Constituency*”. Vor diesem Hintergrund wurde teilweise vorgeschlagen, die EU-Mitgliedstaaten in fünf anstatt zwei Stimmrechtsgruppen neu zu organisieren (jeweils ein Direktor für Deutschland, Frankreich und Großbritannien sowie jeweils einen weiteren an der Spitze der Euro- und Nicht-Euro-Stimmrechtsgruppe).[1438] Damit wäre die Gesamtzahl der Exekutivdirektorenposten jedoch nur von 24 auf 23 reduziert und dadurch – vor allem aus Sicht der Drittstaaten – an der Zusammensetzung des Exekutivdirektoriums kaum etwas geändert worden. Auch war mehr als fraglich, ob mit diesem Modell eine bessere Repräsentation unionaler Interessen im IWF zu erreichen gewesen wäre. Als Alternative hierzu wurde daher auch der Vorschlag gemacht, die EU-Mitgliedstaaten auf drei Exekutivdirektorenposten zu verteilen, wobei Deutschland, Frankreich und Großbritannien weiterhin ihren eigenen Exekutivdirektor ernennen sollten. Die anderen EU-Staaten, einschließlich derer, die in ihrer Stimmrechtsgruppe einen Exekutivdirektor stellten, sollten sich hierfür bei der nächsten Wahl der Exekutivdirektoren ihrer Stimme enthalten und diese dann auf die drei ernannten

---

[1437] Hierauf hatte auch bereits das *IMF Legal Department* in seinem Gutachten, The European Economic and Monetary Union and the Fund – Institutional Aspects, SM/97/261, October 20, 1997, S. 7 – allerdings noch vor dem Hintergrund der Regelung in Anhang E zum IWFÜ a.F. – hingewiesen.

[1438] So vor allem das *IMF-Legal Department*, The European Economic and Monetary Union and the Fund – Institutional Aspects, SM/97/261, October 20, 1997, S. 8. Dieser Vorschlag wurde in der Folge dann auch von anderen – allerdings entweder IWF-eigenen oder ihm nahestehenden – Autoren vertreten. Siehe z.B. *H. Elizalde*, The Economic and Monetary Union and the International Monetary Fund, in: IMF (Hrsg.), Current Developments in Monetary and Financial law, Bd. 1, 1999, S. 303 (308); *S. Hagan*, 10 Years of the Euro: A Perspective from the IMF, 01/ 2009.

Exekutivdirektoren übertragen. Ungeachtet der Frage nach ihrer politischen Durchsetzbarkeit war diese Alternative bereits rechtlich nicht realisierbar, da nach Art. XII Abschn. 3 lit. i) (i) und (iii) IWFÜ a.F. jeder Exekutivdirektor – gleich ob ernannt oder gewählt – nur zur Abgabe derjenigen Anzahl von Stimmen berechtigt war, mit der er ernannt bzw. gewählt wurde. Von diesem Grundsatz bestanden nur zwei – und auch nur für eine Übergangsphase geltende – Ausnahmen, die beide nicht einschlägig waren.[1439]

Da jetzt alle Exekutivdirektoren gewählt werden, ist diese institutionelle Hürde weggefallen. Damit sind die EU-Mitgliedstaaten – freilich unter der Voraussetzung, dass es ihnen auch gelingt, im Gouverneursrat eine entsprechende Mehrheit zur Anhebung der Höchstgrenze für die Gesamtzahl von Stimmen zur Wahl eines Exekutivdirektors nach Art. XII Abschn. 3 lit. d) IWFÜ zu mobilisieren –[1440] in der Lage, sich auf zwei Stimmrechtsgruppen zu verteilen. Um in diesem Fall auch eine direktere Beteiligung der Union an der Arbeit im Exekutivdirektorium zu gewährleisten, könnte zudem jeweils ein Unionsorgan zu einem der zwei möglichen stellvertretenden Exekutivdirektoren ernannt werden. Art. XII Abschn. 3 lit. e) IWFÜ sieht insoweit vor, dass jeder Exekutivdirektor[1441] „einen Stellvertreter, der in seiner Abwesenheit für ihn uneingeschränkt handeln kann", ernennen darf. Zudem ist darin seit dem Inkrafttreten der sechsten Satzungsänderung im März 2011 vorgesehen, dass ein Exekutivdirektor, der von einer besonders großen Stimmrechtsgruppe gewählt wurde, auch zwei Stellvertreter ernennen kann.[1442] Die *Articles of Agreement* überlassen es insofern vollständig den jeweiligen Exekutivdirektoren zu entscheiden, wen sie zu ihrem Stellvertreter bestimmen. In der Literatur wird zuweilen gefordert, die-

---

1439 Art. XII Abschn. 3 lit. i) (ii) und (v) IWFÜ a.F.; s. hierzu auch *H. Elizalde*, The Economic and Monetary Union and the International Monetary Fund, in: IMF (Hrsg.), Current Developments in Monetary and Financial law, Bd. 1, 1999, S. 303 (308).

1440 Hierfür ist eine einfache Mehrheit ausreichend.

1441 Zum Verfahren für die Wahl des Exekutivdirektors der "*Euro Area Constituency*" vgl. den Vorschlag der Kommission, COM(2015) 603 final, Art. 6 Abs. 2. Danach soll dieser „nach dem Verfahren des Artikels 2 des dem Vertrag beigefügten Protokolls (Nr. 14) betreffend die Euro-Gruppe für einen Zeitraum von zweieinhalb Jahren bestimmt" werden.

1442 Hiervon würde mit 19 Mitgliedern in jedem Fall die Euro-Stimmrechtsgruppe Gebrauch machen dürfen.

se Position der EZB anzuvertrauen.[1443] Daneben hat immer wieder auch die Kommission versucht, sich hierfür ins Spiel zu bringen.[1444] Entsprechend der horizontalen Kompetenzverteilung in den Unionsverträgen käme für die Kommission jedoch allenfalls der stellvertretende Exekutivdirektorenposten in der Nicht-Euro-Stimmrechtsgruppe in Betracht. Im Hinblick auf die "*Euro Area Constituency*" wäre der Rat, sollte eine entsprechende Regelung auf der Grundlage des Art. 138 Abs. 2 AEUV getroffen werden, weitgehend frei zu entscheiden, wem er die Außenvertretung überträgt. Insofern kann er sie selbst – etwa durch den Vorsitzenden des ECOFIN-Rats – wahrnehmen, sie aber auch an die EZB oder den Vorsitzenden der Euro-Gruppe delegieren. Für die EZB spricht, dass sie aufgrund ihres Beobachterstatus bereits mit der Arbeitsweise im Exekutivdirektorium vertraut ist. Gleiches gilt zwar auch für die Mitglieder des ECOFIN-Rats. Dennoch bietet sich dessen Vorsitzender deshalb nicht an, weil der Ratsvorsitz nicht immer von einem Mitglied der WWU wahrgenommen wird und sich daher die nötige Rückbindung zur innereuropäischen Währungspolitik so nicht immer herstellen ließe. Hierzu in der Lage ist dafür der Vorsitzende der Euro-Gruppe, der darüber hinaus den Vorteil mit sich bringt, dass er für zweieinhalb Jahre gewählt wird,[1445] was gegenüber dem für sechs Monate bestellten ECOFIN-Ratsvorsitz[1446] für mehr Kontinuität sorgt.[1447] Für den Vorzug des Euro-Gruppe-Vorsitzenden gegenüber

---

[1443] *C. Zilioli/M. Selmayr*, The External Relations of the Euro Area: Legal Aspects, CML Rev. 36 (1999), 273 (insb. 339); *dies.*, The Law of the European Central Bank, 2004, S. 235 f.

[1444] Vgl. *Kommission*, Ein Konzept für eine vertiefte und echte Wirtschafts- und Währungsunion: Auftakt für eine europäische Diskussion. COM(2012) 777 final/2, S. 30.

[1445] Vgl. Art. 2 des Protokolls Nr. 14 betreffend die Euro-Gruppe.

[1446] Vgl. Art. 1 des Beschluss des Europäischen Rates v. 1.12.2009 über die Ausübung des Vorsitzes im Rat, ABl. 2009 L 315/50; sowie Art. 2 des Beschluss des Rates v. 1.12.2009 zur Festlegung von Maßnahmen für die Durchführung des Beschlusses des Europäischen Rates über die Ausübung des Vorsitzes im Rat und über den Vorsitz in den Vorbereitungsgremien des Rates, ABl. 2009 L 322/28.

[1447] Zu den Vorzügen einer Übertragung der Außenvertretung der WWU auf den Vorsitzenden der Euro-Gruppe siehe auch *S. Kadelbach*, in: Siekmann (Hrsg.), EWU, 2013, Art. 138 AEUV, Rn. 52, sowie Art. 3 des von der Kommission im Oktober 2015 vorgelegten Legislativvorschlags (COM(2015) 603 final).

der EZB würde sprechen, dass dieser im IWF bislang nur unzureichend eingebunden ist, und dies auch nur im IMFC. Die EU wäre, sollte dieser Modus realisiert werden, im Direktorium mit drei verschiedenen Institutionen unmittelbar vertreten und so ihren Bemühungen um eine erweiterte und konsolidierte Vertretung im IWF besser entsprochen. Alternativ hierzu käme gleichfalls in Betracht, der EZB den stellvertretenden Exekutivdirektorposten zu übertragen und dafür dem Vorsitzenden der Euro-Gruppe die Aufgabe des Stellvertreters im IMFC, das im Übrigen aufgrund seiner Mitgliederstruktur analog zum Exekutivdirektorium ohnehin entsprechend umgestaltet werden müsste,[1448] anzuvertrauen. Diese Alternative hätte den Vorteil, dass damit möglichen Widerständen von Seiten Dritter besser begegnet werden könnte. Der Beobachterstatus der EZB ließe sich nämlich bei einer Zusammenführung der Stimmrechtsgruppen der EU-Mitgliedstaaten mit zwei EU-Institutionen als stellvertretende Exekutivdirektoren politisch wohl kaum noch durchsetzen.

Was die Möglichkeit einer konsolidierten europäischen Vertretung im Gouverneursrat anbetrifft, stellen sich aus IWF-Sicht ähnliche Hürden. Insoweit bestimmt Art. XII Abschn. 2 lit. a) S. 2 IWFÜ, dass der Gouverneursrat „[...] aus je einem Gouverneur und je einem Stellvertreter [besteht], die von jedem Mitglied in einer von ihm bestimmten Weise bestellt werden". Aus diesem Grund ist es auch hier nicht möglich, einen einzigen Gouverneur und/ oder Stellvertreter durch und für eine Gruppe von Staaten in den Gouverneursrat zu berufen.[1449] Da die Auswahl der Gouverneure und ihrer Stellvertreter sowie die Art und Weise, in der dies erfolgt, den Mitgliedern überlassen ist, wäre es dagegen theoretisch möglich, diese Position nach einem zwischen den EU- oder Euro-Mitgliedstaaten vereinbarten Rotationssystem einem der Unionsorgane zu übertragen. Alternativ hierzu wäre es ebenso zulässig – und dies dürfte der realistischere Ansatz sein –, untereinander zu ver-

---

[1448] Für den Gemeinsamen Entwicklungsausschuss von IWF und Weltbank gilt dies nur einschränkt, da dessen Zusammensetzung nicht der des IWF-Exekutivdirektoriums folgt.

[1449] Vgl. *IMF-Legal Department*, The European Economic and Monetary Union and the Fund – Institutional Aspects, SM/97/261, October 20, 1997, S. 5-6.

einbaren, die Ernennungen in vorheriger Absprache mit oder sogar nur mit Zustimmung der Union bzw. der Eurozone durchzuführen.[1450]

II. Völkerrechtliche Bindung im Wege der Nachfolge

1. Analogie zur Staatennachfolge in Verträge

Art. 351 AEUV regelt das Verhältnis zu völkerrechtlichen Altabkommen der EU-Staaten zwar nicht unter dem Gesichtspunkt einer eventuellen Rechtsnachfolge der EU. Er steht der Möglichkeit einer Nachfolge der Union in völkervertragliche Rechtspositionen ihrer Mitgliedstaaten aber auch nicht entgegen. Nach dem bereits erwähnten GATT-Urteil des EuGH kann sich die Bindung der EU an einen völkerrechtlichen Vertrag auch aus anderen Gesichtspunkten ergeben als dem Vertragsabschluss durch die Unionsorgane.[1451] Eine solche Bindung wird in der Literatur vereinzelt mit einer Analogie zur Staatennachfolge in Verträge begründet.[1452] Danach soll der in Art. 31 der Wiener Konvention über das Recht der Staatennachfolge in Verträge[1453] enthaltene Kontinuitätsgrundsatz, wonach im Falle der Staatenfusion die vertraglichen Verpflichtungen der fusionierten Staaten grundsätzlich fortbestehen,[1454] im Wege einer Analogie auch auf die Konstellation der Gründung oder dem Beitritt zu einer internationalen Organisation Anwendung finden. Begründet wird diese Analogie vor allem mit dem *bona fides*-

[1450] Siehe zu diesem Vorschlag auch *H. Elizalde*, The Economic and Monetary Union and the International Monetary Fund, in: IMF (Hrsg.), Current Developments in Monetary and Financial law, Bd. 1, 1999, S. 303 (306-307).

[1451] *EuGH*, Rs. 21-24/72, *International Fruit Company*, Slg. 1972, 1219, Rn. 14/18.

[1452] So etwa *P. Pescatore*, L'ordre juridique des Communautés Européennes, 1975 (Nachdruck 2006), 147-148; *ders.*, La Cour de justice des Communautés européennes et la Convention européenne des Droits de l'Homme, in: Matscher/Petzold (Hrsg.), Studies in honour of G. J. Wierda, 1988, 441 (450-451). Siehe auch die Diskussion bei *K. Osteneck*, Die Umsetzung von UN-Wirtschaftssanktionen durch die Europäische Gemeinschaft, 2004, S. 217 ff.

[1453] Der – bislang allerdings noch nicht in Kraft getretene – Vertragstext findet sich u.a. in ILM 17 (1978), 1488 ff. Im Folgenden: „WKSV".

[1454] Hierzu und zu den Ausnahmen von diesem Grundsatz siehe statt vieler den Überblick bei *W. Heintschel von Heinegg*, in: Ipsen (Hrsg.), Völkerrecht, 6. Aufl. 2014, § 13, Rn. 12.

Grundsatz. Demnach soll durch die Nachfolge internationaler Organisationen in Verträge ihrer Mitgliedstaaten verhindert werden, dass sich letztere durch die „Flucht in die internationalen Organisationen“[1455] ihrer völkervertraglichen Verpflichtungen entledigen können.[1456] Die Ratio einer Analogie zu Art. 31 WKSV ist damit letztlich – wie bei der Staatennachfolge – der Schutz Dritter vor Veränderung an den mit ihnen getroffenen Vereinbarungen, die sie sonst nicht beeinflussen könnten.

Gleichwohl wird gegen eine analoge Anwendung sukzessionsrechtlicher Grundsätze auf internationale Organisationen mehrheitlich angeführt, dass zwischen der Gründung oder dem Beitritt zu einer internationalen Organisation und der Staatenfusion im eigentlichen Sinne grundlegende Unterschiede bestehen. Während etwa beim Zusammenschluss mehrerer Staaten zu einem Neustaat die Vorgängerstaaten mangels Fortbestandes ihrer Völkerrechtssubjektivität für Drittstaaten als Vertragspartner ausfallen, bleiben die Mitgliedstaaten trotz des Kompetenztransfers auf eine inter- oder supranationale Organisation in den übertragenen Bereichen völkerrechtlich nach wie vor unbeschränkt handlungsfähig.[1457] Hiervon geht offensichtlich auch Art. 351 AEUV aus. Zusätzlich weist etwa *Manfred Zuleeg* – aus einer mehr rechtspolitischen Perspektive – darauf hin, dass eine internationale Organisation „weitgehend eingeschnürt“ wäre, „[w]ollte man sie mit allen vertragli-

---

[1455] Dieser Ausdruck geht, soweit ersichtlich, auf *A. Bleckmann*, Zur Verbindlichkeit des allgemeinen Völkerrechts für internationale Organisationen, ZaöRV 37 (1977), 107 (119) zurück.

[1456] *P. Pescatore*, Der Schutz der Grundrechte in den Europäischen Gemeinschaften und seine Lücken, in: Mosler/Bernhardt/Hilf (Hrsg.), Grundrechtsschutz in Europa, 1976, 64 (71); *ders.*, External Relations in the Case-Law of the Court of Justice of the European Communities, CMLRev. 16 (1979), 615 (637-638).

[1457] Zu diesem Einwand bereits *R. Bernhardt*, Die Europäische Gemeinschaft als neuer Rechtsträger im Geflecht der traditionellen zwischenstaatlichen Rechtsbeziehungen, EuR 1983, 199 (204-205). Siehe auch *C. Vedder*, Die auswärtige Gewalt des Europa der Neun, 1980, S. 164; *W. Weiß*, Die Verteidigungsrechte im EG-Kartellverfahren, 1996, S. 84-87; *A. Zimmermann*, Staatennachfolge in völkerrechtliche Verträge, 2000, S. 712-714; *C. Tomuschat*, in: von der Groeben/Schwarze, EUV/EGV, 6. Aufl. 2003, Art. 281 EGV, Rn. 55; *K. Osteneck*, Die Umsetzung von UN-Wirtschaftssanktionen durch die Europäische Gemeinschaft, 2004, S. 219-221; *T. Kleinlein*, Konstitutionalisierung im Völkerrecht, 2012, S. 576; *C. Janik*, Die Bindung internationaler Organisationen an internationale Menschenrechtsstandards, 2012, S. 406-407.

chen Verpflichtungen der Mitgliedstaaten belasten".[1458] Insofern sprechen auch praktische Erwägungen gegen eine Analogie zu Art. 31 WKSV. Dementsprechend hat denn auch der deutsche Vertreter bei der Wiener Konferenz über das Recht der Staatennachfolge in Verträge, *Carl-August Fleischhauer*, im Namen aller Mitgliedstaaten der damaligen EWG zu Protokoll erklärt, "that the provisions of the draft articles on succession of States in respect of treaties did not apply to the participation of States in the European Communities".[1459]

Im Ergebnis folgt hieraus, dass die EU selbst im Bereich der ihr exklusiv zugewiesenen Kompetenz im Währungsbereich – mangels einer hinreichenden Vergleichbarkeit – nicht im Wege einer analogen Anwendung des Art. 31 WKSV Vertragspartei der *Articles of Agreement* geworden ist,[1460] und dies auf dieser Grundlage auch nicht werden kann.

2. „*Hypothekentheorie*"

Eine unmittelbare Bindung der EU an völkerrechtliche Verträge ihrer Mitgliedstaaten wird in der deutschsprachigen Literatur ferner auf der Grundlage des Rechtssatzes "*nemo plus iuris transferre potest quam ipse*

[1458] *M. Zuleeg*, Vertragskonkurrenzen im Völkerrecht Teil II: Verträge zwischen beliebigen Völkerrechtssubjekten, GYIL 27 (1984), 367 (377), der stattdessen eine analoge Anwendung des in Art. 16 WKSV verankerten *tabula rasa*-Prinzips befürwortet, um auf dieser Grundlage letztlich zu einer Ablehnung der Bindung internationaler Organisationen an völkerrechtliche Verträge ihrer Mitgliedstaaten zu gelangen. Dem steht freilich entgegen, dass dieser Privilegierungstatbestand allein im Hinblick auf die "*newly independent states*" als Ausnahme vom grundsätzlich geltenden Kontinuitätsgrundsatz eingefügt wurde, er damit Ausdruck des Selbstbestimmungsrechts der Völker ist und sich daher auf internationale Organisationen nicht übertragen lässt. Hierzu eingehend und m.w.Nw. *A. Zimmermann*, Staatennachfolge in völkerrechtliche Verträge, 2000, S. 23 f., 146 ff., 225 ff., 549 ff., 767 ff.; *U. Saxer*, Die internationale Steuerung der Selbstbestimmung und der Staatsentstehung, 2010, S. 876-878. Dies wird indes auch von *Zuleeg* eingeräumt, ist für diesen aber letztlich nicht ausschlaggebend, da „die Handlungsfähigkeit der internationalen Organisation" schwerer wiegt. Siehe *ebd.*

[1459] A/CONF.80/16/ Add. l, S. 11.

[1460] Entsprechend spricht *C. Vedder*, Die auswärtige Gewalt des Europa der Neun, 1980, S. 163 von der Möglichkeit einer „partiellen Staatensukzession".

habet" unter dem Stichwort „Hypothekentheorie" diskutiert.[1461] Ihr liegt die Annahme zugrunde, dass der EU Kompetenzen nur mit allen ihnen anhaftenden – aus dem nationalen Recht und dem Völkerrecht folgenden – Bindungen übertragen werden könnten.[1462] Demzufolge könne Deutschland nicht nur an das Grundgesetz, sondern auch nur an die *Articles of Agreement* gebundene Hoheitsrechte auf die Union übertragen. Diese Auffassung ist in der deutschsprachigen Literatur[1463] und auch in der Rechtsprechung sowohl des BVerfG[1464] als auch des EuGH[1465] indes auf breite Ablehnung gestoßen. Zum einen wird ihr in dogmatischer Hinsicht der Einwand entgegengehalten, dass die unionsrechtlichen Kompetenzen, auch wenn sie auf der ursprünglichen Übertragung von staatlichen Hoheitsbefugnissen beruhen, nicht die Summe der von den einzelnen Mitgliedstaaten abgetretenen Hoheitsrechte, sondern vielmehr originäre Befugnisse darstellen, die die Union durch eigene Organe und nach den dafür in den Unionsverträgen vorgesehe-

---

[1461] Die Hypothekentheorie hat wie die Konstruktion einer analogen Anwendung sukzessionsrechtlicher Grundsätze ihren Ursprung in der Diskussion um eine Bindung der EU an die EMRK. Mittlerweile hat sie aber auch in anderen Kontexten – etwa bei der Frage einer Bindung der Union an die Verpflichtungen ihrer Mitgliedstaaten aus der UN-Charta – Anwendung gefunden. Zur EMRK siehe z.B. *A. Bleckmann*, Die Bindung der Europäischen Gemeinschaft an die Europäische Menschenrechtskonvention, 1986, S. 113 ff. Zur UN-Charta siehe *EuG*, Rs. T-306/01, *Yusuf und Al Barakaat/Rat und Kommission*, Slg. 2005, II-3533, Rn. 245. Die hier vom EuG angenommene Bindung an die UN-Charta wurde vom *EuGH* in der Berufungsentscheidung *Kadi und Al-Barakaat* dann aber zurückgewiesen, vgl. *EuGH*, verb. Rs. C-402/05 P u. C-415/05 P, *Kadi und Al Barakaat/Rat und Kommission,* Slg. 2008, I-6351, Rn. 327; Zu der Diskussion in der Literatur statt vieler etwa *E. L. Stöckel*, Smart Sanctions in der Europäischen Union, 2014, S. 222 f.

[1462] So insbesondere *D. Küchenhoff*, Grundrechte und europäisches Staatengemeinschaftsrecht, DÖV 1963, 161 (165-166); ähnlich auch *L. Gramlich*, Europäische Zentralbank und Art. 24 Abs. 1 GG, 1979, S. 148-149.

[1463] Vgl. *H. P. Ipsen*, Europäisches Gemeinschaftsrecht, 1972, S. 55 ff.; *C. Tomuschat*, BK-GG, 42. Lfg. 1981, Art. 24 GG, Rn. 15, 62; *M. Zuleeg*, in: AK-GG, 2. Aufl. 1989, Art. 24 Abs. 1, Rn. 21; *A. Randelzhofer*, in: Maunz/Dürig, GG-Kommentar, 30. Erg. Lfg. 1992, Art. 24 I, Rn. 56.

[1464] Siehe etwa BVerfGE 37, 271 (279): „Art. 24 GG spricht von der Übertragung von Hoheitsrechten auf zwischenstaatliche Einrichtungen. Das kann nicht wörtlich genommen werden".

[1465] *EuGH*, Rs. C-11/70, Internationale Handelsgesellschaft, Slg. 1970, 1125, Rn. 3.

nen Verfahren wahrnimmt.[1466] Dies zeige sich vor allem daran, dass die EU mittlerweile Regelungen treffen könne, die die einzelnen Mitgliedstaaten zuvor nicht einseitig hätten erlassen können.[1467] Zudem wird auch in diesem Zusammenhang darauf verwiesen, dass die Annahme eines akzessorischen Übergangs von Rechtsbindungen mit der Kompetenzübertragung auf die Union konsequent zu Ende gedacht dazu führen würde, dass die EU bei allen ihren Handlungen sämtliche verfassungs- und völkerrechtliche Bindungen ihrer Mitgliedstaaten berücksichtigen müsste.[1468] Dieses Erfordernis würde ihr ein eigenständiges Handeln so gut wie unmöglich machen. Im Ergebnis wird damit auch dieser zivilrechtliche Ansatz einer Bindung der Union an die *Articles of Agreement* den Besonderheiten der Entstehung und Ausübung supranationaler Hoheitsgewalt durch die Union nicht gerecht und ist daher abzulehnen.

3. *Funktionelle Rechtsnachfolge*

Von diesen beiden Ansätzen zu unterscheiden ist die Frage, ob und wenn ja unter welchen Voraussetzungen die EU mit Zustimmung aller Fondsmitglieder die Rechtsnachfolge in die völkerrechtliche Stellung ihrer Mitgliedstaaten im IWF antreten kann. Allgemeine völkergewohnheitsrechtliche Regeln über die Rechtsnachfolge von internationalen Organisationen in die völkervertraglichen Rechte und Pflichten ihrer Mitgliedstaaten haben sich bisher zwar nicht herausbilden können.[1469] Das schließt gleichwohl nicht aus, dass im Einzelfall dennoch eine funktionelle Rechtsnachfolge angenommen werden kann.[1470] Das bislang prominenteste Beispiel einer solchen Funktionsnachfolge der

---

[1466] Vgl. auch *K. Osteneck*, Die Umsetzung von UN-Wirtschaftssanktionen durch die Europäische Gemeinschaft, 2004, S. 224; *S. Hörmann*, Völkerrecht bricht Rechtsgemeinschaft?, AVR 44 (2006), 267 (274).

[1467] Zu diesem Aspekt siehe auch *T. Kleinlein*, Konstitutionalisierung im Völkerrecht, 2012, S. 578-579.

[1468] *K. Osteneck*, Die Umsetzung von UN-Wirtschaftssanktionen durch die Europäische Gemeinschaft, 2004, S. 225.

[1469] *C. Tomuschat*, in: von der Groeben/Schwarze, EUV/EGV, 6. Aufl. 2003, Art. 281 EGV, Rn. 53; *R. Uerpmann-Wittzack*, in: von Bogdandy/Bast (Hrsg.), Europäisches Verfassungsrecht, 2. Aufl. 2009, 177 (202).

[1470] Vgl. *C. Tomuschat*, in: von der Groeben/Schwarze, EUV/EGV, 6. Aufl. 2003, Art. 281 EGV, Rn. 53.

EU in die völkervertragliche Stellung ihrer Mitgliedstaaten bildet die bereits erwähnte Praxis im Rahmen des GATT 1947.[1471] Ihre dortige „mitgliedschaftsähnliche Stellung"[1472] stützte sich allerdings nicht allein auf eine Funktionsübernahme in den Bereichen Zoll und Handel. Darüber hinaus bestand unter allen Beteiligten – also die EWG selbst, ihren Mitgliedstaaten und den anderen Vertragsparteien des GATT – auch Konsens darüber, die EWG als *„de facto* Partei"[1473] des GATT behandeln zu wollen.[1474] In der rechtswissenschaftlichen Literatur wird dieser Konsens unter den Mitgliedern des GATT mehrheitlich dahingehend gewertet, dass es sich dabei um eine formlose einvernehmliche Vertragsänderung gehandelt hat.[1475]

Soweit daher für eine völkerrechtliche Funktionsnachfolge der Union in die Stellung ihrer Mitgliedstaaten im IWF allein auf den Umstand verwiesen wird, dass der EU die monetären Kompetenzen exklusiv übertragen wurden, so hat dies als reine *res inter alios acta* zunächst nur

---

[1471] Hierauf nahm auch das *EuG* Bezug, als es eine Bindung der Union an die UN-Charta u.a. mit einer analogen Anwendung der völkerrechtlich geltenden Funktionsnachfolge begründete. Siehe *EuG,* Rs. T-315/01, *Kadi/Rat und Kommission*, Slg. 2005, II-3649, Rn. 203.

[1472] *M. Hilf*, in: ders./Petersmann (Hrsg.), GATT und Europäische Gemeinschaft, 1986, 11 (22).

[1473] *G. Zieger*, Die Stellung der Gemeinschaft und ihrer Organe in internationalen Organisationen, in: KSE 25 (1975), 103 (139). Weitergehend *G. M. Berrisch*, Der völkerrechtliche Status der Europäischen Wirtschaftsgemeinschaft im GATT, 1992, S. 227 ff, der sogar eine Anerkennung der EWG als *de jure* GATT-Vertragspartei annimmt.

[1474] *G. M. Berrisch*, Der völkerrechtliche Status der Europäischen Wirtschaftsgemeinschaft im GATT, 1992, S. 211 ff. Vgl. auch den Überblick bei *A. Rosas*, The Status in EU Law of International Agreements Concluded by EU Member States, Fordham Int'l L. J. 34 (2010-2011), 1304 (1326).

[1475] So etwa *E.-U. Petersmann*, Die EWG als GATT-Mitglied, in: Hilf/Petersmann (Hrsg.), GATT und Europäische Gemeinschaft, 1986, 119 (129); *R. Uerpmann-Wittzack*, in: von Bogdandy/Bast (Hrsg.), Europäisches Verfassungsrecht, 2. Aufl. 2009, 177 (202). Zu möglichen anderen rechtsgeschäftlichen und rechtsgeschäftsähnlichen Lösungsansätzen *G. M. Berrisch*, Der völkerrechtliche Status der Europäischen Wirtschaftsgemeinschaft im GATT, 1992, S. 212 ff. Anders aber z.B. *A. von Bogdandy*, in: Grabitz/von Bogdandy/Nettesheim (Hrsg.), Europäisches Aussenwirtschaftsrecht, 1994, S. 67, der stattdessen eine Bindung der Gemeinschaft an das GATT durch einen einseitigen Akt bevorzugt.

eine unionsinterne Bedeutung.[1476] Zusätzlich bedarf es für die Bejahung einer außenwirksamen Funktionsnachfolge – anders als im Falle einer automatisch eintretenden Staatensukzession – also auch eines Konsenses aller IWF-Mitglieder, welcher es der Union erst ermöglichen würde, die Eigenschaft als „*de facto* Mitglied“ zu erwerben. Dass dabei auch die *Articles of Agreement* einer formlosen Ergänzung und Änderung zugänglich sind, hat – wie insbesondere *Ernst-Ulrich Petersmann* herausgestellt hat –[1477] die Praxis im Rahmen des IWF in den Jahren zwischen 1971 und 1978, die teils gewohnheitsrechtlich, teils als stillschweigendes Abkommen gedeutet wurde,[1478] gezeigt. Ungeachtet der bereits nicht gegebenen unionsrechtlichen Voraussetzungen, nämlich des Willens der EU-Mitgliedstaaten, die Union an die *Articles of Agreement* zu binden, scheitert eine völkerrechtliche Funktionsnachfolge der Union aber gerade daran, dass die EU nicht mit dem Einverständnis der anderen IWF-Mitglieder für ihre Mitgliedstaaten handelt. Wie eben festgestellt, schlägt sich die unionale Kompetenzverschiebung hier – anders als im GATT, in dem die EWG von ihrer Gründung an stark eingebunden war –[1479] bislang nur in Ansätzen nieder. Zudem stellte die Situation im GATT auch insofern einen Sonderfall dar, als es sich bei ihr zu diesem Zeitpunkt noch nicht um eine internationale Organisation gehandelt hatte. Insofern waren, anders als dies beim IWF etwa allein im Hinblick auf die Zusammensetzung der Stimmrechtsgruppen im Exekutivdirektorium erforderlich sein würde, Mitwirkungsrechte der Gemeinschaft in institutionell verfestigten Organen nicht zu klären.[1480] Somit lässt sich eine völkerrechtliche Bindung der EU an die *Articles of*

[1476] Zudem reicht hierfür nach der bisherigen Rspr. des EuGH ein nur teilweiser Kompetenztransfer auf die Union ohnehin nicht aus.

[1477] *E.-U. Petersmann*, Völkerrechtliche Fragen der Weltwährungsreform, ZaöRV 34 (1974), 452 (493); *ders.*, Zum Rechtswandel des IMF-Paritätensystems, WiR 2/ 1974, 119 (129 ff.).

[1478] Siehe Teil 2.C.II. und Teil 3.A.I.3.

[1479] Hierzu der prägnante Überblick bei *E.-U. Petersmann*, Die EWG als GATT-Mitglied, in: Hilf/Petersmann (Hrsg.), GATT und Europäische Gemeinschaft, 1986, 119 (123 ff.).

[1480] Hierauf weist zu Recht auch *S. Kadelbach*, in: Siekmann (Hrsg.), EWU, 2013, Art. 219 AEUV, Rn. 71 hin.

Agreement auch nicht mit einer an die GATT-Praxis angelehnten völkerrechtlichen Funktionsnachfolge begründen.[1481]

III. Bindung durch Beitritt zum IWF

1. Rechtspflicht zur Sicherstellung der EU-Mitgliedschaft

Aus einer längerfristigen Perspektive stellt sich daher die Frage, ob zur Überwindung der aufgezeigten Defizite nicht ein formeller Beitritt der EU als vollwertiges Mitglied zum IWF anzustreben ist. Zurzeit liegen diesbezüglich verschiedene – meist jedoch noch wenig detaillierte und konzeptualisierte – Modelle vor. Vorgeschlagen werden unter anderem eine Mitgliedschaft allein der EZB,[1482] der Eurozone bzw. des ESM,[1483] eine ausschließliche Mitgliedschaft der EU – teils nur im Umfang der an der Eurozone beteiligten Staaten,[1484] teils an Stelle aller ihrer Mitgliedstaaten[1485] – sowie eine Mehrebenenmitgliedschaft der EU und ihrer Mitgliedstaaten.[1486] Wie gezeigt, besteht für die Aufnahme entspre-

---

[1481] Ähnlich krit. auch *Z. Bognar*, Europäische Währungsintegration und Außenwirtschaftsbeziehungen, 1997, S. 378 ff.; *W. Weiß*, Kompetenzverteilung in der Währungspolitik und Außenvertretung des Euro, EuR 2002, 165 (180).

[1482] Vgl. *D.-C. Horng*, The ECB's Membership in the IMF, ELJ 11 (2005), 802 ff.

[1483] So *A. Giovannini/D. Gros/P. Ivan/P. M. Kaczynski/D. Valiante*, External Representation of the Euro Area, IP/A/ECON/FWC/2010_19, May 2012, S. 40 ff.

[1484] Siehe u.a. *S. Cafaro*, The missing voice of the Euro, Il Diritto dell'Unione Europea 2011, 895 (905); *Glienicker Gruppe*, Aufbruch in die Euro-Union, ZRP 2013, 248 (250). In diese Richtung geht wohl auch das von der Kommission im 8. Erwägungsgrund und in Art. 2 ihres im Oktober 2015 vorgelegten Legislativvorschlags (COM(2015) 603 final) ausgegebene Fernziel einer „Vollmitgliedschaft des Euro-Währungsgebiets".

[1485] So z.B. *R.S.J. Martha*, The Fund Agreement and the Surrender of Monetary Sovereignty to the European Community, CMLRev 30 (1993), 749 (779); *J. Scheffler*, Die Europäische Union als rechtlich-institutioneller Akteur im System der Vereinten Nationen, 2011, S. 573-574.

[1486] Vgl. u.a. *J. Lebullenger*, La projection externe de la zone euro, RTDE 1998, 459 (470); *R. Bandilla*, in: Grabitz/ Hilf, Art. 111, Rn. 77; *R. Torrent*, Whom is the European Central Bank the Central Bank of?, CMLRev. 1999, 1229 (1239 f.); *W. Meng*, Das Verhältnis der Vereinten Nationen und ihrer Sonderorganisationen zur EU im Bereich der Wirtschaft, in: Hobe (Hrsg.), Koope-

chender Beitrittsverhandlungen mit Art. 219 Abs. 3 AEUV auch eine Grundlage im Unionsrecht. Gleichwohl wird aus der Perspektive des IWF allen diesen Vorschlägen entgegengehalten, dass einen Antrag auf Beitritt nach Art. II Abschn. 2 S. 1 IWFÜ nur "*countries*" stellen können. Der Terminus wird mehrheitlich dahingehend verstanden, dass nur alle Antragenden, die die Merkmale eines Staates, wie sie die Allgemeine Staats- und Völkerrechtslehre in der gängigen *Jellinekschen* Drei-Elemente-Lehre verlangen, erfüllen, beitreten können. Daher – so die Schlussfolgerung – müsse das IWFÜ dahingehend geändert werden, dass auch die EU als supranationale Organisation aufgenommen werden könne.[1487] Dies ist bei der hohen Zahl an Mitgliedstaaten und der für Änderungen erforderlichen Annahme durch drei Fünftel der Mitglieder, die über fünfundachtzig Prozent aller Stimmen verfügen müssen (Art. XXVIII lit. a) IWFÜ), allerdings ein schwieriger Prozess und angesichts der Blockadehaltung im US-Kongress gegenüber der nach langjährigen Vorberatungen schließlich 2010 beschlossenen Neustrukturierung des Exekutivdirektoriums wohl in absehbarer Zeit auch nicht zu erwarten. Als Alternative zu einer Satzungsänderung findet sich daher in der Literatur ebenfalls der Vorschlag, die Frage einer mitgliedschaftlichen Beteiligung internationaler Organisationen im IWF stattdessen durch eine formelle Auslegung nach Art. XXIX lit. a), b) IWFÜ klären zu lassen.[1488] Dabei wird davon ausgegangen, dass sich unter dem Terminus "*countries*" auch andere Wirkungseinheiten, die zwar nicht die Merkmale eines Staates im Sinne des klassischen Völkerrechts erfüllen, aber über eine eigene Währung und damit korrespondierende Zuständigkeiten verfügen, subsumieren lassen. Dem soll im Folgenden näher nachgegangen werden.

---

ration oder Konkurrenz internationaler Organisationen, 2001, 39 (69). So wohl auch *R. Smits*, The European Central Bank, 1997, S. 442-444; *ders.*, in: von der Groeben/Schwarze/Hatje, Europäisches Unionsrecht, 7. Aufl. 2015, Art. 138, Rn. 61-63.

[1487] So die Forderung u.a. bei *P. Masson*, The IMF, International Journal, 2007, 889 (908); *A. Feibelman*, Europe and the Future of International Monetary Law, Transnat'l L. & Contemp. Probs. 22 (2013), 115 (146).

[1488] Vgl. *R. Smits*, The European Central Bank, 1997, S. 444, Fn. 326. Grds. offen für diese Vorgehensweise z.B. auch *J.-V. Louis*, L'Espace Euro, L'Union Européenne et le FMI, Revue d'économie financière, 2007, 1 (7); *J. Wouters/S. Van Kerckhoven/T. Ramopoulos*, The EU and the euro area in international economic governance: the case of the IMF, in: Kochenov/Amtenbrink (Hrsg.), The European Union's Shaping of the International Legal Order, 2014, 306 (325-326).

Vorab sei aber noch darauf hingewiesen, dass der Zulässigkeit eines Auslegungsverfahrens nach Art. XXIX lit. a) IWFÜ nicht bereits entgegensteht, dass das Exekutivdirektorium auf der Grundlage des Gutachtens des *IMF-Legal Departments* "on institutional aspects of the European Economic and Monetary Union and the Fund" vom 20. Oktober 1997 entschieden hat, allein der EZB einen Beobachterstatus zu bestimmten Sitzungen des Direktoriums einzuräumen. Sofern es sich hierbei auch um eine informelle Auslegung des Direktoriums dahingehend handelt, dass der Union als Verband kein ähnlicher oder darüber hinausgehender Status zukommen könne, so steht dies der Einleitung eines formellen Auslegungsverfahrens ebenfalls nicht entgegen. Vielmehr ist es jedem Mitglied freigestellt, eine solche informelle Auslegung zum Gegenstand eines Verfahrens nach Art. XXIX lit. a) IWFÜ zu machen und so eine rechtliche Bindungswirkung herbeizuführen. Dasselbe gilt im Ergebnis auch hinsichtlich der Gutachten des *Legal Departments*. Vor dem Hintergrund der aus Art. 351 AEUV i.V.m. Art. 4 Abs. 3 AEUV herzuleitenden Loyalitätsverpflichtung zwischen der Union und ihren Mitgliedstaaten folgt hieraus, dass letztere daher unionsrechtlich sogar dazu verpflichtet sind, ein formelles Auslegungsverfahren einzuleiten, um dadurch eventuell eine Mitgliedschaft der Union zu ermöglichen.

2. *Auslegung des Begriffs "countries"*

Ausgangspunkt der Auslegung auch der *Articles of Agreement* ist zunächst der Wortlaut der konkreten Bestimmung. Was unter dem Terminus "*countries*" genau zu verstehen ist, geht jedoch weder aus dem Wortlaut des Art. II IWFÜ noch aus dem einer anderen Bestimmung der *Articles of Agreement* hervor. Insbesondere enthalten die *Articles of Agreement* auch keine Legaldefinition des Begriffes, obwohl er – wie gezeigt – gerade nicht dem allgemeinen völkerrechtlichen Sprachgebrauch entspricht. Art. XXXI IWFÜ umschreibt zwar den Terminus, indem er „die Regierungen aller Länder, die in Anhang A" zum IWFÜ aufgeführt sind, dazu zählt und explizit alle Kolonien, überseeischen Hoheitsgebiete, alle dem Schutz, der Oberherrschaft oder der obrigkeitlichen Gewalt unterstehenden Gebiete sowie alle Gebiete, über die ein Mandat ausgeübt wird, hiervon ausnimmt. Eine genaue Erläuterung findet sich darin jedoch nicht. Die Formulierung "*countries*" taucht darüber hinaus als einzige Ausnahme zwar auch noch in den Satzungen der Schwesterorganisation des IWF, der Weltbank,[1489] und deren Tochterorganisation, der IFC,[1490] auf.[1491] Welche Wirkungseinheiten konkret als "*countries*" im Sinne dieser beiden Entwicklungshilfeorganisationen zu verstehen sind, lässt sich aber auch ihren Gründungsverträgen nicht entnehmen. Dementsprechend wird der Terminus von einem Teil der Literatur zu Recht als "*ambiguous*"[1492] und «*vague*»[1493] bezeichnet.

Schließlich hilft auch das *Black's Law Dictionary*, das wichtigste US-amerikanische Rechtswörterbuch, nicht weiter. Es definiert den Terminus als "*nation or political state*" oder "*territory of such a nation or state*",[1494] setzt ihn also nicht unbedingt mit dem völkerrechtlichen Staatsbegriff gleich. Im Sinne von Territorium lässt sich darunter sicherlich das Gebiet unter der Herrschaft eines souveränen Staates verstehen, genauso gut aber auch der Bereich, in dem ein nichtstaatliches Gebilde die ihm zukommenden Hoheitsrechte ausübt. Soweit der Begriff in Bezug gebracht wird zu einer Regierung, so kann dies darauf hindeuten, dass damit allein Staaten im völkerrechtlichen Sinne gemeint sind.[1495] Ein solcher Bezug ist jedoch allein im Hinblick auf die Gründungsmitglieder in Art. II Abschn. 1 IWFÜ aufgenommen worden, dagegen in Abschn. 2 bewusst unterblieben. Geht man daher allein vom Wortlaut des Art. II IWFÜ aus, so sind beide Auslegungsvarianten durchaus vertretbar.

[1489] Art. XI Abschn. 2 lit. c), e) und f) IBRD-Satzung.

[1490] Art. IX Abschn. 2 lit. c) und d) IFC-Satzung.

[1491] Die IDA-, ICSID- und MIGA-Übereinkommen verwenden dagegen den Begriff des Staates. Vgl. Art. XI Abschn. 2 lit. c), d) IDA-Übereinkommen, Art. 67 ICSID-Übereinkommen und Art. 2, 3 lit. a) i.V.m. Art. 4 lit. b) und Art. 61 MIGA-Übereinkommen.

[1492] *J. Gold*, Membership and Nonmembership in the International Monetary Fund, 1974, S. 45.

[1493] *D. Carreau*, Le Fonds monétaire international, 2009, S. 23. So bereits auch *M. Whiteman*, Digest of International Law, Bd. 2, 1963, S. 2: "[T]he term "state" is used because of the vagueness of "country"."

[1494] *B. A. Garner* (Hrsg.), Black's Law Dictionary, 9. Ausg. 2009 – "country".

[1495] So etwa das US-Supreme Court in einer Entscheidung aus dem Jahr 1932 (Burnet v. Chicago Portrait Co., 285 U.S. 1 (1932): "The word 'country' [...] is ambiguous. [...] When referring more particularly to a foreign government, it may describe a foreign state in the international sense, that is, one that has the status of an international person".

Ein näherer Hinweis auf die richtige Auslegung des Art. II IWFÜ könnte sich dafür möglicherweise aus dem 1944 hauptsächlich von *John Maynard Keynes* und *Harry Dexter White* ausgearbeiteten *Joint Statement by Experts on the Establishment of an International Monetary Fund*[1496] ergeben.[1497] Allerdings ist bereits in formeller Hinsicht nicht ganz klar, ob und wenn ja, wie die Erklärung mit den *Articles of Agreement* verknüpft ist. Hiervon hängt maßgeblich ihre genaue rechtliche Bedeutung für die Auslegung der *Articles of Agreement* ab. Die Erklärung lässt sich sicherlich als eine autoritative Stellungnahme der USA und Großbritanniens zu ihrem eigenen Vorschlag verstehen, nicht jedoch als authentische Auslegung einzelner Satzungsvorschriften, die nur durch alle Mitglieder oder zumindest mit jener Mehrheit erfolgen könnte, die für eine Vertragsänderung erforderlich ist. Nach Art. 31 Abs. 2 lit. b) WVK gehört die Erklärung auch nicht zum Kontext der *Articles of Agreement*, der obligatorisch bei der Auslegung zu berücksichtigen ist, da die Erklärung von den anderen Mitgliedern nicht als eine sich auf die *Articles of Agreement* beziehende Urkunde angenommen wurde. Somit ist das *Joint Statement by Experts on the Establishment of an International Monetary Fund* nach der WVK bloß ein subsidiäres Auslegungsmittel, auf das gem. Art. 32 WVK nur zur Bestätigung oder bei einem mehrdeutigen bzw. offensichtlich sinnwidrigen Auslegungsergebnis zurückgegriffen werden darf. Wie gezeigt, ist nach *Joseph Gold* der historischen Auslegungsmethode im IWF jedoch eine weitaus größere Bedeutung beizumessen, als dies in der WVK zum Ausdruck kommt.[1498] Ein Rückgriff auf die *travaux préparatoires* soll danach nicht nur nach Abschluss des Auslegungsvorganges gem. Art. 31 WVK zulässig sein, sondern einheitlich und in sachgemäßer Verbindung mit den darin genannten Auslegungsregeln. In Punkt II Ziff.1 der Erklärung, der sich mit den Subskriptionsverpflichtungen gegenüber dem IWF befasst, heißt es allerdings nur:

> "*Member countries shall subscribe in gold and in their local funds amounts (quotas) to be agreed, which will amount altogether to about $ 8 billion if all the United and Associated Nations subscribe to*

[1496] Abgedruckt in: *J. K. Horsefield*, The International Monetary Fund 1945-1965, Bd. III: Documents, 1969, S. 128 ff.

[1497] Vgl. *J. Gold*, Membership and Nonmembership in the International Monetary Fund, 1974, S. 14-15.

[1498] *J. Gold*, Interpretation: The IMF and International Law, 1996, S. 176, S. 184-186.

> *the Fund (corresponding to about $ 10 billion for the world as a whole)".*[1499]

Eine eindeutige Auslegung des Art. II IWFÜ lässt sich somit unmittelbar hieraus nicht herleiten. Dagegen äußert sich der auf dieser Grundlage wenige Monate später von den USA und Großbritannien vorgelegte *Preliminary Draft of Suggested Articles of Agreement for the Establishment of an International Monetary Fund*[1500] auch explizit zur Frage der Mitgliedschaft. Darin heißt es:

> *"Countries Eligible for Membership*
>
> *The members of the Fund shall be those of the countries represented at the United Nations Monetary and Financial Conference whose governments accept membership in the Fund.*
>
> *Membership in the Fund shall be open to other countries at such times and in accordance with such terms as may be prescribed by the Fund."*[1501]

Der Entwurf hat damit grundsätzlich denselben Inhalt und verwendet mit "*countries*" auch dieselbe Formulierung wie die heutige Regelung in Art. II IWFÜ. Der einzige Unterschied besteht darin, dass in dem Entwurf den auf der Währungs- und Finanzkonferenz der Vereinten Nationen anwesenden Teilnehmern die Mitgliedschaft jederzeit und bedingungsfrei zugestanden wurde, während dieses Privileg nach der heutigen Fassung nur bis zum 31. Dezember 1945 bestand. In den Vorarbeiten hierzu sowie in seinem Plan einer "*International Clearing Union*" vom April 1943 hatte *Keynes* noch versucht, die Mitgliedschaftsordnung des IWF dadurch zu definieren, dass man den Begriff "*states*" anstelle von "*countries*" verwendet.[1502] Damit wäre eine Mitgliedschaft im IWF zweifelsfrei nur auf Staaten im Sinne des Völkerrechts beschränkt, mit der Folge, dass ein Beitritt der EU nur im Falle einer Satzungsände-

---

1499 *J. K. Horsefield*, The International Monetary Fund 1945-1965, Bd. III: Documents, 1969, S. 131-132.

1500 Abgedruckt in *Proceedings and Documents of the United nations Monetary and Financial Conference*, Bretton Woods, New Hampshire, July 1-22, 1944, Bd. I, S. 21 ff.

1501 *Ebd.*, S. 24-25.

1502 Vgl. *J. M. Keynes*, Proposals for an International Clearing Union (April 1943), abgedr. in: *J. K. Horsefield*, The International Monetary Fund 1945-1965, Bd. III: Documents, 1969, S. 19 ff. (insb. 22). Siehe auch *R. W. Edwards*, International Monetary Collaboration, 1985, S. 23, Fn. 90.

rung möglich wäre. Als historische Ursache für die Entscheidung zugunsten des Begriffes "*countries*" nennt *Joseph Gold* den zu diesem Zeitpunkt völkerrechtlich noch ungeklärten Status einiger Teilnehmer der Gründungskonferenz.[1503] Hierzu gehörten einmal die vier englischen Dominien Australien, Kanada, Neuseeland und die Südafrikanische Union sowie Indien und die Philippinen, die erst später die Unabhängigkeit erlangten und damit zu souveränen Staaten im Sinne des Völkerrechts wurden.[1504] Aus diesem historischen Anliegen, die Staatseigenschaft für die Konferenzteilnehmer nicht als konstitutives Merkmal vorauszusetzen, ließe sich nun ableiten, dies in gleicher Weise auch für alle „anderen Mitglieder" i.S.d. Art. II Abschn. 2 IWFÜ gelten zu lassen.[1505] Andererseits ist insoweit mit *Joseph Gold* auch eine Auslegung dahingehend möglich, dies als Ausnahme allein zugunsten der Gründungsmitglieder zu verstehen, wohingegen alle späteren Beitrittskandidaten die Erfordernisse des völkerrechtlichen Staatsbegriffs erfüllen müssen.[1506] Damit wäre nach der Entstehungsgeschichte des Art. II IWFÜ eine Mitgliedschaft internationaler Organisationen – trotz umfangreicher Kompetenzen im Regelungsbereich des IWF – ausgeschlossen.

In der Literatur wird andererseits darauf verwiesen, dass es im Rahmen des IWF auch Fälle gegeben hat, in denen sich einzelne Mitglieder zusammengeschlossen haben und das hieraus hervorgegangene Völkerrechtssubjekt an ihrer Stelle als Mitglied zugelassen wurde.[1507] Einen besonderen Fall dieser Art stellte der 1958 erfolgte Zusammenschluss Ägyptens und Syriens, welche bis dahin eigenständige Mitglieder des IWF waren,[1508] zur Vereinigten Arabischen Republik (*United Arab Re-*

[1503] *J. Gold*, Membership and Nonmembership in the International Monetary Fund, 1974, S. 45.

[1504] Vgl. Anhang A zum IWFÜ.

[1505] So *E. Denters*, Representation of the EC in the IMF, in: Giovanoli (Hrsg.), International Monetary Law, 2000 (Neudruck 2005), S. 211 (220).

[1506] *J. Gold*, Membership and Nonmembership in the International Monetary Fund, 1974, S. 45.

[1507] Vgl. etwa *N. Corrales-Díez*, Die EU-Außenvertretung im Internationalen Währungsfonds, Working Papers 3/ 2003, S. 15.

[1508] Ägypten gehört zu den Gründungsmitgliedern des IWF (vgl. Anhang zum IWFÜ); Syrien ist der Organisation wenig später, am 10. April 1947, beigetreten.

public, UAR) dar.[1509] Hinsichtlich der Mitgliedschaft im IWF gab die UAR an den damaligen Geschäftsführenden Direktor des IWF, *Per Jacobsson*, die folgende Erklärung ab: "*By virtue of the merger of Egypt and Syria [...] on February 21, 1958, the United Arab Republic is a single member of the International Monetary Fund with a single quota and subject to the provisions of its Articles of Agreement.*"[1510] Die UAR wurde daraufhin ohne ein förmliches Aufnahmeverfahren nach Art. II Abschn. 2 IWFÜ[1511] als Mitglied mit einer eigenen Quote zugelassen.[1512] In der Praxis wurde die UAR, deren ägyptische und syrische Regionen auch nach der Fusion weiterhin über ein eigenes, voneinander unabhängiges Währungssystem verfügten, allerdings auf Vorschlag ihres Außenministers[1513] vom IWF getrennt verwaltet.[1514] Dieses Vorgehen erleichterte es dem IWF nach der Auflösung der UAR aufgrund einer einseitigen Erklärung Syriens,[1515] dessen ursprüngliche Mitgliedschaft

---

[1509] Hierzu ausführlich *E. Cotran*, Some Legal Aspects of the Formation of the United Arab Republic and the United Arab States, ICLQ 8 (1959), 346 (362-363); *H. Aufricht*, State Succession under the Law and Practice of the International Monetary Fund, ICLQ 11 (1962), 154 (158 ff.); *J. Gold*, Membership and Nonmembership in the International Monetary Fund, 1974, S. 295-302; *A. Zimmermann*, Staatennachfolge in völkerrechtliche Verträge, 2000, S. 629 f.

[1510] Zitiert nach *H. Aufricht*, State Succession under the Law and Practice of the International Monetary Fund, ICLQ 11 (1962), 154 (160).

[1511] Entsprechend wurde die endgültige Entscheidung über das Aufnahmegesuch nicht wie in Art. II Abschn. 2 IWFÜ vorgesehen vom Gouverneursrat getroffen, sondern vom Exekutivdirektorium. Vgl. Decision No. 782-(58/ 37) des Exekutivdirektoriums v. 16. Juli 1958.

[1512] Vgl. *IMF*, Annual Report 1959, S. 13: "With the merging of Egypt and Syria [...], the United Arab Republic has become a single member of the Fund with one quota".

[1513] Ein Auszug aus diesem zweiten Schreiben des Außenministers der UAR vom 14. Juni 1958 an den Geschäftsführenden Direktor des IWF findet sich bei *J. Gold*, Membership and Nonmembership in the International Monetary Fund, 1974, S. 297.

[1514] Siehe *H. Aufricht*, State Succession under the Law and Practice of the International Monetary Fund, ICLQ 11 (1962), 154 (160); *J. Gold*, Membership and Nonmembership in the International Monetary Fund, 1974, S. 297-298.

[1515] Einen Auszug des entsprechenden Telegramms des syrischen Premierministers und des Außenmisters vom 22.10.1961 findet sich bei *J. Gold*, Membership and Nonmembership in the International Monetary Fund, 1974, S. 299. Siehe hierzu auch allgemein *C. Rousseau*, Chronique des Faits Internationaux:

und die Ägyptens erneut ohne ein förmliches Aufnahmeverfahren wieder aufleben zu lassen.[1516] Aus dieser Praxis des IWF im Umgang mit der UAR lassen sich jedoch nicht zwingend Rückschlüsse auf eine mitgliedschaftliche Beteiligung der EU ziehen. Ägypten und Syrien verfolgten mit ihrem Zusammenschluss nämlich ausdrücklich die Absicht, einen Staat im Sinne des Völkerrechts zu gründen.[1517] Dies stellte auch das Exekutivdirektorium in seiner Entscheidung vom 16. Juli 1958 fest: "[F]ollowing the merger of Egypt and Syria into *a single state*, the United Arab Republic is a single member of the International Monetary Fund with a single quota [...]".[1518]

Orientiert man sich demgegenüber an einer primär der Effektivität und Wandlungsfähigkeit des IWF verpflichteten, mithin teleologisch-funktionalen und dynamischen Auslegungsmethode, so lassen sich auf dieser Grundlage durchaus Anknüpfungspunkte für eine Mitgliedschaft der EU im IWF finden. Nach den *Articles of Agreement* soll der IWF die bi- und multilaterale Überwachung, insbesondere der Wechselkurse zwischen den Mitgliedern, die Förderung der Stabilität der Währungen und einen freien Zahlungsverkehr, u.a. durch die Überwachung und Bewertung von Devisenkontrollbestimmungen, sowie die Verringerung von Unausgeglichenheiten in den Zahlungsbilanzen der Mitglieder durch die Vergabe von Krediten und daran anknüpfenden Auflagen gewährleisten. Diese Ziele zu unterstützen und die hieraus resultierenden Pflichten zu erfüllen, sind alle Mitglieder generell durch ihren Beitritt zum IWF verpflichtet (Art. XXXI Abschn. 2 lit. a) IWFÜ). Vor diesem Hintergrund ließe sich mit *Erik Denters*, *René Smits* und *Domi-*

Sécession de la Syrie et de la R.A.U. – Conséquences juridiques. – Problème de la reconnaissance du nouvel Etat par les Etats tiers et de sa réadmission dans l'O.N.U., RGDIP 66 (1962), 413 ff.

[1516] *J. Gold*, Membership and Nonmembership in the International Monetary Fund, 1974, S. 298-301; *A. Zimmermann*, Staatennachfolge in völkerrechtliche Verträge, 2000, S. 629-630.

[1517] Darauf weist zu Recht auch *R. S. J. Martha*, The Fund Agreement and the Surrender of Monetary Sovereignty to the European Community, CMLRev. 30 (1993), 749 (763) hin. Vgl. zur Staatseigenschaft der UAR auch die Ausführungen bei *E. Cotran*, Some Legal Aspects of the Formation of the United Arab Republic and the United Arab States, ICLQ 8 (1959), 346 (347): "It is clear [...] that the U.A.R. is a *State* and nor merely a union of States" [Hervorhebung im Original].

[1518] Decision No. 782-(58/ 37) des Exekutivdirektoriums vom 16.7.1958 [eigene Hervorhebung].

nique Carreau vertreten, dass es für die Aufnahme in den IWF weniger auf die Staatseigenschaft eines Bewerbers ankommt, als vielmehr auf dessen Eigenschaft mit dem IWF in den genannten Bereichen zu „kommunizieren“, um so die Erreichung bzw. wirkungsvolle Umsetzung der IWF-Ziele überhaupt erst möglich zu machen.[1519] Dies setze – so *Denters* – voraus, dass es sich bei diesem um eine autonome Wirtschaftseinheit handelt. Diese fallen in der Regel zwar mit den politischen Einheiten, den Staaten, zusammen, müsse aber nicht notwendigerweise so sein.[1520] Dem stehe auch nicht die bisherige Praxis des IWF entgegen, die dadurch gekennzeichnet ist, dass – bis auf wenige Ausnahmen – bisher nur Staaten als Mitglieder aufgenommen wurden. Dies sei gerade nicht "*attributable to statehood but rather to the sovereign right of states to issue their own currencies*".[1521] Auch nach *Smits* setzt die Mitgliedschaft im IWF vor allem die Währungssouveränität – im Einzelnen eine eigene Währung, eine einheitliche Währungs- und Wechselkurspolitik, eine Zentralbank oder sonstige Währungsbehörde, sowie einen einheitlichen Standpunkt nach außen in Bezug auf den Kapital- und Zahlungsverkehr –[1522] voraus.[1523] Hieraus folgern beide schließlich, dass der Begriff "*countries*" in dem Sinne aufgefasst werden

---

[1519] *E. Denters*, New Challenges to IMF Jurisdiction, NYIL 29 (1998), 3 (24 ff.); *ders.*, Representation of the EC in the IMF, in: Giovanoli (Hrsg.), International Monetary Law, 2000 (Neudruck 2005), S. 211 (219 ff.); *ders.*, in: Denters/Viterbo, International Monetary Fund (IMF), 2013, S. 23 ff.; *R. Smits*, The European Central Bank, 1997, S. 442-444; *ders.*, in: von der Groeben/Schwarze/Hatje, Europäisches Unionsrecht, 7. Aufl. 2015, Art. 138, Rn. 46; *D. Carreau*, Le Fonds monétaire international, 2009, S. 22.

[1520] *E. Denters*, Representation of the EC in the IMF, in: Giovanoli (Hrsg.), International Monetary Law, 2000 (Neudruck 2005), S. 211 (220): "The IMF sees its members as a collection *of economic entities rather than a system of states*".

[1521] *E. Denters*, Representation of the EC in the IMF, in: Giovanoli (Hrsg.), International Monetary Law, 2000 (Neudruck 2005), S. 211 (220).

[1522] *R. Smits*, The European Central Bank, 1997, S. 443-444; *ders.*, in: von der Groeben/Schwarze/Hatje, Europäisches Unionsrecht, 7. Aufl. 2015, Art. 138 AEUV, Rn. 46.

[1523] So auch *E. Denters*, New Challenges to IMF Jurisdiction, NYIL 29 (1998), 3 (29); vgl. ferner *ders.*, Representation of the EC in the IMF, in: Giovanoli (Hrsg.), International Monetary Law, 2000 (Neudruck 2005), S. 211 (220): "Therefore, it appears that the *exercise* of the sovereign right to issue a currency is decisive for membership".

müsse, dass auch die EU als nichtstaatliches Gebilde hierunter subsumiert werden kann.[1524]

Für diese Auslegung von "*countries*" spricht, dass der IWF in der täglichen Praxis den Terminus teils ähnlich extensiv gebraucht. So beziehen etwa das *Balance of Payments Statistics Yearbook* und der *Annual Report* des Exekutivdirektoriums den Ausdruck nicht in allen Fällen nur auf souveräne Staaten, sondern auch auf Währungsräume und sonstige Gebiete und Territorien ohne eigene Staatsqualität.[1525] Es ist nicht etwa Gedankenlosigkeit, auf die dieser weite Sprachgebrauch zurückzuführen ist, sondern vielmehr die zunehmende Notwendigkeit, zur wirksamen Erfüllung der eigenen Organisationsziele auch für solche Gebiete gleichermaßen statistische Daten zu erheben und zu verwerten, die den IWF hierzu veranlassen. Allerdings kann *Denters* und *Smits* insoweit nicht gefolgt werden, als beide für eine mitgliedschaftliche Beteiligung allein auf die Währungshoheit des Bewerbers abstellen. Dem steht entgegen, dass sich die Zuständigkeit des IWF nicht nur allein auf die Währungspolitik bezieht, sondern – wie gezeigt – auch auf die Wirtschafts- und Entwicklungspolitik. Dementsprechend können nichtstaatliche Wirkungseinheiten auch nur dann als vollwertige Mitglieder aufgenommen werden, sofern ihnen eine umfassende Autonomie auf dem Gebiet der Währungspolitik zukommt und sie auch in den übrigen vom IWF geregelten Angelegenheiten über Kompetenzen verfügen sowie darüber hinaus mit eigenen, besonderen Organen ausgestattet sind.

Diesem Befund wird in systematischer Hinsicht teilweise entgegengehalten, dass im Hinblick auf Art. X und XXXI Abschn. 2 lit. g) IWFÜ deutlich wird, dass der Ausdruck "*countries*" nur im Sinne des klassischen Völkerrechts, in dem als wesentliche Akteure auf der internationalen Bühne ausschließlich souveräne Staaten agierten, verstanden werden könne.[1526] Andernfalls wären beide Regelungen weitgehend in-

---

[1524] So auch die Forderung bei *D. Carreau*, Le Fonds monétaire international, 2009, S. 22.

[1525] Dies betrifft neben der WWU z.B. die Ostkaribische Währungsunion sowie Hong Kong und Macao. Vgl. *IMF*, Balance of Payments Statistics Yearbook 2010, S. III; sowie *IMF*, Annual Report 2015, S. 3: "As used in this Annual Report, the term "country" does not in all cases refer to a territorial entity that is a state as understood by international law and practice".

[1526] So etwa *R. Martha*, The Fund Agreement and the Surrender of Monetary Sovereignty to the European Community, CMLRev. 30 (1993), 749 (780); ihm folgend *Z. Bognar*, Europäische Währungsintegration und Außenwirtschaftsbeziehungen, 1997, S. 400.

haltslos, da auf diese Weise die darin zum Ausdruck kommende Differenzierung zwischen verschiedenen Beziehungspartnern und –kategorien unterlaufen werde. Dem wird man insoweit folgen müssen, dass eine Auslegung, die eine oder mehrere Satzungsbestimmungen inhaltlos macht, in der Tat kaum den Anspruch auf Richtigkeit erheben kann. Daher können abhängige Gebiete und Territorien i.S.d. Art. XXXI Abschn. 2 lit. g) IWFÜ richtigerweise ungeachtet der Bedeutung ihrer Währungen für den internationalen Wirtschaftsverkehr nicht als eigenständige Mitglieder aufgenommen werden.[1527] Im Hinblick auf Art. X IWFÜ macht die besondere Rechtsnatur der EU jedoch eine differenzierte Betrachtung notwendig. Wie gezeigt, ermächtigt die Regelung den IWF zur Aufnahme organisationsrechtlicher Beziehungen mit anderen internationalen Organisationen. Hierunter fallen insbesondere die Aufnahme von Arbeitskontakten und die Einräumung eines Beobachterstatus, nicht jedoch die Begründung eines Mitgliedschaftsverhältnisses. Daraus könnte nun geschlussfolgert werden, dass der EU im IWF nur ein institutioneller Status unterhalb der Mitgliedschaft, also insbesondere ein Beobachterstatus eingeräumt werden dürfte. Dieser *modus vivendi*, der für „klassische" internationale Organisationen entwickelt wurde, wird indessen nicht den Besonderheiten der supranationalen EU gerecht, die in dieser Form historisch einzigartig ist und in keiner anderen Region der Welt existiert. Bekanntlich ist die EU ein auf fortschreitende Integration angelegter, mit Kompetenzen, Organen und eigener Handlungsfähigkeit ausgestatteter zwischenstaatlicher Verbund.[1528] Auch wenn ihr die umfassende Befugnisse beinhaltende Kompetenzfülle,[1529] insbesondere die sog. Kompetenz-Kompetenz fehlt, die bundesstaatliche Ordnungen auszeichnet, so unterscheidet sie sich doch durch das hohe Maß der ihr zustehenden Entscheidungsgewalt wesentlich vom durchschnittlichen Typ internationaler Organisa-

---

1527 Dies betrifft z.B. die beiden chinesischen Sonderverwaltungszonen Hongkong und Macau.

1528 Diese Einordnung geht insbesondere auf das BVerfG zurück. Siehe etwa BVerfGE 89, 155 (184): EU als ein „auf dynamische Entwicklung angelegter […] Verbund demokratischer Staaten". Siehe hierzu auch die – allerdings restriktive – Definition des Begriffs Verbund im Lissabon-Urteil, BVerfGE 123, 267 (1. Leitsatz). In der Literatur wird auch vom „Verfassungsverbund" oder vom „Staaten- und Verfassungsverbund" gesprochen. So etwa *I. Pernice*, Europäisches und nationales Verfassungsrecht, VVDStRL 60 (2001), 148 (164 ff.).

1529 Dies gilt vor allem für das Gewaltmonopol und die Verfügung über militärische und polizeiliche Macht.

tionen.[1530] Sie ist Trägerin eigener autonomer, auch und vor allem monetärer Hoheitsrechte.[1531] Ihre Rechtsakte erlangen unmittelbare Verbindlichkeit gegenüber ihren Mitgliedstaaten, ohne dass es hierzu eines nochmaligen nationalen Zustimmungsaktes bedarf. Das Unionsrecht ist dem nationalen Recht übergeordnet und erlangt unter gewissen Voraussetzungen auch unmittelbare Durchgriffswirkung gegenüber den nationalen Behörden und Gerichten sowie den einzelnen Bürgern.[1532] Für den Bereich des Welthandels hat man diese Besonderheiten von Anfang an erkannt und die E(W)G faktisch, wenn auch nicht *de jure*, als Vollmitglied des GATT behandelt.[1533] Das unterscheidet im Übrigen auch die WWU von anderen Währungsunionen, die überdies nur für einen begrenzten Bereich der Tätigkeit des IWF Aufgaben wahrnehmen und zudem in wirtschaftlicher Hinsicht von wesentlich geringerer Bedeutung sind.[1534] Daraus folgt im Ergebnis, dass die EU wie auch künftige ähnliche Organisationen regionaler Wirtschaftsintegration, die von den Mitgliedern des IWF gebildet werden und für Bereiche zuständig sind, die zum Aufgabenbereich des IWF gehören, nicht in den Regelungsbereich des Art. X IWFÜ fallen, sondern unter dem Begriff "*countries*" zu subsumieren sind.[1535] Hierfür spricht auch, dass die Zusammenarbeit

---

[1530] Hierzu bereits *M. Zuleeg*, Wandlungen des Begriffs der Supranationalität, Integration 1988, 103 ff. (insb. 109).

[1531] Zur Währungshoheit der Union und ihrer Besonderheit im zwischenstaatlichen Verkehr siehe *C. Herrmann*, Währungshoheit, Währungsverfassung und subjektive Rechte, 2010, S. 97 ff, 116 ff.

[1532] Grundlegend *EuGH*, Rs. 6/64, *Costa/E.N.E.L.*, Slg. 1964, 1251, 1269.

[1533] Heute gehört die EU als Rechtsnachfolgerin der EG bekanntlich zu den Gründungsmitgliedern der WTO. Aus der Vielzahl der Beiträge, die sich mit der mitgliedschaftlichen Beteiligung der EU in der WTO beschäftigen, siehe allein den prägnanten Überblick bei *C. Herrmann/T. Streinz*, in: von Arnauld (Hrsg.), Europäische Außenbeziehungen, EnzEuR, Bd. 10, 2014, § 11.

[1534] Dies gilt z.B. für die beiden afrikanischen Währungsunionen, der Union Économique et Monétaire Ouest Africaine (UEMOA) und der Communauté Économique et Monétaire de l'Afrique Centrale (CEMAC), in denen eine große Abhängigkeit vom Euro herrscht. Vor der Einführung des Euro war der Wechselkurs ihrer Währungen (CFA-Franc BCEAO und CFA-Franc BEAC) direkt an den Französischen Franc gebunden. Mit der Euro-Einführung zum 1.1.1999 wurde dies durch eine vom Rat auf der Grundlage des Art. 219 Abs. 1 AEUV genehmigte Wechselkursanbindung an den Euro abgelöst.

[1535] Andere „gewöhnliche" internationale Organisationen fallen demgegenüber in den Geltungsbereich des Art. X IWFÜ.

des IWF mit der EU bisher nicht auf der Grundlage eines Abkommens nach Art. X IWFÜ gestellt wurde.

Insgesamt folgt hieraus, dass auch die EU als "*country*" im Sinne des Art. II Abschn. 2 IWFÜ zu sehen ist. Dieser Befund lässt sich insbesondere auf eine teleologisch-funktionale und dynamische Begriffsauslegung stützen. Aber selbst wenn man die Entstehungsgeschichte des Art. II IWFÜ heranzieht und der von *Joseph Gold* verfochtenen Auslegung folgt, kann dieses Ergebnis aufrechterhalten werden. Geht man mit ihm davon aus, dass hinter der Formulierung "*countries*" das Anliegen stand, die Staatseigenschaft nur für die Gründungsmitglieder nicht als konstitutives Merkmal vorauszusetzen, so zeigt dies, dass es für die wirksame Erfüllung der in den *Articles of Agreement* niedergelegten Ziele und den sich hieraus ergebenden Pflichten gerade nicht auf eine umfassende Souveränität im Sinne staatlicher Vollgewalt ankommt, sondern vielmehr auf die währungspolitische Autonomie der Mitglieder und ihren sonstigen Regelungsbefugnissen im Aufgabenbereich des IWF.

3. Träger und Akteur in den EU-Währungsaußenbeziehungen

Allerdings wird nicht immer von einer IWF-Mitgliedschaft der EU als Verband gesprochen, sondern stattdessen zum Teil eine mitgliedschaftliche Beteiligung der Eurozone gefordert.[1536] Dem steht jedoch bereits entgegen, dass nach allgemeinen völkerrechtlichen Grundsätzen die Völkerrechtspersönlichkeit zwingende Voraussetzung für eine Mitgliedschaft in einer internationalen Organisation ist, und diese gerade der Eurozone fehlt. Sie müsste daher nach außen durch ein Unionsorgan oder andere EU-Einrichtungen mit eigener Völkerrechtspersönlichkeit vertreten werden.[1537] In einem auf Anfrage des Europäischen Parlaments ausgearbeiteten Bericht des Centre for European Policy Studies wird insoweit angenommen, "the euro area could achieve a single membership through the European Stability Mechanism (ESM) as

[1536] Vgl. *J. Wouters/S. Van Kerckhoven/T. Ramopoulos*, The EU and the euro area in international economic governance: the case of the IMF, in: Kochenov/Amtenbrink (Hrsg.), The European Union's Shaping of the International Legal Order, 2014, 306 (321).

[1537] Siehe *W. Duisenberg*, The role of the ECB at the international level, Speech at the Annual Meeting of the Institute of International Finance, Inc. (IIF), Prague, 23 September 2000, abrufbar unter http://www.ecb.europa.eu/press/key/date/2000/html/sp000923.en.html (letzter Zugriff: 7.4.2015).

the institution with own legal personality representing the fiscal authorities of the euro area". Weiter heißt es darin, "[f]or the IMF, for instance, quotas would be merged via the ESM".[1538] Dieser Ansatz ist in der Literatur, namentlich von *Jean-Victor Louis*, zu Recht auf Kritik gestoßen.[1539] Neben der hierfür in jedem Fall erforderlichen Änderung der Satzung des ESM spricht dagegen, dass es sich bei diesem nicht um eine Einrichtung im institutionellen und rechtlichen Rahmen der Union, sondern um eine eigenständige internationale Organisation neben der EU handelt,[1540] die zudem nicht für alle Aufgaben des IWF zuständig ist.

Mit einer eigenen, von der EU verschiedenen Rechts-, auch Völkerrechtspersönlichkeit ausgestattet und damit auf internationaler Ebene zu eigenem Handeln befugt ist dafür die EZB.[1541] In der Literatur wird deshalb auch die Auffassung vertreten, auf eine EZB-Mitgliedschaft im IWF hinzuarbeiten.[1542] Diese Ansicht beruht auf den im Wesentlichen von *Chiara Zilioli* und *Martin Selmayr* entwickelten Ansatz, demzufolge es sich bei der EZB um eine „selbständige Sonderorganisation" mit „beachtliche[r] Ähnlichkeit mit den drei Europäischen Gemeinschaften"[1543] handelt[1544] und es insofern zutreffender oder präziser sei, von

---

[1538] *A. Giovannini/D. Gros/P. Ivan/P. M. Kaczynski/D. Valiante*, External Representation of the Euro Area, IP/A/ECON/FWC/2010_19, May 2012, S. 40.

[1539] *J.-V. Louis*, The Euro Area and Multilateral Financial Institutions and Bodies: An Update, in: Govaere u.a. (Hrsg.), The European Union in the World. Essays in Honour of Marc Maresceau, 2014, 191 (200-201).

[1540] Die Kommission hat allerdings vor kurzem gefordert, den ESM-Vertrag mittelfristig in den Rahmen des Unionsrechts zu überführen. Vgl. die Mitteilung der Kommission, COM(2012) 777 final/2 v. 30.11.2012, S. 39.

[1541] Vgl. Art. 282 Abs. 3 S. 1 AEUV. Auch die EZB selbst betont ihre Völkerrechtspersönlichkeit. Siehe z.B. *EZB*, Monatsbericht Juli 1999, S. 60: „Die EZB besitzt Rechtspersönlichkeit im Sinne des Völkerrechts und ist daher u. a. befugt, innerhalb ihres Zuständigkeitsbereichs völkerrechtliche Verträge abzuschließen und sich an der Arbeit von internationalen Organisationen, wie z. B. dem Internationalen Währungsfonds, der Bank für Internationalen Zahlungsausgleich oder der OECD zu beteiligen".

[1542] So *D.-C. Horng*, The ECB's Membership in the IMF, ELJ 11 (2005), 802 ff.

[1543] *M. Selmayr*, Die Wirtschafts- und Währungsunion als Rechtsgemeinschaft, AöR 124 (1999), 357 (369); *C. Zilioli/M. Selmayr*, The Law of the European Central Bank, 2001 (Neudruck 2004), S. 8-9: "[T]he ECB as a new supra-

einem Übergang monetärer Kompetenzen auf die EZB und nicht auf die EG zu sprechen.[1545] Diese wird dann auch vor dem Hintergrund der *AETR*-Rechtsprechung des EuGH als "*the natural bearer of external competences in the field of monetary policy*"[1546] bezeichnet.[1547] Diese Darstellung ist im übrigen juristischen Schrifttum bekanntlich auf heftige Kritik gestoßen,[1548] die hier nicht im Detail wiederholt zu werden braucht. Der Lissabon-Vertrag zählt die EZB heute jedenfalls in Art. 13 Abs. 1 UAbs. 2 EUV ausdrücklich zu den Organen der EU und lässt damit keinen Zweifel mehr daran entstehen, dass es sich bei ihr um

---

national organisation independent both of the Member States *and* of the Community institutions and bodies." Zuletzt erneut *M. Selmayr*, in: Müller-Graff (Hrsg.), Europäisches Wirtschaftsordnungsrecht, EnzEuR, Bd. 4, 2015, § 23; Rn. 164 ff.; *ders.*, in: von der Groeben/Schwarze/Hatje, Europäisches Unionsrecht, 7. Aufl. 2015, Art. 282, Rn. 73-76.

1544 Ähnlich bereits aber auch *M. Seidel*, Zur Verfassung der Europäischen Gemeinschaft nach Maastricht, EuR 1992, 125 (138): „[E]ine zwar der Gemeinschaft zugeordnete, aber neben dieser stehende Institution"; *I. Pernice*, Das Ende der währungspolitischen Souveränität Deutschlands und das Maastricht-Urteil des BVerfG, in: Due u.a. (Hrsg.), FS f. U. Everling, Bd. II, 1995, 1057 (1059): „Gemeinschaft in der Gemeinschaft"; *A. von Bogdandy,* The Legal Case for Unity, CMLRev. 36 (1999), 887 (904): "independent sub-organization of the Union".

1545 So ist wohl auch das *IMF Legal Department* zu verstehen, wenn es von "transfer of economic and monetary powers by Fund members of the euro-area to the ECB" spricht. Siehe *IMF*, The European Economic and Monetary Union and the International Monetary Fund – Main Legal Issues Relating to Rights and Obligations of EMU Members in the Fund, SM/98/131, June 8, 1998, S. 7.

1546 *C. Zilioli/M. Selmayr*, The External Relations of the Euro Area: Legal Aspects, CMLRev. 36 (1999), 273 (292).

1547 Dem liegt jedoch insofern ein anderes Verständnis von der *AETR*-Rechtsprechung des EuGH zugrunde, als beide davon ausgehen, dass diese sich nicht nur auf die vertikale Zuständigkeitsverteilung zwischen der EU und ihren Mitgliedstaaten bezieht, sondern auch auf die Organkompetenz. Zur *AETR*-Rspr. siehe *S. Kadelbach*, ERTA Case, in: Wolfrum (Hrsg.), MPEPIL (Stand: Juni 2013).

1548 Siehe z.B. *R. Torrent,* Whom is the European Central Bank the Central Bank of? Reaction to Zilioli and Selmayr, CMLRev. 36 (1999), 1229 ff.; *C. Herrmann*, Monetary Sovereignty over the Euro and External Relations of the Euro Area, EFAR 7 (2002), 1 ff.; *C. Gaitanides*, Das Recht der Europäischen Zentralbank, 2005, S. 52 ff.; *H. J. Hahn/ U. Häde*, Währungsrecht, 2. Aufl. 2010, § 16, Rn. 150 ff. jeweils m.w.Nw.

eine – wenn auch besondere – Einrichtung der Union handelt. Dementsprechend ist die Währungshoheit der an der Eurozone teilnehmenden Mitgliedstaaten – wie schon unter der Geltung des EG-Vertrages – nicht auf die EZB oder das ESZB, sondern auf die EG bzw. EU übergegangen.[1549] Mit dieser Feststellung ist zugleich positiv gesagt, dass Träger und Akteur der EU-Währungsaußenbeziehungen die Union ist, und zwar die nach dem Vertrag von Lissabon mit eigener Rechtspersönlichkeit ausgestattete Union. Sie allein kommt daher für eine Mitgliedschaft im IWF in Betracht.

4. *Mitgliedschaftskategorien*

Dagegen ist mit dieser Schlussfolgerung noch nicht geklärt, nach welchem Mitgliedschaftsmodell die EU dem IWF beitreten kann. Die Art der Mitgliedschaft der Union in einer internationalen Organisation richtet sich – zumindest unionsrechtlich – nach der Reichweite ihrer Kompetenzen. Danach lassen sich eine ausschließliche, gemischte bzw. komplementäre und eine (von ihren Mitgliedstaaten) unabhängige bzw. zusätzliche Mitgliedschaft der EU unterscheiden.[1550] Die letztere, in der Praxis eher selten vorkommende Mitgliedschaftsform kommt nur dann in Betracht, wenn der Tätigkeitsbereich der betreffenden internationalen Organisation einen Politikbereich betrifft, für den sowohl die EU als auch ihre Mitgliedstaaten über eigene, voneinander unabhängige Kompetenzen verfügen. Der bekannteste Fall einer solchen unabhängigen Mitgliedschaft der EU stellt ihre Beteiligung in der Europäischen Bank für Wiederaufbau und Entwicklung (*European Bank for Reconstruction and Development*, EBRD) dar, in der neben den EU-Mitglied- und anderen Drittstaaten auch die Union sowie die mit eigener Völkerrechtspersönlichkeit ausgestattete Europäische Investitions-

---

[1549] Dies verkennt auch das *IMF-Legal Department*, wenn es ausführt: "[T]he introduction of the euro as the single currency of euro-area members of the Fund, and *the shift of powers in the economic and monetary field from individual members participating in EMU to EMU institutions [...]*" [eigene Hervorhebung].

[1550] Zu dieser Kategorisierung siehe *H. G. Schermers*, International Organizations as Members of Other International Organizations, in: Bernhardt u.a. (Hrsg.), FS Mosler, 1983, 823 (832 ff.); *J. Scheffler*, Die Europäische Union als rechtlich-institutioneller Akteur im System der Vereinten Nationen, 2011, S. 318 ff.; *K. Odendahl*, in: von Arnauld (Hrsg.), Europäische Außenbeziehungen, EnzEuR, Bd. 10, 2014, § 5, Rn. 52 ff.

bank Mitglied sind.[1551] Die damalige EWG konnte neben ihren Mitgliedstaaten Gründungsmitglied werden, da ihr aus ex-Art. 235 EWGV (später: Art. 308 EGV, heute: Art. 352 AEUV) eine von ihren Mitgliedstaaten unabhängige Kompetenz zugesprochen wurde, projektbezogene Finanzhilfen zu gewähren.[1552] Mit Art. 212 AEUV (ex-Art. 181 lit. a) EGV-Nizza) besteht hierfür inzwischen eine spezielle Rechtsgrundlage, die – wie gezeigt – eine echte nebeneinander bestehende Zuständigkeit der EU begründet. Diese Bestimmung kommt im Zusammenspiel mit den Regelungen über die Entwicklungszusammenarbeit (Art. 208 bis 211), der finanziellen Hilfe für Drittländer (Art. 213 AEUV) und der humanitären Hilfe (Art. 214 AEUV), die alle ebenfalls eine parallele Unionskompetenz begründen, auch im Zusammenhang mit dem IWF zum Tragen. Gleichwohl rechtfertigen diese Kompetenzgrundlagen alleine eine eigenständige Mitgliedschaft der EU zusätzlich zu ihren Mitgliedstaaten nicht, da sie mit der konzessionären Finanzierungstätigkeit des IWF nur einen Randbereich seines Aufgabenfeldes betreffen.

In der Literatur wird dementsprechend eine ausschließliche Mitgliedschaft der EU im Umfang der an der Eurozone beteiligten Staaten, teils auch an Stelle aller ihrer Mitgliedstaaten, sowie eine komplementäre Mitgliedschaft von EU und ihren Mitgliedstaaten diskutiert. Vor dem Hintergrund der im dritten Teil der Arbeit getroffenen Feststellung, dass im Aufgaben- und Regelungsbereich des IWF Kompetenzen der Union insgesamt, solche der EU als WWU und solche der Mitgliedstaaten berührt sind, kommt allein eine komplementäre Mitgliedschaft von EU und ihren Mitgliedstaaten in Betracht. Im Zusammenhang mit der WWU spricht hierfür neben dem kompetenzrechtlichen Argument auch ihre Entwicklungsoffenheit, die – wie die aktuell sowohl in der Literatur als auch in der Politik in Bezug auf Griechenland geführte Diskussion zeigt –[1553] wohl in beiden Richtungen möglich ist: Insoweit

---

[1551] Vgl. Art. 3 Abschn. 1 EBRD-Übereinkommen. Näher zur Mitgliedschaft in der EBWE *J. Sack*, Die Europäische Gemeinschaft als Mitglied internationaler Organisationen, in: Randelzhofer u.a. (Hrsg.), Gedächtnisschrift f. Eberhard Grabitz, 1995, 631 (647 f.).

[1552] Vgl. Beschluss des Rates v. 19.11.1990 über den Abschluss des Übereinkommens zur Errichtung der Europäischen Bank für Wiederaufbau und Entwicklung, ABl. 1990 L 372/1. Der Beschluss des Rates v. 21.12.2005 zur Änderung des EBRD-Übereinkommens zur Ermöglichung von Finanzierungen in der Mongolei, ABl. 2005 L 346/31, wurde auf Art. 181 lit. a) EGV gestützt.

[1553] Zur rechtlichen Zulässigkeit eines Austritts aus der Eurozone siehe die Diskussion bei *C. Herrmann*, Griechische Tragödie, EuZW 2010, 413 (416 ff.);

bringt eine komplementäre Mitgliedschaft einmal den Vorteil mit sich, dass sie bei einem Eintritt eines Mitgliedstaates in die Endstufe der WWU nicht jedes Mal eine Änderung seiner Mitgliedschaftsstellung im IWF auslösen würde. Umgekehrt würde ein Austritt eines Euro-Staates separat aus der Eurozone oder sogar aus der EU insgesamt – was seit dem Inkrafttreten des Lissabon-Vertrages unionsrechtlich sogar explizit geregelt ist (Art. 50 EUV) – dazu führen, dass der betreffende Mitgliedstaat ohne eine eigenständige IWF-Mitgliedschaft nicht mehr den IWF-rechtlichen Verpflichtungen unterläge. Hinzu kommt, dass mit Frankreich und den Niederlanden zwei Euro-Staaten Gebiete zu ihrem Territorium zählen, die nicht zum räumlichen Geltungsbereich des EU-Rechts gehören (Art. 355 Abs. 2 AEUV i.V.m. Anhang II zum AEUV).[1554] Insofern ist ihre Mitgliedschaft allein im Hinblick darauf weiterhin erforderlich.

Insoweit ließe sich zwar überlegen, die IWF-Mitgliedschaft dieser beiden Euro-Staaten allein auf die Vertretung ihrer Überseegebiete aufrechtzuerhalten. Jedoch erscheint diese Lösung – vor allem was die tägliche Arbeit im und die Zusammensetzung des Exekutivdirektoriums betrifft – wenig praktikabel. Ein alternativer Ansatz könnte darin liegen, den abhängigen ÜLG eine eigenständige Mitgliedschaft im IWF zu ermöglichen oder ihre Vertretung im IWF der EU zu übertragen.[1555] Einer autonomen Mitgliedschaft steht jedoch bereits die Regelung des Art. XXXI Abschn. 2 lit. g) IWFÜ entgegen, der zufolge eine Mitgliedschaft abhängiger Gebiete gerade nicht möglich sein soll. Schließlich scheint auch die Vertretungslösung wie auch ein Ausscheiden der Euro-Staaten aus dem IWF im Allgemeinen und damit eine ausschließliche Mitgliedschaft der EU im Umfang der an der Eurozone beteiligten Staaten realpolitisch ohnehin wenig wahrscheinlich.

Insgesamt sprechen daher die besseren Argumente für eine komplementäre Mitgliedschaft der EU und ihrer Mitgliedstaaten. Die *Articles of Agreement* werden damit zum gemischten Abkommen. Auf die sich hieraus ergebenden Rechtsfragen und -folgen soll im Folgenden näher

---

D. Meyer, Rechtliche Möglichkeiten eines Ausscheidens aus dem Euro und die Rückübertragung der Währungssouveränität, EuR 2013, 334 ff.

[1554] Für die in Anhang II aufgeführten überseeischen Länder und Hoheitsgebiete verweist Art. 355 Abs. 2 AEUV auf das Assoziierungssystem nach Art. 198 ff. AEUV. Damit fallen diese Gebiete nicht in den Geltungsbereich der Verträge, sondern gelten als Drittländer.

[1555] Vgl. *R.S.J. Martha*, The Fund Agreement and the Surrender of Monetary Sovereignty to the European Community, CMLRev. 30 (1993), 749 (782 f.).

eingegangen werden. Dabei werden zunächst die IWF-rechtlichen und dann die EU-rechtlichen Folgen behandelt, auch wenn sich viele Rechtsfragen erst aus der Zusammenschau von IWF-rechtlicher und unionsrechtlicher Rechtslage ergeben. In diesem Zusammenhang soll auch auf die Frage eingegangen werden, ob der IWF durch die Aufnahme der EU möglicherweise gegen Pflichten im Verhältnis zu den Vereinten Nationen verstoßen würde. Diese Frage beurteilt sich am Maßstab des Beziehungsabkommens (*relationship agreement*), das zwischen dem IWF als einer eigenständigen internationalen Organisation und den Vereinten Nationen geschlossen worden ist. Abschließend soll noch ein Ausblick auf die möglichen Implikationen einer EU-Mitgliedschaft im IWF für die internationalen Finanz- und Entwicklungshilfebeziehungen, namentlich für die G7/8, G20 und die Weltbankgruppe gegeben werden.

IV. Rechtsfragen und Rechtsfolgen eines EU-Beitritts zum IWF

Da sich hinsichtlich der Folgen einer mitgliedschaftlichen Beteiligung der EU im IWF aus den *Articles of Agreement* und den EU-Verträgen selbst nur Ansätze entnehmen lassen, wird es insoweit entscheidend auf die künftige Praxis ankommen. Da auch sie bislang lediglich in Ansätzen erkennbar ist, können im Folgenden nur einige erste Überlegungen angestellt werden.

1. IWF-rechtliche Folgen einer komplementären Mitgliedschaft

a) Reichweite der Bindung von EU und Mitgliedstaaten an das IWF-Recht

Wie im dritten Teil der Arbeit gezeigt, bestimmen die Außenkompetenzen der EU nicht nur die Zulässigkeit ihrer Beteiligung an einem bestimmten völkerrechtlichen Vertrag, sondern auch den materiellen Umfang ihrer jeweiligen Parteistellung. Auf völkerrechtlicher Ebene binden völkerrechtliche Verträge dagegen grundsätzlich alle Vertragsparteien unterschiedslos hinsichtlich aller Bestimmungen, es sei denn, dass sich Gegenteiliges aus dem Vertrag ergibt. Daher erhält auch die EU, wenn sie sich im Rahmen ihrer Kompetenzen als Partei an völkerrechtlichen Verträgen beteiligt, grundsätzlich die gleichen Rechte und übernimmt die gleichen Verpflichtungen wie die übrigen Vertragsparteien. Dies folgt bereits aus dem völkergewohnheitsrechtlichen Grundsatz *pacta sunt servanda,* der auch völkervertragsrechtlich in Art. 26 WVK niedergelegt ist. IWF-rechtlich wird die Verbindlichkeit der *Articles of Agreement* für alle Mitglieder in Art. XXXI Abschn. 2 lit. a) IWFÜ speziell angeordnet. Sie folgt zudem aus dem die gesamte Rechtsordnung des IWF kennzeichnenden Prinzip der Uniformität (*principle of uniformity*), das insoweit noch einmal für alle Mitglieder die Geltung grundsätzlich gleicher Rechte und Pflichten bestimmt.

Bekanntlich kann jedoch der Grundsatz der gleichen Bindung aller Vertragsparteien an die von ihnen geschlossenen völkerrechtlichen Verträge für den Fall, dass der Umfang der mit dem Vertrag zu übernehmenden Verpflichtungen die Kompetenzen der EU und der Mitgliedstaaten übersteigt, in Konflikt treten mit der unionsrechtlichen Kompetenzordnung. Aus diesem Grund wird in der Literatur zum Teil eine umfassende Bindung der EU an gemischte völkerrechtliche Verträge generell abgelehnt und stattdessen angenommen, dass die dritten Vertragspartner bzw. die Zielorganisation mit der Begründung eines gemischten Abkommens nicht nur die vertikale Kompetenzverteilung zwischen der Union und ihren Mitgliedstaaten anerkannt haben, sondern damit korrespondierend auch eine der unionsrechtlichen Kompetenzordnung entsprechende Begrenzung der Bindungswirkung des Abkommens für die EU und ihre Mitgliedstaaten gemäß ihrer jeweiligen Zuständigkeitsbereiche.[1556] Dies soll unabhängig davon der Fall sein, ob der betreffende gemischte Vertrag eine Begrenzung (ausdrücklich oder konkludent) vorsieht oder dies in einer gesonderten Erklärung geregelt ist. Etwas anderes soll danach nur dann gelten, wenn die gesamte Vertragsmaterie sowohl in die Zuständigkeit der EU als auch in die der Mitgliedstaaten fällt.[1557] Demgegenüber gehen die Praxis und der überwiegende Teil der Literatur von einer grundsätzlich umfassenden Bin-

---

[1556] Vgl. bereits *H. G. Schermers*, International Organizations as Members of Other International Organizations, in: Bernhardt u.a. (Hrsg.), FS Mosler, 1983, 823 (831 f.); *W. H. Balekjian*, Mixed Agreements, in: O'Keeffe/ Schermers, Mixed Agreements, 1983, 141 (143 f.). Aus jüngerer Zeit etwa *C. Pitschas*, Die völkerrechtliche Verantwortlichkeit der Europäischen Gemeinschaft und ihrer Mitgliedstaaten, 2001, S. 240 ff.; *H.G. Schermers/ N.M. Blokker*, International Institutional Law, 5. Aufl. 2011, § 1196 ff., § 1758.

[1557] *C. Pitschas*, Die völkerrechtliche Verantwortlichkeit der Europäischen Gemeinschaft und ihrer Mitgliedstaaten, 2001, S. 240. Solche parallelgemischten Verträge, in denen sowohl die EU als auch ihre Mitgliedstaaten unabhängig voneinander für das gesamte Abkommen zuständig sind, sind allerdings eher selten. Eine Ausnahme bildet z.B. die bereits erwähnte Mitgliedschaft in der Europäischen Bank für Wiederaufbau und Entwicklung.

dung sowohl der EU als auch ihrer Mitgliedstaaten an das gemischte Abkommen aus.[1558] Die dahinter stehende *ratio* ist vor allem der Schutz der dritten Vertragspartner vor hieraus folgenden Nachteilen. Insoweit wird darauf verwiesen, dass die von der Gegenmeinung angenommene stillschweigende Akzeptanz der beschränkten Bindungswirkung entsprechend der unionsinternen Kompetenzverteilung den dritten Vertragspartnern nicht nur unterstellt werden könne, sondern auch zu Lasten der Rechtssicherheit und -klarheit gehe.[1559] Unter Umständen soll aber auch nach dieser Auffassung eine begrenzte Bindungswirkung entsprechend der unionsinternen Zuständigkeitsverteilung möglich sein. Während einige Autoren hierfür eine entsprechende Regelung im Abkommen selbst verlangen,[1560] soll es nach einer anderen Auffassung al-

---

[1558] Vgl. etwa *EuGH*, Rs. C-316/91,*Lomé EEF*, Slg. 1994, I-625, Rn. 29. So auch bereits *A. Bleckmann*, Der gemischte Vertrag im Europarecht, EuR 1976, 301 (303); *ders.*, The Mixed Agreements of the EEC in Public International Law, in: O'Keeffe/ Schermers, Mixed Agreements, 1983, 155 (160 ff.); *G. Gaja*, The European Community's Rights and Obligations under Mixed Agreements, in: end., 133 (137); *J. Weiler*, The External Legal Relations of Non-Unitary Actors, in: ebd., 35 (79); *M. Dauses*, Die Beteiligung der Europäischen Gemeinschaften an multilateralen Völkerrechtsübereinkommen, EuR 1979, 138 (148 ff.); *K. Stein*, Der gemischte Vertrag im recht der Außenbeziehungen der Europäischen Wirtschaftsgemeinschaft, 1986, 104 ff.; *J. Wuermeling*, Kooperatives Gemeinschaftsrecht, 1988, S. 232 ff. Aus jüngerer Zeit siehe etwa *S. Sattler*, Gemischte Abkommen und gemischte Mitgliedschaften der EG und ihrer Mitgliedstaaten, 2007, S. 222 ff.

[1559] So bereits *A. Bleckmann*, The Mixed Agreements of the EEC in Public International Law, in: O'Keeffe/ Schermers, Mixed Agreements, 1983, 155 (160); *C. Tomuschat*, Liability for Mixed Agreements, in: ebd., 125 (130). Siehe auch *ders.*, The International Responsibility of the European Union, in: Cannizzaro (Hrsg.), The European Union as an Actor in International Relations, 2002, 177 (185); ferner *P. Olson*, Mixity from the Outside, in: Hillion/Koutrakos (Hrsg.), Mixed Agreements Revisited, 2010, 331 (335).

[1560] *E. Neframi*, International Responsibility of the European Community and of the Member States under Mixed Agreements, in: Cannizzaro, The European Union as an Actor in International Relations, 2002, 177 (198). Eine ausdrückliche Regelung sieht z.B. das UN-Seerechtsübereinkommen von 1982 vor. In Art. 4 Abs. 2 der Anlage IX zum SRÜ heißt es unter der Überschrift "Participation by International Organizations": "An international organization shall be a Party to this Convention to the extent that it has competence in accordance with the declarations, communications of information or notifications referred to in article 5 of this Annex". S. hierzu auch den Überblick bei *K. R. Simmonds*,

lein auf eine förmliche Offenlegung der Kompetenzverteilung gegenüber der Zielorganisation und der Drittstaaten und ihrer Anerkennung durch dieselben ankommen.[1561] Die Reichweite der vertraglichen Bindung der EU und ihrer Mitgliedstaaten wird demnach von der Zuständigkeitserklärung abgesteckt. Unterbleibt dagegen eine förmliche Erklärung und ist die unionsinterne Kompetenzverteilung für die Vertragspartner auch nicht offensichtlich (vgl. Art. 46 Abs. 2 WVK), sind die EU und ihre Mitgliedstaaten im Außenverhältnis an das gesamte Abkommen völkerrechtlich gebunden. Derartige Kompetenzabgrenzungserklärungen sind mittlerweile in fast allen gemischten Abkommen der EU Standard.[1562] Sie finden sich unter anderem beim Seerechtsübereinkommen der Vereinten Nationen[1563] sowie bei allen Umwelt-[1564] und zahlreichen Rohstoffabkommen.[1565] Als eine sich auf das gemischte Abkommen beziehende förmliche Erklärung stellen sie dabei eine Urkunde i.S.d. Art. 31 Abs. 2 lit. a) WVK dar und sind dementsprechend bei der Auslegung des betreffenden Vertrages zu berücksichtigen.[1566]

Im Hinblick auf den IWF hat *Joël Lebullenger* den Vorschlag gemacht, sich insoweit an dem Modell der FAO, in der die EU seit 1991 neben

---

The UN Convention on the Law of the Sea 1982 and the Community's Mixed Agreements Practice, in: O'Keeffe/ Schermers, Mixed Agreements, 1983, 199 ff.

1561 Vgl. u.a. *C. Tomuschat*, in: von der Groeben/Schwarze, EUV/EGV, 6. Aufl. 2003, Art. 300, Rn. 64; *C. Vedder*, Die Außenbeziehungen der EU und die Mitgliedstaaten, EuR-Beiheft 2007, 57 (81).

1562 Vgl. *A. Kumin/P. Bittner*, Die „gemischten" Abkommen zwischen der Europäischen Union und ihren Mitgliedstaaten einerseits und dritten Völkerrechtssubjekten andererseits, EuR-Beiheft 2012, 75 (79 f.).

1563 *K. R. Simmonds*, The UN Convention on the Law of the Sea 1982 and the Community's Mixed Agreements Practice, in: O'Keeffe/ Schermers, Mixed Agreements, 1983, 199 ff.

1564 Ausführlich hierzu *M. Bothe*, Die EU in internationalen Umweltabkommen, in: Gaitanides/Kadelbach/Rodriguez Iglesias (Hrsg.), FS f. Manfred Zuleeg, 2005, 668 ff; *V. Rodenhoff*, Die EG und ihre Mitgliedstaaten als völkerrechtliche Einheit bei umweltvölkerrechtlichen Übereinkommen, 2008, S. 186 ff.

1565 Zur diesbezüglichen Entwicklung siehe z.B. *C. Flaesch-Mougin*, in: Louis/Dony (Hrsg.), Commentaire J. Megret, Bd. XII: Relations Extérieures, 2. Aufl. 2005, Rn. 326 -327.

1566 *I. MacLeod/I. D. Hendry/S. Hyett*, The External Relations of the European Communities, 1996, S. 161.

ihren Mitgliedstaaten Mitglied ist,[1567] zu orientieren.[1568] Anstelle des Rückgriffs auf den EGV zur Feststellung der vertikalen Kompetenzverteilung ist die EG darin verpflichtet worden, zum Zeitpunkt ihres Beitritts eine generelle Erklärung über die vertikale Verteilung der EU-Kompetenzen im Aufgabenbereich der FAO abzugeben.[1569] Zudem sind die EU und ihre Mitgliedstaaten angehalten, beim Sekretariat der FAO vor jeder Sitzung eine Zuständigkeitserklärung für jeden einzelnen Tagesordnungspunkt einzureichen.[1570] Soweit keine solche besondere Erklärung vorgelegt wurde, wird vermutet, dass die Mitgliedstaaten zuständig sind.[1571] Diese Lösung hat sicherlich den Vorteil, dass sie klare Anhaltspunkte für Drittstaaten und die Zielorganisation bietet.[1572] Gleichwohl wird sie in der Literatur zu Recht als zu „rigide"[1573] empfunden.[1574] Hinzu kommt, dass sich die Agenda des IWF nicht immer eindeutig der jeweiligen Zuständigkeitssphäre der Union bzw. ihrer Mitgliedstaaten zuordnen lässt. Vielmehr finden sich oft innerhalb eines Aufgabenbereichs des IWF Kompetenzen der EU und ihrer Mitglied-

---

[1567] Statt vieler hierzu *J. Scheffler*, Die Europäische Union als rechtlich-institutioneller Akteur im System der Vereinten Nationen, 2011, S. 509-533.

[1568] *J. Lebullenger*, La projection externe de la zone euro, RTDE 1998, 459 (471, 473).

[1569] Vgl. Art. II Abschn. 5 FAO-Übereinkommen. Die entsprechende Kompetenzerklärung findet sich im Anhang II des Vorschlags der Kommission für einen Beschluss des Rates über den Beitritt der EG zur FAO, ABl. 1991 C 292/10. Weiterhin hat die EU dem Sekretariat der FAO jede Änderung der Kompetenzverteilung anzuzeigen (vgl. Art. II Abschn. 7 FAO-Übereinkommen).

[1570] Vgl. Art. XLI Abschn. 2 FAO-Übereinkommen.

[1571] Vgl. Art. II Abschn. 6 FAO-Übereinkommen.

[1572] Diesen Aspekt betont *F. Hoffmeister*, Curse or Blessing? Mixed Agreements in the Recent Practice of the European Union and its Member States, Hillion/Koutrakos (Hrsg.), Mixed Agreements Revisited, 2010, 249 (259-260).

[1573] *S. Kadelbach*, in: von Arnauld (Hrsg.), Europäische Außenbeziehungen, EnzEuR, Bd. 10, 2014, § 4, Rn. 68.

[1574] Vgl. insb. *J. Sack*, Die Europäische Gemeinschaft als Mitglied internationaler Organisationen, in: Randelzhofer u.a. (Hrsg.), Gedächtnisschrift für Eberhard Grabitz, 1995, 631 (648): „Der EG ist anlässlich ihres Beitritts zur FAO [...] für die Ausübung ihre Mitgliedschaft ein derartiges Zwangskorsett angelegt worden, daß die gefundene Lösung von recht zweifelhaftem Präzedenzwert für die EG ist". Ihm folgend *P. Eeckhout*, EU External Relations Law, 2. Aufl. 2011, S. 229.

staaten in einer Gemengelage unentwirrbar verbunden.[1575] So betrifft z.B. die konzessionäre Finanzierungsaktivität des IWF zwar verschiedene Politikbereiche der EU, jedoch besitzt sie hierfür nur eine parallele Zuständigkeit. Insofern bleiben die Mitgliedstaaten in diesem Aufgabenbereich des IWF neben bzw. zusätzlich zur EU zuständig. Die mit der Auszahlung der Finanzhilfen verbundenen Auflagen betreffen mit der Finanz-, Wirtschafts- und Währungspolitik ebenfalls verschiedene Bereiche, die sowohl in den Zuständigkeitsbereich der Union als auch der Mitgliedstaaten fallen. Hinzu kommt, dass die vertikale Kompetenzgrenze stetig in Bewegung ist, da sie sich durch den Erlass neuen Sekundärrechts im Binnenbereich auch mit Wirkung auf die Außenzuständigkeit verschieben kann (vgl. Art. 216 Abs. 1 i.V.m. Art. 3 Abs. 2 AEUV). Eine begrenzte IWF-rechtliche Bindung der EU entsprechend der unionsinternen Kompetenzverteilung lässt sich insofern nur sehr schwer realisieren. Es verwundert daher nicht, dass die durch *ad-hoc*-Arrangements anstelle einer Kompetenzerklärung geprägte Praxis im Rahmen der WTO sich im Vergleich zur FAO-Praxis[1576] von Anfang an bewährt hat und dementsprechend in der Literatur auch positiver bewertet wird.[1577] Sollte daher nach dem WTO-Modell die Trennung der jeweiligen Zuständigkeits- und Verantwortlichkeitsbereiche gegenüber dem IWF nicht in einer generellen Erklärung sichtbar gemacht werden, wären die EU und ihre Mitgliedstaaten umfassend an die *Articles of Agreement* gebunden und damit gleichermaßen für die sich hieraus ergebenden Verpflichtungen verantwortlich. Hiervon geht im Grundsatz offensichtlich auch der *EuGH* aus, wenn er in der Rs. *Lomé EEF* ausführt, „vorbehaltlich der im Abkommen ausdrücklich vorgesehenen Ausnahmen, [sind] die Gemeinschaft und ihre Mitgliedstaaten als Partner der AKP-Staaten gemeinsam gegenüber diesen Staaten für die

---

[1575] Hierauf weist zu Recht auch *J. Lebullenger*, La projection externe de la zone euro, RTDE 1998, 459 (473) hin.

[1576] Zu den Auseinandersetzung in den ersten Jahren nach dem Beitritt siehe die Schilderung bei *J. Scheffler*, Die Europäische Union als rechtlich-institutioneller Akteur im System der Vereinten Nationen, 2011, S. 522.

[1577] Vgl. *C. Herrmann/T. Streinz*, in: von Arnauld (Hrsg.), Europäische Außenbeziehungen, EnzEuR, Bd. 10, 2014, § 11, Rn. 88 ff.; ferner *A. Delgado Casteleiro/J. Larik*, The "Odd Couple". The Responsibility of the EU at the WTO, in: Evans/Koutrakos (Hrsg.), The International Responsibility of the European Union, 2013, 233 (238 ff.).

Erfüllung aller eingegangenen Verpflichtungen einschließlich derjenigen, die sich auf die Finanzhilfe beziehen, verantwortlich“[1578].[1579]

b) Mitwirkungsrechte im IWF

aa) Ausgangspunkt: Der Grundsatz der Alternativität der Rechtsausübung

Schwieriger als die Reichweite der Bindung der EU an das IWF-Recht ist die Frage zu beantworten, in welchem Umfang ihre Beteiligung am institutionellen Leben des IWF ausgestaltet werden kann bzw. muss. Die Tatsache, dass die EU und ihre Mitgliedstaaten plötzlich nur noch als Block auftreten, der grundsätzlich 28 Stimmen in sich vereinigt, könnte aus Sicht der Drittstaaten als Schwächung des relativen Gewichts innerhalb des IWF angesehen werden. Dies umso mehr, als bereits jetzt eine europäische Überrepräsentation beklagt wird.

[1578] *EuGH*, Rs. C-316/91,*Lomé EEF*, Slg. 1994, I-625, Rn. 29. Siehe hierzu auch die SchlA der GA *Jacobs* vom 10.11.93 zu dieser Rs., Rn. 69: „Das Abkommen wurde als gemischte Übereinkunft (d.h. von der Gemeinschaft und ihren Mitgliedstaaten gemeinsam) geschlossen […]. Aus einer gemischten Übereinkunft sind die Gemeinschaft und die Mitgliedstaaten gemeinsam verpflichtet, sofern in der Übereinkunft nichts Gegenteiliges bestimmt ist“. Anders wohl aber GA *Mischo* in seinen SchlA v. 27.11.2001 zu der Rs. C-13/00, Kommission/Irland, Slg. 2002, I-2943, Rn. 30: „Es erscheint mir jedoch nicht sicher, dass die bloße Tatsache, dass die jeweiligen Verpflichtungen der Gemeinschaft und der Mitgliedstaaten gegenüber den anderen Vertragsparteien nicht festgelegt worden sind, es diesen Vertragsparteien erlaubt, daraus zu schließen, dass die Gemeinschaft die Verantwortung für die Beachtung des gesamten Abkommens einschließlich derjenigen Bestimmungen, die nicht in ihre Zuständigkeit fallen, trägt. Vielmehr zeigt schon der Umstand, dass sich die Gemeinschaft und ihre Mitgliedstaaten für den Begriff eines gemischten Abkommens entschieden haben, den Drittstaaten, dass dieses Abkommen nicht vollständig in die Zuständigkeit der Gemeinschaft fällt und dass die Gemeinschaft demzufolge grundsätzlich nur die Verantwortung für diejenigen Teile des Abkommen trägt, die in ihre Zuständigkeit fallen“.

[1579] Dies wird in der Literatur als gesamtschuldnerische Haftung verstanden. Die konkrete Aufteilung zwischen der EU und ihren Mitgliedstaaten bleibt damit ihrer internen Einigung unter besonderer Berücksichtigung des Grundsatzes der loyalen Zusammenarbeit überlassen. Siehe u.a. *S. Kadelbach*, in: von Arnauld (Hrsg.), Europäische Außenbeziehungen, EnzEuR, Bd. 10, 2014, § 4, Rn. 85.

Vor diesem Hintergrund ließe sich mit *Lebullenger* vertreten,[1580] die Teilnahme der EU im IWF analog zur Situation in der FAO nur auf die Hauptorgane zu beschränken, ihr dagegen die Teilnahme in den Ausschüssen zu versagen, auch wenn ihre (ausschließliche) Zuständigkeit sich auf einen wesentlichen Teil der Tätigkeit des betreffenden Ausschusses erstreckt[1581].[1582] Eine solche Beschränkung erscheint jedoch jedenfalls dann widersprüchlich, wenn der betreffende Ausschuss, so wie der IMFC, wichtige sachliche und politische Funktionen hat und damit einen entscheidenden Einfluss auf die Entscheidungsfindung in den Hauptorganen ausübt. Hinzu kommt, dass dem wohl auch das Uniformitätsprinzip entgegenstehen würde. Insofern impliziert die Zuständigkeit der Union richtigerweise die Befugnis zur Beteiligung in allen IWF-Gremien. Dagegen kann *Lebullenger* insoweit gefolgt werden, als auch für die Umsetzung der gleichzeitigen Mitgliedschaft der EU und ihrer Mitgliedstaaten im IWF – ähnlich wie in der FAO – der Grundsatz der alternativen Ausübung der Mitgliedschaftsrechte gelten muss.[1583] Dieses Prinzip bringt allgemein zum Ausdruck, dass die komplementäre Mitgliedschaft von EU und Mitgliedstaaten grundsätzlich keine zusätzlichen Mitgliedschaftsrechte der EU neben denen ihrer Mitgliedstaaten begründet, sondern vielmehr eine Modalität der Wahrnehmung von Mitgliedschaftsrechten bestimmter Mitglieder darstellt, die einer supranationalen Organisation regionaler Wirtschaftsintegration angehören.[1584] Es verwundert daher nicht, dass es auch vielen anderen gemischten Mitgliedschaften von EU und ihren Mitgliedstaaten in internationalen Organisationen zugrunde liegt.[1585] In der Praxis der

---

[1580] *J. Lebullenger*, La projection externe de la zone euro, RTDE 1998, 459 (471 ff.).

[1581] Zur Situation in der FAO siehe *J. Scheffler*, Die Europäische Union als rechtlich-institutioneller Akteur im System der Vereinten Nationen, 2011, S. 515-516.

[1582] Allg. zur Problematik der Mitwirkung der EU und ihrer Mitgliedstaaten in mitgliederbeschränkten Gremien internationaler Organisationen *F. Hoffmeister*, Outsider or Frontrunner?, CMLRev. 44 (2007), 41 (57-58).

[1583] *J. Lebullenger*, La projection externe de la zone euro, RTDE 1998, 459 (473 f.).

[1584] Vgl. bereits *I. Pernice*, Die EG als Mitglied der Organisationen im System der Vereinten Nationen, EuR 1991, 273 (279).

[1585] Eine besondere Ausnahme, die allerdings wohl vor allem historisch zu erklären ist, stellt die Situation in der WTO dar, in der bis heute grundsätzlich

FAO drückt sich dieser Grundsatz generell darin aus, dass die aus der gleichzeitigen Mitgliedschaft folgenden Rechte nur in gegenseitig ausschließlicher Weise ausgeübt werden dürfen. Im IWF wird dies zumindest im Gouverneursrat in derselben Weise zu erfolgen haben. Im Exekutivdirektorium ergeben sich dagegen aufgrund des dortigen Systems der Stimmrechtsgruppen einige Besonderheiten, die eine differenzierte Betrachtung notwendig machen. Speziell im Hinblick auf die Verteilung und Ausübung der Stimmrechte stellen sich zudem in allen IWF-Gremien vor dem Hintergrund des quotenbasierten Charakters des IWF weitere besondere Herausforderungen sowohl rechtlicher als auch politischer Natur, die insofern ebenfalls eine differenzierte rechtliche Würdigung erfordern. Das gilt auch für den Fall, dass die EU anstelle und für einen ihrer Mitgliedstaaten um (zusätzliche) Finanzhilfen beim IWF ersucht.

bb) Mitwirkung von EU und Mitgliedstaaten in den Gremien des IWF

Vor dem Hintergrund des Uniformitätsprinzips folgt aus dem Beitritt der EU zum IWF zunächst das Recht, an den Sitzungen aller Gremien des IWF mit Stimmrecht teilzunehmen. Während eine Mitwirkung im kollegial zusammengesetzten Gouverneursrat wohl relativ einfach zu realisieren wäre, indem man der EU als vollwertiges Mitglied erlaubt, neben ihren Mitgliedstaaten einen Gouverneur und einen Stellvertreter zu ernennen, stellt sich im Hinblick auf die mitgliederbeschränkten IWF-Gremien, insbesondere im Exekutivdirektorium, das bereits thematisierte statutäre Problem, dass die Mitgliedstaaten der Union auf unterschiedliche Stimmrechtsgruppen verteilt sind und dass eine Anhebung der Höchstgrenze für die Gesamtzahl von Stimmen zur Wahl eines Exekutivdirektors nach Art. XII Abschn. 3 lit. d) S. 2 IWFÜ der vorherigen Beschlussfassung durch den Gouverneursrat bedarf. Die Partizipation der EU im Exekutivdirektorium würde daher an der dortigen fragmentierten Präsenz Europas erst einmal nichts ändern. Anders würde sich die Situation jedoch darstellen, wenn es vor oder spätestens mit dem Beitritt der EU zu einem Zusammenschluss der EU-Mitgliedstaaten zu zwei Stimmrechtsgruppen käme, was – wie oben dargelegt – seit dem Inkrafttreten der siebten Satzungsreform möglich ist und eine konsolidierte und konzentrierte Vertretung erlauben würde. Insoweit bietet es sich aus kompetenzieller Sicht an, die EU und ih-

nur die EU handelt und auch die Verantwortung für WTO-rechtswidriges Verhalten ihrer Mitgliedstaaten übernimmt.

re Euro-Mitgliedstaaten einer eigenen und damit homogenen Stimmrechtsgruppe zuzuordnen, während die Mitgliedstaaten mit Ausnahmeregelung zunächst eine hiervon separate Stimmrechtsgruppe bilden müssten. Nach einem ähnlichen Muster könnte auch die Vertretung im analog zum Exekutivdirektorium organisierten IMFC sowie im DC geregelt werden.

Die Aufteilung der Mitgliedschaftsrechte im Exekutivdirektorium, also insbesondere das Recht zur Ernennung der an der Spitze der beiden Stimmrechtsgruppen stehenden Exekutivdirektoren und damit verbunden das Rede- und Stimmrecht im Direktorium wären im Innenverhältnis bereits nach geltendem IWF-Recht allein unionsrechtlich zu bestimmen, so dass auf diesen Aspekt noch zurückzukommen sein wird. An dieser Stelle sei jedoch bereits festgehalten, dass, selbst wenn im Außenverhältnis eine Zuständigkeitserklärung abgegeben wird, diese die innerhalb der Stimmrechtsgruppen getroffenen Regelungen über die Ernennung der Exekutivdirektoren unberührt lassen würde. Ebenfalls Gegenstand einer unionsrechtlichen Regelung müsste der mit der Schaffung einer Euro- und Nicht-Euro-Stimmrechtsgruppe entstehende Koordinierungsbedarf sein.

cc) Die Ausübung von Stimmrechten

Die besondere Struktur innerhalb der einzelnen Organe des IWF und dessen Quotensystem zwingen auch und vor allem im Zusammenhang mit der Ausübung des Stimmrechts zu einer differenzierten Betrachtung.

Vor dem Hintergrund des Prinzips der alternativen Natur der Mitgliedschaftsrechte folgt aus der gleichberechtigten Teilnahme der EU im Gouverneursrat einerseits, dass sie keine zusätzliche Stimme neben ihren Mitgliedstaaten erhalten kann, andererseits, dass ihr ermöglicht werden muss, in Fragen, die nach dem Unionsrecht in ihre Zuständigkeit fallen, mit den Stimmen ihrer Mitgliedstaaten abzustimmen. Damit ist zugleich gesagt, dass die EU und ihre Mitgliedstaaten ihre Stimmrechte niemals gleichzeitig ausüben können.[1586] Diese Regel entspricht

---

[1586] In einer Reihe von gemischten Rohstoffabkommen ist dies auf Verlangen der Drittstaaten sogar ausdrücklich festgehalten. So heißt es etwa in Art. 5 Abs. 2 des internationalen Tropenholz-Übereinkommen von 2006 (abgedr. im ABl. 2007 L 262/6): „Bei einer Abstimmung über Angelegenheiten, die in ihren Zuständigkeitsbereich fallen, geben diese zwischenstaatlichen Organisationen die Anzahl von Stimmen ab, die der Gesamtzahl der ihren Mitgliedstaaten nach

der weitgehend gängigen Praxis gemischter Mitgliedschaften von EU und ihren Mitgliedstaaten in internationalen Organisationen[1587] und sollte daher auch im IWF umgesetzt werden. In wessen Namen und mit welchem Gewicht die EU letztlich abstimmen darf, ist damit aber noch nicht beantwortet. Die integrationspolitische Ziellösung wäre es insoweit, der Union als eigenständigem Völkerrechtssubjekt in den in ihre Zuständigkeit fallenden Politikbereichen ein eigenes Stimmrecht zuzuerkennen, das sie im eigenen Namen ausübt. Dagegen würden die Mitgliedstaaten in den in ihre Zuständigkeit fallenden Bereichen ihr Einzelstimmrecht behalten und wären insoweit nur nach Maßgabe einer unionsrechtlich – etwa nach Art. 4 Abs. 3 EUV und Art. 138 Abs. 1 AEUV – zu treffenden Regelung zu gemeinsamem Vorgehen verpflichtet. Diese Variante wurde etwa für die FAO und die WTO gewählt.[1588] In den älteren Rohstoffabkommen etwa finden sich dagegen häufig hiervon abweichende Regelungen, die – wie das Beispiel des Vierten Internationalen Zinnübereinkommens von 1970 zeigt – teilweise sogar im Unklaren lassen, von wem die als Einheit abzugebenden Stimmen ausgeübt werden können.[1589] So heißt es in Art. 50 des Vierten Internationalen Zinnübereinkommens:[1590]

> *„Zwischenstaatliche Organisationen mit Verantwortung hinsichtlich der Aushandlung internationaler Übereinkünfte können sich am Internationalen Zinnübereinkommen beteiligen. Derartige Organisationen sind als solche nicht stimmberechtigt. In Fragen ihres Zuständigkeitsbereichs können die Stimmrechte ihrer Mitgliedstaaten gemeinsam ausgeübt werden.“*

Artikel 10 zuerkannten Stimmen gleich ist. *In solchen Fällen dürfen die Mitgliedstaaten der zwischenstaatlichen Organisationen ihr Einzelstimmrecht nicht ausüben.*“ [Eigene Hervorhebung].

[1587] Vgl. *J. Heliskoski*, Mixed Agreements as a Technique for Organizing the International Relations of the European Community and its Member States, 2001, S. 134-137; *ders.*, Adoption of Positions under Mixed Agreements (Implementation), in: Hillion/Koutrakos (Hrsg.), Mixed Agreements Revisited, 2010, 138 (146).

[1588] Siehe *ebd.*; ferner den Überblick bei *R. Frid*, The Relations Between the EC and International Organizations, 1995, S. 202-203, S. 225-226.

[1589] Entsprechend kritisch *H. G. Schermers*, International Organizations as Members of Other International Organizations, in: Bernhardt u.a. (Hrsg.), FS Mosler, 1983, 823 (834).

[1590] Abgedruckt im ABl. 1972 L 90/2.

Diese Formel wurde einerseits dahingehend ausgelegt, dass die Stimmen der Mitgliedstaaten von der Gemeinschaft selbst nicht abgegeben werden können, andererseits dass hierdurch mehr als nur die koordinierte Stimmabgabe durch jeden einzelnen Mitgliedstaat begründet werden soll. Stattdessen soll es sich im Außenverhältnis um eine offene Vertretung aller Mitgliedstaaten durch einen stimmabgebenden Mitgliedstaat und im Innenverhältnis um ein treuhänderisches Tätigwerden dieses Mitgliedstaates für die Gemeinschaft handeln.[1591] Eine im Vergleich hierzu integrationsfreundlichere Variante sahen das Internationale Kakao-Übereinkommen von 1975[1592] und das Internationale Kaffee-Übereinkommen von 2001[1593] vor, bei denen die EG zwar auch über kein eigenes Stimmrecht verfügte, sie jedoch immerhin befugt war, bei Abstimmungen, die in ihrem Kompetenzbereich lagen, die Stimmen ihrer Mitgliedstaaten geschlossen abzugeben.[1594] Das Internationale Tropenholz-Übereinkommen von 2006 als eines der wenigen, heute noch als gemischtes Abkommen abgeschlossenen Rohstoffübereinkommen sieht dagegen vor,[1595] dass der Union in den in ihre Zuständigkeit fallenden Bereichen ein eigenes Stimmrecht zukommt, das sie im eigenen Namen auszuüben berechtigt ist.[1596]

Insgesamt lassen sich somit hinsichtlich der Zuweisung des Stimmrechts an die EU verschiedene Modelle unterscheiden, von denen einige die unionsinterne Kompetenzverteilung mehr, andere weniger berücksichtigen. Nach allen Modellen verfügt die EU aber über genauso viele Stimmen wie EU-Mitgliedstaaten an dem jeweiligen Abkommen beteiligt sind. Im IWF-Gouverneursrat besäße die EU damit ein kumuliertes Stimmengewicht in Höhe von derzeit 29,57 Prozent, wobei hiervon allein auf die Eurozone ein Stimmenanteil von 21,69 Prozent entfällt.

[1591] Vgl. *M. Dauses*, Die Beteiligung der Europäischen Gemeinschaften an multilateralen Völkerrechtsübereinkommen, EuR 1979, 138 (159).

[1592] Vgl. Art. 4 Abs. 2 des Internationalen Kakao-Übereinkommens, abgedruckt im ABl. 1976 L 321/31.

[1593] Vgl. Art. 4 Abs. 4 des Internationalen Kaffee-Übereinkommens, abgedruckt im ABL. 2001 L 326/25.

[1594] Siehe auch *C. Flaesch-Mougin*, in: Louis/Dony (Hrsg.), Commentaire J. Megret, Bd. XII : Relations Extérieures, 2. Aufl. 2005, Rn. 327.

[1595] Die Zahl gemischter Rohstoffabkommen nimmt stetig ab, da sich für immer mehr Rohstoffe ein gemeinsamer Markt innerhalb der EU entwickelt.

[1596] Vgl. Art. 5 Abs. 2 des Internationalen Tropenholz-Übereinkommens von 2006, ABl. 2007 L 262/6.

Damit käme der EU insgesamt und auch in ihrer Formation als WWU bei allen wichtigen Entscheidungen, für die eine qualifizierte Mehrheit von 85 Prozent der Gesamtstimmen erforderlich ist, eine Sperrminorität zu. Mit einem Stimmenanteil von 21,69 Prozent würde die EU auch im Exekutivdirektorium abstimmen, wenn sie der Euro-Stimmrechtsgruppe vorsteht. Es ist daher zu erwarten, dass ein solch dominierender Einfluss der EU auf den Widerstand sowohl der USA als auch der anderen IWF-Mitglieder stoßen wird. In der Literatur findet sich – wohl allerdings beschränkt auf das Exekutivdirektorium – vereinzelt der Vorschlag, den Stimmenanteil der Eurozone daher auf den der USA in Höhe von 16,81 Prozent abzusenken und die Differenz von 4,88 Prozent gleichmäßig auf die übrigen Stimmrechtsgruppen zu verteilen.[1597] Dies soll vor allem dadurch erfolgen, indem der EU-Binnenhandel herausgerechnet wird.[1598] Eine solche Regelung ist realpolitisch nachvollziehbar und würde sicherlich auch dazu beitragen, die Stellung der Entwicklungs- und Schwellenländer im IWF zu verbessern und so die Legitimation des IWF insgesamt zu erhöhen. Gleichwohl ist sie aus rechtlicher Sicht abzulehnen,[1599] da nicht ersichtlich ist, warum das Stimmengewicht des Euroraums je nach dem variieren soll, ob eine Zuständigkeit der EU oder ihrer Euro-Mitgliedstaaten betroffen ist. Darüber hinaus hätte dies eine negative Signalwirkung hinsichtlich des weiteren EU-Integrationsprozesses zur Folge. Wenn die Stimme des Euroraums ein 19-mal höheres Gewicht hat, sobald ein Aufgabenbereich des IWF intern nicht in die Zuständigkeit der Union, sondern in die der Mitgliedstaaten fällt, steigt der Anreiz, keine weiteren Kompetenzen auf die

---

[1597] Im Hinblick auf diese Sichtweise siehe u.a. *L. Van Houtven*, Rethinking IMF Governance, F & D 2004, 18 (20); *E. Truman*, Rearranging IMF Chairs and Shares, in: ders. (Hrsg.); Reforming the IMF for the 21st Century, 2006, 201 (225 ff.); *P. Brandner/H. Grech*, Die EU-Mitgliedstaaten im IWF – Eine Analyse der Stimmachtverhältnisse, Geldpolitik & Wirtschaft Q3/09, 103 (124 f.). Vgl. auch *F. Fischer*, Thinking the Unthinkable: Combining the IMF and World Bank?, The International Economy 2004, 60 (65).

[1598] Ausf. *G24 Secretariat*, Adjustment of European Quotas to Enhance the Voice and Participation of Developing and Transition Countries, 2003, http://173.254.126.101/~gtwofouo/wp-content/uploads/2014/03/G24-Secretariat-1.pdf (letzter Zugriff: 7.4.2015); vgl. ferner *A. Buira*, The IMF at Sixty: An Unfulfilled Potential?, in: ders. (Hrsg.), The IMF and the World Bank at Sixty, 2005, 5 (26-28).

[1599] Krit. zu derlei Forderungen auch *Deutsche Bundesbank*, Finanzierung und Repräsentanz im Internationalen Währungsfonds, Monatsbericht März 2010, 53 (66) – „nicht mit dem Gleichbehandlungsgrundsatz vereinbar“.

Union zu übertragen oder ihr diese sogar wieder zu entziehen. Zudem könnte dies die Euro-Stimmrechtsgruppe dazu motivieren, intern zu beschließen, nur einen Vertreter aus einem der Mitgliedstaaten zum Exekutivdirektor zu wählen, niemals dagegen einen aus der EU.[1600] Schließlich fragt sich, warum der Handel zwischen den Euro-Mitgliedstaaten allein bei einer Abstimmung im Exekutivdirektorium berücksichtigt werden soll, nicht dagegen auch im Gouverneursrat, zumal über konstitutionell besonders wichtige Fragen, wie etwa die Änderung der *Articles of Agreement*, allein im Gouverneursrat entschieden wird. Aus rechtlicher Sicht sprechen damit die besseren Gründe für eine Nichtberücksichtigung des Binnenhandels auch im Falle einer Abstimmung durch die EU. Vielmehr ist es gerade ein Kennzeichen des komplementären Mitgliedschaftsmodells, dass die EU bei Abstimmungen über die Anzahl und damit auch das kumulierte Gewicht der Stimmen ihrer in der betreffenden internationalen Organisation vertretenen Mitgliedstaaten verfügt. Anders wäre die Situation nur dann zu beurteilen, wenn die EU ihre Mitgliedstaaten vollständig substituiert hätte. In diesem Fall würde die neu zu berechnende Quote der EU nicht den aggregierten einzelnen Quoten ihrer Mitgliedstaaten entsprechen, weil dann vor allem der EU-Binnenhandel als Berechnungsfaktor entfiele.[1601]

Um möglichen Wiederständen von Seiten der USA dennoch entgegenzutreten, ließe sich eine Senkung des Stimmgewichts der EU einmal dadurch herbeiführen, indem das kumulierte Stimmgewicht der Mitgliedstaaten nur in Höhe ihrer Quoten berücksichtigt wird, mithin ihre Grundstimmen abgezogen und durch die der Union ersetzt werden.[1602] Dieses System liegt z.B. einigen Rohstoffabkommen zugrunde, in denen die EG über ein eigenes Stimmrecht verfügt, das sie mit der Zahl der Stimmen der an dem Übereinkommen beteiligten Mitgliedstaaten ausübt. Dagegen stehen ihr in Rohstoffabkommen – wie dem Internationalen Kaffee-Übereinkommen von 2001 –, in denen ihr gerade kein eigenes Stimmrecht zuerkannt wird, sondern sie lediglich die Stimmen ih-

---

[1600] Zu dieser Sorge, wenn auch nicht mit Bezug auf den IWF, bereits *J. Groux/P. Manin*, Die Europäischen Gemeinschaften in der Völkerrechtsordnung, 1984, S. 90.

[1601] Vgl. *N. Corrales-Díez*, Die EU-Außenvertretung im Internationalen Währungsfonds, Working Papers 3/ 2003, S. 21-22, 24.

[1602] Siehe zu diesem Vorschlag auch *G. Mahieu/D. Ooms/S. Rottier*, EU Representation and the Governance of the International Monetary Fund, EUP 6 (2005), 493 (496).

rer Mitgliedstaaten geschlossen abgeben darf, die Grundstimmen aller ihrer Mitgliedstaaten zur Verfügung. Dementsprechend höher fällt hier auch ihr Stimmgewicht aus.[1603] Die Zuerkennung eines eigenen Stimmrechts der EU im IWF wäre insofern nicht nur in ihrem Interesse, sondern auch für die Drittstaaten von Vorteil. Eine zweite Möglichkeit zur Senkung der Stimmmacht der EU könnte darin liegen, die Quote der einzelnen Euro-Mitgliedstaaten nicht nur im Falle einer Abstimmung durch die Union zu reduzieren, sondern sie generell der US-Quote anzupassen. Allerdings setzt dies zwingend die Zustimmung jedes einzelnen EU-Mitgliedstaates voraus, da die Quote eines Mitglieds nach Art. III Abschn. 2 lit. d) IWFÜ erst dann geändert werden darf, wenn das Mitglied dem zugestimmt hat.

Insgesamt zeigt sich damit, dass die sich im Zusammenhang mit der Ausübung des Stimmrechts durch die EU stellenden Rechtsfragen nicht nur komplex sind, sondern auch, dass ihre Anwendung aufgrund der Macht- und Interessenverhältnisse im IWF mit gewissen Unsicherheiten behaftet ist. Dabei sind die praktischen Folgen eines gegenüber den USA höheren Stimmgewichts der EU zumindest im Exekutivdirektorium und den Ausschüssen des IWF eher gering, da formale Abstimmungen hier kaum stattfinden.

dd) Finanzhilfeersuchen beim IWF durch die EU

Ebenso ist offen, welche Rolle die EU speziell im Hinblick auf die Finanzierungsfunktion des IWF spielen wird. Konkret geht es um die Frage, ob die EU ihrerseits Finanzhilfen beim IWF beantragen darf, und ob sie diese dann an einen bedürftigen Mitgliedstaat weitergeben könnte. Vor dem Hintergrund des Uniformitätsprinzips folgt aus der eigenständigen IWF-Mitgliedschaft der Union neben ihren Mitgliedstaaten zunächst unstreitig ihr Recht, ein entsprechendes Ersuchen an den IWF zu richten und damit das Verfahren nach Art. V Abschn. 3 IWFÜ in Gang zu setzen. Allerdings wäre sie im Falle eines Finanzierungsbedarfs nur eines ihrer Mitgliedstaaten entsprechend dem ihrer Mitgliedschaft zugrunde liegenden Prinzip der Alternativität von Mitgliedschaftsrechten zur Antragstellung nur anstelle, nicht jedoch zusätzlich zu dem bedürftigen Mitglied befugt. Daraus folgt zugleich, dass hinsichtlich der Zugangshöhe nicht die volle EU-Quote oder die der

[1603] Vgl. *D. Dormoy*, Le statut de l'Union européenne dans les organisations internationales, in: ders. (Hrsg.), L'Union européenne et les organisations internationales, 1997, 36 (46).

gesamten Eurozone, sondern allein die des betreffenden Mitglieds zugrunde zu legen wäre. Etwas anderes dürfte nur für den Fall gelten, dass die gesamte EU oder die Eurozone in eine Krise gerieten. Letzteres wäre etwa anzunehmen, wenn der Euro gegenüber anderen (Leit-)Währungen wesentlich an Vertrauen einbüßen und dadurch dramatisch an Wert verlieren würde.[1604] In diesem Fall wäre die EU sicherlich berechtigt, anstelle aller Mitgliedstaaten, deren Währung der Euro ist, einen entsprechenden Antrag beim IWF zu stellen und dabei die volle Quote der Eurozone geltend zu machen.

Dieselbe Frage stellt sich auch aus unionsrechtlicher Perspektive. Insoweit zu klären ist also, ob die EU auch nach unionsrechtlichen Maßstäben zu einer solchen Antragstellung beim IWF für ihre Mitgliedstaaten befugt wäre. Im Falle der Mitgliedstaaten mit Euro-Währung liegt dies bereits deshalb nahe, weil – wie oben dargelegt –[1605] durch die Auflagenpolitik des IWF auch der Wechselkurs des Euro gegenüber Drittwährungen und die Preisstabilität und damit die ausschließliche Zuständigkeit der Union für die Währungspolitik betroffen sein können. Dies ist dagegen bei den Mitgliedstaaten mit Ausnahmeregelung nicht der Fall. Gleichwohl bleibt es auch ihnen unbenommen, der EU eine entsprechende Ermächtigung zu erteilen. Vor dem Hintergrund der politischen Brisanz, die regelmäßig mit einem Finanzhilfeersuchen beim IWF verbunden ist, ist allerdings kaum damit zu rechnen, dass es hierzu ohne weiteres kommen wird. Einer Verpflichtung, die Union zu ermächtigen, steht das Unionsrecht entgegen, das – wie gezeigt – beiden Gruppen von EU-Mitgliedstaaten die Inanspruchnahme von Finanzhilfe des IWF erlaubt. Sie lässt sich insbesondere nicht aus Art. 4 Abs. 3 EUV konstruieren. Die Norm zwingt zwar die Mitgliedstaaten und die EU, im Falle einer komplementären Mitgliedschaft ihr Handeln zu koordinieren, jedoch nur entsprechend der unionalen Kompetenzordnung. Es liegt daher letztlich im politischen Ermessen der Mitgliedstaaten, die Union entsprechend zu ermächtigen oder nicht. Sollte es zu einer Ermächtigung der EU kommen, würde damit jedoch die konkrete Umsetzung der haushaltspolitischen Auflagen des IWF – auch in einem Mitglied der Währungsunion – nicht zu einer genuinen Aufgabe der EU. Vielmehr müsste sie hierbei mangels eigener haushaltspolitischer Kompetenzen eng mit ihren Mitgliedstaaten zusammenarbeiten. Dies würde auch bereits aus Art. V Abschn. 3 lit. a), Abschn. 5 IWFÜ fol-

[1604] Siehe hierzu *Deutsche Bundesbank*, Finanzmärkte, Monatsbericht Februar 2015, 40 ff.

[1605] Siehe Teil 4.B.III.2.a).bb).

gen, der den IWF explizit dazu verpflichtet, auf die zweckgerechte Verwendung seiner Mittel sowie auf die wirksame Umsetzung der vereinbarten wirtschaftspolitischen Auflagen zu achten.

c) Finanzierung des IWF und seiner Politiken

Die Beiträge zum Budget einer internationalen Organisation, in der die EU gemeinsam mit ihren Mitgliedstaaten mitgliedschaftlich vertreten ist, werden in der Regel allein von den Mitgliedstaaten getragen. Die EU selbst leistet keinen Beitrag[1606] oder beschränkt diesen – wie in der FAO – allein auf die Deckung der zusätzlichen Verwaltungskosten. Diese Praxis ist eine logische Konsequenz aus der Besonderheit des komplementären Mitgliedschaftsmodells. So wie die Kumulierung der Mitgliedschaftsrechte nicht möglich ist, soll auch eine Kumulierung der Beiträge ausgeschlossen sein.[1607] Im Hinblick auf den IWF ergibt sich insoweit allerdings die Besonderheit, dass er anders als viele andere internationale Organisationen seine Verwaltungskosten nicht aus (obligatorischen) Beiträgen seiner Mitglieder, sondern aus eigenen Mitteln und Operationen deckt. Der IWF erhält somit kein Jahresbudget.[1608]

Eine wichtige Finanzquelle stellen stattdessen die verschiedenen Gebühren und Zinsen dar, die der IWF im Zusammenhang mit seiner Kreditvergabe erhebt. Da die Nachfrage vor dem Ausbruch der Finanz- und Wirtschaftskrise 2008 jedoch stetig zurückging und der IWF dementsprechend niedrigere Einnahmen zu verzeichnen hatte, wurde Anfang 2006 auf der Grundlage des Art. XII Abschn. 6 lit. f) IWFÜ mit dem sog. *Investment Account* eine neue Finanzquelle erschlossen, die es dem IWF seitdem ermöglicht, das nicht durch Kredite der Mitglieder genutzte Kapital und Teile der durch den Goldverkauf erzielten Erlöse

---

[1606] Dies ist z.B. in der WTO der Fall.

[1607] In diesem Sinne z.B. *I. Pernice*, Die EG als Mitglied der Organisationen im System der Vereinten Nationen, EuR 1991, 273 (279). Krit. dagegen *R. Frid*, The Relations Between the EC and International Organizations, 1995, S. 226-227, die stattdessen eine anteilige Finanzierung durch die EU und die Mitgliedstaaten fordert.

[1608] Vgl. *B. Steinki/W. Bergthaler*, Recent Reforms of the Finances of the International Monetary Fund, EYIEL 3 (2012), 635 (636). Zu aktuellen Zahlen siehe *IWF*, Jahresbericht 2015, S. 71 ff.

in Obligationen bestimmter Mitglieder und internationaler Finanzinstitutionen zu investieren.[1609]

Die EU wäre somit keiner finanziellen Verpflichtung gegenüber dem IWF ausgesetzt.[1610] Etwas anderes ergibt sich auch nicht aus Art. III Abschn. 1 IWFÜ. Da die Quote eines Mitglieds zusätzlich zu ihrer Finanzierungsrolle auch und vor allem die Stimmrechte der Mitglieder bestimmt, müsste der EU im Falle eines eigenen finanziellen Beitrages in Höhe einer eigenen Quote insbesondere auch eine Stimme zusätzlich zu den Stimmen ihrer Mitgliedstaaten zuerkannt werden, was – wie gezeigt – realpolitisch wohl kaum vorstellbar erscheint.

Problematisch wird eine alleinige Subskriptionszahlung durch die EU-Mitgliedstaaten allerdings dann, wenn der Union immer mehr (exklusive) Kompetenzen für den Tätigkeitsbereich des IWF übertragen werden. Da in diesem Fall der bislang bestehende Zusammenhang zwischen der finanziellen Verpflichtung und der Repräsentanz im IWF unterbrochen wäre, könnte dadurch die funktionale Legitimität des IWF ernstlich gefährdet werden.[1611] Eine gerade umgekehrte Regelung, nach der die EU einen Beitrag für sich und damit gleichzeitig für alle Mitgliedstaaten zahlt, wäre insoweit angemessener. Bei der Berechnung der EU-Quote müsste dann wohl auch der EU-Binnenhandel berücksichtigt werden, so dass der Beitragssatz der EU unter dem aktuellen Beitrag ihrer Mitgliedstaaten liegen würde. Die EU würde damit an Stimmgewicht verlieren. Umgekehrt würde die damit verbundene Neuverteilung der Quoten – zumindest nach der Berechnung von *Dennis und Robert Leech* – bei den übrigen Mitgliedern, außer den USA, zu einem Stimmenzuwachs führen.[1612] Selbst dann besäße die EU, auch allein im

[1609] Ausführlich hierzu *IMF*, Establishment of the Investment Account, April 14, 2006, abrufbar unter https://www.imf.org/external/NP/pp/eng/2006/041406i.pdf (letzter Zugriff: 7.4.2015). Zur diesbezüglichen Entwicklung siehe auch m.w.Nw. *B. Steinki/W. Bergthaler*, Recent Reforms of the Finances of the International Monetary Fund, EYIEL 3 (2012), 635 (637 ff.).

[1610] Dagegen steht es der Union – auch aus kompetenzieller Sicht – frei, sich über bi- und/ oder multilaterale Darlehen an den IWF an dessen Ausgaben zu beteiligen.

[1611] S. zu diesem Aspekt auch *Deutsche Bundesbank*, Finanzierung und Repräsentanz im Internationalen Währungsfonds, Monatsbericht März 2010, 53 (66).

[1612] *D. Leech/R. Leech*, Power versus Weight in IMF Governance: The Possible Beneficial Implications of a United European Bloc Vote, in: Buira (Hrsg.), Reforming the Governance of the IMF and the World Bank, 2005, 251 (265).

Umfang der an der WWU teilnehmenden Mitgliedstaaten, immer noch die größte Quote und damit den höchsten Stimmenanteil. Insoweit würde sich dann die Frage stellen, ob der Sitz des IWF nach Europa verlegt werden muss, sofern nicht Art. XIII Abschn. 1 IWFÜ entsprechend modifiziert oder aber die Quote der EU aufgrund politischer Überlegungen auf das Ausmaß des US-Anteils gekürzt wird.[1613]

2. *EU-rechtliche Folgen einer komplementären Mitgliedschaft*

a) Innerunionale Vereinbarung

Die Gemengelage der Unions- und Mitgliedstaatskompetenzen auf dem Gebiet des IWF bringt es mit sich, dass eine unter Umständen im Außenverhältnis irrelevante Kompetenzabgrenzung zwischen der EU und ihren Mitgliedstaaten im Innenverhältnis dagegen in den Vordergrund rückt, wenn es darum geht, die internen Entscheidungs- und Verfahrensmechanismen für die Vertretung im IWF festzulegen. Dies gilt gleichermaßen für die Vertretung im Gouverneursrat wie auch in den übrigen IWF-Gremien.

Sofern im Hinblick auf die Eurozone die Frage der Vertretung nicht bereits zum Gegenstand von Verhandlungsmodalitäten nach Art. 219 Abs. 3 AEUV gemacht wird, könnte eine entsprechende Regelung auf der Grundlage von Art. 138 Abs. 1 AEUV getroffen werden. Danach sollte im Idealfall im Gouverneursrat die EU, am besten vertreten durch den Vorsitzenden der Euro-Gruppe, in Angelegenheiten auftreten, für die sie die ausschließliche Zuständigkeit besitzt. In ihrem eigenen Kompetenzbereich sollten die Euro-Staaten – allerdings unter Rücksichtnahme auf die Belange der Union – sprechen und abstimmen. Für gemischte Agenden, die wie erwähnt die Regel sein dürften, müsste dagegen eine gemeinsame Position gefunden werden, die je nach Schwerpunkt die EU oder der Vertreter desjenigen Mitgliedstaates aus der Euro-Gruppe vertreten sollte, der aktuell oder, sofern dies ein Nicht-Euro-Mitgliedstaat ist, als nächstes den Ratsvorsitz führt. Für die übrigen Mitgliedstaaten ergibt sich die Pflicht zur engeren Zusammenarbeit aus dem Loyalitätsprinzip aus Art. 4 Abs. 3 EUV. Daraus folgt auch hier bei gemischten Agenden eine Pflicht zur Einigung auf eine gemeinsame Position. Bei Materien, die in ihre ausschließliche Zuständigkeit

[1613] Zu letzterem vgl. *E. M. Truman*, Rearranging IMF Chairs and Shares: The Sine Qua Non of IMF Reform, in: ders. (Hrsg.), Reforming the IMF for the 21st Century, 2006, 201 (226, Fn. 39).

fallen, dürfe jedenfalls die Position der Union insgesamt nicht konterkariert werden.

Im Exekutivdirektorium und damit auch im IMFC sind entsprechende Regelungen besonders heikel, weil die Errichtung von zwei EU-Stimmrechtsgruppen nicht nur zur Koordinierung zwischen den beiden Gruppen zwingt,[1614] um dadurch zu verhindern, dass nach außen der Eindruck einer gespaltenen Union entsteht, sondern auch weil es hierdurch vor allem für jene EU-Mitgliedstaaten, die im Augenblick einen Vorsitz bzw. stellvertretenden Vorsitz im Exekutivdirektorium innehaben oder ihre Stimmrechtsgruppe im Hinblick auf den relativen Stimmrechtsanteil beherrschen, zu wesentlichen Veränderungen innerhalb der Gruppen kommt.[1615] Dies schließt jedoch – wie auch bereits oben festgestellt wurde – nicht aus, dass auch diese EU-Mitgliedstaaten nach einer Zusammenlegung ihrer Vertretung im Exekutivdirektorium an Stimmmacht gewinnen und daher aus EU-Perspektive insgesamt profitieren. Die Stärke einer komplementären Mitgliedschaft von EU und Mitgliedstaaten liegt gerade in der Multiplikation des angehäuften Sachverstands und der Nutzung jeweils spezieller Beziehungen der einzelnen Mitgliedstaaten zu den in verschiedenen Stimmrechtsgruppen vertretenen Regionen der Welt und damit in der Möglichkeit arbeitsteiligen Vorgehens zum Besten der Union insgesamt. Gleichwohl wird es in beiden EU-Stimmrechtsgruppen entscheidend auf die Entscheidungsfindung und vor allem auf das System für die Wahl des Exekutivdirektors und seiner jeweils zwei Stellvertreter ankommen. Insoweit bestehen verschiedene Möglichkeiten, die von einer dauerhaften Besetzung durch bestimmte Mitgliedstaaten bis hin zu einem gleichberechtigten Rotationssystem reichen.[1616] Zudem wäre es denkbar, ähnlich wie in

---

1614 Die Koordinierung zwischen der Euro- und Nicht-Euro-Stimmrechtsgruppe könnte im EURIMF erfolgen; dagegen wäre eine Koordinierung im SCIMF in Brüssel nicht mehr erforderlich, so dass das SCIMF auch aufgelöst werden könnte.

1615 Dies gilt aktuell vor allem für Deutschland, Frankreich, Großbritannien, Italien, Niederlande und Spanien sowie für Belgien, Dänemark, Irland, Griechenland und Österreich.

1616 Vgl. insoweit auch den jüngst von der Kommission, COM(2015) 603 final, Art. 3, vorgelegten Legislativvorschlag, wonach der Exekutivdirektor der "*Euro Area Constituency*" auf Vorschlag des Präsidenten der Euro-Gruppe nach dem Verfahren des Artikels 2 des dem Vertrag beigefügten Protokolls (Nr. 14) betreffend die Euro-Gruppe gewählt werden soll. Danach würde der Exekutivdirektor der Euro-Stimmrechtsgruppe von den Ministern der Euro-Teilnehmerstaaten mit einfacher Mehrheit gewählt werden. Die Kommission

der WTO[1617] den Exekutivdirektorenposten in der Euro-Stimmrechtsgruppe dauerhaft nur von der EU, die ihrerseits am besten durch die EZB vertreten werden sollte, wahrnehmen zu lassen, wohingegen hinsichtlich der beiden stellvertretenden Sitze eine Rotation zwischen den Mitgliedstaaten vereinbart werden könnte.

b) Rechtswirkungen der *Articles of Agreement* im Falle eines Beitritts der EU

Bedeutsam sind auch die unionsrechtlichen Rechtswirkungen der *Articles of Agreement* im Falle eines Beitritts der EU. In Art. 216 Abs. 2 AEUV ist insoweit geregelt, dass die von der Union geschlossenen Übereinkünfte die Organe der Union und die Mitgliedstaaten binden. Diese knappe und damit ausfüllungsbedürftige Regelung war vor dem Inkrafttreten des Reformvertrages von Lissabon in Art. 300 Abs. 7 EGV enthalten und Gegenstand einer umfangreichen Rechtsprechung des EuGH.

aa) Die *Articles of Agreement* als „*integraler Bestandteil*" des Unionsrechts

Seit der grundlegenden Rs. *Haegeman*[1618] vertritt der EuGH in ständiger Rechtsprechung die Ansicht, dass die von der Union abgeschlossenen völkerrechtlichen Verträge, wie eventuell nach dem Beitritt der EU zum IWF auch die *Articles of Agreement*, einen „integralen Bestandteil der Unionsrechtsordnung"[1619] bilden und ihnen ein „unionsrechtlicher

---

und die EZB haben nach dem klaren Wortlaut des Art. 2 Protokoll Nr. 14 kein Stimmrecht. Dafür soll nach Art. 3 des Legislativvorschlags der Kommission dem Vorsitzenden der Euro-Gruppe ein Vorschlagsrecht zukommen.

[1617] Bis auf die Ministerkonferenz und den Haushaltsausschuss spricht die Kommission in allen WTO-Gremien für die EU und ihre Mitgliedstaaten. Vgl. *U. Wölker*, Die Stellung der Europäischen Union in den Organen der Welthandelsorganisation, EuR-Beiheft 2/2012, 125 (129 ff.); *F. Hoffmeister*, The European Union in the World Trade Organization, in: Kaddous (Hrsg.), The European Union in International Organisations and Global Governance, 2015, 121 (124 ff.).

[1618] *EuGH*, Rs. 181/73, *Haegemann*, Slg. 1974, 449, Rn. 2/6: „integrierender Bestandteil".

[1619] Vgl. z.B. *EuGH*, Rs. C-308/06, *Intertanko*, Slg. 2008, I-4057, Rn. 53; Rs. C-301/08, *Bogiatzi*, Slg. 2009, I-10185, Rn. 23; Rs. C-180/11, *Bericap*

Charakter"[1620] zukommt.[1621] Diese Aussage des EuGH wird in der Literatur mehrheitlich dahingehend verstanden, dass Art. 216 Abs. 2 AEUV Ausdruck eines monistischen Grundkonzepts für das Verhältnis von Unions- und Völkerrecht ist.[1622] Dementsprechend sollen völkerrechtliche Verträge der Union nicht erst durch einen Transformationsakt, sondern bereits mit ihrem Inkrafttreten auf völkerrechtlicher Ebene in der Unionsrechtsordnung Geltung erlangen. Der Ratsbeschluss über den Abschluss des Vertrages nach Art. 219 Abs. 3 AEUV bzw. allgemein nach Art. 218 Abs. 6 AEUV ist danach also ohne Bedeutung[1623] oder allenfalls als Vollzugsbefehl bzw. Anwendungsbefehl im Sinne der

---

Záródástechnikai, ECLI:EU:C:2012:717, Rn. 67. Siehe auch bereits *EuGH*, Rs. 104/81, *Kupferberg*, Slg. 1982, 3641, Rn. 13; Rs. 12/86, *Demirel*, Slg. 1987, 3719, Rn. 7; Rs. C-192/89, *Sevince*, Slg. 1990, I-3461, Rn. 8: „integrierender Bestandteil"; ferner *EuGH*, Rs. C-386/08, *Brita*, Slg. 2010, I-1289, Rn. 39: „wesentlicher Bestandteil des Unionsrechts".

1620 *EuGH*, Rs. 104/81, *Kupferberg*, Slg. 1982, 3641, Rn. 14.

1621 Für die Beschlüsse von Assoziationsräten und gemischten Ausschüssen im Rahmen von Freihandelsabkommen geht der EuGH davon aus, dass sie – wie ihre vertraglichen Grundlagen – ebenfalls Bestandteil der Unionsrechtsordnung werden. Vgl. zu ersteren z.B. *EuGH*, Rs. C-303/08, *Bozkurt*, Slg. 2010, I-13445, Rn. 31; zu letzterem *EuGH*, Rs. C-188/91, *Deutsche Shell / Hauptzollamt Hamburg-Harburg*, Slg. 1993, I-363, Rn. 17.

1622 S. statt vieler etwa *P. Pescatore*, Die Rechtsprechung des Europäischen Gerichtshofs zur innergemeinschaftlichen Wirkung völkerrechtlicher Abkommen, Bernhardt u.a. (Hrsg.), FS Mosler, 1983, 661 (680, 683 ff.); *J. Rideau*, L'ordre juridique communautaire et la participation de la Communauté européenne aux organisations internationales, in: Dormoy (Hrsg.), L'Union européenne et les organisations internationales, 1997, 68 (93 f.); *J.-V. Louis*, in: Louis/Dony (Hrsg.), Commentaire J. Megret, Bd. XII: Relations Extérieures, 2. Aufl. 2005, Rn. 93; *A. Rosas*, The European Court of Justice and Public International Law, in: Wouters/Nollkaemper/de Wet (Hrsg.), The Europeanisation of International Law, 2008, 71 (75); *B. de Witte*, in: Craig/de Búrca (Hrsg.), The Evolution of EU Law, 2. Aufl. 2011, 323 (336); *A. Epiney*, Die Bindung der Europäischen Union an das allgemeine Völkerrecht, EuR-Beiheft 2/2012, 25 (29 ff.); aus der Kommentarliteratur *K. Schmalenbach*, in: Calliess/Ruffert, EUV/AEUV, 4. Aufl. 2011, Art. 216 AEUV, Rn. 28, 32; *S. Vöneky/B. Beylage-Haarmann*, in: Grabitz/Hilf/Nettesheim, EUV/ AEUV, 45. Erg. Lfg. 2011, Art. 216 AEUV, Rn. 26 ff.; *R. Mögele*, in: Streinz, EUV/AEUV, 2. Aufl. 2012, Art. 216 AEUV, Rn. 45 ff.

1623 Vgl. *C. Tomuschat*, in: von der Groeben/Schwarze, EUV/EGV, 6. Aufl. 2003, Art. 281 EGV, Rn. 48.

Vollzugslehre des gemäßigten Monismus zu verstehen[1624].[1625] Da nach dem EuGH auch in der Unionsrechtsordnung die in Art. 31 ff. WVK kodifizierten völkergewohnheitsrechtlichen Auslegungsregeln für die Auslegung der in den Verträgen enthaltenen Bestimmungen maßgeblich bleiben,[1626] soll für diese Lesart auch die Auslegungspraxis des EuGH sprechen.[1627] Dessen auf Abschirmung bedachte Rechtsprechung zum WTO-Recht wird hingegen zum Teil als Ausdruck einer dualistischen Denkweise gedeutet.[1628] Auch die in seinem Urteil in der Rs. *Kadi*[1629] vorgenommene Überprüfung von EU-Sanktionsverordnungen trotz ihres völkerrechtlichen Ursprungs in Resolutionen des UN-Sicherheitsrats[1630] legt nach Meinung einiger einen eher dualistischen Ansatz nahe.[1631] Auch wenn insgesamt gesehen eine solch streng dem

---

1624 Vgl. *S. Kadelbach*, in: von Arnauld (Hrsg.), Europäische Außenbeziehungen, EnzEuR, Bd. 10, 2014, § 4, Rn. 84.

1625 Nach einem dualistischen Verständnis wäre dagegen in dem Ratsbeschluss ein unionsrechtlicher Transformationsakt zu sehen. In diesem Sinne *H. Krück*, Völkerrechtliche Verträge im Recht der Europäischen Gemeinschaften, 1977, S. 168 f. m.w.Nw. zu noch früheren Publikationen.

1626 Siehe allein *EuGH*, Gutachten 2/00, *Protokoll von Cartagena*, Slg. 2001, I-9713, Rn. 24.

1627 So *A. Epiney*, Zur Stellung des Völkerrechts in der EU, EuZW 1999, 5 (6).

1628 So z.B. *R. Uerpmann-Wittzack*, in: von Bogdandy/Bast, Europäisches Verfassungsrecht, 2. Aufl. 2009, S. 198-199. Krit. demgegenüber z.B. *E. U. Petersmann*, Darf die EG das Völkerrecht ignorieren, EuZW 1997, 325 (327); *A. Rosas*, The European Court of Justice and Public International Law, in: Wouters/Nollkaemper/de Wet (Hrsg.), The Europeanisation of International Law, 2008, 71 (76).

1629 *EuGH*, verb. Rs. C-402/05 P und C-415/05 P, *Kadi*, Slg. 2008, I-6351, Rn. 308. Das EuG hatte sich in dieser Rs. noch eindeutig monistisch positioniert, indem es die Rangfrage dahingehend entschieden hat, dass Beschlüsse des UN-Sicherheitsrats ihrer Kontrolle – zumindest jenseits der absoluten Grenze des zwingenden Völkerrechts – entzogen sind (vgl. EuG, Rs. T-306/01, *Yusuf*, Slg. 2005, II-3533, Rn. 263 ff.; Rs. T-315/02, *Kadi*, Slg. 2005, II-3649, Rn. 212 ff.).

1630 Die VO (EG) 881/2002 v. 27.5.2002, ABl. 2002 L 139/9, hat die UN-Resolution 1267 (1999) eins zu eins übernommen.

1631 So *B. Fassbender*, Triepel in Luxemburg, DÖV 2010, 333 ff.; *S. Griller*, Die Bindung der EU an das Recht der Vereinten Nationen unter besonderer Berücksichtigung der Rechtswirkungen von Beschlüssen des Sicherheitsrates im

Dualismus folgende Denkweise zum Verhältnis von Unionsrecht und den Regelungen aus völkerrechtlichen Verträgen dem EuGH wohl nicht unterstellt werden kann,[1632] so zeigt die Rechtsprechung als Ganzes gesehen jedoch eine Tendenz zu einem „gemischt dualistisch-monistischen Verständnis".[1633] Der EuGH selbst hat sich zu diesem Theorienstreit bisher nicht ausdrücklich festgelegt, was zeigt, dass die Zuordnung zu einer der beiden Theorien – auch angesichts der verschwimmenden Unterschiede – meist ohne praktische Relevanz ist.[1634]

Demgegenüber ist die Frage, ob bei gemischten Abkommen die durch Art. 216 Abs. 2 AEUV vorgesehene Verbindlichkeit den jeweiligen völkerrechtlichen Vertrag in seiner Gesamtheit oder nur hinsichtlich der unionsrechtlichen Kompetenzbereiche erfasst, auch von großer praktischer Bedeutung. Wie gezeigt, wären die Union und ihre Mitgliedstaaten – soweit sich nicht etwas anderes aus einer gegenüber dem IWF und den übrigen Mitgliedern offengelegten Zuständigkeitserklärung ergibt – auf völkerrechtlicher Ebene nebeneinander und vollwertig an die *Articles of Agreement* gebunden. Über die Art und Weise, wie die Einhaltung dieser IWF-rechtlichen Verpflichtung sichergestellt werden muss, sagen die *Articles of Agreement* wie das Völkerrecht im Allgemeinen allerdings nichts aus,[1635] so dass aus der IWF-rechtlichen Verbindlichkeit

---

Unionsrecht, EuR-Beiheft 2/2012, 103 (117); differenzierter *J. Kokott/C. Sobotta*, The Kadi Case, EJIL 23 (2012), 1015 (1017 ff.).

[1632] Dies belegen eine Reihe jüngerer Entscheidungen des EuGH, in denen er sich eindeutig völkerrechtsfreundlicher positioniert hat. Vgl. z.B. *EuGH*, Rs. C-386/08, *Brita*, Slg. 2010, I-1289, Rn. 42. Siehe auch *C. Eckes*, International Law as Law of the EU: The Role of the European Court of Justice, in: Cannizzaro/Palchetti/Wessel (Hrsg.), International Law as Law of the European Union, 2012, 353 (insb. 367 ff.).

[1633] So auch die Wertung bei *D. Thym*, in: von Bogdandy/Bast, Europäisches Verfassungsrecht, 2. Aufl. 2009, S. 458; *S. Kadelbach*, in: von Arnauld (Hrsg.), Europäische Außenbeziehungen, EnzEuR, Bd. 10, 2014, § 4, Rn. 84. Vgl. auch *C. Tomuschat*, in: von der Groeben/Schwarze, EUV/EGV, 6. Aufl. 2003, Art. 281 EGV, Rn. 62 ff.

[1634] Vgl. auch *D. Bethlehem*, International Law, European Community Law, National Law: Three Systems in Search of a Framework, in: Koskenniemi (Hrsg.), International Law Aspects of the European Union, 1998, 169 (174 ff., 194 ff.).

[1635] Art. XXXI Abschn. 2 lit. a) IWFÜ schreibt allen Mitgliedern lediglich vor, die nach ihrer jeweiligen nationalen Rechtsordnung „erforderlichen Schritte" zu ergreifen, „um alle [ihnen] aus dem Übereinkommen erwachsenden Verpflichtungen erfüllen zu können".

aus unionsrechtlicher Sicht nicht zwingend die Einordnung aller Bestimmungen der *Articles of Agreement* als „integraler Bestandteil des Unionsrechts" folgt. Das in Art. 5 Abs. 1 S. 1, Abs. 2 EUV verankerte Prinzip der begrenzten Einzelermächtigung spricht denn auch für einen differenzierten Ansatz in dem Sinne, dass die *Articles of Agreement* nur insoweit integraler Bestandteil des Unionsrechts werden, als es um Regelungsbereiche des IWF geht, die von den Außenkompetenzen der Union gedeckt sind. Anderenfalls würden mitgliedstaatliche Kompetenzen neutralisiert und das Kompetenzgefüge innerhalb der EU ausgehebelt. Demnach wären die einzelnen Mitgliedstaaten also frei zu bestimmen, welche Stellung und Wirkungen die in ihrer Zuständigkeit liegenden Teile der *Articles of Agreement* im innerstaatlichen Bereich entfalten. Dies richtet sich auf innerstaatlicher Ebene gemeinhin nach den jeweils einschlägigen – und teils sehr unterschiedlichen – Grundsätzen des nationalen (Verfassungs-)Rechts.

Allerdings begegnet dieser Ansatz insofern gewissen praktischen Schwierigkeiten, als er zum einen kein Mittel gegen das Risiko einer uneinheitlichen Vertragsdurchführung seitens der Mitgliedstaaten bietet, und zum anderen bereits nicht immer klar sein wird, welche Bestimmungen denn nun in den Zuständigkeitsbereich der Union fallen und bei welchen dies nicht der Fall ist. Um die damit verbundenen Rechtsunsicherheiten zu vermeiden, ließe sich überlegen, die Mitgliedstaaten auch unionsintern umfassend zu binden. Sie würden dann durch die Befolgung des IWF-Rechts nicht nur eine völkerrechtliche Verpflichtung, sondern auch eine unionsrechtliche Verpflichtung gegenüber der EU erfüllen. In der Konsequenz könnte die Kommission gegen jegliches IWF-rechtswidriges Verhalten der Mitgliedstaaten im Wege des Vertragsverletzungsverfahrens (Art. 258 AEUV) vorgehen, also nicht nur, soweit eine Unionszuständigkeit betroffen ist, sondern auch dann, wenn ein Mitgliedstaat seinen IWF-rechtlichen Verpflichtungen in seinem eigenen Zuständigkeitsbereich nicht nachkommt. Die Literatur lehnt indessen eine solche aus Praktikabilitätserwägungen folgende Qualifizierung aller Teile eines gemischten Abkommens als integraler Bestandteil des Unionsrechts mit Verweis auf die unionale Kompetenzordnung ab.[1636] Der EuGH geht einen Mittelweg insofern, als er im In-

---

[1636] Vgl. insoweit *A. Epiney*, Zu den Implikationen der EU-Mitgliedschaft für die Stellung und Anwendung des Völkerrechts im innerstaatlichen Bereich, in: Hestermeyer u.a. (Hrsg.), Liber Amicorum Rüdiger Wolfrum, 2012, 1909 (1916-1917); ferner *K. Schmalenbach*, in: Calliess/Ruffert, EUV/AEUV, 4. Aufl. 2011, Art. 216 AEUV, Rn. 43 m.w.Nw.

teresse einer einheitlichen Vertragsanwendung für sich in Anspruch nimmt, den gesamten Vertrag auslegen zu dürfen, um die Zuständigkeitsgrenze zwischen der EU und ihren Mitgliedstaaten ermitteln zu können.[1637] Dem ist zuzustimmen, da andernfalls die Gefahr bestünde, dass sich die Union über völkerrechtliche Verträge, also gewissermaßen „über Bande“, eine Kompetenz-Kompetenz schafft. Im Ergebnis folgt hieraus, dass im Falle eines Beitritts der EU zum IWF nur diejenigen Teile der *Articles of Agreement* als integraler Bestandteil des Unionsrechts anzusehen sind, die in die Kompetenz der EU fallen, und dass nur in Bezug auf diese Teile der spezifische Wirkungsanspruch des Unionsrechts – also dessen Vorranganspruch und unmittelbare Wirkung – gegenüber den Rechtsordnungen der Mitgliedstaaten zur Anwendung kommen kann.

bb) Vorrang vor den Bestimmungen des sekundären Unionsrechts

Nach dem Wortlaut des Art. 216 Abs. 2 AEUV, demzufolge die Organe der EU an die geschlossenen völkerrechtlichen Verträge gebunden sind, haben deren Bestimmungen Vorrang vor dem EU-Sekundärrecht.[1638] Diese Vorrangklausel bezieht sich allerdings nicht auch auf das EU-Primärrecht. Dies folgt systematisch bereits aus Art. 218 Abs. 11 S. 2 AEUV, wonach eine mit den Unionsverträgen nicht zu vereinbarende Übereinkunft nicht in Kraft treten kann[1639].[1640] Bei gemischten Ab-

---

[1637] *EuGH*, Rs. C-431/05, *Merck*, Slg. 2007, I-7001, Rn. 36 ff.; Rs. C-366/10, *Air Transport Association of America*, Slg. 2011, I-13755, Rn. 62 ff. Wohl anders noch *EuGH*, Rs. 181/73, *Haegemann*, Slg. 1974, 449, Rn. 2/6, 11/16; Darin hat der EuGH das betreffende gemischte Abkommen *in toto* und ohne nach der vertikalen Kompetenzverteilung zu differenzieren als integrierenden Bestandteil des Unionsrechts bezeichnet. Siehe insoweit auch die Analyse bei *P. Koutrakos*, Interpretation of Mixed Agreements, in: Hillion/Koutrakos (Hrsg.), Mixed Agreements Revisited, 2010, 116 ff.

[1638] St. Rspr. des EuGH, vgl. statt vieler *EuGH*, C-61/94, Kommission/Deutschland, Slg. 1996, I-3989, Rn. 52; verb. Rs. C-402/05 P und C-415/05 P, *Kadi*, Slg. 2008, I-6351, Rn. 306 f.

[1639] Vgl. *EuGH*, verb. Rs. C-402/05 P und C-415/05 P, *Kadi*, Slg. 2008, I-6351, Rn. 308 f.

[1640] In der Literatur in dogmatischer Hinsicht umstritten ist allerdings die Frage, ob völkerrechtliche Verträge zwischen Primär- und Sekundärrecht stehen oder ob sie auf der Ebene des Sekundärrechts verankert sind, andere sekundärrechtliche Bestimmungen des Unionsrechts im Kollisionsfall aber verdrängen.

kommen genießt ein völkerrechtlicher Vertrag die besondere Rangstellung zwischen Primär- und Sekundärrecht nur, soweit er in den Zuständigkeitsbereich der Union fällt.[1641] Dementsprechend würden nach dem Beitritt der Union zum IWF nur die in den Zuständigkeitsbereich der EU fallenden Teile der *Articles of Agreement* entgegenstehendem EU-Sekundärrecht vorgehen. Das gleiche würde auch gegenüber den Rechtsordnungen der EU-Mitgliedstaaten gelten, da das IWFÜ mit dem Beitritt der Union Bestandteil der Unionsrechtsordnung wird und mithin am Vorrang gegenüber den Rechtsordnungen der Mitgliedstaaten teilnimmt.

cc) Unionale Wirkung des IWF-Rechts

Das Unionsrecht sagt allerdings nichts darüber aus, welche Wirkungen ein geschlossener völkerrechtlicher Vertrag in der Unionsrechtsordnung entfaltet. Art. 216 Abs. 2 AEUV lässt sich allein entnehmen, dass die von der Union geschlossenen Übereinkünfte durch die Bindung gegenüber den Unionsorganen und den Mitgliedstaaten innerhalb der EU gelten, nicht dagegen, welche Wirkung sie darin entfalten. Diese Frage musste daher bereits früh vom EuGH geklärt werden, was in der Folge zu zahlreichen Entscheidungen und Gutachten führte.[1642] Der EuGH hat – mit Ausnahme der Bestimmungen des GATT[1643] und der anderen WTO-Übereinkommen[1644] –[1645] in ständiger Rechtsprechung die Mög-

---

Letzteres wird von der h.M. vertreten, vgl. m.w.Nw. z.B. *S. Vöneky/B. Beylage-Haarmann*, in: Grabitz/Hilf/Nettesheim, EUV/ AEUV, 45. Erg. Lfg. 2011, Art. 216 AEUV, Rn. 41; anders etwa *M. Nettesheim*, Normenhierarchien im EU-Recht, EuR 2006, 737 ff. Für die Stellung des Völkerrechts im Unionsrechts kommen jedoch beide Auffassungen, unabhängig von der Konstruktion, zu einem einheitlichen Ergebnis.

[1641] Vgl. statt vieler *R. Mögele*, in: Streinz, EUV/AEUV, 2. Aufl. 2012, Art. 216 AEUV, Rn. 68.

[1642] Vgl. *C. Kaddous*, Le droit des relations extérieures dans la jurisprudence de la Cour de justice des Communautés européennes, 1998, S. 353-401; *F. G. Jacobs*, Direct effect and interpretation of international agreements in the recent case law of the European Court of Justice, in: Dashwood/Maresceau (Hrsg.), Law and Practice of EU External Relations, 2008, 13 (15 ff.).

[1643] Vgl. z.B. *EuGH*, Rs. C-307/99, *OGT Fruchthandelsgesellschaft*, Slg. 2001, I-3159, Rn. 22-26.

[1644] Z.B. *EuGH*, verb. Rs. C-120/06 P u. C-121/06 P, *FIAMM u.a. / Rat und Kommission*, Slg. Slg. 2008, I-6513, Rn. 111; *EuG*, T-237/08, *Abadía Retuerta*

lichkeit der unmittelbaren Wirkung, also die unmittelbare Anwendbarkeit und Einklagbarkeit[1646] völkerrechtlicher Verträge in der Unionsrechtsordnung grundsätzlich bejaht.[1647] Die unmittelbare Anwendbarkeit ist danach gegeben, wenn eine Bestimmung eines völkerrechtlichen Vertrages geeignet ist, als objektiv-rechtlicher Maßstab das Handeln der Unionsorgane zu determinieren.[1648] Ist eine Bestimmung unmittelbar anwendbar, kann sie zusätzlich in subjektiver Hinsicht Einzelne dazu berechtigen, sich gegen völkerrechtswidriges Unionsrecht zu wehren oder konkrete Maßnahmen als völkerrechtlich geboten zu beanspruchen (Einklagbarkeit).[1649] Auch wenn der EuGH nicht immer eindeutig zwischen diesen beiden Ebenen differenziert, so lässt sich dennoch festhalten, dass die unmittelbare Anwendbarkeit völkervertraglicher Bestimmungen damit eine notwendige, aber nicht hinreichende Voraussetzung für die Einklagbarkeit darstellt.[1650] Während der EuGH bereits die unmittelbare Anwendbarkeit einer Bestimmung eines völkerrechtlichen Vertrages annimmt, „wenn aus dem Wortlaut, dem Gegenstand und der Art des Abkommens zu schließen ist, dass sie eine klare, eindeutige und unbedingte Verpflichtung enthält, deren Erfüllung oder de-

---

/HABM, Slg. 2010, II-1583, Rn. 66 f. Hierzu auch *C. Ohler*, Die Bindung der EU an das WTO-Recht, EuR-Beiheft 2/2012, 137 (144 ff.); *A. Tancredi*, On the Absence of Direct Effect of the WTO Dispute Settlement Body's Decisions in the EU Legal Order, in: Cannizzaro/Palchetti/Wessel (Hrsg.), International Law as Law of the European Union, 2012, 249 ff.

[1645] Auch für die Bestimmungen des UN-Seerechtsübereinkommens verneint der EuGH eine unmittelbare Wirkung. Siehe *EuGH*, Rs. C-308/06, *Intertanko*, Slg. 2008, I-4057, Rn. 54-65.

[1646] Zur Terminologie siehe *T. von Danwitz*, Der EuGH und das Wirtschaftsvölkerrecht, JZ 2001, 721 (721-722).

[1647] Vgl. *F. G. Jacobs*, Direct effect and interpretation of international agreements in the recent case law of the European Court of Justice, in: Dashwood/Maresceau (Hrsg.), Law and Practice of EU External Relations, 2008, 13 (31 ff.).

[1648] Vgl. bereits *M. Zuleeg*, Die innerstaatliche Anwendbarkeit völkerrechtlicher Verträge am Beispiel des GATT und der Europäischen Sozialcharta, ZaöRV 35 (1975), 341 (349).

[1649] *T. von Danwitz*, Der EuGH und das Wirtschaftsvölkerrecht, JZ 2001, 721 (722).

[1650] Siehe *H. Sauer*, Die innergemeinschaftliche Wirkung von WTO-Streitbeilegungsentscheidungen – Begriffliche und dogmatische Klärungen, EuR 2004, 463 (464 f.).

ren Wirkungen nicht vom Erlass eines weiteren Aktes abhängen",[1651] setzt die Einklagbarkeit überdies voraus, dass die betreffende Bestimmung auch auf die Verleihung von Rechten an Einzelne zielt.[1652]

Die *Articles of Agreement* selbst lassen, wie bereits erläutert, die Frage ihrer innerstaatlichen und damit auch unionalen Wirkung offen,[1653] so dass es allein auf diese Kriterien ankommt. Falls den Bestimmungen der *Articles of Agreement* eine subjektive unmittelbare Wirkung zukäme, sie mithin einklagbar wären, könnten sich natürliche und juristische Personen nach dem Beitritt der Union zum IWF zumindest auf diejenigen IWF-Bestimmungen berufen, die in den Zuständigkeitsbereich der Union fallen. Bis auf die Bestimmung des Art. VIII Abschn. 2 lit. b) S. 1 IWFÜ, der zwar mangels einer umfassend hierzu ergangenen Auslegung des IWF in verschiedenen Mitgliedstaaten inhaltlich unterschiedlich interpretiert wird,[1654] im Ergebnis aber stets unmittelbare Folgen auch für Private hat[1655],[1656] ist die unmittelbare Wirkung der *Articles of Agreement* wie auch einzelne ihrer Bestimmungen im Ergebnis wohl zu verneinen, da diese sehr generell formuliert sind und hinsichtlich der einzelnen Verpflichtungen auf einen innerstaatlichen bzw. unionsrecht-

---

[1651] *EuGH*, verb. Rs. C-300/98 und C-392/98, *Dior*, Slg. 2000, I-11307, Rn. 42; ferner Rs. C-240/09, *Lesoochranárske Zoskupiene*, Slg, 2011, I-1255, Rn. 44.

[1652] Vgl. insoweit insbesondere *EuGH*, Rs. C-308/06, *Intertanko*, Slg. 2008, I-4057, Rn. 59 ff.

[1653] Vgl. Art. XXXI Abschn. 2 lit. a) IWFÜ.

[1654] Vgl. z.B. *W. Ebke*, State debt crisis, private creditors, and the IMF Articles of Agreement, in: Hestermeyer u.a. (Hrsg.), Liber Amicorum Rüdiger Wolfrum, 2012, 17 (25 ff.) m.w.Nw.

[1655] Vgl. z.B. *W. Bergthaler*, The Relationship between International Monetary Fund Law and European Union Law, in: Wessel/Blockmans (Hrsg.), Between Autonomy and Dependence, 2013, 169-170; ferner *L. Gramlich*, Eine neue internationale „Finanzarchitektur" oder: Der IMF in der Krise?, AVR 38 (2000), 399 (413). Wohl anders aber *W. Ebke*, State debt crisis, private creditors, and the IMF Articles of Agreement, in: Hestermeyer u.a. (Hrsg.), Liber Amicorum Rüdiger Wolfrum, 2012, 17 (36); *ders.*, in: Staudinger, Internationales Vertragsrecht 1, Neubearbeitung 2011, Anh zu Art. 9 Rom I-VO, Rn. 18.

[1656] Danach ist ein Anspruch aus einem Devisenkontrakt (*exchange contract*), der einer nach IWF-Recht zulässigen Devisenkontrollbestimmung (z.B. nach Art. XIV Abschn. 2 IWFÜ) zuwiderläuft, in jedem Mitgliedstaat des IWF uneinklagbar (*unenforceable*). Hierzu im Einzelnen z.B. die Kommentierung bei *D. Martiny*, in: MüKo-BGB, 6. Aufl. 2015, Art. 9 Rom I-VO Anh. II, Rn. 9-47.

lichen Umsetzungsakt verweisen. Auch zielen sie nicht auf den Schutz des Einzelnen, wenngleich einzelne Bestimmungen durchaus so ausgelegt werden könnten. Illustrativ ist insoweit Art. VIII Abschn. 2 lit. a) IWFÜ, der alle Mitglieder dazu verpflichtet, „Zahlungen und Übertragungen für laufende internationale Geschäfte" nicht ohne die Zustimmung des IWF zu beschränken. Zwar schützt diese Bestimmung als Reflex sicherlich auch die Rechtspositionen Privater, unmittelbar regelt sie aber nur Rechte und Pflichten im Verhältnis zwischen den Mitgliedern. Die dahinter stehende maßgebliche Erwägung ist, dass die meisten Staaten die Außenhandels- und Devisenpolitik nach wie vor als eine Angelegenheit betrachten, die überwiegend im Allgemeininteresse, nicht aber im Individualinteresse geregelt werden muss. Hinzu kommt, dass im IWF nicht allein Staaten mit einem freiheitlich-marktwirtschaftlichen System vertreten sind, sondern auch Mitglieder mit wirtschaftlichen Mischsystemen mit starken planwirtschaftlichen Zügen.

dd) Überprüfung durch den EuGH

Die Überprüfung, ob ein geplanter völkerrechtlicher Vertrag mit dem Primärrecht in Einklang steht, obliegt nach Art. 218 Abs. 11 AEUV ausschließlich dem EuGH. Die Funktion dieser Bestimmung ist es zu verhindern, dass der Rat völkerrechtliche Verträge abschließt oder damit zusammenhängende Vereinbarungen trifft, die sich im Nachhinein als unionswidrig herausstellen, für die Union aber dennoch völkerrechtlich verbindlich bleiben (vgl. Art. 27, 46 WVK).[1657] Insofern stellt sich die Frage, ob ein Gutachtenverfahren vor dem EuGH auch im Rahmen des Art. 219 Abs. 3 AEUV zulässig wäre. Dagegen spricht zunächst, dass Art. 219 AEUV anders als Art. 218 Abs. 11 AEUV gerade kein Gutachtenverfahren vorsieht, und dass selbst bei einer Anwendung der Bestimmung des Art. 218 Abs. 11 AEUV im Rahmen des Art. 219 Abs. 3 AEUV die EZB nicht antragsberechtigt wäre.[1658] Hinzu kommt, dass durch den Vertrag von Lissabon das allgemeine Vertragsschlussverfahren nach Art. 218 AEUV und die spezielle Verfahrens- und Kompetenznorm des Art. 219 AEUV nunmehr unmittelbar hintereinander

---

[1657] Vgl. statt vieler etwa *S. Lorenzmeier*, Grabitz/Hilf/Nettesheim, EUV/AEUV, 43. Erg. Lfg. 2011, Art. 218 AEUV, Rn. 69.

[1658] Diesen Aspekt betont *B. Martenczuk*, Die Außenvertretung der Europäischen Gemeinschaft auf dem Gebiet der Währungspolitik, ZaöRV 59 (1999), 93 (95-96). Ablehnend auch *R. Smits*, in: von der Groeben/Schwarze/Hatje, Europäisches Unionsrecht, 7. Aufl. 2015, Art. 219 AEUV, Rn. 34-36.

stehen. Es ist daher anzunehmen, dass dem Vertragsgeber dieses Problem und die damit verbundenen Folgen bekannt waren. Gleichwohl hat er sich gegen eine entsprechende Regelung oder einen Verweis auf Art. 218 Abs. 11 AEUV entschieden. Dafür spricht allerdings, dass dann eine Kontrolle währungsvölkerrechtlicher Verträge bzw. der entsprechenden Genehmigungsbeschlüsse durch den EuGH nur noch *ex post* im Wege der Nichtigkeitsklage nach Art. 263 UAbs. 1 AEUV oder über ein Vorabentscheidungsverfahren nach Art. 267 Abs. 1 lit. b) AEUV möglich wäre. Erstere steht unter den darin genannten Voraussetzungen zwar auch der EZB offen (vgl. Art. 263 Abs. 3 AEUV), würde ebenso wie eine Vorabentscheidung durch den EuGH an der eingegangenen völkerrechtlichen Verpflichtung durch den Rat aber nichts ändern. Damit unterlägen die nach Art. 219 Abs. 3 AEUV eingegangenen völkerrechtlichen Verpflichtungen im Ergebnis einer geringeren Rechtskontrolle als im Rahmen des 218 AEUV. Hierfür lassen sich in der Sache keine vernünftigen Gründe anführen. Speziell in Bezug auf den IWF ist zudem zu berücksichtigen, dass der EuGH regelmäßig die unmittelbare Wirkung völkerrechtlicher Verträge zur Voraussetzung für ihren Maßstabscharakter im Rahmen der unionsrechtlichen Gültigkeitskontrolle macht. Danach kann die Gültigkeit eines EU-Rechtsaktes sowohl im Wege der Nichtigkeitsklage wie auch über das Vorabentscheidungsverfahren[1659] nur dann an einem völkerrechtlichen Vertrag gemessen werden, „wenn dessen Art und Struktur dem nicht entgegenstehen und seine Bestimmungen außerdem inhaltlich unbedingt und hinreichend genau erscheinen".[1660] Wie gezeigt, ist dies bei den *Articles of Agreement* grundsätzlich nicht der Fall. Insofern wäre eine Überprüfung des zum Beitritt führenden Beschlusses des Rats nach Art. 219 Abs. 3 AEUV selbst *ex post* nicht möglich. Um auch im Zusammenhang mit Währungsfragen zu verhindern, dass der Rat währungsvölkerrechtliche Verpflichtungen eingeht, die sich später als unionswidrig herausstellen, erscheint es daher nur sachgerecht, auch im Rahmen des Art. 219 AEUV eine vorbeugende Rechtskontrolle durch den EuGH nach Art. 218 Abs. 11 AEUV zuzulassen[1661].[1662]

1659 Für die Nichtigkeitsklage vgl. z.B. *EuGH*, Rs. C-280/93, *Deutschland / Rat*, Slg. 1994, I-4973, Rn. 105-111; für das Vorabentscheidungsverfahren z.B. *EuGH*, Rs. C-377/02, *Van Parys*, Slg. 2005, I-1465, Rn. 39.

1660 *EuGH*, Rs. C-308/06, *Intertanko*, Slg. 2008, I-4057, Rn. 45.

1661 Ebenso *J. Lebullenger*, La projection externe de la zone euro, RTDE 1998, 459 (461); *C. Herrmann*, Monetary Sovereignty over the Euro and Exter-

ee) Zwischenfazit

Die vorstehenden Ausführungen haben erstens verdeutlicht, dass die *Articles of Agreement* mit einem Beitritt der Union zum IWF zu einem gemischten Abkommen werden, da die EU (noch) nicht für alle Regelungsbereiche des IWF eine entsprechende Außenkompetenz hat. Als völkerrechtlicher Vertrag würden die *Articles of Agreement* zweitens dem bislang bestehenden Sekundärrecht der EU vorgehen und am Vorrang des Unionsrechts gegenüber den Rechtsordnungen der Mitgliedstaaten teilhaben. Allerdings werden sie in der Praxis wohl keine Änderungen am bereits bestehenden sekundären Unionsrecht vornehmen können, da der EuGH hierfür regelmäßig die unmittelbare Wirkung der Bestimmungen des betreffenden völkerrechtlichen Vertrages voraussetzt und es dem IWF-Recht grundsätzlich daran fehlt. Dementsprechend werden sich drittens auch natürliche und juristische Personen nicht direkt auf die *Articles of Agreement* stützen können. Viertens ist zur inhaltlichen Überprüfung des Beitritts der EU zum IWF gemäß Art. 218 Abs. 11 AEUV der EuGH zuständig.

3. Änderung der Articles of Agreement

Die komplementäre Mitgliedschaft der EU und ihrer Mitgliedstaaten wirft auch bei einer Änderung der *Articles of Agreement* Fragen auf. Das Verfahren zur Satzungsänderung nach Art. XXVIII IWFÜ differenziert danach, welche Bestimmungen geändert werden sollen. Während nach Art. XXVIII lit. b) IWFÜ Änderungen der Art. III Abschn. 2 lit. d) und Art. XXVI Abschn. 1 IWFÜ sowie Anhang C Abschn. 6 zum IWFÜ nur nach Annahme durch alle IWF-Mitglieder in Kraft treten können, reicht für das Inkrafttreten von sonstigen Änderungen der *Articles of Agreement* die Annahme durch drei Fünftel der Mitglieder, die über fünfundachtzig Prozent aller Stimmen verfügen (Art. XXVIII lit. a) IWFÜ). Für die Berechnung des Quorums stellt sich die Frage, ob die EU insofern als eigenständiges Mitglied neben ih-

---

nal Relations of the Euro Area, EFA Rev. 7 (2002), 1 (12 f.); *S. Kadelbach*, in: Siekmann (Hrsg.), EWU, 2013, Art. 219 AEUV, Rn. 38-39.

[1662] Umstritten ist, ob dabei konsequenterweise die EZB den anderen Unionsorganen hinsichtlich der Antragsberechtigung gleichgesetzt werden soll. Dafür z.B. *C. Zilioli/M. Selmayr*, The Law of the European Central Bank, 2004, S. 244-245. Kritisch *S. Kadelbach*, in: Siekmann (Hrsg.), EWU, 2013, Art. 219 AEUV, Rn. 39.

ren Mitgliedstaaten zu zählen ist oder ob entsprechend der Regelung zur Stimmgewichtung nur von der Anzahl der EU-Mitgliedstaaten auszugehen ist. Letzteres ist im Ergebnis am überzeugendsten, da die EU bei einer Änderung nach Art. XXVIII lit. a) IWFÜ ohnehin über kein zusätzliches Stimmrecht verfügen dürfte.

Abhängig von der Substanz der zu ändernden Bestimmungen bedarf die Änderung aus unionsrechtlicher Sicht grundsätzlich der Zustimmung sowohl der EU als auch der Mitgliedstaaten, es sei denn die Zuständigkeiten für die zu ändernde Regelungsmaterie lassen sich sauber abgrenzen. In diesem Fall spricht nichts dagegen, dass die EU Änderungen, die lediglich ihre eigenen ausschließlichen Außenkompetenzen berühren, ohne die Zustimmung der Mitgliedstaaten allein nach Art. 219 Abs. 3 AEUV vereinbart.[1663]

V. Der Beitritt der EU zum IWF im Lichte des UN-IWF-Beziehungsabkommens

Angesichts der großen Anzahl, ja des „Labyrinths"[1664] internationaler Organisationen und den dadurch zwangsläufig auftretenden Überschneidungen von Zuständigkeiten tauchte, wie bereits einleitend skizziert,[1665] sehr früh das Problem der Koordinierung der Tätigkeiten internationaler Organisationen auf.[1666] Auf völkerrechtlicher Ebene wurden zur Bewältigung dieses Problems verschiedene Koordinationsme-

---

1663 Anders *A. Steinbach*, Kompetenzkonflikte bei der Änderung gemischter Abkommen durch die EG und ihre Mitgliedstaaten, EuZW 2007, 109 (112), der im Lichte des Gebots der Rücksichtnahme aus Art. 4 Abs. 3 EUV vorschlägt, Mitgliedstaaten bei Vertragsänderungen gemischter Abkommen immer zu beteiligen, um eine Divergenz zwischen völkerrechtlicher Haftung und selbst eingegangener vertraglicher Verpflichtung zu vermeiden.

1664 *W. Lang*, Regimes and Organizations in the Labyrinth of International Institutions, in: Ginther u.a. (Hrsg.), FS für Karl Zemanek, 1994, S. 275 ff.

1665 Siehe Teil 1.A.

1666 Siehe hierzu bereits ausführlich *C. W. Jenks*, Co-Ordination in International Organization: An Introductory Survey, BYIL 28 (1951), 29 ff.; *K. Zemanek*, Internationale Organisationen als Handlungseinheiten in der Völkerrechtsgemeinschaft, ÖZöR 7 (1955/ 56), 335 ff. Vgl. ferner auch den Überblick bei *H.G. Schermers/ N.M. Blokker*, International Institutional Law, 5. Aufl. 2011, § 1702 ff.

chanismen entwickelt,[1667] zu denen vor allem die koordinierende Tätigkeit der Vereinten Nationen zählt. Dort ist diese Aufgabe der Generalversammlung und dem unter ihrer Autorität handelnden Wirtschafts- und Sozialrat (*Economic and Social Council*, ECOSOC) übertragen.[1668] Zu ihrer Ausführung in Bezug auf den IWF hatte der Präsident des ECOSOC diesen bereits 1946 auf der konstituierenden Sitzung in Savannah aufgefordert, in Verhandlungen über ein Kooperationsabkommen mit den Vereinten Nationen einzutreten, um so eine kohärentere Abstimmung mit den Aktivitäten anderer internationaler Organisationen sicherzustellen.[1669] Trotz der deutlichen Hinweise zur Notwendigkeit einer solchen Zusammenarbeit konnte sich der IWF zunächst nicht entschließen, den ihm von den Vereinten Nationen bereits im September 1946 vorgelegten Vertragsentwurf anzunehmen. Erst nach schwierigen Verhandlungen wurde im September 1947 ein modifiziertes Beziehungsabkommen (*relationship agreement*)[1670] abgeschlossen,[1671] das dem IWF trotz des dadurch zugesprochenen *de jure*-Status als UN-Sonderorganisation im Sinne der Art. 57, 63 UN-Charta *de facto* weitgehende Unabhängigkeit gewährt.[1672]

Vor dem Hintergrund des hier im Mittelpunkt stehenden Erkenntnisinteresses, einer möglichen mitgliedschaftlichen Beteiligung der EU im IWF, soll es im Folgenden nicht darum gehen, das UN-IWF-

---

[1667] Hierzu der Überblick bei *M. Ruffert*, Zuständigkeitsgrenzen internationaler Organisationen im institutionellen Rahmen der internationalen Gemeinschaft, AVR 38 (2000), 129 (151 ff.).

[1668] Ausführlich hierzu *W. Meng*, in: Simma/Khan/Nolte/Paulus (Hrsg.), The Charter of the United Nations. A Commentary, 3. Aufl. 2012, Art. 60, Rn. 4 ff.; *F. Coulee*, in: Cot/ Pellet (Hrsg.), La Charte des Nations Unies, Bd. II, 3. Aufl. 2005, Art. 60. Zusammenfassend hierzu *H.G. Schermers/ N.M. Blokker*, International Institutional Law, 5. Aufl. 2011, § 1707.

[1669] Vgl. *J. K. Horsefield*, The International Monetary Fund 1945-1965, Bd. I: Chronicle, 1969, S. 124, 145.

[1670] Agreement Between the United Nations and the International Monetary Fund, abgedr. in: *IMF*, Selected Decisions and Selected Documents of the International Monetary Fund, 2012, S. 965-971. Das Abkommen wurde vom Gouverneursrat des IWF am 17. September 1947 verabschiedet und von der Generalversammlung der Vereinten Nationen am 15. November 1947 genehmigt. Es trat noch am selben Tag in Kraft.

[1671] *J. K. Horsefield*, The International Monetary Fund 1945-1965, Bd. I: Chronicle, 1969, S. 145-147.

[1672] Hierzu sogleich näher.

Beziehungsabkommen im Einzelnen zu erörtern. Vielmehr soll – nach einigen kurzen Hinweisen auf die darin festgelegten Grundsätze der Kooperation zwischen dem IWF und den Vereinten Nationen (1.) – spezifisch der Frage nachgegangen werden, ob einer Aufnahme der Union in den IWF möglicherweise hieraus folgende Pflichten des IWF im Verhältnis zu den Vereinten Nationen entgegenstehen würden (2.).

1. Das UN-IWF-Beziehungsabkommen

Bei der Beurteilung der Frage, was zunächst die rechtlichen Grundlagen für das Beziehungsabkommen sind, fällt auf, dass die *Articles of Agreement* den Status als UN-Sonderorganisation – anders als die ITO-Satzung von 1948, die die Internationale Handelsorganisation in Art. 86 explizit als Sonderorganisation im System der Vereinten Nationen plante – nicht ausdrücklich vorsehen. Art. X Satz 1 IWFÜ spricht, wie bereits erläutert, lediglich davon, dass der IWF „im Rahmen der Bestimmungen d[es] Übereinkommens mit allen allgemeinen internationalen Organisationen und mit öffentlichen internationalen Organisationen zusammen[arbeitet], die auf verwandten Gebieten besondere Aufgaben haben“. Der Grund für diese im Vergleich zur Internationalen Handelsorganisation allgemeine Umschreibung waren allerdings nicht Widerstände gegen eine formale Einbindung des IWF in das UN-System.[1673] Vielmehr lag der Grund hierfür in dem Umstand, dass die Vereinten Nationen zur Zeit der Gründungskonferenz von Bretton Woods sich noch im Gründungsstadium befanden und daher der Entwurf der UN-Charta, der Name und auch die Organisationsform noch nicht bekannt waren.[1674]

Grundsätzlich hat der Status einer UN-Sonderorganisation zur Folge, dass die Vereinten Nationen diesen gegenüber bestimmte Rechte geltend machen können. Hierzu gehört u.a. grundsätzlich ein Mitspracherecht bei der Aufnahme von Nicht-UN-Mitgliedstaaten in die Sonder-

---

[1673] Zum Begriff des UN-Systems siehe *K. Hüfner*, UN-System, in: Wolfrum (Hrsg.), United Nations: Law, Policies and Practice, Bd.2, 1995, S. 1361 ff.

[1674] *Vgl. W. E. Holder*, The Relationship Between the International Monetary Fund and the United Nations, in: Effros, Current Legal Issues Affecting Central Banks, 1997, 16 (17). Zeitlich gesehen stellt die UN-Charta aber eine *lex prior* gegenüber dem IWFÜ dar, da sie bereits am 24.10.1945, also zwei Monate vor dem IWFÜ in Kraft trat.

organisationen,[1675] ein Empfehlungsrecht des ECOSOC und der Generalversammlung betreffend die Arbeit der Sonderorganisationen, das Recht auf den Austausch von Unterlagen und Dokumenten, ferner eine gegenseitige Einladungspflicht zu den jeweiligen Sitzungen und das Recht zum Vorschlag der Aufnahme von Fragen in die Tagesordnung, sowie die Pflicht zur gegenseitigen Zusammenarbeit in Verwaltungs-, Personal- und Haushaltsfragen.[1676]

Das Beziehungsabkommen mit dem IWF, in dem dieser mit der Wahrnehmung finanz- und währungspolitischer Aufgaben betraut ist,[1677] weicht von diesen Vorgaben teilweise erheblich ab. Es erlegt ihm nur äußerst geringe Pflichten auf und räumt ihm damit eine Sonderstellung

---

[1675] Am schärfsten ausgeprägt ist dies bei der Internationale Zivilluftfahrtorganisation (*International Civil Aviation Organisation*, ICAO). Vgl. Art. II des entsprechenden Beziehungsabkommens mit den Vereinten Nationen: "Any application submitted to the International Civil Aviation Organisation by States [...] to become parties to the Convention, shall be immediately transmitted by the Secretariat of the Organisation to the General Assembly of the United Nations. The General Assembly may recommend the rejection of such application and any such recommendation shall be accepted by the Organisation".

[1676] Vgl. im Einzelnen Art. 17 Abs. 3, 63 Abs. 2, 64 Abs. 1 UN-Charta. Hinsichtlich des Inhalts der einzelnen Beziehungsabkommen hat man sich weitgehend an das zuerst mit der ILO abgeschlossene Abkommen orientiert. Eine eingehende Darstellung dieses Inhalts findet sich bei *H.-R. Grüber*, Die Beziehungen zwischen den Vereinten Nationen und den Sonderorganisationen, 1953, S. 37 ff.; *J. Dagory*, Les rapports entre les institutions spécialisées et l'Organisation des Nations Unies, RGDIP 73 (1969), 285 (286 ff.). Siehe auch die prägnante Übersicht bei *I. Seidl-Hohenfeldern*, Specialized Agencies, in: Wolfrum (Hrsg.), United Nations: Law, Policies and Practice, Bd. II, 1995, S. 1202 (1204); *W. Meng*, in: Simma/Khan/Nolte/Paulus (Hrsg.), The Charter of the United Nations. A Commentary, 3. Aufl. 2012, Art. 63, Rn. 8 ff.

[1677] Auch wenn das Beziehungsabkommen streng genommen nur von "*international responsibilities [...] in economic and related fields within the meaning of Article 57 of the Charter of the United Nations*" spricht (vgl. Art. I Abs. 2), sind damit dennoch auch finanz- und währungspolitische Aktivitäten gemeint. Hierfür spricht, dass bereits die Gründungsväter der UN-Charta in San Francisco von einem weiten Verständnis des Begriffs "*economy*" ausgingen. Daneben sollte auch die Formel "*and related fields*" eine relative offene Lesart gewährleisten. Näher hierzu und m.w.Nw. *W. Meng*, in: Simma/Khan/Nolte/Paulus (Hrsg.), The Charter of the United Nations. A Commentary, 3. Aufl. 2012, Art. 57, Rn. 8.

gegenüber allen anderen UN-Sonderorganisationen ein.[1678] Der Grund hierfür ist entstehungsgeschichtlich vor allem in dem zu diesem Zeitpunkt beginnenden Ost-West-Konflikt zu sehen: Für den IWF war es nicht auszuschließen, dass Nicht-IWF-Mitgliedstaaten des Ostblocks – und hier insbesondere die Sowjetunion – versuchen würden, über die Zuständigkeiten des ECOSOC, vor allem über dessen Empfehlungs- und Budgetrecht gegenüber den Sonderorganisationen, Einfluss auf den IWF zu gewinnen und auf diese Weise das Prinzip des gewichteten Stimmrechts zu unterlaufen. Dass diese Befürchtungen des IWF keineswegs unbegründet waren, zeigte die anschließend scharfe Kritik des sowjetischen Vertreters in der Kommission der UN-Generalversammlung zu den die Autonomie des IWF betonenden Bestimmungen des Beziehungsabkommens.[1679]

Diese besondere Autonomie des IWF kommt bereits in Art. I Abs. 2 S. 2 des Beziehungsabkommens zum Ausdruck, indem darin ausdrücklich der Status des IWF als "*independent international organization*" betont wird. Die Reichweite dieser Unabhängigkeit verdeutlichen sodann insbesondere die Regelungen der Art. I Abs. 3, Art. IV und Art. X Abs. 3 des Beziehungsabkommens. Art. I Abs. 3 stellt klar, dass der IWF im Interesse der Wahrung der Vertraulichkeit seiner Kreditbeziehungen berechtigt ist, nach eigenem Ermessen zu bestimmen, inwieweit er Informationen und Dokumente über seine Tätigkeit zur Verfügung stellt. Art. IV enthält eine Modifizierung des Empfehlungsrechts des ECOSOC und der Generalversammlung betreffend die Tätigkeit des IWF, und Art. X Abs. 3 betont schließlich die uneingeschränkte Finanz- und Haushaltsautonomie des IWF. Auch hinsichtlich des passiven Gesandtschaftsrechts zeigt der IWF eine vergleichsweise große Zurückhaltung. Während dieser einen Beobachterstatus bei den Vereinten Nationen einnimmt, der es ihm erlaubt, an allen für ihn wichtigen Sitzungen der Generalversammlung, des ECOSOC, des Treuhandrats und deren Unterorgane teilzunehmen (vgl. Art. II Abs. 2, 3), ist der Beobachterstatus der Vereinten Nationen beim IWF eingeschränkter insti-

---

[1678] Da das Kooperationsabkommen mit dem IWF nicht wesentlich von denjenigen, die die Vereinten Nationen mit der IBRD, IFC und IDA abgeschlossen haben, abweicht, lässt sich das Gesagte auch auf diese drei Organisationen übertragen.

[1679] Hierzu im Einzelnen *U. Andersen*, Das internationale Währungssystem zwischen nationaler Souveränität und supranationaler Integration, 1977, S. 127-129. Siehe auch *K. Blöcker*, Die rechtlichen Aspekte der Zusammenarbeit des IWF mit der Russischen Föderation, 2000, S. 68.

tutionalisiert (vgl. Art. II Abs. 1). Der UN-Vertreter darf lediglich an den Treffen des höchsten Entscheidungs- und Leitungsgremiums des IWF, dem Gouverneursrat, teilnehmen; von den mehrmals in der Woche stattfindenden Sitzungen des Exekutivdirektoriums ist er jedoch grundsätzlich ausgeschlossen.[1680]

Insgesamt zeigt sich damit, dass der IWF auf der einen Seite durchaus die Notwendigkeit zur Zusammenarbeit mit anderen internationalen Organisationen im Allgemeinen und mit den Vereinten Nationen im Speziellen betont, andererseits aber sehr auf seine Unabhängigkeit bedacht ist.[1681] Dem liegt die Intention zugrunde, zum einen die interne Organisations- und Machtstruktur gegen Außeneinflüsse über die Vereinten Nationen – zur Zeit des Ost-West Konflikts durch Nicht-IWF-Mitglieder vor allem des Ostblocks, heute durch das für die Mitglieder des ECOSOC geltende gleiche Stimmrecht – abzusichern und zum anderen die finanz- und währungspolitischen Beziehungen mit Geldgebern und Schuldnern möglichst frei zu halten von sonstigen politischen Gesichtspunkten.[1682]

[1680] Vgl. auch *W. E. Holder*, The Relationship Between the International Monetary Fund and the United Nations, in: Effros, Current Legal Issues Affecting Central Banks, 1997, 16 (22); ferner *S. Schlemmer-Schulte*, Die Rolle der internationalen Finanzinstitutionen im Nord-Süd-Konflikt, in: Meng u.a. (Hrsg.), Das internationale Recht im Nord-Süd-Verhältnis, BDGVR 41 (03), 149 (211).

[1681] Dies betonen auch *P. Lucke*, Internationaler Währungsfonds, 1997, S. 49; *F. Gianviti*, Evolving Role and Challenges for the International Monetary Fund, Int'l L. 35 (2001), 1371 (1399-1401); *J. Conrady*, Eine UN-Sonderorganisation im Wandel: Die Reform des Internationalen Währungsfonds (IWF), in: v. Schorlemer (Hrsg.), Globale Probleme und Zukunftsaufgaben der Vereinten Nationen, ZfP 1/ 2006, 185 (186-189).

[1682] Diesen Aspekt betont *J. Gold*, Some Characteristics of Operation, in: Horsefield (Hrsg.), The International Monetary Fund 1945-1965, Bd. II: Analysis, 1969, 582 (S. 588-589): "The Fund has made strenuous efforts at all times to exclude political considerations from its discussions and decisions. The desire to operate as a technical organization is reflected in the Fund's agreement with the United Nations […]". So auch *R. von Hanstein*, Der Einfluss der Vereinten Nationen auf die Sonderorganisationen – Anspruch und Wirklichkeit, 1988, S. 53 ff., 112 ff.; *J. Kranz*, Entre l'influence et l'intervention: certains aspects juridiques de l'assistance financière multilatérale, 1994, S. 213; vgl. auch den Überblick bei *W. Meng*, in: Simma/Khan/Nolte/Paulus (Hrsg.), The Charter of the United Nations. A Commentary, 3. Aufl. 2012, Art. 57, Rn. 38, 40, 42.

2. Konsequenzen für eine EU-Mitgliedschaft im IWF

Welche Konsequenzen ergeben sich hieraus nun im Hinblick auf einen Beitritt der EU zum IWF? Insoweit ist zunächst festzustellen, dass das Beziehungsabkommen zu der Frage, unter welchen Voraussetzungen der IWF ein Nicht-Mitglied der Vereinten Nationen aufnehmen darf, keine Auskunft gibt. Art. XI des Abkommens begründet zwar unter der Überschrift "*Agreements with other organizations*" eine Pflicht des IWF dahingehend, den ECOSOC über alle formellen Vereinbarungen mit einer Sonderorganisation (*specialized agency*) im Voraus zu informieren. Eine Rückbindung bei der Aufnahme von Nicht-UN-Mitgliedern an die Willensbildung innerhalb des ECOSOC und damit innerhalb der Vereinten Nationen wird damit jedoch nicht begründet,[1683] zumal mit "*specialized agency*" – obwohl die Überschrift zunächst etwas anderes zum Ausdruck zu bringen scheint – wohl allein Sonderorganisationen der Vereinten Nationen gemeint sind, nicht jedoch auch außerhalb des UN-Systems stehende Organisationen. Das Schweigen des Abkommens ist daher richtigerweise dahingehend zu verstehen, dass der IWF bei der Aufnahme neuer Mitglieder völlig frei ist. Etwas anderes ergibt sich auch nicht aus einer Zusammenschau der im Abkommen enthaltenen Kooperationspflichten des IWF gegenüber einzelnen UN-Organen. Zwar findet sich für die Annahme ungeschriebener Kooperationspflichten auch im Zusammenhang mit den Vereinten Nationen ein Beispiel in der Rechtsprechung des IGH.[1684] Jedoch betraf dieses in dem konkreten Fall zum einen nicht das Verhältnis zwischen einer Sonderorganisation und den Vereinten Nationen, sondern die Beziehung zwischen einer internationalen Organisation und einem Mitgliedstaat. Zum anderen sind die Kooperationspflichten des IWF, wie gezeigt, vor dem Hintergrund seines Autonomieanspruchs im Vergleich zu anderen UN-Sonderorganisationen gerade nicht intensiv ausgestaltet worden. Die damit bezweckte Unabhängigkeit von den Vereinten Nationen darf insoweit nicht durch Rückgriff auf allgemeine und vor allem ungeschriebene Rücksichtnahmepflichten konterkariert werden. Für dieses Ergebnis spricht denn auch die Aufnahmepraxis des IWF, die seit jeher dadurch gekennzeichnet ist, dass der IWF die Entscheidung über die Aufnahme in die Organisation nicht von einer

---

[1683] Gleichwohl wurden in der Vergangenheit auch dahingehende Vorschläge vorgebracht. Vgl. *J. Gold*, Membership and Nonmembership in the International Monetary Fund, 1974, S. 324.

[1684] *IGH*, Interpretation of the Agreement of 25 March 1951 between the WHO and Egypt, Advisory Opinion, ICJ Rep. 1980, 73 (93, Rn. 43).

gleichzeitigen UN-Mitgliedschaft abhängig macht.[1685] So wurde jüngst Kosovo am 29. Juni 2009 Mitglied des IWF,[1686] bevor der IGH sein Kosovo-Gutachten vom 22. Juli 2010[1687] veröffentlicht hat.

Insgesamt sprechen daher die besseren Argumente dafür, dass der IWF durch eine Aufnahme der Union als vollwertiges Mitglied nicht gegen Pflichten im Verhältnis zu den Vereinten Nationen verstoßen würde.

VI. Implikationen einer EU-Mitgliedschaft im IWF für die internationalen Finanz- und Entwicklungshilfebeziehungen

Abschließend sei noch darauf hingewiesen, dass eine Beschränkung der Diskussion auf eine einheitliche EU-Vertretung im IWF alleine nicht zielführend ist, da mit der G7/8 und der G20 weitere Akteure in den internationalen Wirtschafts- und Finanzbeziehungen eine Rolle spielen, die auch und vor allem in Bezug auf die EU und ihre Beziehung zum IWF von besonderer Bedeutung ist. Schließlich ist vor dem Hintergrund der analogen Struktur von IWF und Weltbank zu klären, ob und wie sich eine einheitliche EU-Vertretung im IWF auf die Weltbank und ihre Tochterorganisationen (IDA, IFC, MIGA und ICSID) auswirken wird. Die Beantwortung dieser Fragen bedürfte im Grunde einer besonderen Untersuchung, die hier nicht geleistet werden kann. Die nachfolgenden Ausführungen beschränken sich daher darauf, lediglich einige erste Überlegungen anzustellen und einige Fragen und Probleme anzudeuten.

Die G8 bezeichnet eine Kooperation der zunächst sechs Gründungsmitglieder Deutschland, Frankreich, Italien, Japan, USA und Großbritannien sowie der 1976 und 1998 hinzugekommenen Staaten Kanada und Russland.[1688] Sie wurde 1975 kurz nach dem Zusammenbruch des

---

[1685] In historischer Hinsicht siehe den Überblick bei *J. Gold*, Membership and Nonmembership in the International Monetary Fund, 1974, S. 323-326.

[1686] *IMF*, Kosovo Becomes the International Monetary Fund's 186th Member, Press Release No. 09/240, June 29, 2009.

[1687] *IGH*, Accordance with international law of the unilateral declaration of independence in respect of Kosovo, Advisory Opinion, ICJ Rep. 2010, 403.

[1688] Aufgrund des Ukraine-Konflikts beschlossen die Staats- und Regierungschefs der G7 am 24. März 2014, nicht am geplanten G8-Gipfeltreffen unter russischer Präsidentschaft am 4. und 5. Juni 2014 in Sotschi teilzunehmen. Stattdessen traf sich die G7 Anfang Juni 2014 zu einem Gipfel in Brüssel. Das

Bretton Woods-Systems gegründet. Seit dem organisiert sie informelle Treffen der Staats- und Regierungschefs im Jahresrhythmus unter dem ebenfalls jährlich wechselnden Vorsitz jeweils eines Mitglieds.[1689] Auf diesen Treffen wurden bis 2008 auch Fragen betreffend die Agenda des IWF, in dem die G7/8-Staaten mit 44,64 Prozent der Gesamtstimmen eine führende Rolle einnehmen, diskutiert. Diese Aufgabe ist inzwischen von der G20 übernommen worden.[1690] In ihrer ursprünglichen Formation wurde die G20 1999 als Reaktion auf die Asienkrise auf der Ebene der Finanzminister und Notenbankgouverneure der 19 führenden Industrie-und Schwellenländer sowie der EU gegründet.[1691] Mit dem Ausbruch der globalen Banken- und nachfolgenden Finanz- und Wirtschaftskrise kam sie in Washington im November 2008 auf Einladung des damaligen US-Präsidenten *George Bush* zum ersten Mal auch auf der Ebene der Staats- und Regierungschefs zusammen mit dem Ziel, die zugrundeliegenden Ursachen der Krise zu analysieren und gemeinsame Lösungsmöglichkeiten zu entwickeln. Auf dem dritten G20-Treffen in Pittsburgh im September 2009 erklärte sie sich schließlich zum "*premier forum for […] international economic cooperation*".[1692] Zu ihrem Themenbereich zählen mittlerweile nicht nur genuin wirtschafts- und finanzpolitische Fragen, sondern auch die Außen- und Sicherheitspolitik, die Entwicklungspolitik, die Energie- und Ernährungssicherheit, das Gesundheitswesen und der Klimawandel – eine

---

letzte Treffen der G7 fand am 7. und 8. Juni 2015 unter deutscher Präsidentschaft auf Schloss Elmau statt. Das nächste Treffen fand am 26. und 27. Mai 2016 in Ise-Shima (Japan) statt. Da eine Rückkehr Russlands zu den Gipfeltreffen gefordert wird, wird im Folgenden die Bezeichnung G7/8 verwendet.

1689 Ausführlich *P. Hajnal*, The G7/G8 System, 1999.

1690 Vgl. *K. Gnath/C. Schmucker*, G20 und IWF: Kerninstitutionen des globalen Krisenmanagements, in: Braml/Mair/Sandschneider (Hrsg.), Außenpolitik in der Wirtschafts- und Finanzkrise, 2012, 267 ff.

1691 *P. Hajnal*, The G20. Evolution, Interrelationships, Documentation, 2014, S. 13 ff. Die G-20 setzt sich heute aus folgenden (permanenten) Mitgliedern zusammen: den Vereinigten Staaten, China, Japan, Deutschland, Frankreich, Brasilien, dem Vereinigten Königreich, Italien, Russland, Kanada, Indien, Australien, Mexiko, Südkorea, Indonesien, Türkei, Saudi-Arabien, Argentinien, Südafrika sowie der Europäischen Union.

1692 *G20*, Leaders' Statement – The Pittsburgh Summit, September 24-25 2009, S. 19, Ziff. 50, https://g20.org/wp-content/uploads/2014/12/Pittsburgh_Declaration_0.pdf (letzter Zugriff: 30.3.2015).

Entwicklung, die aus Legitimationsgesichtspunkten allerdings nicht ohne Kritik geblieben ist.[1693]

Wie die G7/8 basiert die G20 nicht auf einer völkerrechtlich verbindlichen Regelung und ist damit auch organisatorisch nicht zu einer internationalen Organisation verdichtet, sondern stellt lediglich ein loses intergouvernementales Netzwerk dar, das weder über ein permanentes Sekretariat noch über formalisierte Regeln für den Erwerb und den Inhalt der Mitgliedschaftsrechte verfügt.[1694] Im Hinblick auf die EU werden diese Eigenschaften vereinzelt allerdings als ein großer Vorteil gegenüber einer stark ausgebildeten Binnenstruktur, wie sie etwa im IWF zu finden ist, gewertet.[1695] Tatsächlich gehören die EU und vier ihrer Mitgliedstaaten zu den Gründungsmitgliedern der G20, so dass die Union insgesamt gut vertreten ist. Aus Sicht der Drittstaaten gilt Europa allerdings auch in diesem Kontext als überrepräsentiert.[1696] Kritik wird auch von Seiten kleinerer EU-Mitgliedstaaten geäußert, die nicht in der G20 vertreten sind und daher eine Marginalisierung bestehender multilateraler Organisationen – wie den IWF – durch die G20 und damit letztlich ihren Ausschluss von wichtigen Entscheidungsprozessen fürchten. Diese Einwände sind nicht neu. Die Gründung der G7 hatte ebenfalls zur Kritik einzelner EWG-Mitgliedstaaten, die bis heute von der Teilnahme ausgeschlossen sind, geführt.[1697] Ihr wurde schließlich nach langen Widerständen von Seiten der vier in der G7 vertretenen EWG-Mitgliedstaaten dadurch begegnet, indem man sich darauf einig-

---

[1693] Hierzu *M. Zobl/D. Thürer/K. Alexander*, Die Legitimation der G-20, AVR 51 (2013), 143 (147 ff.).

[1694] So auch die Einordnung bei *J. Wouters/D. Geraets*, The G20 and Informal International Lawmaking, Leuven Centre for Global Governance Studies, Working Paper No. 86, March 2012, S. 3, abrufbar unter http://papers.ssrn.com/sol3/papers.cfm?abstract_id=2274808 (letzter Zugriff: 02.04.2015). Vgl. auch *C. Tietje*, in: Fassbender u.a., Paradigmen im internationalen Recht. Implikationen der Weltfinanzkrise für das internationale Recht, BDGVR 45 (2012), 243 (263), der in Entsprechung zur Kategorie des "*soft law*" von "*soft organization*" spricht.

[1695] Vgl. m.w.Nw. *P. Debaere/J. Orbie*, The European Union in the Gx system, in: Jorgensen/Laatikainen (Hrsg.), Routledge Handbook on the European Union and International Institutions, 2013, 311 (312).

[1696] *Ebd.*, S. 316-317.

[1697] Vgl. *P. Debaere*, The EU's Role and Performance within the G20 in the Area of Finance and Development, in: Koops/Macaj (Hrsg.), The European Union as a Diplomatic Actor, 2015, 120 (121).

te, anstelle einzelner Mitgliedstaaten den Kommissionspräsidenten und dasjenige Gemeinschaftsmitglied, das den halbjährlich rotierenden Vorsitz im Rat innehatte, zu dem dritten Gipfeltreffen in London 1977 einzuladen.[1698] Seit dem Inkrafttreten des Vertrages von Lissabon ist für die Vertretung der EU in der G7/8 auf der Ebene der Staats- und Regierungschefs neben dem Kommissionspräsidenten der neue ständige Präsident des Europäischen Rats (zurzeit der Pole *Donald Tusk*) zuständig.[1699]

Vor diesem Hintergrund lässt sich auch der spätere Status der EU als Gründungsmitglied der G20 erklären, nämlich mit der Motivation der Nicht-EU-Mitgliedstaaten der G7/8, auf diese Weise eine direkte Beteiligung kleinerer Mitgliedstaaten der EU zu verhindern.[1700] In der Formation der G20 auf Ministerebene wird die EU vom Präsidenten der EZB und den Vorsitzenden des ECOFIN-Rats repräsentiert. Die Kommission ist hier allein auf technischer Ebene involviert. Auf der Ebene der Staats- und Regierungschefs wird die EU dagegen wie in der G7/8 vom Präsidenten des Europäischen Rats und vom Kommissionspräsidenten vertreten.[1701] Die hier deutlich hervorgehobene Position

---

1698 *Ebd.*, S. 121-122. Obgleich die EU damit ein vollwertiges Mitglied der beiden Gx-Formationen ist, steht ihr nicht das Recht zu, Treffen ausrichten oder diese zu leiten. In der Literatur gehen daher die Meinungen darüber auseinander, ob es sich bei der EU dann tatsächlich noch um ein „echtes" Mitglied der G8 und G20 handelt. Siehe hierzu die Diskussion bei *P. Debaere/J. Orbie*, The European Union in the Gx system, in: Jorgensen/Laatikainen (Hrsg.), Routledge Handbook on the European Union and International Institutions, 2013, 311(312 ff.).

1699 Ausf. hierzu *J. Huigens/A. Niemann*, The Representation of the European Union in the G8, in: Larionova (Hrsg.), The European Union in the G8, 2012, 105 ff. Vgl. auch *Kommission*, Ein Fahrplan für die Schaffung einer kohärenteren Außenvertretung des Euro-Währungsgebiets in internationalen Foren, COM(2015) 602 final, S. 4. Auf der Ebene der Finanzminister und Notenbankgouverneure der G7/8 wird die Union von der Kommission, dem Präsidenten der EZB und dem Vorsitzenden der Euro-Gruppe vertreten.

1700 Vgl. *D. Hodson*, Governing the Euro Area in Good Times & Bad, 2011, S. 99.

1701 Ausführlich *M. Larionova/T. Renard*, The European Union in the G20, in: Larionova (Hrsg.), The European Union in the G8, 2012, 121 ff.; siehe ferner den prägnanten Überblick bei *D. Schwarzer*, A consolidated representation of interests in the context of Europe's relative economic decline – drivers and obstacles, in: Lieb/von Ondarza/Schwarzer (Hrsg.), The European union in International Fora, 2011, 137 (146).

der Kommission gegenüber ihrer Stellung auf Ministerebene ist nicht allein vor dem Hintergrund der ihr zustehenden Kompetenzen, insbesondere für die Handelspolitik, sondern auch und vor allem mit ihrem Engagement bei der Bewältigung der europäischen Staatsschuldenkrise zu erklären.

Insgesamt gesehen ist die EU sowohl in der G7/8 als auch in der G20 gut vertreten. Mit einer Stimme spricht sie dennoch auch in diesem Kontext nicht. Daran hat auch der Vertrag von Lissabon, der insoweit vor allem in institutioneller Hinsicht mit dem auf zweieinhalb Jahre gewählten Präsidenten des Europäischen Rats für eine bessere Sichtbarkeit der Union gesorgt hat, nur wenig geändert. Die Gründe hierfür liegen nicht nur in Abstimmungsproblemen auf vertikaler Ebene, also im Verhältnis zu den EU-Mitgliedstaaten, die Mitglieder der G7/8 und G20 sind, sondern auch auf horizontaler Ebene.[1702] Zur Verbesserung dieser Situation müsste daher die Koordinierung intensiviert werden. Bei Fragen betreffend die Eurozone könnte hierfür auf Art. 138 AEUV, der bisher ungenutzt blieb, zurückgegriffen werden.[1703] Bei alledem müsste zudem darauf geachtet werden, dass auch die außerhalb der G7/8 und G20 stehenden EU-Mitgliedstaaten frühzeitig in die Beratungen auf Unionsebene einbezogen werden. Dies umso mehr, als der EU die Teilnahme in beiden Gx-Formationen ursprünglich an Stelle ihrer übrigen Mitgliedstaaten zuerkannt wurde. Bislang findet eine solche Koordinierung informell u.a. in der Eurogroup Working Group und im Wirtschafts- und Finanzausschuss statt, dem wie beim IWF das SCIMF zuarbeitet.[1704]

Aus Legitimationsgesichtspunkten sei schließlich noch darauf hingewiesen, dass Europa mit vier EU-Mitgliedstaaten und Spanien als ständigem Gast sowie der EU zumindest in geographischer Hinsicht überrepräsentiert ist. Aus diesem Grund wird auch in diesem Kontext der

---

[1702] Siehe z.B. *P. Debaere/D. Lesage/J. Orbie*, Effective minilateralism: The EU's pragmatic embracement of the G20, in: Drieskens/van Schaik (Hrsg.), The EU and Effective Multilateralism: Internal and external reform practices, 2014, 170 (178 ff.).

[1703] Der kürzlich von der Kommission vorgelegte „Fahrplan für die Schaffung einer kohärenteren Außenvertretung des Euro-Währungsgebiets in internationalen Foren", COM(2015) 602 final, macht hierzu keinen Vorschlag.

[1704] Siehe *P. Debaere/D. Lesage/J. Orbie*, Effective minilateralism: The EU's pragmatic embracement of the G20, in: Drieskens/van Schaik (Hrsg.), The EU and Effective Multilateralism: Internal and external reform practices, 2014, 170 (178 ff.).

Rückzug einiger EU-Mitgliedstaaten diskutiert, um dadurch Plätze freizumachen zugunsten nicht berücksichtigter Staaten.[1705] Parallel zur Verbesserung der Binnenstruktur der G20 ist allerdings auch ein Ausbau ihrer Legitimität im Außenverhältnis erforderlich. Dies kann vor allem durch eine stärkere Einbindung in das System der Vereinten Nationen, insbesondere im Wege einer engeren Kooperation mit dem ECOSOC, erfolgen.[1706] Die Zusammenarbeit mit dem IWF, der anders als anfänglich befürchtet, durch die Aufwertung und Selbstproklamierung der G20 zum *"premier forum for [...] international economic cooperation"* nicht weiter an Bedeutung verloren, sondern durch den von ihr initiierten Reformprozess vielmehr hinzugewonnen hat, müsste ebenfalls weiter intensiviert werden. Ob hierfür die Einsetzung der G20 als eine Art Lenkungsausschuss im IWF anstelle einer Aufwertung des IMFC oder der Einsetzung des Ministerrats der richtige Weg ist, erscheint allerdings fraglich. Die EU hat sich bisher jedenfalls nicht für eine Aufwertung des IMFC zu einem International Monetary and Financial Board oder für eine Aktivierung des Ministerrats ausgesprochen, sondern scheint eher an eine Aufwertung der G20 interessiert zu sein.[1707]

Im Gegensatz zum IWF hat weder die EU noch eines ihrer Organe in der Weltbank einen organschaftlichen Status.[1708] Den fehlenden Partizipationsmöglichkeiten der Union als solcher steht aber wie im IWF ei-

---

[1705] Hierzu z.B. *M. Zobl/D. Thürer/K. Alexander*, Die Legitimation der G-20, AVR 51 (2013), 143 (153 f.).

[1706] Vgl. *C. Tietje*, in: Fassbender u.a., Paradigmen im internationalen Recht. Implikationen der Weltfinanzkrise für das internationale Recht, BDGVR 45 (2012), 243 (269 ff.).

[1707] S. *P. Debaere/D. Lesage/J. Orbie*, Effective minilateralism: The EU's pragmatic embracement of the G20, in: Drieskens/van Schaik (Hrsg.), The EU and Effective Multilateralism: Internal and external reform practices, 2014, 170 (178 ff.).

[1708] Die Kommission ist allerdings im gemeinsamen Entwicklungsausschuss von IWF und Weltbank als Beobachter vertreten. Zu Einzelheiten s. *E. Baroncelli*, The EU at the World Bank, in: Oberthür/Jorgensen/Shahin (Hrsg.), The Performance of the EU in International Institutions, 2013, 39 ff.; *dies*, The World Bank, in: Jorgensen/ Laatikainen (Hrsg.), Routledge Handbook on the European Union and International Institutions, 2013, 205 ff.; *S. Cafaro*, The International Financial Crisis and the Evolution of the Bretton Woods Institutions, in: R. Virzo/I. Ingravallo (Hrsg.), Evolutions in the Law of International Organizations, 2015, 192 (217-219).

ne überproportionale Repräsentation ihrer Mitgliedstaaten im Exekutivdirektorium gegenüber. Zusätzlich zu den drei „ständigen Mitgliedern“ Deutschland – das seit dem Stimmengewichtstransfer auf China inzwischen aber den vierten Platz hinter den USA, Japan und eben China einnimmt – sowie Frankreich und Großbritannien – die sich jetzt den fünften ständigen Exekutivdirektoriumssitz teilen, aber unabhängig voneinander wahrnehmen – können bis zu fünf EU-Mitgliedstaaten ihrer Stimmrechtsgruppe vorstehen, so dass knapp ein Drittel der Exekutivdirektoriumsmitglieder EU-Staaten sein können. In seiner gegenwärtigen Zusammensetzung gehören ihm mit Deutschland, Frankreich, Großbritannien, Belgien, Niederlande, Finnland und Italien sieben EU-Mitgliedstaaten an.[1709] Bei der Weltbank liegen die Verhältnisse insofern ähnlich wie beim IWF. Dessen ungeachtet lassen sich drei wesentliche Unterschiede hinsichtlich einer einheitlichen EU-Vertretung ausmachen, die letztlich zu einer unabhängigen Betrachtung der Situation in der Weltbank von der im IWF zwingen. Erstens fällt aus unionsrechtlicher Perspektive die Zugehörigkeit einiger EU-Mitgliedstaaten zum Euro-Raum in der Weltbank nicht ins Gewicht, da diese sich nicht mit Fragen der internationalen Geld- und Währungspolitik, sondern mit der Entwicklungspolitik befasst. Zweitens stimmt die Struktur der Exekutivdirektorien der beiden Organisationen nicht vollständig miteinander überein. Während es sich beim IWF aus insgesamt 24 Exekutivdirektoren zusammensetzt, sind es bei der Weltbank aktuell 25 Mitglieder. Hinzu kommt, drittens, dass die vom Gouverneursrat des IWF 2010 beschlossene Reform nicht auch die Weltbank betraf, so dass dort mit Deutschland, Frankreich und Großbritannien drei EU-Mitgliedstaaten weiterhin verpflichtet bleiben, ihren eigenen Exekutivdirektor zu ernennen. Damit ist auch eine Neugruppierung der EU-Mitgliedstaaten in kohärenteren Stimmrechtsgruppen bereits aus völkerrechtlichen Gründen ausgeschlossen. Eine komplementäre Mitgliedschaft nach dem für den IWF vorgeschlagenen Modell scheidet aus denselben Gründen aus[1710],[1711] wenngleich dies aus kompetenzrechtlicher Sicht durchaus

---

[1709] Vgl. *IBRD*, Voting Power of Executive Directors, abrufbar unter http://siteresources.worldbank.org/BODINT/Resources/278027-1215524804501/IBRDEDsVotingTable.pdf (letzter Zugriff: 7.3.2016).

[1710] In dieser Hinsicht besteht eine Verknüpfung zwischen dem IWF und der Weltbank „nur“ insoweit, als nach Art. II Abschn. 1 IBRDÜ Mitglied der Weltbank nur werden kann, wer auch dem IWF angehört, nicht aber umgekehrt. Zudem zieht nach Art. VI Abschn. 3 IBRDÜ die Aufgabe der Mitgliedschaft im IWF grundsätzlich automatisch den Verlust jener in der Weltbank nach sich.

realisierbar wäre. Es ist schon darauf hingewiesen worden, dass es sich bei den Kompetenzen der EU und ihrer Mitgliedstaaten im Bereich der Entwicklungszusammenarbeit um parallele Kompetenzen handelt.[1712] Art. 4 Abs. 4 AEUV drückt dies explizit aus, indem er klarstellt, dass sich in „den Bereichen Entwicklungszusammenarbeit und humanitäre Hilfe [...] die Zuständigkeit der Union darauf [erstreckt], Maßnahmen zu treffen und eine gemeinsame Politik zu verfolgen, ohne dass die Ausübung dieser Zuständigkeit die Mitgliedstaaten hindert, ihre Zuständigkeit auszuüben". Im Gegenteil, nach Art. 208 Abs. 1 S. 2 AEUV sollen sich die unionale Entwicklungspolitik und die der Mitgliedstaaten gegenseitig „ergänzen und verstärken". Es ist also davon auszugehen, dass sich die unionale und mitgliedstaatliche Entwicklungspolitik nicht gänzlich widersprechen und konterkarieren soll, ansonsten aber unabhängig voneinander verfolgt werden kann. Dies gilt auch auf völkerrechtlicher Ebene im Rahmen der Zusammenarbeit mit internationalen Organisationen. Art. 209 Abs. 2 S. 1 AEUV räumt der Union zu diesem Zweck eine ausdrückliche Vertragsschlusskompetenz ein.

Damit ist bereits angedeutet, dass die zentrale Herausforderung darin besteht, dass nicht nur die Weltbank und ihre Mitglieder unabhängig voneinander Entwicklungspolitik betreiben können, sondern dass insoweit auch zwischen der nationalen und supranationalen Ebene eine kompetenzielle Gleichordnung besteht und damit ein paralleles Handeln zulässig ist. Dies verlangt nach alternativen Lösungsansätzen für eine bessere Ausgestaltung der Beziehung der EU und ihrer Mitgliedstaaten zur Weltbank.[1713] Da die EU zu den größten Geldgebern gegenüber den Entwicklungsländern zählt, ist dieses Problem auch nicht

---

[1711] Damit wird bis auf weiteres auch die Einbeziehung der ICSID-Streitschlichtung, der wohl bedeutsamsten Methode der Beilegung von sog. Investor-Staat-Streitigkeiten, bei durch die EU abgeschlossenen BITs nicht möglich sein. Die Zuständigkeit des ICSID erstreckt sich ausschließlich auf unmittelbar mit einer Investition zusammenhängende Rechtsstreitigkeiten zwischen einem Vertragsstaat und einem Angehörigen eines anderen Vertragsstaates (Art. 25 ICSIDÜ). Nach Art. 67 ICSIDÜ können Vertragsstaaten nur Mitglieder der Weltbank oder Vertragsstaaten des IGH-Statuts sein.

[1712] Siehe oben Teil 4.B.III.2.b).

[1713] Siehe hierzu *C. Garnier/D. Daco/F. di Mauro*, UN-EU Cooperation on financial issues, in: Wouters/Hoffmeister/Ruys (Hrsg.), The United Nations and the European Union, 2006, 115 (121 ff.).

nur von theoretischem, sondern von großem praktischem Interesse.[1714] Ein erster Schritt müsste zunächst dahingehend getan werden, die Koordination auf vertikaler Ebene zwischen der EU und ihren Mitgliedstaaten zu verbessern. So fehlt es bisher bereits an einem Gremium nach Art des SCIMF, das sich mit Fragen der Weltbank beschäftigt.[1715] Dabei ist eine Koordinationspflicht in Art. 210 Abs. 1 S. 1 AEUV ausdrücklich vorgesehen. Sie richtet sich sowohl an die Union als auch an die Mitgliedstaaten. Danach müsste im Wege einer Koordinierung neben der operativen Seite der Entwicklungszusammenarbeit in und mit der Weltbank, also neben der Planung und Durchführung konkreter Entwicklungsprojekte, auch und vor allem das Auftreten der EU und ihrer Mitgliedstaaten in der Weltbank besser als bisher geregelt werden. Im Verhältnis zwischen der EU und der Weltbank existiert zwar ein 2001 abgeschlossenes Kooperationsabkommen, jedoch ist darin allein die Administration von sog. Trust Funds geregelt.[1716] In institutioneller Hinsicht ist daher eine Anhebung des Status der EU ebenso dringend wie im IWF. Solange allerdings die Voraussetzungen für eine einheitliche EU-Stimmrechtsgruppe nicht vorliegen, könnte sich – anders als im IWF – die Stellung eines ständigen EU-Beobachters im Exekutivdirektorium der Weltbank bis auf weiteres als die einzig realisierbare Lösung erweisen.

1714 Vgl. *E. Baroncelli*, The EU at the World Bank, in: Oberthür/Jorgensen/Shahin (Hrsg.), The Performance of the EU in International Institutions, 2013, 39 (39 f.).

1715 Siehe *ebd.*, S. 43.

1716 Zu Einzelheiten siehe *P. Dann*, Entwicklungsverwaltungsrecht, 2012, S. 266 ff.

Sechster Teil: Schlussbetrachtung

Der IWF blickt auf eine Geschichte zurück, die als ein permanenter Prozess des Wandels, der Anpassung an veränderte wirtschaftspolitische Realitäten und – vor allem in jüngerer Zeit – der Reformen beschrieben werden kann, eine Geschichte, in der sich Phasen der Marginalisierung mit Phasen der Renaissance stetig abwechselten. Dabei ist es dem IWF trotz aller Kritik immer wieder gelungen, ein fester Bezugspunkt in den internationalen Währungs- und Finanzbeziehungen zu bleiben. Zu den bereits bei seiner Gründung 1944 erkannten Problemen traten neue globale Herausforderungen hinzu, wie der Zusammenbruch des Bretton-Woods-Systems 1973, die verschiedenen Währungs- und Finanzkrisen in den 1990er Jahren, die aktuelle Wirtschafts- und Finanzkrise seit 2008 sowie in zunehmendem Maße das Aufkommen neuer formeller und informeller Kooperationsformen sowohl auf regionaler wie auch globaler Ebene. Zu nennen ist insoweit vor allem die wirtschafts- und finanzpolitische Zusammenarbeit der G7/8, die zwar bereits 1975 ins Leben gerufen, jedoch erst ab den späten 1990er Jahren besonders wichtig wurde. Seit der Wirtschafts- und Finanzkrise 2008 ist sie zudem um weitere wirtschaftlich bedeutende Schwellenländer zur sog. G20 ausgeweitet worden, was nicht ohne Einfluss auch auf den IWF geblieben ist. Darüber hinaus ist in den letzten Jahren nicht nur die Zahl regionaler Handelsabkommen, sondern auch die regionaler Währungsregime stetig gestiegen.

Während einige internationale Organisationen, vor allem das GATT und seine Nachfolgeorganisation, die WTO, die systemische Rolle regionaler Kooperationen von Anfang erkannt und dementsprechend darauf reagiert haben, ist diese Entwicklung im IWF erst noch am Anfang. Daran haben auch die von der G20 bei ihrem Treffen auf der Ebene der Finanzminister und Notenbankgouverneure in Cannes im Oktober 2011 angenommenen "*G20 Principles for Cooperation between the IMF and Regional Financing Arrangements*" nichts geändert. Zum einen handelt es sich bei ihnen nur um ein *soft law*-Instrument, das somit über unzureichende Durchsetzungsmechanismen bei Verstößen gegen die darin festgelegten Regelungen verfügt, zum anderen wird durch die Konzentration auf die Zusammenarbeit des IWF allein mit "*Regional Financing Arrangements*" ein nur kleiner Bereich seines Tätigkeitsfeldes

M. Assakkali, *Europäische Union und Internationaler Währungsfonds,* Beiträge zum ausländischen öffentlichen Recht und Völkerrecht, DOI 10.1007/978-3-662-54363-4_6

erfasst. Damit wird insbesondere die EU, die bis dato über keinen Status im IWF verfügt, nur unzureichend berücksichtigt.

Während die eingeschränkte Vertretungspraxis der E(W)G im IWF bis zum Übergang in die Endstufe der WWU noch nachvollziehbar war, weil die Gemeinschaft bis zu diesem Zeitpunkt über keine oder nur über begrenzte monetäre Kompetenzen verfügte und sich daher die Aufgabenbereiche der beiden Organisationen nicht oder nur wenig überschnitten, ist die gegenwärtige Rolle der EU im IWF angesichts ihrer inzwischen umfangreichen Zuständigkeiten im Aufgaben- und Regelungsbereich des IWF dafür umso erstaunlicher. Zwar ist es im Zuge der seit 2008 andauernden globalen Finanz- und Wirtschaftskrise und der darauf folgenden Staatsschuldenkrise in einigen EU-Mitgliedstaaten zu einer Intensivierung der Zusammenarbeit zwischen der EU und dem IWF gekommen, vor allem wenn es darum geht, EU-Staaten mit Finanzhilfen zu versorgen. An der nur beschränkten Rolle der Union im institutionellen Gefüge des IWF hat sich dadurch gleichwohl nichts geändert. Insofern lässt sich eine ungleiche Entwicklung in der operativen und institutionellen Interaktion feststellen. In operativer Hinsicht ist vor allem die Zusammenarbeit zwischen dem IWF und den drei europäischen Krisenbewältigungsmechanismen EFSM, EFSF und ESM hervorzuheben. Auf dieser Grundlage sind die Hilfen für Irland, Portugal, Zypern und das zweite Griechenland-Paket ergangen, die insgesamt zu einer Aufwertung des IWF geführt, zugleich aber auch neue Risiken begründet haben. Obgleich sich der IWF hierbei gelegentlich, insbesondere durch die stetige Anhebung der Zugangshöhe für Kreditausleihungen an die einzelnen Euro-Mitgliedstaaten, auf ein sehr dünnes normatives Fundament bewegt hat, ist er letztlich im Rahmen seines Mandats geblieben. Insbesondere lässt sich, anders als dies vereinzelt angenommen wird, keine generelle Mandatswidrigkeit der finanziellen „Euro-Rettungsmaßnahmen" des IWF begründen, da die Gewährung von Liquiditätshilfen an Mitglieder einer Währungsunion schon seit längerer Zeit praktiziert wird und sich insoweit inzwischen eine einheitliche Praxis des IWF nach den in Art. 31 Abs. 3 lit. b) WVK niedergelegten Grundsätzen gebildet hat.

In institutioneller Hinsicht wird die EU im IWF zwar zur Kenntnis genommen und ist in diesem teilweise auch integriert. Die entsprechenden Mitwirkungsrechte beziehen sich jedoch nicht auf die EU als Verband, sondern mit der EZB und der Kommission nur auf einzelne ihrer Organe. Beide sind auch im SCIMF und EURIMF, den EU-Kooperationsgremien auf Brüsseler- und IWF-Ebene, vertreten, nehmen dort allerdings ebenfalls eine nur untergeordnete Rolle ein. Die dominierenden Akteure sind wie im IWF die EU-Mitgliedstaaten, die insofern (weiterhin) als „Sachwalter des gemeinsamen Interesses“ und damit als Sprachrohr der Union auftreten. Zudem sind die im SCIMF und EURIMF entwickelten gemeinsamen Positionen für die Beschlussfassung im IWF ohnehin nicht bindend. Dies folgt allein schon daraus, dass die EU-Mitgliedstaaten im IWF derzeit auf sieben der insgesamt sechzehn Stimmrechtsgruppen verteilt sind. Insofern ist es auch nicht weiter überraschend, dass es gelegentlich zu Divergenzen zwischen den vertretenen Konzeptionen der Unionsposition und der Solidarität innerhalb der Stimmrechtsgruppen kommt. Auf politischer Ebene lässt sich die besondere institutionelle Struktur des IWF daher auch als einen der Hauptgründe dafür ausmachen, dass eine engere Einbindung der EU in den IWF bisher nicht mit Nachdruck forciert und so der unionalen Kompetenzordnung entsprochen wurde. Stattdessen verständigte sich der Europäische Rat von Anfang an auf einen „pragmatischen Ansatz“, der die heute in Art. 138 AEUV und Art. 219 Abs. 3 AEUV enthaltenen Regelungen zur Außenvertretung der Währungsunion ungenutzt lässt.

Inzwischen haben sich allerdings infolge der Wirtschafts- und Finanzkrise und der Forderungen vieler aufstrebender Schwellenländer, ihrer gesteigerten Wirtschaftskraft und ihren hohen Wachstumsraten durch mehr Einfluss in den Internationalen Währungs-und Finanzinstitutionen Rechnung zu tragen, die Umsetzungschancen für eine bessere Integration der EU in die institutionellen Abläufe des IWF verbessert. Bei ihren Treffen in Pittsburgh Ende September 2009 und in Seoul Mitte November 2010 haben sich die Staats- und Regierungschefs der G 20-Staaten auf eine Reihe von Reformen des IWF geeinigt, deren Umsetzung nicht nur den Entwicklungs- und Schwellenländern zugutegekommen ist, sondern auch die rechtliche Grundlage für eine bessere institutionelle Einbindung der EU in den IWF geschaffen hat.

Das Inkrafttreten der siebten Satzungsreform des IWF nach Überwindung der jahrelangen Blockadehaltung im US-Kongress im Januar 2016 hat dazu geführt, dass sich das Exekutivdirektorium nunmehr ausschließlich aus gewählten Direktoren zusammensetzt. Aufgrund dieser Umstellung sind die drei quotenstärksten EU-Mitgliedstaaten Deutschland, Frankreich und Großbritannien nicht mehr verpflichtet, ihren eigenen Exekutivdirektor zu stellen, was es jetzt ermöglicht, die Vertretung der EU im IWF in einer ersten Phase so auszubauen, dass sich alle EU-Mitgliedstaaten in kohärenteren Stimmrechtsgruppen innerhalb des Exekutivdirektoriums neu organisieren. Damit könnte auch der aktuellen Forderung der Entwicklungs- und Schwellenländer nach einer stärkeren Vertretung und Mitsprache im IWF Rechnung getragen werden. Durch die Zusammenlegung zu reinen EU-Stimmrechtsgruppen würden mehrere von EU-Staaten besetzte Direktorenposten frei und könnten durch Vertreter dieser Staatengruppe besetzt werden. Außerdem könnte das Exekutivdirektorium im Rahmen dieser Umgestaltung auf die in den *Articles of Agreement* eigentlich vorgesehene Größe von 20 Direktoren verkleinert werden, was die Zusammenarbeit insgesamt erleichtern würde.

Aus einer längerfristigen Perspektive stellt sich die Frage, ob nicht auch ein formeller Beitritt der EU als vollwertiges Mitglied zum IWF anzustreben ist. Mit Art. 219 Abs. 3 AEUV besteht hierfür auch eine entsprechende Grundlage im Unionsrecht. Was die *Articles of Agreement* angeht, wäre nach der hier vertretenen Ansicht und damit insbesondere anders als dies das *Legal Department* des IWF vertritt auch keine Änderung ihres Art. II Abschn. 2 erforderlich, der die Aufnahme in die Organisation allein auf "*countries*" beschränkt. Im Wege einer extensiven Auslegung lässt sich der Terminus auch dahingehend verstehen, dass es für die Aufnahme in den IWF nicht auf eine umfassende Souveränität im Sinne staatlicher Vollgewalt, sondern allein auf die währungspolitische Autonomie des Antragstellers und seinen sonstigen Regelungsbefugnissen im Aufgabenbereich des IWF ankommt. Vor dem Hintergrund der aus Art. 351 AEUV i.V.m. Art. 4 Abs. 3 AEUV herzuleitenden Loyalitätsverpflichtung folgt hieraus für die Mitgliedstaaten die Pflicht, bei entsprechenden politisch-günstigen Rahmenbedingungen ein formelles Auslegungsverfahren nach Art. XXIX lit. a), b) IWFÜ einzuleiten, um dadurch letztlich eine Mitgliedschaft der Union zu erreichen. Insoweit ist nämlich zu berücksichtigen, dass das Recht des IWF durch die eigenen Organe, nicht dagegen durch eine unabhängige internationale Gerichtsinstanz interpretiert wird, sodass die Diplomatie bei der Interpretation eine erheblich größere Rolle spielt als etwa im Unionsrecht.

Aus EU-rechtlicher Perspektive lässt sich eine Mitgliedschaft der EU im IWF als Konsequenz der Mitgliedschaft der 28 EU-Staaten in der Union und der von ihnen auf die EU übertragenen Kompetenzen sehen. Eine Austrittspflicht der Mitgliedstaaten ist damit allerdings nicht verbunden. Zum einen tritt eine solche Folge nicht *ipso iure* ein. Zum anderen besteht aus unionsrechtlicher Sicht auch keine Verpflichtung zum Austritt, da sowohl die Mitgliedstaaten mit Ausnahmeregelung als auch die Euro-Mitgliedstaaten noch Zuständigkeiten im Bereich des IWF-Rechts besitzen, die ihre Beteiligung und den Fortbestand ihrer eigenständigen Mitgliedschaft im IWF notwendig machen. Die hieraus folgenden Rechtsfragen und -folgen sind vor dem Hintergrund der inzwischen immer mehr ausdifferenzierten Rechtsprechung des EuGH zur komplementären Mitgliedschaft von EU und ihren Mitgliedstaaten in internationalen Organisationen und den in der Praxis zur Anwendung kommenden Regelungen beherrschbar. Hierbei hat sich gezeigt, dass die Vorzüge einer komplementären Mitgliedschaft ihre Nachteile überwiegen. Diese liegen gerade in der Multiplikation des angehäuften Sachverstandes, in der Nutzung jeweils spezieller Beziehungen zu einzelnen Regionen in der Welt und damit in der Möglichkeit arbeitsteiligen Vorgehens zum Besten der Union insgesamt. Darüber hinaus würde eine Mitgliedschaft im IWF es der Union ermöglichen, ihrerseits Finanzhilfen beim IWF zu beantragen, die sie dann an ihre Mitgliedstaaten weitergeben könnte. Allerdings wäre sie hierbei hinsichtlich der Zugangshöhe an die Quote des bedürftigen Mitgliedstaates gebunden. Dies folgt bereits aus dem die gesamte Rechtsordnung des IWF kennzeichnenden Prinzip der Uniformität (*principle of uniformity*), das insoweit für alle Mitglieder die Geltung grundsätzlich gleicher Rechte und Pflichten bestimmt, sowie aus dem dem komplementären Mitgliedschaftsmodell generell zugrunde liegenden Grundsatz der Alternativität von Mitgliedschaftsrechten. Bei der Umsetzung der entsprechenden Auflagen müsste sie zudem mangels eigener haushaltspolitischer Kompetenzen eng mit ihren Mitgliedstaaten zusammenarbeiten.

Für die Politik von Drittstaaten folgen aus der komplementären Mitgliedschaft von EU und ihren Mitgliedstaaten auch darüber hinaus nicht notwendig Nachteile. Insoweit begründen die eben genannten Prinzipien einen ausreichenden Schutz ihrer Interessen. So gibt es insbesondere auch keine Kumulierung der Stimmrechte. Die Union hat nur so viele Stimmen, wie EU-Mitgliedstaaten im IWF vertreten sind. Stimmt sie mit, dürfen ihre Mitgliedstaaten nicht abstimmen und umkehrt. Im Übrigen wäre diese Frage ohnehin nur im Falle einer Abstimmung im Gouverneursrat relevant, nicht dagegen auch im Exekutivdirektorium und im IMFC, da sich die EU und die Mitgliedstaaten hier in zwei Stimmrechtsgruppen organisieren müssten. Zwar kann die stets notwendige Koordinierung zwischen den beiden Stimmrechtsgruppen zeitliche Verzögerungen mit sich bringen, jedoch würde sie andererseits zur Reduzierung der Komplexität von Entscheidungsprozessen führen. Das Problem, dass nicht immer im Vornherein klar sein mag, ob die EU oder ihre Mitgliedstaaten für eine bestimmte Angelegenheit zuständig sind, lässt sich durch generelle oder *ad hoc* Zuständigkeitserklärungen lösen. Dies gilt vor allem auch für die Erfüllung der Vertragspflichten. Zudem könnten im Falle von Unklarheiten Vermutungsregelungen für die Zuständigkeit der Mitgliedstaaten bzw. der Union jeden Zweifel ausräumen.

Insgesamt sprechen daher die besseren Argumente dafür, die Konsequenzen aus der internen Kompetenzordnung auch nach außen im Verhältnis zum IWF zu ziehen und auf einen formellen Beitritt der EU als vollwertiges Mitglied neben ihren Mitgliedstaaten hinzuarbeiten. Die Verpflichtung der Union, „sich für ein hohes Maß an Zusammenarbeit auf allen Gebieten der internationalen Beziehungen" einzusetzen (Art. 21 Abs. 2 EUV), garantiert dem IWF, dass er es dabei mit einem verlässlichen Partner zu tun hat, einem Partner, für den entsprechend der Ziele des IWF „die nachhaltige Entwicklung in Bezug auf Wirtschaft, Gesellschaft und Umwelt in den Entwicklungsländern zu fördern mit dem vorrangigen Ziel, die Armut zu beseitigen", „die Integration aller Länder in die Weltwirtschaft zu fördern, unter anderem durch den schrittweisen Abbau internationaler Handelshemmnisse", „den Völkern, Ländern und Regionen, die von Naturkatastrophen oder von vom Menschen verursachten Katastrophen betroffen sind, zu helfen" (Art. 21 Abs. 2 lit. d), e), g) EUV) eine verfassungsmäßige Verpflichtung darstellt.

Summary

The European Union and the International Monetary Fund

In the European public, the International Monetary Fund (IMF or Fund) had for a long time been perceived as an institution whose central tasks were constrained to "bail out" its non-European, in particular Latin-American members. Even when at the beginning of the global financial and economic crisis in 2008 some member states of the European Union (EU) such as Hungary, Latvia, Romania and Poland received loans from the IMF, nothing changed on this finding. The IMF's central role was only appreciated when Greece, a state belonging to the euro area, requested financial assistance. In this process, the Fund has not only taken on new tasks and new capital, but it has also been involved in the three European crisis management mechanisms – the European Financial Stabilization Mechanism (EFSM), the European Financial Stability Facility (EFSF) and currently the European Stability Mechanism (ESM). This increased role of the IMF in the European crisis, however, is not reflected in the institutional architecture. Although the euro has taken the place of the French franc and the German mark in its so-called currency basket, and the EU retains exclusive competence for the monetary policy of the euro countries, the EU has no standing in the IMF. An EU membership in the Fund, in analogy to other international organizations, would provide a potential remedy for this problem constellation. This study deals with the perspective of such an accession that, however, would be confronted with complex legal and political obstacles.

I. Introduction: The general problem of regionalism for the IMF in the context of its resurgence in international financial and monetary policy

In an introductory first part, apart from some methodological observations, the study explains the general problem of regionalism for the

M. Assakkali, *Europäische Union und Internationaler Währungsfonds*, Beiträge zum ausländischen öffentlichen Recht und Völkerrecht, DOI 10.1007/978-3-662-54363-4_7

IMF in the context of its resurgence in international financial and monetary policy. Discussing the opportunities that the Seventh Amendment offers to redefine the EU's position in the Fund, the study claims that from a longer-term perspective there is no alternative to a full accession. This claim and its implications are substantiated by four main parts that deal with the historical genesis of today's monetary system (second part), the basic framework of the legal order of the IMF (third part), the union legal framework for the participation of the EU (fourth part) and the current and possible future status of the EU in the Fund (fifth part).

II. Historical genesis of today's monetary system

Today's IMF architecture is inextricably linked to its historical genesis. It is therefore central for an understanding of the IMF's many particularities and its relationship to the EU to look at the historical dimension. In the second part, the study recalls the representation of the European (Economic) Community in the IMF and the reactions in the European Monetary System, when economic conditions changed through the abandonment of fixed exchange rates and the dollar peg. The second part shapes out the development of the European monetary integration in interrelation with the development of the international monetary system and the IMF. It aims to show that the European Economic and Monetary Union (EMU) is at least partially a product of periods of crisis in the IMF.

III. Basic framework of the legal order of the IMF

The third part consists of two sections, dealing with legal framework, mandate, and particularities of the IMF as well as with institutional issues, including the Fund's membership and decision-making structure. For a better understanding of the relationship to the EU's competence, the first section gives an in-depth analysis of the IMF's mandate, comprising surveillance over exchange rate policy and international payments, financial assistance, training and technical assistance. Attention is also given to some particularities of the IMF. For example, the principle of uniformity stipulates that – in contrast to the WTO system – there is in principle no special regime for certain categories of members and the principle of flexibility allows the Fund to adapt to changing economic conditions. It is of particular importance in this respect that the interpretation of the Articles of Agreement is conferred on the Board of Governors and the Executive Board exclusively (Article XXIX (a), (b)). With regard to methodology, the study claims that there is a development towards a replacement of the rather historical and grammatical interpretation of the IMF Law with a more functional and evolutionary approach, responding to the developments in the international financial and monetary system.

In its second section the third part clusters issues related to the IMF as an independent international organization, including membership in the Fund, its organs, their competence, the decision-making procedure and the legal nature of the IMF. With respect to the latter, a review of the different theories on international legal personality of international organizations leads to the conclusion that the (functionally limited) international legal personality of the Fund is best explained by the functional theory of implied powers. As one of the IMF's central organs, the study sheds light on the dual position of executive directors and the procedures for their election after the two governance reforms of 2008 and 2010. On the one hand, they appear as officials of the IMF, on the other hand they have an obligation to their national governments as the case of the German executive director illustrates. The institutional structure reveals an interesting facet relevant for a closer integration of the EU in the IMF. The modalities of voting in the Fund's decision-making make the integration process complicated. A full integration would considerably increase the relative weight of the EU's position. Although in view of the consensus-based practice, this weight remains fictional in most cases, the mere potential of a member is a significant factor in the decision-making.

IV. Union legal framework for the participation of the EU in the IMF

The fourth part is dedicated to the Union's legal framework for an accession to the IMF. For this purpose, a first section discusses the particular nature of the legal order of the EU looking at her external and internal limitations and with respect to general international law. A second section applies this initial analysis to the capacity of membership in international organizations. The study suggests that instead of Art. 220 TFEU, stipulating that the Union shall establish all appropriate forms of cooperation with other international organizations, the EU's respective external competences construct the legal basis for membership.

Applied to the case of the IMF, this suggests that the capacity of the Union for accession depends on the external competences that apply within the EU law for the different mandates of the IMF.

This claim and the discussion of the external competences in EU law results in a complex picture: First, the Union exercises monetary jurisdiction for the euro area. In contrast, member states remain responsible for all economic policies, including financial and budgetary policies, where the EU merely has a coordinative competence. Shared competences exist with regard to the capital movements and payments, the financial market supervision and financial aid. As a consequence, given the present institutional framework the IMF agreement would constitute a mixed agreement, requiring a joint accession of the EU and the member states. A further complication comes into play through the particularities of the monetary policy for the external representation and treaty-making powers of the EU arising from Art. 138 and 219 TFEU. Decisive thereto is the involvement of the ECB, through which monetary external relations differ from other EU external relations.

V. Current and possible future status of the EU in the IMF

Following the discussion of the IMF and EU law perspective on the position of the EU and its member states within the IMF, the fifth part explores the current and possible future status of the EU in the Fund. This main part of the book consists of four sections. The first section highlights the general admissibility of monetary unions under the IMF system. The second section discusses the questions related to the formal arrangements of the relationship between the IMF and EU institutions, such as the possibility for EU members to cede rights of participation to EU institutions and organs, informing the European Parliament and the coordination of positions among the EU member states. Overall, in the light of two conclusions of the European Council and a decision of the IMF Executive Board this relationship is structured through a pragmatic approach. The members of the IMF and some EU Member States, in particular those with an influential position in the IMF, do not consider a prominent position of the EU desirable. A full membership would also raise concerns formulated in an opinion of the Legal Department of the IMF. The wording of the agreement reserves membership for "countries" referring to the traditional meaning of the term in international law. Subsequently, this wording finds its reflection in several working papers, position statements and decisions of the IMF.

Nonetheless, as this study claims, this position reflects a backward position that does not live up to the growing coordinative demands within the organizational structure in case of financial transactions and during the redefinition of the deposits of members. For these challenges, the current mechanism does not provide adequate answers.

The third section discusses the Fund's role in the global financial and economic crisis and the subsequent sovereign debt crisis. Here, the section sheds light on the participation in the rescue packages with respect to the various cases in which EU members have taken credit facilities from the IMF. The cooperation between the Fund, the Commission and the ECB – commonly known as the "troika" – has led to a further intensification of the EU-IMF relations with regard to the respective roles and responsibilities. This intensification, however, has not yet led to a clear definition and formalization of these relations. It would therefore be mistaken to describe this development as a paradigm change towards an institutionalization of cooperation that views the troika as a "new institutional body".

In contrast to this, the relations of the different institutions of the so-called rescue packages (EFSM, EFSF and ESM) for Greece, Ireland, Portugal and Cyprus with the IMF were more formalized. All these events combined have led to an increased appreciation of the IMF that was one point of departure for this study. In the course of this increased relevance for the IMF, it was assigned new capital and new tasks – involving new risks. Even in light of the changed political role of the IMF, this study holds that in contrast to a view sometimes expressed in the literature the participation of the IMF in the European rescue packages is in accordance with its mandate. Injections of liquidity to stabilize members of a monetary union are long-time practice in the IMF, so that legality through uniform practice of the IMF according to the principles laid down in Art. 31 para. 3 (b) VCT should be assumed. Ultimately, a concluding observation notes a form of asymmetry between practice and institutional setting. The EU's role in the IMF is still limited to indirect influence of the IMF's activities exercised through its members acting as trustees of the common interest. Here, members are only subject to a union internal commitment, not to undermine the EU's objectives within the IMF.

The last section of the fifth part on proposals *de lege ferenda* deals with different reform approaches, including a continuation of the *status quo*, various possibilities of establishing legal bonds through succession or formal accession. The central claim is that from a long-term perspective a formal EU accession to the IMF as a full member proves most plausible. From the perspective of EU law, Art. 219 para. 3 TFEU provides the corresponding legal basis for this formal accession.

The crucial aspect, however, is whether from an IMF-legal point of view the EU may be regarded as a "country" in the sense of the Articles of Agreement. The study criticizes the traditional usage of the term in the IMF vocabulary that refers to the prevalent constitutional and international legal doctrinal requirements in Jellinek's theory of three elements of statehood (territory – citizen – state power). An interpretation of Art. II Sec. 2 of the Articles of Agreement suggests that the necessary point of reference for an assessment of the term is not a sovereigntist concept of statehood, but rather monetary autonomy and other powers in the IMF's range of responsibilities. The ECB is merely an institution of the Union, the euro group has no autonomous legal standing, and the ESM is an autonomous international organization alongside the EU, so that the only plausible type and form of participation is a full accession of the EU itself. This, ultimately, would lead to a complementary membership of the EU and its member states in the IMF. Against the background of the now increasingly differentiated ECJ case law on the practice of complementary memberships of EU and member states in international organizations, the study suggests that the resulting legal issues and legal consequences can be successfully coped with. In this endeavour, various alternative solutions are discussed in light of the possibilities of their realization in the context of EU and international law and with respect to the different interests of IMF members. It closes with reflections on the implications for the relationship with the United Nations, the World Bank Group and the formations of the G7 and G20 before the sixth and final part concludes the study and summarizes the findings.

Literaturverzeichnis

Abrams, Alisa: The IMF Council of Governors, in: Lamdany, Ruben/Martinez-Diaz, Leonardo (Hrsg.), Studies of IMF Governance – A Compendium, Washington D.C. 2009, S. 43 ff.

Ahearne, Alan/Eichengreen, Barry: External monetary and financial policy. A review and a proposal, in: Sapir, André (Hrsg.), Fragmented Power: Europe and the Global Economy, Brüssel 2007, S. 128 ff.

Ahluwalia, Kuljit: The legal status, privileges and immunities of the specialized agencies of the United Nations and certain other international organizations, Den Haag 1964.

Ahn, Dukgeun: Linkages between International Financial and Trade Institutions. IMF, World Bank and WTO, JWT 34 (2000), S. 1 ff.

Albertin, Giorgia: Regionalism or Multilateralism? A Political Economy Choice, IMF-WP/08/65, Washington D.C. 2008.

Alvarez, José E.: International Organizations as Law-makers, Oxford 2006.

Amerasinghe, Chittharanjan Felix: Principles of the Institutional Law of International Organizations, 2. Aufl., Cambridge 2005.

Andersen, Uwe: Das internationale Währungssystem zwischen nationaler Souveränität und supranationaler Integration. Entwicklungstendenzen seit Bretton Woods im Spannungsfeld der Interessen, Berlin 1977.

Antpöhler, Carlino: Emergenz der europäischen Wirtschaftsregierung, ZaöRV 72 (2012), S. 353 ff.

d'Argent, Pierre: Reparation for Injuries Suffered in the Service of the United Nations (Advisory Opinion), in: Wolfrum, Rüdiger (Hrsg.), MPEPIL (Stand: Dezember 2006).

Armstrong, David/Farrel, Theo/Lambert, Hélène (Hrsg.): International Law and International Relations, 2. Aufl., Cambridge 2012.

von Arnauld, Andreas: Völkerrecht, Heidelberg 2009.

Aschinger, Franz: Das Währungssystem des Westens, Frankfurt am Main 1971.

–: Das Währungssystem in der Metamorphose, Frankfurt am Main 1972.

–: Die Zukunft des Dollars und der EWG-Währungen, Außenwirtschaft 27 (1972), S. 376 ff.

–: Das neue Währungssystem. Von Bretton Woods bis zur Dollarkrise, Frankfurt am Main 1977.

Aslund, Anders: The Last shall be the First. The East European Financial Crisis, Washington D.C. 2010.

Aubrechtovà, Jana/Coussens, Wouter/Pineau, Georges: How to reconcile EU integration with the governance of the International Monetary Fund?, Banking Journal 18 (2010), S. 5 ff.

Aufricht, Hans: State Succession under the Law and Practice of the International Monetary Fund, ICLQ 11 (1962), S. 154 ff.

–: The Fund Agreement: Living law and Emerging Practice, Princeton 1969.

Aust, Anthony: Handbook of International Law, 2 Aufl., Cambridge 2010.

Bärsch, Claus-Ekkehard: Der Staatsbegriff in der neueren deutschen Staatslehre, Berlin 1974.

Balekjian, W.H.: Mixed Agreements: Complementary and Concurrent Competences?, in: O'Keeffe, David/Schermers, Henry G. (Hrsg.), Mixed Agreements, Antwerpen u.a. 1983, S. 141 ff.

Baquiast, Henri: The European Monetary System and International Monetary Relations, in: Trezise, Philip H. (Hrsg.), The European Monetary System: Its Promise and Prospects, Washington D.C. 1979, S. 49 ff.

Baroncelli, Eugenia: The EU at the World Bank: Institutional and Policy Performance, in: Oberthür, Sebastian/Jorgensen, Knud Erik/Shahin, Jamal (Hrsg.), The Performance of the EU in International Institutions, London u. New York 2013, S. 39 ff.

–: The World Bank, in: Jorgensen, Knud Erik/Laatikainen, Katie Verlin (Hrsg.), Routledge Handbook on the European Union and International Institutions. Performance, policy, power, London u. New York 2013, S. 205 ff.

Barre, Raymond: Die währungspolitische Zusammenarbeit innerhalb der Europäischen Wirtschaftsgemeinschaft, EA 1969, S. 563 ff.

Bast, Jürgen/Rödl, Florian: Jenseits der Koordinierung? Zu den Grenzen der EU-Verträge für eine Europäische Wirtschaftsregierung, EuGRZ 2012, S. 269 ff.

Bayoumi, T.: Die wirtschaftliche Entwicklung seit dem Weltkrieg, F&E 1995, S. 48 ff.

Beaucillon, Charlotte/Erlbacher, Friedrich: "Comme une lettre à la poste". Rechtliche und praktische Aspekte der Rechtsnachfolge von der Europäischen Gemeinschaft zur Europäischen Union, in: Eilmansberger, Thomas/Griller, Stefan/Obwexer, Walter (Hrsg.), Rechtsfragen der Implementierung des Vertrags von Lissabon, Wien u.a. 2011, S. 101 ff.

Belke, Ansgar/Geisslreither, Kai: Europa als Akteur auf der Währungsebene: Dominiert der Dollar den Euro?, in: Müller-Graff, Peter-Christian (Hrsg.), Die Rolle der erweiterten Europäischen Union in der Welt, Heidelberg 2006, S. 133 ff.

Bennouna, Mohamed: Atlantic Charter (1941), in: Wolfrum, Rüdiger (Hrsg.), MPEPIL (Stand: Nov. 2007).

Bergmann, Jan (Hrsg.): Handlexikon der Europäischen Union, 5. Aufl., Baden-Baden u.a. 2015.

Bergthaler, Wolfgang: The Relationship between International Monetary Fund Law and European Union Law: Influence, Impact, Effect, and Interaction, in: Wessel, Ramses A./Blockmans. Steven (Hrsg.), Between Autonomy and Dependence. The EU Legal Order under the Influence of International Organisations, Den Haag 2013, S. 159 ff.

–/Bossu, Wouter: Recent Legal Developments in the International Monetary Fund, EYIEL 2010, S. 391 ff.

–/Giddings, Andrew: Recent Quota and Governance Reforms at the International Monetary Fund, EYIEL 4 (2013), S. 371 ff.

Bernhardt, Rudolf: Die Auslegung völkerrechtlicher Verträge insbesondere in der neueren Rechtsprechung internationaler Gerichte, Köln 1963.

–: Qualifikation und Anwendungsbereich des internen Rechts internationaler Organisationen, BDGVR, Heft 12, Karlsruhe 1973, S. 7 ff.

–: Die Europäische Gemeinschaft als neuer Rechtsträger im Geflecht der traditionellen zwischenstaatlichen Rechtsbeziehungen, EuR 1983, S. 199 ff.

–: Betrachtungen zur Stimmverteilung und Stimmwägung in internationalen Organisationen, in: Weber, Albrecht/Gramlich, Ludwig/Häde, Ulrich/Zehetner, Franz (Hrsg.), Währung und Wirtschaft. Das Geld im Recht. Festschrift für Hugo J. Hahn zum 70 Geburtstag, Baden-Baden 1997, S. 531 ff.

Bernstein, Boris/Boughton, James: Anpassung an die Entwicklung: Der IWF und die Armen, F&E 1994, S. 42 ff.

Bernstein, Edward: The Evolution of the International Monetary Fund, in: Acheson, Keith A. L./Chant, John F./Prachowny, Martin F. J. (Hrsg.), Bretton Woods Revisited. Evaluation of the International Monetary Fund and the International Bank for Reconstruction and Development, Toronto 1972, S. 51 ff.

Berrisch, George M.: The Establishment of New Law Through Subsequent Practice in GATT, N.C.J. Int'l L. & Com. Reg. 16 (1991), S. 497 ff.

–: Der völkerrechtliche Status der Europäischen Wirtschaftsgemeinschaft im GATT: Eine Untersuchung der Sukzession der EWG in die Stellung ihrer Mitgliedstaaten als Vertragspartei einer internationalen Organisation am Beispiel des GATT, München 1992.

Bersick, Sebastian: ASEAN, EAS, APEC – regionale Zusammenarbeit im asiatisch-pazifischen Raum, in: Braml, Josef/Mair, Stefan/Sandschneider, Eberhard (Hrsg.), Außenpolitik in der Wirtschafts- und Finanzkrise, München 2012, S. 292 ff.

Besteliu, Raluca Miga: The Procedure of Consensus in the Adoption of Decisions by the International Monetary Fund and the International Bank for Reconstruction and Development, Revue Roumaine d'études Internationales 11 (1977), S. 517 ff.

Bethlehem, Daniel: International Law, European Community Law, National Law: Three Systems in Search of a Framework, in: Koskenniemi, Martti (Hrsg.), International Law Aspects of the European Union, Den Haag u.a. 1998, S. 169 ff.

Beutler, Laurel A: The ILO and IMF: Permissibility and Desirability of a Proposal to Meet the Contemporary Realities of the International Protection of Labour Rights, Syracuse J. Int'l L. 14 (1987-1988), S. 455 ff.

Biersteker, Thomas J./Spiro, Peter J./Sriram, Chandra Lekha/ Raffo, Veronica I. (Hrsg.): International Law and International Relations, New York 2007.

Bindschedler, Rudolf L.: Die Anerkennung im Völkerrecht, AVR 9 (1961/1962), S. 377 ff.

Bini Smaghi, Lorenzo: A Single EU Seat in the IMF?, JCMS 42 (2004), S. 229 ff.

– : Powerless Europe: Why is the Euro Area Still a Powerless Dwarf?, International Finance 9 (2006), S. 261 ff.

–: IMF Governance and the Political Economy of a Consolidated European Seat, in: Truman, Edwin M. (Hrsg.), Reforming the IMF for the 21st Century, Washington D.C. 2006, S. 233 ff.

–: A single EU seat in the International Monetary Fund?, in: Jorgensen, Knud Erik (Hrsg.), The European union and International Organizations, London u.a. 2009, S. 61 ff.

Bjorge, Eirik: The Evolutionary Interpretation of Treaties, Oxford 2014.

Bleckmann, Albert: Der gemischte Vertrag im Europarecht, EuR 1976, S. 301 ff.

–: Die Kompetenz der Europäischen Gemeinschaften zum Abschluss völkerrechtlicher Verträge, EuR 1977, S. 109 ff.

–: Zur Verbindlichkeit des allgemeinen Völkerrechts für internationale Organisationen, ZaöRV 37 (1977), S. 107 ff.

–: The Mixed Agreements of the EEC in Public International Law, in: O'Keeffe, David/Schermers, Henry G. (Hrsg.), Mixed Agreements, Antwerpen u.a. 1983, S. 133 ff.

Blöcker, Katlen: Die rechtlichen Aspekte der Zusammenarbeit des IWF mit der Russischen Föderation, Berlin 2000.

Blokker, Niels M.: International Organizations or Institutions, Implied Powers, in: Wolfrum, Rüdiger (Hrsg.), MPEPIL (Stand: April 2009).

Bobay, Frédéric: La France, les Institutions Monétaires Européennes et le Fonds Monétaire International 1944-1994, in: Ministère de L'Économie, des Finances et de L'Industrie (Hrsg.), La France et les institutions de Bretton Woods 1944-1994, Paris 1998, S. 157 ff.

Bodo, Michael D./Schwartz, Anna J. (Hrsg.): A Retrospective on the Classical Gold Standard, 1821-1931, Chicago 1984.

von Bogdandy, Armin/ Nettesheim, Martin: Die Verschmelzung der Europäischen Gemeinschaften in der Europäischen Union, NJW 1995, S. 2324 ff.

von Bogdandy, Armin: The Legal Case for Unity: The European Union as a single organization with a single legal system, CMLRev. 36 (1999), S. 887 ff.

–: Grundprinzipien, in: ders./Bast, Jürgen (Hrsg.), Europäisches Verfassungsrecht. Theoretische und dogmatische Grundzüge, 2. Aufl., Dordrecht u.a. 2009, S. 13 ff.

Bognar, Zoltan: Europäische Wirtschaftsintegration und Außenwirtschaftsbeziehungen: Eine Analyse des gemeinschafts- und völkerrechtlichen Rahmens der europäischen Außenwährungsbeziehungen, Baden-Baden 1997.

Boorman, Jack/Shakow, Alexander: The Bank-Fund Ministerial Committees, in: Bradford, Colin I./Linn, Johannes F. (Hrsg.), Global Governance Reform: Breaking the Stalemate, Washington D.C. 2007, S. 87 ff.

Bothe, Michael: Die Stellung der Europäischen Gemeinschaften im Völkerrecht, ZaöRV 37 (1977), S. 122 ff.

–: Die EU in internationalen Umweltabkommen, in: Gaitanides, Charlotte/Kadelbach, Stefan/Rodriguez Iglesias, Gil Carlos (Hrsg.), Europa und seine Verfassung. Festschrift für Manfred Zuleeg, Baden-Baden 2005, S. 668 ff.

Boughton, James M.: Silent Revolution. The International Monetary Fund 1979-1989, Washington D.C. 2001.

–: Why White, Not Keynes? Inventing the Postwar International Monetary System, IMF Working Paper 02/52.

–: Tearing Down Walls. The International Monetary Fund 1990-1999, Washington D.C. 2012.

Braams, Beate: Die Kompetenzordnung im Vertrag von Lissabon, in: Pernice, Ingolf (Hrsg.), Der Vertrag von Lissabon: Reform der EU ohne Verfassung?, Baden-Baden 2008, S. 115 ff.

Bradlow, Daniel D.: The Governance of the IMF: The Need for Comprehensive Reform, 2006.

–: International Law and the Operations of the International Financial Institutions, in: Bradlow, Daniel/Hunter, David (Hrsg.), International Financial Institutions and International Law, Austin u.a. 2010, S. 1 ff.

Brandner, Peter/ Grech, Harald: Die EU-Mitgliedstaaten im IWF – Eine Analyse der Stimmmachtverhältnisse, Geldpolitik & Wirtschaft Q 3/09, S. 103 ff.

–: Unifying EU Representation at the IMF – A Voting Power Analysis, Working Paper (BMF) 2/ 2009.

Breen, Michael: The Politics of IMF Lending, London u.a. 2013.

Breuer, Marten: Die Völkerrechtspersönlichkeit Internationaler Organisationen, AVR 49 (2011), S. 4 ff.

Broches, Aron: International Legal Aspects of the Operations of the World Bank, RdC 1959 – III, S. 301 ff.

Broome, André: The politics of IMF–EU co-operation: institutional change from the Maastricht Treaty to the launch of the euro, JEPP 2013, S. 589 ff.

Buira, Ariel: The IMF at Sixty: An Unfulfilled Potential?, in: ders. (Hrsg.), The IMF and the World Bank at Sixty, London u.a. 2005, S. 5 ff.

Buiter, Willem/Rahbari, Ebrahim: Greece and the fiscal crisis in the Eurozone, CEPR Policy Insight No. 51, 2010.

Bungenberg, Marc: Art. 235 EGV nach Maastricht. Die Auswirkungen der Einheitlichen Europäischen Akte und des Vertrages über die Europäische Union auf die Handlungsbefugnis des Art. 235 EGV (Art. 308 EGV n.F.), Baden-Baden 1999.

–: Dynamische Integration, Art. 308 und die Forderung nach dem Kompetenzkatalog, EuR 2000, S. 879 ff.

Burdeau, Geneviève: Du deuxième au troisième amendement aux statuts du Fonds Monétaire International: Le problème des arriérés, JDI 1992, S. 71 ff.

Cafaro, Susanna: The missing voice of the Euro. Legal, technical and political obstacles to the external representation of the Euro area, Il Diritto dell'Unione Europea 2011, S. 895 ff.

–: The International Financial Crisis and the Evolution of the Bretton Woods Institutions, in: Virzo, Roberto/ Ingravallo, Ivan (Hrsg.), Evolutions in the Law of International Organizations, Leiden u.a. 2015, S. 192 ff.

Cali, Basak (Hrsg.): International Law for International Relations, Oxford 2010.

Calliess, Christian/Ruffert, Matthias: EUV/AEUV. Das Verfassungsrecht der Europäischen Union mit Europäischer Grundrechtecharta – Kommentar, 4. Aufl., München 2011.

Calliess, Christian/ Schoenfleisch, Christopher: Auf dem Weg in die europäische „Fiskalunion"? – Europa- und verfassungsrechtliche Fragen einer Reform der Wirtschafts- und Währungsunion im Kontext des Fiskalvertrages, JZ 2012, S. 477 ff.

Camdessus, Michel/Lamfalussy, Alexandre/Padoa-Schioppa, Tommaso: Reform of the International Monetary System: A Cooperative Approach for the Twenty first Century, Paris 2011.

Campbell, Katrina: Managing Conflicts of Interest and Other Ethics Issues at the IMF, in: Lamdany, Ruben/Martinez-Diaz, Leonardo (Hrsg.), Studies of IMF Governance – A Compendium, Washington D.C. 2009, S. 254 ff.

Carreau, Dominique: La communauté économique européenne face aux problèmes monétaires, RTDE 7 (1971), S 586 ff.

–: Les zones monétaires en droit international, in: Flume, Werner/Hahn, Hugo J./Kegel, Gerhard/Simmonds, Kenneth (Hrsg.), Internationales Recht und Wirtschaftsordnung, Festschrift für F.A. Mann zum 70. Geburtstag, München 1977, S. 673 ff.

–: Le Fonds monétaire international, Pedone 2009.

–/Flory, Thiébaut/Juillard, Patrick: Chronique de Droit International Économique, AFDI 22 (1976), S. 589 ff.

–/Juillard, Patrick: Droit international économique, 5. Aufl., Paris 2013.

Carroz, Jean/Probst, Yürg: Personnalité juridique internationale et capacité de conclure des traités de l'ONU et des institutions spécialisés, Paris 1953.

Casolari, Federico: The principle of loyal co-operation: A 'master key' for EU external representation?, in: Blockmans, Steven/ Wessel, Ramses A, (Hrsg.), Principles and practices of EU external representation, CLEER Working Papers, Den Haag 2012, S. 11 ff.

–: Giving Indirect Effect to International Law within the EU Legal Order: The Doctrine of Consistent Interpretation, Cannizzaro, Enzo/Palchetti, Paolo/Wessel, Ramses A. (Hrsg.), International Law as Law of the European Union, Leiden 2012, S. 395 ff.

Cezanne, Wolfgang: Monetäre Integration in der Europäischen Gemeinschaft – Ein Überblick über Theorien, Pläne und Maßnahmen, in: Scharrer, Hans-Eckart/Wessels, Wolfgang (Hrsg.), Das Europäische Währungssystem. Bilanz und Perspektiven eines Experiments, Bonn 1983, S. 1 ff.

Chase, Kerry: Multilateralism Compromised: The Mysterious Origins of GATT Article XXIV, World Trade Review 5 (2006), S. 1 ff.

Chen, Frederick Tse-shyang: The Meaning of „States" in the Membership Provisions of the United Nations Charter, Ind. Int'l & Comp. L. Rev. 12 (2001-02), S. 25 ff.

Cheng, Bin: General Principles of Law as applied by International Courts and tribunals, Cambridge 1953 (Neuaufl. 1987).

–: United Nations Resolutions on Outer Space: "Instant" International Customary Law?, IJIL 5 (1965), S. 23 ff.

Chun Hung, Lin: ASEAN Charter: Deeper Regional Integration under International Law?, Chinese JIL 9 (2010), S. 821 ff.

Claber, Simone/Hasse, Rolf H.: Veränderungen im Weltwährungsgefüge als Folge der WWU und der Einführung des Euro, in: Caesar, Rolf/Scharrer, Hans-Eckart (Hrsg.), Die Europäische Wirtschafts- und Währungsunion: Regionale und Globale Herausforderungen, Bonn 1998, S. 446 ff.

Cline, William R.: International Monetary Reform and the Developing Countries, Washington D.C. 1976.

Coffey, Peter: The External Economic Relations of the EEC, London 1976.

–: The euro, An essential guide, London u.a. 2001.

Cogan, Jacob Katz: Representation and Power in International Organization: The Operational Constitution and its Critics, AJIL 103 (2009), S. 209 ff.

Cohen, Benjamin: Monetary Governance in a World of Regional Currencies, in: ders., Global Monetary Governance, New York 2008, S. 225 ff.

Collignon, Stefan: Das Europäische Währungssystem im Übergang : Erfahrungen mit dem EWS und politische Optionen, Wiesbaden 1994.

Commission of the European Communities: The European Community, international organizations and multilateral agreements, Luxemburg 1980.

Conrady, Jan: Eine UN-Sonderorganisation im Wandel: Die Reform des Internationalen Währungsfonds (IWF), in: von Schorlemer, Sabine (Hrsg.), Globale Probleme und Zukunftsaufgaben der Vereinten Nationen, ZfP 1, Baden 2006, S. 185 ff.

Corbach, Bernadette Valerie Isabelle: Die Europäische Gemeinschaft, ihre Mitgliedstaaten und ihre Stellung in ausgewählten Internationalen Organisationen, Berlin 2005.

Corrales-Díez, Natalia: Die EU Außenvertretung im Internationalen Währungsfonds, Working Paper (BMF) 3/ 2003.

Corten, Oliver/Klein, Pierre (Hrsg.): The Vienna Conventions on the Law of Treaties. A Commentary, Bd. II, Oxford 2011.

Cot, Jean-Pierre/Pellet, Alain/ Forteau, Mathias (Hrsg.): La Charte des Nations Unies. Commentaire article par article, 3. Aufl., Paris 2005.

Cotran, Eugene: Some Legal Aspects of the Formation of the United Arab Republic and the United Arab States, ICLQ 8 (1959), S. 846 ff.

Craig, Paul: The Lisbon Treaty: law, politics, and treaty reform, Oxford u.a. 2013.

Crawford, James: The Creation of States in International Law, 2. Aufl., Oxford 2006.

Cremona, Marise: Defining competence in EU external relations: lessons from the Treaty reform process, in: Dashwood, Alan/Maresceau, Marc (Hrsg.), Law and Practice of EU External Relations. Salient Features of a Changing Landscape, Cambridge 2008, S. 34 ff.

–: The European Neighbourhood Policy: More than a Partnership?, in: *dies.* (Hrsg.), Developments in EU External Relations Law, Oxford 2008, S. 263 ff.

–: Member States as Trustees of the Union Interest: Participating in International Agreements on Behalf of the European Union, in: Arnull, Anthony/Barnard, Catherine/Dougan, Michael/Spaventa, Eleanor (Hrsg.), A Constitutional Order of States? Essays in EU Law in Honour of Alan Dashwood, Oxford u.a. 2011, S. 435 ff.

–: External Relations and External Competence of the European Union, in: Craig, Paul/De Búrca, Gràinne (Hrag.), The Evolution of EU Law, 2. Aufl., Oxford u.a. 2011, S. 217 ff.

–: Values in EU Foreign Policy, in: Evans, Malcolm/Koutrakos, Panos (Hrsg.), Beyond the Established Legal Orders. Policy Interconnections between the EU and the Rest of the World, Oxford u.a. 2011, S. 275 ff.

Dagory, Jacques: Les rapports entre les institutions spécialisées et l'Organisation des Nations Unies, RGDIP 73 (1969), S. 285 ff.

Dahm, Georg/Delbrück, Jost/Wolfrum, Rüdiger: Völkerrecht, Bd. I/2 und Bd. I/3, 2. Aufl., Stuttgart 2002.

Dam, Kenneth W.: The Rules of the Game. Reform and Evolution in the International Monetary System, Chicago 1982.

Dann, Philipp: Entwicklungsverwaltungsrecht. Theorie und Dogmatik des Rechts der Entwicklungszusammenarbeit, untersucht am Beispiel der Weltbank, der EU und der Bundesrepublik Deutschland, Tübingen 2012.

–/Wortmann, Martin: Entwicklungszusammenarbeit und Humanitäre Hilfe, in: von Arnauld, Andreas (Hrsg.), Europäische Außenbeziehungen. Enzyklopädie Europarecht, Bd. 10, Baden-Baden 2014, S. 407 ff.

von Danwitz, Thomas: Der EuGH und das Wirtschaftsvölkerrecht – ein Lehrstück zwischen Europarecht und Politik, JZ 2011, S. 721 ff.

Dauses, Manfred A.: Die Beteiligung der Europäischen Gemeinschaften an multilateralen Völkerrechtsübereinkommen, EuR 1979, S. 138 ff.

Davidson, Ian: Internationales Währungssystem und europäische Währungsunion, EA 1972, S. 609 ff.

Debaere, Peter: The EU's Role and Performance within the G20 in the Area of Finance and Development, in: Koops, Joachim A./Macaj, Gjovalin (Hrsg.), The European Union as a Diplomatic Actor, Basingstoke 2015, S. 120 ff.

–/Orbie, Jan: The European Union in the Gx system, in: Jorgensen, Knud Erik/Laatikainen, Katie Verlin (Hrsg.), Routledge Handbook on the European Union and International Institutions. Performance, policy, power, London u. New York 2013, S. 311 ff.

–/Lesage, Dries/Orbie, Jan: Effective minilateralism: The EU's pragmatic embracement of the G20, in: Drieskens, Edith/van Schaik, Louise G. (Hrsg.), The EU and Effective Multilateralism: Internal and external reform practices, 2014, S. 170 ff.

Dehousse, Franklin/ Ghemar, Katelyne: Le traité de Maastricht et les relations extérieures de la Communauté européenne, EJIL 5 (1994), S. 151 ff.

Delgado Casteleiro, Andrés/Larik, Jorik: The „Odd Couple". The Responsibility of the EU at the WTO, in: Evans, Malcolm/Koutrakos, Panos (Hrsg.), The International Responsibility of the European Union. European and International Perspectives, Oxford u.a. 2013, S. 233 ff.

Denters, Erik: Law and Policy of IMF Conditionality, Den Haag u.a. 1996.

–: Representation of the EC in the IMF, in: Giovanoli, Mario (Hrsg.), International Monetary Law: Issues for a New Millennium, Oxford 2000, S. 211 ff.
–: New Challenges to IMF Jurisdiction, NYIL 29 (1998), S. 3 ff.
–/*Viterbo, Annamaria*: International Monetary Fund (IMF), Alphen aan den Rijn 2013.
Deutsche Bundesbank: Finanzmärkte, Monatsbericht Februar 2015, S. 40 ff.
–: Weltweite Organisationen und Gremien im Bereich von Währung und Wirtschaft, 2013.
–: Der Internationale Währungsfonds in einem veränderten globalen Umfeld, Monatsbericht September 2012, S. 63 ff.
–: Finanzkrise und Zahlungsbilanzentwicklungen in der Europäischen Währungsunion, Monatsbericht Oktober 2012, S. 13 ff.
–: Finanzierung und Repräsentanz im Internationalen Währungsfonds, Monatsbericht März 2010, S. 53 ff.
–: Potentielle finanzielle Risiken beim Internationalen Währungsfonds, Monatsbericht September 2005, S. 77 ff.
–: Quoten und Stimmrechtsanteile im IWF, Monatsbericht September 2002, S. 65 ff.
–: Die Rolle des Internationalen Währungsfonds in einem veränderten weltwirtschaftlichen Umfeld, Monatsbericht September 2000, S. 15 ff.
–: Die Beziehungen Deutschlands zum Internationalen Währungsfonds nach Einführung des Euro, Monatsbericht September 1999, S. 15 ff.
–: Finanzbedarf des Internationalen Währungsfonds in einem veränderten Umfeld, Monatsbericht November 1997, S. 57 ff.
Dieter, Heribert: Der IWF auf dem Weg in die Bedeutungslosigkeit?, APuZ 7/2008, S. 9 ff.
–: Die Renaissance des Internationalen Währungsfonds, Vereinte Nationen 58 (2010), S. 99 ff.
Distefano, Giovanni: L'Interprétation Evolutive de la Norme Internationale, RGDIP 115 (2011), S. 373 ff.
Doehring, Karl: Völkerrecht, 2. Aufl., Heidelberg 2004.
Dörr, Oliver: Zur Rechtsnatur der Europäischen Union, EuR 1995, S. 334 ff.
–: Die Entwicklung der ungeschriebenen Außenkompetenzen der EG, EuZW 1996, S. 39 ff.
–: Certain Expenses of the United Nations (Advisory Opinion), in: Wolfrum, Rüdiger (Hrsg.), MPEPIL (Stand: März 2007).
–/*Schmalenbach, Kirsten* (Hrsg): Vienna Convention on the Law of Treaties. A Commentary, Heidelberg u.a. 2012.
Dolzer, Rudolf: Formen der Streitbeilegung im multilateralen Wirtschaftsrecht, in: Hailbronner, Kay/ Ress, Georg/Stein, Thorsten (Hrsg.), Staat und Völkerrechtsordnung, Festschrift für Karl Doehring, Berlin u.a. 1989, S. 143 ff.
Dony, Marianne: Les relations extérieures de l'Union économique et monétaire, in: dies. (Hrsg.), L'Union européenne et le monde après Amsterdam, Brüssel 1999, S. 241 ff.

Van Dormael, Armand: Bretton Woods. Birth of a Monetary System, London 1978.

Dormoy, Daniel: Le statut de l'Union européenne dans les organisations internationales, in: ders. (Hrsg.), L'Union européenne et les organisations internationales, Brüssel 1997, S. 36 ff.

Dornbusch, Rudi: Fewer Monies, Better Monies, American Economic Review 91 (2001), S. 238 ff.

Dunoff, Jeffrey L./Pollack, Mark A. (Hrsg.): Interdisciplinary Perspectives on International Law and International Relations, Cambridge 2013.

Dupuy, René-Jean: Droit Déclaratoire et Droit Programmatoire: De la Coutume Sauvage a la « Soft Law », in: Société Française pour le Droit International (Hrsg.), L'Élaboration du Droit International Public, 1975, S. 132 ff.

Dutheil de la Rochère, Jacqueline: EMU: Constitutional Aspects and External Representation, YEL 19 (1999/2000), S. 427 ff.

Dutzler, Barbara: The Representation of the EU and the Member States in International Organisations, Griller, Stefan/Weidel, Birgit (Hrsg.), External Economic Relations and Foreign Policy in the European Union, Wien 2002, S. 151 ff.

–: EMU and the Representation of the Community in International Organisations, in:, Griller, Stefan/Weidel, Birgit (Hrsg.), External Economic Relations and Foreign Policy in the European Union, Wien 2002, S. 445 ff.

Duvall, Thomas A.: Debt Relief for Low-Income Countries, in: Lastra, Rosa M./Buchheit, Lee C. (Hrsg.), Sovereign Debt Management, Oxford 2014, S. 69 ff.

Ebke, Werner F.: Internationales Devisenrecht, Heidelberg 1990.

–: State Debt Crisis, Private Creditors, and the IMF Articles of Agreement, in: Hestermeyer, Holger P./König, Doris/Matz-Lück, Nele/Röben, Volker/Seibert-Fohr, Anja/Stoll, Peter-Tobias/Vöneky, Silja (Hrsg.), Coexistence, Cooperation and Solidarity, Liber Amicorum Rüdiger Wolfrum, Bd. 1, Leiden u. Boston 2012, S. 17 ff.

Eckes, Christina: Annotation to Case C-188/07 and Case C-301/08, CMLRev. 47 (2010), S. 899 ff.

Edwards, Richard W.: International Monetary Collaboration, New York 1985.

–: International Monetary Law: The Next Twenty-Five Years, Vand. J. Transnat'l L. 25 (1992-93), S. 209 ff.

–: The Role of the General Counsel of an International Financial Institution, Kan. J. L. & Pub. Pol'y 17 (2007-2008), S. 254 ff.

Eeckhout, Piet: EU External Relations Law, 2. Aufl., Oxford 2011.

Ehrlich, Thomas/Meier, Gerald M.: Preface, in: Atwood, James R./Barton, John H./Nolan E., Clark, Legal Problems of International Monetary Reform, Stan L. Rev. 20 (1967/1968). S. 870 ff.

Eichengreen, Barry: Vom Goldstandard zum Euro: Die Geschichte des internationalen Währungssystems, Berlin 1999.

–: A Blueprint for IMF Reform: More than just a Lender, International Finance 2007, S. 153 ff.

Eisenring, Christoph: Der IMF missachtet sein Mandat. Fadenscheinige Begründung der Griechenlandhilfe, Neue Züricher Zeitung v. 4.5.2010 (Nr. 101), S. 31 ff.

Elizalde, Hector: The Economic and Monetary Union and the International Monetary Fund, in: IMF (Hrsg.), Current Developments in Monetary And Financial Law, Bd. 1, Washington D.C. 1999, S. 303 ff.

Emerson, Michael/Balfour, Rosa/Corthaut, Tim/Wouters, Jan/Kaczynski, Piotr Maciej/Renard, Thomas: Upgrading the EU's Role as Global Actor. Institutions, Law and the Restructuring of European Diplomacy, CEPS 2011, www.egmontinstitute.be/news/11/110125-Upgrading-EU-as-GlobalActor-e-version.pdf.

Emminger, Otmar: Auf dem Weg zu einem neuen internationalen Währungssystem I, ZfgK 17 (1976), S. 815 ff.

Engbrink, Dennis S.: Die Kohärenz des auswärtigen Handelns der EU, Tübingen 2014.

Engström, Viljam: Understanding Powers of International Organizations. A study of the doctrines of attributed powers, implied powers and constitutionalism – with a special focus on the Human Rights Committee, Turku 2009.

Epiney, Astrid: Zur Stellung des Völkerrechts in der EU, EuZW 1999, S. 5 ff.

–: Zur Tragweite des Art. 10 EGV im Bereich der Außenbeziehungen, in: Bröhmer, Jürgen/Bieber, Roland/Callies, Christian/ Langenfeld, Christine/ Weber, Stefan (Hrsg.), Internationale Gemeinschaft und Menschenrechte: Festschrift für Georg Ress zum 70. Geburtstag, Köln 2005, S. 441 ff.

–: Zu den Implikationen der EU-Mitgliedschaft für die Stellung und Anwendung des Völkerrechts im innerstaatlichen Bereich, in: Hestermeyer, Holger P./König, Doris/Matz-Lück, Nele/Röben, Volker/Seibert-Fohr, Anja/Stoll, Peter-Tobias/Vöneky, Silja (Hrsg.), Coexistence, Cooperation and Solidarity, Liber Amicorum Rüdiger Wolfrum, Bd. 2, Leiden u. Boston 2012, S. 1909 ff.

Erlbacher, Friedrich: Rechtspersönlichkeit und Rechtsnachfolge, in: Hummer, Waldemar/Obwexer, Walter (Hrsg.), Der Vertrag von Lissabon, Baden-Baden 2009, S. 123 ff.

Escudero, Manuel López: La politique de change de l'Euro, CDE 47 (2011), S. 369 ff.

Eurodad: European Coordination at the World Bank and the International Monetary Fund: A Question of Harmony?, Brüssel 2006.

Everling, Ulrich: Die allgemeine Ermächtigung der Europäischen Gemeinschaft zur Zielverwirklichung nach Art. 235 EWGV, EuR-Sonderheft 1976, S. 2 ff.

EZB: Die Beziehungen der EZB zu internationalen Organisationen und Foren, Monatsbericht Januar 2001, S. 63 ff.

–: Die Außenvertretung der EU und der WWU, Monatsbericht Mai 2011, S. 95 ff.

Fassbender, Bardo: Die Völkerrechtssubjektivität internationaler Organisationen, ÖZöRV 37 (1986), S. 17 ff.

–: Die Völkerrechtssubjektivität der Europäischen Union nach dem Entwurf des Verfassungsvertrages, AVR 42 (2004), S. 26 ff.

–: Triepel in Luxemburg, DÖV 2010, S. 333 ff.

Fastenrath, Ulrich: Lücken im Völkerrecht: zu Rechtscharakter, Quellen, Systemzusammenhang, Methodenlehre und Funktionen des Völkerrechts, Berlin 1991.

Fawcett, James E. S.: The Place of Law in an International Organization, BYIL 36(1960), S. 321 ff.

–: Trade and Finance in International Law, RdC I 1968, S. 219 ff.

Feibelman, Adam: Europe and the Future of International Monetary Law, Transnat'l L. & Contemp. Probs. 22 (2013), S. 115 ff.

Ferguson, Tyrone: The Third World and Decision Making in the IMF: the quest for full and effective participation, London 1988.

Fischer, Fritz: Thinking the Unthinkable: Combining the IMF and World Bank?, The International Economy 2004, S. 60 ff.

Fischer, Peter: Das internationale Wirtschaftsrecht, GYIL 19 (1976), S. 143 ff.

Flassbeck, Heiner/Mühlich, Laurissa: Gehört der regionalen Währungskooperation die Zukunft? Neue regionale Finanzregime als Antwort auf weltweite Ungleichgewichte, Vereinte Nationen 3/2010, S. 110 ff.

Focsaneanu, Lazar: Le droit international monétaire à la recherche d'un « système », Journal du droit international 100 (1973), S. 644 ff.

Frenz, Walter/Ehlenz, Christian: Schuldenkrise und Grenzen der europäischen Wirtschaftspolitik, EWS 2010, S. 211 ff.

Frid, Rachel: The Relations Between the EC and International Organizations. Legal Theory and Practice, Den Haag u.a. 1995.

Fritz-Krockow, Bernhard/Ramlogan, Parmeshwar: International Monetary Fund Handbook: its functions, policies, and operations, Washington D.C. 2007.

Fröhler, Ludwig: Das Wirtschaftsrecht als Instrument der Wirtschaftspolitik, Wien 1969.

Gaedtke, Jens-Christian: Europäische Außenpolitik, Paderborn 2009.

Gaitanides, Charlotte: Das Recht der Europäischen Zentralbank. Unabhängigkeit und Kooperation in der europäischen Währungsunion, Tübingen 2005.

–: Intervention des IWF in der Eurozone – mandatswidrig?, NVwZ 2011, S. 848 ff.

–: Ein Solidaritätsprinzip in der Krise?, in: Kadelbach, Stefan (Hrsg.), Solidarität als Europäisches Rechtsprinzip?, Baden-Baden 2014, S. 33 ff.

Gaja, Giorgio: The European Communit's Rights and Obligations under Mixed Agreements, in: O'Keeffe, David/Schermers, Henry G. (Hrsg.), Mixed Agreements, Antwerpen u.a. 1983, S. 133 ff.

Garner, Bryan A. (Hrsg.): Black's Law Dictionary, 9. Ausg., St. Paul 2009.

Garnier, Carole/Daco, Daniel/Di Mauro, Francesca: UN-EU Cooperation on Financial Issues: The Role of the European Union at the International Monetary Fund and the World Bank, in: Wouters, Jan/ Hoffmeister, Frank/ Ruys, Tom (Hrsg.), The United Nations and the European Union: An Ever Stronger Partnership, Den Haag 2006, S. 115 ff.

Gehring, Thomas/Oberthür, Sebastian/Mühleck, Marc: European Union Actorness in International Institutions: Why the EU is Recognized as an Actor in Some International Institutions, but Not in Others, JCMS 51 (2013), S. 849 ff.

Gehrmann, Dieter/Harmsen, Sabine: Monetäre Integration in der EWG. Dokumente und Bibliographie, Hamburg 1972.

Geiger, Herman: Das Währungsrecht im Binnenmarkt der Europäischen Union, Karlsruhe 1996.

Geiger, Rudolf: Vertragsschlusskompetenzen der Europäischen Gemeinschaft und auswärtige Gewalt der Mitgliedstaaten: Zur neueren Rechtsprechung des Europäischen Gerichtshofs, JZ 1995, S. 973 ff.

Geiger, Rudolf/Khan, Daniel-Erasmus/Kotzur, Markus: EUV/AEUV, Kommentar, 5. Aufl., München 2010.

Gerster, Richard: Fallstricke der Verschuldung: Der Internationale Währungsfonds und die Entwicklungsländer, Basel 1982.

–: Proposals for Voting Reform within the IMF, JWT 27 (1993), S. 121 ff.

–: Accountability of Executive Directors in the Bretton Woods Institutions, JWTL 27 (1993), S. 87 ff.

Gestri, Marco: EU Disaster Response Law, in: de Guttry, Andrea/Gestri, Marco/Venturini, Gabriella (Hrsg.), International Disaster Response Law, Den Haag 2012, S. 105 ff.

Ghazi, Bahram: The IMF, the World Bank Group and the Question of Human Rights, Ardsley, New York 2005.

Gianaris, William N.: Weighted Voting in the International Monetary Fund and the World Bank, Fordham Int'l L. J. 14 (1990-1991), S. 910 ff.

Gianviti, François: The Third Amendment to the IMF's Articles of Agreement, in: Effros, Robert (Hrsg.), Current Legal Issues Affecting Central Banks, Bd. 3, Washington D.C. 1995, S. 14 ff.

–: Comments on Polak and on Thygesen, in: Masson, Paul R./Krueger, Thomas H./Turtelboom, Bart G. (Hrsg.), EMU and the International Monetary System, Washington D.C. 1997, S. 539 ff.

–: Special Drawing Rights, in: Effros, Robert C. (Hrsg.), Current Legal Issues Affecting Central Banks, Bd. 5, Washington D.C. 1998, S. 1 ff.

–: Decision Making in the International Monetary Fund, in: IMF (Hrsg.), Current Developments in Monetary and Financial law, Bd. 1, Washington D.C. 1999, S. 31 ff.

–: Evolving Role and Challenges for the International Monetary Fund, Int'l L. 35 (2001), S. 1371 ff.

–: Use of a Foreign Currency under the IMF's Articles of Agreement, in: IMF (Hrsg.), Current Developments in Monetary and Financial law, Bd. 3, Washington D.C. 2005, S. 817 ff.

–: Current Legal Aspects of Monetary Sovereignty, in: IMF (Hrsg.), Current Developments in Monetary and Financial law, Bd. 4, Washington D.C. 2006, S. 3 ff.

Gilsdorf, Peter: Die Außenkompetenzen der EG im Wandel – Eine kritische Auseinandersetzung mit Praxis und Rechtsprechung, EuR 1996, S. 145 ff.

Giovannini, Alessandor/Gros, Daniel/Ivan, Paul/Maciej Kaczyński, Piotr/Valiante, Diego: External representation of the Euro Area. Study, IP/A/ECON/FWC/2010_19, Mai 2012.

Giovanoli, Mario: The International Financial Architecture and its Reform after the Global Crisis, in: Giovanoli, Mario/Devos, Diego (Hrsg.), International Monetary and Financial law: the global crisis, Oxford 2010, S. 3 ff.

Glienicker Gruppe: Aufbruch in die Euro-Union, ZRP 2013, S. 248 ff.

Glöckler, Gabriel/Truchlewski, Zbigniew: From polyphony to harmony? The external representation of EMU, in: Lieb, Julia/von Ondarza, Nicolai/Schwarzer, Daniela (Hrsg.), The European Union in International Fora. Lessons for the Union's External Representation after Lisbon, Baden-Baden 2011, S. 117 ff.

Gnath, Katharina/Schmucker, Claudia: G20 und IMF: Kerninstitutionen des globalen Krisenmanagements, in: Braml, Josef/Mair, Stefan/Sandschneider (Hrsg.), Außenpolitik in der Wirtschafts- und Finanzkrise, München 2012, S. 267 ff.

Gold, Joseph: The Interpretation by the International Monetary Fund of its Articles of Agreement, ICLQ 3 (1954), S. 256 ff.

–: The International Monetary Fund and International Law. An Introduction, Washington D.C. 1965.

–: The Fund and Non-Member States. Some Legal Effects, IMF Pamphlet Series No.7, Washington D.C. 1966.

–: The Duty to Collaborate with the IMF and the Development of Monetary Law, in: Holland, Robert/Schwarzenberger, Georg (Hrsg.), Law, Justice and Equity. Essays in Tribute to G. W. Keeton, London 1967, S. 137 ff.

–: Legal Technique in the Creation of a New International Reserve Asset: Special Drawing Rights and the Amendment of the Articles of Agreement of the International Monetary Fund, Case W. Res. J. Int'l. L. 1(1968-69), S. 105 ff.

–: The Techniques of Response, in: Horsefield, Keith (Hrsg.), The International Monetary Fund 1945-1965, Bd. II: Analysis, Washington D.C. 1969, S. 567 ff.

–: The Reform of the Fund, IMF Pamphlet Series No. 12, Washington D.C. 1969.

–: The Stand-By Arrangements of the International Monetary Fund: a commentary on their formal, legal, and financial aspects, Washington D. C. 1970.

–: Unauthorized Changes of Par Value and Fluctuating Exchange Rates in the Bretton Woods System, AJIL 65 (1971), S. 113 ff.

–: "... To Contribute Thereby To ... Development ...": Aspects of the Relations of the International Monetary Fund with its Developing Members, Colum. J. Transnat'l. L. 10 (1971), S. 267 ff.

–: Voting and Decisions in the International Monetary Fund, Washington D.C. 1972.

–: The "Sanctions" of the international Monetary Fund, AJIL 66 (1972), S. 737 ff.

–: The Legal Structure of the Par Value System, Law & Pol'y Int'l. Bus. 5 (1973), S. 155 ff.

–: Membership and Nonmembership in the International Monetary Fund, Washington D.C. 1974.

–: Weighted Voting Power: Some Limits and Some Problems, AJIL 68 (1974), S. 687 ff.

–: Uniformity as a Legal Principle of the IMF, Law & Pol'y Int'l Bus. 7 (1975), S. 765 ff.

–: "Political" Bodies in the International Monetary Fund, Journal of Int'l L. & Econ. 11 (1976-1977), S. 237 ff.

–: International Capital Movements under the Law of the International Monetary Fund, Pamphlet Series No. 21, Washington D.C. 1977.

–: Voting Majorities in the Fund. Effects of Second Amendment of the Articles, IMF Pamphlet Series No. 20, Washington D.C. 1977.

–: The Second Amendment of the Fund's Articles of Agreement, IMF Pamphlet Series No. 25, Washington D.C. 1978.

–: Conditionality, IMF Pamphlet Series No. 31, Washington D.C. 1979.

–: Exchange Arrangements and International Law in an Age of Floating Currencies, Am. Soc'y Int'l L. Proc. 73 (1979), S. 1 ff.

–: Der Interimsausschuss des IWF – eine Bestandaufnahme, F & E 1979, S. 32 ff.

–: Technical Assistance Services of the International Monetary Fund, IMF Pamphlet Series No. 30, Washington D.C. 1979.

–: Die Struktur des IWF, F & E 79, S. 11 ff.

–: Legal and Institutional Aspects of the International Monetary System: Selected Essays, Washington D.C. 1979.

–: Balance of payments transactions of the IMF, in: Rendell, Robert S. (Hrsg.), International Financial Law. Lending, capital transfers and institutions, London 1980, S. 237 ff.

–: Transformations of the International Monetary Fund, Colum. J. Transnat'l Law 20 (1981), S. 227 ff.

–: Der Ursprung des gewichteten Stimmrechts im IWF, F & E 1981, S 25 ff.

–: The Relationship between the International Monetary Fund and the World Bank, Creighton L. Rev. 15 (1981-1982), S. 499 ff.

–: Keynes on Legal Problems of International Organization, Conn. L. Rev. 14 (1981-82), S. 1 ff.

–: Strengthening the Soft International Law of Exchange Arrangements, AJIL 77 (1983), S. 443 ff.

–: Legal Models for the International Regulation of Exchange Rates, Mich. L. Rev. 82 (1983-84), S. 1533.

–: Public International Law in the International Monetary System, Sw. L. J. 38 (1984-85), S. 799 ff.

–: Legal and Institutional Aspects of the International Monetary System. Selected Essays: Bd. II, Washington D.C. 1984.

–: Exchange Rates in International Law and Organization, Washington D.C. 1988.

–: Natural Disasters and Other Emergencies Beyond Control: Assistance by the IMF, Int'l L. 24 (1990), S. 621 ff.
–: Legal Effects of Fluctuating Exchange Rates, Washington D.C. 1990.
–: Borrowing by the Fund: *Ultra Vires* and Other Problems, in: Frenkel, Jacob A./Goldstein, Morris (Hrsg.), International Financial Policy. Essays in Honour of Jacques J. Polak, Washington D.C.1991, S. 173 ff.
–: International Monetary Fund, in: Bernhardt, Rudolf (Hrsg.), EPIL, Bd. II, Amsterdam u.a. 1995, S. 1271 ff.
–: Interpretation: The IMF and International Law, London u.a. 1996.
–: Monetary Unions and Monetary Zones, in: Bernhardt, Rudolf (Hrsg.), EPIL, Bd. III, Amsterdam u.a. 1997, S. 454 ff.
Govaere, Inge: The External Relations of the EU. Legal Aspects, in: Mahncke, Dieter/Ambos, Alicia/Reynolds, Christopher (Hrsg.), European Foreign Policy. From Rhetoric to Reality?, Brüssel u.a. 2004, S. 97 ff.
–/Capiau, Jeroen/Vermeersch, An: In-Between Seats: The Participation of the European Union in International Organizations, EFAR 9 (2004), S. 155 ff.
Grabitz, Eberhard: Die Stellung der Gemeinschaft und ihrer Organe in Internationalen Organisationen, in: Wissenschaftliche Gesellschaft für Europarecht (Hrsg.), Die Außenbeziehungen der Europäischen Gemeinschaft, Köln 1975, S. 47 ff.
–/Hilf, Meinhard/Nettesheim, Martin (Hrsg.): EUV/AEUV, Kommentar, 54. Ergänzungslieferung – Stand Oktober 2014, München.
Gramlich, Ludwig: Europäische Zentralbank und Art. 24 Abs. 1 GG: zugleich ein Beitrag zu Herkunft und Reichweite dieser Verfassungsbestimmung, Baden-Baden 1979.
–: Bundesbankgesetz, Währungsgesetz, Münzgesetz: Kommentar, Köln 1988.
–: Die UdSSR als neues Mitglied von IWF und Weltbank-Gruppe?, Recht in Ost und West 34 (1990), S. 25 ff.
–: Eine neue internationale „Finanzarchitektur“ oder: Der IMF in der Krise?, AVR 38 (2000), S. 399 ff.
–: Internationale Finanzordnung (IMF und IBRD) – Legitimität, Effektivität, Reform, in: Griegerich, Thomas (Hrsg.), Internationales Wirtschafts- und Finanzrecht in der Krise, Berlin 2011, S. 71 ff.
Grard, Loîc: La Cour de Justice des Communautés Européennes et la Dimension Externe du Marché Unique des Transports Aériens, CDE 2002, S. 695 ff.
Griller, Stefan: Die Bindung der Europäischen Union an das Recht der Vereinten Nationen unter besonderer Berücksichtigung der Rechtswirkungen von Beschlüssen des Sicherheitsrates im Unionsrecht, EuR-Beiheft 2/2012, S. 103 ff.
Griller, Stefan/Gamharter, Katharina: External Trade, in: Griller, Stefan/Weidel, Birgit (Hrsg.), External Economic Relations and Foreign Policy in the European Union, 2002, S. 65 ff.
von der Groeben, Hans/von Boeckh, Hans/Thiesing, Jochen/Ehlermann, Claus Dieter (Hrsg.): Kommentar zum EWG-Vertrag, 3. Aufl., Baden-Baden 1983.

von der Groeben, Hans/Thiesing, Jochen/Ehlermann, Claus-Dieter (Hrsg.): Kommentar zum EWG-Vertrag, 4. Aufl., Baden-Baden 1991.

von der Groeben, Hans/Schwarze, Jürgen (Hrsg.): Kommentar zum Vertrag über die Europäische Union und zur Gründung der Europäischen Gemeinschaft, 6. Aufl., Baden-Baden 2003.

von der Groeben, Hans/Schwarze, Jürgen, Hatje, Armin (Hrsg.): Europäisches Unionsrecht. Vertrag über die Europäische Union. Vertrag über die Arbeitsweise der Europäischen Union. Charta der Grundrechte der Europäischen Union, 7. Aufl., Baden-Baden 2015.

Groux, Jean/Manin, Philippe: Die Europäischen Gemeinschaften in der Völkerrechtsordnung, Luxemburg 1984.

Grüber, Hans-Rolf: Die Beziehungen zwischen den Vereinten Nationen und den Sonderorganisationen, Berlin 1953.

Gruson, Michael: Dollarization and Euroization, in: IMF (Hrsg.), Current Developments in Monetary and Financial law, Bd. 2, Washington D.C. 2003, S. 629 ff.

Gstöhl, Sieglinde: 'Patchwork Power' Europe: The EU's Representation in International Institutions, EFAR 14 (2009), S. 385 ff.

Guder, Leonie F.: The Administration of Debt Relief by the International Financial Institutions. A Legal Reconstruction of the HIPC Initiative, Heidelberg 2009.

Guitián, Manuel: The Unique Nature of the Responsibilities of the IMF, IMF Pamphlet Series No. 46, Washington D.C. 1992.

Gumbart, Mary H.: Gold Transactions at Premium Prices, in: Horsefield, Keith (Hrsg.), The International Monetary Fund 1945-1965, Bd. II: Analysis, 1969, S. 174 ff.

Häde, Ulrich: Der Vertrag von Nizza und die Wirtschafts- und Währungsunion, EWS 2001, S. 97 ff.

–: Die Wirtschafts- und Währungsunion im Vertrag von Lissabon, EuR 2009, S. 200 ff.

–: Art. 136 AEUV – eine neue Generalklausel für die Wirtschafts- und Währungsunion?, JZ 2011, S. 333 ff.

–: Der Europäische Stabilitätsmechanismus (ESM), in: Hatje, Armin/Müller-Graff, Peter-Christian (Hrsg.), Europäisches Organisations- und Verfassungsrecht, EnzEuR, Bd. 1, Baden-Baden 2014, S. 891 ff.

Hafke, Heinz Christian: Rechtliche Aspekte der Währungsbeziehungen zwischen Mitgliedstaaten der Europäischen Währungsunion und Territorien außerhalb des Geltungsbereichs des EGV, ZEuS 2000, S. 25 ff.

Hagan, Sean: 10 Years of the Euro: A Perspective from the IMF, 2009.

–: Enhancing the IMF's Regulatory Authority, JIEL 13 (2010), S. 955 ff.

–: Reforming the IMF, in: IMF (Hrsg.), Current Developments in Monetary and Financial law. Restoring Financial Stability. The Legal Response, Bd. 6, Washington D.C. 2012, S. 221 ff.

Hahn, Hugo J.: Elemente einer neuen Weltwährungsordnung, in: Kewenig, Wilhelm A., Völkerrecht und internationale wirtschaftliche Zusammenarbeit, Berlin 1978, S. 215 ff.

–: Das Europäische Währungssystem – Systemvergleich und Funktionsweise –, EuR 1979, S. 337 ff.
–: Wechselkurse und Währungsrecht, in: ders. (Hrsg.), Integration und Kooperation im Europäischen Währungswesen, Baden-Baden 1980, S. 107 ff.
–: Völkerrechtliche Darlehens- und Garantieabkommen, in: Böckstiegel, Karl-Heinz (Hrsg.), Völkerrecht, Recht der internationalen Organisationen, Weltwirtschaftsrecht. Festschrift für Ignaz Seidl-Hohenveldern, Köln u.a. 1988, S. 173 ff.
–: Währungsrecht, München 1990.
–: Der Vertrag von Maastricht als völkerrechtliche Übereinkunft und Verfassung. Anmerkungen anhand Grundgesetz und Gemeinschaftsrecht, Baden-Baden 1992.
–: Der Stabilitätspakt für die Europäische Währungsunion, JZ 1997, S. 1133 ff.
–/Häde, Ulrich: Währungsrecht, 2. Aufl. München 2010.
Hajnal, Peter: The G7/G8 System. Evolution, Role, and Documentation, Burlington 1999.
–: The G8 System and the G20. Evolution, Role and Documentation, Burlington 2007.
–: The G20: Evolution, Interrelationships, Documentation, Burlington 2014.
Hallstein, Walter: Die Europäische Gemeinschaft, Düsseldorf u. Wien 1973.
Hamel, Hannelore: Zur Frage der Mitgliedschaft der RGW-Länder im Internationalen Währungsfonds (IWF), in: Schüller, Alfred/ Wagner, Ulrich (Hrsg.), Außenwirtschaftspolitik und Stabilisierung von Wirtschaftssystemen, Stuttgart u.a. 1980, S. 177 ff.
Hartwig, Matthias: Die Haftung der Mitgliedstaaten für internationale Organisationen, Berlin u.a. 1993.
Hatje, Armin: Loyalität als Rechtsprinzip in der Europäischen Union, Baden-Baden 2001.
Head, John W.: Law and Policy in International Financial Institutions: The Changing role of law in the IMF and the Multilateral Development Banks, Kan. J. L. & Pub. Pol'y 17 (2007-2008), S. 194 ff.
Heliskoski, Joni: Mixed Agreements as a Technique for Organizing the International Relations of the European Community and its Member States, Den Haag u.a. 2001.
–: Adoption of Positions under Mixed Agreements (Implementation), Hillion, Christophe/Koutrakos, Panos (Hrsg.), Mixed Agreements Revisited: The EU and its Member States in the World, Oxford und Portland 2010, S. 138 ff.
Hellmann, Rainer/Molitor, Bernhard: Textsammlung zur Wirtschafts- und Währungsunion der Europäischen Gemeinschaft, Baden-Baden 1973.
Hempel, Michael: Die Völkerrechtssubjektivität internationaler nichtstaatlicher Organisationen, Berlin 1999.
Henning, C. Randall: Organizing Foreign Exchange Intervention in the Euro Area, JCMS 45 (2007), S. 315 ff.

–: Regional Arrangements and the International Monetary Fund, in: Truman, Edwin (Hrsg.), Reforming the IMF for the 21st Century, Washington D.C. 2006, S. 171 ff.

–: Coordinating Regional and Multilateral Financial Institutions, Peterson Institute for International Economics, Working Paper 11-9, March 2011.

Hentschelmann, Kai: Finanzhilfen im Lichte der No Bailout-Klausel – Eigenverantwortung und Solidarität in der Währungsunion, EuR 2011, S. 282 ff.

Herbst, Jochen: United States Nationals in Morocco Case, in: Wolfrum (Hrsg.), MPEPIL (Stand: Juli 2009).

Herrmann, Christoph W.: Monetary Sovereignty over the Euro and External Relations of the Euro Area, EFAR 7 (2002), S. 1 ff.

–: Währungshoheit, Währungsverfassung und subjektive Rechte, Tübingen 2010.

–: Don Yuan – Chinas selbstsüchtige Wechselkurspolitik und das Internationale Wirtschaftsrecht, AVR 48 (2010), S. 132 ff.

–: Griechische Tragödie – der währungsverfassungsrechtliche Rahmen für die Rettung, den Austritt oder den Ausschluss von überschuldeten Staaten aus der Eurozone, EuZW 2010, S. 413 ff.

–: Europäische Wirtschafts- und Währungsunion, in: Ehlers, Dirk/Fehling, Michael/ Pünder, Hermann (Hrsg.), Besonderes Verwaltungsrecht, Bd. 1: Öffentliches Wirtschaftsrecht, 3. Aufl., Heidelberg 2012, S. 270 ff.

–/*Streinz, Thomas*: Die EU als Mitglied der WTO, in: von Arnauld, Andreas (Hrsg.), Europäische Außenbeziehungen. Enzyklopädie Europarecht, Bd. 10, Baden-Baden 2014, S. 515 ff.

–/*Weiß, Wolfgang*/*Ohler, Christoph*: Welthandelsrecht, 2. Aufl., München 2007.

Hervé, Alan: The Participation of the European Union in Global Economic Governance Fora, ELJ 18 (2012), S. 143 ff.

Heuck, Jennifer: Die Außenkompetenzen der Europäischen Union nach dem Vertrag von Lissabon, Jura 2013, S. 199 ff.

Hexner, Ervin P.: The Soviet Union and the International Monetary Fund, AJIL 40 (1946), S. 637 ff.

–: Die Rechtsnatur der interpretativen Entscheidungen des Internationalen Währungsfonds, ZaöRV (20) 1959/ 60, S. 73 ff.

–: Interpretation by Public International Organizations of their Basic Instruments, AJIL 53 (1959), S. 341 ff.

–: Das Verfassungs- und Rechtssystem des Internationalen Währungsfonds, Frankfurt am Main 1960.

–: Teleological Interpretation of Basic Instruments of Public International Organizations, in: Engel, Salo/Métall, Rudolf A. (Hrsg.), Law, State, and International Legal Order. Essays in Honor of Hans Kelsen, Knoxville 1964, S. 119 ff.

–: The Executive Board of the International Monetary Fund: A Decision-Making Instrument, International Organization 18 (1964), S. 74 ff.

Hilf, Meinhard: Die Auslegung mehrsprachiger Verträge, Heidelberg 1973.

–/*Oeter, Stefan* (Hrsg.): WTO-Recht, 2. Aufl., Baden-Baden 2010.

Hillion, Christophe: Tous pour un, un pour tous! Coherence in the External Relations of the European Union, in: Cremona, Marise (Hrsg.), Developments in EU External Relations Law, Oxford 2008, S. 10 ff.

Hilmes, Christian: Die Europäische Union als Partei völkerrechtlicher Verträge, Baden-Baden 2006.

Hindelang, Steffen: The Free Movement of Capital and Foreign Direct Investment: the scope of protection in EU law, Oxford 2009.

Hiss, Dieter: Zur Stellung des Europäischen Währungssystems im Rahmen des Weltwährungssystems, Kredit und Kapital 1979, S. 354 ff.

Hobe, Stephan: Der Rechtsstatus der Nichtregierungsorganisationen nach gegenwärtigem Völkerrecht, AVR 37 (1999), S. 152 ff.

Hockett, Robert: From Macro to Micro to "Mission Creep": Defending the IMF's Emerging Concern with the Infrastructural Prerequisites to Global Financial Stability, Colum. J. Transnat'l L. 41 (2002-03), S. 153 ff.

Hodson, Dermot: Governing the Euro Area in Good Times and Bad, Oxford 2011.

Hörmann, Saskia: Völkerrecht bricht Rechtsgemeinschaft?, Zu den rechtlichen Folgen einer Umsetzung von Resolutionen des UN-Sicherheitsrates durch die EG, AVR 44 (2006), S. 267 ff.

Hoffmann, Rhea Tamara/Krajewski, Markus: Staatsschuldenkrise im Euro-Raum und die Austeritätsprogramme von IWF und EU, KJ 45 (2012), S. 2 ff.

Hoffmann, Wolfgang: Rechtsfragen der Währungsparität. Festsetzung und Vollzug der DM-Parität im Verfassungs-, Verwaltungs- und Völkerrecht, München 1969.

Hoffmeister, Frank: Outsider or Frontrunner? Recent Developments under International and European Law on the Status of the European Union in International Organizations and Treaty Bodies, CMLRev. 44 (2007), S. 41 ff.

–: Curse or Blessing? Mixed Agreements in the Recent Practice of the European Union and its Member States, Hillion, Christophe/Koutrakos, Panos (Hrsg.), Mixed Agreements Revisited: The EU and its Member States in the World, Oxford und Portland 2010, S. 249 ff.

–: The European Union in the World Trade Organization – A Model for the EU's Status in International Organisations, in: Kaddous, Christine (Hrsg.), The European Union in International Organisations and Global Governance, Portland 2015, S. 121 ff.

Hofmann, Rainer: Zur Rechtsprechung des EuGH in Fischereifragen, ZaöRV 41 (1981), S. 808 ff.

–: Wieviel Flexibilität für welches Europa? Gedanken zur künftigen Entwicklung der europäischen Integration, EuR 1999, S. 713 ff.

–: Non-state actors as new subjects of international law, Berlin 1999.

Holder, William: The IMF's Technical Assistance Activities, in: Effros, Robert C. (Hrsg.), Current Legal Issues Affecting Central Banks, Bd. 3, Washington D.C. 1995, S. 18 ff.

–: The Relationship Between the International Monetary Fund and the United Nations, in: Effros, Robert C. (Hrsg.), Current Legal Issues Affecting Central Banks, Bd. 4, Washington D.C. 1997, S. 16 ff.

–: On Being a Lawyer in the International Monetary Fund, in: Effros, Robert C. (Hrsg.), Current Legal Issues Affecting Central Banks, Bd. 5, Washington D.C. 1998, S. 14 ff.

–: The IMF's Relationship with the World Bank: The Cooperative Framework, in: IMF (Hrsg.), Current Developments in Monetary and Financial law, Bd. 2, Washington D.C. 2003, S. 51 ff.

–: International Organizations and Governance of the IMF, in: Yee, Sienho/Morin, Jacques-Ivan (Hrsg.), Multiculturalism and International Law: Essays in Honour of Edward Mc Whinney, Leiden 2009, S. 373 ff.

Horng, Der-Chin: The ECB's Membership in the IMF: Legal Approaches to Constitutional Challenges, ELJ 11 (2005), S. 802 ff.

Horsefield, J. Keith: The International Monetary Fund 1945-1965, Bd. I: Chronicle, Washington D.C. 1969.

–: The International Monetary Fund 1945-1965, Bd. III: Documents, Washington D.C. 1969.

van Houtven, Leo: Governance of the IMF: Decision Making, Institutional Oversight, Transparency, and Accountability, Washington D.C. 2002.

–: Rethinking IMF Governance, F&D 2004, S. 18 ff.

Hüfner, Klaus: UN-System, in: Rüdiger Wolfrum (Hrsg.), United Nations Law, Policy and Practice, 2. Aufl., München 1995, S. 1361 ff.

Huigens, Judith/Niemann, Arne: The Representation of the European Union in the G8, in: Larionova, Marina (Hrsg.), The European Union in the G8, Abingdon 2012, S. 105 ff.

Hummer, Waldemar: Enge und Weite des „Treaty Making Power" der Kommission nach dem EWG-Vertrag, in: Randelzhofer, Albrecht/Scholz, Rupert/Wilke, Dieter (Hrsg.), Gedächtnisschrift für Eberhard Grabitz, München 1995, S. 195 ff.

IEO: Governance of the IMF. An Evaluation, Washington D.C. 2008.

–: IMF Involvement in International Trade Policy Issues, Washington D.C. 2009.

–: IMF Performance in the Run-Up to the Financial and Economic Crisis, Washington D.C. 2011.

Ikenberry, G. J.: A world economy restored: expert consensus and the Anglo-American postwar settlement, International Organization 46 (1992), S. 289 ff.

IMF: Annual Report, Washington D.C. 1972.

–: Annual Report, Washington D.C. 1978.

–: Need as Condition for the Use of Fund Resources, SM/94/299, Washington D.C. 1994.

–: Preparations for Economic and Monetary Union (EMU), SM/97/87, Washington D.C. 1997.

–: The European Economic and Monetary Union and the Fund – Institutional Aspects, SM/97/261, Washington D.C. 1997.

–: The European Economic and monetary union and the International Monetary Fund – Main Legal Issues Relating to Rights and Obligations of EMU Members in the Fund, SM/98/131, Washington D.C. 1998.
–: European Central Bank – Observer Status, EBD/98/135, Washington D.C. 1998.
–: Surveillance Over the Monetary and Exchange Rate Policies of the Members of the Euro Area, SM/98/257, Washington D.C. 1998.
–: EMU and the Fund – Use of Fund Resources and Use of Euros in the Fund's Operational Budget – Preliminary Considerations, EBS/98/132, Washington D.C. 1998.
–: European Central Bank – Application to Become a Holder of SDRs, EBS/00/222, Washington D.C. 2000.
–: Financial Organization and Operations of the IMF, Pamphlet Series No. 45, 6. Aufl., Washington D.C. 2001.
–: Policy Statement on IMF Technical Assistance, Washington D.C. 2001.
–: Fund Surveillance over Members of Currency Unions, Washington D.C. 2005.
–: Article IV of the Fund's Articles of Agreement: An Overview of the Legal Framework, Washington D.C. 2006.
–: Annual Report, Washington D.C. 2006.
–: IMF Quota and Governance Reform – Elements of an Agreement, SM/10/293, Revision 1, Washington D.C. 2010.
–: The Fund's Mandate – The Legal Framework, Washington D.C. 2010.
–: Financial Sector Surveillance and the Mandate of the Fund, Washington D. C. 2010.
–: The Fund's Role Regarding Cross-Border Capital Flows, Washington D.C. 2010.
–: Report of the Committee on Rules for the 2012 Regular Election of Executive Directors, EBD/12/34, Washington D.C. 2012.
–: Modernizing the Legal Framework for Surveillance – An Integrated Surveillance Decision, 2012.
–: Jahresbericht: Gemeinsame die globale Erholung unterstützen, Washington D.C. 2012.
–: Jahresbericht: Die globale Konjunkturerholung sichern und stärken, Washington D.C. 2013.
–: Toward a Fiscal Union for the Euro Area, IMF Staff Discussion Note, SDN/13/09, Washington D.C. 2013.
–: Factsheet: Integrated Surveillance Decision, Washington D.C. 2013.
–: Liberalizing Capital Flows and Managing Outflows, Washington D.C. 2013.
–: Annual Report on Exchange Arrangements and Exchange Restrictions, Washington D.C. 2014.
–: The Liberalization and Management of Capital Flows: An Institutional View, Washington D.C. 2014.
–: Selected Decisions and Selected Documents of the International Monetary Fund, 37. Aufl., Washington D.C. 2014.

–: Jahresbericht: Von Stabilisierung zu nachhaltigem Wachstum, Washington D.C. 2014.

–: Factsheet: The Financial Sector Assessment Program (FSAP), Washington D.C. 2014.

–: Factsheet: IMF Support for Low-Income Countries, Washington D.C. 2014.

–: Factsheet: The Multilateral Debt Relief Initiative, Washington D.C. 2014.

–: Factsheet: Post-Catastrophe Debt Relief Trust, Washington D.C. 2014.

–: Factsheet: The IMF and the World Trade Organization, Washington D.C. 2014.

–: Factsheet: The IMF and Europe, Washington D.C. 2014.

–: Factsheet: The IMF's Flexible Credit Line, Washington D.C. 2015.

–: Factsheet: The IMF's Precautionary and Liquidity Line, Washington D.C. 2015.

–: Factsheet: IMF Lending, Washington D.C. 2015.

–: Factsheet: The IMF and Civil Society Organizations, Washington D.C. 2015.

–: Factsheet: IMF Rapid Credit Facility (RCF), Washington D.C. 2015.

–: Factsheet: The IMF's Rapid Financing Instrument (RFI), Washington D.C. 2015.

–: Factsheet: IMF Standing Borrowing Arrangements, Washington D.C. 2015.

–: Factsheet: A Guide to Committees, Groups, and Clubs, Washington D.C. 2015.

–: Jahresbericht: Herausforderungen gemeinsam angehen, Washington D.C. 2015.

–: Factsheet: IMF Quotas, Washington D.C. 2016.

Inama, Stefano/Sim, Edmund W.: The Foundation of the ASEAN Economic Community. An Institutional and Legal Profile, Cambridge 2015.

Ioannidis, Michael: EU Financial Assistance Conditionality after "Two Pack", ZaöRV 74 (2014), S. 61 ff.

Ipsen, Hans Peter: Europäisches Gemeinschaftsrecht, Tübingen 1972.

Ipsen, Knut (Hrsg.): Völkerrecht, 6. Aufl., München 2014.

Itoh, Masanao: Pre-history of the IMF: Debates in the UK and Anglo-American Negotiation, in: Yago, Kazuhiko/Asai, Yoshio/Itoh, Masanao (Hrsg.), History of the IMF. Organization, Policy, and Market, Tokio u.a. 2015, S. 3 ff.

Jackson, John H.: The New Economy Policy and United States International Obligations, AJIL 66 (1972), S. 110 ff.

Jacob, Marc: Bank for International Settlements (BIS), in: Wolfrum, Rüdiger (Hrsg.), MPEPIL (Stand: Mai 2011).

Jacobs, Francis G.: Direct effect and interpretation of international agreements in the recent case law of the European Court of Justice, in: Dashwood, Alan/Maresceau, Marc (Hrsg.), Law and Practice of EU External Relations. Salient Features of a Changing Landscape, Cambridge 2008, S. 13 ff.

Jacqué, Jean-Paul: La participation de la Communauté économique européenne aux organisations internationales universelles, in: AFDI 1975, S. 925 ff.

James, Harold: International Monetary Cooperation since Bretton Woods, Washington D.C. 1996.

Janik, Cornelia: Die Bindung internationaler Organisationen an internationale Menschenrechtsstandards. Eine rechtsquellentheoretische Untersuchung am Beispiel der Vereinten Nationen, der Weltbank und des Internationalen Währungsfonds, Tübingen 2012.

Janzen, Dietmar: Der neue Artikel 88 Satz 2 des Grundgesetzes: verfassungsrechtliche Anforderungen an die Übertragung der Währungshoheit auf die Europäische Zentralbank, Berlin 1996.

Jarchow, Hans-Joachim/Rühmann, Peter: Monetäre Außenwirtschaft II: Internationale Währungspolitik, 5. Aufl., Göttingen 2002.

Jeker, Rolf M.: Voting Rights of Less Developed Countries in the IMF, JWT 12 (1978), S. 218 ff.

Jellinek, Georg: Allgemeine Staatslehre, 3. Aufl., Berlin 1914 (Neudruck 1960).

Jenks, C. Wilfred: Co-Ordination in International Organization: An Introductory Survey, BYIL 28 (1951), S. 29 ff.

Johnson, D. H. N.: The Case concerning Rights of Nationals of the United States of America in Morocco, BYIL 29 (1952), S. 401 ff.

Johnson, Harry G.: The International Monetary System and the Rule of Law, The Journal of Law and Economics 15 (1972), S. 277 ff.

Jorgensen, Knud Erik: The European Union and international organizations: A framework for analysis, in: ders. (Hrsg.), The European Union and international organizations, New York 2009, S. 1 ff.

Joyce, Joseph P.: The IMF and Global Financial Crises. Phoenix Rising?, Cambridge 2013.

Kaddous, Christine: Le droit des relations extérieures dans la jurisprudence de la Cour de justice des Communautés européennes, Brüssel 1998.

–: European Union Participation in International Financial Organizations, in: Govaere, Inge/Poli, Sara (Hrsg.), EU Management of Global Emergencies. Legal Framework for Combating Threats and Crisis, Leiden 2014, S. 277 ff.

–: Introduction: The European Union in International Organisations – Functional Necessity of General Aspiration?, in: dies. (Hrsg.), The European Union in International Organisations and Global Governance, Portland 2015, S. 1 ff.

Kadelbach, Stefan: Einleitung: Die Außenpolitik im europäischen Mehrebenensystem und ihre rechtliche Basis, in: ders. (Hrsg.), Die Außenbeziehungen der Europäischen Union, Baden-Baden 2006, S. 9 ff.

–: ERTA Case, in: Wolfrum, Rüdiger (Hrsg.), MPEPIL (Stand: Dezember 2006).

–: Handlungsformen und Steuerungsressourcen in den EU-Außenbeziehungen, in: von Arnauld, Andreas (Hrsg.), Europäische Außenbeziehungen. Enzyklopädie Europarecht, Bd. 10, Baden-Baden 2014, S. 207 ff.

–/*Günther, Klaus* (Hrsg.): Europa: Krise, Umbruch und neue Ordnung, Baden-Baden 2014.

Kafka, Alexandre: The International Monetary System in Transition – Part I, Va. J. Int'l L. 13 (1972-73), S. 135 ff.

Kahler, Miles: Leadership Selection in the Major Multilaterals, Washington D.C. 2001.

–: Internal Governance and IMF Performance, in: Truman, Edwin M. (Hrsg.), Reforming the IMF for the 21st Century, Washington D.C. 2006, S. 257 ff.

Kalsi, Swadesh S: Toward Greater Flexibility in the Exchange Rate Regime of the International Monetary Fund: The Widening of the Band, Vand. J. Transnat'l L. 6 (1972-73), S. 86 ff.

Karl, Wolfram: Vertrag und spätere Praxis im Völkerrecht. Zum Einfluss der Praxis auf Inhalt und Bestand völkerrechtlicher Verträge, Heidelberg 1983.

Kelkar, Vijay/Yadav, Vikash/Chaudhry, Praveen: Reforming the Governance of the International Monetary Fund, The World Economy 27 (2004), S. 727 ff.

Kelkar, Vijay/Chaudhry, Praveen/Vanduzer-Snow, M.: Time for Change at the IMF, F & D 03/ 2005, S. 46 ff.

Kempen, Bernhard: Die Zukunft des Internationalen Währungsfonds, ZEuS 2000, S. 13 ff.

Kenen, Peter: Reform of the International Monetary Fund, Council on Foreign Relations, CSR NO. 29, May 2007.

–/Shafer, Jeffrey/Wicks, Nigel/Wyplosz, Charles: International Economic and Financial Cooperation: New Issues, New Actors, New Responses, Geneva Reports on the World Economy 6 (2004).

Kettler, Dietmar: Die Drei-Elemente-Lehre: Ein Beitrag zu Jellineks Staatsbegriff, seiner Fortführung und Kritik, Münster 1995.

Keukeleire, Stephan/Delreux, Tom: The Foreign Policy of the European Union, 2. Aufl., Basingstoke u.a. 2014.

Kiekens, Willy: What kind of External Representation for the Euro, OeNB-Seminar: The European Convention on the Future of Europe – Implications for Economic and Monetary Union, 2003.

Killinger, Stefanie: The World Bank's Non-political Mandate, Köln 2003.

Kimminich, Otto: Völkerrecht und internationale Beziehungen, AVR 16 (1974), S. 129 ff.

Klabbers, Jan: Presumptive Personality: The European Union in International Law, in: Koskenniemi, Martti (Hrsg.), International Law Aspects of the European Union, Den Haag u.a. 1998, S. 231 ff.

–: An Introduction to International Institutional Law, 2. Aufl., Cambridge 2009.

Klein, Eckart: United Nations, Specialized Agencies, in: Wolfrum, Rüdiger (Hrsg.), MPEPIL, (Stand: September 2006).

Klein, Friedrich: Die Mitgliedschaft in den Vereinten Nationen, AVR 1 (1948/ 49), S. 147 ff.

Kleinlein, Thomas: Konstitutionalisierung im Völkerrecht : Konstruktion und Elemente einer idealistischen Völkerrechtslehre, Berlin 2012.

Koch, Ernest: Sowjetunion und Internationaler Währungsfonds, Frankfurt am Main 1986.

Köck, Heribert Franz/Fischer, Peter: Das Recht der Internationalen Organisationen: Das Recht der Weltfriedensorganisation (VB und UNO), der UN-Spezialorganisationen und der wichtigsten regionalen Organisationen im

Dienste von kollektiver Sicherheit und Zusammenarbeit, 3. Aufl., Wien 1997.

Koenig, Christian/Pechstein, Matthias: Die EU-Vertragsänderung, EuR 1998, S. 130 ff.

Kokott, Juliane/Sobotta, Christoph: The Kadi Case – Constitutional Core Values and International Law . Finding Balance?, EJIL 23 (2012), S. 1015 ff.

Kortz, Helge: Die Entscheidung über den Übergang in die Endstufe der Wirtschafts- und Währungsunion, Baden-Baden 1996.

Koutrakos, Panos: Interpretation of Mixed Agreements, in: Hillion, Christophe/Koutrakos, Panos (Hrsg.), Mixed Agreements Revisited: The EU and its Member States in the World, Oxford und Portland, 2010, S. 116 ff.

Kovar, Robert: La participation des Communautés européennes aux conventions multilatérales, AFDI 1975, S. 903 ff.

Krägenau, Henry/Wetter, Wolfgang: Europäische Wirtschafts- und Währungsunion. Vom Werner-Plan zum Vertrag von Maastricht, Baden-Baden 1993.

Krajewski, Markus: Wirtschaftsvölkerrecht, 3. Aufl., Heidelberg 2012.

–: Binnenorganisation der EU-Außenpolitik, in: von Arnauld, Andreas (Hrsg.), Europäische Außenbeziehungen. Enzyklopädie Europarecht, Bd. 10, Baden-Baden 2014, S. 149 ff.

Kramer, Jörg-Dietrich: Die Rechtsnatur der Geschäfte des Internationalen Währungsfonds, Berlin 1967.

Kranz, Jerzy: Le vote pondéré dans les organisations internationales, RGDIP 85 (1981), S. 314 ff.

–: Les pays socialistes, le Fonds monétaire international et la banque mondiale, AVR 23 (1985), S. 270 ff.

Krasner, Stephen D.: The International Monetary Fund and the Third World, International Organization 22 (1968), S. 670 ff.

Krauskopf, Bernd/Steven, Christine: Einführung des Euro in außereuropäischen Territorien und währungsrechtliche Regelungen im Verhältnis zu Drittstaaten, EuZW 1999, S. 650 ff.

Küchenhoff, Dietrich: Grundrechte und europäisches Staatengemeinschaftsrecht, DÖV 1963, S. 161 ff.

Kumin, Andreas J/Bittner, Philip: Die "gemischten" Abkommen zwischen der Europäischen Union und ihren Mitgliedstaaten einerseits und dritten Völkerrechtssubjekten andererseits, EuR-Beiheft 2/2012, S. 75 ff.

Lang, Winfried: Regimes and Organizations in the Labyrinth of International Institutions, in: Ginther, Konrad/Hafner, Gerhard/ Lang, Winfried/Neuhold, Hanspeter/Behrmann Sucharipa (Hrsg.), Völkerrecht zwischen normativem Anspruch und politischer Realität, Festschrift für Karl Zemanek zum 65. Geburtstag, Berlin 1994, S. 275 ff.

Larionova, Marina/Renard, Thomas: The European Union in the G20, in: Larionova, Marina (Hrsg.), The European Union in the G8, Abingdon 2012, S. 121 ff.

Lastra, Rosa M.: The International Monetary Fund in Historical Perspective, JIEL 2000, S. 507 ff.

–: IMF Conditionality, J Int'l Banking Reg. 4 (2002), S. 167 ff.

–: The Role of the IMF as a Global Financial Authority, EYIEL 2 (2011), S. 121 ff.

–: The Role of the International Monetary Fund, in: Lastra, Rosa M./Buchheit, Lee (Hrsg.), Sovereign Debt Management, Oxford 2014, S. 49 ff.

–: International Financial and Monetary Law, 2. Aufl., Oxford 2015.

–/*Louis, Jean Victor*: European Economic and Monetary Union: History, Trends and Prospects, Yearbook of European Law 32 (2013), S. 1 ff.

Leben, Charles: Les sanctions privatives de droits ou de qualité dans les organisations internationales spécialisées, Brüssel 1979.

Lebullenger, Joël: La projection externe de la zone euro, RTDE 34 (1998), S. 459 ff.

Leckow, Ross: The Stand-By Arrangement: Its Legal Nature and Principal Features, in: IMF (Hrsg.), Current Developments in Monetary and Financial law, Bd. 2, Washington D. C. 2003, S. 33 ff.

Leech, Dennis: Voting Power in the Governance of the International Monetary Fund, Annals of Operations Research 109 (2002), S 375 ff.

–/*Leech, Robert*: Power versus Weight in IMF Governance: the Possible Beneficial Implications of a United European Bloc Vote, in: Buira, Ariel (Hrsg.), Reforming the Governance of the IMF and the World Bank, London 2005, S. 251 ff.

Leibiger, Martin: Die souveränitätsfreundliche Auslegung im Völkerrecht, Frankfurt am Main 2005.

Leipold, Alessandro: Making the European Stability Mechanism Work, Lisbon Council Policy Brief Bd. VI, 2012.

Lenz, Carl-Otto/Borchardt, Klaus-Dieter (Hrsg.): EU-Verträge nach Lissabon, 6. Aufl., Köln 2013.

Lichtenstein, Cynthia C.: International Jurisdiction over International Capital Flows and the Role of the IMF: Plus ça Change ..., in: Giovanoli, Mario (Hrsg.), International Monetary Law. Issues for the New Millennium, Oxford 2005, S. 61 ff.

Lister, Frederick K.: Decision-Making Strategies for International Organizations: The IMF Model, Denver 1984.

Lô Diatta, Moustapha: Les Unions monétaires en droit international, Paris 2007

Lombardi, Domenico: Report of the Civil Society (Fourth Pillar) Consultations with the International Monetary Fund on Reform of IMF Governance, Washington D.C. 2010.

–/*Woods, Ngaire*: The politics of influence: An analysis of IMF surveillance, Review of International Political Economy 15 (2008), S. 711 ff.

Lorz, R. Alexander/Meurers, Verena: Außenkompetenzen der EU, in: von Arnauld, Andreas (Hrsg.), Europäische Außenbeziehungen. Enzyklopädie Europarecht, Bd. 10, Baden-Baden 2014, S. 103 ff.

Louis, Jean-Victor: Le Système Monétaire Européen et le Fonds Monétaire International, in: Demaret, Paul (Hrsg.), Relations extérieures de la Communauté europeéenne et marché intérieur : aspects juridiques et fonctionnels, Brügge 1986, S. 185 ff.

–: A Monetary Union for Tomorrow, CMLRev. 26 (1989), S. 301 ff.

–: Vom Europäischen Währungssystem zur Währungsunion, Köln 1991.

–: L'Union Européenne et les Institutions de Bretton Woods, in: Dormoy, Daniel (Hrsg.), L'Union Européenne et les Organisations Internationales, Brüssel 1997, S. 335 ff.

– : Union monétaire européenne et Fonds monétaire international, in: Weber, Albrecht (Hrsg.), Währung und Wirtschaft – Das Geld im Recht, FS Hugo Hahn, Baden-Baden 1997, S. 201 ff.

–: Les relations extérieures de l'Union économique et monétaire, in: Cannizzaro, Enzo (Hrsg.), The European Union as an Actor in International Relations, Den Haag 2002, S. 77 ff.

–: The Economic and Monetary Union: Law and Institutions, CMLRev. 41 (2004), S. 575 ff.

–: Common Currencies, Single Currency, and Other Forms of Currency Arrangements, in: IMF (Hrsg.), Current Developments in Monetary and Financial Law, Bd. 2, Washington D.C. 2004, S. 657 ff.

–: L'Espace Euro, L'Union Européenne et le FMI, Revue d'économie financière, 2007, S. 1 ff.

–: The international projection of the euro and the international monetary system, in: Telò, Mario (Hrsg.), The European Union and Global Governance, London u. New York 2009, S. 64 ff.

–: L'Union européenne et sa monnaie, in: Donny, Marianne (Hrsg.), Commentaire J. Mégret, Politiques économiques et sociales, 3. Aufl., Brüssel 2009.

–: L'Union Européenne et la Régulation de la Finance Internationale, in: Le Barbier-Le Bris, Muriel (Hrsg.), L'Union Européenne et la Gouvernance Mondiale. Quel apport avec quels acteurs?, Brüssel 2012, S. 271 ff.

–: The Euro Area and Multilateral Financial Institutions and Bodies: An Update, in: Govaere, Inge/Lannon, Erwan/Van Elsuwege, Peter/Adam, Stanislas (Hrsg.), The European Union in the World. Essays in Honour of Marc Maresceau, Leiden u. Boston 2014, S. 191 ff.

–/Dony, Marianne (Hrsg.): Commentaire J. Mégret. Le droit de la CE et de l'Union européenne, Bd. XII: Relations extérieures, 2. Aufl., Brüssel 2005.

Lowenfeld, Andreas F.: International Economic Law, 2. Aufl., Oxford 2008.

–: Monetary Law, International, in: Wolfrum, Rüdiger (Hrsg.), MPEPIL (Stand: April 2011).

Lucke, Peter: Internationaler Währungsfonds: Strukturen, Finanztransaktionen und Konditionalität aus völkerrechtlicher Sicht, Münster 1997.

Lukaschek, Anita/Weidel, Birgit: Exclusive External Competence of the EC, in: Griller, Stefan/Weidel, Birgit (Hrsg.), External Economic Relations and Foreign Policy in the European Union, Wien u.a. 2002, S. 113 ff.

MacLeod, Ian/Hendry, Ian D./Hyett, Stephen: The External Relations of the European Communities. A Manual of Law and Practice, Oxford 1996.

Mahieu, Géraldine/Ooms, Dirk/Rottier, Stéphane: EU Representation and the Governance of the International Monetary Fund, EUP 6 (2005), S. 493 ff.

Malinverni, Giorgio: Le Règlement des Différends dans les Organisations Internationales Économiques, Leiden 1974.

Mann, Frederick A.: The "Interpretation" of the Constitutions of International Financial Organizations, BYIL (43) 1968/69, S. 1 ff.

–: Die juristische Person des Völkerrechts, ZHR 152 (1988), S. 303 ff.

–: The Legal Aspect of Money: with special reference to comparative private and public international law, 5. Aufl., Oxford 1992.

Marchisio, Sergio: EU's Membership in International Organizations, in: Cannizzaro, Enzo (Hrsg.), The European Union as an Actor in International Relations, Den Haag u.a. 2002, S. 231 ff.

Martenczuk, Bernd: Die Außenvertretung der Europäischen Gemeinschaft auf dem Gebiet der Währungspolitik, ZaöRV 59 (1999), S. 93 ff.

–: Die Kooperation der Europäischen Union mit Entwicklungsländern und Drittstaaten und der Vertrag von Lissabon, EuR-Beiheft 2/ 2008, S. 36 ff.

–: The External Representation of the European Union: From Fragmentation to a Single Voice?, in: Fischer-Lescano, Andreas/Gasser, Hans-Peter/Marauhn, Thilo/Ronzitti, Natalino (Hrsg.), Frieden in Freiheit. Peace in liberty. Paix en liberté, Festschrift für Michael Bothe zum 70. Geburtstag, Baden-Baden 2008, S. 941 ff.

Martha, Rutsel Silvestre J.: The Fund Agreement and the Surrender of Monetary Sovereignty to the European Community, CMLRev. 30 (1993), S. 749 ff.

–: Preferred Creditor Status under International Law: The Case of the International Monetary Fund, ICLQ 39 (1990), S. 801 ff.

–: The Financial Obligation in International Law, Oxford 2015.

Martinez-Diaz, Leonardo: Executive Boards in International Organizations, in: Lamdany, Ruben/Martinez-Diaz, Leonardo (Hrsg.), Studies of IMF Governance – A Compendium, Washington D.C. 2009, S. 82 ff.

Masson, Paul R.: The IMF. Victim of its own success or institutional failure?, International Journal 2007, S. 889 ff.

Maunz, Theodor/Dürig, Günter (Hrsg.): Kommentar zum Grundgesetz, 72. Ergänzungslieferung, München 2014.

Mayer, Heinz/Stöger, Karl (Hrsg.): Kommentar EUV/AEUV, 122. Ergänzungslieferung, Wien 2011.

Mayer, Thomas: Die verborgene Zahlungskrise der Eurozone, EU-Monitor 88 (2011), S. 1 ff.

Maystadt, Philippe: Implications of EMU for the IMF, in: Masson, Paul R./Krueger, Thomas H./Turtelboom, Bart G. (Hrsg.), EMU and the International Monetary System, Washington D.C. 1997, S. 146 ff.

McNamara, Kathleen/Meunier, Sophie: Between national sovereignty and international power: what external voice for the euro?, International Affairs 78 (2002), S. 849 ff.

Meltzer, Allan H.: The IMF returns, Rev Int Organ 6 (2011), S. 443 ff.

Mendelson, Maurice: The Definition of "International Organization" in the International Law Commission's Current Project on the Responsibility of International Organizations, in: Ragazzi, Maurizio (Hrsg.), International Responsibility Today: essays in memory of Oscar Schachter, Leiden 2005, S. 371 ff.

Meng, Werner: Das Recht der Internationalen Organisationen; eine Entwicklungsstufe des Völkerrechts: zugleich eine Untersuchung zur Rechtsnatur des Rechtes der Europäischen Gemeinschaften, Baden-Baden 1979.

–: Das Verhältnis der Vereinten Nationen und ihrer Sonderorganisationen zur EU im Bereich der Wirtschaft, in: Hobe, Stephan (Hrsg.), Kooperation oder Konkurrenz internationaler Organisationen, Köln 2001, S. 39 ff.

Metz, Andreas: Die Außenbeziehungen der Europäischen Union nach dem Vertrag über eine Verfassung für Europa: eine Untersuchung aus kompetenzrechtlicher Sicht – mit Erläuterungen zu den Außenkompetenzen nach dem Vertrag von Nizza, Berlin 2007.

Meyer, Dirk: Rechtliche Möglichkeiten eines Ausscheidens aus dem Euro und die Rückübertragung der Währungssouveränität, EuR 2013, S. 334 ff.

Meyer, Helmut R./Stadtmüller, Klaus: Flexible Wechselkurse in der Währungsrechtsordnung, ZHR 136 (1972), S. 31 ff.

Mikesell, Raymond F.: Verhandlungen in Bretton Woods. Errichtung eines internationalen Währungsfonds und einer internationalen Bank, in: Dennet, Raymond/ Johnson, Joseph E. (Hrsg.), Mit den Russen am Verhandlungstisch, Nürnberg 1953, S. 124 ff.

Mildner, Stormy/Schmucker, Claudia: Die EU im globalen Governance-Prozess, IP 2007, S. 52 ff.

Millarg, Eberhard: Anmerkung zu EuGH, Rs. 21-24/72, International Fruit Company, EuR 1973, S. 48 ff.

Mirakhor, Abbas/Zaidi, Iqbal Mehdi: Rethinking the Governance of the IMF, in: Boughton, James/ Lombardi, Domenico (Hrsg.), Finance, Development, and the IMF, Oxford 2009, S. 265 ff.

Moghadam, Reza/Hagan, Sean: IMF Governance – Summary of Issues and Reform Options, 2009.

Mohammed, Azizali F.: Recent Evolution of Fund Conditionality, in: Frenkel, Jacob A./Goldstein, Morris (Hrsg.), International Financial Policy. Essays in Honour of Jacques J. Polak, Washington D.C.1991, S. 173 ff.

Mohr, Sabine: Raum für neue Mitspieler: Über den Umgang von Weltbank, IWF und WTO mit NGOs, in: Brunnengräber, Achim/Klein, Ansgar/Walk, Heike (Hrsg.), NGOs im Prozess der Globalisierung, Bonn 2005, S. 298 ff.

Momani, Bessma: Another seat at the board. Russia's IMF executive director, International Journal 2007, S. 916 ff.

–: Proposing IMF Reforms for Low Income Countries, in: Boughton, James/ Lombardi, Domenico (Hrsg.), Finance, Development, and the IMF, Oxford 2009, S. 247 ff.

–: Proposing IMF Reforms for Low-Income Countries, F & D 2009, S. 247 ff.

–: Canada's IMF executive director, Canadian Public Administration 53 (2010), S. 163 ff.

–: China at the International Monetary Fund, Journal of Chinese Economics 2013, S. 125 ff.

Morawitz, Rudolf: Die Freigabe des Wechselkurses der deutschen Mark 1971, EuR 1971, S. 335 ff.

Morgan, E. Victor: The Joint Statement by Experts on the Establishment of an international Monetary Fund, Economica 11 (1944), S. 112 ff.

Mosler, Hermann: Die Aufnahme in internationalen Organisationen, ZaöRV 19 (1958), S. 275 ff.

–: Die Erweiterung des Kreises der Völkerrechtssubjekte, ZaöRV 22 (1962), S. 1 ff.

Mountford, Alexander: Governance of the International Monetary Fund, in: Lamdany, Ruben/Martinez-Diaz, Leonardo (Hrsg.), Studies of IMF Governance – A Compendium, Washington D.C. 2009, S. 15 ff.

Müller, Lisa: Das Kohärenzgebot im Entwicklungsrecht der Europäischen Union, Baden-Baden 2015.

Mund, René S.: A Comparison of the Special Drawing Rights and the Euro-Currency Units, Berlin 1987.

Muth, Clemens: Währungsdesintegration – Das Ende von Währungsunionen: eine theoretische und empirische Analyse vor dem Hintergrund des Zerfalls des gemeinsamen Währungsgebietes auf dem Territorium der ehemaligen Sowjetunion, Heidelberg 1997.

Myrus, Richard: From Bretton Woods to Brussels: A Legal Analysis of the Exchange-Rate Arrangements of the International Monetary Fund and the European Community, Fordham Law Review 62 (1994), S. 2095 ff.

Neframi, Eleftheria: International Responsibility of the European Community and of the Member States under Mixed Agreements, in: Cannizzaro, Enzo (Hrsg.), The European Union as an Actor in International Relations, Den Haag 2002, S. 177 ff.

–: The Duty of Loyalty: Rethinking its Scope through its Application in the Field of the EU External Relations, CMLRev. 47 (2010), S. 323 ff.

–: Vertical Division of Competences and the Objectives of the European Union's External Action, in: Cremona, Marise/Thies, Anne (Hrsg.), The European Court of Justice and External Relations Law – Constitutional Challenges, Oxford u.a. 2014, S. 73 ff.

Nettesheim, Martin: Normenhierarchien im EU-Recht, EuR 2006, S. 737 ff.

–: Kompetenzen, in: von Bogdandy, Armin/Bast, Jürgen (Hrsg.), Europäisches Verfassungsrecht. Theoretische und dogmatische Grundzüge, 2. Aufl., Dordrecht u.a. 2009, S. 389 ff.

–: Staatshilfen aus der Sicht des Europarechts und der Verfassung, in: Kadelbach, Stefan (Hrsg.), Nach der Finanzkrise. Rechtliche Rahmenbedingungen einer neuen Ordnung, Baden-Baden 2012, S. 31 ff.

Nicolaysen, Gert: Europarecht II. Das Wirtschaftsrecht im Binnenmarkt, Baden-Baden 1996.

Niggli, Peter: Helvetistan: Das Arabien der Schweiz?, in: GLOBAL+ 42 (2011), S. 6 ff.

Nitze, Konstantin: Finanzhilfen für Euro-Staaten in der Krise. Eine EU-rechtliche Bewertung der als Reaktion auf die sog. Euro-Krise gewährten und vorgeschlagenen finanziellen Hilfen, Berlin 2015.

Nowak, Carsten: Multilaterale und bilaterale Elemente der EU-Assoziations-, Partnerschafts- und Nachbarschaftspolitik, EuR 2010, S. 746 ff.

Obwexer, Walter: Die Vertragsschlusskompetenzen und die vertragsschlussbefugten Organe der Europäischen Union, EuR-Beiheft 2/2012, S. 49 ff.
Odendahl, Kerstin: Beziehungen zu Drittstaaten und internationalen Organisationen, in: von Arnauld, Andreas (Hrsg.), Europäische Außenbeziehungen. Enzyklopädie Europarecht, Bd. 10, Baden-Baden 2014, S. 273 ff.
Ohler, Christoph: Die Bindung der EU an das WTO-Recht, EuR-Beiheft 2/2012, S. 137 ff.
Olson, Peter: Mixity from the Outside: the Perspective of a Treaty Partner, in: Hillion, Christophe/Koutrakos, Panos (Hrsg.), Mixed Agreements Revisited: The EU and its Member States in the World, Oxford und Portland, 2010, S. 331 ff.
Oppermann, Thomas: Währungsunion und EWG-Vertragsrevision, EuR 1971, S. 130 ff.
–: Die internationale Vertretung von Euroland, in: Kirchhof, Paul/ Lehner, Moris/ Raupach, Arndt/ Rodi, Michael (Hrsg.), Staaten und Steuern: FS Klaus Vogel, Heidelberg 2000, S. 529 ff.
–: Eine Verfassung für die Europäische Union, DVBl. 2003, S. 1165 ff.
Osieke, Ebere: Sanctions in International Law: The Contribution of International Organizations, NILR 31 (1984), S. 183 ff.
–: Majority Voting Systems in the International Labour Organisation and the International Monetary Fund, ICLQ 33 (1984), S. 381 ff.
Osteneck, Kathrin: Die Umsetzung von UN-Wirtschaftssanktionen durch die Europäische Gemeinschaft: Völker- und europarechtliche Rahmenbedingungen für ein Tätigwerden der Europäischen Gemeinschaft im Bereich von UN-Wirtschaftssanktionsregimen unter besonderer Berücksichtigung der Umsetzungspraxis der EG-Organe, Berlin 2004.
Pache, Eckhard: Grundfreiheiten, in: Schulze, Reiner/Zuleeg, Manfred/Kadelbach, Stefan (Hrsg.), Europarecht. Handbuch für die deutsche Rechtspraxis, 3. Aufl., Baden-Baden 2015, S. 419 ff.
–/Bielitz, Joachim: Das Verhältnis der EG zu den völkerrechtlichen Verträgen ihrer Mitgliedstaaten, EuR 2006, S. 316 ff.
Palm, Ulrich: Preisstabilität in der Europäischen Wirtschafts- und Währungsunion: eine rechtliche Untersuchung des stabilitätssichernden Instrumentariums insbesondere im Hinblick auf die Disziplinierung der mitgliedstaatlichen Haushaltspolitik, Baden-Baden 2000.
Pan, Eric: Authoritative Interpretation of Agreements: Developing More Responsive International Administrative Regimes, HILJ 38 (1997), S. 503 ff.
Pechstein, Martin: Die Mitgliedstaaten der EG als „Sachwalter des gemeinsamen Interesses“: Gesetzgebungsnotstand im Gemeinschaftsrecht, Baden-Baden 1987.
–: Rechtssubjektivität für die Europäische Union, EuR 1996, S. 137 ff.
Peretz, David: The Process for Selecting and Appointing the Managing Director and First Deputy Managing Director of the IMF in: Lamdany, Ruben/Martinez-Diaz, Leonardo (Hrsg.), Studies of IMF Governance – A Compendium, Washington D.C. 2009, S. 276 ff.

Pernice, Ingolf: Die EG als Mitglied der Organisationen im System der vereinten Nationen: Konsequenzen für die Politik von Mitgliedstaaten und Drittstaaten, EuR 1991, S. 273 ff.

–: Das Ende der währungspolitischen Souveränität Deutschlands und das Maastricht-Urteil des BVerfG, in: Due, Ole/Lutter, Marcus/Schwarze, Jürgen (Hrsg.), Festschrift für Ulrich Everling, Bd. II, Baden-Baden 1995, S. 1057 ff.

Pescatore, Pierre: L'ordre juridique des Communautés Européennes: Etude des sources du droit communautaire, 2. Aufl., Liège 1975.

–: Der Schutz der Grundrechte in den Europäischen Gemeinschaften und seine Lücken, in: Mosler, Herrmann/Bernhardt, Rudolf/Hilf, Meinhard (Hrsg.), Grundrechtsschutz in Europa. Europäische Menschenrechts-Konvention und Europäische Gemeinschaften, Berlin u.a. 1976, S. 64 ff.

–: Die Rechtsprechung des Europäischen Gerichtshofs zur innergemeinschaftlichen Wirkung völkerrechtlicher Abkommen, in: Bernhardt, Rudolf/Geck, Wilhelm Karl/Günther, Jaenicke/Steinberger, Helmut (Hrsg.), Völkerrecht als Rechtsordnung. Internationale Gerichtsbarkeit. Menschenrechte, Festschrift für Herrmann Mosler, Berlin, Heidelberg u. New York 1983, S. 661.

–: La Cour de justice des Communautés européennes et la Convention européenne des Droits de l'Homme, in: Matscher, Franz/Petzold, Herbert (Hrsg.), Protecting Human Rights: The European Dimension, Studies in Honour of Gérard J. Wierda, 1988, S. 441 ff.

Peters, Anne: The Position of International Law within the European Community Legal Order, GYIL 40 (1997), S. 9 ff.

Peters, Hans Heinrich: Internationale Entwicklungsfinanzierung: die Rolle der International Finance Corporation im Entwicklungsprozess, Tübingen 1978.

Petersmann, Ernst-Ulrich: Zum Rechtswandel des IMF-Paritätensystems, WiR 2/1974, S. 119 ff.

–: Völkerrechtliche Fragen der Weltwährungsreform. Wirtschaftliche Dynamik als Völkerrechtsproblem in der Praxis des Internationalen Währungsfonds, ZaöRV 34 (1974), S. 452 ff.

–: Auswärtige Gewalt, Völkerrechtspraxis und Völkerrechtsbindungen der EWG, ZaöRV 25 (1975), S. 213 ff.

–: Die EWG als GATT-Mitglied, in: Hilf, Meinhard/Petersmann, Ernst-Ulrich (Hrsg.), GATT und Europäische Gemeinschaft, Baden-Baden 1986, S. 119 ff.

–: Darf die EG das Völkerrecht ignorieren, EuZW 1997, S. 325 ff.

–: International Activities of the European Union and Sovereignty of Member States, in: Cannizzaro, Enzo (Hrsg.), The European Union as an Actor in International Relations, Den Haag 2002, S. 321 ff.

–: International Economic Law in the 21st Century. Constitutional Pluralism and Multilevel Governance of Independent Public Goods, Oxford u.a. 2012.

Petersmann, Hans G.: Financial Assistance to Developing Countries: The Changing Role of the World Bank and International Monetary Fund, Bonn 1988.

Pilz, Stefan/Dittmann, Heidi: Perspektiven des Stabilitäts- und Wachstumspakts – Rechtliche und ökonomische Implikationen des Reformpakets „Economic Governance", ZEuS 2012, S. 53 ff.

Piris, Jean-Claude/Woon, Walter: Towards a Rules-Based Community: An ASEAN Legal Service, Cambridge 2015.

Pisani-Ferry, Jean/Sapir, André/Wolff, Guntram B.: An evaluation of IMF surveillance of the euro area, Bruegel Blueprint Series, Bd. XIV, Brüssel 2011.

–: EU-IMF assistance to euro-area countries: an early assessment, Brüssel 2013.

Pitschas, Christian: Die völkerrechtliche Verantwortlichkeit der Europäischen Gemeinschaft und ihrer Mitgliedstaaten, Berlin 2001.

Pöhl, Karl Otto: Von Bretton Woods nach Jamaika. Bilanz der Reformarbeiten für die künftige Weltwährungsordnung, EA 1976, S. 139 ff.

Polak, Jacques J.: Some Reflections on the Nature of Special Drawing Rights, IMF Pamphlet Series No. 16, Washington D.C. 1971.

–: The EMF: External Relations, in: Banca Nazionale Del Lavoro, Quarterly Review 138 (1980), S. 359 ff.

–: The IMF and Its EMU Members, in: Masson, Paul R./Krueger, Thomas H./Turtelboom, Bart G. (Hrsg.), EMU and the International Monetary System, Washington D.C. 1997, S. 491 ff.

–: The Articles of Agreement of the IMF and the Liberalization of Capital Movements, in: Fischer, Stanley/Cooper, Richard N./Dornbusch, Rüdiger/Garber, Peter M./Massad, Carlos/Polak, Jacques J./Rodrik, Dani/Tarapore, Savak S. (Hrsg), Should the IMF Pursue Capital-Account Convertibility?, Essays in International Finance No. 207, Princeton 1998, S. 47 ff.

Pollux, Hambro: The Interpretation of the Charter, BYIL 23 (1946), S. 54 ff.

Portugal, Murilo: Improving IMF Governance and Increasing the Influence of Developing Countries in IMF-Decision-Making, in: Buira, Ariel (Hrsg.), Reforming the Governance of the IMF and the World Bank, London 2005, S. 96 ff.

Primorac, Marina: How does a Country join the IMF?, F & D 1991, S. 34 ff.

Proctor, Charles: Mann on the Legal Aspect of Money, 6. Aufl., Oxford 2005.

Puccio, Laura: The EU and the IMF: The Financial Crisis as a Catalyst for a Stronger Union Representation?, in: de Waele, Henri/Kuipers, Jan-Jaap (Hrsg.), The European Union's Emerging International Indentity. Views from the Global Arena, Leiden u. Boston 2013, S. 211 ff.

Rama-Montaldo, Manuel: International Legal Personality and Implied Powers of International Organizations, BYIL 44 (1970), S. 111 ff.

Rapkin, David P./Strand Jonathan R.: Reforming the IMF's Weighted Voting System, The World Economy 29 (2006), S. 305 ff.

Rathke, Hannes: Von der Stabilitäts- zur Stabilisierungsunion: Der neue Art. 136 III AEUV, DÖV 2011, S. 753 ff.

Raux, Jean: Les relations extérieures de la Communauté Economique Européenne, Paris 1966.

Repasi, René: Völkervertragliche Freiräume für EU-Mitgliedstaaten, EuR 2013, S. 45 ff.

Ress, Hans-Konrad: Das Handelsembargo. Völker-, europa- und außenwirtschaftsrechtliche Rahmenbedingungen, Praxis und Entschädigung, Berlin 2000.

Rettberg, Jürgen: Weltwährungsfonds mit Weltbankgruppe und UNCTAD als Bezugspunkte der internationalen Handels- und Entwicklungspolitik, Köln 1983.

Reuter, Paul/Combacau, Jean: Institutions et Relations Internationales, 4. Aufl., Paris 1988.

Rideau, Joël: L'ordre juridique communautaire et la participation de la Communauté européenne aux organisations internationales, in: Dormoy, Daniel (Hrsg.), L'Union européenne et les organisations internationales, Brüssel 1997, S. 68 ff.

Riedel, Thomas Gerassimos: Die Rechtsbeziehungen zwischen dem Internationalen Währungsfonds und der Welthandelsorganisation. Die Organisationen und ihre gegenseitigen Rechtsbeziehungen im Bereich des Handels und der Subventionen, Baden-Baden 2008.

de la Rochère, Jacqueline Dutheil: EMU: Constitutional Aspects and External Representation, YEL 19 (1999/2000), S. 427 ff.

Rodenhoff, Vera: Die EG und ihre Mitgliedstaaten als völkerrechtliche Einheit bei umweltvölkerrechtlichen Übereinkommen, Baden-Baden 2008.

Rogers, Chris: The IMF and European Economies. Crisis and Conditionality, New York u.a. 2012.

Rosas, Allan: The European Union and Mixed Agreements, in: Dashwood, Alan/Hillion, Christophe (Hrsg.), The General Law of E.C. External Relations, London 2000, S. 200 ff.

–: The European Court of Justice and Public International Law, in: Wouters, Jan/Nollkaemper, André/de Wet, Erika (Hrsg.), The Europeanisation of International Law. The Status of International Law in the EU and its Member States, Den Haag 2008, S. 71 ff.

–: The Status in EU Law of International Agreements Concluded by EU Member States, Fordham Int'l L. J. 34 (2010-2011), S. 1304 ff.

van Rossem, Jan Willem: The EU at Crossroads. A Constitutional Inquiry into the Way International Law is Received within the EU Legal order, in: Cannizzaro, Enzo/Palchetti, Paolo/Wessel, Ramses A. (Hrsg.), International Law as Law of the European Union, Leiden 2012, S. 59 ff.

Rousseau, Charles: Sécession de la Syrie et de la R.A.U. – Conséquences juridique. – Problèmes de la reconnaissance du nouvel Etat par les Etat tiers et de sa réadmission dans l'O.N.U. RGDIP 66 (1962), S. 413 ff.

Ruddigkeit, Dana: Das Mandat des IWF: Zur Kooperationspflicht internationaler Organisationen und Rechtsregime in der Weltfinanzarchitektur, Halle an der Saale 2013.

Ruffert, Matthias: Zuständigkeitsgrenzen internationaler Organisationen im institutionellen Rahmen der internationalen Gemeinschaft, AVR 38 (2000), S. 129 ff.

–: Verfassungsrechtliche Überlegungen zur Finanzmarktkrise, NJW 2009, S. 2093 ff.

–/*Walter, Christian*: Institutionalisiertes Völkerrecht. Das Recht der Internationalen Organisationen und seine wichtigsten Anwendungsfelder, 2. Aufl., München 2015.

Sack, Jörn: Die Europäische Gemeinschaft als Mitglied internationaler Organisationen, in: Randelzhofer, Albrecht/Scholz, Rupert/Wilke, Dieter (Hrsg.), Gedächtnisschrift für Eberhard Grabitz, München, 1995, S. 631 ff.

–: The European Community's Membership of international organizations, CMLRev. 1995, S. 1227 ff.

–: Die Europäische Union in den Internationalen Organisationen. Bedeutung der Beteiligung sowie Aktion und Einfluss von Gemeinschaft und Mitgliedstaaten in diesen Gremien, in: ZEuS 2001, S. 267 ff.

Salmon, Jean: Quelques observations sur les lacunes en droit international public, in: Perelman, Chaim (Hrsg.), Le problème des lacunes en droit, Brüssel 1968, S. 313 ff.

Sato, Tetsuo: Evolving Constitutions of International Organizations: a critical analysis of the interpretative framework of the constituent instruments of international organizations, Den Haag u.a. 1996.

Sattler, Sven: Gemischte Abkommen und gemischte Mitgliedschaften der EG und ihrer Mitgliedstaaten: unter besonderer Berücksichtigung der WTO, Berlin, 2007.

Sauer, Heiko: Die innergemeinschaftliche Wirkung von WTO-Streitbeilegungsentscheidungen – Begriffliche und dogmatische Klärungen, EuR 2004, S. 463 ff.

Schadler, Susan: The IMF's Preferred Creditor Status: Does it still make sense after the Euro Crisis?, CIGI Policy Brief No. 37, March 2014.

Schaefer, Christoph: Die Ermächtigung von Mitgliedstaaten bei ausschließlicher Gemeinschaftszuständigkeit: Regelwidrigkeit in der Kompetenzordnung?, EuR 2008, S. 721 ff.

Schaefer, Rupert: Die internationale Finanzarchitektur nach der Finanz- und Wirtschaftskrise, in: Hilpold, Peter/Steinmair, Walter (Hrsg.), Neue europäische Finanzarchitektur. Die Reform der WWU, Berlin 2014, S. 205 ff.

Scharrer, Hans-Eckart: Europäische Wirtschafts- und Währungsunion – Pragmatismus ohne politisches Konzept, in: ders./Wessels, Wolfgang (Hrsg.), Europäische Wirtschaftspolitik – Programm und Realität, Bonn 1973, S. 81 ff.

–: Der Wechselkurs- und Interventionsmechanismus im EWS – Aus den Erfahrungen lernen?, in: ders./Wessels, Wolfgang (Hrsg.), Das Europäische Währungssystem. Bilanz und Perspektiven eines Experiments, Bonn 1983, S. 175 ff.

Scheffler, Jan: Die Europäische Union als rechtlich-institutioneller Akteur im System der Vereinten Nationen, Heidelberg 2011.

Schermers, Henry G.: Community Law and International Law, CML Rev. 12 (1975), S. 77 ff.

–: International Organizations as Members of Other International Organizations, in: Bernhardt, Rudolf/Geck, Wilhelm Karl/Günther, Jaenicke/Steinberger, Helmut (Hrsg.), Völkerrecht als Rechtsordnung. Internationale Gerichtsbarkeit. Menschenrechte, Festschrift für Herrmann Mosler, Berlin, Heidelberg u. New York 1983, S. 823 ff.

–/*Blokker, Niels*: International Institutional Law: unity within diversity, 5. Aufl., Leiden u.a. 2011.

Schimansky, Herbert/Bunte, Herrmann-Josef/Lwowski, Hans-Jürgen: Bankrechts-Handbuch, 4. Aufl., München 2011.

Schlemmer-Schulte, Sabine: The Impact of Civil Society on the World Bank, the International Monetary Fund and the World Trade Organization: The Case of the World Bank, ILSA J. Int'l & Comp. L. 7 (2000-2001), S. 399 ff.

–: Die Rolle der internationalen Finanzinstitutionen im Nord-Süd-Konflikt, in: Das internationale Recht im Nord-Süd-Verhältnis, BDGVR, Band 41, Heidelberg 2005, S. 149 ff.

–: Internationales Währungs- und Finanzrecht, in: Tietje, Christian (Hrsg.), Internationales Wirtschaftsrecht, 2. Aufl., Berlin u.a. 2015, S. 434 ff.

Schloh, Bernhard: Die Stellung der Gemeinschaft und ihrer Organe in Internationalen Organisationen, in: Wissenschaftliche Gesellschaft für Europarecht (Hrsg.), Die Außenbeziehungen der Europäischen Gemeinschaft, Köln 1975, S. 83 ff.

Schmalenbach, Kirsten: International Organizations or Institutions, General Aspects, in: Wolfrum, Rüdiger (Hrsg.), MPEPIL (Stand: Dezember 2006).

–: Die Delegationen der Europäischen Union in Drittländern und bei internationalen Organisationen, EuR-Beiheft 2/ 2012, S. 205 ff.

Schmitz, Wolfgang: Die Europäische Währungsunion – Bauelement der künftigen Weltwährungsordnung, Europäische Rundschau 1973, S. 47 ff.

Schmucker, Claudia/Mildner, Stormy A.: Die BRICS-Staaten, IP 2012, S. 66 ff.

Scholte, Jan Aart: The IMF meets Civil Society, F&D 35 (1998), S. 42 ff.

–: "In the foothills": Relationship between the IMF and Civil Society, in: Higgott, Richard/ Underhill, Geoffrey/Bieler, Andreas (Hrsg.), Non-State Actors and Authority in the Global System, New York 2000, S. 256 ff.

Schröder, Meinhard: Vertikale Kompetenzverteilung und Subsidiarität im Konventsentwurf für eine europäische Verfassung, JZ 2004, S. 8 ff.

Schroeder, Werner: Die Europäische Union als Völkerrechtssubjekt, EuR-Beiheft 2/2012, S. 9 ff.

Schütz, H.-J.: Membership, in: Wolfrum, Rüdiger (Hrsg.), United Nations Law: Policies and Practice, Bd. II, 2. Aufl., München 1995.

Schütze, Robert: Supremacy without Pre-emption? The very Slowly Emergent Doctrine of Community Pre-emption, CMLRev. 43 (2006), S. 1023 ff.

Schultz, George P./Simon, William E./Wriston, Walter B.: Who Needs the IMF?, Wall Street Journal, February 3, 1998.

Schwarz, Jürgen: Der Aufbau Europas. Pläne und Dokumente 1945-1980, Bonn 1980.

Schwarze, Jürgen (Hrsg.): EU-Kommentar, 2. Aufl., Baden-Baden 2009.

Schwarzenberger, Georg: International Law as Applied by International Courts and Tribunals, Bd. 1, 3. Aufl., London 1957.

Schwarzer, Daniela: A consolidated representation of interests in the context of Europe's relative economic decline – drivers and obstacles, in: Lieb, Julia/von Ondarza, Nicolai/Schwarzer, Daniela (Hrsg.), The European Union in International Fora. Lessons for the Union's External Representation after Lisbon, Baden-Baden 2011, S. 137 ff.

Schweisfurth, Theodor: Völkerrecht, Tübingen 2006.

Seidel, Martin: Das Europäische Währungssystem – Rechtliche Grundlage und Ausgestaltung –, EuR 1979, S. 13 ff.

–: Konstitutionelle Schwächen der Währungsunion, EuR 2000, S. 861 ff.

–: Der Euro – Schutzschild oder Falle?, ZEI Working Paper B 01/ 2010.

–: Die Bankenunion als verdeckte Umwandlung der EU zu einem – partiellen – Bundesstaat, EuZW 2013, S. 841 ff.

Seidl-Hohenveldern, Ignaz: Probleme der Anerkennung ausländischer Devisenbewirtschaftungsmaßnahmen, ÖZöR 8 (1957/58), S. 82 ff.

–: Grenzen rechtlicher Streiterledigung in Internationalen Organisationen, in: BDGVR, Heft 9, Karlsruhe 1969, S. 45 ff.

–: Specialized Agencies, in: Wolfrum, Rüdiger (Hrsg.), United Nations: Law, Policies and Practice, Bd. II, München 1995, S. 1202 ff.

–: The Legal Personality of International Organizations, in: ders., Collected Essays on International Investments and on International Organizations, Den Haag u.a. 1998, S. 3 ff.

–/*Loibl, Gerhard*: Das Recht der internationalen Organisationen einschließlich der Supranationalen Gemeinschaft, 7. Aufl., Köln u.a. 2000.

Seitz, Franz/Jost, Thomas: The Role of the IMF in the European Debt Crisis, HAW-Diskussionspapier Nr. 32, Januar 2012.

Selmayr, Martin: Die Wirtschafts- und Währungsunion als Rechtsgemeinschaft, AöR 124 (1999), S. 357 ff.

–: Die Vergemeinschaftung der Währung, Baden-Baden 2002.

–: Das Recht der Europäischen Währungsunion, in: Müller-Graff, Peter-Christian (Hrsg.), Europäisches Wirtschaftsordnungsrecht, Enzyklopädie des Europarechts, Bd. 4, Baden-Baden 2015, S. 1387 ff.

Sermet, Laurent: Actualité de l'adhésion de la Communauté européenne aux organisations internationales et aux traités, AFDI 1997, S. 671 ff.

Seyersted, Finn: Objective International Personality of Intergovernmental Organizations: its scope and its validity vis-à non-members : do the capacities really depend upon the constitutions?, 1964.

–: Objective International Personality of Intergovernmental Organizations, Do their capacities really depend upon the Conventions establishing them?, NTIR 34 (1964), S. 1 ff.

–: Common Law of International Organizations, Leiden 2008.

Shakow, Alexander: The Role of the International Monetary and Financial Committee in IMF Governance, in: Lamdany, Ruben/ Martinez-Diaz, Leonardo (Hrsg.), Studies of IMF Governance – A Compendium, Washington D.C. 2009, S. 58 ff.

Shaw, Malcolm N.: International Law, 6. Aufl., Cambridge 2008.
Shihata, Ibrahim F.I.: The World Bank and the IMF Relationship – Quo Vadis?, Int'l L. 35 (2001), S. 1349 ff.
Shuster, Milan Robert: The Public International Law of Money, Oxford 1973.
Siebelt, Johannes: Auf dem Wege zur Europäischen Währungsunion, in: Siedentopf, Heinrich (Hrsg.), Europäische Integration und nationalstaatliche Verwaltung, Stuttgart 1991, S. 43 ff.
Siegel, Deborah E.: Legal Aspects of the IMF/ WTO Relationship: The Fund's Articles of Agreement and the WTO Agreements, AJIL 96 (2002), S. 561 ff.
Siekmann, Helmut: Kommentar zur Europäischen Währungsunion, Tübingen 2013.
–: Missachtung rechtlicher Vorgaben des AEUV durch die Mitgliedstaaten und die EZB in der Schuldenkrise, in: Möllers, Thomas/Zeitler, Franz-Christoph (Hrsg.), Europa als Rechtsgemeinschaft: Währungsunion und Schuldenkrise, Tübingen 2013, S. 101 ff.
Simma, Bruno: Völkerrechtswissenschaft und Lehre von den internationalen Beziehungen: Erste Überlegungen zur Interdependenz zweier Disziplinen, ÖZöR 23 (1972), S. 293 ff.
–/Khan, Daniel-Erasmus/Nolte, Georg/Paulus, Andreas (Hrsg.): The Charter of the United Nations. A Commentary, 3. Aufl., Oxford 2012.
Simmonds, Kenneth R.: The UN Convention on the Law of the Sea 1982 and the Community's Mixed Agreements Practice, in: O'Keeffe, David/Schermers, Henry G. (Hrsg.), Mixed Agreements, Antwerpen u.a. 1983, S. 199 ff.
Simon, Denys: L'interprétation judiciaire des traités d'organisations internationales, Paris 1981.
Sinclair, Ian MacTaggart: The Vienna Convention on the Law of Treaties, 2. Aufl.; Manchester 1984.
Singer, H. W.: An Historical Perspective, in: Haq, Mahbub ul/Jolly, Richard/Streeten, Paul/Haq, Khadija (Hrsg.), The UN and the Bretton Woods Institutions. New Challenges for the Twenty-First Century, Basingstoke u.a. 1995, S. 17 ff.
Sinn, Hans-Werner u.a.: Die europäische Zahlungsbilanzkrise, ifo Schnelldienst 16/ 2011.
Smits, René: The European Central Bank – Institutional Aspects, Den Haag 1997.
–: The European Constitution and EMU: An Appraisal, CMLRev. 42 (2005), S. 425 ff.
–: International representation of Europe in the area of Economic and Monetary Union: Legal issues and practice in the first ten years of the Euro, paper presented at the Conference "10 years of European Monetary Union: a legal perspective", Legal Committee of the ESCB, Frankfurt am Main 2009.
Solomon, Robert: The International Monetary System 1945-1976. An Insider's View, New York 1977.
Sorel, Jean-Marc: L'Euro vu de l'extérieur: une monnaie entre puissances et incertitudes, JDI 127 (2000), S. 7 ff.

Stadler, Rainer: Der rechtliche Handlungsspielraum des Europäischen Systems der Zentralbanken, Baden-Baden 1996.

Stark, Jürgen/Hartenstein, Dietrich: Die Stärkung des internationalen Finanzsystems, Tübingen 2002.

Steil, Benn: The Battle of Bretton Woods. John Maynard Keynes, Harry Dexter White, and the Making of a New World Order, Princeton u.a. 2013.

Stein, Klaus D.: Der gemischte Vertrag im Recht der Außenbeziehungen der Europäischen Wirtschaftsgemeinschaft, Berlin 1986.

Steinbach, Armin: Kompetenzkonflikte bei der Änderung gemischter Abkommen durch die EG und ihre Mitgliedstaaten – Konsequenz aus der parallelen Mitgliedschaft in internationalen Organisationen, EuZW 2007, S. 109 ff.

Steinhauer, Bettina M.: Die Auslegung, Kontrolle und Durchsetzung mitgliedstaatlicher Pflichten im Recht des Internationalen Währungsfonds und der Europäischen Gemeinschaft, Berlin 1997.

Steinki, Bernhard: Competencies of the European Community on International Monetary Fund Matters: An Overview of the Key Legal Issues, in: IMF (Hrsg.), Current Developments in Monetary and Financial Law, Bd. 2, Washington D.C. 2003, S. 109 ff.

–/Bergthaler, Wolfgang: Recent Reforms of the Finances of the International Monetary Fund: An Overview, EYIEL 3 (2012), S. 635 ff.

Stöckel, Eva Lotte: Smart Sanctions in der Europäischen Union, Berlin 2014.

Stone, Randall W.: The Scope of IMF Conditionality, International Organization 62 (2008), S. 589 ff.

Stratmann, Günter: Der Internationale Währungsfonds: Seine Aufsichts- und Lenkungsbefugnisse, Göttingen 1972.

Streinz, Rudolf (Hrsg.): Kommentar EUV/AEUV, 2. Aufl., München 2012.

Stumpf, Christoph A.: Die auswärtigen Beziehungen der Europäischen Währungsunion, ZaöRV 63 (2003), S. 1075 ff.

–: The introduction of the euro to States and territories outside the European Union, ELR 28 (2003), S. 283 ff.

Surr, John V.: Der Zwanzigerausschuß: Ursprung, Entwicklung und Arbeitsweise, F&E 1974, S. 24 ff.

Szász, André: The Road to European Monetary Union, Houndmills u.a. 1999.

Tancredi, Antonello: On the Absence of Direct Effect of the WTO Dispute Settlement Body's Decisions in the EU Legal Order, in: Cannizzaro, Enzo/Palchetti, Paolo/Wessel, Ramses A. (Hrsg.), International Law as Law of the European Union, Leiden 2012, S. 249 ff.

Tavares de Pinho, Antonio: L'admission de la CEE comme membre de l'Organisation des nations unies pour l'alimentation et l'agriculture (FAO), RMCUE 1993, S. 656 ff.

Taylor, Ian: Hegemony, neoliberal "good governance" and the International Monetary Fund, in: Boas/McNeil (Hrsg.), Global Institutions and Development: framing the world?, London u.a. 2004, S. 124 ff.

Thiel, Elke: Das EWS im Internationalen Währungssystem – Eine Herausforderung für die USA? – Äußere Profilierung und innere Konvergenz, in: Schar-

rer, Hans-Eckart/Wessels, Wolfgang (Hrsg.), Das Europäische Währungssystem. Bilanz und Perspektiven eines Experiments, Bonn 1983, S. 355 ff.
Thiele, Alexander: Das Mandat der EZB und die Krise des Euro, Tübingen 2013.
–: Finanzaufsicht. Der Staat und die Finanzmärkte, Tübingen 2014.
Thygesen, Niels: Relations Among the IMF, the ECB, and the IMF's EMU Members, in: Masson, Paul R./Krueger, Thomas H./Turtelboom, Bart G. (Hrsg.), EMU and the International Monetary System, Washington D.C. 1997, S. 512 ff.
Thym, Daniel: Auswärtige Gewalt, in: von Bogdandy, Armin/Bast, Jürgen (Hrsg.), Europäisches Verfassungsrecht. Theoretische und dogmatische Grundzüge, 2. Aufl., Dordrecht u.a. 2009, S. 441 ff.
–: Flexible Integration: Garant oder Gefahr für die Einheit des Unionsrechts im Zeichen der Währungskrise?, EuR-Beiheft 02/2013, S. 23 ff.
Tietje, Christian: Willensbildung und Entscheidungsfindung in internationalen Wirtschaftsorganisationen, in: Dicke, Klaus/Fröhlich, Manuel (Hrsg.), Wege multilateraler Diplomatie, Baden-Baden 2005, S. 12 ff.
–: The Status of International Law in the European Legal Order: The Case of International Treaties and Non-binding International Instruments, in: Wouters, Jan/Nollkaemper, André/de Wet, Erika (Hrsg.), The Europeanisation of International Law. The Status of International Law in the EU and its Member States, Cambridge 2008, S. 55 ff.
–: Architektur der Weltfinanzordnung, in: Paradigmen im internationalen Recht. Implikationen der Weltfinanzkrise für das internationale Recht, Berichte der Deutschen Gesellschaft für Völkerrecht, 32. Tagung in Köln v. 30. März bis 2. April, Band 45 (2012), S. 243 ff.
Tomuschat, Christian: Die Aufwertung der Deutschen Mark: Staats- u. völkerrechtliche Überlegungen zur Neufestsetzung der Währungsparität im Jahre 1969, Köln 1970.
–: Tyrannei der Minderheit? Betrachtungen zur Verfassungsstruktur der Vereinten Nationen, GYIL 19 (1976), S. 278 ff.
–: Liability for Mixed Agreements, in: O'Keeffe, David/Schermers, Henry G. (Hrsg.), Mixed Agreements, Antwerpen u.a. 1983, S. 125 ff.
–: The International Responsibility of the European Union, in: Cannizzaro, Enzo (Hrsg.), The European Union as an Actor in International Relations, Den Haag 2002, S. 177 ff.
Torrent, Ramon: Whom is the European Central Bank the Central Bank of? Reaction to Zilioli and Selmayr, CMLRev. 36 (1999), S. 1229 ff.
Treves, Tullio: Les décisions d'interprétation des statuts du Fonds Monétaire International, RGDIP 79 (1975), S. 5 ff.
Trichet, Jean-Claude: L'Union Monétaire en Europe: De Bretton Woods à Nos Jours, Revue d'Économie Financière 2007, S. 57 ff.
Truman, Edwin M.: Rearranging IMF Chairs and Shares: The Sine Qua Non of IMF Reform, in: ders. (Hrsg.), Reforming the IMF for the 21st Century, Washington D.C. 2006, S. 201 ff.
–: A Strategy for IMF Reform, Washington D. C. 2006.

–: The Role of International Financial Institutions in Addressing the Financial Crisis of the 21st Century: Confrontation or Cooperation?, Expanded version of remarks delivered at the Casgrain and Company Economic Conference at Niagara-on-the-Lake, Ontario, Canada 2011.
–: Unraveling the Euro Crisis, Peterson Institute for International Economics, Washington D.C. 2012.
–: The Congress Should Support IMF Governance Reform to Help Stabilize the World Economy, Peterson Institute for International Economics, Policy Brief 13-7, March 2013.
–: IMF Reform Is Waiting on the United States, Peterson Institute for International Economics, Policy Brief 14-9, March 2014.
–: What Next for the IMF?, Peterson Institute for International Economics, Policy Brief 15-1, January 2015.
Tunkin, Grigori I.: Die rechtliche Natur der UNO und der Weg zur Festigung der internationalen Organisation, Vereinte Nationen 4/ 1965, S. 121 ff.
–: Völkerrechtstheorie, Berlin 1972.
Uerpmann-Wittzack, Robert: Völkerrechtliche Verfassungselemente, in: von Bogdandy, Armin/Bast, Jürgen (Hrsg.), Europäisches Verfassungsrecht. Theoretische und dogmatische Grundzüge, 2. Aufl., Dordrecht u.a. 2009, S. 177 ff.
–: Völkerrecht als Ausweichordnung – am Beispiel der Euro-Rettung, EuR-Beiheft 02/2013, S. 49 ff.
Ungerer, Horst: A Concise History of European Monetary Integration. From EPU to EMU, Westport 1997.
United Nations: Report of the Commission of Experts of the President of the United Nations General Assembly on Reforms of the International Monetary and Financial System, New York 2009.
de Vattel, Emerich: Le droit des gens ou principes de la loi naturelle, Livre II, London 1758.
Vedder, Christoph W.: Die auswärtige Gewalt des Europa der Neun, Göttingen 1980.
–: Die Integrationskompetenz der EG in der Rechtsprechung des EuGH, in: Randelzhofer, Albrecht/Scholz, Rupert/Wilke, Dieter (Hrsg.), Gedächtnisschrift für Eberhard Grabitz, München 1995, S. 795 ff.
–: Die EU und internationale Organisationen – Perspektiven nach dem Vertrag von Amsterdam, in: Benedek, Wolfgang/ Isak, Hubert/Kicker, Renate (Hrsg.), Development and developing international and European law: essays in honour of Konrad Ginther on the occasion of his 65th birthday, Frankfurt am Main u.a. 1999, S. 501 ff.
–: Die Außenbeziehungen der EU und die Mitgliedstaaten: Kompetenzen, gemischte Abkommen, völkerrechtliche Verantwortlichkeit und Wirkungen des Völkerrechts, EuR-Beiheft 3/ 2007, S. 57 ff.
–: Außenbeziehungen und Außenvertretung, in: Hummer, Waldemar/Obwexer, Walter (Hrsg.), Der Vertrag von Lissabon, Baden-Baden 2009, S. 267 ff.
Verdross, Alfred: Die Verfassung der Völkerrechtsgemeinschaft, Wien 1926.
–: Völkerrecht, 5. Aufl., Wien 1964.

–/*Simma, Bruno*: Universelles Völkerrecht: Theorie und Praxis, 3. Aufl., Berlin 1984.

Verwey, Delano R.: The European Community, the European Union and the International Law of Treaties: A Comparative Legal Analysis of the Community and Union's External Treaty-Making Practice, Den Haag 2004.

Villiger, Mark E.: Commentary on the 1969 Vienna Convention on the Law of Treaties, Leiden 2009.

Vines, David: The WTO in Relation to the Fund and the Bank: Competencies, Agendas, and Linkages, in: Krueger, Anne O. (Hrsg.), The WTO as an International Organization, Chicago 1998, S. 59 ff.

–/*Gilbert, Christopher L.* (Hrsg.): The IMF and its Critics: Reform of Global Financial Architecture, Cambridge 2004.

Viterbo, Annamaria: Monetary Regionalism: A Challenge to the IMF, IYIL 26 (2006), S. 139 ff.

–: International Economic Law and Monetary Measures. Limitations to States' Sovereignty and Dispute Settlement, Massachusetts 2012.

–/*Costamagna, Francesco*: Multiregionalism in the Context of the EU Sovereign Debt Crisis: Current Legal Challenges and the Way Forward, EYIEL 5 (2014), S. 17 ff.

Vitzthum, Wolfgang Graf/Proelß, Alexander (Hrsg.): Völkerrecht, 6. Aufl., Berlin 2013.

Voicu, Ioan: De L'Interprétation Authentique des Traités Internationaux, Paris 1967.

Voncina, Tina: Speaking with One Voice: Statements and Declarations as an Instrument of the EU's Common Foreign and Security Policy, EFARev. 16 (2011), S. 169 ff.

Voss, Rüdiger: Die Bindung der Europäischen Gemeinschaft an vorgemeinschaftliche Verträge ihrer Mitgliedstaaten, SZIER 1996, S. 161 ff.

Vreeland, James Raymond: The International Monetary Fund. Politics of conditional lending, New York 2007.

–: Foreign aid and global governance: Buying Bretton Woods – the Swiss-bloc case, Rev Int Organ 6 (2011), S. 369 ff.

de Vries, Margaret G./Horsefield, J. Keith: The International Monetary Fund 1945-1965, Bd. II: Analysis, Washington D.C. 1969.

de Vries, Margaret G.: The International Monetary Fund 1966-1971, Bd. I: Narrative, Washington D.C. 1976.

–: The Process of Policymaking, in: Horsefield, Keith (Hrsg.), The International Monetary Fund 1945-1965, Bd. II: Analysis, Washington D.C. 1969, S. 3 ff.

–: The Par Value System: An Overview, in: dies./Horsefield, J. Keith (Hrsg.), The International Monetary Fund 1945-1965, Bd. II: Analysis, Washington D.C. 1969, S. 39 ff.

–: Fluctuating Exchange Rates, in: dies./Horsefield, J. Keith (Hrsg.), The International Monetary Fund 1945-1965, Bd. II: Analysis, Washington D.C. 1969, S. 152 ff.

–: Das Weltwährungssystem im Lichte der veränderten Weltwirtschaft, F&E 1974, S. 10 ff.

–: The International Monetary Fund 1972-1978, Bd. I: Narrative and Analysis, Washington D.C. 1985.
–: The International Monetary Fund 1972-1978, Bd. II: Narrative and Analysis, Washington D.C. 1985.
–: The International Monetary Fund 1972-1978, Bd. III: Documents, Washington D.C. 1985.
–: The IMF in a Changing World 1945-85, Washington D.C. 1986.
de Vries, Tom: On the Meaning and Future of the European Monetary System, in: Essays in International Finance 138 (1980), S. 39 ff.
Waelbroeck, M.: The Emergent Doctrine of Community pre-emption, in: Sandalow, Terrance/Stein, Eric (Hrsg.), Courts and Free Markets: Perspectives from the United States and Europe, Bd. II, Oxford 1982, S. 548 ff.
Walker, Andrew: The International Monetary Fund returns, BBC News v. 24.4.2009.
Walus, Andreas: Europäischer Katastrophenschutz – Möglichkeiten und Grenzen im Lichte des Vertrags von Lissabon, EuR 2010, S. 564 ff.
Weber, Albrecht: Die zweite Satzungsnovelle des Internationalen Währungsfonds und das Völkerrecht, in: Flume, Werner/Hahn, Hugo J./Kegel, Gerhard/Simmonds, Kenneth R., (Hrsg.), Internationales Recht und Wirtschaftsordnung, Festschrift für F.A. Mann zum 70. Geburtstag, München 1977, S. 807 ff.
–: Die Reform der Wirtschafts- und Währungsunion in der Finanzkrise, EuZW 2011, S. 935 ff.
–: The Distribution of Competences Between the Union and the Member States, in: Blanke, Herrman-Josef/Mangiameli, Stelio (Hrsg.), The European Union after Lisbon, Berlin 2012, S. 311 ff.
Weiler, Joseph H.: The External Legal Relations of Non-Unitary Actors: Mixity and the federal Principle, in: O'Keeffe, David/Schermers, Henry G. (Hrsg.), Mixed Agreements, Antwerpen u.a. 1983, S. 35 ff.
Weinrichter, Norbert: The World Monetary System and External Relations of the EMU – Fasten your safety belts!, EIoP 4 (2010).
Weiß, Norman: Kompetenzlehre internationaler Organisationen, Berlin 2009.
Weiß, Wolfgang: Die Verteidigungsrechte im EG-Kartellverfahren. Zugleich ein Beitrag zu den allgemeinen Rechtsgrundsätzen des Gemeinschaftsrechts, Köln 1996.
–: Kompetenzverteilung in der Währungspolitik und Außenvertretung des Euro, EuR 2002, S. 165 ff.
Wessel, Ramses A.: Revisiting the International Legal Status of the EU, EFARev. 5 (2000), S. 507 ff.
Wessels, Wolfgang: Das EWS – Konflikte zwischen Währungs- und Integrationspolitik?, in: Scharrer, Hans-Eckart/Wessels, Wolfgang (Hrsg.), Das Europäische Währungssystem. Bilanz und Perspektiven eines Experiments, Bonn 1983, S. 147 ff.
White, Nigel W.: The Law of International Organisations, 2. Aufl., Manchester 2005.

Whiteman, Marjorie M.: Digest of International Law, Bd. 2, Washington D.C. 1963.

Wilkie, Christopher: Special Drawing Rights (SDRs): The First International Money, Oxford 2012.

de Witte, Bruno: Direct Effect, Primacy, and the Nature of the Legal Order, in: Craig, Paul/de Búrca, Gràinne (Hrsg.), The Evolution of EU Law, 2. Aufl., Oxford u.a. 2011, S. 323 ff.

Wittich, Günter/Shiratori, Masaki: Die Schlange im Tunnel, F&E 1973, S. 9 ff.

Wölker, Ulrich: Die Stellung der Europäischen Union in den Organen der Welthandelsorganisation, EuR-Beiheft 2/2012, S. 125 ff.

Wolff, Hans/Bachof, Otto/Stober, Rolf: Verwaltungsrecht, Bd. 1, 12. Aufl., München 2007.

Wolfrum, Rüdiger: Neue Elemente im Willensbildungsprozess internationaler Wirtschaftsorganisationen, VN 1981, S. 50 ff.

–: Konsens im Völkerrecht, in: Hattenhauer, Hans/Kaltefleiter, Werner (Hrsg.), Mehrheitsprinzip, Konsens und Verfassung, Heidelberg 1986, S. 79 ff.

–/Pichon, Jakob: Consensus, in: Wolfrum, Rüdiger (Hrsg.), MPEPIL, (Stand: Oktober 2010).

Woods, Ngaire: Making the IMF and the World Bank more accountable, International Affairs 77 (2001), S. 83 ff.

–: Accountability, governance and the reform of the IMF, in: Vines, David/ Gilbert, Christopher (Hrsg.), The IMF and its Critics. Reform of Global Financial Architecture, Oxford 2004, S. 396 ff.

–/Lombardi, Domenico: Uneven patterns of governance: how developing countries are represented in the IMF, Review of International Political Economy 13 (2006), S. 480 ff.

Wouters, Jan/Coppens, Dominic/De Meester, Bart: The European Union's External Relations after the Lisbon Treaty, in: Griller, Stefan/ Ziller, Jacques (Hrsg.), The Lisbon Treaty. EU Constitutionalism without a Constitutional Treaty?, Wien u.a. 2008, S. 143 ff.

Wouters, Jan/Geraets, Dylan: The G20 and Informal International Lawmaking, Leuven Centre for Global Governance Studies, Working Paper No. 86, 2012.

Wouters, Jan/van Kerckhoven, Sven: The International Monetary Fund, in: Jorgensen, Knud Erik/Laatikainen, Katie Verlin (Hrsg.), Routledge Handbook on the European Union and International Institutions. Performance, policy, power, London u. New York 2013, S. 221 ff.

Wouters, Jan/van Kerckhoven, Sven/Ramopoulos, Thomas: The EU and the euro in international economic governance: the case of the IMF, in: Kochenov, Dimitry/Amtenbrink, Fabian (Hrsg.), The European Union's Shaping of the International Legal Order, New York 2014, S. 306 ff.

Wuermeling, Joachim: Kooperatives Gemeinschaftsrecht, Kehl 1988.

Wunderlich, Jens-Uwe: The EU an Actor *Sui* Generis? A Comparison of EU and ASEAN Actorness, JCMS 50 (2012), S. 653 ff.

Yasseen, M. K.: L'interprétation des traités d'après la Convention de Vienne sur le Droit des Traités, RdC 151(1976 III), S. 1 ff.

van Ypersele, Jacques/Koeune, Jean-Claude: Das Europäische Währungssystem. Geschichte, Funktionsweise und Aussichten, Brüssel 1984.

Yu, Anthony: China's Currency Practices and "Currency Manipulation": The Power of Action in Inaction, Pac. Mc George Global Bus. & Dev. L. J. 26 (2013), S. 577 ff.

Zamora, Stephen: Is there Customary International Economic Law?, GYIL 32 (1989), S. 9 ff.

Zehetner, Franz: Die Suspendierung der Goldkonvertibilität des Dollars, Wien 1973.

Zeidler, Frank: Der Austritt und Ausschluss von Mitgliedern aus den Sonderorganisationen der Vereinten Nationen, Frankfurt am Main 1990.

Zemanek, Karl: Das Vertragsrecht der Internationale Organisationen, Wien 1957.

–: Internationale Organisationen als Handlungseinheiten in der Völkerrechtsgemeinschaft, ÖZöR 7 (1955/ 56), S. 335 ff.

Zieger, Gottfried: Die Stellung der Gemeinschaft und ihrer Organe in Internationalen Organisationen, in: Wissenschaftliche Gesellschaft für Europarecht (Hrsg.), Die Außenbeziehungen der Europäischen Gemeinschaft, Köln, 1975, S. 103 ff.

Zilioli, Chiara/Selmayr, Martin: The External Relations of the Euro Area: Legal Aspects, CMLRev. 36 (1999), S. 273 ff.

–: The Law of the European Central Bank, Oxford 2001.

Zimmermann, Andreas: Staatennachfolge in völkerrechtliche Verträge: zugleich ein Beitrag zu den Möglichkeiten und Grenzen völkerrechtlicher Kodifikation, Heidelberg 2000.

–/Oellers-Frahm, Karin/Tomuschat, Christian/Tams, Christian J.: The Statute of the International Court of Justice: A Commentary, 2. Aufl., Oxford u.a. 2012.

Zimmermann, Ralf: Regionale Integration und multilaterale Handelsordnung, Köln 1999.

Zobl, Martin/Thürer, Daniel/Kern, Alexander: Die Legitimation der G-20, AVR 51 (2013), S. 143 ff.

Zuleeg, Manfreed: Die Währungspolitik im Lichte der Rechtsprechung des Europäischen Gerichtshofs, EuR 1975, S. 196 ff.

–: Die innerstaatliche Anwendbarkeit völkerrechtlicher Verträge am Beispiel des GATT und der Europäischen Sozialcharta, ZaöRV 35 (1975), S. 341 ff.

–: Der Verfassungsgrundsatz der Demokratie und die Europäischen Gemeinschaften, Der Staat 17 (1978), S. 27 ff.

–: Vertragskonkurrenzen im Völkerrecht Teil II: Verträge zwischen beliebigen Völkerrechtssubjekten, GYIL 27 (1984), S. 367 ff.

–: Wandlungen des Begriffs der Supranationalität, Integration 1988, S. 103 ff.

–: Vertragskonkurrenzen im Völkerrecht Teil II: Verträge zwischen beliebigen Völkerrechtssubjekten, GYIL 27 (1984), S. 367 ff.
–: Wandlungen des Begriffs der Supranationalität, Integration 1988, S. 103 ff.

Sachregister

Max-Planck-Institut für ausländisches öffentliches Recht und Völkerrecht

Beiträge zum ausländischen öffentlichen Recht und Völkerrecht

Hrsg.: A. von Bogdandy, A. Peters

Bde. 27–59 erschienen im Carl Heymanns Verlag KG Köln, Berlin (Bestellung an: Max-Planck-Institut für Völkerrecht, Im Neuenheimer Feld 535, 69120 Heidelberg); ab Band 60 im Springer-Verlag GmbH

---

260 Mohamed *Assakkali*: **Europäische Union und Internationaler Währungsfonds.** 2017. XV, 516 Seiten. Geb. € 99,99

259 Franziska *Paefgen*: **Der von Art. 8 EMRK gewährleistete Schutz vor staatlichen Eingriffen in die Persönlichkeitsrechte im Internet.** 2017. XV, 220 Seiten. Geb. € 69,99

258 Tim René *Salomon*: **Die internationale Strafverfolgungsstrategie gegenüber somalischen Piraten.** 2017. XXXII, 743 Seiten. Geb. € 129,99

257 Jelena *Bäumler*: **Das Schädigungsverbot im Völkerrecht.** 2017. XIX, 379 Seiten. Geb. € 89,99

256 Christopher *Peters*: **Praxis Internationaler Organisationen - Vertragswandel und völkerrechtlicher Ordnungsrahmen.** 2016. XXVIII, 498 Seiten. Geb. € 99,99

255 Nicole *Appel*: **Das internationale Kooperationsrecht der Europäischen Union.** 2016. XVIII, 608 Seiten. Geb. € 109,99

254 Christian *Wohlfahrt*: **Die Vermutung unmittelbarer Wirkung des Unionsrechts.** 2016. XIX, 300 Seiten. Geb. € 84,99

253 Katja *Göcke*: **Indigene Landrechte im internationalen Vergleich.** 2016. XVII, 818 Seiten. Geb. € 139,99

252 Julia *Heesen*: **Interne Abkommen.** 2015. XXI, 473 Seiten. Geb. € 94,99

251 Matthias *Goldmann*: **Internationale öffentliche Gewalt.** 2015. XXIX, 636 Seiten. Geb. € 109,99

250 Isabelle *Ley*: **Opposition im Völkerrecht.** 2014. XXIII, 452 Seiten. Geb. € 94,99

249 Matthias *Kottmann*: **Introvertierte Rechtsgemeinschaft.** 2014. XII, 352 Seiten. Geb. € 84,99

248 Jelena *von Achenbach*: **Demokratische Gesetzgebung in der Europäischen Union.** 2014. XVI, 522 Seiten. Geb. € 94,99

247 Jürgen *Friedrich*: **International Environmental "soft law".** 2014. XXI, 503 Seiten. Geb. € 94,99 zzgl. landesüblicher MwSt.

246 Anuscheh *Farahat*: **Progressive Inklusion.** 2014. XXIV, 429 Seiten. Geb. € 94,99

245 Christina *Binder*: **Die Grenzen der Vertragstreue im Völkerrecht.** 2013. XL, 770 Seiten. Geb. € 119,99

244 Cornelia *Hagedorn*: **Legitime Strategien der Dissensbewältigung in demokratischen Staaten.** 2013. XX, 551 Seiten. Geb. € 99,99

243 Marianne *Klumpp*: **Schiedsgerichtsbarkeit und Ständiges Revisionsgericht des Mercosur.** 2013. XX, 512 Seiten. Geb. € 94,99

242 Karen *Kaiser* (Hrsg.): **Der Vertrag von Lissabon vor dem Bundesverfassungsgericht.** 2013. XX, 1635 Seiten. Geb. € 199,99

241 Dominik *Steiger*: **Das völkerrechtliche Folterverbot und der "Krieg gegen den Terror".** 2013. XXX, 821 Seiten. Geb. € 139,99

240 Silja *Vöneky*, Britta *Beylage-Haarmann*, Anja *Höfelmeier*, Anna-Katharina *Hübler* (Hrsg.): **Ethik und Recht - Die Ethisierung des Rechts/Ethics and Law - The Ethicalization of Law.** 2013. XVIII, 456 Seiten. Geb. € 94,99

239 Rüdiger *Wolfrum*, Ina *Gätzschmann* (eds.): **International Dispute Settlement: Room for Innovations?** 2013. XIV, 445 Seiten. Geb. € 94,95 zzgl. landesüblicher MwSt.

238 Isabel *Röcker*: **Die Pflicht zur rahmenbeschlusskonformen Auslegung nationalen Rechts.** 2013. XXIII, 410 Seiten. Geb. € 89,95

237 Maike *Kuhn*: **Die Europäische Sicherheits- und Verteidigungspolitik im Mehrebenensystem.** 2012. XIII, 325 Seiten. Geb. € 79,95

236 Armin *von Bogdandy*, Ingo *Venzke* (eds.): **International Judicial Lawmaking.** 2012. XVII, 509 Seiten. Geb. € 94,95 zzgl. landesüblicher MwSt.

235 Susanne *Wasum-Rainer*, Ingo *Winkelmann*, Katrin *Tiroch* (eds.): **Arctic Science, International Law and Climate Change.** 2012. XIX, 374 Seiten. Geb. € 84,95 zzgl. landesüblicher MwSt.

234 Mirja A. *Trilsch*: **Die Justiziabilität wirtschaftlicher, sozialer und kultureller Rechte im innerstaatlichen Recht.** 2012. XIX, 559 Seiten. Geb. € 99,95

233 Anja *Seibert-Fohr* (ed.): **Judicial Independence in Transition.** 2012. XIII, 1378 Seiten. Geb. € 169,95 zzgl. landesüblicher MwSt.

232 Sandra *Stahl*: **Schutzpflichten im Völkerrecht - Ansatz einer Dogmatik.** 2012. XXX, 505 Seiten. Geb. € 94,95

231 Thomas *Kleinlein*: **Konstitutionalisierung im Völkerrecht.** 2012. XLII, 940 Seiten. Geb. € 149,95

230 Roland *Otto*: **Targeted Killings and International Law.** 2012. XVIII, 661 Seiten. Geb. € 109,95 zzgl. landesüblicher MwSt.

229 Nele *Matz-Lück*, Mathias *Hong* (Hrsg.): **Grundrechte und Grundfreiheiten im Mehrebenensystem - Konkurrenzen und Interferenzen.** 2012. VIII, 394 Seiten. Geb. € 89,95

228 Matthias *Ruffert*, Sebastian *Steinecke:* **The Global Administrative Law of Science,** 2011. IX, 140 Seiten. Geb. € 59,95 zzgl. landesüblicher MwSt.

227 Sebastian *Pritzkow*: **Das völkerrechtliche Verhältnis zwischen der EU und Russland im Energiesektor.** 2011. XXIV, 304 Seiten. Geb. € 79,95

226 Sarah *Wolf*: **Unterseeische Rohrleitungen und Meeresumweltschutz.** 2011. XXIII, 442 Seiten. Geb. € 94,95

225 Clemens *Feinäugle*: **Hoheitsgewalt im Völkerrecht.** 2011. XXVI, 418 Seiten. Geb. € 89,95

224 David *Barthel*: **Die neue Sicherheits- und Verteidigungsarchitektur der Afrikanischen Union.** 2011. XXV, 443 Seiten. Geb. € 94,95

223 Tilmann *Altwicker*: **Menschenrechtlicher Gleichheitsschutz.** 2011. XXX, 549 Seiten. Geb. € 99,95

222 Stephan *Bitter*: **Die Sanktion im Recht der Europäischen Union.** 2011. XV, 351 Seiten. Geb. € 84,95

221 Holger *Hestermeyer*, Nele *Matz-Lück*, Anja *Seibert-Fohr*, Silja *Vöneky* (eds.): **Law of the Sea in Dialogue.** 2011. XII, 189 Seiten. Geb. € 69,95 zzgl. landesüblicher MwSt.

220 Jan *Scheffler*: **Die Europäische Union als rechtlich-institutioneller Akteur im System der Vereinten Nationen.** 2011. XXXV, 918 Seiten. Geb. € 149,95

219 Mehrdad *Payandeh*: **Internationales Gemeinschaftsrecht.** 2010. XXXV, 629 Seiten. Geb. € 99,95

218 Jakob *Pichon*: **Internationaler Strafgerichtshof und Sicherheitsrat der Vereinten Nationen.** 2011. XXVI, 399 Seiten. Geb. € 89,95

217 Michael *Duchstein*: **Das internationale Benchmarkingverfahren und seine Bedeutung für den gewerblichen Rechtsschutz.** 2010. XXVI, 528 Seiten. Geb. € 99,95

216 Tobias *Darge*: **Kriegsverbrechen im nationalen und internationalen Recht.** 2010. XXXV, 499 Seiten. Geb. € 94,95

215 Markus *Benzing*: **Das Beweisrecht vor internationalen Gerichten und Schiedsgerichten in zwischenstaatlichen Streitigkeiten.** 2010. L, 846 Seiten. Geb. € 139,95

214 Urs *Saxer*: **Die internationale Steuerung der Selbstbestimmung und der Staatsentstehung.** 2010. XLII, 1140 Seiten. Geb. € 169,95

213 Rüdiger *Wolfrum*, Chie *Kojima* (eds.): **Solidarity: A Structural Principle of International Law.** 2010. XIII, 238 Seiten. Geb. € 69,95 zzgl. landesüblicher MwSt.

212 Ramin S. *Moschtaghi*: **Die menschenrechtliche Situation sunnitischer Kurden in der Islamischen Republik Iran.** 2010. XXIII, 451 Seiten. Geb. € 94,95

211 Georg *Nolte* (ed.): **Peace through International Law. The Role of the International Law Commission.** 2009. IX, 195 Seiten. Geb. € 64,95 zzgl. landesüblicher MwSt

210 Armin *von Bogdandy*, Rüdiger *Wolfrum*, Jochen *von Bernstorff*, Philipp *Dann*, Matthias *Goldmann* (eds.): **The Exercise of Public Authority by International Institutions.** 2010. XIII, 1005 Seiten. Geb. € 149,95 zzgl. landesüblicher MwSt.

www.ingramcontent.com/pod-product-compliance
Lightning Source LLC
LaVergne TN
LVHW020451051026
849527LV00001B/350
9783662543627